The Political Economy of Railways and Highways

# 鉄道と道路の政治経済学

柿崎一郎

タイの交通政策と商品流通　1935～1975年

京都大学
学術出版会

# 目　次

# 第2部　商品流通の再編

# 図・表・写真一覧

## 図

## 表

## 写　真

# 凡　例

1：1939年までは，仏暦の年号が西暦の該当年（543年前）の4月から翌年3月までの期間を指していたため，表や本文中で必要な場合には，西暦の年号に / を用いて示している（例：仏暦2443年＝1900/01年：1900年4月から1901年3月まで）。1940年は原則として4月から12月までの期間となり，41年以降は暦通りとなる。なお，政府機関の予算年度は，1960年までは暦通り，61年が1月～9月となり，62年以降は前年10月～9月までとなる。このため，国鉄や道路局など政府機関の統計も，原則として1962年以降は予算年度単位の数値となる。

2：引用文献で年が括弧内に示されている場合は，その年度分の該当文献であることを意味する（例：SYB（1930/31）: Statistical Yearbook of Thailand. 1930/31年度版）。

3：表中で数値が空欄になっている場合は，原則として該当する数値が存在しないことを，-の場合は0を，0の場合は四捨五入して0になることを示す。

4：表中の年平均の数値は，当該期間中に数値の得られない年がある場合にはその年を除外した平均値を算出している。

5：タイ語の地名や人名の日本語表記は，原則として長母音と短母音の区別を行っているが，バンコク，メコン川のように日本語で一般的に広く流布している語はそのままにしてある。表記は，理論上の発音に近い音をカタカナで表しているため，有気音，無気音の差異など，区別されていない音もある。なお，東北部の都市名ナコーンラーチャシーマーについては，通称のコーラートが用いられることが多く，鉄道の駅名も1930年代まではこれを用いていたことから，コーラートに統一してある。同様にウボンラーチャターニーも通常呼称されるウボンの略称で統一している。

6：本書中で用いられる略称は以下の通りである。

AID: Agency for International Development
AIT: Asian Institute of Technology.
BIDK: Borisat Italian Thai Diwelopmen Khoporechan Chamkat.
BOI: Board of Investment.
BOT: Bank of Thailand.
BP: Bangkok Post.
BTWM: Bangkok Times Weekly Mail.
BWAR: Bangkok World Annual Review.
CPK: Chonlaprathan, Krom.
FAO: Food and Agriculture Organization.
FPK: Faifa Fai Phalit haeng Prathet Thai, Kan.
FRUS: Foreign Relations of the United States.
FTS: Foreign Trade Statistics.

GMS: Greater Mekong Subregion.
GPP: Gross Provincial Products.
ICA: International Cooperation Administration.
IEFC: International Emergency Food Commission.
KK: Khamanakhom, Krasuang.
MAAG: Military Assistance Advisory Group.
MCC: Ministry of Commerce and Communications.
NA: National Archives of Thailand.
NEDB: Office of the National Economic Development Board.
OE: Online Edition.
OFA: Office of the Financial Adviser.
PCC: Prachachat.
PKPS: Prachum Kotmai Pracham Sok.
PMK: Pamai, Krom.
PSP: Pramuan Sathiti Pracham Pi.
PST: Punsimen Thai Chamkat, Borisat.
RBS: Ratchabandit-tayasathan.
RFT: Rotfai haeng Prathet Thai, Kan.
RK: Report to the National Economic Development Board by Harvey Klemmer Advisor-Transport and Communications.
RKB: Ratchakitchanubeksa.
RKNM: Raingan Kan Samruat Khomun Kan Khonsong Thang Nam nai Lum Maenam.
RKNT: Raingan Kan Samruat Khomun Kan Khonsong Thang Nam nai Muang Tha Chai Thale.
RKT: Raingan Kan Samruat Pariman Kan Khonsong Thang Thanon.
RSP: Rapsong Sinkha lae Phatsaduphan, Ongkan.
RSRS: Royal State Railways of Siam.
RSTC: Raingan Kan Samruat Phawa Setthakit lae Sangkhom Phak Tawan-ok Chiang Nua.
SCC: Siam Cement Co. Ltd., The.
SK: Si Krung.
SKT: Sathiti Kan Kaset khong Prathet Thai.
SN: Sayam Nikon.
SPR: Sathiti Kan Pluk Phut Rai Phut Phak Phut Yunton.
SRWR: Siam Rat Weekly Review.
SSPS: Samnakngan Sapha Phatthanakan Setthakit haeng Chat.
SSR: Sathiti Sinkha Song Thang Rotfai Praphet Maokhan.
STEM: Special Technical Economic Mission
STK: Sapphayakon Thorani, Krom.
STR: Samnak Thamniap Nayok Ratthamontri.

SYB: Statistical Yearbook of Thailand.
SYT: Sathiti Yang Prathet Thai.
TDR: Thailand Development Report.
TEMCO: Thai Exploration and Mining Co. Ltd.
Thaisarco: Thailand Smelting and Refining Co. Ltd.
TK: Thang, Krom.
TLK: Thang Luang (Phaendin), Krom.
TM: Thai Mai.
TS: Transport Statistics.
TVF: Traffic Volumes & Flow Maps.
UPM: Utsahakam Pa Mai, Ongkan.
USOM: United States Operations Mission.
USOMM: USOM Monograph.
WSALA: Wilbur Smith Associates & Lyon Associates, Inc.

# 序　章
# 「フレンドシップ・ハイウェー神話」は本当か？

## (1) はじめに ――「フレンドシップ・ハイウェー神話」の誕生

1958年7月10日に，チャオプラヤー川流域とメコン川流域を隔てるドンパヤーイェン山脈中において，サラブリー〜コーラート間道路の開通式が，プーミポン国王も臨席して執り行われた。この道路はアメリカの援助によって建設されたタイで最初の高規格道路であり，「フレンドシップ・ハイウェー（Thanon Mittraphap）」と名付けられた。駐バンコク米大使の祝辞に続いて，タノーム（Thanom Kittikhachon）首相は次のような答辞を述べた[1)]。

……タイ政府及びタイ国民の名において，私は東北部への大動脈ともたとえられるフレンドシップ・ハイウェーという価値あるプレゼントをタイに授けてくださったアメリカ政府及びアメリカ国民に感謝の意を表します。フレンドシップ・ハイウェーから得られる経済的利益は，多方面に及びます。なぜなら，東北部は人口も多く土地も広大であるのみならず，この道路は今後ラオス，カンボジアといった隣国への自動車による輸送にも重要な路線となるためであります。道路は当然地域に繁栄をもたらすことから，東北部の住民はこの道路による迅速で安価な交通によって十分な恩恵を得ることになります。その恩恵は直ちに目に見える形となっておりまして，自動車による輸送が急速に拡大しております。今年の6月にはこの道路を走行する乗用車，バス，トラックの台数は，1日1,000台を越えました。当初は，道路開通後の最初の年にこの道路を通行する自動車数は，1日500台に満たないであろうと予測されておりました。これは，フレンドシップ・ハイウェーのタイにとっての経済的重要性を示すよい証拠であります。また国防における軍事面での重要性についても，フレンドシップ・ハイウェーは極めて重要でありまして，タイの地図をご覧になればそれは明らかであります……。

この道路の完成は，タイの「開発」の時代の幕開けでもあった。この後すぐにサリット（Sarit Thanarat）がクーデタによって首相の座に就き，タイは「開発」の時代に突入する。ほぼ同じ時期に，メイズやケナフといった新たな商品畑作物の栽培と輸出が急増し，この道路の沿道でも急速にメイズ畑の開拓が進んだことから，サリットを始めとする当時のタイの首脳層にとっては始まったばかりの「開発」の時代の象徴と捉えられた[2)]。このため，フレンドシップ・ハイウェーはタイの交通政策史上での大きな転換点となったのである。

この交通政策の転換の重要な根拠は，フレンドシップ・ハイウェーの経済的効用であった。すなわち，この道路が沿線の開拓を促進し，メイズやケナフに代表される新たな商品畑作物の栽培を急増させたとの理解が急速に広まり，経済開発のためには高規格道路が必要であると認識されたのである。フレンドシップ・ハイウェーの経済的効用に対する賞賛は頻繁になされたが，その典型的な例が1963年にタイ中央銀行総裁プアイ（Puai Ungpakon）がまとめた報告書「タイの経済発展　1950–1962年」の記述である[3)]。

……未開地を多く残すタイのような国では，道路，鉄道，水運など交通手段への投資は迅速に，時には予期せぬ効果を発揮する。アメリカの援助で建設されたサラブリー～コーラート間のフレンドシップ・ハイウェーはその典型である。近年の急速なメイズやケナフの生産と輸出の拡大は，これによって可能となった。当初は軍事面，統治面の理由で建設された道路が，計算できないほどの経済的潜在性を持ち合わせており，それは以前には理解できなかったことである……。

これが，フレンドシップ・ハイウェーの神話化，すなわち「フレンドシップ・ハイウェー神話」の誕生であった。この神話が従来の鉄道・道路並存政策から道路優先政策への転換を正当化し，高規格道路網を全国に普及させていく契機と

写真１　フレンドシップ・ハイウェーの開通式 (1958 年)

出所：TLK [1996]：209

なったのである。他方で，それまで陸上交通手段の主役の座を担ってきた鉄道は急速にその存在感を低下させ，積極的な投資が抑制されることとなる。その結果，タイは急激に自動車輸送への依存度を高め，自動車一辺倒の社会が誕生することとなった。2005年の時点では，国内の貨物輸送で自動車輸送が占める割合はトンベースで86%，トンキロベースで91%であるのに対し，鉄道はそれぞれ2%，3%，水運は11%，6%でしかない［TS（2005）：表0.7］[4]。

「フレンドシップ・ハイウェー神話」の是非，すなわちこの道路の経済的効用については，東南アジア条約機構大学院（SEATO Graduate School）とその後身のアジア工科大学（Asian Institute of Technology: AIT）の工学修士論文という形で，道路の完成直後から研究がなされてきた。ウィシット・カシラック（Wisit Kasiraksa）はフレンドシップ・ハイウェーの経済面の効用に関する研究を行い，1957年から61年の間に商品畑作物の生産量が2.6倍増加したとして，商品畑作物栽培を中心とする農業面の効用が大きかったと結論している［Wisit 1963］。次いでブンチュアン（Boonchuan Tantayanubutr）が沿道の土地利用の変遷についての分析を行い，53年と60年を比較すると農地の比率が33%から66%へと倍増したことを明らかにした［Boonchuan 1968］。ウィシット・アーチャヤーノンタキット（Visit Achayanontgit）は並行する鉄道への影響を研究しており，旅客・貨物発着量の減少という影響が明瞭に現れたとしている［Visit 1971］。

しかしながら，これらの先行研究からフレンドシップ・ハイウェーの経済的効用が明らかであると結論付けることはできない。いずれの研究もこの道路が通過する地域のみに焦点を当てていることから，その影響が数字として現れることはある意味当然である。問題はよりマクロな視点でこの道路を捉えたときに，果たして同様の経済的効用が証明できるのか，という点である。とくに，プアイが言及したように，フレンドシップ・ハイウェーが本当にメイズやケナフの生産と輸出と拡大に貢献したのかについて，沿道のみでなく国レベルの視点から再検討する必要があろう[5]。商品畑作物の生産の拡大面において，この沿線と高規格道路が整備されていない地域との間において顕著な違いがない限り，これをフレンドシップ・ハイウェーという高規格道路に起因するとは結論できまい。この「フレンドシップ・ハイウェー神話」への疑問が，そもそも本書の出発点であった。

### (2) 見過ごされてきた「開発」の時代と道路の関係性

そもそも，フレンドシップ・ハイウェーと「開発」の時代との関係性も，これまで議論の対象となることは皆無であった。確かに，この道路の開通式と「開発」の時代の始まりとなるサリットによる「革命」は同時代の出来事であったが，建設自体が始まったのは1955年のピブーン（Plaek Phibunsongkhram）首相の時代であった。プアイの言にあるように，この道路がアメリカの援助によって建設されたことと，軍事目的で建設されたという「事実」は周知のものとなっているものの，どのような軍事目的で建設されたのかという議論が欠落している。例えば，ドンナー（Wolf Donner）はベトナム戦争中のこの道路の軍事的重要性を念頭において，「この地域（東北部）にある米軍の空軍基地への供給が「フレンドシップ・ハイウェー」建設のそもそもの理由であった」と述べている［Donner 1978: 633］。

しかしながら，建設が始まった1955年の時点にはベトナム戦争はまだ始まっておらず，ましてや東北部に将来米軍基地が建設されることも決まってはいないのである。実際には，後述するようにこの道路の真の目的はタイの隣国であり，かつ内陸国であるラオスとその外港バンコクを結ぶために整備されたのであり，53年のラオス危機を契機として計画されたものであった。にもかかわらず，この道路建設は常に東北部の「開発」，東北部の軍事目的，あるいはベトナム戦争と関連付けられてきた。その要因の1つが，当時の交通政策に関する研究の不備であることは言うまでもなかろう。

過去における交通政策に関する研究，言い換えると交通史の研究については，鉄道を主眼とした第2次世界大戦以前ものは多数存在する一方で，道路を主眼とした主として戦後の時代を扱ったものは，タイに限らず非常に少ないのが現状である[6)]。戦前の鉄道建設の時代については，途上国においては大半が植民地下に置かれていたことから，非公式帝国主義（Informal Imperialism）の視点からの研究例が多く，その代表がデービス（Clarence B. Davis）とウィルバーン（Kenneth E. Wilburn）による，世界各地の「鉄道帝国主義（Railway Imperialism）」に関する論集である［Davis & Wilburn 1991］[7)]。この中には，ホルム（David Frederich Holm）によるタイの事例も含まれている［Holm 1991］。ホルムは鉄道帝国主義の文脈から捉えたタイの鉄道史に関する詳細な研究を行っており，その直前に行われたソムチャイ（Somchai Phairotthirarat）の研究と共にタイの鉄道史研究の先駆的存在であった［Holm 1977，Somchai 1974］。

これに対して，戦後の途上国の交通政策史を扱った研究は，皆無といっても過言ではない。わずかに，ディック（Howard Dick）とリンマー（Peter J. Rimmer）による東南アジアの交通史に関する研究において，19世紀後半から現在に至るまでの東南アジア各地の交通網の整備過程が明らかにされており，戦後の各国における交通政策についても言及されている［Dick & Rimmer 2003］。東南アジア交通史のパイオニア的存在としてその偉業は評価されるものの，具体的な交通政策の変遷を取り扱ったものではない。

タイについても，状況は同じである，戦前の交通政策については，鉄道政策を主眼とした上述のホルムとソムチャイの研究例があり，鉄道のみならず道路政策にも言及した筆者による研究例［柿崎 2000，Kakizaki 2005］も存在するものの，1932年の立憲革命以降の時代については，交通政策を総括的に扱った研究はない。それでも，例えばバンコクの首位都市化の歴史を扱ったポーパン（Porphant Ouyyanont）が，その要因の1つとして道路整備を挙げており，戦前からの道路建設の歴史を概説しているなど，戦後の交通史に触れている研究も若干存在する［Porphant 1994］。しかしながら，後述するタイで最初の全国道路建設計画に言及していないなど，道路政策史の解明とは程遠い状況である。

このように，戦前の鉄道時代と比較すると，戦後の道路時代の交通政策を扱った研究例はタイに限らず非常に少ない。その理由としては，道路建設の歴史が比較的新しく資料面での制約があること，戦前の非公式帝国主義などの文脈での研究が不可能なことから歴史研究の興味対象から外れること，及び道路整備は対象も主体も多岐に渡り包括的な把握が難しいことなどが考えられる。それでも，タイにおいて鉄道整備から道路整備へと比重が移ってきたのは紛れもない事実であり，道路政策の変遷を抜きに交通政策を語ることもできない。幸いタイの場合は，資料的にも道路政策史を解明することが可能である。

### (3) あいまいな相関性 —— 交通網の整備と経済発展

一方，交通網の整備に伴う経済面の効用については，これを厳密に証明することは簡単ではなかった。初期においては鉄道建設と経済発展が相関関係を持つものと一般的に理解されてきたが，1960年代半ばの新経済史派による鉄道の経済的役割の消極的評価以降は，両者の関係を単純に説明するような議論は難しくなった［柿崎 2000a：4–5］。これは，両者の間には何らかの介在条件が必要であるためであり，ウィルソン（George W. Wilson）はそれを先行ダイナミズム（Prior Dynamism）と呼んだ［Wilson 1966: 211–212］[8)]。すなわち，道路が経済発展をもたらすかどうかは，その道路が通過する地域に経済発展への潜在性があるかどうかによるとしたのである。

ところが，タイの道路整備については，道路整備と経済発展の関連性を非常に簡単に捉える傾向がある。上述のフレンドシップ・ハイウェーに関する諸研究以外にも，個別の道路建設とその経済的効用を扱った先行研究は，東南アジア条約機構大学院及びAITの修士論文の形で多数存在する[9)]。いずれも，フレンドシップ・ハイウェーに関する研究と同じ手法で，それぞれの道路の経済的効用を検証している。他にも，アスクウィズ（John Edward Askwith）による東北部のボーラブー～ブリーラム間道路の事例や，アッチャラー（Atchara Niamso）による東部のチャンタブリー～サケーオ間道路の事例など，道路工学以外からのアプローチによる個別道路のインパクトを分析した研究も存在する［Askwith 1973, Atchara 1986］。前者は農業面への影響を，後者は沿線への入植や土地利用の変化に焦点を当てており，それぞれの道路の経済的役割を肯定している[10)]。

道路整備を主眼としない研究においても，道路整備の重要性を指摘する研究例は多数存在するが，中には具体的な論証を行わずに議論を進めているものも存在する。例えば，イングラム（James C. Ingram）は戦後の急速な道路建設が住民に市場へのアクセスを提供する点で重要な役割を果たしたとこれを高く評価している。とくに，タイの場合は既に人口がある程度存在する地域に道路が建設されたことから，この点で先行ダイナミズムが存在していたとし，それゆえに経済的効用が顕著であったと指摘している［Ingram 1971: 277–278］[11)]。イングラム以上に道路整備の重要性を指摘していたのは本岡武であり，タイの農業生産の多角化，すなわち「開発」の時代の商品畑作物栽培の拡大には，道路網の整備に重点を置いたことが大きく寄与しているとし，「タイが経済開発にあたり，国内交通政策の重点を道路におきかえ，これにpriorityをおいたことにたいし，高く評価したいと思う。」と述べていた［本岡 1967：96］[12)]。

確かに,「開発」の時代における商品畑作物生産の拡大は顕著であり,同時に急速に高規格道路が各地に整備されていった時代でもあった。この結果,両者の相関性が「必然」として認識されるようになったのである。後述するように,実際には高規格道路でなくとも商品畑作物の生産拡大は実現しており,鉄道や水運もそれなりの役割を果たしていた。しかしながら,個別の道路に関するインパクト研究がこの相関性を裏づけしたことで,両者の関係は絶対化されたのである。すなわち,学問の場においても「フレンドシップ・ハイウェー神話」が浸透することとなり,高規格道路さえあれば農業開発,あるいは経済開発が到来するという「空想」が学問的にも保証されることとなったのである。

では,この「空想」の真偽の確認という難しい課題に,どう取り組む必要があるのか。筆者は,これを商品流通の点から分析する必要があるものと考える。柿崎［2000a］でも言及したように,交通網の改善による直接効果は輸送条件の改善,すなわち輸送時間の短縮や輸送費用の低減という形で現され,それに直接的に影響を受けて発生する現象として商品流通の変容,すなわちモノの移動の変容が存在した［柿崎 2000a：5-6］。本書でも,この商品流通の変容に焦点を当て,道路優先時代の高規格道路網の整備によって,既存の商品流通がどのように変容したのかを明らかにすることで,道路優先政策の妥当性,すなわち「フレンドシップ・ハイウェー神話」の真偽を検証することを試みる。柿崎［2000a］及び Kakizaki［2005］において 1930 年代の鉄道整備時代に形成された地域間商品流通の状況を解明していることから,本書では「開発」の成果が現れたはずである 70 年代の地域間商品流通状況を明らかにして,その間の変化の意味を検討することになる。

### (4) 新たな視点 ── 交通網の整備と商品流通

鉄道や道路の整備過程を史的に捉える研究や,上述のように道路整備前と後の沿線の経済指標の変化を比較してその経済的効用を分析する研究は存在するものの,その整備された交通路を用いてどのようなヒトやモノが移動しているのかを明らかにした研究は,非常に少ない。上述の工学修士論文を中心とする先行研究例でも,道路を走行する自動車台数の変化や,平行する鉄道の輸送量の変化に言及するものはいくつか存在するが,実際の商品流通の変容を明らかにした研究例は存在しない[13]。

その重要な要因の１つに，貨物輸送に関する統計の欠如があった。鉄道以外の輸送手段による貨物輸送の状況を示す統計は長らく存在せず，「開発」の時代に行われた道路貨物輸送量調査（Raingan Kan Samruat Pariman Kan Khonsong Thang Thanon: RKT），河川水運貨物輸送量調査（Raingan Kan Samruat Khomun Kan Khonsong Thang Nam nai Lum Maenam: RKNM），沿岸水運貨物輸送量調査（Raingan Kan Samruat Khomun Kan Khonsong Thang Nam nai Muang Tha Chai Thale: RKNT）が初めての統計であった。鉄道と異なり民間業者による輸送が一般的であることから，これらの統計の信頼性については疑問の余地もあるものの，他に依拠すべき資料が全く存在しない状況では，これらの調査結果が唯一の商品流通状況を示す資料となる。一方，鉄道については戦前から年次報告書に貨物品目別の駅別発着量が記載されており，柿崎［2000a］，Kakizaki［2005］においてはこれを主要資料として利用したが，戦後はその記載がなくなってしまう。

これらの鉄道以外の輸送手段による貨物輸送量が量的に把握されるようになって初めて，商品流通に関する研究が発生することとなった。その成果を最初に活用したのは，タイ交通連携調査報告書（Thailand Transport Coordination Study）であった［WSALA 1969］[14]。これは将来の交通需要と輸送手段間の連携に関する調査報告書であり，これらの貨物輸送量調査の結果を利用しながら各輸送手段の輸送量を明らかにしている。同書は鉄道以外の輸送手段による貨物輸送量を初めて明らかにした報告書であり，地域別，品目別の貨物輸送需要予測も記載されていた。当時利用可能な交通や商品流通に関する統計を網羅した貴重な資料集となっているが，いささか数値の羅列にとどまる傾向があり，世界銀行はこの調査報告書案に対し手厳しいコメントを出していた[15]。

このため，貨物輸送量調査を利用した初の本格的な研究としては，リンマーによる鉄道に関する研究となろう［Rimmer 1971］。彼は当時顕著であった鉄道貨物輸送の変容に焦点を置いて，今後の鉄道輸送の役割を予測する研究を行ったが，その際に県別の輸送手段別の貨物発着量を比較するという作業を行っていた。ここで用いた資料が，上述の自動車や水運による貨物輸送量調査結果であった。鉄道については，国鉄から入手した駅別貨物発着量の資料を利用したものと考えられ，区間別，駅別に1958年と68年，及び63年と68年のそれぞれの期間の発着量の変容を詳細に分析している[16]。

その後も，これらの貨物輸送統計を使用した研究例は相次いだ。例えば，北部の自動車輸送について分析したサーイピン（Saiphin Khruakhlai）も，自動車輸送についてこれを使用しており，国鉄の資料を使用して鉄道貨物輸送との比較を行っている［Saiphin 1992］。また，東北部での日本製自動車の浸透に伴う経済社会変化を扱ったスウィット（Suwit Thirasatsawat）とチョー（Cho Wayuphak）の研究においても，バンコクと東北部の間の自動車による貨物輸送量の増加について言及しており，その際に同じ資料を使用している［Suwit & Cho 1995］[17)]。

このように，政府機関によって行われるようになった自動車や水運による貨物輸送量調査の結果を用いて，従来は皆無であった商品流通に関する研究が出てきた。しかしながら，これらの研究は上述の調査結果に依拠していることから，あくまでも貨物輸送量の分析しか行えず，輸送する貨物の金額，すなわち商品流通額については触れられていない。わずかにサーイピンが北部発バンコク着の自動車貨物輸送量と農産物，工業製品，鉱産物の生産額を比較する表を掲載しているものの，この表は北部の地域総生産（Gross Provincial Products: GPP）の数値を使用したに過ぎないものと思われ，貨物輸送額を示すものではない［Saiphin 1992: 40］。

商品流通量の分析も重要ではあるが，実は商品流通額の視点も欠かせない。これは，東北部での商品畑作物栽培の拡大と「貧困」の存在とも関係している。確かに，「開発」の時代に東北部で商品畑作物の栽培は急増したものの，一方でこの地域の「貧困」が問題視されるようになった時代でもあった。たとえ発送する商品が急速に増加したとしても，外部から流入する商品がより増加し，地域での商品発送額が到着額を上回るようになれば，それは商品流通面での「入超」を意味することとなり，「貧困」の存在の1つの要因となりうるからである。柿崎［2000a］で明らかにしたように，戦前の段階で北部や東北部は明らかに「出超」の状態，すなわち商品発送額が到着額を大きく上回る状況にあった。このため，地域間商品流通額の状況がどのように変容したのかを解明することは必要不可欠であり，「フレンドシップ・ハイウェー神話」の妥当性を検討する際に重要な役割を果たすものと考えられる。

### (5) 2つの分析視角 ── 交通政策と商品流通

以上のような先行研究の動向とそこから明らかになった課題を踏まえて，本書では立憲革命から「開発」の時代の終焉までの期間におけるタイの交通政策と地域間商品流通の変容を解明し，「フレンドシップ・ハイウェー神話」に代表される交通網の整備と経済との関係性に関する議論を商品流通面から分析することを目的とする。この分析にあたり，筆者は交通政策の変容と商品流通の変容という2つの分析視角を設定する。

第1の交通政策の変容については，政府の交通政策が従来の鉄道優先政策から現在まで継承されている道路優先政策へと変化してきた過程と，その背景を解明することとなる。筆者はかつて立憲革命を契機にタイの交通政策は鉄道と道路の協調政策から道路優先政策へと変わったと述べたが［柿崎 2000a：341–342］，実際にはその転換点は「開発」の時代の幕開け，すなわちフレンドシップ・ハイウェーの開通であった。このような交通政策に関する事実の解明も含めて，立憲革命後の交通政策がいかなる経緯を経て道路優先政策へと到達したのかを分析することが重要な作業となる。

第2の商品流通の変容についても，同じく立憲革命後の商品流通の変容を，交通政策の変容に伴う輸送手段の変容と関連させて解明し，その意義を分析することとなる。こちらも，かつて筆者が柿崎［2000a］及び Kakizaki［2005］にて明らかにした1935/36年当時の地域間商品流通の状況を基準として，それが上記のような交通政策の変容とそれに伴う輸送手段の変化とどのように関係しながら変わっていったのかを明らかにすることが重要な課題となる。その際に，戦前の事例と同じく，主要品目別の商品流通状況の変容を分析した上で，総括的な地域間商品流通の変容を分析することとなる。

主要品目については，戦前の段階で鉄道の三大輸送品目であった米，豚，木材を取り上げ，鉄道によって発生あるいは拡大したそれらの商品流通がどのように変容していったのかを明らかにすると共に，立憲革命以降新たに流通が発生あるいは拡大した商品畑作物，セメント，石油製品の流通状況の拡大とその背景を解明することとなる。そして，最終的に1935/36年と「開発」の時代の成果が現れたであろう75年の地域間商品流通量及び額の比較によってこの間の商品流通の変容の特徴を明らかにし，その意義を分析することで交通の役割とその限界を確認したい。なお，前作では周縁部の地域は北部，東北部，南部の3地域を対象としたが，中部上部についても資料が利用可能となったことから，本書では中部上部も対象とする（図序-1参照）[18]。

### (6) 資料の所在

本書にて使用される資料については，柿崎［2000a］及びKakizaki［2005］と同じく，交通政策に関する資料と，商品流通に関する資料の2つに分けられる。前者については，タイ国立公文書館（National Archives of Thailand: NA）の公文書がその中心を占めることとなる。戦前の場合は，王室官房（Krom Ratchalekhathikan）文書に含まれる交通部門を統括する省のファイルが重要な資料元となったが，戦後についてはそれを継承した内閣官房（Samnak Lekhathikan Khana Ratthamontri）文書（So Ro., [2] So Ro., [3] So Ro.）が利用可能である[19]。しかしながら，戦前とは異なり分類が省別ではなく分野別となることと，所蔵されている資料も少なく年代も1930年代から50年代までのものがほとんどであることから，戦後は運輸省文書（Kho Kho.）の資料のほうが重要となる。

運輸省文書は，さらに大臣官房（Samnakngan Palat Krasuang）ファイル（Kho Kho. 0202. 2），運輸局（Krom Kan Khonsong）ファイル（Kho Kho. 0202. 3），港湾局（Krom Chaotha）ファイル（Kho Kho. 0202. 6），道路局（Krom Thang Luang）ファイル（Kho Kho. 0202. 8），鉄道（国鉄）ファイル（Kho Kho. 0202. 9）などに分けられ，本省からそれぞれ該当する機関へ送られた文書や，逆に各機関から本省へ送られた文書から構成されている。戦前の文書と異なる点は，各機関内に作られた委員会の議事録（Raingan Kan Prachum）が多く含まれる点であり，これによって当時の具体的な政策の検討過程が把握されることになる。ただし，こちらも1940年代後半から60年代前半が中心となり，70年代の資料はわずかとなる。

このため，戦時中と1960年代後半以降については，他の文書に依存することとなる。戦時中については，軍最高司令部（Kong Banchakan Thahan Sungsut）文書（Bo Ko. Sungsut）に含まれる同盟国連絡局（Krom Prasan-ngan Phanthamit）ファイルの交通関係の文書（Bo Ko. Sungsut 2. 4）が重要な情報源となり，当時日本軍との調整役を務めた同盟国連絡局が扱った交通関係の諸問題に関する資料が存在する[20]。一方，60年代後半以降については，大蔵省の財政経済事務所（Samnakngan Setthakit

図序-1 タイの地域区分と主要都市

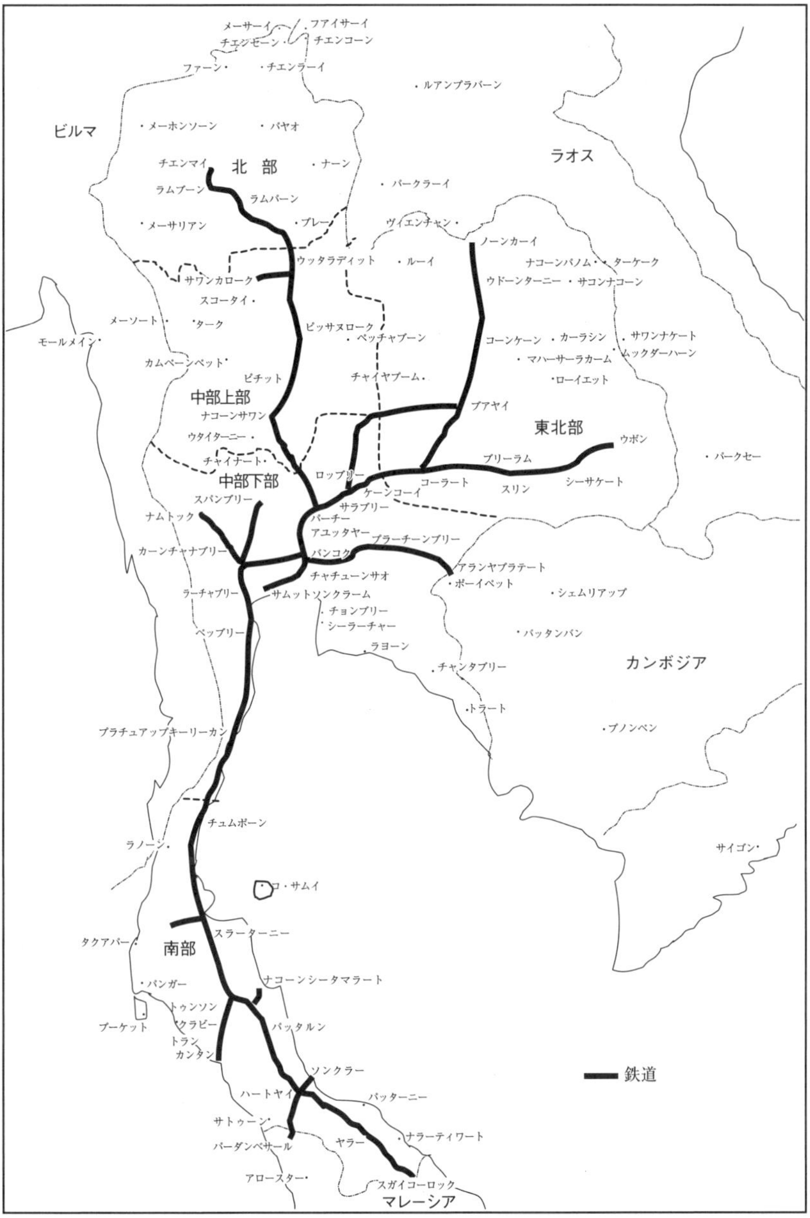


出所：筆者作成

Kan Khlang) 文書 (Ko Kho, [1] Ko Kho., [2] Ko Kho.) に国際協力面の文書が存在し，借款による鉄道や道路建設に関する資料が 70 年代後半までの期間について得られる。

これらの公文書から得られる資料の穴を埋めるのが，各機関の年次報告書 (Raingan Pracham Pi) となる。本書では国鉄と道路局の年次報告書を主として利用しており，前者は 1951 年以降各年分が主として国鉄図書室に，後者は 58 ～ 64 年の期間を除き立憲革命以降の各年分が道路局図書室に保管されている。これらの資料は，具体的な政策の立案過程こそ明らかにはしないものの，包括的な政策の把握には欠かせないものである。なお，国鉄も道路局も機会のあるたびに創立○周年記念集を出しており，とくに国鉄の 72 周年記念集は分量も多く貴重なデータを提供している。

タイ政府機関の資料以外には，チュラーロンコーン大学タイ情報センター (Thai Information Center) に所蔵されている国家経済開発委員会 (Office of the National Economic Development Board: NEDB) の交通通信部門アドバイザーによるクレマー報告書 (Report to the National Economic Development Board by Harvey Klemmer Advisor-Transport and Communications: RK) が興味深い。彼はサリット時代にこのアドバイザーに就任しており，当時行われていた国道建設修復計画など交通政策の策定に関する意見を述べていた。また，戦後タイの交通整備にとって重要な役割を果たしたアメリカの外交政策については，アメリカ国務省の *Foreign Relations of the United States* (FRUS) から交通政策に関する情報が入手可能である。

一方，商品流通に関する資料については，やはり貨物輸送に関する資料が中心となる。鉄道については，戦前からの伝統であった鉄道局の年次報告書に記載されている貨物輸送統計が，戦後国鉄に改組されてからは利用不可能となる。戦前についても，1935/36 年の年次報告書まではタイ国立公文書館に所蔵されているが，その後は 36/37 年と 47 年のものが国鉄の図書室に保管されているのみである。先行研究においてはその時点での各駅別の貨物発着量の統計を利用していたが，現在は国鉄の会計部 (Fai Kan Ngoen lae Kan Banchi) 所蔵の駅別旅客貨物収入表 (Operating Statistics) に記載されている 78 年以降の統計以外は，管見の限り存在しない[21)]。

一方，国鉄のマーケティング部 (Fai Kan Phanit) には 1975 年以降の主要貨物輸送統計（Sathiti Sinkha Song Thang Rotfai Praphet Maokhan: SSR）が保管されていた[22)]。この統計は主要貨物に限定されたものではあるが，各駅別の発送量に加え着駅別の到着量も記載されていることから，各品目の輸送状況を完全に把握することが可能である。主要貨物に含まれる貨物は75年版で計11品目，それらの輸送量合計は405万トンと同年の総輸送量505万トンの約8割となる。この統計は品目が限られるという難点はあるものの，戦前の鉄道局の年次報告書に記載されていた貨物輸送統計よりも貨物輸送状況を的確に示した資料であり，本書で75年の主要貨物の流通状況及び地域間商品流通を推計する際に極めて重要な役割を果たす。なお，この間の統計の入手不可能な時代については，統計年鑑（Statistical Yearbook of Thailand: SYB）に記載された主要駅の貨物発送量及び先行研究から得られる数値を適宜利用している[23)]。

鉄道以外の自動車と水運での貨物輸送統計については，上述のRKT，RKNM，RKNTなどを利用することになる。これらの統計はそれぞれ1966年，64年，65年に最初の調査が行われている。この初年度版においてはバンコク発着の貨物輸送を対象としたものであったが，その後行われているものには特定地域内を対象としたものなど調査方法が異なっているものも存在する[24)]。本書の議論にとってはバンコク発着の貨物輸送を対象としたものの利用が望ましいが，利用可能な年度のものが限られていることから，RKTについては76～78年版を，RKNMは64年と70年，RKNTは65年と71年のものを使用している[25)]。なお，沿岸水運については，貿易統計（Foreign Trade Statistics: FTS）に記載されている港湾別の貨物発着量統計も59年から一部を除いて毎年利用可能であり，それぞれ貨物発着量の変遷は把握できる。

また，国外との貿易については，同じく貿易統計に示された地方税関別の輸出入額が主要な情報源となる。SYBに主要税関別の数値が，FTSには全税関の数値が記載されているが，FTSからは1949年までと56～68年までの数値しか得られないため，その間はSYBの数値を使用することとなる[26)]。これらの数値は総量であり，品目別の数値は得られないが，天然ゴムについては天然ゴム統計（Sathiti Yang Prathet Thai: SYT）に税関別の輸出量の統計があることと，錫の輸出は65年以降プーケットに一本化されることから，国外貿易が重要となる南部の貿易構造については推計が可能となる。

商品流通を直接明らかにする統計はこれ以外には存在せず，後は公文書などに存在する断片的な資料を積み上げていく以外に方法はない。それでも具体的な数値が得られない場合は，生産量や消費量を用いて地域間流通量の推計を行うことになる。米については，SYB や農業統計（Sathiti Kan Kaset Khong Prathet Thai: SKT）などの生産量や作付面積などから算出した推定消費量を用いて余剰米量を推計する。豚については畜産局の統計年報（Pramuan Sathiti Pracham Pi: PSP）に検疫所を通過した豚の頭数や，バンコクでの豚屠殺数などの統計が掲載されている。生産量と輸出量が近似する商品畑作物については，SKT や畑作物栽培統計（Sathiti Kan Pluk Phut Rai Phut Phak Phut Yunton: SPR）の生産量の統計がそのまま流通量の推計に利用可能であり，セメントや石油製品も先行研究などに記載されている生産量の統計や地域別消費量の見積りを利用しながら流通量を推計していく。商品流通の解明には，限られた資料をいかに有効に使用してその全体像を解明するのかが焦点となるのである。

### (7) 本書の構成

本書は，交通政策の変容と商品流通の再編という 2 つのテーマに大分され，計 7 章で構成される。なお，対象期間は政策的には立憲革命の起こった 1932 年から「開発」の時代が終焉する 73 年までとなるが，商品流通面では具体的な政策変更に伴う変化に時間がかかることと，柿崎［2000a］及び Kakizaki［2005］において 35 年までを対象としたことから，本書においては 35 年から 75 年までを対象とし，資料の都合上 75 年の数値が得られない場合は適宜 77 年くらいまでの数値を使用することとなる。

第 1 部「交通政策の変容」は，第 1 章から第 3 章までの 3 章で構成される。第 1 章「軍事のための交通網整備―立憲革命後の交通政策」では，1932 年の立憲革命から，第 2 次世界大戦までの時期を対象とする。この章の課題は，立憲革命後にそれまでの鉄道優先政策が一時的に道路優先政策へと変わりながらも，世界情勢の悪化に伴い再び鉄道整備を希求するようになり，結果として鉄道と道路の並存政策となった過程と，戦時中に既存の交通手段が著しく機能低下に陥った状況を解明することである。

第 2 章「鉄道と道路の共用―戦後復興期の交通政策」は，終戦後から 1958 年のフレンドシップ・ハイウェーの開通までの時期が対象となる。この時期は，一方で戦時中に疲弊した鉄道や道路網の復興が課題となったものの，他方で世界情勢の悪化により軍事目的の交通網の整備要求が再燃する。その結果，低規格の道路が多数建設されるが，一方でアメリカの援助により完成した最初の高規格道路であるフレンドシップ・ハイウェーが，その後の交通政策に大きなインパクトを与えることとなる。

交通政策の最終章となる第3章「鉄道から道路へ―「開発」の時代の交通政策」では，フレンドシップ・ハイウェーの開通から1973年の「開発」の時代の終焉までの期間を扱い，タイの交通政策が大きく変化した「開発」の時代の交通政策を分析することとなる。本章の目的は，それまでの鉄道・道路並存政策から道路優先政策が確立し，具体的に道路建設計画が確定されていった過程を解明すると共に，対する鉄道がどのように対応したのかを明らかにすることである。そして，本章で扱う時代の交通政策が，以後のテーマとなる商品流通の変容に大きな役割を果たすことになる。

第2部「商品流通の再編」は後半の第4章から第7章までの4章で構成され，以上の交通政策の変化に基づいて整備されてきた交通網が，実際の商品流通にどのような影響を与えたのかを分析する章となる。第4章「既存の商品流通の変容」では，戦前に鉄道によって形成された主要な商品流通である，米，豚，木材の流通状況の変遷を分析する。戦前に鉄道が発生させた新たな商品流通は，主として北部や東北部といった内陸部からバンコクへの産品の輸送であり，この3品目が鉄道の三大輸送品目であったことから，これらの流通が戦争を挟んだ40年間の間にどのように変容し，鉄道の役割がどのように変化したのかを明らかにすることが本章の課題となる。

一方，次の第5章「新たな商品流通の形成」は，とくに戦後急速に流通が拡大した商品畑作物，セメント，石油製品の流通に焦点を当てる。これらの品目の流通は戦前から存在していたものの，戦後のとくに「開発」の時代にその流通が急増し，上記の米，豚，木材を凌ぐ新たな商品流通を形成するに至ったものである。このため，本章においては，これらの新たな商品流通が発生した過程を解明すると共に，その流通の特徴や輸送手段の特徴を明らかにする。とくに，この章で扱う商品流通が，1970年代の地域間商品流通を解明する上で重要な役割を果たすこととなる。

第6章「地域間商品流通の変容」では，第4章と第5章で分析した主要品目の流通状況を前提とした上で，主としてバンコクと周縁部間の商品流通を中心とした地域間商品流通の変容過程を解明し，最終的に1975年の地域間商品流通を推計することになる。この章では北部の鉱石や南部の天然ゴムなどこれまで言及しなかったものの各地域の商品流通を考える上で重要な品目の流通状況を把握すると共に，国外貿易による流通を考慮したうえで最終的に75年の地域間商品流通の見積りを完成させ，筆者がかつて明らかにした35年の状況と比較することが課題となる。

そして，最後の第7章「交通網の整備と商品流通」において，これまで見てきた商品流通の変容と交通網の整備との関係性について考察し，本書の出発点であった「フレンドシップ・ハイウェー神話」の是非を検討することとなる。この章では，商品流通の変容に大きな影響を与えた要因を戦争と「開発」の時代の2つに求め，その位置づけを確認すると共に，最終的にこの40年間の交通網の整備の結果形成された地域間商品流通が何を意味するのかを分析し，交通の役割を再検討することとなる。

# 第1部
# 交通政策の変容

# 第1章
# 軍事のための交通網整備
## 立憲革命後の交通政策

本章では，1932年の立憲革命から45年の第2次世界大戦の終戦までの時期を扱い，この間の交通政策の変遷を解明することを目的とする。立憲革命は，従来までのタイの交通政策を大きく変換させる転換点であった。すなわち，これまでのタイの交通政策は基本的に鉄道優先政策であり，道路はあくまでも鉄道を補完する役割のみを担うものであった。このため，道路整備を行う道路局も鉄道局の配下に置かれ，鉄道局総裁が実質的に陸上交通行政を統括していた。この鉄道優先政策に終止符が打たれ，道路整備が全国レベルで始まるのが，立憲革命後の人民党政権の時代となるのである。

この時代の交通政策は，鉄道優先政策から道路優先政策への転換と，鉄道の復権という一見すると矛盾する2つ特徴を有している。すなわち，一方では鉄道整備を中止してむしろ道路整備を優先する傾向が見られるのに対し，他方で一旦劣勢に立たされた鉄道が復活し，再び鉄道網を拡張しようという2つの側面が現れるのである。確かに，道路優先政策は基本的に現在まで引き継がれており，現在のタイ社会が過度に自動車輸送に依存しすぎる 1 つの要因となっている。しかしながら，鉄道整備が立憲革命以降完全に止まってしまうわけではなく，後述するように 1941 年には全国鉄道建設計画が策定され，鉄道網をさらに拡張しようという動きも存在していた。

このため，本章ではこの一見矛盾する 2 つの特徴が現れた要因を分析することを主目的とする。すなわち，一方では道路優先政策が確立される過程において，何がその契機となり，何を目的として政策変更を行ったのかを解明し，初の道路整備計画の特徴と実際の進展過程を分析する。他方で鉄道政策の変遷にも焦点を当てて，道路優先政策の下で劣勢に立たされた鉄道がなぜ復権するのかを探ることとなる。

以下，第 1 節で人民党政府が道路優先政策を打ち出すに至った経緯と初の道路整備計画である道路建設 18 年計画の意図を考察し，第 2 節で計画の実行過程における情勢の変化によって計画どおりの整備が進まず，道路整備が軍事目的化していった状況を分析する。そして，第 3 節で道路整備が重視されて不利な立場に置かれた鉄道と，軍事上の要請に伴う鉄道の復権について取り扱う。

## 第 1 節　道路整備の本格化
### ──「1 つの道路網」の構築を目指して

#### (1) 道路の重要性の浮上 ── ボーウォーラデート殿下の反乱

1932 年 6 月 24 日に発生した人民党による革命の結果，タイは立憲君主制へと移行した。この革命により従来の王族や貴族を中心とする指導者層は失脚し，政治の担い手の交代によって様々な政策変更が行われた。交通に関する政策も大幅に変更され，その最も大きな影響を受けたのが鉄道局であり，その配下に置かれていた道路局であった。

道路局は 1912 年に新設され，旧土木省 (Krasuang Yothathikan) を改組して作られた運輸省 (Krasuang Khamanakhom) の下に置かれた[1)]。その後，1917 年にタイが第 1 次世界大戦に参戦し枢軸国に対して宣戦布告したため，枢軸国人の技師が多かった鉄道局における外国人技師不足の解消のため，同年鉄道局総裁となったカムペーンペット親王（Krommakhun Kamphaengphet Akkharayothin）が道路局を鉄道局下に統合した［柿崎 2000a：158］。鉄道局下に置かれた道路局は，鉄道に接続するフィーダー道路建設のみに専心し，結果として首都バンコクから地方へ伸びるような幹線道路は建設されず，道路は完全に鉄道の補完的役割を担わされた[2)]。このような鉄道と道路を完全に連携させる政策をとったため，タイには鉄道と道路による樹状交通網が構築された。

ところが，この立憲革命後にカムペーンペット親王が失脚すると，鉄道と道路という陸上交通網の整備を一手に引き受けていた鉄道局が解体されることになった。従来省に近い権限を有していた鉄道局は，それまでの商業運輸省（旧運輸省）を改編して新設された経済省下の一部局となり，配下に置いていた道路局は内務省へ移管された上で，自治土木局（Krom Yotha Thetsaban）下の道路部（Kong Thang）へと格下げになった[3)]。すなわち，道路行政は内務省の扱いとなったのである。従来の政策が継承されなかった理由について，ホルムは鉄道局が王族の特権の象徴であったため，中流軍人や官僚に屈辱をもたらし続け，立憲革命の底流となった不満を醸成するのにあずかったとし，革命後の政策変更につながったとしている［Holm 1991: 126–128］。

ホルムの主張も一理あるものと，筆者は考える。確かに道路局が内務省下に置かれた理由は，当初は単に鉄道局から切り離すための意図しかなかったものと考えられる。道路局を経済省から外したのは，カムペーンペット親王が大臣を務めていた商業運輸省の影響力を削ぐためであろう。また，道路局が統合された自治土木局は，都市（バンコク）での土木事業を行い，バンコク市内の道路整備もその業務範囲に含まれていたため，同様の事業である地方の道路建設を行う道路局を統合したとも捉えられる。

しかしながら，それだけで交通政策という重要な政策が大幅に変更されることはありえまい。この立憲革命による鉄道優先政策から道路優先政策への変更には，これまで構築されてきた鉄道網，あるいは道路も含めた当時の交通体系に何らかの欠点があるとの認識を人民党政府が持ったことが重要な背景として存在していた。人民党政府にそのような認識を抱かせた要因は，1933年10月に発生したボーウォーラデート殿下（Phraongchao Boworadet）の反乱であった。

ラーマ4世の孫にあたるボーウォーラデート殿下は，革命前に軍務大臣の職に就いていたが，革命後の人民党による王族軽視の政治に不満を抱き，1933年6月のクーデターによって成立したプラヤー・パホン（Phraya Phahon Phayuhasena）内閣に反感を抱いた反政府派の軍人らとともに，同年10月10日から11日にかけて中部のピッサヌローク，ペッブリー，東北部のコーラートなど地方の何ヵ所かで同時に反乱を起こした[4)]。この反乱軍のうち，主力のコーラートからの兵士が鉄道でバンコクに向かい，バンコクの北約20kmのドーンムアン空港に集結した。反乱軍は更にバンコクに近づき，バーンケーン，バーンスーまで南下した。しかし，政府軍の反撃によって16日ころから反乱軍は徐々に撤退し，最後にはコーラートまで退却して，25日に殿下はカンボジアへ逃亡した[5)]。

この反乱に際して，鉄道は反乱軍と政府軍の戦闘に巻き込まれた。当時の交通状況では，地方とバンコクを連絡する交通路は，水運を除けば鉄道しか存在しなかった。東北部のコーラートへは水運も使用できないことから，反乱軍がバンコクに集結する際にも，コーラートまで退散する際にも，また政府軍がこれを鎮圧する際にも鉄道に頼らざるを得なかった。ドーンムアン空港でさえ当時は道路のアクセスがなく，鉄道を使わなければバンコク市内との往来は不可能であった。このため，両者とも鉄道を利用せざるを得ず，鉄道側でも反乱軍に協力するものと，政府軍に協力するものに分裂して，後の鉄道局の組織の弱体化に拍車をかける結果となった［末廣 1996：59–60］。

この反乱事件は，当時のタイの交通体系の欠点を露呈することとなった。鉄道以外に代替手段がないということは，鉄道が麻痺するとバンコクと地方との連絡が途絶することを意味した。反乱を期にバンコクと地方間の輸送手段は途絶し，バンコク～チエンマイ間の列車運行も10日間中断された[6)]。鉄道は軌道が破損すると運行が不可能となり，非常時の柔軟性に欠けた。反乱軍もこの点を承知しており，コーラートに退散する際には橋梁などの施設を破壊して，政府軍の追跡を妨害した。結果的には迅速な反乱鎮圧がなされたものの，政府側としては有事の際の鉄道の限界を思い知らされた。

これに対し，道路はより融通のきく輸送が可能であった。自動車は路面の状況が許す限り道路以外でも走行が可能であるので，例えば橋梁が破壊されても迂回をして川を渡ったり，簡単な仮設橋を設けたりすることで，迅速に対応できた。また，道路は自動車のみでなく，戦車など他の車両も通行が可能であり，さらに大きな特徴として車両さえあれば誰も自由に運行することができた。このため，自動車による道路輸送は鉄道に比べてはるかに弾力性の高い輸送手段であり，これが自動車の最大の利点でもあった。

また，世界各地の動向を見ても，自動車の普及はタイよりもはるかに急速に進み，欧米では自動車の時代へと入りつつあった。アメリカでは第1次世界大戦期に自動車工業の大量生産体制が確立し，最も低廉な交通機関として豊富に供給され，市内軌道や鉄道の機能のかなりの部分を代替していった［今野 1959：213］。当初自動車は，都市内や都市近郊の短距離の区間で鉄道や市内軌道との競争に打ち勝っていったが，やがて長距離区間にも導入されるようになり，ついには大陸横断バスも開設されるようになった7)。日本でも，世界恐慌を期に自動車との競争によって中小の鉄道や軌道が廃止に追い込まれ，26年から35年までに22の私鉄会社が廃止された［野田他編 1986：229］。立憲革命の担い手らも，多くが欧米留学経験者であったことから，自動車という新たな交通機関が鉄道を駆逐していく趨勢を，現地で目のあたりとしてきたはずである。

これまで，タイは鉄道優先政策により鉄道に接続するフィーダー線しか道路を建設してこなかった。これは，鉄道と道路を有効に連携させて，鉄道と自動車という近代的交通手段でタイ全土をバンコクと結び付けようという政策を反映したものであり，限られた資金を有効に利用するという意味でもタイの状況に適した方策であった。しかし，世界的には鉄道と自動車はもはや相補的な交通手段ではなくなっていた。鉄道があるから道路は不必要という発想はもはや通用しないということを，人民党政府はボーウォーラデート殿下の反乱を期に思い知らされたのである。

この反乱を契機に，人民党政府は道路整備を国内の治安維持のための手段として重視することになった。1934年に政府は，独立，治安維持，経済，平等，自由，教育からなる人民党の6原則についての具体的な施策を発表したが，鉄道整備が経済の原則に含まれたのに対し，道路整備は治安維持の原則に含まれていた［RKB Vol. 51: 2034–2044］。上述のように道路行政は内政や治安維持を担当する内務省下に置かれたことから，結果としてこの管轄機関の変更は重要な意味を持っていたことになる。

### (2) 道路整備の「口実」── 農村経済調査の活用

ボーウォーラデート殿下の反乱で道路の重要性を痛感させられた政府は，道路網の整備計画を策定することになったが，その目的を単に治安維持のためとするだけでは説得力に欠けた。このため，政府としては経済面など他の面での効用も訴える必要があったが，ちょうどこの計画の策定中に行われた農村経済調査報告が極めて有効に機能することになった。

タイで初めての農村経済調査は，1930年にハーヴァード大学のジンマーマン（Carle C. Zimmerman）によって行われ，その後33年に同大学のアンドリュース（James M. Andrews）によって，2回目の農村経済調査が行われた。いずれもタイ政府の協力の下で行われ，各地域から何ヶ所か代表となる村を選んで農村の経済生活に関する詳細な調査がなされ，それぞれ31年と35年に調査報告書が刊行された[8)]。ジンマーマンの調査は農村の経済調査そのものが目的であったが，アンドリュースの調査は経済調査をタイ政府のため，人類学の調査をハーヴァード大学のために行うこととなっており，アンドリュース自身も人類学者であった[9)]。いわば彼は本来の目的の人類学調査を行う見返りとして，経済調査も「ついで」に行ったのである。

これらの調査のうち，初回のジンマーマンは交通路の整備の必要性については多少言及しているものの，具体的に鉄道整備よりも道路整備を推進すべきという主張は行っていない。ところが，第2回目のアンドリュースによる調査では，従来の鉄道優先政策を転換して道路整備を急ぐよう政策の変更を求め，道路整備の重要性を強調している。とくに調査報告書の第17章「経済発展」では，経済発展に不可欠な三大条件として，バンコク港の改良（深水化），農業協同組合の拡大とともに，内陸部での道路建設を挙げている［Andrews 1935: 387–394］。彼は農民の経済生活にとって商業の発展が最も重要であるとし，そのために道路の整備を重視すべきであると強調している［Ibid.: 388–391］[10)]。

アンドリュースは，タイの鉄道については1920～30年代に急速に整備が進んだと強調していた。図1-1のように，鉄道1マイルあたりの人口数をアジアの他国と比較して，タイの数値6,623人はマラヤ，日本には及ばないものの，蘭領東インド（蘭印），仏印，フィリピン諸島，中国よりは勝っていることから，タイにおける鉄道整備は十分であると結論付けた。とくに，現在建設が中断されている

図 1-1　タイの鉄道と道路密度の国際比較

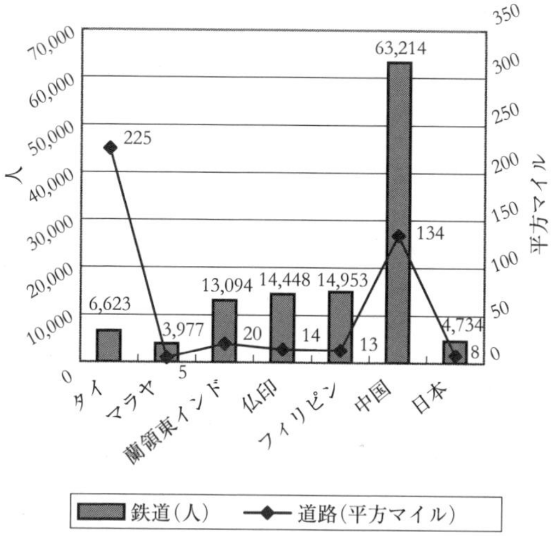


注：鉄道は 1 マイルあたりの人口を，道路は 1 マイルあたりの面積を指す。
出所：Andrews [1935]：389–390 より筆者作成

東北部のサコンナコーンへ至る鉄道については，道路建設に代替する方が望ましいと主張した [Ibid.: 389–390][11]。

これに対し，道路整備は鉄道建設時代に停滞したため，同じくアジアの他国と比較して低い水準にあると主張した。同じく図 1-1 の彼が示した道路 1 マイルあたりの面積によると，タイは道路密度が 1 マイルあたり 225 平方マイルと最低であり，マラヤなど東南アジアの隣国はおろか，次に低い中国の 134 平方マイルに比べても非常に低い数字であることが分かる。これらの数値は，タイの鉄道は隣国よりも密度が高い一方で，道路密度は著しく劣っているとの彼の主張の重要な根拠となっている。

アンドリュースは，とくに東北部における道路整備の必要性を強調していた。東北部で彼が調査した村落の世帯あたりの収入は他地域よりも低く，東北部は「貧しい」地域であるとの印象を与えた[12]。彼はその解決策を商業の振興に求め，商業を奨励するための道路整備の必要性を強調したのである [Ibid.: 219]。確かに，立憲革命までの東北部の道路は，幹線道路の多くが州道であり，国道は 1 線しか存在しなかった[13]。東北部では 1920 年代にコーラートからウボン，ノーンカーイ，ナコーンパノムへ向けて鉄道を延伸するための建設工事が行われていたため，道路整備は相対的に遅れていた。彼はこの鉄道延伸計画を中止し，代わりに道路整備を行うよう提言したのである。

ジンマーマンが道路整備の主張を行わず，アンドリュースのみがこれを強調した背景には，この2回の調査の間に発生した立憲革命の影響と政府との協調が考えられる。アンドリュースが調査中にボーウォーラデート殿下の反乱が起こっていることから，この報告が執筆された時にはすでに道路整備を優先する政府の方針は固まっていたはずである。また，先に述べたようにアンドリュースの主目的は人類学の調査であったことから，便宜を図った政府のためにその意向を尊重するような形で報告を出したとも考えられよう。

これを裏付けるかのように，アンドリュースの主張は道路建設18年計画の策定理由にそのまま利用されている。自治土木局が策定した「1935/36年全国道路建設計画に関する覚え書き」には，彼の調査で道路整備が重要であると結論付けられたことが言及されており，彼が掲載した図1-1のデータが一部換算されて利用されている[14)]。この覚え書きの中で語られている道路整備の必要性は，まさに彼が主張したものなのである。

このことから，アンドリュースの調査結果は，道路整備を推進しようとしている政府にとって非常に好都合な「口実」あったことが分かる。政府は道路整備の重要性を治安維持面から重視したのではあるが，彼は道路の重要性を経済面からも証明して見せた。これを利用することによって，政府は道路整備の本来の目的である治安維持を全面に出すことなく，「経済発展のための道路整備」との看板を掲げることに成功したのである。

### (3) 初めての全国道路整備計画 ── 道路建設18年計画の策定

ボーウォーラデート殿下の反乱後，軍は陸軍参謀局に全国の道路建設計画案を策定させた。この案はあくまでも陸軍の要求に基づくものであったため，統治や経済面での必要性とは異なる場合もあることから，軍務省では内務省，経済省，海軍の代表と交渉して計画を最終的に確定させることになった[15)]。この検討委員会は1935年1月と10月に開催され，同年末には対象路線を計1万4,865km，建設費を1億5,313万4,000バーツとすることが決まった[16)]。その後，36年1月の閣議でこの計画案が基本了承され，新たに設置された関係局長からなる全国道路建設遂行検討委員会（Khana Kammakan Phicharana Damnoen Kan Sang Thang Ratcha Anachak）が「1935/36年全国道路建設計画に関する覚え書き」を策定し，3月に首相に提出した[17)]。

この計画は対象期間が18年と長期に渡ることから，実際の建設は別に策定する5年ずつの下位計画に従って行うことになっていた[18)]。最初の下位計画である1936年から40年までの第1次5年計画では，計3,086kmを3,000万バーツの予算で建設する予定であり，仏暦2478年道路建設法により5年間の予算額を規定した[19)]。当初は道幅8m，路面5mの砂利かラテライトの道路を建設し，将来交通量の増加に応じて改良することになった［TLK 1972: 170］。18年計画に含まれる路線の詳細は判明しないが，筆者が道路局年報などから推測した対象路線をまとめると図1–2のようになる[20)]。

先の「覚え書き」には，対象路線を決めた際の原則として，1：すべての県の県庁所在地を他県と連絡させること，2：農業開発の価値が高い地域を通ること，3：鉄道と連携すること，4：水運と連携すること，5：統治への利益となること，の5点が挙げられている[21)]。これまでと大幅に異なる点は1であり，各県が最低隣接する県の1つと道路で結ばれることは，すべての県が相互に道路で結ばれる，すなわちタイ国内に「1つの道路網」が構築され，同時に首都バンコクと全県が道路のみで結ばれるようになることを意味した。

これは，従来の道路整備方針とは全く異なるものであった。これまでの道路の役割はあくまでも鉄道の補完機能であったことから，首都バンコクから地方へ伸びる道路は1つも存在せず，しかも地方に存在する道路も鉄道の駅を起点に奥地に伸びており，国内に「1つの道路網」を構築するという発想はなかった。従来の樹状交通網は，鉄道と道路を用いて首都バンコクとタイの領域内の各地を連絡することが目標であったが，この新たな計画は道路のみでタイの領域内の各県間を相互に連絡することを主目的としていた。

しかしながら，この道路計画は鉄道の役割を全く否定するものではなかった。図1–2のように，鉄道に沿って建設される予定の道路は少なく，鉄道と道路が平行する区間は極力避けられていた。鉄道のルートは全体としてバンコクと各地域を結ぶ最短ルートとなるように選択されていたことから，この計画で完成する道

図 1-2　全国道路建設 18 年計画の該当路線

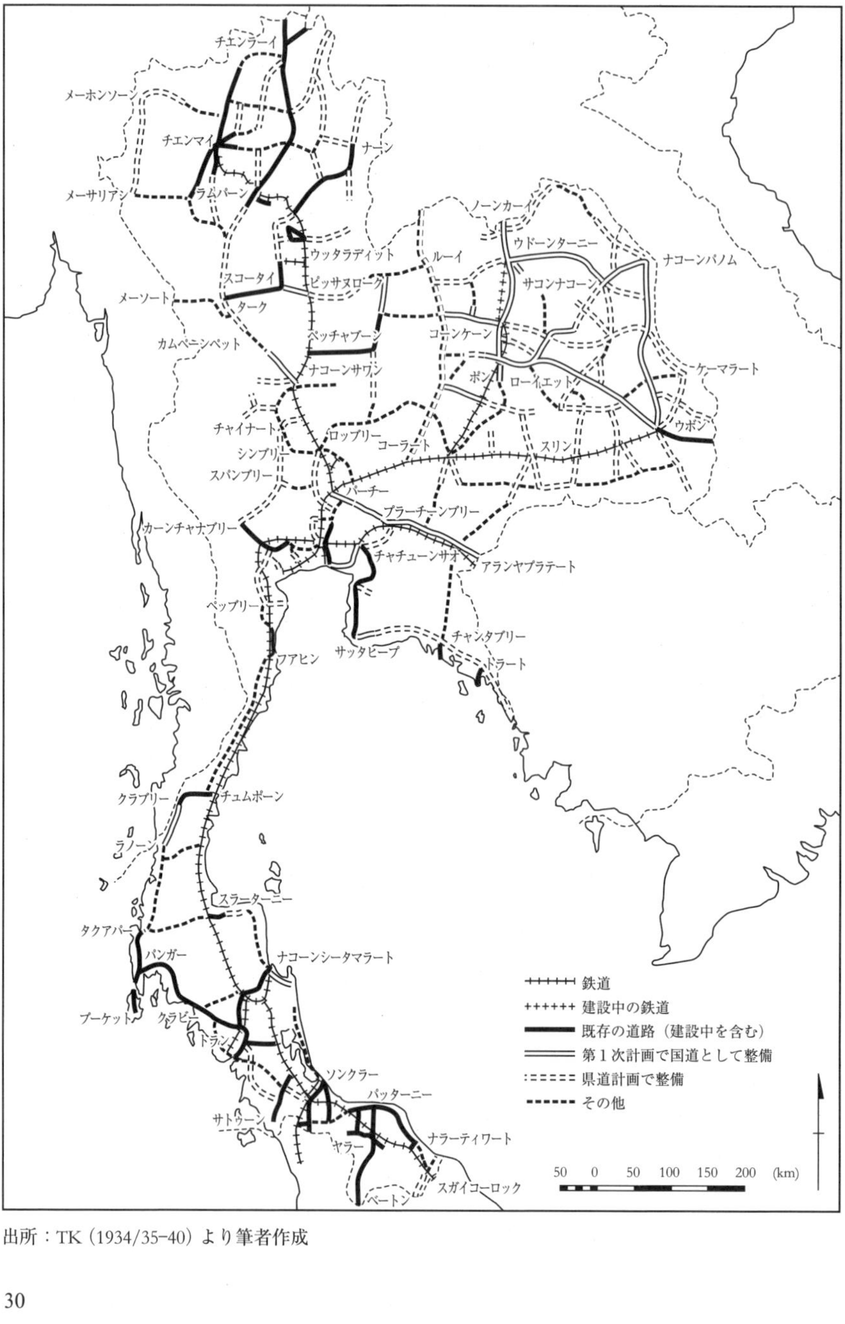


出所：TK（1934/35–40）より筆者作成

路は鉄道よりも迂回路となるものであった。例えばバンコクから東北部へのルートは，鉄道は最短経路のドンパヤーイェン越えのルートでバンコク～コーラート間を約260kmで結んでいたが，道路は北のロッブリー経由チョン・サムラーン越えと東のプラーチーンブリー経由の2線が計画されており，同区間の所要距離はそれぞれ410km，370km程度と見込まれた[22]。

これは，当時はまだ地域間輸送の主役であった鉄道の役割を道路にすべて代替させる考えが存在しなかったことを示唆している。当時の未舗装で低規格な道路状況では，自動車の輸送費用は鉄道に比べて相対的に高く，賃率にすると自動車輸送の輸送費は鉄道輸送の10倍は高かった[23]。加えて所要距離も鉄道に比べて大幅に長いことから，これらの道路網を用いてバンコクと地方間の長距離貨物輸送を行うことが事実上不可能なことは明らかである。すなわち，これらの道路は鉄道が利用できない際の迂回路としての役割，言い換えれば治安維持面の役割が高かったことが分かる。

一方で，例外的に鉄道に完全に平行する道路が含まれている区間が3ケ所存在する。東北部のポン～ウドーンターニー間は，この間の鉄道建設が遅れたことから，既に鉄道に接続する道路が州道として整備されていたために含まれていた[24]。バンコク～チュムポーン間は，マレー半島を南下する区間であり，南部の道路網を他地域と接続させるためには必然的に鉄道に平行した道路を作らざるを得ない。一方，中部のプラーチーンブリー～アランヤプラテート間は軍が軍事的な意義が高いとして強固に建設を主張したもので，鉄道に完全に平行することで鉄道への影響が多少は出るものと既に考えられていた[25]。この道路はカンボジア国境に至ることから，軍はカンボジア国境の防衛面からこの道路整備を主張したものと思われる[26]。

実は，この道路はパーチー～プラーチーンブリー間道路と接続してバンコク方面へのルートを形成するものであったが，バンコクからのプラーチーンブリーまでのルートは鉄道よりも迂回している。むしろ，この道路はバンコクの北約150kmに位置するロッブリーとカンボジア国境を結ぶことを目標としていたものと考えられる。ロッブリーからカンボジア国境へは鉄道でも到達できるが，この道路経由では所用距離が大幅に短縮された。

ロッブリーは，当時軍都として様々な軍施設が建設されていた[27]。これは，

1933年のボーウォーラデート殿下の反乱に地方の部隊が多数に参加したために，地方部隊の建て直しが必要となり，その拠点としてロッブリーが選ばれたためである［Wanlapha 1994: 85］。この軍都計画を推進したのが38年に首相に就任したピブーンであり，首相就任後は世界情勢の悪化と相まって軍都計画は急速に推進されていった。ロッブリーは地方の拠点としての役割のみならず，有事の際の首都バンコクへの兵力派遣の拠点としての役割も重視された。ロッブリー軍都化計画とこの道路計画の策定は，どちらもボーウォーラデート殿下の反乱後に始まることから，当然ロッブリーから各地への交通の便を向上させようとする軍の意向が反映されることになった。

このため，18年計画が目標とする道路網は，首都バンコクを中心としたものとも捉えられる一方で，軍都ロッブリーを中心とする性格も持ち合わせていた。図1-2のように，計画ではロッブリーから東西南北の4方向に道路が伸びており，さらにそれぞれ途中からはカンボジア国境方面，ペッチャブーン方面などへの道路が分岐していた。この道路網には，有事の際にロッブリーからの兵力派遣を迅速に行う目的が隠されていたのである。

### (4) 理想と現実 ── 第1次5年計画の実像

18年計画下での最初の下位計画となる第1次5年計画（1936/37～1940年）は，当初3,086kmを整備対象としていた[28)]。その後，既に道路状況が良い区間が外され，実際には2,880kmへと変更された。この第1次計画に含まれた路線は，図1-2の「既存の道路」の大部分と「第1次計画で国道として整備」とされた路線であり，多くは既に完成しているか，もしくは既着工の区間であった。対象区間のうち，1936/37年以前に完成していた区間は551km，既着工区間は719kmであり，新規着工区間は全体の56％であった[29)]。また，新規着工区間には東北部で県道から移管された区間559kmも含まれていた[30)]。これを考慮すると，純然たる新規着工区間は総計1,051kmと全体の約36％に過ぎず，重点は新道路建設というよりも既存道路の補修に置かれていたことが分かる。

最初の5年計画で整備すべき対象とされた道路は，実は以前と同じ鉄道フィーダー道路が中心であった。バンコクからチャチューンサオを通ってラヨーンまで至る幹線も存在したが，中心は鉄道から奥地へと至る鉄道フィーダー道路であり，現実にはタイ国内に「1つの道路網」を構築するには時期尚早であった。この時点において，鉄道も道路もまだ到達していない県は，全69県中28県に上っていた。この計画では，そのうちの18県に道路を到達させることを目標としたのである[31]。計画に含まれなかった10県のうち，8県はチャオプラヤー・デルタやタイ湾東岸に位置し，バンコクとは水運で直結されていたことから，この計画が完成すれば東北部のルーイと北部のメーホンソーンを除いた全県が，バンコクから鉄道，自動車，水運によって連絡可能となることを意味した。

確かに，政府としては早期にバンコクと各地を連絡する幹線道路を完成させたかったのであろうが，まだ多数存在していた鉄道も道路も到達していない県をそのまま放置するわけにはいかなかった。立憲革命後設立された国会では，各県から選出された議員が自らの県への交通路の改良を求めていた[32]。例えば，1934年の国会ではチャイヤプーム県のルアン・ナートニティターダー（Luang Natnithithada）がチャイヤプームから最寄りの鉄道駅ブアヤイまでの旅程がいかに困難であるかを自分の体験を元に訴え，この間の道路整備を早期に行うよう要求した[33]。同年にはルーイ県のブンマー（Bunma Sutsi）も，鉄道の終着点であるコーンケーンからルーイへの道路を年中自動車や牛車が通行できるように整備するよう要求していた［RKB Vol. 51: 4652–4653］。

18年計画はタイ国内に「1つの道路網」を構築することを目標としていたものの，実際にはそれを直ちに実現できるような状況ではなかった。当面の課題は，立憲革命前から行われていた鉄道へのフィーダー道路の早期完成であった。各県からの要求が高まる中で，これはやむを得ない措置ではあったが，他方で将来バンコクから地方へ伸びる幹線となるような道路も多少建設され始めた。この点が，立憲革命までのカムペーンペット親王の鉄道フィーダー道路建設に特化した道路政策との大きな相違点であった。

## 第2節　道路政策の軍事化

### (1) 進まぬ国道整備

18年計画の最初の第1次年計画は新規着工分の占める割合がそれほど高くは

図 1–3　国道総延長の推移（1934/35 ～ 45 年）

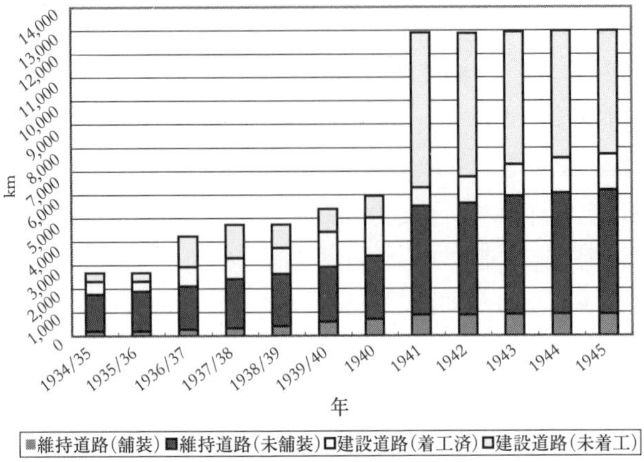


注：1941 年より「失地」分の道路距離が含まれている。
出所：附表 1 より筆者作成

なかったが，既着工分や修復分を含めて 5 年間で計 2,880km の国道を完成させるということは，年平均で約 600km の道路を完成させることを意味した。それまで最大でも年間 250km 程度しか完成させていなかった実績からすると，この目標は非常に高いものであり，計画が予定通り進むかどうかは当初から疑わしいものであった[34)]。

第 1 次 5 年計画に含まれた 2,880km の建設と修復は，1936/37 年から順次開始され，新規着工分の 1,610km についても 37/38 年までには建設道路に指定された[35)]。41 年 3 月までの完成状況を見ると，対象路線 2,880km のうち未完成区間は計 411km であった[36)]。すなわち，既着工分と新規着工分を合わせた計 2,329km のうち，約 18％が完成しなかったことになる。このうち，中部のピッサヌローク～スコータイ間，南部のクラブリー～ラノーン間，クラビー～パンガー間の 3 区間については，完成した区間が全く存在しなかった。クラビー～パンガー間では，建設距離 81km のうち 79km の区間では築堤の建設も行われていない状態，言い換えれば未着工の状態であった［TK（1934/35–1940）: 101］[37)]。

このような計画の遅れは，道路局の能力を越えたためとみなすことも可能であるが，計画外の道路の新規着工の影響を受けたものとも理解される。図 1–3 は，1934/35 年から 45 年までの国道総延長の推移を示している。36/37 年から 41 年までの間に維持道路が約3,000km増加しているが，第1次計画のうちこの期間内に完成した道路は1,918kmであることから，1,000km以上の道路が別に完成していることになる[38]。

計画外道路の増加は，計画内に含まれた道路建設に充当するはずであった予算を奪うことになった。当初は，計画内道路の予算を削ると，削られた道路沿線の住民や議員から苦情が出るとして，計画外道路に対しては計画内道路の予算とは別に特別予算を組んでいた。例えば，次に述べるロッブリー〜コーラート間道路の建設開始にあたっては，住民の反発の回避のため特別予算を組むことになった[39]。

しかし，その後特別予算にも限界が生じたものと見られ，計画内道路の予算が他の計画外道路に転用されるケースが見られるようになった。例えば1941年には，南部の3区間を新規着工したものの，予算がないためにクラビー〜パンガー間建設用の予算36万バーツのうち，前者2区間に計10万バーツ，最後の1区間に6万バーツを充当することにした[40]。このため，計画内に含まれていたクラビー〜パンガー間の建設予算は20万バーツに削減されたのである。ピッサヌローク〜スコータイ間も他の道路への予算の転用を受けていることから，計画内道路で期間内に建設が終わらなかったものの多くは，計画外道路に予算を奪われたことが遅延の主要な原因と考えることができる。

予算以外にも，人材確保の問題があった。道路局が管轄する道路は大幅に拡大し，建設区間も全国に広まっていたが，それに伴い技師の不足も深刻となった。1941年の全国県知事会議の場で，道路局長は道路建設を実行する技師が不足しているため，各県に配置すべき技師が足りないこと訴えており，その理由として技師の養成が追い付かないことと，辺鄙な地方の屋外での道路建設という過酷な労働条件を好まない者が多いことを挙げていた［Mahatthai 1941: 218–221］。

第1次計画に含まれた道路は，鉄道も道路も到達していない県へのアクセスを改善する役割を持っていたものの，実際には18県のうち南部のラノーン，パンガー，プーケットの3県への連絡は1940年までに完成しなかった。これらの県はアンダマン海を用いれば，鉄道と水運を継いでバンコクから到達可能であったので，道路の必要性は内陸部ほど高くなかったことが，建設が遅れた要因であろう。当初第1次5年計画を策定した際には，極力各県を平等に扱う姿勢を示したものの，タイを取り巻く世界情勢の変化により，計画外の道路の必然性が高まったことから，平等主義の継続は徐々に難しくなっていった。

計画外道路は，日中戦争の開始，ヨーロッパでの第2次世界大戦の開戦，日本の仏印進駐など徐々に緊迫する世界情勢の中で，主として軍事的な理由から建設が開始された道路である。これらの道路はすべて18年計画に含まれる道路ではあったが，第1次計画からは漏れたものであった。このため，これらの道路は計画外道路として建設されることになり，第1次5年計画は徐々に形骸化することになった。

最初に浮上したのは，ロッブリー～コーラート間道路である。先のロッブリー軍都化計画の一環として，ロッブリーから東北部へ至るこの道路が18年計画に含まれていたが，鉄道フィーダー道路が優先された第1次5年計画には，ロッブリーから放射状に延びる道路網はいずれも含まれなかった。このため，1938年6月に軍務省が首相に対し，東北部への軍の派遣が心配されるのでこの道路を至急建設するよう要求した[41)]。第1次計画にはバンコクと東北部を結ぶ道路2線はどちらも入らなかったことから，鉄道のみに依存せざるを得ない東北部への兵力輸送に軍が懸念を持ったのである。道路局の年報によると，この間は39/40年に建設道路に編入されて建設が開始されている。

1939/40年には，バンコク～ロッブリー間道路となるドーンムアン～ロッブリー間，ロッブリー～シンブリー間，カムペーンペット～ターク間が建設道路に含まれ，これらの区間は北部への幹線となる道路の一部であった。東北部では，ヤソートーンからメコン川畔のケーマラートへ至る道路が追加された。さらに40年にはナコーンサワン～ターク間の全区間で建設が開始され，ビルマ国境のメーソートへの道路も建設道路となった。また，同じ年に将来南部への幹線となるノーンケー（フアヒン）～チュムポーン間も建設道路に含まれた。結局，40年までに計画外道路として建設が始まった道路は計1,100kmに及んだ。

このように，増加した計画外道路は，バンコクと各地を結ぶ将来の幹線道路と国境へ至る道路の2つに大分された。第1次計画ではこのような幹線や国境への道路は含まれていなかったが，世界情勢の悪化により政府は有事の際の地域間での兵力の移動と国境への迅速な派遣を目指して，これらの道路を計画外道路として建設することになった。

### (2) 実体なき県道整備

先の 18 年計画の対象となる約 1 万 5,000km の道路は，国道のみならず県道によっても構成されていた。国道は道路局（道路部）が直接建設や維持を行うものであり，主に県間を結ぶような幹線が該当していたが，一方の県道は道路局が管轄しているものの，実際の建設や維持は県が行い，路線は県庁所在地と県内の郡や，県内の郡間を結ぶものが中心であった［TK（1934/35–1940）: Do（chada）］[42]。18 年計画に従って整備される道路はすべて国道とされたことから，最終的には計画の対象となった道路はすべて国道になる予定であった。

一方で，第 1 次 5 年計画が開始される 1936/37 年には，全国各地で数多くの県道が新たに指定されていた。表 1–1 は，35/36 年と 36/37 年の県道距離を比較したものである。これを見ると，全国の県道の総延長は 36/37 年に約 7,000km も増加したことが分かる。地域的には東北部の管区で県道距離が急増しており，アンドリュースの提言である東北部での道路整備の推進が忠実に実行に移されたことになる。18 年計画と同時に県道計画を策定した事実は確認できないが，この年に県道の数が急速に増加していることから，18 年計画の策定に附随して全国の県道が規定されたことは間違いなかろう。

この新たに県道に選ばれた道路の多くは，将来国道に昇格されうる幹線道路か，未だに鉄道も国道も到達していない郡を最寄りの鉄道か国道と結ぶ道路であった。図 1–4 は 1936/37 年の県道の分布状況を示しているが，これを見ると県間を結ぶような長距離の県道も存在する一方で，県庁所在地や鉄道駅から最寄りの郡へ向けて伸びるフィーダー道路も多いことが分かる。県間を結ぶ県道の中には，第 1 次 5 年計画に含まれて数年で国道に昇格したものもあるが，多くは第 2 次以降に対象となる路線であることから，すぐには建設できないのでとりあえず県道に指定しておくことになったものと理解される。

表 1–2 は，18 年計画と県道計画に含まれる道路が到達する郡の数を管区別に示したものである。これを見ると，両計画がすべて完成すると鉄道も道路も到達していない郡，すなわち近代的交通手段から取り残される郡が非常に少なくなることが分かる。とくに新規の県道によって道路が到達する郡の比率が圧倒的に高いことが分かる。地域的にはバンコク管区で到達しない郡が多いが，これはアユッタヤーなど水運が利用可能であるために，鉄道や道路の必然性が低い地域が

表1-1　管区別県道総延長の比較（1935/36年～36/37年）（単位：km）

| 管区 | 1935/36 | | | | | | 1936/37 | | | | | |
|---|---|---|---|---|---|---|---|---|---|---|---|---|
| | 維持道路 | | | 建設道路 | | | 維持道路 | | | 建設道路 | | |
| | 舗装 | 未舗装 | 計 | 着工済 | 未着工 | 計 | 舗装 | 未舗装 | 計 | 着工済 | 未着工 | 計 |
| バンコク | 1 | 45 | 46 | — | — | — | — | 75 | 75 | 159 | 330 | 489 |
| プラーチーンブリー | — | 48 | 48 | — | 5 | 5 | — | 97 | 97 | 80 | 331 | 411 |
| ロッブリー | — | — | — | — | — | — | — | 16 | 16 | 88 | 145 | 233 |
| ピッサヌローク | — | 17 | 17 | 24 | — | 24 | — | 55 | 55 | 99 | 625 | 724 |
| プレー | — | 57 | 57 | 9 | 130 | 139 | — | 61 | 61 | 108 | 749 | 857 |
| チエンマイ | 14 | 105 | 119 | 57 | 121 | 178 | 19 | 101 | 120 | 147 | 594 | 741 |
| コーラート | — | — | — | — | — | — | — | 56 | 56 | 145 | 415 | 560 |
| ウボン | — | 30 | 30 | — | — | — | — | 67 | 67 | 110 | 1,037 | 1,147 |
| コーンケーン | — | 416 | 416 | 33 | 87 | 120 | — | 83 | 83 | 128 | 1,766 | 1,894 |
| プラチュアップキーリーカン | 3 | 86 | 89 | 15 | — | 15 | 2 | 54 | 56 | 37 | 119 | 156 |
| ナコーンシータマラート | — | 82 | 82 | — | — | — | — | 85 | 85 | 52 | 250 | 302 |
| ソンクラー | — | 108 | 108 | 7 | 25 | 32 | 4 | 100 | 104 | 120 | 63 | 183 |
| | 18 | 994 | 1,012 | 145 | 368 | 513 | 25 | 850 | 875 | 1,273 | 6,424 | 7,697 |

注1：管区は1952年当時のものである。各管区管轄の道路は必ずしも当該県内の区間のみとは限らない。

注2：各管区に含まれる県は以下の通り。バンコク：バンコク，トンブリー，アユッタヤー，アーントーン，ノンタブリー，パトゥムターニー，ナコーンパトム，スパンブリー，カーンチャナブリー，ラーチャブリー，サムットサーコーン，サムットソンクラーム，サムットプラーカーン，プラーチーンブリー：プラーチーンブリー，チャチューンサオ，チョンブリー，ラヨーン，チャンタブリー，トラート，ロッブリー：ナコーンナーヨック，サラブリー，ロッブリー，シンブリー，チャイナート，ウタイターニー，ピッサヌローク：ナコーンサワン，カムペーンペット，ターク，スコータイ，ピッサヌローク，ピチット，ペッチャブーン，プレー：ウッタラディット，プレー，ナーン，チエンラーイ，チエンマイ：ラムパーン，ラムプーン，チエンマイ，メーホンソーン，コーラート：コーラート，チャイヤプーム，ブリーラム，ウボン：スリン，シーサケート，ウボン，ナコーンパノム，コーンケーン：コーンケーン，マハーサーラカーム，ローイエット，カーラシン，サコンナコーン，ウドーンターニー，ノーンカーイ，ルーイ，プラチュアップキーリーカン：ペッブリー，プラチュアップキーリーカン，チュムポーン，ラノーン，ナコーンシータマラート：スラーターニー，ナコーンシータマラート，トラン，クラビー，パンガー，プーケット，ソンクラー：パッタルン，サトゥーン，ソンクラー，パッターニー，ヤラー，ナラーティワート。

出所：TK（1934/35–40）：233–394より筆者作成

図 1-4　1936/37 年の県道網

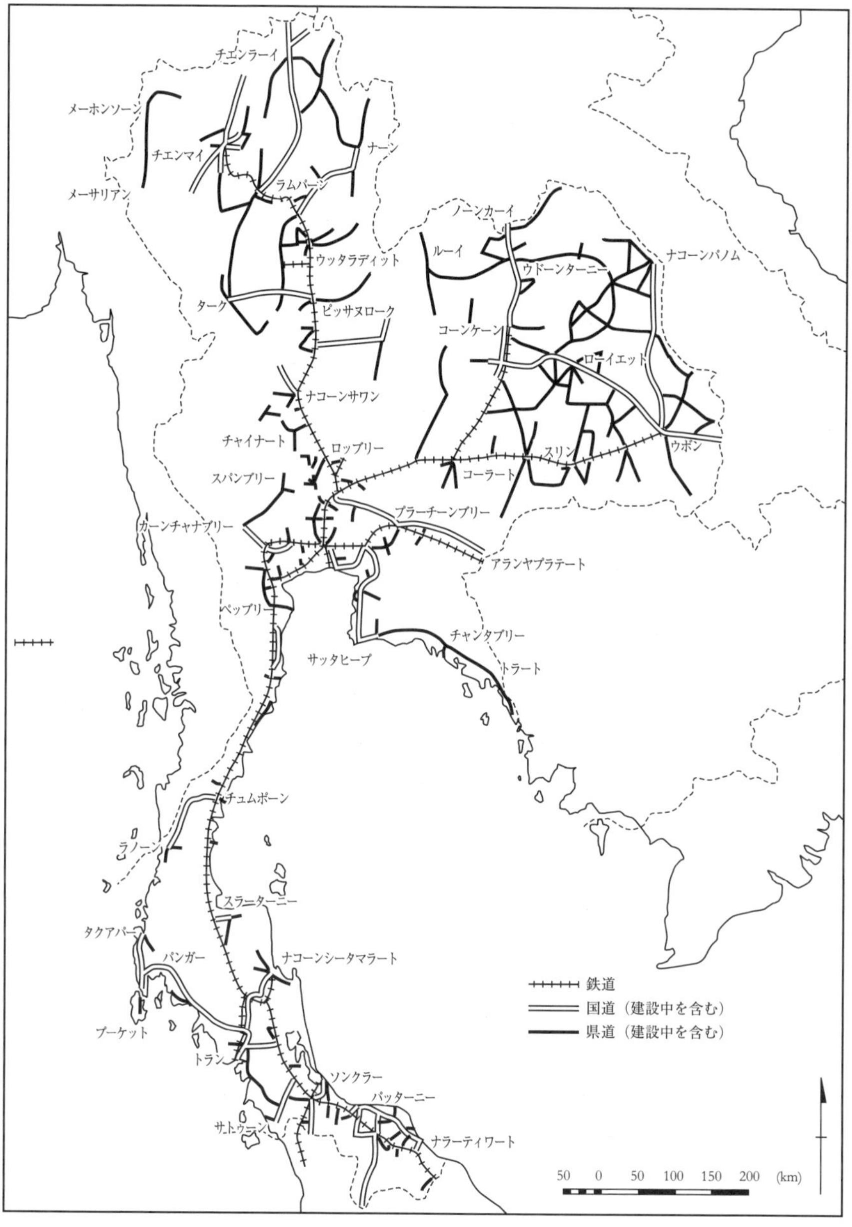


出所：TK（1934/35–40）より筆者作成

表 1-2　管区別の鉄道・道路到達郡数

| 管区 | 総郡数 | 鉄道／道路が到達 | | 道路到達予定 | | | 残郡数 |
|---|---|---|---|---|---|---|---|
| | | 鉄道 | 道路 | 第1次国道 | 県道計画 | 18年計画 | |
| バンコク | 69 | 18 | 4 | 2 | 24 | 4 | 17 |
| プラーチーンブリー | 34 | 9 | 8 | 2 | 13 | 2 | — |
| ロッブリー | 30 | 6 | 1 | 4 | 11 | 8 | — |
| ピッサヌローク | 39 | 10 | 5 | 5 | 14 | 2 | 3 |
| プレー | 27 | 5 | 12 | — | 10 | — | — |
| チエンマイ | 36 | 7 | 16 | — | 9 | 1 | 3 |
| コーラート | 22 | 8 | — | — | 10 | 2 | 2 |
| ウボン | 33 | 6 | 1 | 9 | 16 | — | 1 |
| コーンケーン | 47 | 3 | 4 | 10 | 29 | 1 | — |
| プラチュアップキーリーカン | 20 | 11 | 2 | 2 | 2 | 2 | 1 |
| ナコーンシータマラート | 39 | 13 | 12 | 3 | 3 | 5 | 3 |
| ソンクラー | 40 | 16 | 17 | — | 5 | 2 | — |
| 計 | 436 | 136 | 111 | 63 | 165 | 51 | 30 |

注1：管区の区分は表1-1と同じであり，郡数はSYB（1935/36-36/37）pp. 8-10を基準としている。
注2：バンコクおよびトンブリー県は除外してある。
注3：道路が到達する基準は，県庁所在郡の場合はバンコクと接続できること（鉄道利用可），その他の郡の場合は県庁所在郡と接続できることとする。
注4：道路が到達している場合には，18年計画以前に着工されている建設道路が到達している場合も含む。
注5：道路到達予定郡には，既に鉄道が到達している郡へ新たに道路が到達する場合は含まない。
注6：第1次計画国道は，第1次5年計画に含まれた国道を，18年計画国道はそれ以外の18年計画に含まれた国道を示す。
出所：TK（1934/35-40）より筆者作成

含まれるためである。反対に，北部，南部，東北部では到達率が高く，北部は3郡，南部は島を除くと1郡のみ，東北部も3郡が対象から外れているのみである。

すなわち，この県道整備計画は，各県内において近代的交通手段である鉄道と自動車が到達できない郡の存在を可能な限り減らすことを目的としていたのである。この方針は，アンドリュースの提案に沿ったものでもあるし，治安維持面の役割を担うものでもあったが，同時に各県の国会議員の欲求を満たすものでもあった。議員は自分の県における道路整備ができるだけ数多く，しかも迅速に行われることを希望したが，予算面や技術面の制約から第1次5年計画の該当路線が含まれない県も存在した。このような県の議員の不満を軽減するために，この大規模な県道計画が策定されたものと考えられる。すなわち，「見かけ上」県レ

図 1-5　県道総延長の推移（1934/35 ～ 45 年）

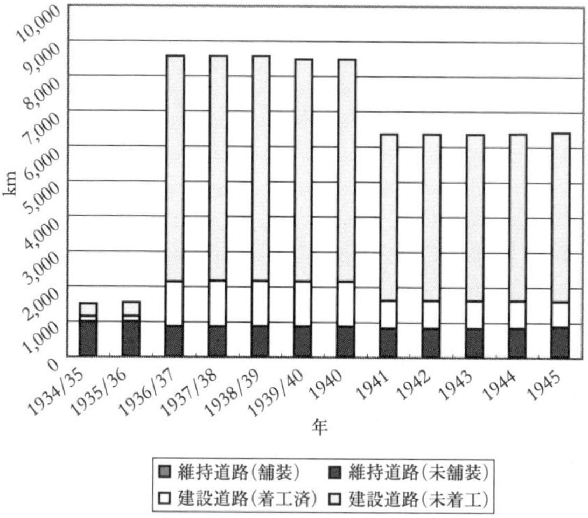


注：1941 年より「失地」分の道路距離が含まれている。
出所：附表 1 より筆者作成

ベルでの公平性が保たれるように配慮したことで，政府は 18 年計画や第 1 次 5 年計画に含まれる道路の決定を円滑に行おうとしたものと理解されよう。

しかしながら，実際にはこれらの県道の整備は全くと行ってよいほど進展しなかった。図 1-5 は 1934/35 年から 41 年までの県道総延長の推移を示している。これを見ると，36/37 年に多数の県道が建設道路に指定されたものの，維持道路の総延長はその後ほとんど変化せず，41 年には逆に減少していることが分かる。つまり，36/37 年に建設道路に指定された県道のうち，41 年までに完成したものは実質ゼロなのである。

また，建設道路の総延長は 1936/37 年から増加せず，41 年には 2,000km ほどの減少を見ており，これは国道への移管が行われたことを示している。県道の中には，18 年計画に含まれるものの第 1 次 5 年計画に入らなかった区間も数多く存在していたため，それらが次に述べる第 2 次計画に含まれることで県道総延長が大きく減ったのである。つまり，36/37 年に大量の県道が指定されてからは，新たに追加された県道が存在しない一方で，国道に編入される県道が少なからず存在したのである。

さらに注目すべき点は，建設道路中の「未着工」区間の多さである。1936/37

年には建設道路中の約 83％が未着工状態であったが，40 年の時点でもその割合は変わらず，41 年には着工済，未着工の区間それぞれから国道に昇格した区間が発生したために，未着工区間の割合は 86％に上昇している（附表 1 参照）。すなわち，36/37 年からの 5 年間で未着工区間が着工されたケースはほとんど存在せず，県道の状況はこの間全く変わることなく，一部がそのままの状態で国道に移管されたのであった。

政府が県道を放置したことは，建設道路に指定された県道の整備を行う意志が始めからなかったのではないかとの疑念を抱かせる。1939 年にラムパーンの国会議員プラヤー・アモーンウィサイソーラデート（Phraya Amonwisaisoradet）はラムパーン～チェーホム間道路の建設状況について政府に問い正したが，政府の回答は 36 年から建設を開始したものの，この道路は県道なのでいつ完成するか分からないとのものであった［RKB Vol. 56: 2819–2821］[43]。県道計画は，単に第 1 次 5 年計画に含まれなかった県出身の議員や住民の不満をそらすのが目的であり，それが達成されると政府は県道整備を実行に移すでもなく，そのままの状態で放置したものと解釈するのが妥当であろう。

立憲革命後の政府は，それまでの王政政府との相違点を明らかにするために民主主義を謳ったが，議員による局地的な道路整備の要求と，緊迫する世界情勢下で強固な国民国家建設を模索する政府の方針は，矛盾することが多かった。この矛盾を解消するためには，いかに地方からの要求に応えるというミクロな配慮をしつつ，国家の安全保障というマクロな目的を達成するかが重要な点であった。県道計画はミクロな要求に配慮するために生まれたものの，マクロな目的の達成の前に事実上放置されたのである。

### (3) 道路整備計画の頓挫

第 1 次計画の終了を受けて，政府は 1941 年から始まる第 2 次計画を策定することになった。この計画の対象道路や対象期間の詳細は不明であるが，後の資料では 41 年から 52 年までの 12 年計画であり，対象区間は計 1 万 3,393km であると書かれている[44]。この記述が正しいとすれば，この第 2 次 12 年計画では，18 年計画に含まれている道路のうちで 40 年までに未完成なものをすべて対象としていることになる。この中の一部は，既に第 1 次計画期間中に計画外道路として建設が開始されているものもあった。

この頃になると，戦争の可能性がいよいよ高まっており，政府としても公然と軍事目的の道路建設の必要性を主張できるようになったことから，先の計画外道路の目標である各地域への幹線道路と国境への道路整備が急速に行われることになった。道路局の年報によると，1941 年には計 4,900km もの国道が新たに建設道路に指定された。これに該当する道路は図 1–6 に示されており，北部，東北部，南部への幹線で一部未着工であった区間が加わって，北はビルマ国境から南はマラヤ国境までの縦貫道路が着工されたことが分かる。また東北部へはカビンブリー経由の第 2 ルートも着工され，さらにコーラートからノーンカーイ方面への未着工区間も着工された。すなわち，第 1 次計画では難しかった「1 つの道路網」を構築するための道路が，多数指定されたのである。

さらに，「失地回復」による管轄道路の増加も，この計画に反映された。ヨーロッパでは第 2 次世界大戦が開戦し，フランスがドイツに敗退すると日本軍は援蒋ルート寸断との名目で 1940 年 9 月に仏印北部へ進駐した。フランスの敗退を利用したピブーン首相は，「失地回復」を要求して仏印と対立し，両国間の紛争が発生した[45)]。日本の調停により，タイが 04 年と 07 年にフランスに割譲したルアンプラバーン，チャムパーサック，バッタンバン，シェムリアップの大部分を「回復」することで，この問題は 41 年 5 月に終結した[46)]。

この「失地」については，その領内に存在する道路は道路局が管轄することになり，道路の未整備な地域においては新たに建設道路が指定された。道路局が継承あるいは新規指定した失地内の道路も図 1–6 に示されており，41 年の時点で維持道路 445km，建設道路 1,194km であった[47)]。新規道路については，国境に沿って「失地」の外周を通るようなルートや，タイ領内の他地域との連絡を考慮したものとなっており，ここでも新たな国境へのアクセスを重視した道路が中心を占めていることが分かる。

新たに道路局が管轄することになった国道は，「失地」も含めると 1941 年に約 7,000km も増加した。これらの整備を一斉に行うことは事実上不可能であるものの，一方で軍事上の理由から至急道路を建設してほしいとの要求が相次いた。その結果，規格を落としてでも軍事車両が通行できる程度の道路をできる限り数多く建設する方向へと傾いた。40 年 4 月の閣議では，ピブーン首相がバンコクか

図 1-6　1941 年の国道網

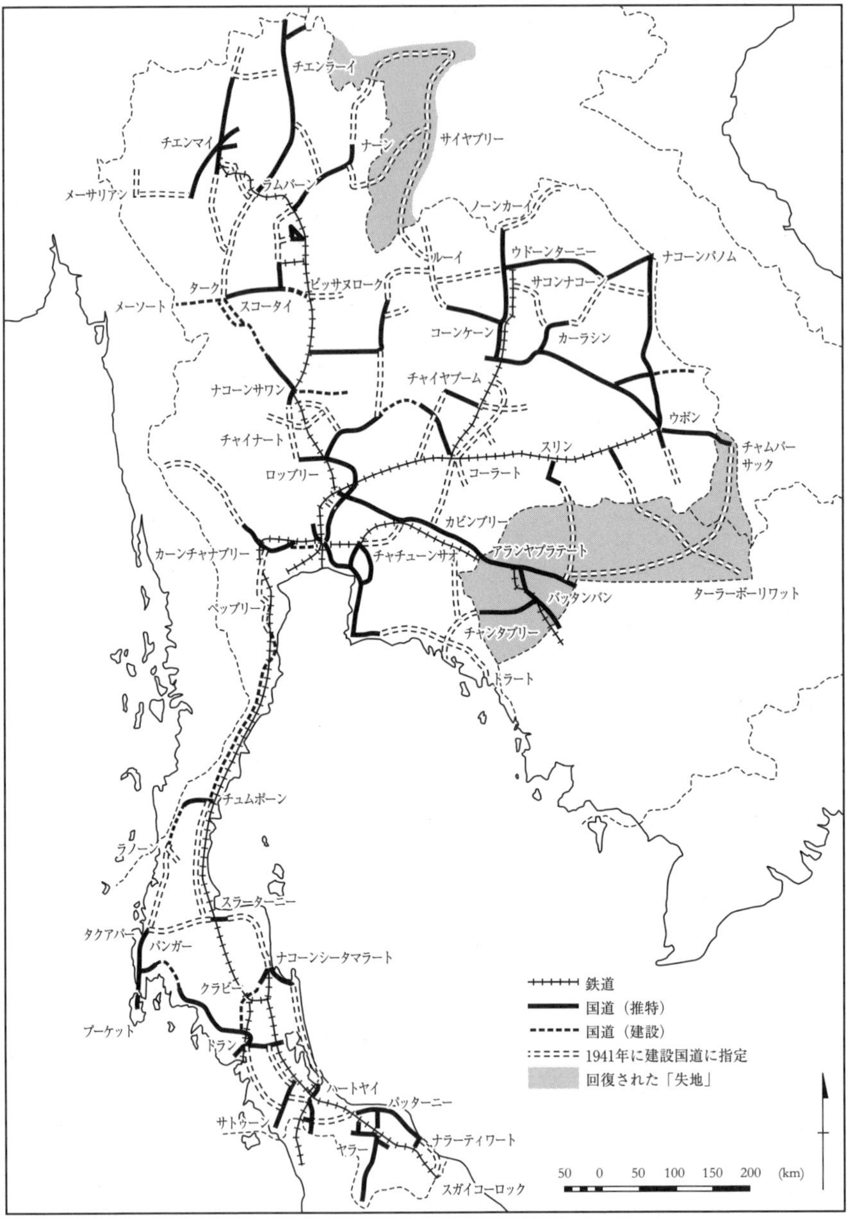


出所：TK (1941–48) より筆者作成

ら北部のチエンセーンまでの道路が一部通行できない区間があるので，とりあえず全区間で自動車が通行できるよう築堤の建設のみで済ませる方法を提案した[48]。もはや一刻の猶予もなく，すみやかに全国各地へ車両が通行可能な最低限の道路を伸ばしていく以外には選択肢はなくなったのである。

結果として，18年計画の策定時に政府が期待したタイ国内への「1つの道路網」の構築は，図らずとも世界情勢の悪化とともに1941年からの第2次計画において早くも実現へ向けて動き出すことになった。第1次5年計画や県道計画のような見せ掛けの平等主義を持ち出すまでもなく，早急に地域間の幹線道路を建設できる状況が到来したのである。

しかしながら，実際にはこの夢はそう簡単には実現しなかった。1941年12月8日未明に，日本軍がタイへ上陸したことを契機に戦争が現実のものとしてタイを襲うことで，第2次計画も事実上頓挫した。第2次計画に基づき，計4,900kmもの国道が新たに建設道路に指定されたものの，戦争により計画通りの道路整備は不可能となり，新たに追加された軍事面の道路も建設は遅々として進まなかった。41年の維持国道は計5,500km程度であったが，45年にその数は6,000kmを越えており，約700km弱の増加となっていた。ここには「失地」内で建設国道から維持国道となった分も含まれており，旧タイ領内の増加分は計510km程度であった。

戦争中に開通した道路は各地に分散しており，ある特定の区間に集中したわけではないが，その中で最も重要なものはロッブリー〜コーラート間道路の全通であった。前述のようにこの道路は計画外道路として1939/40年から建設が開始され，41年までに中間の50kmを残して工事は完成していた。最後に残った区間は中部と東北部を分断するチョン・サムラーン峠を越える区間であり，難工事であったことから完成が遅れたものと思われる。戦争中もこの道路の建設は続行され，ついに43年8月に全線が開通した[49]。

この道路は，タイで最初の地域間道路となった。これまで東北部はバンコクと鉄道のみで結ばれており，東北部の道路は域外とは全く接続していなかった。前述のボーウォーラデート殿下の反乱の際にも，バンコクと東北部の間の交通手段は鉄道しか存在せず，それが道路整備の必要性を痛感させたわけであったが，待望の道路がようやく戦時中のこの時点で開通したのである。軍事輸送に酷使されて輸送力が大幅に下落していた鉄道を代替する手段として，この道路の開通は大きな期待を抱かせたはずである。

しかしながら，実際には新たな東北部への輸送ルートがすぐにその真価を発揮させることはなかった。この道路は規格の低い未舗装道路であり，高速での走行も不可能な悪路でしかなかった。また，前述したようにこの道路は鉄道に比べるとはるかに遠回りのルートとなっており，バンコク～コーラート間の所用距離は約400kmと鉄道の約260kmと比べても明らかに不利であった。おまけに戦争により民間の自動車も多数軍用として徴用されており，たとえ徴用を免れたとしても燃料不足により動けない自動車も増えていった。このため，確かに道路はできたものの，実際の輸送面での役割は非常に限定されていたはずである。

泰緬鉄道の場合と同様に，日本軍が軍事目的で建設を要求する道路も存在した。日本軍はタイに侵入後直ちに，ビルマへの進軍のためカーンチャナブリー～タヴォーイ間，メーソート～モールメイン間の2つのルートを利用するので，3ヵ月以内に自動車が通行できるような道路を作るよう求めた[50]。当然ながら短期間でタイ～ビルマ間の山脈を横断する道路を建設することはできなかったが，日本軍は道なき道を進んでビルマに侵入した。ちなみに，前者については後にルートを若干改め泰緬鉄道が建設されることになる。

その後1944年に入ると，日本側からタイ側に11月までに軍事道路4線の建設を緊急に行うよう要求してきた[51]。これは，1：バンコク～ハートヤイ間，2：メーソート～ターク間，3：ウドーンターニー～ナコーンパノム間，4：プラチュアップキーリーカン～チョン・シンコーン間の道路であった。タイ側で対応を検討した結果，ウドーンターニー～ナコーンパノム間は既に道路があるので，残りは仮設道路（Thang Lamlong）として建設することになった。このうち，バンコク～ハートヤイ間は約1,000kmに及ぶ長距離の道路であり，全線鉄道に平行させて建設し，橋は鉄道橋を共用するとしていた。これは当時爆撃や車両不足で鉄道の輸送能力が落ちていたことから，鉄道を代替する目的で計画したものと思われる。実際にどこまで建設が行われたのかは不明であるが，実現することはなかった。

結局，戦争直前の時期から戦時中にかけて，数多くの軍事目的の道路整備要求が出されたものの，その大半が実現しなかった。そして，多数の道路を整備しようとしたことで道路水準が低下したのみならず，戦時中に適切な維持がなされなかったことから，道路網の状況は悪化の一途を辿り，その復興が終戦後の課題となるのである。

## 第3節　鉄道政策の変遷 ── 劣勢と攻勢

### (1) 冷遇される鉄道 ── 道路との競合

政府の道路整備への熱が高まるのと同時に，鉄道に対する態度は冷淡なものとなった。鉄道優先政策から道路優先政策への転換も，アンドリュースの提言通りに進み，鉄道の新線計画も見直しを迫られたのみならず，初めて既存の路線の廃止も視野に入れられることとなった。立憲革命までの鉄道への順風は突然逆風へと変わり，鉄道はかつてない厳しい立場に追いやられることとなった。

立憲革命時の鉄道建設の状況は，東北部のコーラート～コーンケーン間184kmの建設が進展し，残すはブアヤイ～コーンケーン間104kmのみとなっていた。また，1930/31年からの第3次鉄道建設計画の中に盛り込まれたコーンケーンからノーンカーイまでの174kmと，途中のクムパーワピーから分岐してナコーンパノムへ至る240kmの測量と開拓が開始されたばかりであった［柿崎 2000a：168］[52]。このうち，33年に完成予定であったコーンケーン線の建設は続行され，同年4月に無事開業に至ったものの，コーンケーンから先への延長線の建設は一時凍結された。結局，第3次計画のうちウドーンターニーまでの119kmのみ建設を続行することになり，残りは中止された。ナコーンパノムへの支線は，アンドリュースが鉄道より道路の建設をすべきであると提言したものであった。

鉄道局では新線建設の必要性を訴えたが，これまでとは異なり道路建設のほうが望ましいとする反対意見が常に出たため，鉄道建設推進の大きな障害となった。鉄道局は建設が中止された区間のうち，ウドーンターニー～ノーンカーイ間について，その必要性を訴える理由書を経済省経由で閣議に提案していたものの，内務大臣が現在は道路の時代であると主張し，アンドリュースの提言も根拠にして反対の意向を示していた[53]。その後1938年に鉄道局は新たに南線のスラーターニーから分岐してプーケット島の対岸のターヌンに至る162kmの鉄道建設を計画して政府に申請したが，大蔵大臣が収支面から難色を示し，鉄道を建設しても自動車にはかなわないと主張した[54]。このように，立憲革命からしばら

表1–3　鉄道局と自治土木局の支出額の推移（1932/33～41年）（単位：千バーツ）

| 年 | 鉄道局 | | 自治土木局 | | 政府総歳出 |
|---|---|---|---|---|---|
| | 金額 | （%） | 金額 | （%） | |
| 1927/28–31/32 平均 | 12,932 | 12 | 3,708 | 3 | 108,755 |
| 1932/33 | 8,986 | 12 | 1,231 | 2 | 73,544 |
| 1933/34 | 7,934 | 10 | 4,120 | 5 | 77,433 |
| 1934/35 | 7,842 | 10 | 4,934 | 6 | 79,793 |
| 1935/36 | 8,488 | 9 | 6,832 | 7 | 99,407 |
| 1936/37 | 10,283 | 9 | 8,637 | 8 | 110,548 |
| 1937/38 | 9,532 | 8 | 8,489 | 7 | 125,412 |
| 1938/39 | 11,392 | 9 | 11,942 | 9 | 132,930 |
| 1939 | 5,824 | 8 | 8,641 | 12 | 74,182 |
| 1939/40 | 14,408 | 8 | 13,387 | 7 | 189,193 |
| 1941 | 14,983 | 8 | 15,261 | 8 | 198,890 |

注1：鉄道局，自治土木局とも通常支出と資本支出（特別支出）の合計額である。1927/28–31/32年までは道路局の支出額を示し，それ以降は自治土木局の支出を示すが，自治土木局の支出は道路部以外の分も含む。
注2：比率は政府総歳出に占める割合を示す。
注3：暦年の変更により，1938/39年までは4月から翌年3月まで，1939年は4月から9月まで，1939/40年は1939年10月から翌年12月まで，1941年は1月から12月までの期間となっている。
出所：OFA（1929/30）–（1941–50）より筆者作成

くの間は，明らかに鉄道よりも道路を重視する傾向が見られた。

さらに，鉄道は一部路線で不要論まで出始めた。1936年にはタイで最初に建設されたバンコク～パークナーム間のパークナーム鉄道の50年間の免許期間が終了し，政府がこれを買収することで交渉を進めた。しかし，会社側が政府の買収価格に応じないと，政府は当時建設していたパークナームまでの道路にバスを運行することで，鉄道を買収せずに廃止させる計画を立てた[55]。結局，直前に会社側が折れて政府はこの鉄道を引き継いだものの，40年にはバンコク港の建設に伴う道路拡張に支障するため，この鉄道のバンコク～クローントゥーイ間の廃止が，鉄道局を管轄する経済省自らから提案された[56]。タイの鉄道も例外なく，自動車との競争に次第に不利な立場に置かれるようになった。

政策の転換は，支出面からも明瞭に見て取れた。表1–3は鉄道局と自治土木局（道路局）の支出の推移を示している。これを見ると鉄道局の支出は伸び悩んでいるが，道路局の支出は35/36年頃から急速に増加し，38/39年には鉄道局分を上回っている。鉄道関係の支出を道路が上回ったのは，これが初めてのことであった。道路局の支出はこの10年間で3倍以上増加したのに対し，鉄道はようやく革命前の水準に戻った状況であった。政府の総歳出に占める割合を比較すると，鉄道局の比率は革命前よりやや下がっており，反対に自治土木局の比率は鉄道局と同程度にまで増加している。

このように陸上交通整備の比重は，立憲革命前とは異なり鉄道から道路へと傾いていった。ボーウォーラデート殿下の反乱を契機にして高まった道路整備の必要性は，アンドリュースの農村経済調査の結果で経済的な有効性に太鼓判を押され，最終的に道路建設18年計画としてその姿を具体化したのに対し，鉄道は明らかに道路に対して不利な立場に置かれていったのであった。

### (2) 鉄道の復権 ── 全国鉄道建設計画の策定

しかしながら，道路優先政策の下で一時は鉄道の整備が停滞したものの，世界情勢の不穏化に伴い，再び鉄道の整備も模索されることとなった。その最初の兆候は，1938年に鉄道局が提案した，南線のスラーターニーから南部西海岸のプーケット島対岸に位置するターヌンまでの161kmの新線建設計画であった。この計画の策定の経緯は不明であるが，鉄道局が首相に提案する形をとっていた[57]。鉄道局が作成した提案書には，南部西海岸地域のペナンとの近接性を指摘しており，この地域への交通路を改良しないとマラヤの一部になってしまう可能性もあると，警戒心を煽るような理由が述べられていた[58]。

閣議では大蔵大臣，内務大臣らが鉄道建設に難色を示したものの，経済，軍務，内務，大蔵の各大臣からなる検討委員会を設置して検討することになった[59]。この場では先に鉄道局から提案が出されていたウドーンターニー～ノーンカーイ間も検討対象となり，さらに鉄道局が追加したクムパーワピー～ナコーンパノム間建設のための調査と，フアワーイの薪輸送軽便線のメートル軌への改軌も検討課題となった[60]。1939年5月の閣議で検討した結果，ノーンカーイへの延伸とナコーンパノムへの延伸を比較するとナコーンパノム線の需要のほうが見込まれるとして，結局ターヌン，ナコーンパノムへの延長を推進することに決めた[61]。スラーターニー～ターヌン間の建設は，40年までに測量が終了したため，コーンケーン～ウドーンターニー間の建設が41年6月に完成したのを受けて，そこで従事していた建設部隊を投入する形で着工された［RFT 1970: 439–440］。

図1–7　1941年全国鉄道建設計画

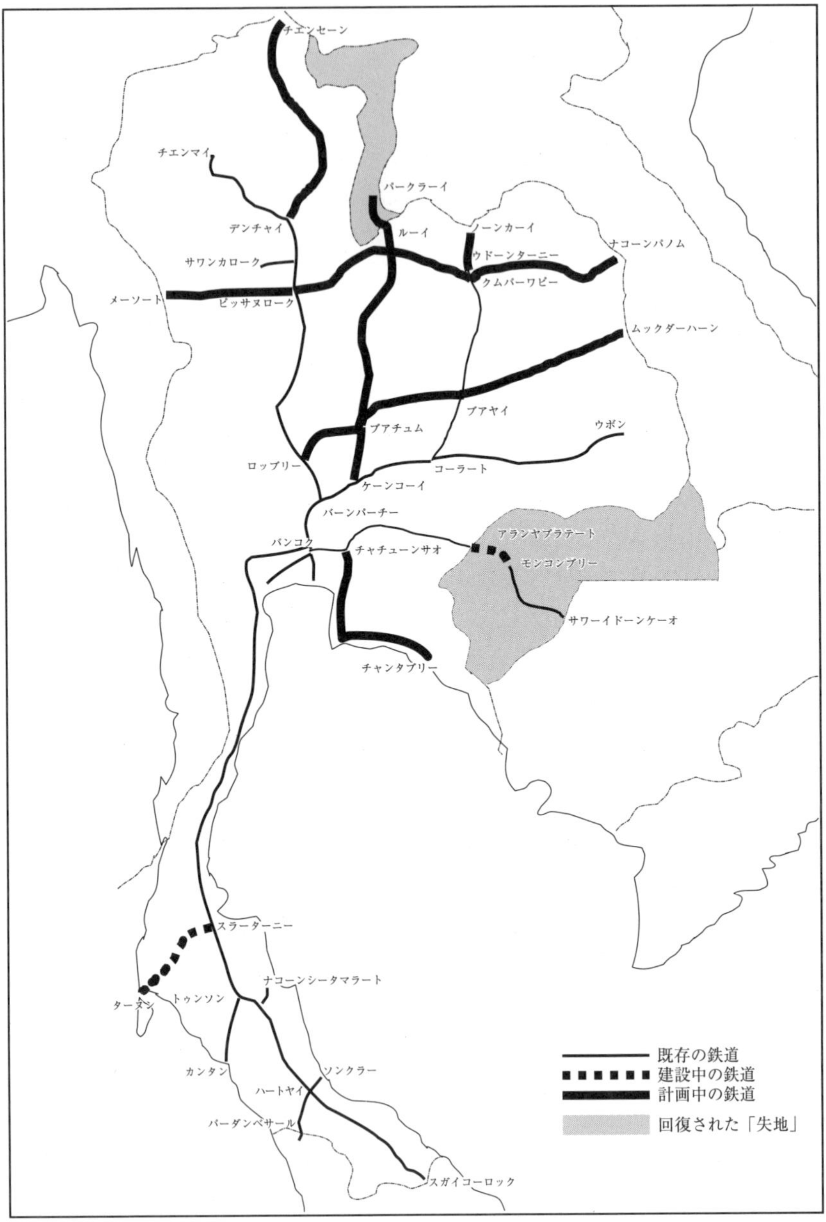


出所：NA Kho Kho. 0202. 9. 7/2より筆者作成

また，上述の「失地回復」は道路とともに新たな鉄道をタイの鉄道網に組み込むこととなった。仏印ではプノンペン～モンコンブリー間の鉄道が1932年に開通し，タイ側の東線に接続させるために残るモンコンブリー～タイ国境（アランヤプラテート）間55kmの建設を進めていた［Robequain 1944: 94］。ところが，「失地回復」により，仏印のプノンペン～モンコンブリー間鉄道の「失地」内区間をタイ側が継承すると共に，仏印が建設していたモンコンブリー～旧国境間もタイ側で建設を続行することになった[62]。新たにタイと仏印の国境となったサワーイドーンケーオまではアランヤプラテートから166kmの距離であり，建設中の区間も42年4月までに開通し，バンコクからバッタンバンまでの運行が開始された[63]。

このような情勢の中で，タイは非常に野心的な鉄道建設計画を策定した。これが，1941年全国鉄道建設計画である。「失地」内の路線も含まれていることから，同年5月の「失地回復」後に策定されたものであろう。この計画では，41年時点で建設中であったスラーターニー～ターヌン間と，「失地回復」によりタイが建設を継承したアランヤプラテート～モンコンブリー間以外に，今後25年間に計2,488kmの新線を建設することを目標としていた[64]。その路線網は図1-7の通りであり，図で計画中とされている区間の新設とバーンパーチー～ロッブリー間の複線化が新たに計画されたものであった。

この図を見ると，チャチューンサオ～チャンタブリー間が沿岸部を通るルートである以外は，いずれも内陸部の路線であることが分かる。地域的には東北部の比重が大きく，先に建設が決まったナコーンパノム，建設が中止されたノーンカーイへの路線のみでなく，新たにムックダーハーンへの路線が加わったほか，ロッブリー～ブアヤイ間にも新たに東北部とバンコク方面を結ぶルートが含まれている。これは，輸送力増強の隘路となっているコーラート線のドンパヤーイェン越えのバイパスであった[65]。この線を東北部への第2の幹線とするために，バーンパーチー～ロッブリー間の複線化も計画に含まれていた。

「失地」への鉄道としては，バッタンバン方面の他に，ケーンコーイからパーサック川流域を北上してルーイを経由してパークラーイへ至る鉄道も含まれている。特筆すべきはピッサヌローク～クムパーワピー間であり，これまでのタイの鉄道網がバンコクから放射状に伸びる路線のみで構築されてきたのに対し，この路線は初めての放射間を結ぶ路線であった。この区間はナコーンパノム，メーソートへの路線と接続して東西に横断するルートを構築し，建設中の仏印のタンアップ～ターケーク間鉄道と結ぶことで，インドシナ半島を東西に横断する国際鉄道に発展する可能性も秘めていた[66]。

この鉄道網の再拡張計画は，一見すると矛盾する側面を備えていた。すなわち，一方で鉄道に依存しない交通体系の確立を目指して道路整備を優先する政策を打ち出したのに対し，他方では再び鉄道の整備を模索した点である。ピブーン首相は自動車好きであり，遠隔地を視察する際もわざわざバンコクから自動車で訪問したり，自ら自動車を運転して赴く場合もあった[67]。彼は道路整備が一向に進まないことに苛立ち，道路の整備状況が悪いと盛んに道路局に対して改善を要求していた[68]。そのような彼が，なぜ道路のみでなく鉄道の整備も求めたのであろうか。

ピブーン首相が再び鉄道網の拡張を模索し始めた背景には，当時の鉄道輸送と自動車輸送の間に依然として存在した大きな格差があった。確かに自動車は第1次世界大戦後急速に発展し，当時最先端の輸送手段であったものの，完全に鉄道を代替することはできなかった。その最大の理由は，低い道路水準であった。当時の道路はほとんどが未舗装道路であり，毎年の雨季の降水により路面が破損し，自動車の円滑な走行を妨げていた。道路整備の遅れは自動車の耐用年数の低下につながり，結果として輸送費を高いものとしていた。自動車1台当たりの積載量も多くても5トン程度と制限され，大量の重量品の輸送には不向きであった。

このため，緊急時に迅速に多くの兵力や物資を輸送するためには，自動車輸送のみでは対処できないと考えたのであろう。しかも，軍事輸送のための鉄道の必要性は，実際の軍事行動によって裏付けられることとなり，「失地回復」のためのフランスとの紛争の際には，カンボジア国境への東線が軍事輸送に利用されることになった[69]。カンボジア国境へは鉄道に平行する形でわざわざ道路も建設していたが，紛争後に次に述べるバーンスー～クローンタン線の建設という東線の輸送改良が画策されたということは，政府が有事の際の鉄道輸送の重要性を再確認したことを意味した[70]。この「失地回復」の紛争での経験が，41年の全国鉄道建設計画の策定につながったものと考えるのが妥当であろう。

写真2　東北部の劣悪な道路

撮影時期は戦後の可能性もあるが，ルーイ～チエンカーン間の道路であり，戦前は県道（建設道路）であった。
出所：TLK［1996］：187

### (3) 戦時下の鉄道 ── 日本軍の徴用と動脈の寸断

戦争中の鉄道は，日本軍の徴用による車両不足や施設の爆撃による寸断によって，輸送力不足に悩まされることとなった。タイは日本軍の通過を認めたことから，タイ国内に多数の日本軍が駐留することになり，兵の移動や物資の輸送に不可欠な交通手段は軍事輸送に駆り出されることになった。その結果，多数の車両が日本軍に徴用されることとなり，タイ側に大きな打撃を与えることとなった。

日本軍はタイに入った後，タイからシンガポールまで直通している鉄道を利用して兵や物資輸送を行い，マレー半島の制圧とシンガポール陥落を目指した。このマレー半島制圧作戦のために，タイの貨車1,000両以上が徴用されていた[71)]。これらの貨車は使用後シンガポールの対岸ジョホールバルなどに集められており，1942年3月の時点でも当時の鉄道局の貨車約3,900両の3分の1を超える1,358両がマラヤに滞留していた[72)]。タイ側の督促にも関わらず，これらがすべて返還されるまでには，1年以上の期間を要した。

また，軍用列車の運行もタイの鉄道車両不足の要因となった。日本軍はタイに進駐した直後より軍用列車の運行を始めており，平均するとバンコク～シンガポール間に1日3往復，バンコク～プノンペン間，バンコク～チエンマイ間に1日1往復が運行されていた[73)]。これらの軍用列車にはタイの車両も使用されており，1943年6月の時点でタイの有蓋車の約15%にあたる257両が徴用されていた[74)]。さらに，日本軍のバンコク～シンガポール間の軍用列車には，タイが保有する大型機関車70両のうち30両程度が徴用されており，貨物列車の牽引に不可欠な機関車不足は，貨車の不足以上に深刻であった[75)]。タイ軍の軍用列車も頻度は少ないながらも運行されており，車両不足に拍車をかけていた[76)]。このような車両不足が，後述する米輸送など様々な面で影響をもたらすことになる[77)]。

車両不足への対策として，タイ側は営業列車の運行本数の削減という形で対応せざるを得なくなった。戦前のタイ鉄道の列車運行本数は1日166本であったが，1943年の時点では1日96本に減っていた[78)]。中でも貨物列車の削減が顕著であり，定期列車のみの数字ではあるが戦前の1日44本から24本へと約半減となり，例えばコーラート～コーンケーン間の1日2往復の貨物列車はいずれも運休となった[79)]。この貨物列車の大幅な運休は，当然ながら既存の商品流通にも大きな影響をもたらしたはずである。

この時代には，軍事輸送を目的とした鉄道建設も行われることとなった。日本軍が軍事輸送用に建設した泰緬鉄道とクラ地峡横断鉄道については，吉川［1994］による詳細な研究があることからここでは触れないが，他にもタイが自ら建設ないし計画する鉄道も存在した。全国鉄道建設計画自体は，戦争の開始とともに実行に移されないままになっており，着工したターヌンへの建設も中断されたが，戦争中には軍事目的で新たに2つの路線が建設されることになった。1つはバンコク近郊のバーンスー～クローンタン間の6kmの路線で，東線の列車がバンコク市内を経由せずにバーンスーの操車場へ乗り入れることを可能とするものであった。この線は，仏印との紛争後に計画され，戦争中も建設が進められたが，完成には至らなかった［RFT 1970: 364］。

もう1つはピブーン首相のペッチャブーン遷都計画を受けて計画されたペッチャブーンへの鉄道であった。その起源は，1943年7月にペッチャブーンへ到達する鉄道を年内の完成させるよう，鉄道局と軍最高司令部が命じられたものであった[80)]。両者で検討した結果，北線のタパーンヒンからペッチャブーンまでの約130kmに軍事鉄道を建設する計画が立てられたが，問題は建設資材であった。とくに，レールの予備がないことからバンコク付近の複線区間を単線化してそのレールを充当することや，支線のレールを転用することなどが検討されたものの，日本軍からクレームが出る可能性も指摘された[81)]。このため，複線区間のレールのみで建設可能なパーサック川沿いのルートに変更となり，東北線のケーンコーイからチャイバーダーンまでの約70kmの建設が着手された[82)]。この間も完成する前に遷都計画の中止を受けて，建設は中断されてしまう。

戦争中の鉄道や道路には，平時の輸送に加えて軍事輸送という任務が新たに加わったことから，必要な車両や燃料が増加することになるものの，実際には新たな車両や燃料の供給は非常に限定されていたことから，車両や燃料不足という問題が発生することとなった。それに加えて，連合軍による爆撃の対象は橋梁，駅，機関区，工場など多岐に及び，線路から車両に至まですべてに被害が及んだ。車両面では，当時存在した蒸気機関車186両のうち，105両が被害を受け，うち78両が修復不能状態であった［RFT 1991: 197］。さらに，車両を修理するマッカサン中央工場は5回も爆撃を受け，車両の整備や修復も満足に行えない状況であった。たとえ工場が稼動可能であったとしても，補修用の部品の供給も途絶え

図1-8　鉄道旅客・貨物輸送量の推移（1935/36～45年）

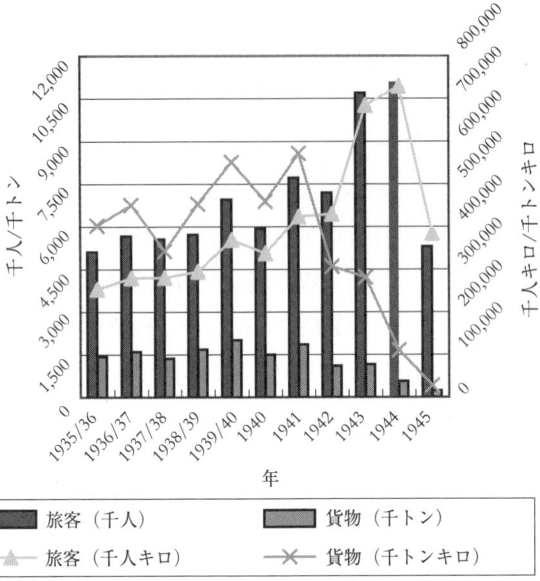


出所：附表3より筆者作成

ていたことから，破損した車両の補修は平時よりはるかに困難であった。

爆撃による鉄道施設への被害も，鉄道網の寸断をもたらすことになった。主要駅やヤードも22ケ所が被害を受け，バーンスー操車場は8割方被害を受けていた。破壊された線路の総延長も40kmに及び，橋梁もチャオプラヤー川に架かるタイで最も長いラーマ6世橋を始め28ケ所で被害を受けた［Ibid.］。このような状況のため，鉄道輸送は随所で寸断されていた。1945年2月の時点では，バンコクから北部への軍事物資の輸送は，ピッサヌロークまでが水運，ピッサヌローク～サワンカローク間が道路，サワンカローク～デンチャイ間のみかろうじて鉄道が利用できるという状況であった[83)]。兵力や軍事物資の輸送を鉄道に依存していた日本軍も水運に切り替えざるを得ず，タイ側に対してバンコク～バーンポーン間，バンコク～ピッサヌローク間で河川輸送を行うための船の調達を要求していた[84)]。

このように，戦争による鉄道網の寸断は，とくに貨物輸送面に大きな影響を与えることになった。図1-8は1930年代後半からの鉄道輸送量の推移を示してい

写真 3　戦争による鉄道の被害（1945 年）

「バンコクノーイ（トンブリー）駅とその周辺は 1945 年 3 月 5 日に爆撃を受けて破壊された」と書かれている。
出所：Sorasan [1996]：185

る。これを見ると，旅客輸送量は戦争中にむしろ増加しており，実質的な鉄道網の寸断は45年の数値が前年に比べて半減している点に現れているのみである。この戦時中の輸送量の増加は，燃料や車両不足による自動車利用客の転移と，貨物輸送力の低下を補うための「担ぎ屋」の増加があったものと推測される。他方で貨物輸送量は対照的に減少の一途を辿っており，45年の貨物輸送量は最盛期の39/40年と比べると，トンベースで約10分の1へ，トンキロベースで20分の1へと大きく落ち込んでいる。旅客の場合は橋梁の破壊による不通区間でも自ら歩いたり船に乗ったりして迂回することが可能であるが，貨物輸送の場合は多数の人夫や車，船などを動員して積み替える必要があり，ひとたび不通区間が発生すると輸送力は大幅に落ちることになった。貨物輸送量は大幅な落ち込みは，この時期の車両不足や路線の寸断の深刻さを如実に語っているのである。

## 小括

本章で扱った立憲革命から戦争期までの時期は，それまでのタイの交通政策，すなわち鉄道優先政策が大きく転換した時期であった。立憲革命後，1933年のボーウォーラデート親王の反乱により道路の必要性を痛感させられた政府は，アンドリュースの農村経済調査の結果も利用しながら，治安維持を主目的として全国に道路網を構築するという非常に野心的な全国道路建設18年計画を立てた。対する鉄道は，新線建設計画の中止やパークナーム線継承問題など，明らかに劣勢であった。すなわち，立憲革命後しばらくは道路の軍事面での役割を政府は重視していたのである。

しかしながら，一旦劣勢になった鉄道も再び脚光を浴びることになった。1940年の「失地回復」のためのフランスとの紛争により軍事面での鉄道の重要性を再認識したピブーン首相は，全国鉄道建設計画という壮大な計画を策定し，鉄道網の充実を図ることを目論んだ。鉄道が再び脚光を浴びた理由は，世界情勢の悪化に伴い鉄道の軍事上の役割，すなわち有事の際の兵力や物資の輸送が期待されたからに他ならない。

このように，立憲革命後の道路優先政策も，鉄道網の再拡張計画も，いずれも交通網の持つ軍事面の役割が期待されたからに他ならない。軍事のための交通政策が前面に出されたのは，ラーマ 5 世王期以来のことであった。19 世紀末から整備され始めたタイの鉄道は主に政治目的，すなわちバンコクと周縁部の交通条件の改善による領土の保全を主目的に建設されたが，第 1 次世界大戦後の 1920 年代に入るとむしろ経済的な役割を重視されることになった。立憲革命後の交通政策は，20 年代の経済目的重視の時代を挟んで，鉄道導入期と同一の軍事のための交通整備への回帰であった。

ただし，この軍事のための交通網整備は，結局タイが実際に戦争に巻き込まれることで頓挫してしまう。戦争は既存の交通路の疲弊ももたらし，軍事輸送に車両を徴用された鉄道は輸送力を大きく減少させ，その補完として期待された道路も自動車や燃料の不足で代替する役目を担うことはできなかった。さらに，酷使のみならず連合軍の爆撃も交通網を寸断し，戦後その復興が急務となるのである。

# 第2章
# 鉄道と道路の共用
## 戦後復興期の交通政策

前章に続いて，本章では戦争直後から「開発」の時代が始まるまでの期間，すなわち戦後復興期の交通政策を分析する。この時代は，再び国内外の情勢が悪化して軍事目的の交通網の整備が画策される時代であることから，基本的には前章で扱った時代の交通政策を継承していた。すなわち，全国に「1つの道路網」を構築するという計画を遂行する一方で，戦争直前に復活した鉄道網の再拡張も継続されることになる。

確かに大枠としては前時代からの継承と捉えることができるが，この時代の交通政策を考える上で，道路の質に関する問題を避けて通ることはできない。戦後復興期にタイの国道網は約2,000km以上拡大し，前時代からの目標であった「1つの道路網」の構築も何とか実現した。しかしながら，完成した道路網は未舗装の低規格道路が大半であり，唯一の例外が1958年に完成したフレンドシップ・ハイウェーであるという状況であった。この道路の質は，直接的に輸送時間や輸送費用の増減に関係するとともに，間接的に商品流通面での効用にも大きな影響を及ぼす。さらに，道路の質が悪いままであるならば，鉄道輸送の優位性も変わらないことになる。たとえ全国に「1つの道路網」が構築されようとも，質の悪い道路網の拡張である限り，鉄道網の拡張も正当化されるのである。

このため，本章ではこの道路の質という点に焦点を当てて，戦後復興期の交通政策を分析する。すなわち，道路網の量的改善がなされて全国に「1つの道路網」が構築されたにもかかわらず，道路の質的向上が実現されなかった要因を探るとともに，そのような状況下で破格ともいえる高規格道路であるフレンドシップ・ハイウェーが実現した背景を解明する。他方で，この道路政策に連動する形で推進された鉄道政策についても合わせて分析し，鉄道網の拡張政策の背景とその実際の成果を解明する。

以下，第1節で戦後の道路整備が再び軌道に乗るまでの道路の状況や整備計画の特徴を解明し，第2節で無計画な国道網の拡大とそれに伴う道路の質的低下の問題，そしてその中で開通した初の高規格道路であるフレンドシップ・ハイウェーの意義を検討する。次いで，第3節では鉄道の復興を既存路線網の輸送力増強という点から考察し，第4節では鉄道網の拡張計画とその実体について分析する。

## 第1節　低規格道路網の拡大 ── 質より量の道路整備

### (1) 道路建設18年計画の再開

立憲革命後に策定された道路建設18年計画に基づいて，タイ国内に「1つの道路網」を構築するべく道路整備が推進されてきたが，実際には未完成であった鉄道フィーダー道路の建設が先行し，さらに計画外道路の整備が優先されたことから，この目標は依然として達成されていなかった。1941年に新たに指定された道路は，将来地域間を結ぶ幹線道路となる路線や，国境方面への道路が多かったが，大半はまだ完成しておらず，道路網は依然として地域ごとに孤立して存在していた。唯一の例外は，ロッブリーとコーラートを結ぶ道路で，これによりバンコクと東北部との間が道路で結ばれた。

既存の道路の維持も，大きな課題であった。図 2–1 によると，国道の舗装道路距離は，1940 年代後半に若干減少傾向にあることが分かる。舗装道路は 45 年の約 900km から 49 年には 700km 強まで減少しており，このうち約 85km は「失地」内の道路が除外された結果であるが，それを除いても約 90km も舗装道路が減少したことになる（附表 1 参照）。道路局の年報によると，これらの道路の路面は舗装から砂利に変更されており，舗装が破損して砂利道になってしまったことを示している[1)]。

図 2–1　国道総延長の推移（1946 ～ 57 年）

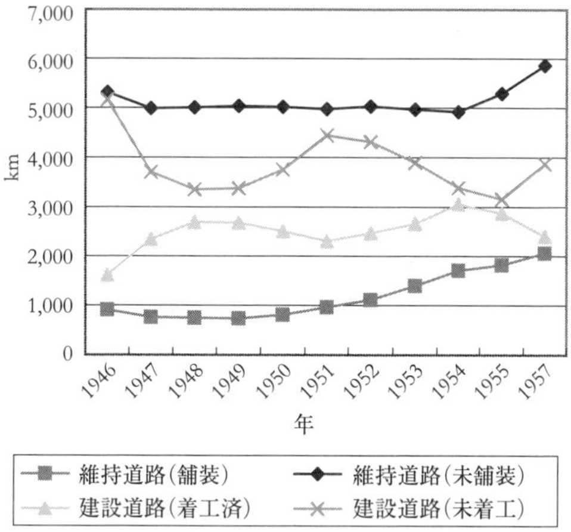


出所：附表 1 より筆者作成

未舗装道路の状況は，さらに悪化していたはずである。政府は軍事上の目的で全国へ至る道路網を緊急に整備しはじめたが，対象路線が多いため規格を落としてでもより多くの道路を作ろうとした。その結果，とりあえず自動車が通行できる程度の未舗装の道路が数多く作られることになり，それらは簡単に破損することになった。このような道路は乾季にしか利用できず，その後の雨季に破損して通行不能となることが多かった[2)]。

当時の新聞にも，道路整備の必要性を訴える投稿が数多く存在した。例えば，1947 年 12 月の『サヤームニコーン』紙の投稿記事では，中部のパーチー～ノーンケー間の国道は凹凸だらけで状況が悪く，このまま放置するのならいっそのこと廃止してしまったほうが良いと主張している[3)]。翌年 1 月の同紙には，東北部のウドーンターニー～ノーンブアラムプー間の道路について，20 年前から着工されたものの一向に完成しないと問いかける投稿も見られる[4)]。どちらの区間もこの時期には維持道路とされていたことから，維持道路の状況も決して良くはなかったことがうかがえる。

このため，政府は道路の復興を目指すことになり，頓挫していた道路建設 18 年計画を再開するべく，新たに第 2 次 5 年計画を立てることになった。道路局は

1936年から開始した第1次5年計画と同様に，この計画についても法律を規定して確実に予算を確保しようと考えた[5]。これは，41年以降は道路建設法を制定して毎年の予算を事前に決めなかったため，国の財政状況で道路局の毎年の予算が左右され，円滑な建設や維持を妨げる要因となっていたためである。道路局は政府に対し，49年4月に総額9億2,320万バーツの5年計画を提出した。この計画は国道建設，県道建設，長大橋建設からなり，対象路線は国道5,931km，県道3,894km，長大橋15ヶ所であった[6]。

ところが，法律による予算の規定は財政状況が悪化した場合に他の部門に影響が出るために，大蔵省は反対の意向を示して計画の再提出を求めた[7]。このため，道路局では1950年3月に改めて10年計画として再提出した[8]。この10年計画では，県道が道路局の管轄から外れたため国道建設と長大橋建設のみとなり，総額で13億8,519万バーツとなった[9]。対象路線は国道7,490km，長大橋34ヶ所と，5年計画よりもやや増加した。

10年計画の対象路線は，図2-2に示した通りである。基本的には18年計画に含まれた道路が中心であり，多くは1941年からの旧第2次計画で新たに建設道路に指定された区間である。しかし，従来と異なる点は，18年計画よりも地域間を結ぶ幹線としての役割を担う路線がより多く設定されている点と，18年計画の理念であったすべての県に道路を到達させる構想がより具体化している点である。

地域間の幹線となりうる区間は，言い換えれば鉄道に平行する区間であった。18年計画では原則的には鉄道に平行する道路は設定されなかったが，この10年計画では鉄道に平行してバンコクと周縁部を結ぶ幹線の一部となるような道路が含まれた。それは東北部への幹線となるサラブリー～コーラート間と，南部への幹線となるチュムポーン～スラーターニー間である。東北部へはロッブリー経由の道路が戦時中に完成していたし，南部へはチュムポーンから西海岸経由の道路が着工されていたにもかかわらず，この計画では両地域への更なる短絡路として，あえて鉄道に平行する道路を含めたのである。

すべての県へ道路を到達させる構想は，チャオプラヤー・デルタ地帯や東北部の道路網に顕著に現れた。18年計画では全県に道路が到達し，バンコクと道路のみで結ばれることを目標としていたが，第1次計画，旧第2次計画ではこれを

写真 4　破損した舗装道路

出所：TLK［1996］：200

図 2-2　国道建設 10 年計画

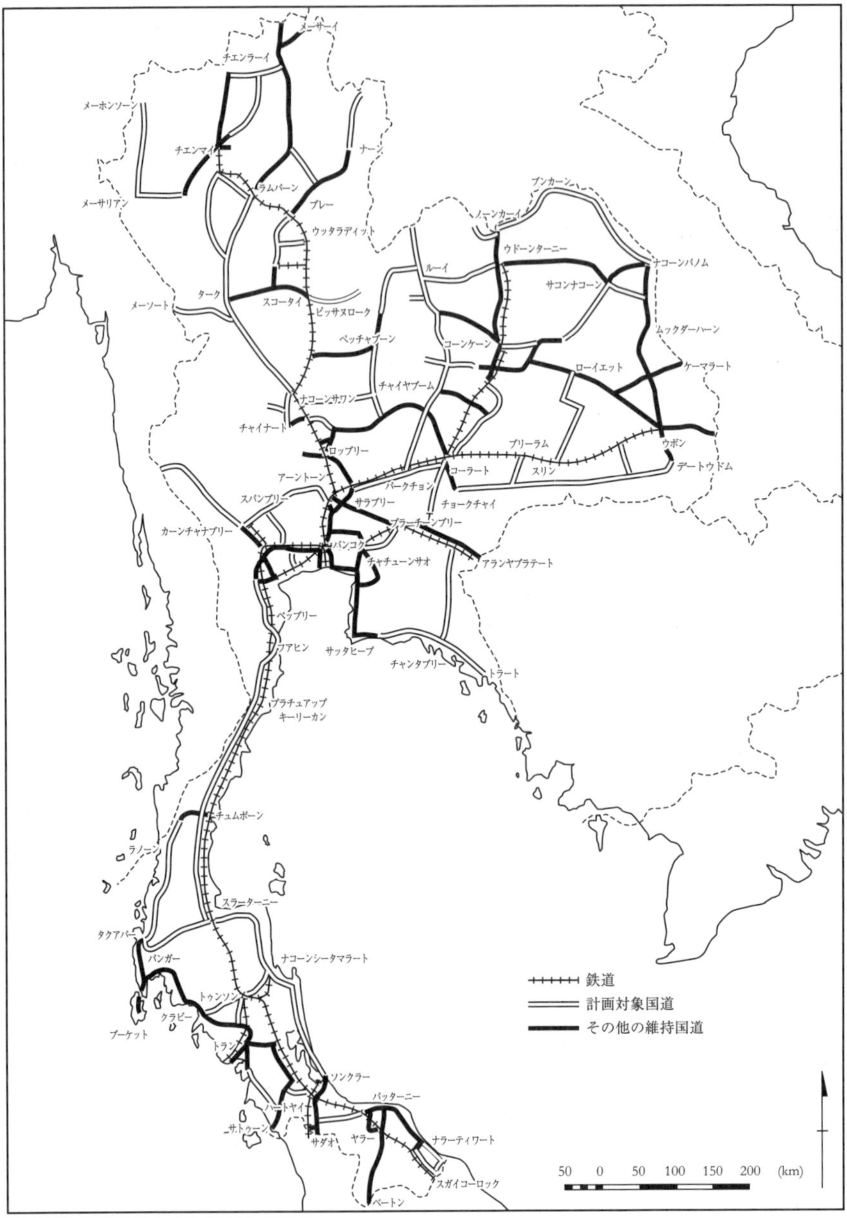


出所：NA [2] So Ro. 0201. 66. 5/5 より筆者作成

すべて実現させる予定はなかった。ところが，この10年計画では北部の西端にあるメーホンソーン県を含め，全県に道路を到達させることになっていた。鉄道が到達していたために，これまで着工対象とならなかった東北部下部のブリーラムなど3県を連絡する道路も対象に入った。水運が利用可能な中部のアーントーン，スパンブリーを結ぶ道路も，新たに計画に組み込まれた。この結果，計画が完成すれば事実上すべての県がバンコクと道路で結ばれる，言い換えればタイ国内に完全な「1つの道路網」が構築されることを意味した[10)]。

この構想も，主として軍事的な要求から出てきたものであった。東北部下部を縦貫するチョークチャイ～デートウドム間道路は，道路が未到達の3県を通過すると同時に，バンコクとウボンやラオス国境を結ぶ最短ルートとなるものであり，1950年に陸軍はこの間を優先度1に掲げていた[11)]。スパンブリーへの道路も53年にピブーン首相が早期完成を指示し，後に軍もロッブリーからスパンブリーへ至る道路を新たに要求した[12)]。有事の際に迅速に兵力の派遣ができるよう道路を準備しておくことを，政府は意図したのであった。

実際には，この10年計画も陽の目を見ることなく推移し，1952年にようやく4年計画の全国国道建設法として定められた。この理由は，後述する世界銀行の借款計画に対応するためであったものと思われる。この4年計画は計5,392kmの道路を対象とし，総額は11億3,450万バーツであった[13)]。4年計画は対象道路を建設と修復に分類しており，先の10年計画と比較すると，計画対象路線の数が減った一方で，供用中道路の修復区間が増えていた。前述のように維持道路の状況も劣悪であったことから，道路網の量的拡大よりも道路全体の質的向上を優先するという，より現実的な計画に転換したことが分かる。

道路局が新たな道路整備計画を策定したこの時期には，道路局の支出も急増した。図2-3は1941年以降の道路局の支出を現している。これを見ると，支出額は48年以降急速に増加し，50年には1億バーツを越えていることが分かる。53年以降は年間3億バーツを越えるまでに支出は増加したものの，55年以降は政府の財政状況の悪化により減少している[14)]。政府の歳出に占める道路局の支出も，戦争中は徐々に減少したものの，49年頃から増加し始め53年には9%まで達した。50年代前半までを見れば，道路局の支出額は政府総歳出の増加率以上の伸びを示していた。

図 2-3　道路局支出額の推移（1941 ～ 57 年）

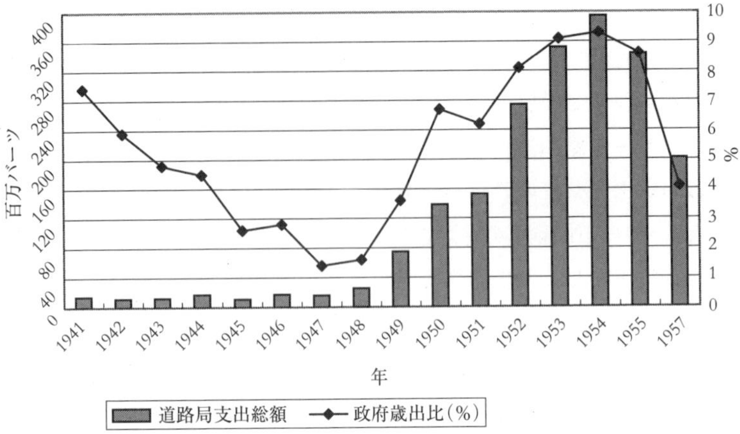


出所：附表 2 より筆者作成

県道の状況は，国道以上に劣悪であった。図 2-4 は，1946 年以降の県道距離を示している。これを見ると，依然として県道の大半は建設道路であり，しかもそのほとんどが未着工の状態であった。50 年には県道総延長は 7,000km を越えたが，うち 6,000km が建設道路であり，維持道路もこの間 50km 程度しか増加していない。このような県道の状況は，県道に対する予算の少なさから理解される。県道予算は戦時中から 47 年にかけては道路局の支出全体の 3 ～ 6％であり，50 年でもようやく 18％に上昇したに過ぎない（附表 2 参照）。このように県道分の支出が限定されていたため，県道の整備は全く進まなかった。

県道の建設や維持については，各県が実際の建設や維持を行い，道路局は予算のみを支出する形でこれまで行われてきた[15)]。しかし，このように予算が非常に限定されていることと，県側が具体的な県道整備計画を持っていなかったことから，県道の状態は一向に改善される兆しがなかった。このため，1950 年にかつて道路局が属していた内務省自治土木局が県道に関する業務を道路局から引き取ることになった[16)]。これにより，県道業務が完全に切り離され，道路局は国道の整備のみに特化することになった[17)]。

その後，世界銀行側は道路整備を担当する部局が道路局と自治土木局に分かれていることを問題視しているとの疑念が出て，借款の実現には両者の統合が必要

図 2-4　県道総延長の推移（1941 ～ 63 年）

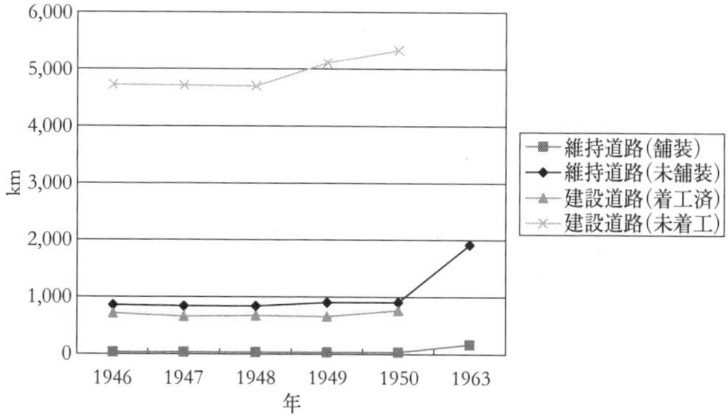


注：1963 年の建設道路の数値は得られない。
出所：附表 1 より筆者作成

であるとの意見が道路局内から出てきた[18]。実際に政府は 1955 年度に県道の管轄を道路局に戻すことを決めたことから，借款への配慮がなされたものと思われる[19]。この移管はその後自治土木局と道路局の間で移管の時期について調整がつかず，順に翌年へと先送りされた[20]。結局，県道が道路局に返還されたのは 63 年のこととなった。

自治土木局下に置かれた期間に，県道整備はある程度は進展した。1950 年と 63 年の数値を見ると，維持道路の総延長はこの間に倍増し，舗装道路も 50 年の 36km から 63 年には 257km までに増加している（附表 1 参照）。県道を移管した結果は，県道整備の進展よりもむしろ国道整備の進展に現れており，図 2-1（p. 63）のように 50 年から 57 年までの間に維持国道は約 2,000km 増加し，とくに舗装道路は 2.5 倍にまで増加した。

### (2) 軍事道路の建設要求

第 2 次世界大戦直前にも，世界情勢の悪化にとともに軍の要請による安全保障上重要な道路が多数建設されたが，戦後も再び軍事目的のための道路整備が要求され始めた。東西対立による冷戦は 1948 年頃から顕在化し，仏印，ビルマなどタイの隣国でも独立運動が活発化していた［Wyatt 1984: 267］。さらに 49 年には中華人民共和国が成立し，翌年には朝鮮戦争が勃発した。このような中で，タイでは再び戦争に巻き込まれるのではとの警戒感が高まり，軍は安全保障面で重要な道路整備を再び要求した。

この時期には，軍事道路（Thanon Yutthasat, Thang Yutthasat）という言葉が流行した。管見の限りこの言葉が最初に使われたのは戦時中であったが，1950年代始めから盛んに用いられるようになった[21]。新聞にも政府の公文書にもこの言葉は見られ，この時期に新たに着工あるいは整備された道路はいずれも軍事道路と呼ばれていた。例えば，先に言及したサラブリー～コーラート間道路も「軍事道路」と呼ばれた[22]。この道路は，当初途中のパークチョンにあったリンダーペスト病[23]のワクチン工場を国連食糧農業機関（Food and Agriculture Organization: FAO）の代表団が49年に視察する計画が浮上したため，自動車が到達できるよう道路建設を行う計画が立てられたのが最初であった[24]。その後，この区間がバンコクと東北部を結ぶ最短ルートとして軍事上の目的から脚光を浴びたことから，先の10年計画に含まれることになった[25]。

1949年5月に，ピブーン首相は戦争が起こりタイにも危害が及ぶ可能性が高まったとして，まだバンコクと道路で結ばれていない西部のメーソートと南部のハートヤイ方面への道路を至急建設するために，陸軍工兵隊の助力を求めることを提案した[26]。翌年，首相は国土防衛道路建設管理委員会を設立した[27]。この委員会は首相自らを長とし，運輸，内務省の各大臣，道路局など交通関係部局の長，陸海空軍の代表などから構成され，軍事道路の整備を遂行するための軍の意向の確認や各機関間の調整を行った。

陸軍は自らの希望する道路整備について，運輸省に早期整備を要求していたが，運輸省側がなかなか実行しないため，ついに1951年には陸軍自ら道路整備計画を立てて政府国務運営委員会に提出した[28]。これは，50年に策定された国道建設10年計画について，陸軍側の意向に従って優先順位を付けたものであった[29]。この計画では，優先度1の道路はいずれもバンコクと各地を結ぶ幹線道路を構成する区間となっていた。

軍事道路の役割は，バンコクと各地方間を結ぶ幹線のみではなく，国境周辺へのアクセスを改善することも含まれていた。この最たるものが，国土外周道路計画であった。これはピブーン首相が指示したもので，内陸の国境及び海岸線沿いに，建設計画がない区間約3,500kmを対象として道路を建設する計画であった[30]。これにより国境沿いを一周する道路が完成し，国境へのアクセスが改善されることになったが，当時はまだバンコクと各地を結ぶ幹線すら完成しておらず，このような道路を建設する段階ではなかった。

軍事道路は，4年計画にも影響を与えた。1953年にピブーン首相は4年計画に入ってなかった南部への幹線となるチュムポーン～スラーターニー間173kmの建設を行うよう運輸省に命じていたが，道路局では4年計画に入っていないために予算がないとして，もし建設するならば特別予算を組むよう要求した[31]。さらに同年には，バンコク～ペッブリー間，カーンチャナブリー～スリーパゴダ間，メーソート～メーホンソーン間の3線が新たに建設対象とされた[32]。このうち後者2線は，先の国土外周道路の一部であった。このように次々と軍事道路が建設対象になった結果，計画の遂行はますます困難となった。

道路整備の遅れに業を煮やしていた陸軍は，自ら道路整備にも乗り出していた。1949年にピブーン首相が陸軍工兵隊を用いて西部と南部への道路整備を至急行うよう提案したのを受けて，翌年陸軍は西部のメーソートへの道路と東北部への連絡ルートであるカビンブリー～コーラート間の建設を自ら行いたいとして，道路局に移管を求めてきた[33]。しかし，予算が不足するために後者のみの建設となったものの，軍による建設もあまり芳しい成果も見せなかったために，53年に道路局が返還を求めて了承された[34]。

### (3) 道路整備の政治化 ── ピブーン首相の道路整備要求

道路建設を要求するのは，軍だけではなかった。ピブーン首相もまた，機会があるごとに道路局に対して特定区間の早期完成や，新規道路の着工を求めた。表2-1は，主に公文書館資料から判別したピブーン首相が新規着工や建設促進を要求した道路をまとめたものである。これを見ると，軍事的な目的から出されたものだけでなく，地方視察のために建設を命じたもの，地方からの要望書を受ける形で出されたものなど，多様な理由から要求を出していることが分かる。そして，多くの場合道路局は首相の要求を受け入れ，新たに建設国道に指定したり，仮設道路を建設する形で対応していた。

地方視察のために建設を命じた道路の例は，メーテーン～メーホンソーン間道路である。ピブーン首相は1956年1月に道路局に対し，5月にメーホンソーン

表 2-1　ピブーン首相の道路整備要求

| 年月 | 区間 | 理由 | 対応 | 出所 |
|---|---|---|---|---|
| 1949 /5 | バンコク～ハートヤイ，バンコク～メーソート | 安全保障 | | NA [2] So Ro. 0201. 66. 5/26 |
| 1950 /7 | バーンペー～ダムヌーンサドゥアク | 農業振興，生活費低減 | 1951 年建設道路へ | NA [2] So Ro. 0201. 66. 5. 2/13 |
| 1951 /1 | ロッブリー～シンブリー | 住民からの要請 | 1952 年予算を要求 | NA Kho Kho. 0202. 8. 7/25 |
| 3 | チュムポーン～スラーターニー | 安全保障 | 1952 年予算獲得は不可能 | NA Kho Kho. 0202. 8. 7/33 |
| 1952 /4 | 隣国との連絡鉄道・道路 | 国際親善 | ターク～メーソート間建設促進 | NA [2] So Ro. 0201. 66. 5/29 |
| | すべての県への道路到達 | 仏暦 2500 年祭 | スラーターニー～ナコーンシータマラート他 2 線建設へ | NA Kho Kho. 0202. 8. 4/1 |
| 8 | ソンクラー，チエンマイ，ウドーンターニー，メーホンソーンへの道路 | | | NA [2] So Ro. 0201. 66. 5/26 |
| 12 | チエンマイ～プーケット，コーラート～ウボン，コーラート～アランヤプラテート | 安全保障 | | NA [2] So Ro. 0201. 66. 5/5 |
| 1953 /3 | バンコク～ペッブリー，カーンチャナブリー～トーンパープーム，ナコーンパトム～スパンブリー，メーソート～メーホンソーン | | | NA [2] So Ro. 0201. 66. 5. 2/4 |
| 7 | 国土外周道路 | 安全保障 | | NA [2] So Ro. 0201. 66. 5/5 |
| 7 | バンコク～ラムパーン（新ルート） | 安全保障 | 新ルートのほうが逆に迂回路となると回答 | NA [2] So Ro. 0201. 66. 5/31 |
| 1954 /1 | ノーンカーイ～ブンカーン，ルーイ～チエンカーン | 安全保障 | | NA Kho Kho. 0202. 8. 7/125 |
| 5 | ターク～メーソート | 安全保障 | 1954 年末仮設道路完成 | NA Kho Kho. 0202. 8. 7/102 |
| 7 | シンブリー～ナコーンサワン | 安全保障 | 1954 年は他道路の予算から捻出するよう指示 | NA Kho Kho. 0202. 8. 7/75 |
| 12 | バーンペー～ダムヌーンサドゥアク | | 1955 年中完成予定と回答 | NA Kho Kho. 0202. 8. 7/99 |
| 1955 /8 | サーイブリー～ルーソ駅，タンヨンマス～スガイコーロック | 住民からの要請 | 1956 年建設道路へ | NA Kho Kho. 0202. 8. 7/129 |
| 12 | トラート～クローンヤイ（国道昇格） | 住民からの要請 | 昇格見合わせ | NA Kho Kho. 0202. 8. 7/172 |
| 1956 /1 | メーテーン～メーホンソーン | 首相の視察予定 | 4 月の視察までに仮設道路整備 | TLK [1972] p. 174. |
| 2 | シーサケート～クアンナイ | 共産化対策 | 1957 年建設道路へ | NA Kho Kho. 0202. 8. 7/229 |
| 5 | カムペーンペット～スコータイ（国道昇格） | スコータイ復興計画 | 1957 年国道昇格 | NA Kho Kho. 0202. 8. 7/222 |
| 10 | ラムパーン～メーモ | 発電所計画 | 予算がないと回答 | NA Kho Kho. 0202. 8. 7/116 |
| | バンコク～ドーンムアン | 空港アクセス改善 | アメリカの援助で新ルート整備へ | NA Kho Kho. 0202. 8. 7/233 |
| ? | ウタイターニー，アーントーン，サムットソンクラームへの架橋 | 仏暦 2500 年祭 | ウタイターニーへのみ対応可能 | NA Kho Kho. 0202. 8. 7/192 |

注 1：年月については首相が指示を出した年月を原則とするが，文書の制約から一部道路局（運輸省）からの回答があった年月の場合もある。
注 2：対応は，首相の命に対する道路局（運輸省）の回答や具体的な対応を示す。

へ行くので至急仮設道路を整備するよう命じた［TLK 1972: 174］。この道路は戦争中に日本軍がビルマへの輸送路として建設したものであり，その後は放置されていたが，道路局では緊急にこの道路を補修した。彼は自動車でメーホンソーンに入ることが叶い，この地を訪れた最初の首相となった［Ibid.］。他にも首相の地方訪問に合わせた道路整備は数多く行われ，これを揶揄して 53 年 8 月 12 日の『サヤームニコーン』紙には，首相らしき人物がロードローラーを運転している挿し絵が載せられ，「首相の行くとこ道路良くなり」との文が添えられていた[35)]。

地方からの要望を受けたものは，1955 年のトラート～クローンヤイ間が挙げられる。これは首相がトラートを訪問した際に，地元の議員からこの道路の国道への昇格を求められ，首相がそれを約束したものの進展がなかったため，議員が改めて首相に要求したものであった。指示を受けたものの，予算が不足したため道路局では結局国道としての受け入れを見合わせていた[36)]。51 年のロッブリー～シンブリー間道路は，沿道の住民から道路の破損が激しくバス運賃が高いとの苦情が寄せられたため，道路局に整備の検討を依頼したもので，道路局では 52 年予算の上乗せを要求し，首相はそれを了承していた[37)]。

特異なものとしては，仏暦 2500 年祭関係の道路が挙げられる。1957 年が仏暦 2500 年に当たるため，ピブーン首相は仏暦 2500 年の記念式典を計画した[38)]。これに合わせて，隣国との関係改善のための国際鉄道や道路の整備と，祝賀品を輸送する自動車が到達できるように全県へ道路を到達させることを命じた[39)]。前者については，結局カンボジアとの鉄道の直通と，軍事道路として首相が関心を持っていたターク～メーソート間の道路建設が選ばれ，54 年末に仮設道路が完成した[40)]。後者については，52 年にスラーターニー，ピチットへの道路が 4 年計画に組み込まれただけでなく，56 年にはウタイターニーなど 3 ケ所へのルート上の長大橋梁の架橋が命じられた[41)]。

このような首相の相次ぐ道路整備の要求は，道路局側にも不快感を与えていた。表 2–1 に挙げられている道路の多くは，道路局側が予算不足を理由に特別予算を求めたものの，大蔵省がそれを認めなかったために，建設道路に指定されたのみで実際の整備は行われなかった。首相のメーモへの道路整備の要求に対し，道路局長から運輸次官へ送られた文書には次のようなことが述べられていた[42)]。

……道路局は首相の要求には賛成します。なぜなら，それは国家に多大な効果をもたらすからであり，確保しておいた（予算の）15%を用いて（この道路を）建設することを決意しておりました。しかし，現在この少ない蓄えもシンブリー～インブリー間のように同じような首相の命による道路の建設に使わねばなりませんし，首相はさらにタンヨンマス～スガイコーロック間とサーイブリー～ルーソ駅間の建設も命じました。それぞれの建設には少なからぬ費用がかかるため，この道路を建設する資金は十分ではなく，もし洪水や応急補修など緊急の必要が生じた時に，資金不足が大きな障害となることが懸念されます……。

ここでいうシンブリー～インブリー間道路は1954年のシンブリー～ナコーンサワン間道路の一部であり，タンヨンマス～スガイコーロック間，サーイブリー～ルーソ間も表の55年の欄に記載されている。予算の15%とはこのような計画外道路のためのものと思われるが，それも足りなくなるほど次から次へと首相が道路整備を要求した結果，道路局も対応できなくなったのである。一方で，首相は道路局に多額の予算を注ぎ込んでいるにも関わらず，その成果は少なく高い金をかけても悪路しかできないと批判していた[43]。

軍事道路にしても，首相の指示による道路にしても，いわば見境もなく次々に新規区間の整備要求が出されたために，道路局はこれらの要求すべてに対応することは不可能であった。このため，戦前と同じく次善の策として考えられたのが，仮設道路の建設など道路の規格低下であり，タイ国内に低規格道路網が広まる要因となった。

### (4) 低い道路水準 —— 限定された経済的役割

1950年代に入って道路局の予算は急増し，それに伴い管轄する国道も増加していった。しかしながら，それらの状況は決して満足の行くものではなかった。終戦直後の劣悪な状況は多少改善されたはずではあるが，依然として未舗装道路が大半を占めたことから，自動車の高速での走行が可能な道路状況からは程遠いものであった。

図2-5は，1957年の国道の状況を示している。これを見ると，この時点でバンコクと北部を結ぶ幹線は完成したものの，南部への幹線はラノーン～タクアパー間などで依然として建設中であることが分かる。北部への幹線は56年によ

写真5 「首相の行くとこ道路良くなり」

出所：SN 1953/08/12

図 2–5　1957 年の国道網

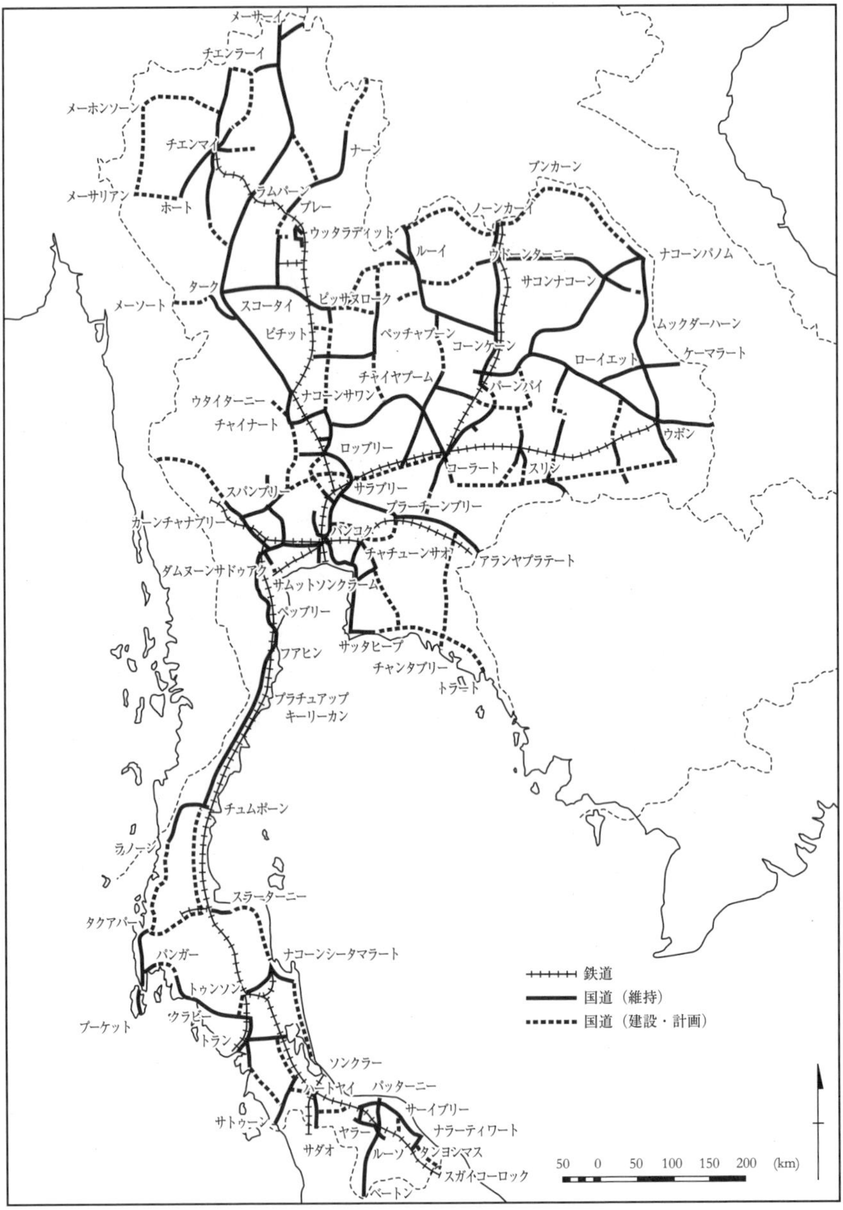


出所：TK(1957) より筆者作成

うやく全通したばかりであったが，チエンマイへはまだ一部建設中の区間が存在していた。東北部でもコーラートからノーンカーイ方面への道路が未完成で，東北部全体の道路網が1つになったわけではない。実際には，建設道路でも自動車が通行可能な区間は存在しており，南部への幹線は1956年中にとりあえず自動車が通行できるようになり，バンコクからマラヤ国境まで自動車で到達できるようになった［TLK 1972: 171–172］。これは，ピブーン首相の仏暦2500年祭に間に合わせるための応急処置であったものと思われる。また，56年にはチエンマイからバンコクまでラムヤイ（龍眼）のトラック輸送も計画されていた[44]。

舗装道路の普及も遅れていた。確かに1940年代と比べれば，57年の舗装道路の総延長は倍増しており，戦後舗装道路の破損により総延長が減少した時代から比べると，3倍弱の増加となっている。それでも幹線道路が全線にわたり舗装される区間は少なかった。40年代までの舗装道路は北部や南部に多く，主に都市周辺の道路や幹線が市街地を通過する区間が舗装されていた。戦後はバンコクから地方へ伸びる幹線が徐々に舗装化され，57年までに北はロッブリー，東はプラーチーンブリー，サッタヒープ，西はカーンチャナブリー，南はフアヒンとバンコクからほぼ200km圏内までが舗装された。実際には舗装道路といえども路幅，線形，維持状況の問題は存在し，当時最も整備されていたバンコク～サッタヒープ間の道路状況でさえも外国の専門家には不十分とされた[45]。

タイの道路の軍事的重要性を認識し始めたアメリカも，高規格での道路整備を行うよう提案していた。アメリカの軍事顧問団（Military Assistance Advisory Group: MAAG）は，軍事車両を支えるために重量20トンに耐えられるような道路の整備を要求していた[46]。しかし，ピブーン首相は1952年にアメリカの特別経済技術使節団（Special Technical Economic Mission: STEM）長に対し次のように断っていた[47]。

……あなたの助言のようにすべて1級道路を建設することは，もし予算があれば道路建設の望むべき姿です。タイは小国であり，国家の各方面の発展のための予算は制限されます。道路交通と輸送は非常に必要性がありかつ重要であり，我が政府はできるだけ短期間に国内すべてが連絡できるような道路網を作るような方法を選ばざるを得ません。政府が策定した仏暦2495年国道建設法の意図は，このような目的を法律で定められた予算内で達成するためです。政府としては，年間を通して利用できるような2級道路を国内各地の相互連絡のために建設することは，国内の一部にのみ1級道路を作り，残りは今後に回すような形の道路整備を行うよりも，より良いと考えております……。

確かに，依然としてバンコクと周縁部を結ぶ幹線道路も完成せず，「1つの道路網」も完成していない状況では，数少ない高規格の道路を建設するよりも，できるだけ多くの道路を廉価に建設することは，しごく当然のことであった。当時の道路の到達状況から見ても，政府の予算状況から見ても，いきなり高規格の道路を建設することは難しかった。しかも，整備すべき道路数は軍や首相の要求により，着実に増加していった。

一方で，予算の制約はより深刻となった。少ない予算を各地の要求に応じて配分する結果，各区間の毎年の予算は制限された。このため，着工から完成までの期間が長引く結果となり，時には途中で一時中断せざるを得ず，それまでの工事が無駄になることもあった[48)]。特定の区間に集中して予算を投入することは議員の反発から難しく，軍や首相の命による道路が増加する中で，この問題は根本的な解決を見ないまま，毎年の予算獲得競争が続いていた[49)]。1957年にタイに派遣された世界銀行の経済調査団は，タイの道路整備の問題について以下のように言及している［SSPS 1960: 158–159］。

……道路局はしばしば政治の影響力により能力以上に多数の道路建設を行わざるを得ぬよう強要されるため，周到な建設計画のないままに建設される道路が数多く存在することになる。建設の監督も行き届かず，しかも道路が完成する前から通行を認めてしまうことが多い。最も悪い結果は，毎年雨により道路が破損し，多額の補修費を使うことである。なぜなら，これらの道路は十分な建設計画を立てずに行われ，建設後は放置され維持されることがないためである。さらに，建設費を継続して得られないことにより，建設は頻繁に中断される。道路局は（長期計画を策定し）毎年の予算を事前に決めてより安定して建設費を得られるよう努力しているが，その通りに予算が得られるとは限らず，得られた予算も適切な建設計画の順位によって配分されるわけでもない……。

高規格の道路が存在しないことは，道路の経済的な意義が非常に限定されていたことを意味した。道路の規格は自動車輸送の輸送費に大きな影響を与えており，1930年代でも整備された道路と整備が遅れた道路との間には，トンキロあたりの輸送費に3倍もの格差があった［柿崎 2000a: 212–213］[50)]。53年に世界銀行が作ったタイの道路投資計画によると，タイのトラック輸送費は道路整備が不十分な他の途上国と同程度に高く，場合によってはトンマイルあたり 50 セント（トンキロあたり 5.6 バーツ）に達するとされていた[51]。このため，世界銀行調査団によると，整備された幹線道路でのバスやトラックの運行費用は，車両寿命の延長，燃料消費量の削減，運行率の向上などにより 25 ～ 50％削減され，輸送費用も最大で 4 ～ 5 セント／トンマイル（0.45 ～ 0.56 バーツ／トンキロ）まで低下すると見積られた[52]。

戦後から 1950 年代にかけて，ようやく仮設道路を用いてバンコクと各地域を結ぶような道路網が構築されるに至ったが，これはあくまでも自動車が何とか通行可能な道路が出現した段階に過ぎなかった。たとえ軍事車両や首相の視察団一行の車が一時的に通れるようになったとしても，ヒトやモノの動きを活発化するような経済的に意義のある道路の実現にはまだ至っていなかった。この時代は，質的向上を犠牲にして，低規格道路の建設という量的拡大のみによってタイ国内に「1 つの道路網」を完成させた時代であった。

## 第 2 節　高規格道路の登場
## ── フレンドシップ・ハイウェーの開通

### (1) 世界銀行の借款の模索

後述するように鉄道の復興には最初の世界銀行からの借款が用いられたが，道路整備についても世界銀行からの借款を模索することになった。最初の借款が調印された後に，次の借款計画に道路整備を含める計画が浮上したことから，1952 年頃から道路局が準備を始め，その一環として上述の 4 年計画が策定されていた[53]。道路局では既に借款を受けていた灌漑局と国鉄から申請についての情報を集め，借款の実現は難しいと判断していた[54]。これは，借款の申請に際し，道路整備による効果，整備する道路の詳細，必要な機材や資材の規模などを事細かに知らせる必要があることが判明したためである。国鉄が 2,000 万ドル申請したにも関わらず結局 300 万ドルしか実現しなかったことも，世界銀行からの借款は難しいとの印象を与えた[55]。

道路局は借款の申請書類を準備し，1952 年末から交渉を開始したが，世界銀行側は想定しなかった問題点を指摘した。世界銀行側は経済的に意義が少ない軍事道路の整備への貸付はできないとし，4年計画にそのような道路が含まれていることを問題視したのである[56)]。世界銀行側は調査団を派遣してタイの道路状況を調べ，53年7月に道路投資計画を策定した。この計画では，既存の国道2,425kmの規格向上と，1,300kmの建設中及び未着工の道路建設を想定しており，対象道路はバンコクと北部，東北部，南部を結ぶ幹線を構成する区間であった。これにはタイ国内に「1つの道路網」を構築する区間のみが該当しており，メーソートなど国境方面への道路は含まれなかった[57)]。すなわち，このような国境へ至るような道路が，世界銀行のいう軍事道路なのであった。

この世界銀行の計画は，4年計画の対象道路と比べると1,000km以上少なく，これに従うと4年計画通りの整備は不可能となった。これに対し，タイ側では同年10月の閣議で，軍事道路を軍務省の管轄に移管して対処しようとした[58)]。しかし，一方では陸軍工兵局が道路局から請け負った一部区間の道路建設が，成果が少ないとして道路局の管轄に戻されていたため，軍事道路を軍の管轄にすることが必ずしも得策とはいえなかった。他方では，道路整備を担当する部局が国道を管轄する道路局と県道を管轄する自治土木局に分かれていることを，世界銀行側が問題視しているのではとの疑念が出ており，県道の道路局への返還が検討されはじめることから，軍事道路の移管は世界銀行側でも憂慮したに違いない。結局，この対処療法的な「からくり」は失敗した。

### (2) アメリカの無償援助とフレンドシップ・ハイウェー

世界銀行からの借款の失敗を埋める形で，アメリカの無償援助がタイの道路整備を後押しすることとなった。アメリカのタイへの無償援助は1950年に軍事支援（Military Assistance）という形で開始され，翌年からは経済援助（Economic Aid）が加わった[59)]。これは，中国の共産化やインドシナ半島での独立闘争の拡大という不安定要因の中で，アメリカがタイの戦略的重要性を認識した結果であった。アメリカはタイ側の要請に基づいて農業，公衆衛生，交通の3部門を経済援助の対象とすることにし，専門家を派遣して計画を策定した［Muscat 1990: 71］。とくに，インドシナ諸国に近い東北部は共産主義の浸透の危機が最も高く，アメリカの援助は主に東北部に向けられることになった［Fineman 1997: 180–181］。

道路局への援助は，道路開発援助として1951年から開始された。当初は建設機材の提供や専門家の派遣が中心であり，54年までに総額約190万ドル分（約4,000万バーツ）の援助が行われていた［TLK (1954): Yo (ying)-Do (chada)］。専門家は2名が派遣され，54年には道路局の技師6人のアメリカ派遣も実施された。この援助計画では，機材の提供や技術指導によって，道路局自身が計24線3,700kmの道路整備を行うことになっていた[60]。アメリカ側では，このために総額21億2,957万バーツが必要であると試算していた。

ところが，1954年6月までに完成した分は計2億3,791万バーツでしかなく，さらに55年からは政府の財政悪化のために道路局の予算も削減されることになった[61]。このため，アメリカは道路網全体の規格向上を追求するよりも，軍事的に重要な特定道路の整備を至急行うほうが得策と判断した。その結果，アメリカ側は55年から新たに道路計画拡大援助を開始し，対象路線を17線として55年のみで計1億1,655万バーツの援助を供出した［TLK (1955): Tho (than)］。この年には次に述べるフレンドシップ・ハイウェーの建設も開始されたことから，アメリカの道路部門への援助が急増したことになる[62]。

しかし，これでも当時の道路局には荷が重かったため，1956年にアメリカ側と道路局は幹線道路の整備に重点を置くことで合意し，新たに幹線10線4,760kmを選択し，58年からの10年計画を策定して，67年までにこれをすべて完成させることにした[63]。この計画に含まれた幹線は，バンコク～チエンマイ間，サラブリー～ノーンカーイ間，バンコク～マラヤ国境間，バンコク～トラート間などバンコクと北部，東北部，南部，東部を結ぶ最重要幹線であり，まず道路網の主幹を完成させることを目標としていた[64]。

一方これとは別に，アメリカは個別の道路整備に対しても援助を行うことになった。最初に選ばれた道路は，バンコクと東北部を結ぶ最短ルートとなる，サラブリー～バーンパイ間道路であった。この道路のうち，サラブリー～コーラート間は50年からの10年計画やその後の4年計画に組み込まれていた。実際の建設も50年から開始されたが，道路局の予算不足のため，全区間の着工までに2年間を要していた[65]。この道路は軍が早期完成を要求しており，アメリカもその重要性に着目することとなった。このため，早くも53年にはこの道路の建設に関する援助の交渉が開始された[66]。

これは，ラオス北部へのベトミン侵入を受けたものであった。1953年初めにベトミンはラオス北部に侵入し，一時はルアンプラバーンやヴィエンチャンへも危機が迫った［Stuart-Fox 1997: 82］。この事態に対処するために，フランスはアメリカを通じてタイ領を通じての物資の補給路の確保を要請した［FRUS 1952–54 Vol. 13: 506–507］。アメリカ側はこの道路が軍事的な意味のみでなく，共産化の波に対抗するタイの意志を鼓舞するために心理的な影響を与える格好の機会でもあると考えた［Ibid. Vol. 12–2: 703］。一方のタイも，ラオスが共産化するのではとの危機感が高まり，共産化の波の自国への波及を恐れた［Ibid. Vol. 13: 514–515］。このため，アメリカにとってもタイにとっても，バンコクと東北部及びラオスを結ぶ交通路の重要性が高まったのである[67]。

当初の援助対象区間は，サラブリー～コーラート～バーンパイ間309kmとされていた。これにより，バンコク～サラブリー間とバーンパイ～ノーンカーイ間は既存の国道を利用することで，バンコクからラオス国境のノーンカーイまでの道路を完成させることができた。しかし，ピブーン首相は数少ない1級道路を建設するよりも，低規格の道路をより多く建設することを望んでいたため，タイ側の負担が過度になることを恐れていた。このため，アメリカ側との交渉の結果，タイ側の負担額は当初の予定の9,500万バーツから2,000万バーツに軽減され，首相もこの額ならば支出することを了承した[68]。

1955年に援助協定が正式に調印されると，直ちに建設工事が開始された。建設区間は当面サラブリー～コーラート間148kmのみとなり，タイ側の支出は土地収用費など計2,000万バーツで，残りはアメリカ側が負担した［TLK (1955): tho］。道路の規格は，道幅12m，路面幅7mの舗装道路であり，橋梁はすべて鉄筋コンクリート橋とされた。また，タイの道路建設史上で初めて外国の民間建設会社が全面的に建設に関与し，アメリカ側が推薦した2社が，設計・監督と建設をそれぞれ引き受けた[69]。建設はアメリカからの大量の建設機材を用いて行われ，終了後は道路局に譲渡されることになっていた。

このルートはかつて最初の官営鉄道として建設されたコーラート線と同じルートであり，当時は山岳地帯の鉄道建設に難儀したが，大形建設機材を駆使した今回の道路建設は順調に推移した。1957年2月にはサラブリーから34kmの区間がまず完成し，この時に「フレンドシップ・ハイウェー」という名称が付けられ

写真6　フレンドシップ・ハイウェー

現在では全区間上下線の車線を分離して片側複車線化されており，当時の面影はない。
出所：TLK［1996］：203

た[70]。ピブーン首相の在任期間の全線開通は叶わなかったが，翌年7月には開通式が行われ，タイで最初の高規格道路が完成した。また，アメリカはサラブリー～コーラート間に次いでピッサヌローク～ロムサック間125kmの建設に対する援助も57年から開始しており，61年に完成している[71]。

### (3) フレンドシップ・ハイウェーの意義

フレンドシップ・ハイウェーの建設は，その後のタイの道路整備にとって大きな影響を与えることになった。この道路はタイで最初の国際水準を満たすような高規格道路であったため，従来の道路とはルートの選定や建設方法が全く異なり，結果として建設費は非常に高くついた。しかしながら，この高規格道路は直接効果のみでなく，多くの間接効果を引き起こすことになり，タイ人に高規格道路の効用をまざまざと見せつける結果となった。

建設方法については，まず外国企業による設計，監督，施工が挙げられる。それまでの道路建設は，道路局の技師が独自にルートの選定や設計を行い，道路局が直轄で建設を行ったため，道路局の建設部隊の量的，質的な能力不足から，道路整備が計画に追い付かないという状態が続いた。1950年代には2区間の建設を試行的にタイの建設会社に請け負わせていたが，建設は遅々として進まず，完成した道路の状態も満足の行くものではなかった[72]。着工から完成までの期間も極端に長く，100kmの道路を完成させるまでに10年かかるような事態も頻繁に起こった［Phot 2000］。わずか4年間でのフレンドシップ・ハイウェーの完成は，道路局が直接設計や建設に従事するよりも，土木工事に熟練した民間業者に請け負わせた方がはるかに効率的であることを証明したのである。

道路の設計や施工も，これまでとは大幅に異なった。アメリカの設計会社は，サラブリー～コーラート間のルートを調査し，当初のルートを100km程度変更した[73]。これは，道路局が旧来から存在した牛車道のルートをそのまま利用したのに対し，会社側は時速100kmで安全に走行可能な線形の良いルートを選択したためである。それまでの国道は，集落内を通過したり急カーブや急勾配があったりして，時速50～60km以上での走行は危険であった。建設も従来のような人海戦術型の建設ではなく，近代的な建設機材が大量に使われた。監督する技師の数も多く，30kmの区間に17人も配置されていたが，当時道路局の技師は全国に70人しかいなかった[74]。このような新たな建設方法や機材に関する知識習得のため，計178人の道路局の職員や工学系の学生が建設現場に派遣され，1日平均1,600人の労働者が建設作業に従事した［BWAR (1967): 41］。

この結果，建設費も当時の道路局が建設している道路とは桁違いに高くついた。先の10年計画の策定時には，1kmあたりの建設費は6万～25万バーツとされていた[75]。ところが，フレンドシップ・ハイウェーは建設費のみで1kmあたり201万バーツ，調査設計費や監督費を含めると，228万バーツにも達した[76]。この道路の総工費は計4億2,800万バーツであり，1955年の道路局の国道建設費が計2億5,000万バーツ程度でしかなかったことを考えると，この道路建設費がそれまでに比べて破格の高さであったことが理解される。タイ側は結局2,000万バーツしか支出しなかったことから，アメリカの援助が存在したからこそ，このような非常に高価な道路が完成したといえよう。

しかしながら，この高価なフレンドシップ・ハイウェーは，同時に輸送時間と輸送費用の削減という大きな直接効果を生み出した。サラブリー～コーラート間の道路距離は，ロッブリー経由の旧ルートの約300kmから半減し，未舗装の悪路であった旧ルートの所要時間11時間は3時間へと短縮された［Wisit 1963: 25］。輸送費の低下はさらに著しく，この間のバス運賃は1人あたり60バーツであったのが10バーツへと6分の1へ低下した［Ibid.］。平行する鉄道に比べても自動車輸送は有利となり，バンコク～コーラート間で比較した場合，鉄道の所要時間は急行でも7時間半かかっていたのが自動車では4～5時間となり，運賃も1人あたり鉄道の43バーツからバスは20バーツと半減したという［Ibid.: 28-29］[77]。フレンドシップ・ハイウェーの自動車通行量も，当初は1日500台に満たないと見積られていたが，実際には1958年6月の正式開通前に早くも1,000台に達していた。対する旧ルートの通行量は，57年の段階で1日平均125台でしかなかった[78]。

このような直接効果は，とくに農業開発面で大きな間接効果を生み出したものと理解され，「フレンドシップ・ハイウェー神話」の誕生に寄与することとなった。沿道のパークチョンは，ジャングルに囲まれた人口5,000人の村であったが，道路開通後に人口が急増し1960年代末には6万5,000人までに増加した[79]。タイで最初の近代的な牛乳工場（ダニッシュデイリー社）も立地し，乳牛の牧畜も盛んとなった。この牛乳会社社長は,「この道路はタイでこれまで使われた中でもっとも意味のある外国の資金である」と述べた[80]。

フレンドシップ・ハイウェーは，従来のタイの道路に比べると非常に高価な道路ではあったが，それによる直接効果や沿道の変容もまた顕著であり，タイ人に高規格道路の効用を痛感させることになった。そして，これを契機にタイは全国に高規格道路を到達させていく方針に転換し，合わせて一度失敗した世界銀行からの借款を含めた外国からの資金援助を活用する道を模索することになる。

## 第3節　鉄道の復興 ── 既存の路線網の輸送力増強

### (1) 疲弊した鉄道

前章で見たように，戦争への危機感は鉄道網の拡張を正当化する重要な要因であったが，実際の戦争は全く逆の役割を果たすことになった。すなわち，いざ戦争に巻き込まれると，鉄道は兵力や補給物資の重要な輸送手段となったため，連合軍の爆撃の重要な対象となった。その結果，終戦までに既存の鉄道網は各所で寸断され，車両や施設への被害も含めて鉄道の輸送力は大幅に落ち込むこととなった。このため，戦後の主要な課題は路線網の拡張よりも，むしろ既存の路線網の復興となったのである。

鉄道の疲弊状況は，戦時中の輸送量の低下に歴然と現れており，戦後は急速な復興が見られた。図2-6は，1946年以降の鉄道輸送量の推移を示している。これを見ると，旅客も貨物も40年代後半に急速に輸送量が増加していることが分かる。旅客輸送量は46年には戦中のレベル，すなわち戦前の2倍のレベルにまで回復し，その後も大きく増加している。貨物はやや遅れるが49年に戦前のレベルまで戻り，さらに増加傾向にある。このことは，終戦直後にはとくに貨物輸送面で輸送力が大きく低下していたことを意味している。

鉄道の輸送力が大幅に低下したことにより，国民生活は大きな打撃を受けた。従来鉄道はバンコクと周縁部を結ぶ重要な輸送手段であり，とくに北部や東北部にとってはまさしく生命線であった。このため，生命線を寸断された地域にとっては非常に大きな問題となった。1947年9月27日の『サヤームニコーン』紙に

図2-6　鉄道旅客・貨物輸送量の推移（1946～57年）

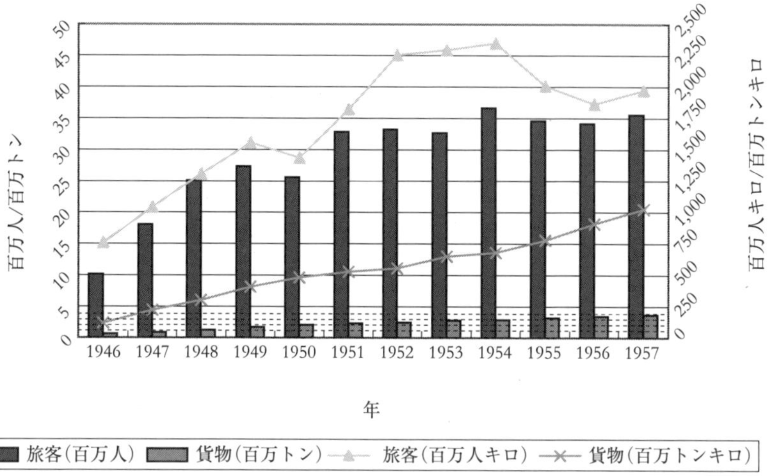


出所：附表3より筆者作成

は，北部の住民からの以下のような投稿記事が載っていた[81)]。

……（バーン）ダーラーの鉄道橋は，北部で唯一の要の橋といえます。……（ウッタラディット以北の）県の住人すべてが，この鉄道のみに交通路を依存しております。北部への交通路は鉄道以外には存在せず，自動車道路はまだ完成していません。水運は非常に困難で，丸太の輸送以外には使えません。ダーラー鉄橋は日本軍が修復しましたが，戦後2年目の増水期に入ると，8月28日の増水で流されてしまいました。移動は非常に困難となり，旅客は渡船代と手荷物の積み替え費を自分で負担しなければなりません。車扱い貨物は，ピッサヌロークで一度積み降ろしてから，自動車代を払ってサワンカロークまで輸送し，再び貨車に積み込まねばなりません。難儀ですが，商人は消費者ほど困りはしません。輸送費がいくらかかろうと，彼らは利益が出るようにそれを（売価に）上乗せするのみです。困窮するのは消費者です。現在ウッタラディットやラムパーンでは，プラートゥー（海水魚）が食べられません。商品はみな価格が跳ね上がり，橋の修復が済むまで住人は困窮するでしょう……。

戦争により内陸部の地域間輸送を独占していた鉄道が破壊されて十分な輸送力を提供できなくなったため，戦争で疲弊したタイの経済を立て直すためには，既存の鉄道網の復旧は急務であった。このため，新線建設よりも復興に重点が置かれることになった。

### (2)　国際協力による鉄道網の復興

戦後の経済復興にあたっては，対象となる分野は鉄道に限らず，道路，港湾，灌漑，発電など多方面に及んだ。いずれも復興には莫大な費用がかかるため，国家予算のみで賄うことは不可能であったことから，外国や国際金融機関による借款や無償資金協力に依存する必要があった。タイでは1950年にアメリカからの援助と世界銀行からの借款が開始され，国際協力に依存しながら経済復興や経済開発を行う体制が整備されていった。鉄道の復興には，世界銀行からの借款が活用されることとなった。

世界銀行からの借款については，1949年頃から検討され始めたようであり，タイ側では50年1月に世界銀行側の代表団が視察に来ることを踏まえて，分野を鉄道，道路，港湾，灌漑，発電，工業（製糖，製紙，縫製）に限定して，各専門家の派遣を世界銀行側に求めた[82)]。世界銀行の調査団は，タイで各分野の現状を確認した上で問題を分析し，最終的に50年10月に調印した最初の借款に含まれた項目は，灌漑1,600万ドル，港湾440万ドル，鉄道300万ドルの3分野であった［Ingram 1971: 187］。これはアジアでは最初の世界銀行が供与した借款であった［Fineman 1997: 118］。

鉄道については，当初タイ側は，設備の復興，設備の適切な維持，輸送量増加への対応，東北部への新線建設の4部門への借款を求めていた[83)]。主な内訳は，ディーゼル機関車30両，蒸気機関車50両，客車70両，貨車500両の購入，修復用の鉄橋，レール，信号設備などであった。これに対し，世界銀行側の調査団は視察の結果，保守が満足に行われないために使用不能となっている車両が多いことから，まず車両の復興を行うためのマッカサン工場の復興が最優先であるとの結論に達した。東北部へのバイパス線（ケーンコーイ～ブアヤイ線）については，投資に見合う利益が得られるか不明なため，政府が国家予算で建設を行い，後に改めて借款を申請すべきであるとした[84)]。結局，最終的に合意された内訳は，車両の修理用部品の調達，信号設備の調達と設置，マッカサン工場の復興の3部門であった[85)]。当初タイ側は2,000万ドルの借款を申請したが，結果は300万ドルと大幅に減額された[86)]。

この借款には，2つの条件が課されていた。1つは鉄道事業の自立化を推進するために独立した企業体として政府から切り離すことであった[87)]。このため，政府は，1951年7月に鉄道局を国有鉄道という公企業体に改組した。もう1つの条件は，旅客・貨物運賃の値上げであった。これは，現状の鉄道運賃が安いために収益性を低めていることと，独立採算制への移行による支出増に対応するためであった[88)]。政府は値上げに消極的ではあったが，結局52年初めに旅客20%，貨物100～200%の値上げを行った[89)]。

その後タイ側と世界銀行は次の借款に向けた交渉を行ったが，世界銀行側は国鉄の自立性の制限や，依然として安い運賃，非効率な運営に懸念を示し，次の借款にあたっては，国鉄が優先順位を付けた投資計画を策定し，銀行側は優先順位の高いものに借款を供与する方針であることを伝えた[90)]。また，タイ側は前述のケーンコーイ～ブアヤイ線などの新線建設にも借款を利用したいと交渉したが，銀行側は新線建設については政府が国家予算で賄える範囲内で行うよう求めた[91)]。

世界銀行側の要請を受けて，国鉄は1955年からの優先投資5年計画を策定し，55年8月に総額1,200万ドルの借款に調印した［RFT 1970: 297］。この借款は優先投資計画に含まれた事項に対して支出することになっており，線路の復興，車両の増備，列車運行の改良，従業員の宿舎建設，運営面の改良，の5つの部門に大分された［Ibid.: 238–239］。主要な計画は，線路の復興はレール交換，ポイント交換，駅構内改良，橋梁強化，車両増備はディーゼル機関車30両，客車170両，貨車844両の購入，自動連結器の導入，列車運行の改良は通信・信号設備の改良，検重器の設置であった。

このように，世界銀行からの借款は，鉄道の復興を支える重要な財源となったが，世界銀行側が国鉄に対して様々な注文を付けたことから反発も見られた。とくに，世界銀行が再三要求した運賃の値上げは，国民生活に大きな影響を与えて反発が予想されることから，政府側も消極的であった[92)]。しかしながら，鉄道運賃は戦後の急速なインフレ率にくらべると相対的に低いレベルであったことから，このような外圧は政治的な思惑により鉄道運賃が不等に低く押さえられ，経営が悪化するのを避ける役割を果たした[93)]。

### (3) 鉄道網の質的向上

世界銀行からの借款が既存の鉄道網の復興のための投資に向けられることになったことからも分かるように，当時の鉄道は輸送力不足に悩まされていた。この時期の輸送力増強のための施策は，車両の増備，自動連結器の導入，レールの交換に大分される。

車両の増備は，戦争による被害で車両不足が深刻化していたため，戦後すぐに始まった。表2-2は，鉄道車両数の推移を示している。これを見ると総車両数は戦前の段階で4,000両台になっており，1945年でも約5,000両であったが，57年には8,000両に増加していることから，この間に約60%増加したことになる。ただし，この表の数値は在籍する車両数であるから，実際には在籍するものの故障して使用不可能という車両も多数存在した。51年の状況を見ると，在籍車両7,152両のうち，使用可能な車両数は71%にあたる5,110両であった［RFT (1951): 22–25］。57年になると使用可能な車両数は増加し，総計8,094両のうち89%にあたる7,222両であった［RFT (1957): 33–34］。使用可能な車両の比率は，終戦直後にはさらに低くなっていたであろう。

このため，実際には表で増加している数よりも多くの車両を購入する必要があった。例えば蒸気機関車については，1946年に国連が払い下げた戦時中に使用された機関車や，日本軍が持ち込んだ機関車など計136両が投入され，49～50年にかけてさらに100両の蒸気機関車が日本から購入された［RFT 1970: 94–95］。一方で旧型車両や戦災で復旧不可能な車両の廃車も行われていることから，50年以降に蒸気機関車数は減少に転じている。51年から57年までの在籍車両数の増加数は約800両であるが，この間の新車投入両数は倍の1,684両であった[94)]。

自動連結器の導入は，列車の牽引トン数を高めるのに有効であった。タイの鉄道では従来フック式（ABC式）[95)]の連結器を用いていたが，フック式は負荷に限界があり，牽引トン数も山間部では300トンに限定されていた［RFT 1970: 124］。このため，強力な機関車の導入や線路の重軌条化を行っても，連結器が制約となり輸送力の増強が困難であった。とくに，東北線ではケーンコーイ～パークチョン間のドンパヤーイェン越えの際に，列車を2～3分割する必要があり，山間部の輸送力は飽和状態であった。このため，牽引トン数が3倍となる自動連結器への変更が計画されたのである。

表 2–2　鉄道在籍車両数の推移（1935/36 ～ 57 年）（単位：両）

| 年 | 機関車 | | | 内燃動車 | 客車 | 貨車 | その他 | 計 |
|---|---|---|---|---|---|---|---|---|
| | 蒸気 | ディーゼル | 計 | | | | | |
| 1935/36 | 167 | 15 | 182 | 25 | 297 | 3448 | — | 3,952 |
| 1940 | 185 | 15 | 200 | 25 | 324 | 3,815 | 19 | 4,383 |
| 1945 | 207 | 17 | 224 | 24 | 353 | 4,353 | 19 | 4,973 |
| 1950 | 415 | 17 | 432 | 24 | 596 | 6,206 | 19 | 7,277 |
| 1955 | 318 | 68 | 386 | 1 | 660 | 6,212 | 25 | 7,284 |
| 1957 | 317 | 62 | 379 | 1 | 777 | 6,912 | 25 | 8,094 |

注 1：パークナーム線，メークローン線の車両は含まない。
注 2：1935/36 年のその他の両数は貨車に含む。
注 3：原資料では時期により内燃動車の両数が他の区分に含まれているため，筆者が推定して算出してある。このため他区分の数値が年度により原資料と異なる場合がある。
出所：附表 4 より筆者作成

この自動連結器への変更は，世界銀行からの第 2 回借款を利用することになり，車歴が 30 年未満の車両を対象に，計 5,745 両分の自動連結器を購入して，旧型連結器と交換することになった。かつて日本では 1925 年に全国の鉄道車両の自動連結器への交換を行っていたため，国鉄は技師を派遣して日本の経験を学ばせた [Ibid.: 125][96]。交換計画は自動連結器の到着を待って 57 年末から順次開始し，60 年までの約 3 年間で完了させた [Ibid.: 126–128]。56 年末からは自動連結器を搭載した車両のみの列車を運行開始し，徐々に列車ごとに置き換えた。これにより牽引トン数は大幅に向上し，新たに導入された強力なディーゼル機関車はその真価を遺憾なく発揮できることになった。

輸送力増強のもう 1 つの施策は，レールの交換であった。タイの鉄道は当初 50 ポンドレール[97] を用いており，軸重は 10.5 トン，最高速度も時速 50km 程度に制限されていた。戦後に磨耗したレールの交換が必要となったが，50 ポンドレールの調達が難しかったため 60 ポンドレールへの交換にして，列車本数の多い東北線などから着手した[98]。その後，外国の専門家から 80 ポンドへの変更を薦められ世界銀行とも相談したが，世界銀行は 80 ポンドでは費用が掛かりすぎるため当面 70 ポンドへの変更をすべきであると提案した [Ibid.: 209]。70 ポンドレールへの交換も，世界銀行の第 2 回借款が充当された。

表 2–3 は，レールの交換状況を示している。これを見ると，1952 年以降 60 ポ

表2-3　レール交換の推移（1952～60年）（単位：km）

| 年 | 60ポンド | | 70ポンド | | 累計 | 比率（%） |
|---|---|---|---|---|---|---|
| | 新規交換 | 累計 | 新規交換 | 累計 | | |
| 1951まで | | 196 | | 308 | 504 | 15 |
| 1952 | 78 | 274 | — | 308 | 582 | 17 |
| 1953 | 50 | 324 | — | 308 | 632 | 19 |
| 1954 | 95 | 419 | — | 308 | 727 | 22 |
| 1955 | 18 | 437 | 89 | 397 | 834 | 25 |
| 1956 | 21 | 458 | 195 | 592 | 1,050 | 30 |
| 1957 | 15 | 473 | 137 | 729 | 1,202 | 35 |
| 1958 | 7 | 480 | 192 | 921 | 1,401 | 40 |
| 1959 | — | 480 | 9 | 930 | 1,410 | 40 |
| 1960 | — | 480 | 164 | 1,094 | 1,574 | 45 |

注1：パークナーム線，メークローン線は含まない。
注2：比率は各年末の営業路線総延長に占めるものである。
注3：1951年までの数値はRFT［1970］に記載された1955年の各レール敷設区間総延長から計算したものである。
出所：1951年までRFT［1970］：211, 1952年RFT（1952）：42, 1953年RFT（1953）：47, 1954年RFT（1954）：43, 1955年RFT（1955）：42，1956年RFT（1956）：42, 1957年RFT（1957）：45, 1958年RFT（1958）：46，1959年RFT（1959）：45，1960年RFT（1960）：44より筆者作成。

ンド，70ポンドレールへの交換が進み，60年までに計1,574kmの区間の重軌条化が完了したことが分かる。60年の営業路線総延長は3,493kmであるから，全体の45%が完成したことになる。55年からの優先投資5年計画が完了すれば，北線，東北線の全線と，南線の一部が重軌条化されることになっていた［Ibid.: 209–210］。ただし，新たにレールを溶接してロングレール化する作業が加わったため，レール交換は予定より遅れていた[99]。

このような輸送力増強の施策により，鉄道の輸送量は旅客，貨物とも着実に増加した。戦後の1946年から57年までを比較すると，旅客は人ベースで3.5倍，人キロベースで2.6倍，貨物はトンベースで5.9倍，トンキロベースでは8.7倍にまで増加した（附表3参照）。列車本数についても，戦争開始前には1日に旅客列車119本，貨物列車24本が運行されており，戦後の45～50年にはそれぞれ62本，20本までに減ったものの，57年にはそれぞれ150本，85本へと増加した[100]。また，先のバーンダーラーの鉄橋のように不通となっていた長大橋梁の復旧も，53年12月のラーマ6世橋の完成により終了し，鉄道網の再統一が図ら

写真 7　修復中のラーマ 6 世橋

戦争によって破壊されたラーマ 6 世橋は全面的に架け替えられることとなり，橋梁の形態も戦前と異なるものとなった。戦前のラーマ 6 世橋の写真は，柿崎［2000a］：172 を参照。
出所：RFT［1970］

れた。既存の路線網の復興は，着実に進んでいったのである。

## 第4節　鉄道網の再拡張とその限界

### (1) 鉄道建設計画の再開

戦後の当面の課題は既存鉄道網の復興であったが，1949年頃になると道路の場合と同じく中断されていた建設計画の再開が検討され始めた。49年の鉄道委員会では，全国鉄道建設計画を当面10年間の計画として，1：ケーンコーイ～ブアヤイ間268km，2：スラーターニー～ターヌン間161km，3：ウドーンターニー～ノーンカーイ間56km，4：クムパーワピー～ナコーンパノム間240km，5：ブアヤイ～ムックダーハーン間280kmの5線計1,005kmを建設することに決定した[101)]。ケーンコーイ～ブアヤイ間は，41年の計画ではロッブリー～ブアヤイ間となっていたが，戦時中に着工したケーンコーイ～チャイバーダーン間を活用するためにケーンコーイ起点に変更された。この路線は戦前に着工されて中断されていたスラーターニー～ターヌン間とともに，最優先の路線とされた。

その後1952年にはこの計画が一部修正され，10年計画を5年計画に分割し，チャチューンサオ～トラート間255kmを新たに付け加えることになった。この結果，前半の5年間でケーンコーイ～ブアヤイ間，スラーターニー～ターヌン間，ウドーンターニー～ノーンカーイ間，バーンパーチー～ケーンコーイ間複線化を行い，後半の5年間でブアヤイ～ムックダーハーン間，クムパーワピー～ナコーンパノム間，チャチューンサオ～トラート間を完成させることとなった[102)]。

ただし，実際の新線建設は計画通りに進んでいたわけではなかった。計画に含まれない路線でも，既に着工されていたために建設が継続している事例もあった。1951年度には計画に含まれた路線で実際に建設が行われたのはスラーターニー～ターヌン間，ケーンコーイ～チャイバーダーン間のみであり，旧泰緬鉄道の一部区間であるカーンチャナブリー～ターサオ間，薪輸送用の軽便鉄道の改良であるフアワーイ～タータコー間，戦時中に着工されたバーンスー～クローンタン間などの計画外の路線でも建設が行われていた［RFT (1951): 46–55］。

戦後最初に開通したのは旧泰緬鉄道の区間であり，1949年，52年に相次いで開通した（附表4参照）。戦争が終わると，タイ政府は泰緬鉄道のタイ国内区間であるノーンプラードゥック～ニケ間303kmを連合軍から5,000万バーツで購入することとなった［RFT 1970: 182］。しかし，この線のカーンチャナブリー以西は人家も稀な山間部を通過しており，全線を整備しても需要が存在しないこと，ビルマ側もこの鉄道を復活させる意志のないこと，および軍用鉄道として建設されたこの路線を一般営業用に改修するには莫大な費用が掛かることから，一部区間のみ整備して残りの区間の資材は建設中の路線に廻すことになった[103]。結局，ある程度の需要が見込まれ沿線開発が期待されるノーンプラードゥック～ターサオ（ナムトック）間130kmを復活させることとなった。その大半に当たる部分が，52年までに完成し，ナムトックまでの全区間が開通するのが58年のこととなる。

### (2) 軍事鉄道の建設

道路の場合も，世界情勢の悪化とともに1950年頃から軍事道路の建設が進められたが，鉄道にも軍事鉄道が現われるようになった。軍事鉄道の例は，ウドーンターニー～ノーンカーイ間，ノーンプラードゥック～ロッブリー間の路線であった。前者は49年の鉄道建設計画にも含まれていたが，実際には51年の時点でもまだ未着工であった。ところが，53年になるとラオス情勢が悪化し，ラオス国境であるノーンカーイへ至るこの鉄道の軍事的意義が急速に高まった。このため，建設費が得られなかったにも関わらず，国鉄は54年度から自らの収入を充当する形で建設を開始した［RFT (1954): 78–79］。政府は交渉中の世界銀行からの第2回借款でこの路線の建設費を調達しようと試みたが，世界銀行側は新線建設については国家予算で行うべきであるとの姿勢を崩さなかった。

世界銀行の代わりに援助の手を差し伸べたのは，アメリカであった。1954年末にアメリカは急遽この鉄道建設への総額400万ドルの援助を申し出たようであり，国鉄側に対しできるだけすみやかにこの鉄道を完成させるよう求めた[104]。これも，フレンドシップ・ハイウェーと同じくラオス北部へのベトミン侵入を受けたものと理解される。アメリカ側が急がせたこともあり，この区間は55年9月には早くも完成した［RFT 1970: 185］。当初のノーンカーイ駅は市街地のかなり南に位置していたが，すぐにメコン川畔への延長工事が行われ，58年に新ノーンカーイ駅が完成した[105]。この駅に隣接して船着場が整備され，ラオス方面への貨物輸送の拠点となった。なお，タイ側はこの線以外にもアメリカからの援助による建設を模索したものの，結局実現しなかった[106]。

もう1つのノーンプラードゥック～ロッブリー間は，これまでの鉄道建設計画には全く存在しなかった路線である。1953年4月に，政府はノーンプラードゥック～スパンブリー間の鉄道建設を指示した［RFT 1970: 445］。その後，55年にはこの路線をロッブリーまで延長し，軍都ロッブリーと南線を結び軍事輸送に備えることになった［Ibid.］。これは，南線は他線とラーマ6世橋でしか接続していないため，戦争中のようにこの橋が爆撃されると南線が孤立することから，新たな連絡路を確保して有事に備える目的であった。この路線のうち，ノーンプラードゥック～スパンブリー間78kmは54年から建設され始めた［RFT (1954): 73］。

さらに，1955年に政府が隣国と連絡する国際交通路の構想を立てるよう各機関に指示したことから，国鉄ではビルマとの連絡鉄道のルートを検討し，スパンブリーからチャオプラヤー川西岸を北上し，タークを経てビルマ国境メーソートに至るルートがふさわしいとの結論に達した[107]。このため，建設中のノーンプラードゥック～スパンブリー間も単に軍事鉄道としての役割のみではなく，国際鉄道の一部となる可能性も秘めることになった。ただし，この線の建設には援助が得られなかったことから，始まった建設も予算不足により遅々として進まず，結局58年には建設が一時中断されてしまう［RFT 1970: 447］。

### (3) 進まぬ新線建設

戦後のピブーン首相の時代には，中断していた鉄道建設計画が再開され，しかも新たに軍事鉄道の建設も浮上したため，タイの鉄道網が再び拡張される可能性を秘めていた。図2–7は1957年の鉄道網を示しており，これを見ると建設中及び計画中の路線が依然として多数存在していることが分かる。前章で言及した41年の全国鉄道建設計画よりは規模は縮小されたものの，図2–7の建設中及び計画中の路線がすべて完成すれば，約1,800kmの鉄道網が新たに加わることを意味した。

しかしながら，実際には新線建設は遅々として進まなかった。1945年から60年までの15年間に営業路線の総延長は300km弱しか増加しておらず，このうち，旧泰緬鉄道の区間が131km，アメリカの援助によって建設されたウドーンター

写真8　ノーンカーイ線開通祝賀列車（1955年）

当時最新鋭のアメリカ・ダヴェンポート製の電気式ディーゼル機関車を用いた祝賀列車。
出所：RFT［1991］：96

図 2–7　1957 年の鉄道網

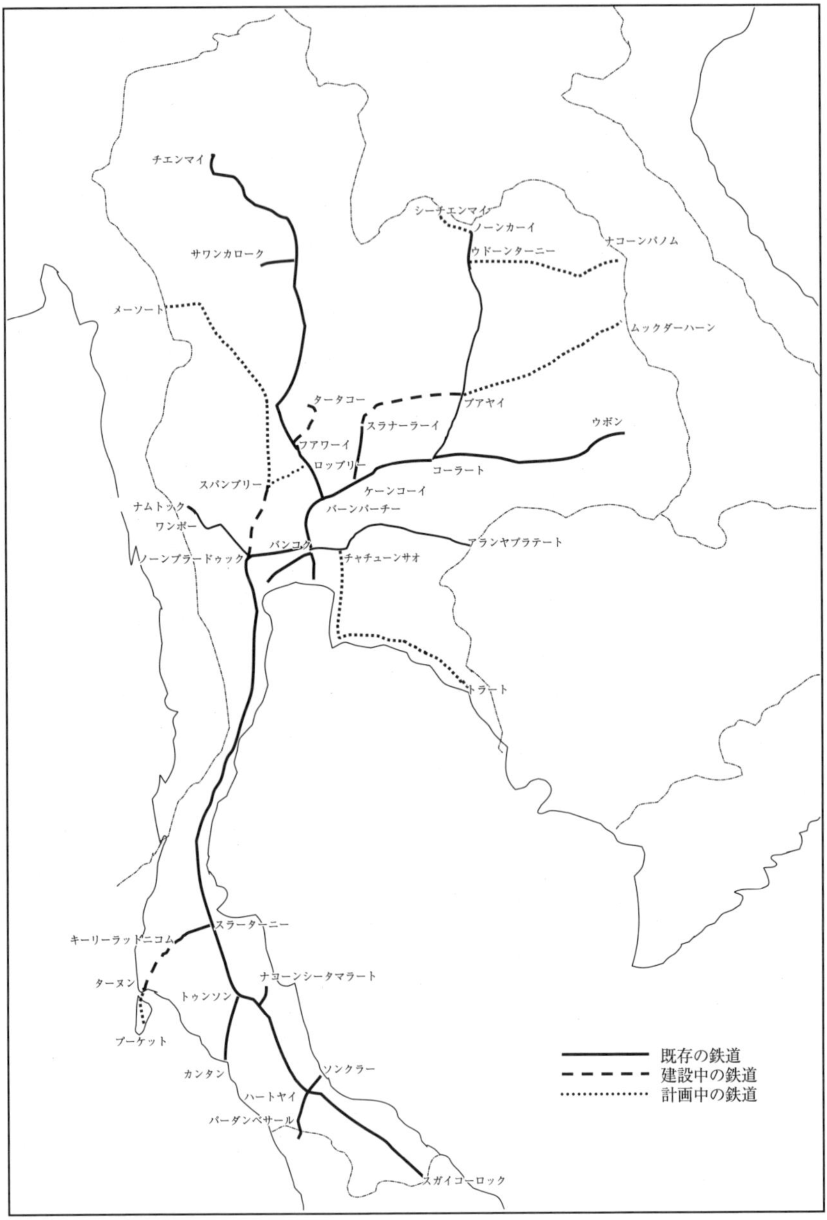


出所：RFT（1957）より筆者作成

ニー～ノーンカーイ間が 55km であったことから，国鉄が独自に建設した新線は 101km に過ぎなかった[108]。この開通した 101km の区間にしても，新線計画に含まれた路線の一部区間でしかなかった。52 年の計画では 5 年間で計 485km の新線建設を完成させる予定であったが，実際にはその 3 割にあたる 148km しか完成しなかったのである[109]。

新線建設の遅れの主因は，予算不足であった。世界銀行は新線建設に対する借款を拒み続けたため，アメリカの援助によって建設できたウドーンターニー～ノーンカーイ間という例外を除けば，新線建設はすべて国家予算で賄う必要があった。表 2–4 は鉄道事業収支の推移を示しており，1935/36–38/39 年平均と 57 年を比較すると，収入は約 35 倍，通常支出は約 60 倍に増加している[110]。資本支出は 1951 年を境に減少し，新線建設費は 56 年以降全く計上されなかった。52 年の計画では最初の 5 年間の総工費は約 4 億 7,800 万バーツであり，年平均約 9,500 万バーツ程度の予算が必要であったことから，この計画は最初から実現されていなかったことになる[111]。

1952 年の段階では，この 5 年計画を円滑に進めるため，国鉄は法律を制定して毎年の建設費を確実に得ようと考えていたが，財政への負担を懸念する大蔵省の反対で認められなかったようである[112]。このため，国鉄に対する新線建設費は計画通りに認められず，新線建設計画の大幅な遅延を招くことになった。建設予算が存在しない一方で，政府からは早期完成の要求が強かったことから，政府が特別に国鉄の収入を用いて新線建設を行わせることもあった。54 年には上述のウドーンターニー～ノーンカーイ線がこの方法で着工されたほか，57 年にも前年度と合わせた 2 年分として，計 6,400 万バーツの支出が認められた [RFT (1957): 15]。

戦前の時代も含め，ピブーン首相が鉄道網の拡張に関心を持ったことは明らかであるが，それは実際の路線網の拡大にはかならずしも連動していなかった。1938/39 年からの約 20 年の間に，営業路線の総延長は 410km の増加を見たが，25/26 年から 35/36 年の 10 年間の増加は 498km であった。ピブーン首相が立憲革命後の道路重視，鉄道軽視政策を修正し，再び鉄道網の拡張を期待したことは事実であるが，現実には建設費が不足したためにその夢の実現は非常に限定されたのである。

表2-4　鉄道事業収支の推移（1935/36～57年）（千バーツ）

| 年 | 収入 | | | 支出 | | |
|---|---|---|---|---|---|---|
| | 旅客収入 | 貨物収入 | 収入計 | 通常支出 | 資本支出 | うち新線建設費 |
| 1935/36–38/39平均 | 5,502 | 9,156 | 14,658 | 7,250 | 1,821 | 1,821 |
| 1939/40 | 11,611 | 21,261 | 32,872 | 14,332 | 4,432 | 4,432 |
| 1941–45平均 | 17,443 | 11,484 | 28,927 | 10,251 | 2,361 | 942 |
| 1946–50平均 | 60,557 | 56,011 | 116,568 | 39,092 | 72,537 | — |
| 1951–55平均 | 171,028 | 181,720 | 352,747 | 297,740 | 142,328 | 32,267 |
| 1956 | 242,082 | 244,160 | 486,242 | 377,118 | 46,000 | — |
| 1957 | 252,504 | 275,817 | 528,321 | 431,194 | 37,536 | — |

注：1939/40年の数値は1939年4月から1940年12月までの数値である。
出所：附表3より筆者作成

## 小括

戦後復興期の交通政策は，基本的には戦争直前の交通政策を継承しており，道路網の整備を重視する一方で鉄道網の拡張も模索するものであった。道路整備は中断されていた18年計画の具体化が中心であり，タイ国内に「1つの道路網」を構築するべく，道路局は幹線となる国道の整備に専心した。その結果，1950年代に道路局の管轄する国道網は量的に大きく拡大し，50年から57年までに新たに2,000kmもの国道が新たに追加された。この期間に仮設道路を介してようやくバンコクと周縁部を結ぶ道路網が構築され，タイ国内に「1つの道路網」が完成したが，質的な改良は相対的に遅れ，道路網の経済的な意義は限定された。

一方の鉄道は，戦時中に疲弊した設備の復興が急務であった。既存の鉄道網の復興と輸送力増強のために，車両の増備，自動連結器の導入，レールの交換などの施策が行われ，その成果は1940年代後半から50年代にかけての輸送量の急増という形で現われていた。ただし，既存の鉄道網の復興の影で，戦前に期待された鉄道網の拡充は遅れることとなった。これは世界銀行が新線建設には借款を供与せず，国家予算にのみ依存する形で新線建設を行う必要があったものの，政府の財政状況の悪化により十分な予算が配分されないためであった。

この時代に形成された低規格道路網の役割は，実際の輸送面での貢献というよりも，むしろ心理的な安心感を与えるものであった。すなわち，道路の存在は自動車の到達を保証するものであり，それは有事の際の兵や警察の到達をも保障するのである。この時代の道路の「バラ撒き」の背景には，国内外の情勢が必ずしも安定しない当時の「心理的安心感」の獲得が背景に存在したものと思われる。確かに軍事道路など多数の道路整備要求が出されたことから，必然的に低規格の道路を整備せざるを得なかったのではあるが，それが直接的にも間接的にも鉄道の地位を維持させる結果ともなった。

この時代に鉄道と道路が共存できたのは，道路が低規格であるがゆえに自動車輸送の輸送条件が鉄道に比べて明らかに悪かったためであった。この問題が解決されない限り，鉄道輸送の優位性も依然として保たれるはずであった。しかしながら，ピブーン時代の末期に建設が開始されたタイで最初の高規格道路であるフレンドシップ・ハイウェーの出現はこの状況を一変することとなり，「開発」の時代の交通政策を大きく変化させることになるのである。

# 第3章
# 鉄道から道路へ
## 「開発」の時代の交通政策

1958年にサリットがクーデターにより政権を獲得してから，73年にタノームが「10月14日事件」により退陣するまでの15年間は，タイにおける「開発(Phatthanakan)」の時代であった。この間にタイの経済，政治，社会は大きく変容したが，交通体系にとっても大きな変化がもたらされた。それは，58年のフレンドシップ・ハイウェーの開通を契機とする高規格道路，すなわち舗装道路の急速な増加であった。

この時代の急速な道路整備については，従来からいくつかの「事実」が強調されている。1つは，外国からの国際協力が急速な道路整備を可能にしたという「事実」である。例えば，ポーパンは当時の道路建設は多くをアメリカと世界銀行からの国際協力に負っていたと記述している［Porphant 1994: 299］。もう1つは，国際協力が集中したことから，東北部で急速な道路整備が行われたという「事実」である。ドンナーは，道路整備が進展したわずか10年の間に，東北部の情景は一変したと供述している［Donner 1978: 630］。他方で鉄道は「開発」の対象とは見なされず,「開発」の文脈の中で鉄道に言及している例は存在しない[1)]。ポーパンのように，鉄道には触れず道路網の急速な整備のみに注目する研究が一般的である［Porphant 1994][2)]。鉄道に目を向ける数少ない研究も，リンマーのように鉄道が斜陽化する時代として語るのが一般的である［Rimmer 1971][3)]。

しかしながら，これらの「事実」が本当に事実であるのかについては，疑問の余地が残る。マスカット（Robert Muscat）は1963年から78年までに世界銀行が道路整備に供与した借款額は総計2億2,300万ドルであったと述べているが［Muscat 1990: 95]，その額が果たして多いのか少ないのかは明確にされていない。東北部の道路整備についても，それが他地域を上回るほど「過剰な」ものとなったのかについては，語られてはいない。鉄道についても，実際には輸送サービスは継続的に改善され，輸送量が増加していた。そして，この時代を乗り越えられたことが，その後現在に至るまで自動車輸送が主流となる中で，鉄道がそれなりの存在感を保ち続ける大きな要因であると考えられる[4)]。

このため，本章ではこの「開発」の時代の交通政策を道路，鉄道の順に分析し，上述の「事実」の再検討を行うことを目的とする。以下，第1節でサリット時代の道路政策とタノーム時代の政策変更を解明し，第2節で「開発」の時代の道路整備の特徴と意義を分析する。その後，第3節で道路優先時代における鉄道政策の状況を明らかにした上で，第4章で鉄道の対応とその役割の変容を分析する。

## 第1節　サリットとタノームの道路政策
## ── 高規格道路の急増

### (1) サリットと道路 ── 高規格道路の「魅力」

サリットは1957年9月のクーデターで，9年あまり続いたピブーン政権を倒したが，自らは政権に就かず，ポット（Phot Sarasin），タノームに首相の座を任せた。その後，翌年10月のクーデターで首相の座に収まり，以後急死するまでの5年の間に「開発」の時代の幕開けを象徴するような数多くの変革を遂行した[5)]。サリットが唱える「開発」の中で，道路は非常に重要な役割を果たすことになった。折しも彼が政権の座に就く直前には，タイで最初の高規格道路であるフレンドシップ・ハイウェーが完成した。この道路の開通とともに，それまでジャングルに覆われていた沿線が急速に農地に「開発」されたことから，彼は「開発」の時代を牽引する高規格道路の役割を強く認識したものと思われる[6)]。

サリットは精力的に地方視察を行い，各地の状況を見て廻った［Sarit 1964a: 93–94］。彼は1961年6月22日の北部視察の際に，次のように述べている［Ibid.: 94–95］。

> ……私の公務視察の方法はこれまでのものとは異なっている。私は良い道路沿いの視察は極力避け，道路のない不便な地を歩くことが多い。日が暮れるとどこにでもテントを張ってそこで寝て，周りの住民を困らせることのないように自分達で食事を作り食べる。これは住民の真の生活の姿を見たいがためである……

サリットは困難な視察旅行の度に，道路整備の必要性を痛感していた。彼は地方視察の度にその感想を公表しており，道路は水利とともに常に必要性が強調されていた[7)]。1961年5月の地方視察を終えて，彼は次のように供述した［Sarit 1964b: 390–391］。

> ……（このように，）われわれは道路建設にある程度賭ける必要があるのだと私は痛感した。すなわち，ただちに経済的な利益が得られないとしても，我々は長期的視点を持って考え，入り込む交通路なしのままで広大な土地を放置しておくべきではないとの原則を持つ必要がある。もしある程度道路ができれば，我々がフレンドシップ・ハイウェーの沿線で目にしたように（人々が）入植して開発を行いはじめるであろう……。

フレンドシップ・ハイウェーが非常に顕著な「開発」の成果を証明していたのに対し，苦労して訪れた各地の状況は，「開発」とは正反対の状況であった。このため，彼は道路こそが「開発」を導くものであるとの確信を抱くようになったのであろう。彼はフレンドシップ・ハイウェーを見習って全国に高規格道路を拡大することで，限られた場所でしか見られなかった「開発」を全国に拡大させようとした。しかし，問題は資金源であった。先のフレンドシップ・ハイウェーはアメリカの援助を利用できたため，タイ側の支出は非常に少なく済んだ。このため，援助による建設が最も望ましいものではあったが，もしそれが不可能ならば1950年代に一度失敗していた世界銀行からの借款を再び画策するしかなかった。

実際には，アメリカの援助への期待は，徐々に薄れることになった。サラブリー～コーラート間のフレンドシップ・ハイウェーは，バンコクと東北部及びラオスを結ぶ幹線道路の一部区間として建設されたが，残るコーラート～バーンパイ間はまだ未整備であり，既存のバンコク～サラブリー間，バーンパイ～ノーンカーイ間も見劣りした。アメリカは依然としてラオスへの連絡を重視しており，バンコク～ノーンカーイ間の全線の道路改良は経済的にも政治的にも意味があると考えていた［FRUS 1955–1957 Vol. XXII: 903］。このため，バンコク～サラブリー間，コーラート～ノーンカーイ間も援助の対象となった[8)]。

しかし，それ以外の区間への援助は期待薄となっていった。アメリカの援助で建設されたピッサヌローク～ロムサック間道路の延長であるロムサック～コーンケーン間の建設については，同じくアメリカからの援助を予定していたものの，海外援助使節団（United States Operations Mission: USOM）からは援助が難しいとの報告を得たため中断することになった[9)]。サリットは東北部のコーラート～ウボン間，バーンパイ～ウボン間の道路建設にも援助を利用しようとアメリカ側へ打診していたが，アメリカ側ではこれ以上の援助対象道路の増加は，既存の援助計画にも影響を及ぼすと難色を示していた［FRUS 1958–1960 Vol. XV: 1027–1028, 1035–1037］。さらに，1961年になるとケネディー政権は援助政策の変更を行い，援助の引き締めを行うことになった[10)]。これにより，アメリカからの無償の援助により道路建設を行える可能性はさらに低くなった。

このような状況のため，世界銀行からの借款への依存度がますます高まることになった。政府は1958年に世界銀行に専門家の派遣を要請し，経済再建のための調査を遂行した[11)]。その調査には交通部門も含まれており，報告書にはバンコクと北部，東北部，東部，南部の各地域を結ぶ幹線の整備を優先することが提言されていた［SSPS 1960: 164–165］。この調査報告書は，「開発」の時代の経済政策の変更に大きな影響を与え，道路についてもその後の国道建設修復8年計画に提言が反映された。サリットは経済開発計画を策定するために，NEDBに部門別の小委員会を設置し，交通部門の小委員会はこの調査報告書の道路に関する提言を59年末にはすべて受け入れた[12)]。

その後，1961年3月に道路計画策定のために世界銀行から調査団が派遣され，新たな道路整備計画が策定されることとなった[13)]。この作業のために，政府は同年 7 月から NEDB の交通分野の顧問として交通専門家クレマー（Harvey Klemmer）を雇った。彼によると，世界銀行側は道路局の能力を疑問視しており，当初借款計画は 62 年から 5 年間の予定であったが，計画通りに建設が進まない可能性があることから，70 年までに期間を延長させたという［RK No. 4: 2–3］。

1950 年代と同様に，世界銀行との交渉は簡単には進まなかった。銀行側は経済性を重視しており，50 年代には経済性が低いとみなされた軍事道路が含まれていたことが，結局交渉を失敗させていた。今回も同じような問題が生じ，タイ側と銀行側の合意に時間を要する結果となった。クレマーは世界銀行側のスタッフがあまりに費用便益分析に固執することに疑問を持ち，タイのような国では「便益」を正確に数値化することは難しく，道路網の整備にはタイが国家として存続していく上で必要な，測ることのできない「目に見えない利益（Intangible Benefits）」があると主張した［RK No. 5: 2–3］。それでも，結果としては費用便益分析を利用して明確に路線ごとの優先順位を算出し，優先順位に従って計画が策定された。これはタイの道路計画策定にとって，初めてのことであった。

### (2) 野心的な計画の策定 ── 国道建設修復 8 年計画

このような交渉の結果，1962 年 7 月にようやく国道建設修復 8 年計画が完成した[14)]。この計画の概要は，表 3–1 のように建設と修復に区分されており，合わせて計 5,441km の道路の高規格化を目的としていた[15)]。計画対象道路のうち約 63％が借款によって賄われることになっており，援助も含めると全体の約 7 割が国際協力によって整備される計画であった。対象道路は図 3–1 の通りであり，バンコクから 4 方向へ伸びる幹線と，それらの幹線から分岐して奥地の県に至るようなフィーダー道路的な準幹線に分類された。この計画には，59 年の世界銀行の経済調査報告書に含まれた路線がほぼ網羅されており，タイ側の要望でいくつかのフィーダー道路が含まれたという状況であった。

これらの道路のうち，援助による道路はアメリカによるバンコク～サラブリー間，コーラート～ノーンカーイ間が対象であり，先に完成したフレンドシップ・ハイウェーを介してバンコク～ノーンカーイ間の高規格道路を全通させるものであった。借款については，建設道路に区分された 3 区間の調達先は明示されていないが，修復道路については借款先が記されており，世界銀行からの借款への依

表3-1 「開発」の時代の国道建設修復計画

国道建設修復8年計画（1963～70年）

| 種別 | 予算出所 | 総延長（km） | 総費用（百万バーツ） | 1km あたり費用（百万バーツ） |
|---|---|---|---|---|
| 建設 | 国家予算 | 731 | 1,129.5 | 1.55 |
| | 借款 | 728 | 1,098.3 | 1.51 |
| | 援助 | — | — | — |
| | 計 | 1,459 | 2,227.8 | 1.53 |
| 修復 | 国家予算 | 822 | 842.9 | 1.03 |
| | 借款 | 2,698 | 3,687.6 | 1.43 |
| | 援助 | 462 | 637.6 | 1.38 |
| | 計 | 3,982 | 5,348.1 | 1.34 |
| 総計 | 国家予算 | 1,553 | 1,972.4 | 1.27 |
| | 借款 | 3,426 | 4,956.9 | 1.45 |
| | 援助 | 462 | 637.6 | 1.38 |
| | 計 | 5,441 | 7,575.9 | 1.39 |

国道建設修復5年計画（1965～69年）

| 種別 | 予算出所 | 総延長（km） | 総費用（百万バーツ） | 1km あたり費用（百万バーツ） |
|---|---|---|---|---|
| 建設 | 国家予算 | 964 | 1,614.0 | 1.67 |
| | 借款 | 1,313 | 1,416.1 | 1.08 |
| | 計 | 2,277 | 3,030.1 | 1.33 |
| 修復 | 国家予算 | 3,919 | 1,600.0 | 0.41 |
| | 借款 | — | — | — |
| | 計 | 3,919 | 1,600.0 | 0.41 |
| 総計 | 国家予算 | 4,883 | 3,214.0 | 0.66 |
| | 借款 | 1,313 | 1,416.1 | 1.08 |
| | 計 | 6,196 | 4,630.1 | 0.75 |

注：借款は借款対象の路線の建設，修復費を総計したものであり，借款総額ではない。
出所：8年計画 NA Kho Kho 0202. 8. 7/469，5年計画 NA［1］Ko Kho. 1. 3. 3. 2/25 より筆者作成

存度が最も高く，北部のラムパーン～チエンマイ間などの計7区間が該当した。他には，バンコク～トラート間がアメリカ輸出入銀行からの借款に分類されており，残りは他の機関からの借款を模索するとされていた[16)]。

これまで何回か策定された道路局の道路整備計画と比較すると，この8年計画では対象となる道路が非常に限定されており，道路網の骨格にあたるような幹線に絞られている点が特徴的である。上述したように，この道路計画は費用便益分析を行って優先順位の高いものから採用したとされていることから，選び抜かれた区間は当然交通需要の多いバンコクと周縁部を結ぶ幹線及びそこから分岐するフィーダー線であった。サリットが東北部に関心を抱いていたことから，この計画でも東北部の道路が優先されていたものと考えがちであるが，対象区間のうち東北部の占める割合は33%とそれほど高くはなかった[17)]。

この計画では，整備する道路の規格も決められていた。規格は1級から5級に分類され，各道路の今後15年間の予想交通量に基づいて決められた。8年計画で整備する道路はすべて3級以上であり，舗装路面幅は3級で6.0～6.5m，1級

図 3-1　国道建設修復 8 年計画（1963〜70 年）

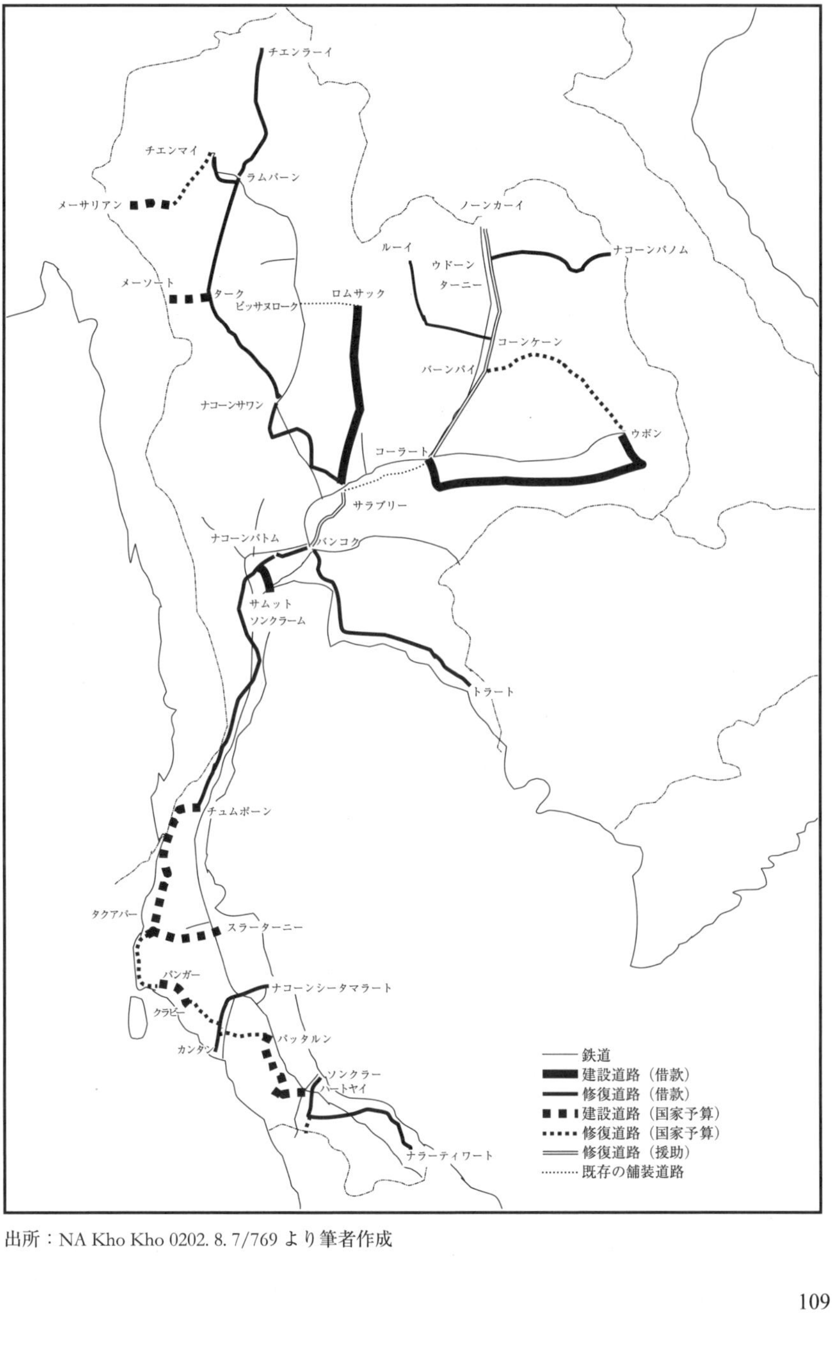


出所：NA Kho Kho 0202. 8. 7/769 より筆者作成

で7.0～7.5mであった。さらに特級という規格も例外的に設けられ，上下車線を分離した片側複車線の道路がバンコク～ドーンムアン間などバンコク近郊で整備されることになっていた。クレマーによると，世界銀行との交渉で必要な規格は最低限に押さえたそうであるが，少なくとも路面幅6.0mの舗装道路を7年間でタイ国内の各地に到達させるということは，これまでの道路局の状況から考えるといささか野心的であった[RK No. 9: 5]。このように建設する道路の規格を明確に定めたのも，この計画が最初のことであった[18]。

世界銀行との交渉は8年計画の完成後も続き，ようやく1963年6月に借款協定が調印された[RK No. 8: 6]。この協定に含まれた区間は，ラムパーン～チエンマイ間，ナコーンパトム～プラチュアップキーリーカン間，ソンクラー～ナラーティワート間の3区間であり，残りのサラブリー～ナコーンサワン間，コーンケーン～ルーイ間，ウドーンターニーナコーンパノム間，ナコーンシータマラート～カンタン間の4区間は測量と設計のみが含まれた。これはタイで最初の世界銀行からの借款による道路建設であり，50年代からの10年来の懸案がようやく実現したことになる。

### (3) タノームの政策変更

1963年にはサリットを長とする国家開発省も設立され，それまで運輸省に属していた道路局が国家開発省下に移された[玉田 1996：64–65]。合わせて長年の懸案であった県道の内務省自治土木局からの移管も実現し，道路局は国道と県道を管轄することになった[19]。その矢先に，「開発」の時代を牽引していたサリットが死去したのである。後を継いだタノームは，「開発」の旗印は継承したものの，政策は軌道修正されることとなった。サリットは「開発」の象徴として，大規模な社会資本整備計画を数多く打ち出したが，それはタイの財政状況を無視したものであったため，タノームは計画の見直しを行った[RK No. 9: 1–2][20]。始まったばかりの8年計画も，その例外ではなかった。

実際には，サリットの死去前の1963年9月に，NEDBが国道8年計画修正検討委員会(Khana Thamngan Phua Prapprung lae Kaekhai Khrongkan Thang Luang Phaendin 8 Pi.)を設置し，計画の修正を検討し始めていた[21]。この理由は，当初見積った建設費よりも実際の建設費が大きく上回ったためであった[22]。この委員会では，計画に含まれる道路の状況を確認した結果，8年計画に含まれる道路の中には，既に舗装されていて緊急に修復作業を行う必要のない区間が少なからず存在する一方で，計画に含まれないながらも整備すべき道路が多数存在することが確認された。最終的に，64年8月に国道建設修復5年計画として修正案が完成した[23)]。

この計画の概要は先の表3–1に示されており，8年計画と比較すると対象距離は若干増えていることが分かる。援助による建設は含まれておらず，国家予算と借款のみに分類されている。借款対象距離は計1,313kmであることから，借款による整備も大幅に減少したことになる。対象となる区間は図3–2に示した通りであり，図3–1と比較すると対象区間が全国に散らばり，幹線以外の道路も多数含まれていることが分かる。すなわち，8年計画で対象となっていた幹線は，既にある程度舗装化が完了したために対象から外され，その分各地の既存の未舗装道路の改良に重点が移されたのである。

もう1つの特徴は，建設費の削減である。表3–1の1km当たりの建設費を見ると，8年計画よりも5年計画のほうがはるかに安い点が注目される。全体の平均値を見ても，8年計画の場合は139万バーツであったものが，5年計画では75万バーツとなっている。この建設費の低減は，当然ながら規格の低下を意味していた。最も安い修復方法とは，既存の未舗装道路の路面をアスファルトで覆うのみであった[RK No. 12: Annex B]。

8年計画の策定に携わったクレマーは，この変更案に反対した。彼は8年計画の見直しの必要性は認めたものの，規格の見直しについては既に最低限の規格に下げているとして，反対の意向を示した[RK No. 9: 4–5]。彼は建設費を節約したければ，計画を遅らせるべきであると主張した。彼の主張はNEDBにも伝えられ，道路局との間で論争となったが，結局その主張は受け入れられなかった[RK No. 11, No. 12]。彼は8年計画を，「やや野心的ではあるが，これまでタイ政府が策定した計画の中では最良のものであった」と賞賛していたが，結局この計画は短命に終わったのである[RK No. 11: Annex B]。

全国に対象路線を分散させた新たな5年計画は，8年計画以前の旧態依然とした計画への回帰とも捉えることができる。この理由は，サリットに比べてタノームの求心力が弱いために各地からの圧力を押さえ付けることができず，結果として対象道路の「バラまき」をせざるを得なかったものとも考えられる[24)]。それで

図 3–2　国道建設修復 5 年計画（1965 ～ 69 年）

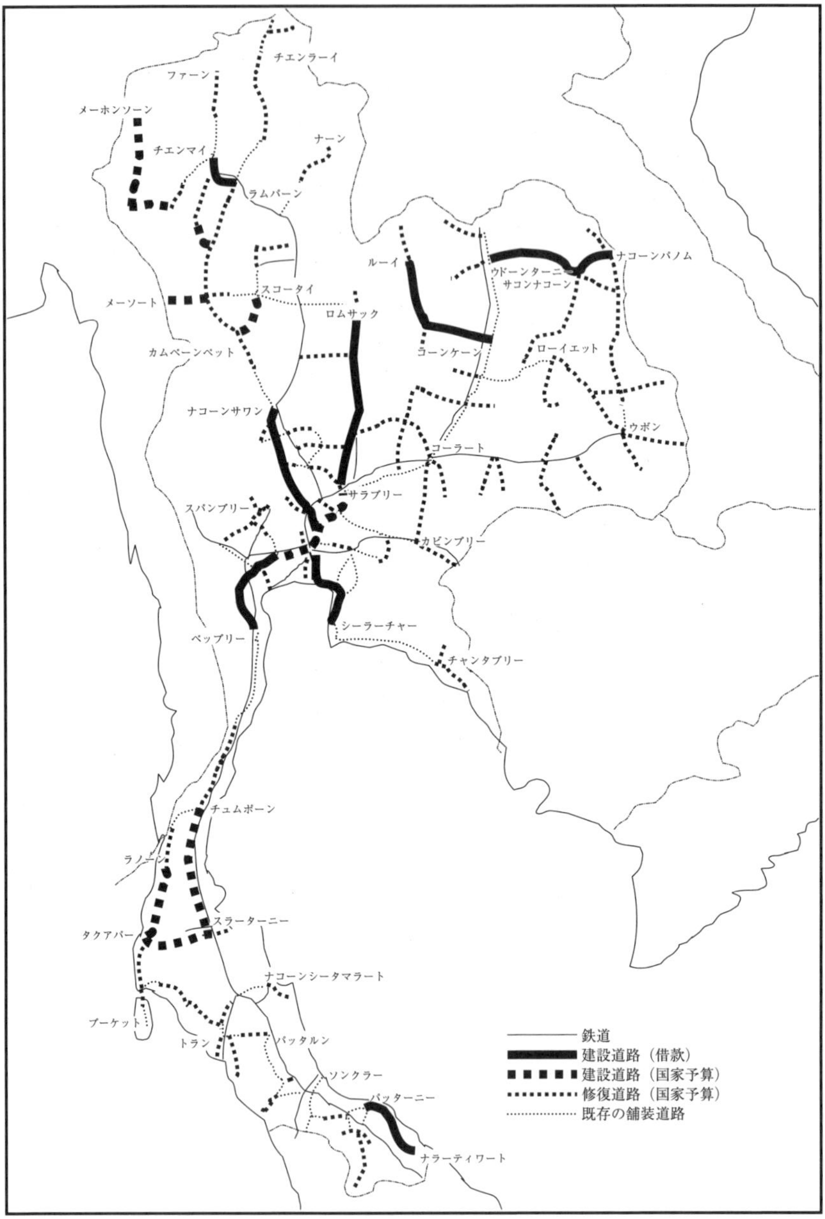


出所：NA［1］Ko Kho. 1. 3. 3. 2/25 より筆者作成

も，建設費を節約して対象路線を増やしたことは，結果として高規格道路網の拡大を促進することになった。

### (4) 計画の現実化 ── 借款計画の縮小

8 年計画から 5 年計画への変更は，借款計画の変更も引き起こすこととなった。借款による建設には，事業化調査の段階から，設計，建設，監督に至るまで建設業者に依存する必要があった。入札業者の資格も銀行側が審査するため，外国企業の採用を強いられることもあり，国家予算による建設よりも高くつく原因ともなった。このため，借款は高規格道路の必要性が最も高い区間に限定して利用し，修復が容易な場合には国家予算で建設する方が安上がりとなることから，5 年計画では借款計画の縮小がなされた。

表 3-2 は，1973 年までに供与された借款の一覧を示している。世界銀行からの第 1 回借款では 3 区間が対象とされているが，このうち 2 区間は当初協定を結んだ際よりも対象区間が減っている。これは，先の検討委員会で比較的状況の良い区間を借款対象から外すことが決められたためであり，銀行側は当初は望ましくないとしたものの，最終的には了承したようである[25)]。他にも，世界銀行からの借款を計画した 7 区間のうち，南部のナコーンシータマラート～カンタン間は全区間申請を取り下げ，東北部のウドーンターニー～ナコーンパノム間はサコンナコーンまでに区間を短縮している[26)]。

また，借款先の変更も発生した。バンコクからトラートまで伸びる道路は，アメリカの輸出入銀行からの借款を利用する計画になっており，1961 年に早くも閣議決定され，いわゆる「ひも付き」であったことからアメリカの会社が調査と設計を行った[27)]。しかし，その結果建設費が莫大になることが判明したため，63 年にはシーラーチャーまでに区間を短縮した。その後，65 年に入札を行ったが，応札した業者が2社しかなく，安いほうの価格でも顧問会社の見積りより 1 億バーツも高かった。このため，閣議では入札を撤回し，アメリカ企業しか入札できないこの借款を中止して，世界銀行の借款に切り替えることになった[28)]。世界銀行側もこれに応じ，第 2 回借款にこの道路が含まれることになった。

サラブリー～ロムサック間道路も，同じく借款先を変更することになった。この道路は 8 年計画では借款先が決められていなかったが，アメリカの国際開発

表 3-2　借款による建設対象道路

| 借款源 | 調印年月 | 借款額 | 道路番号 | 対象道路 | 延長（km） | 完成年 | 備考 |
|---|---|---|---|---|---|---|---|
| 世界銀行（第1回） | 1963/06 | 2,190万ドル | 11 | ラムパーン～チエンマイ | 100 | 1969 | |
| | | | 42 | パッターニー～ナラーティワート | 98 | 1968 | |
| | | | 4 | ナコーンパトム～ペッブリー | 112 | 1968 | |
| 世界銀行（第2回） | 1966/08 | 3,110万ドル | 34, 3 | バンコク～シーラーチャー | 97 | 1969 | |
| | | | 1 | ナコーンサワン～トゥーン | 280 | 1970 | |
| | | | 1 | ガーオ～チエンラーイ | 142 | 1970 | 複車線化 |
| | | | 22 | ウドーンターニー～サコンナコーン | 160 | 1968 | |
| | | | 12 | コーンケーン～チュムペー | 94 | 1968 | |
| 世界銀行（第3回） | 1968/05 | 2,290万ドル | 32 | バーンパイン～ナコーンサワン | 189 | 1972 | |
| | | | 21 | サラブリー～ロムサック | 282 | 1970 | |
| 世界銀行（第4回） | 1969/09 | 1,680万ドル | 201 | チュムペー～ルーイ | 112 | 1972 | |
| | | | 35 | トンブリー～パークトー | 84 | 1973 | |
| | | | 1 | トゥーン～ラムパーン | 94 | 1972 | |
| デンマーク政府 | 1971/08 | 1,195万クロネ | 11 | ピッサヌローク～ラムパーン | | | |
| | | | 340 | バンコク外周道路事業化調査 | | | |
| | | | 11 | ピッサヌローク～デンチャイ（設計） | | | |
| 世界銀行（第5回） | 1973/05 | 2,860万ドル | 31, 1 | ドーンムアン～サラブリー | 84 | 1974 | |
| | | | 3, 36 | シーラーチャー～ラヨーン | 72 | 1978 | |
| | | | 41 | ランスアン～スラーターニー | 107 | 1978 | |
| | | | 1001 | サンサーイ～プラーオ | 81 | 1977 | 複車線化 |
| | | | 1019 | チエンマイ～メースアイ | 131 | 1978 | |
| | | | 3039 | スパンブリー～チャイナート | 99 | 1977 | |
| | | | 4083 | カオデーン～ラノート | 73 | 1975 | |

注1：備考で注記のないものは2車線舗装道路の建設である。
注2：対象道路は最終的に借款が用いられた区間を示し，調印時に決められた区間より短縮されている場合がある。
注3：道路番号は1桁から4桁までの4種類に分類され，1桁，2桁が国道（幹線），3桁が国道（支線），4桁が県道となっている。各番号の最初の数字が地域を示しており，1が北部（ナコーンサワン以北），2が東北部，3が中部，4が南部である。
出所：TLK（1980）：11及び国道データベース（筆者作成）より筆者作成

局（Agency for International Development: AID）の借款を利用することが1965年に決まった[29)]。これもアメリカ企業しか参入できず，入札結果も顧問会社の見積りを1億バーツも上回るものであったため，同じく入札を取り消した[30)]。タイ側ではこの借款も中止することで，アメリカとの関係に悪影響が出ることを憂慮する声もあったものの，最終的に国際入札が可能な世界銀行の借款に切り替え，その第3回借款に含まれた[31)]。結局建設費は4億5,000万バーツで収まり，世界銀行に切り替えたことで，約2億5,000万バーツも節約できたという[32)]。

この結果，世界銀行に借款に依存する傾向がますます顕著となった。アメリカの借款から切り替えた路線以外にも，世界銀行からの借款を利用することに決まる路線が相次いだ。第4回借款からは，8年計画や5年計画に含まれなかった道路も対象とされ，第5回からは初めて県道も借款の対象となっていった。アメリカからの借款を中止したことで，この「開発」の時代の借款先はほぼ世界銀行に絞られることになった。

## 第2節　道路整備の実像

### (1) 優先順位の設定 ── 原則と例外

道路整備の推進にとって，優先順位の設定は極めて重要であった。これまでは，明確な優先順位が存在しなかったため，地元からの整備要求に対して毅然とした態度をとることができず，結果的に限られた予算を各道路に「平等」に配分していた。その結果，道路は一向に完成せず，道路局は整備状況の悪い道路を多数抱え込むことになった。この弊害を除去するためにも，優先順位の設定は必須であった。

1963年から道路局は統計学や経済学の専門家を雇用し，費用便益分析による優先順位の設定や事業化調査の推進を図った［TLK 1996: 117–118］。先の国道8年計画修正検討委員会は道路建設修正調整委員会として存続していたが，その下に道路計画詳細検討小委員会（Khana Anukammakan Phicharana Rai Laiat Khrongkan Thang Luang）が設置され，優先順位の検討を行った。この小委員会では，国道の規格の変更，国道から県道への格下げ，優先順位の繰り上げ，繰り下げなどが決められた[33)]。

県道整備についても，大きな転換が図られた。国道8年計画修正検討委員会の下に設けられた県道村道計画策定検討小委員会（Khana Anukammakan Phicharana Chattham Khrongkan Thang Luang Changwat lae Chonnabot）では，全土を6つの地域に分け，地域ごとに優先順位を算出することになった。このため，小委員会では各県知事に対して県内の県道の一覧と，希望する優先順位を提出させ，それを集計して費用便益分析による優先順位をつけた[34)]。知事が高い優先順位を付けたにもかかわらず小委員会で順位が低くなった事例もあり，そのような路線の順位を引き上げるよう県から要請が出る場合もあったが，小委員会では陳情を受け付けず優先順位を厳守した[35)]。

県によって提出した県道の数がばらついていたため，道路局が県道として管轄する道路を絞り込んだ上で，再び費用便益分析による優先順位の設定が道路局の顧問建設会社によって行われた[36)]。表3-2の世界銀行の第5回借款には，道路番号が4桁の県道が4線含まれているが，3039号線は西部で，4083号線は南部でそれぞれ優先順位が最も高い路線であり，北部の1001号線，1019号線も上位に位置していた[37)]。

このように，一見すると厳密な道路優先順位の設定が行われ，それに忠実に従うという極めて合理的な道路整備の手順が整備されたかのように見えるが，実際にはこれまでの道路整備において必ず現れた「軍事道路」の整備要求や，政治家による地元への利益誘導型の圧力も存在した。これらの要求によって計画遂行に支障をきたすことのないように，「抜け道」による道路整備も行われた。それは，国家治安維持対策本部開発センターと計画外県道である。前者は，軍最高司令部に属する国家治安維持対策本部（Kong Amnuaikan Klang Raksa Khwam Mankhong Plotphai haeng Chat）の指示による道路建設を行うために道路局が県ごとに設立したものであり，1962年から開始され計23のセンターが作られた［TLK (1965–1966): 123］[38)]。このセンターは東北部，北部，南部の国境周辺や共産勢力が浸透していた地域に設置され，軍事道路の建設を行った。

計画外道路を利用する手法はこれまでも行われてきたが，この時期には県道整備が計画内道路（Thang Nai Khrongkan）と計画外道路（Thang Nok Khrongkan）とに厳密に分けられていた。例えば，1969年には県道整備のうち，計画内道路は計42線であり，予算は1億7,620万バーツであったが，計画外道路は計29線，予算は6,000万バーツであった［TLK (1969): 77］。計画外道路は路線ごとの配分予算が計画内道路よりも少ないことが多く，「バラまき」に近い傾向があった。また予算額が少ないことから，次に述べる請負方式ではなく，道路局直轄の事業が中心であった。

結局，厳格な優先順位の設定の裏には，従来から道路整備に影響力を振るってきた様々な圧力に対応するための「抜け道」が用意されていたのである。それでも，「抜け道」には別枠の建設形態と予算を用意したことにより，道路整備計画

図 3-3　国道・県道総延長の推移（1959〜75年）

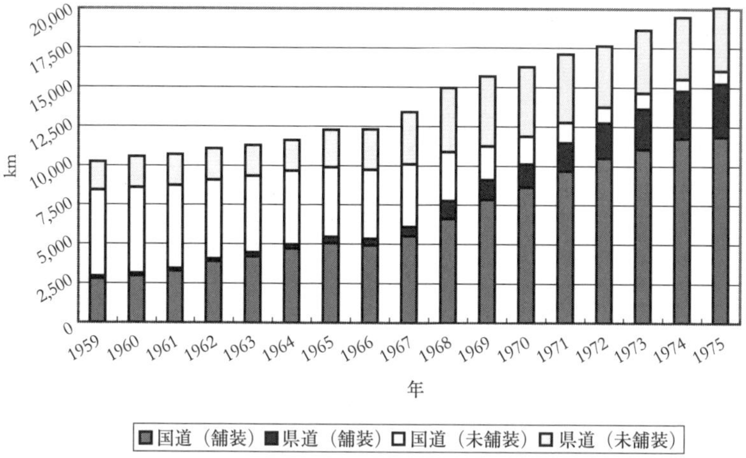


注：建設中の建設道路は含まない。
出所：附表1より筆者作成

自体は以前よりも実効性を増したといえよう。

### (2) 国際協力の役割

「開発」の時代の道路整備の進展は，目を見張るものであった。図3-3は，1959年から73年までの道路総延長の推移を示している。これを見ると，国道と県道を合わせると，この15年間に道路距離は約80％増加していることが分かる。とくに県道の伸びが著しく，15年間の伸びは3倍以上となる。また高規格道路の最低条件である舗装道路も急増しており，国道は当初3分の1が舗装されているに過ぎなかったものが，73年には9割以上が舗装道路になっている。県道も急速に舗装化が進み，73年には約4割が舗装された。図3-4からは，舗装道路網が全国に広まった状況が理解される。

「開発」の時代の道路整備の大きな特徴の1つは，借款や援助といった国際協力の活用であった。借款については，ほぼ世界銀行に一本化されたものの，世界銀行も厳格な審査と監視が存在し，タイ側は繰り返し事業化調査を要求されたり，タイ企業に有利な請負業者の決定を見直すよう求められ，世界銀行側との対応に悩まされた[39)]。それでも，当時の政府は借款に依存しなければ開発計画の円滑な

図3–4　1973年の舗装国道・県道網

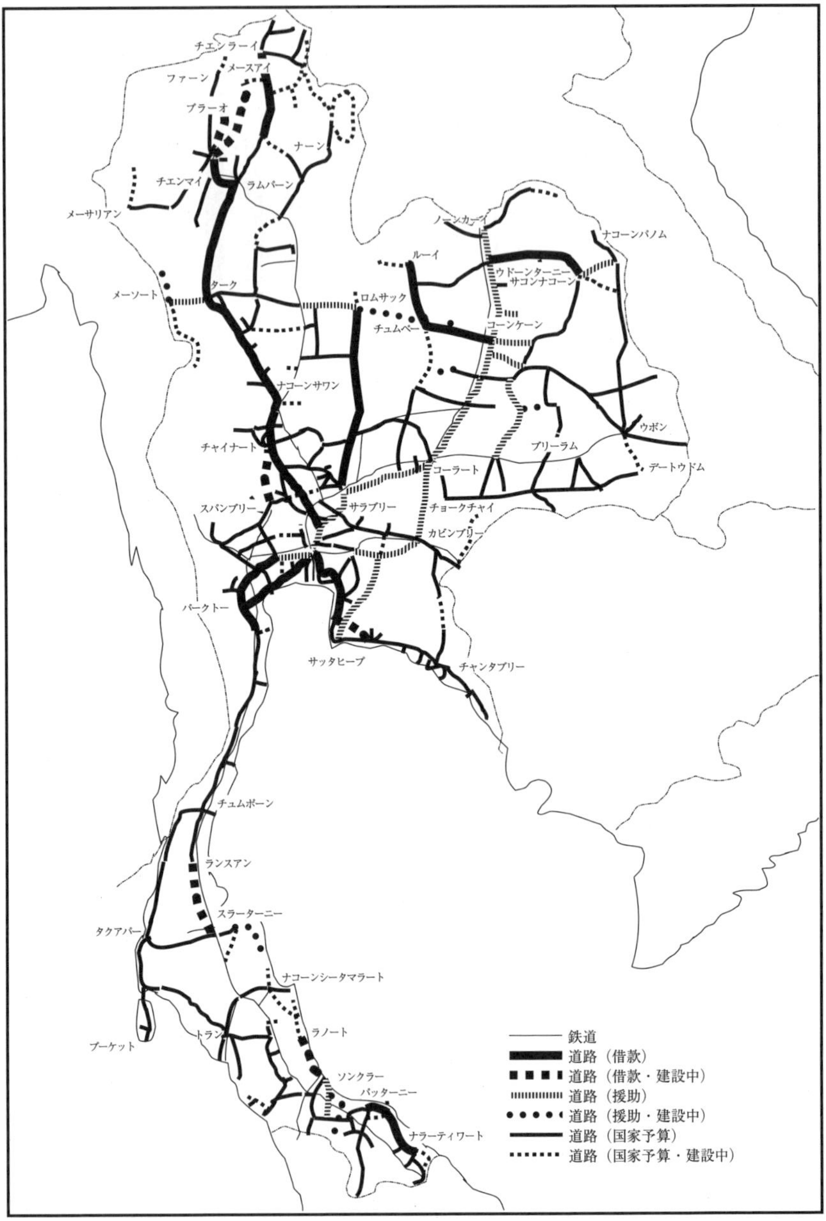


出所：表3–3，表3–4，国道データベース（筆者作成）より筆者作成

表3-3　機材センターと建設対象道路

| センター名 | 設立年 | 援助国 | 援助額（百万バーツ） | 対象道路 | 総延長（km） |
|---|---|---|---|---|---|
| コーンケーン | 1963 | オーストラリア | 70 | コーンケーン～ヤーンタラート間他9線 | 431 |
| ソンクラー | 1965 | 日本 | 27 | ソンクラー～ナータウィー間他4線 | 133 |
| マハーサーラカーム | 1965 | ニュージーランド | 61 | ボーラブー～ブリーラム間他1線 | 189 |
| ターク | 1966 | オーストラリア | 130 | ターク～メーソート間他2線 | 203 |
| ロムサック | 1970 | オーストラリア | 164 | ロムサック～チュムペー間 | 100 |
| スラーターニー | 1971 | 日本 | 46 | スラーターニー～シチョン間 | 71 |

注1：総延長のうち，コーンケーンの221kmとタークの25kmは未舗装区間である。
注2：対象道路は1973年度までに着工されたものに限定している。
注3：援助額はセンター設立時及びその後の対象期間に贈与された機材や人材派遣の総額を示す。対象期間の終了後は政府予算のみに依存することになる。
出所：TLK（1965–66）：142–146，TLK（1971）：126–127，及び国道データベース（筆者作成）より筆者作成

遂行はままならず，借款による道路整備を完全に中止するわけにはいかないとの認識を抱いていた[40)]。

借款に比べれば，無償援助のほうがタイには都合が良かった。上述したようにアメリカからの援助は期待できなくなったものの，代わりにコロンボ計画の一環として，西側諸国による機材センター建設の援助が1963年から開始された。これは，当初自治土木局の県道整備を促進する目的で計画されたが，県道が道路局の管轄に戻されたため，道路局の対象となった［Bunchana n.d.: 140–143］。表3-3は，機材センターの設置状況を示している。73年までの段階で，オーストラリア，日本，ニュージーランドがこの機材センター建設を支援した。支援内容は，センターの建設，機材の調達，専門家の派遣，技術者の養成などであった。ただし，実際の建設費自体は援助対象となっておらず，タイ側の国家予算で賄われた。計画では，表3-3の上位4センターが計771kmの道路を建設するための費用負担の割合は，援助が計2億2,000万バーツ，国家予算が4億1,700万バーツとなっていた［TDR Vol. 4–2: 3］。

一方，アメリカの援助は別の形で復活した。1つはフィーダー道路計画で，ラオス国境へ向けた北部と東北部の道路計4線312kmがタイ側との費用折半で建設された[41)]。もう1つは，アメリカ陸軍工兵隊による建設であり，当初はタイ湾東岸部と東北部を結ぶルートの一部となるチャチューンサオ～プラーチーンブリー間を対象とし，1962年に着手した［Sarit 1964b: 624］[42)]。その後ベトナム戦争

表3–4　国際協力による道路比率（1976年）

| 地域 | | 舗装道路総延長 | 国際協力対象舗装道路 | | |
|---|---|---|---|---|---|
| | | | 借款 | 援助 | 計 |
| 北部 | 距離（km） | 2,388 | 336 | — | 336 |
| | 比率（%） | | 14 | — | 14 |
| 東北 | 距離（km） | 4,449 | 366 | 1,161 | 1,527 |
| | 比率（%） | | 8 | 26 | 34 |
| 中部 | 距離（km） | 5,820 | 1,128 | 687 | 1,815 |
| | 比率（%） | | 19 | 12 | 31 |
| 南部 | 距離（km） | 3,670 | 171 | 151 | 322 |
| | 比率（%） | | 5 | 4 | 9 |
| 計 | 距離（km） | 16,327 | 2,001 | 1,999 | 4,000 |
| | 比率（%） | | 12 | 12 | 24 |

注1：地域は道路局の管区に従っている。北部：チエンマイ，プレー管区，東北部：コーラート，コーンケーン，ウボン管区，中部：ピッサヌローク，ロッブリー，バンコク，チャチューンサオ管区，南部：プラチュアップ，ナコーンシータマラート，ソンクラー管区。
注2：バンコク（ドーンムアン）～サラブリー間は援助と借款を両方受けているため重複している。
出所：国道データベース（筆者作成）より筆者作成

の激化とともに，タイ湾東岸のサッタヒープ軍港と東北部の軍事基地を短絡するために，サッタヒープ～パノムサーラカーム間，カビンブリー～コーラート間の建設を行い，先に整備した道路を経由してサッタヒープ～コーラート間336kmの道路を68年までに完成させた［Muscat 1990: 23, 325］。

このような国際協力による道路整備は，「開発」の時代におけるタイの道路整備にどの程度貢献したのであろうか。表3–4は，1976年時点での国際協力による道路総延長を地域別に集計したものである[43]。これによると，借款と援助によって整備された道路は，全体で舗装道路総延長の24%を占めていることが分かる。地域別に見ると，北部と南部では比率が低く，東北部と中部では3割以上が国際協力によって整備された道路となっている。とくに，東北部は26%が援助によるものであり，インドシナ半島の緊迫した国際情勢が道路整備に一役買っていたことを裏付けている。

国際協力は，幹線道路の整備には大きな役割を果たしていた。図3–4を見ると，バンコクから北部，東北部，東部へ至る主要幹線は，いずれも借款か援助によって整備されていたことが分かる。とくに北部と東北部への幹線は依存度が高く，東北部への道路はバンコク～ノーンカーイ間の全区間が援助によって建設されている。道路番号が1桁，2桁の幹線国道に限定すると，1976年時点の国際協力による整備比率は約48％となり，半数が国際協力に依存していたことになる[44)]。このため，国際協力の果たした役割は，幹線道路網の整備面で大きかったといえよう。

国際協力による道路の占める割合を，高いと見るか低いと見るかは判断の分かれるところであるが，当初の8年計画の時代と比べると国際協力による比率は明らかに減少していた。8年計画では国際協力への依存度は計画道路全体の7割であったものの，5年計画では国際協力の比率は2割となっていた。また，実際には借款といっても，建設費の半額程度は国家予算から支出していた[45)]。さらに借款の場合は，事業化調査費，監督会社の顧問，外国企業の雇用などにより国家予算による建設よりも3～4割高くついた［TLK 1996: 105］。このため，単純に計算すれば，たとえ借款を全く利用しなかったとしても，借款による建設に充当した国家予算で計1,400km程度の道路整備ができたはずである[46)]。援助にしても，米軍による建設を除けば国家予算が充当されていたことから，同様に計算すれば計500kmの道路は独自に建設できたことになる[47)]。このため，国際協力の存在だけでは「開発」の時代の高規格道路の急増は説明できないことになる。

### (3) 急増する国家予算と請負建設

道路網全体から見て国際協力による道路整備の割合がそれほど高くないとすると，高規格道路建設の主要な財源は国家予算となる。図3–5は，1960年以降の道路局の予算額と国家予算に占める割合を示している。これによると，道路局の予算は「開発」の時代の幕開け時には3億バーツ程度であったものが，71年には10倍の30億バーツにまで急増していることが分かる。

この道路予算の急増は，国家予算の急増に支えられていた。同じく図3–5の道路予算が国家予算に占める割合を見ると，1960年代後半はほぼ11～12％程度で推移していることが分かる。60年代初期の段階に比べるとその割合は倍増しているが，60年代後半はほぼ安定していることから，道路予算のみが例外的に増加していたわけではない。国家予算に対する割合もこの「開発」の時代に急に高

図3–5　道路局支出額の推移（1960〜75年）

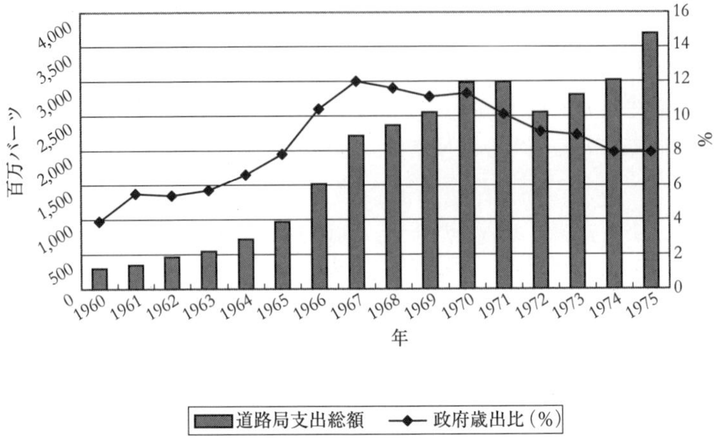


出所：附表2より筆者作成

くなったわけではなく，30年代後半にも7〜12％で，50年代前半も8〜9％で推移していた時代があった。この間の順調な経済成長による政府の歳入増加が，道路予算の急増を支えていたのである。

道路局の予算の急増が，結果的に借款や援助といった国際協力への依存度を引き下げたのである。借款には様々な条件が付き，建設費の高騰を招いた。援助にしても政府負担が重くなり，フレンドシップ・ハイウェーのようにわずか2,000万バーツの支出で総額4億2,800万バーツにおよぶ高規格道路を手に入れたような「うまみ」も少なくなった。このため，国家予算が増加したことにより国際協力への依存度を減らし，その分より安く建設が可能な国家予算による道路整備に廻したのである。8年計画から5年計画への転換による借款依存度の低下は，国家予算の拡大が存在したからこそ可能であった。

道路局の予算が急増しても，それを着実に消化できなければ道路整備は進まない。これまでは道路局の建設部隊が自ら建設や修復を行ってきたが，その能力不足が道路整備の遅れの一因となっていた。ところが，先のフレンドシップ・ハイウェーの建設以後は建設業者の請負方式での建設が中心となっていった。世界銀行の借款による建設の際には，国際入札を行うため外国企業が受注することが多かったが，国家予算での建設や修復には，タイ企業が従事することになった[48]。

1950年代にも一部の道路をタイ企業に請負わせて建設が行われたが，状況は満足の行くものではなかった。ところが，フレンドシップ・ハイウェーの建設を機に，近代的な機材や工法の利用がタイ企業にも浸透し始め，着実に技術力を高めていった。アメリカは援助を供与したバンコク～サラブリー間，コーラート～ノーンカーイ間の建設については，アメリカ企業ではなくタイ企業を雇用することで，タイ企業の育成を図ろうとした[49)]。その結果，早くも世界銀行の第1回借款による道路建設の受注に成功するタイ企業が出現したことから，この技術移転は比較的に円滑に行われていたことになろう[50)]。国際協力は，実はタイの建設業者の育成面でも役割を果たしていたのである。

国家予算による国道建設，修復についても，すべて請負業者によって行われることとなり，県道も計画内道路については請負方式が中心となっていった。道路局の任務は，請負業者による建設や修復の監督と，維持道路の日常的な補修，そして一部の計画外道路の建設のみとなった。このように建設業務を民間企業に請負わせることにより，建設業者の育成が進み，それが更なる道路整備の促進に結びついた。5年計画は65年からの5年間で約6,000kmの舗装化を行うことになっていたが，その目標は72年に達成された。クレマーは8年計画の見直しの際に，新計画が5,000kmもの舗装を5年間で行うとしたことについて，当時のタイ企業の建設能力から懐疑的な見解を示したが，結果はほぼ達成されていたのである［RK No. 11: 6］。

### (4) 地域間格差の是正 —— 東北部の道路整備の背景

上述のように，確かに東北部での道路整備に国際協力が果たした役割は，他地域と比較すれば高いほうであり，舗装道路の3分の1は国際協力によって整備されたものであった。それでは，実際に東北部の道路整備は他地域よりも優先されて，「過剰な」までに整備されたのであろうか。

表3–5は，1957年と76年の地域別国道密度を示している。この表ではタイ全土を6つの地域に区分して，面積100km$^2$あたりの道路距離を示している。これを見ると，全体で道路密度はこの間に約1.6倍高くなっていることが分かる。このうち，舗装道路の密度は5.9倍に増加しており，国道については76年の舗装道路の密度と合計の密度が近接していることから，76年には国道の舗装化がほ

表3–5　地域別国道密度（1957・76年）（単位：km/100km$^2$）

| | 年 | 北部 | 東北部 | 中部上部 | 中部下部 | 東部 | 南部 | 全国計 |
|---|---|---|---|---|---|---|---|---|
| 国道計 | 1957 | 1.24 | 1.60 | 1.06 | 1.43 | 1.42 | 2.47 | 1.54 |
| | 1976 | 1.78 | 2.55 | 1.75 | 2.59 | 3.53 | 3.42 | 2.49 |
| | 増加率（倍） | 1.4 | 1.6 | 1.7 | 1.8 | 2.5 | 1.4 | 1.6 |
| 舗装道路 | 1957 | 0.42 | 0.06 | 0.20 | 0.81 | 0.54 | 0.91 | 0.40 |
| | 1976 | 1.71 | 2.25 | 1.60 | 2.57 | 3.45 | 3.40 | 2.34 |
| | 増加率（倍） | 4.1 | 37.5 | 8.0 | 3.2 | 6.4 | 3.7 | 5.9 |

注：地域は道路局の管区に従っている。北部：チエンマイ，プレー管区，東北部：コーラート，コーンケーン，ウボン管区，中部上部：ピッサヌローク管区，中部下部：ロッブリー，バンコク管区，東部：チャチューンサオ管区，南部：プラチュアップ，ナコーンシータマラート，ソンクラー管区。
出所：TLK（1957）：30–54，TLK（1976）：233–234より筆者計算

ぼ完了したことが分かる。

国道全体の密度には地域間で格差が存在しており，どちらの段階でも北部と中部上部の合計の密度が相対的に低く，南部が高くなっている。東部は1957年にはほぼ平均レベルであったが，76年には南部を上回る水準に増えており，急速な国道整備が行われたことを示唆している。一方東北部は，57年も76年も平均レベルで推移しており，この「開発」の時代に国道網の整備が他地域よりも優先されて行われた痕跡はない。

ところが，舗装道路の密度を比較すると，興味深い結果が現れてくる。それは，東北部の舗装道路密度の劇的な変化である。この20年間に，東北部の舗装道路の密度は38倍にも急上昇していたのである。しかしながら，1976年の東北部の舗装密度は平均値とほぼ同じレベルであり，東部や南部の密度のほうが相変わらず高い。すなわち，東北部における舗装道路密度の急増は，「開発」の時代以前の舗装道路密度が「異常」に低かったことに起因するのである。

東北部ではフレンドシップ・ハイウェーの開通までは舗装された国道がほとんど存在せず，57年の時点でもわずか98kmに過ぎなかった［TLK（1957）］。その理由は，交通量の少なさと平坦な地形にあったものと思われる。東北部の交通量は全体的に少なく，57年の段階で最も少ないウボン管区では1日平均80台，最も高いコーンケーン管区でも157台であった[51]。一方，最も高いバンコク管区は

写真 9　近代的機材を用いた道路建設

出所：TLK［1996］：227

1,197台，次いで南部のソンクラー管区が677台，中部下部のロッブリー管区が515台となっていた。北部の交通量の少なさも東北部と同程度であるが，北部は山間部を通る区間が多く，安全確保のため早い時期から舗装化が進んでいた[52]。

東北部の国道全体の密度は全国平均に近かったものの，舗装道路の密度が著しく低いという状況は，「開発」の時代の道路整備には有利に働いた。確かに，東北部はフレンドシップ・ハイウェーを発端とする国際協力による道路整備の比重が高い地域ではあったが，全体の7割の道路は国家予算による高規格化であり，それを可能としたのはまさに8年計画から5年計画への変更であった。5年計画は既存道路の舗装化を重視したため，未舗装道路が数多く存在した東北部は逆に有利となった。その結果，既存の未舗装道路網が急速に舗装化されたのである。

このように，「開発」の時代は従来非常に低いレベルに置かれていた東北部の道路網が急速に整備され，他地域と比べて遜色ないレベルに追い付いた時代であった。この時代に東北部の道路整備が急速に進展したことは事実であるが，それは東北部の道路網が「過剰」なまでに整備されたことではなく，「異常」なまでに低い状況であったこの地の道路水準がようやく「正常」な状態にまで引き上げられたことを意味した。この時代の急速な道路整備は，道路整備水準の地域間格差を是正する結果となったのである。

## 第3節　鉄道の危機 ── 道路優先時代の逆風

### (1) サリットの冷淡な鉄道観

サリット時代から始まった道路優先政策は，必然的に鉄道に影響を与えることとなった。彼はそれまでの地域間輸送の主役であった鉄道に対して冷淡な態度を取り，明確に道路優先の方針を打ち出した。1961年3月16日付けの『サヤームラット・ウィークリー・リビュー』紙には，サリットが列車の手綱を離して，代わりに自動車を引っ張る挿し絵が掲載し，彼が鉄道整備を行わず道路整備のみに専心している状況が批判されていた[53]。

サリットの鉄道への冷淡な態度は，彼の発言内容にも明確に現れていた。すなわち，彼は鉄道について語る際に，鉄道整備の重要性を認識している態度を示す

写真 10 「列車より自動車」

出所：SRWR 1961/03/16

ものの，具体的な施策については全く触れていないのである。例えば，1961 年 3 月の鉄道記念日の祝辞では，前半部ではラーマ 5 世の時代に鉄道を建設した頃の経緯が述べられており，後半部では現在の鉄道網はまだ十分ではないので全国に計 6,000km 程度の路線網を構築し，全線複線化したいとの希望を語っているものの，具体的な計画についてはファラムポーン駅移転以外は全く言及していない [Sarit 1964b: 358–361][54)]。

また，1961 年 5 月の北部視察後の報告では，サリットは北部開発のための鉄道整備について触れ，バンコク～チエンマイ間の北線を複線化する必要があると述べているが，具体的な計画は一切言及しておらず，「いつの日か実現するであろう」との見通ししか示していない [Ibid.: 417–418]。さらに，63 年の鉄道記念日の祝辞では，最初に「鉄道は国家の経済開発を助け重要な事業の 1 つである」として，「革命政府は鉄道事業に深い関心を抱いている」と述べながら，その後は国鉄のような大組織を効率良く運営することの難しさについて言及するのみであった [Ibid.: 977–978]。対する道路局の場合は，首相の祝辞は必ず具体的な道路整備計画とその進捗状況を説明しており，鉄道の場合とは明らかに温度差があった[55)]。

サリットの鉄道への冷淡な態度は，表面的には決して非合理的なものではなかった。高規格道路の建設費は，フレンドシップ・ハイウェーの場合 1km あたり約 200 万バーツであった。対する鉄道の建設費は，後述するチャチューンサオ～シーラーチャー線の建設計画によると 1km あたり 233 万バーツと大差はなかったが，鉄道の場合は輸送に使用する車両調達費を含めると 504 万バーツとはるかに高くなった[56)]。提供する輸送時間や輸送費用を比べても，高規格道路を走行する自動車のほうが有利であった。

しかし，実際には道路が鉄道を完全に代替できるわけではなかった。鉄道は長距離であるほど輸送コストの面で有利であり，当時は旅客・貨物とも 300km 以内の輸送では鉄道は自動車輸送に太刀打ちできないものの，500km 以上の距離では鉄道のほうが有利であるという認識であった[57)]。上述のように，サリットが北部視察時に鉄道に言及したのも，北部～バンコク間のような長距離では鉄道輸送のほうが自動車より有利であり，その重要性が依然として高かったことを示している。また，鉄道は大量輸送を得意とすることから，特定区間に大量の流動が存在する場合に優位性を発揮し，石油やセメントなど積み替えの必要のないバラ積み品の輸送での競争力が高く，後述するように国鉄も自動車との競合が進む過程でバラ積み輸送を奨励した[58]。

サリットは道路整備を進めつつ鉄道に対して冷淡な態度を取っており，道路整備を推進する一方で鉄道への期待も捨てきれなかったピブーンとは明らかに異なっていた。このため，以下述べるようにバンコク市内の鉄道廃止問題や，新線建設の中止問題など，鉄道を取り巻く環境は急速に厳しくなった。

### (2) バンコクターミナルの移設問題

バンコクの鉄道ターミナルは，図3-6のようにフアラムポーン，トンブリー，クローンサーンの3ヶ所に位置していた。とくに1927年にラーマ6世橋が開通すると，フアラムポーンは北線や東北線の列車のみでなく，南線の列車も発着することとなり，バンコク最大のターミナルに発展した。市街地の拡大と共に周辺は過密化し，駅周辺の混雑が問題となった。また，バンコク市内の鉄道は道路との平面交差が数多く存在し，自動車交通の過密化と共に踏切による交通渋滞が問題視されるようになった。

当初国鉄の前身である鉄道局では，1940年の「失地回復」紛争後に，列車本数の増加に伴うフアラムポーン駅構内の過密化に対応して，北方約8kmに位置するバーンスーにヤードを設置し，バンコクの第2ターミナルとすることを計画した[59]。その後，49年にヨムマラートの踏切の立体交差化を求める動きがあった際に，ピブーン首相が「旧」計画通りにフアラムポーンをバーンスーに移設するよう命じたことから，バーンスーの第2ターミナル構想がフアラムポーンを廃止してバーンスーへ移設する計画であると誤解されることとなった[60]。さらに58年には策定中のバンコク都市計画マスタープランの中で踏切の撤去を検討することに合意し，翌年7月には線路を嵩上げして道路を下に通す案が提案された［RFT 1970: 429–431］[61]。

ところが，1959年8月の閣議でサリットが「旧」計画通りフアラムポーンを廃止しバーンスーに移転することを提案して閣議決定してしまったため，事態は急変した[62]。サリットの論理は，市街地に乗り入れる鉄道は「秩序」を乱し，「美観」を阻害するというものであった[63]。フアラムポーン駅前に代表される自動車や人

図 3–6　1959年のバンコク市内鉄道網

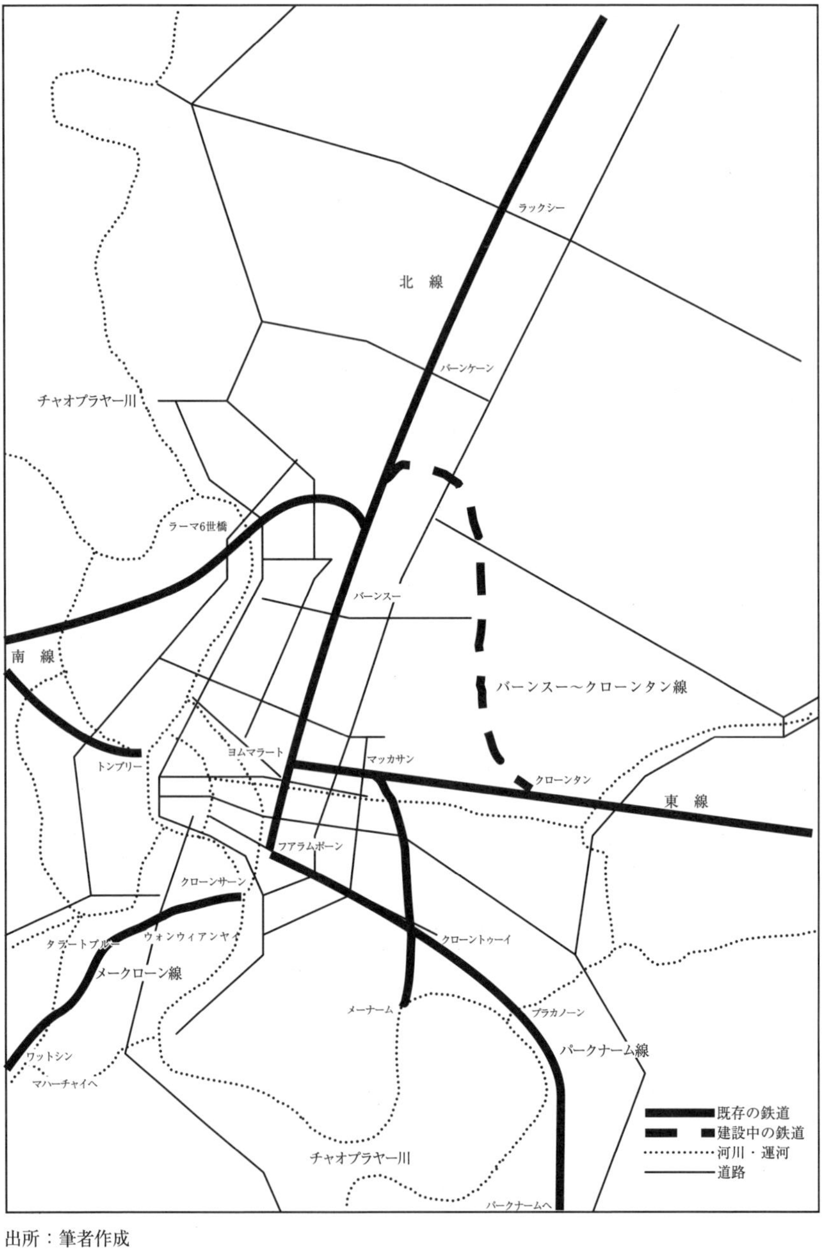


出所：筆者作成

が入り交じった渾沌とした状況や，踏切によって引き起こされる自動車の渋滞は，共に「美観」を損ねるものであった。このため，彼はバーンスーに移転させることでフアラムポーン駅付近の渾沌を一掃すると共に，この間の鉄道を廃止して道路に転用することを計画したのである。フアラムポーン駅前や踏切の混雑は社会問題化していたことから，新聞も移転を支持していた[64]。

国鉄では，フアラムポーンを移設する案と，フアラムポーンを移設せずに市内の列車本数を削減する案，同じく移設せずに市内を高架化する案を比較し，移設が最も費用がかかることを示そうとした。フアラムポーンをバーンスーに移設する場合には，まず他線との接続が失われる東線の連絡のために，建設中のバーンスー～クローンタン線を完成させる必要があった。さらに，フアラムポーンにある現業機関もすべてバーンスーに移すことから，総費用は計6億9,250万バーツと見積られた[65]。一方，市内の列車本数を削減する方法はバーンスー～クローンタン線の建設のみで2億3,270万バーツ，市内の高架化は4億4,320万バーツであり，移設が最も割高となった。

さらに，国鉄では1960年12月にフアラムポーン駅の車扱い貨物をバーンスーに移転し，62年までに小荷物扱いもバーンスーに移転したため，フアラムポーン～バーンスー間の列車本数は1日112本から54本に半減された[66]。また，バンコク～ドーンムアン間の国道建設の設計を行っていたアメリカのコンサルタント会社も，フアラムポーンの移設問題について調査し，廃止する鉄道の代替に24車線分の道路が必要になるとの理由などから，旅客ターミナルの移転は行うべきではないとの結論に達していた[67]。結局サリットの死後の64年4月の閣議で，バーンスー移設は正式に中止された［RFT 1970: 431］。

この後，踏切撤去問題は鉄道の高架化ではなく道路の跨線橋の建設に傾き，1966年にはバンコク市内に計14ケ所の跨線橋を建設することで国鉄とバンコク市は合意した［Ibid.: 432］。ところが，平面交差を一掃したい国鉄と交差点の立体交差化により渋滞を緩和したい市側の折り合いがつかず，国鉄では再び市内全線の高架化を図る計画を提出するなど，事態は進展しなかった［Ibid.: 434–437］。その後71年に西ドイツの援助によるバンコク都市交通問題の調査が行われることとなり，その結果を待つこととなった。フアラムポーンの廃止は免れたものの，問題の根本的な解決へは辿り着かなかった[68]。

### (3) バンコク近郊線の廃止計画

サリットのバンコク市内の「美観」回復への取り組みは，同じくバンコク市内に路線が延びていた旧民営鉄道のパークナーム線，メークローン線も攻撃対象とした。パークナーム線はフアラムポーンを起点に南のパークナームまでの21kmの路線であり，1893年に民間のパークナーム鉄道が開業させたタイで最初の鉄道であった[69)]。当初は蒸気機関車が使用されていたが，1920年代に全線が電化されて電車が運行されるようになった[70)]。この鉄道はバンコクの都市近郊鉄道としての機能を果たすことになり，43年の時点ではバンコク～パークナーム間に1日10往復，途中のプラカノーンまでの区間運行が別に10往復あり，さらにクローントゥーイまでは10分毎に電車が運行されていた[71)]。

1936年にはパークナーム鉄道の50年の免許期間が終了し，政府が事業を継承した。クローントゥーイまでは利用者も多かったが，この間はラーマ4世通りに平行していることから，次第に自動車交通の障害とみなされるようになった。加えて同じ年にバンコク～パークナーム間の道路が開通すると，バスとの競合も起こるようになった。このため，40年にクローントゥーイ港の改良の一環としてラーマ4世通りを拡幅する計画が浮上すると，この路線のフアラムポーン～クローントゥーイ間の廃止が早くも検討された[72)]。

さらに1954年にも，バンコク市がラーマ4世通り拡張のために，同じくフアラムポーン～クローントゥーイ間を廃止してほしいと国鉄に要求したが，国鉄はパークナーム線の重要性を指摘して，輸送力増強が可能であると主張し，命運は保たれた[73)]。その後59年3月に再びバンコク市から同様の希望が出され，国鉄で検討した。しかし，この時点ではパークナーム線は年間600～700万バーツの赤字を計上しており，クローントゥーイへ起点を移転しても利用者はさらに減り赤字が増大することから，全線を廃止する方向へ傾いた[74)]。結局，国鉄は政府に決断をゆだね，閣議で59年末限りでの廃止が決まった[75)]。

一方，メークローン線は1905年にクローンサーン～マハーチャイ間33kmに開通した民営鉄道で，07年にはマハーチャイの対岸バーンレームからメークローンまでの34kmも開通した[76)]。20年代にはパークナーム線と同じく電化を行い，30年代初めまでにバーンボーンまでの約12kmに電車を運行した[77)]。42年と45年に2区間の免許が終了となり，政府が買収して運行を継承した［RFT 1970:

写真11　改良前のフアラムポーン駅

フアラムポーン駅移設中止を受けて，国鉄では駅西側の貨物扱い設備と留置線跡地（写真左側）を用いて駅前広場の拡張を行った。
出所：RFT［1997］：82

352]。その後55年に電力供給設備が故障したため，国鉄ではディーゼルカーを投入して電車の代わりとした[78]。59年の時点で，マハーチャイまでが1日7往復，途中のワット・シンまでが30分毎の運行であった[79]。競合する道路もないことから，利用者は1日8,000人程度と多かった［Ibid.: 357］[80]。

このメークローン線に対し，サリットは1959年11月の閣議で，起点のクローンサーンをタラートプルーへ移設し，跡地を道路とすることを提案し，翌年2月にこれを閣議決定した［Ibid.: 356–357］。これは，この区間が市街地を通過していることと，途中のタークシン通りとの平面交差が交通渋滞を招いていることから，「美観」を損ねるとされたためであった。国鉄では対応を検討したが，パークナーム線よりも利用者が多いことと，マッカサン工場に車両を送る手段が必要なため，解決策として南線のタリンチャンからワット・シンまで新線を建設するか，クローンサーンへの線路を道路建設後もそのまま残しておことを求めた［Ibid.］[81]。また，タラートプルー付近は道路が狭いため，起点をタークシン通りとの交差地点のウォンウィアンヤイにすることを提案し，最終的に60年12月の閣議で起点をウォンウィアンヤイとし，クローンサーンへの線路は残しておくことに決まった［Ibid.］[82]。

ところが，沿線の住民からメークローン線全線を廃止して道路に転用する要望が出され，1961年3月閣議で道路への転用を検討することになった［Ibid.: 357–359］。国鉄ではメークローン線の利用者が不便を被ることから，代行バスの運行が可能であれば廃止に同意するとした［Ibid.: 359］。しかし，実際には平行する道路が存在しないことからバスの運行は不可能であり，沿線のサムットソンクラーム県知事が首相に廃止反対を訴えたこともあり，政府は廃止の方針を撤回し，代わりにメークローン線の整備計画を国鉄に策定させることになった[83]。こうして，メークローン線全線の廃止は回避された。

国鉄ではメークローン線を南部へのバイパス線にするために，チャオプラヤー川，ターチーン川，メークローン川の3ケ所の長大橋の架橋と，フアラムポーン～クローンサーン間，メークローン～パークトー間建設からなる整備計画を策定した[84]。しかし，道路局がメークローン線に平行する形でトンブリー～パークトー間道路建設を計画しており，NEDBは大規模なメークローン線の投資計画に反対した[85]。また，この道路の事業化調査を行った会社も，メークローン線の必要

写真 12　メークローン線廃止区間

廃止されたクローンサーン〜ウォンウィアンヤイ間は道路（チャルーンラット通り）に転用されたが，車両の回送のために線路は残されて，写真のように回送列車が走行することもあった。なお，現在は線路の痕跡はなくなっている。
出所：RFT［1991］：94

図 3-7　鉄道新線建設の状況（1958 〜 73 年）

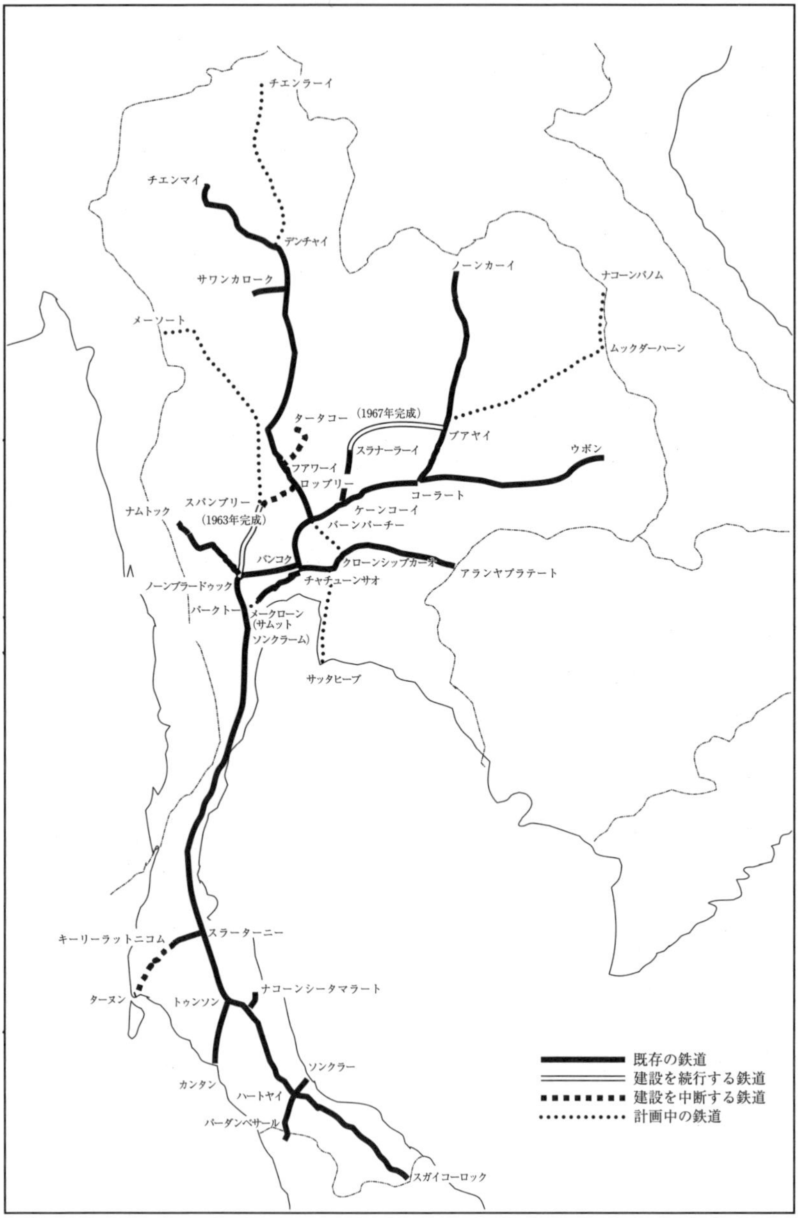


出所：RFT（1958）-（1973）より筆者作成

性に対して否定的な見解を示したため，結局メークローン線の改良計画は，線路の改良や車両の増備など小規模なものに留まった[86]。

このように，サリットのバンコク市内の「美観」を高める方針により，バンコク市内を起点とする3つの路線はいずれも市内区間の廃止の危機に直面した。幹線であるフアラムポーン～バーンスー間は廃止こそ逃れたものの，メークローン線は一部廃止，パークナーム線は全線廃止の憂き目にあった。やがて市内の道路交通事情がさらに悪化し，高架や地下の都市鉄道を建設せざるを得なくなったことを考慮すれば，市内区間の廃止は当時の都市交通問題に対する先見のなさを物語っている。

### (4) 頓挫する新線建設

既存の路線のみではなく，建設中の新線にも転機は訪れた。ピブーン時代には，数多くの路線が着工されたものの，予算不足により実際に完成した路線は限定された。1958年度の時点で国鉄が建設中の区間は，図3–7において建設が続行，建設が中断とされた区間を合わせた計493kmに上っていた［RFT (1958) : 67–68］[87]。これらの建設中の新線は，建設が続行される路線と中断される路線に二分されることとなった。

建設が続行された路線は，ケーンコーイ～ブアヤイ線の未開通区間と，ノーンプラードゥック～スパンブリー間の2区間であった。このうち，ケーンコーイ～ブアヤイ線は旧来のコーラート線のバイパス線としての役割を担うことになっていたため，従来から最重要路線であった。サリットが自ら委員長に就任した東北部開発計画委員会がまとめた東北部開発計画に，このケーンコーイ～ブアヤイ線は含まれることとなった[88]。サリットが政権を引き継いだ時点ではケーンコーイ～スラナーラーイ間61kmが完成しており，この先ラムナーラーイまでの23kmが完成間近であったことから，まずこの間の完成を目指して予算が充当され，1961年に開業に至った。

先の東北部開発計画では，この路線を借款で建設することになっていたことから，国鉄は世界銀行からの借款の調達のための交渉を行った。世界銀行側はこの路線が旧ルートよりも距離が長いことや，自動連結器や強力なディーゼル機関車の導入によって隘路であったドンパヤーイェン越えの輸送力に余裕ができたことを理由に，今回も借款に難色を示した[89]。このため，国鉄は世界銀行からの借款を諦め，新たに関心を寄せてきた西ドイツ政府の借款を利用することになり，1962年に総額4, 500万マルク（約2億バーツ）の借款が調印された[90]。借款はチョン・サムラーン峠越えの区間に用いられ，それ以外の区間は国家予算で建設されることになった［RFT 1970: 186］。途中のトンネル建設のために工事は難航したものの，67年に全線開通に至った。これにより，バンコクからノーンカーイ方面への列車はこの新ルートを経由することになった。

建設が続行されたもう1つの区間は，ノーンプラードゥック〜スパンブリー間であった。この区間はピブーン首相が軍事目的で建設を命じたノーンプラードゥック〜ロッブリー線の一部であり，完成すれば南線と北線を結ぶ新たなルートを提供するものであった。1958年までにシーサムラーンまでの約50kmの建設はほぼ終了しており，国鉄ではこの区間までの営業開始を検討したが，営業するためには更なる整備が必要なことと，それに見合う需要が見込まれないことから見合わせていた[91]。さらに，国鉄がスパンブリーまでの開業後の収支を試算したところ，年間340万バーツの赤字が見込まれることが判明した[92]。

NEDBは建設を中止して跡地を道路に転用するよう進言したものの，あと20km程度の建設でスパンブリーまで鉄道が到達することを知ったサリットは，これまでに建設した分が無駄になるとして建設の続行を閣議で決めた[93]。このため，スパンブリーまでの建設工事は再開され，1963年にノーンプラードゥク〜スパンブリー間78kmの開業に至った。その後スパンブリーの市街地まで路線を延長する構想も立てられたが実現せず，ロッブリーまでの建設もNEDBや世界銀行の反対で宙に浮いた［Ibid.: 447–449］。このように，北線と南線を結ぶという当初の目的は果たせず，中途半端な支線が誕生したのである[94]。

スパンブリー線は何とかスパンブリーまでの完成を果たしたものの，建設中にもかかわらず建設を完全に中止される路線も出現した。それがスラーターニー〜ターヌン間，フアワーイ〜タータコー間，及びバーンパーチー〜ケーンコーイ間の複線化であった。ターヌンへの路線は先のケーンコーイ〜ブアヤイ間と同じく，途中のキーリーラットニコムまでの32kmは開通していたが，その先の建設は予算不足により1957年から中止されていた。その後，キーリーラットニコム以遠の建設については，将来需要が見込まれるまでの建設の中断が運輸省から示

写真13　ケーンコーイ～ブアヤイ線建設工事

東北部と中部を隔てるチョン・サムラーン峠附近。右側の低地が中部側で，線路はこの先（手前側）トンネルを抜けて東北部へと入る。
出所：RFT［1967］：19

され，NEDB も南部経済開発は道路建設で行うとして，これに賛成した［Ibid.: 440–441］。国鉄では，延伸計画が中止されるのであれば，赤字であるキーリーラットニコム線を廃止する方向で検討したが，1962 年 5 月に南部を訪問した運輸大臣は将来必要性が生じれば延伸行うと発言したため，当面維持することとした［Ibid.: 441–442］。ただし，現状では赤字路線であるので，列車の運行に必要な最低限の維持にとどめることとなった[95]。キーリーラットニコムまでの営業は現在でも続けられており，延伸計画はその後何回も再浮上したものの，現在に至るまで着工されていない[96]。

フアワーイ～タータコー間については，建設を完全に中止し，完成した区間の線路も撤去することになった。この線は当初は薪輸送用の軽便鉄道であり，沿線の森林から薪を本線に輸送する役割を担っており，一般の旅客や貨物も扱っていた。1941 年にメートル軌への改軌とタータコーへの延伸が決まり，47 年から工事に着手した［RFT 1997: 136］。55 年から予算が付かず建設は中断されたが，開通区間では米やメイズなどの輸送量が増加傾向にあったことから，国鉄ではケーンコーイ～ブアヤイ線，バーンパーチー～ケーンコーイ間複線化に次ぐ優先順位を付けた[97]。

ところが，政府がこの路線の建設中断を決めたため，国鉄ではその扱いについて検討することになった[98]。列車運行部では沿線を視察したところ，森林が減少して薪の輸送も減っており，かつて孤立していたタータコーもナコーンサワンとの間の道路整備がなされたことから，廃止すべきとの結論に達した[99]。一方，建設部は沿線の農産物の収穫状況を調べ，年に貨車 5,000 両分の米やメイズの出荷が期待できるとして建設の続行を主張した[100]。列車運行部はこの報告の見積りが杜撰であると反論し，結局新たにワーキンググループを設置して結論を出すことになった[101]。検討の結果，この路線の廃止が正式に決まり，1964 年限りで列車の運行を廃止した［Ibid.: 136］。

バーンパーチー～ケーンコーイ間の複線化工事は，とくに大きな問題もなく中止が決まった。この間の建設工事には早くも 1954 年から予算が付かなくなったが，土木工事は完成していた[102]。この複線化はケーンコーイ～ブアヤイ線が完成した際の列車本数の増加に対応するために計画されたものであったが，62 年の時点でこの間の列車容量は 1 日 58 本であり，途中駅への待避線増設でさらに

写真 14　スパンブリー線の列車（1990 年）

この線の旅客輸送量はわずかであり，南部への米輸送が唯一の主要な任務であった。
出所：筆者撮影

86本まで増強できるものの，実際の列車本数は24本しかなかったので，複線化は必要ないとの結論に達した[103]。

このように，ピブーン時代から継承された新線建設も，一部は中断されることになった。これは，これまでのような単なる輸送条件の改良のための鉄道の建設に終止符が打たれたことを意味する。過去においては，鉄道は旧来の牛車や隊商による輸送条件の大幅な改良を目的に建設されてきたが，この時代に入ると輸送条件の改良のみであれば道路建設のほうが安上がりとなった。いわゆる「地方開拓」型の鉄道は，その役割を道路に譲ることとなったのである。

### (5) 新たな鉄道網拡張への模索

ピブーン時代から継承された新線建設が中止される一方で，この時代には新たな新線建設構想も3件出現した。これらはチャチューンサオ～サッタヒープ間，クローンシップカーオ～バーンパーチー間，デンチャイ～チエンラーイ間であった。最初のチャチューンサオ～サッタヒープ間については，以前からチャチューンサオ～トラート間の計画線はあったが，シーラーチャーに計画された深水港への連絡路としてサリットの時代に注目されることとなった。その後，ベトナム戦争の進展によりアメリカがサッタヒープから軍事基地のある東北部への軍事輸送の必要性に迫られたため，この鉄道に関心を寄せることとなった［RFT 1970: 395］。このため，国鉄では区間をサッタヒープまでに延伸し，この間の調査費をアメリカの援助申請に含めた[104]。

しかし，アメリカがサッタヒープ～パノムサーラカーム間に道路を建設して東北部への輸送改良に乗り出したために，アメリカの援助は期待できなくなった［Ibid.: 395］。一方でこの路線の当初の目的はシーラーチャーの深水港発着の貨物輸送であり，深水港がなくてもシーラーチャーのタイオイル社（Thai Oil Co. Ltd.）の石油精製工場からの石油製品の輸送を中心に，石油輸送列車が1日6本，アスファルト輸送列車が2本，一般貨物列車が2本の需要が見込まれた［Ibid.: 400–405］。1972年にはアメリカがこの線の建設用のレールなどを国鉄に援助したが，タイ側では予算がなく直ちに着工できなかった[105]。

クローンシップカーオ～バーンパーチー線も，このサッタヒープ線と同じ目的で計画された。すなわち，シーラーチャーの深水港と北部や東北部を最短で結ぶ路線としての役割が期待されたのである。シーラーチャー深水港計画の調査を行ったコンサルタント会社が4ルートを候補として挙げたのが始まりであり，国鉄では1963年の時点でヨーターカー～ケーンコーイ間が最もふさわしいとしていた[106]。その後ルートの再検討を行った結果，クローンシップカーオ～バーンパーチー間に変更となった［Ibid.: 406–409］。この線の調査は73年に行うことになっていたが，予算が付かなかったことから実現しなかった[107]。

これらの2線は従来型の「地方開拓」線ではなく，新たな港への輸送ルートの確保の意味を持っていたが，デンチャイ～チエンラーイ線は「地方開拓」線であった。この間の新線建設構想は戦前から存在したが，戦後のピブーン時代になると当面の整備計画から外れていた。ところが，64年に広報学校（Rongrian Kan Prachasamphan）[108]の第4期生が行ったチエンラーイ方面の農村調査報告の中にデンチャイ～チエンラーイ間鉄道建設が提言されたことから，首相が検討を指示することになった［Ibid.: 367–368］。国鉄で検討の結果，旧計画とは異なりチエンラーイまでの距離が最も短くなるプレー，ガーオ，パヤオ経由のルートが選択された[109]。NEDBも調査に賛成したため69年に調査が行われたが，直ちに着工へは結びつかなかった［Ibid.: 368–369］[110]。

他にもピブーン時代からの計画線であった2つの「地方開拓」型の路線が存在したが，いずれも具体的な進展は見られなかった。1つはスパンブリー～メーソート線であり，スパンブリーまでの建設が中断されたため，土地収用政令の公布も見合わせていた[111]。しかし，1964年に運輸大臣がこの線の建設に関心を示したことから，国鉄ではピッサヌローク～メーソート間，ナコーンサワン～メーソート間を含めた3ルートの比較検討を行うことになった。この路線は国連アジア極東経済委員会（ECAFE）のアジア縦貫鉄道構想の一部にもなっており，70年の時点では75年までに完成させる予定となっていた[112]。もう1つのブアヤイ～ムックダーハーン線は，サリット時代に再び注目されたものの，東北部開発計画ではケーンコーイ～ブアヤイ線の建設終了後に検討するとされるに留まっていた[113]。その後，69年にナコーンパノムの国会議員によってこの線をナコーンパノムへ延長する要求があり，国鉄ではこの間の検討も行った［Ibid.: 415–418］。

このように，新たな新線建設構想もいくつか浮上したが，結局はこの時代に具体的に建設まで漕ぎ着けた路線は存在しなかった。いずれの路線も外部からの構想に対して国鉄が実現可能性の検討を行ったものであり，国鉄自身としては新線建設よりもむしろ既存の路線を改良して自動車との競争に対抗するほうが望ましいと考えていた[114]。自動車との競合は，それまでの時代とは比較にならないほど激しくなっていたのである。

## 第4節　危機の克服 ── 鉄道の積極的な対応

### (1) 旅客輸送の質的改善

第2部で検討するように，フレンドシップ・ハイウェーの開通は並行する東北線の輸送量を一時的に大きく減らすことになった。このため，国鉄ではさらなる顧客の逸失を食い止めるべく，輸送面のサービス改善を図ることになった。自動車との競合の影響は，旅客輸送よりも貨物輸送に大きく現われていたことから，国鉄では旅客輸送のほうが対応しやすいと考えていた[115]。旅客輸送面の対策は，列車本数の増加と列車速度の向上の2点に集約された。

車両不足により，1950年代半ばまでは急行，快速といった優等列車の本数は限られており，しかも毎日運行されない場合も多かったが，50年代末から車両数も十分揃ったので，新たな列車や毎日運行に変更される列車が増えた[116]。例えば，東北線のウボン／ノーンカーイ行急行は58年に週3往復を6往復に，翌年には毎日運行に変更され，68年にはウボン行，ノーンカーイ行を分離運転とされた。北線では59年からバンコク～ウッタラディット間に快速が新設され，66年にはチエンマイまで延長された。南線でも65年にトンブリー～スガイコーロック間快速の運行が始まり，各線で急行と快速が毎日運行されるようになった[117]。表3-6の列車本数を見ると急行・快速の本数は決して増えてはいないが，実際には毎日運行へと質的には大きく向上されていた。快速の増強とバンコク～ピッサヌローク間などで設定された夜行普通列車は，一般庶民のバンコク～地方間の移動を促進する結果となったものと思われる[118]。

表3-6を見ると，旅客列車の本数は全体としてこの間に約40%増えているが，内訳を見ると普通列車とディーゼルカー列車の本数が増加していることが分かる。どちらも列車本数の増加のみではなく，列車速度の向上も意図していた。か

表3-6　1日あたり列車本数の推移（1958～73年）（単位：本／日）

| 年 | 旅客 | | | | | | 貨物 | 計 |
|---|---|---|---|---|---|---|---|---|
| | 急行・快速 | 普通 | ディーゼルカー | 近郊 | 混合 | 計 | | |
| 1958 | 24 | 16 | — | 24 | 90 | 154 | 100 | 254 |
| 1959 | 26 | 16 | — | 24 | 92 | 158 | 98 | 256 |
| 1960 | 26 | 16 | — | 24 | 92 | 158 | 102 | 260 |
| 1961 | 26 | 16 | — | 24 | 92 | 158 | 122 | 280 |
| 1962 | 26 | 18 | — | 30 | 90 | 164 | 104 | 268 |
| 1963 | 26 | 32 | N.A. | 30 | 90 | 178 | 94 | 272 |
| 1964 | 26 | 38 | N.A. | 28 | 80 | 172 | 74 | 246 |
| 1965 | 24 | 56 | N.A. | 28 | 78 | 186 | 74 | 260 |
| 1966 | 24 | 64 | N.A. | 28 | 76 | 192 | 74 | 266 |
| 1967 | 20 | 50 | 36 | 16 | 76 | 198 | 76 | 274 |
| 1968 | 20 | 56 | 36 | 18 | 72 | 202 | 78 | 280 |
| 1969 | 20 | 60 | 36 | 18 | 72 | 206 | 78 | 284 |
| 1970 | 24 | 60 | 24 | 30 | 74 | 212 | 78 | 290 |
| 1971 | 22 | 60 | 46 | 14 | 72 | 214 | 78 | 292 |
| 1972 | 22 | 60 | 46 | 14 | 72 | 214 | 78 | 292 |
| 1973 | 22 | 64 | 48 | 14 | 72 | 220 | 78 | 298 |

注1：パークナーム線，メークローン線は含まない。
注2：ディーゼルカーの本数は，1963～1966年の間は普通に含まれていた。
注3：1963，1972，1973年の旅客列車の内訳は，当該年度の列車の新設，廃止状況から推計した。
出所：1958年 RFT（1958）：19，1959 RFT（1958）：20，1960年 RFT（1960）：19-20，1961年 RFT（1961）：21，1962年 RFT（1962）：26，1963年 RFT（1963）：26，1964年 RFT（1964）：54，1965年 RFT（1965）：60，1966年 RFT（1966）：63，1967年 RFT（1967）：70，1968年 RFT（1968）：65，1969年 RFT（1969）：76，1970年 RFT（1970）：82，1971年 RFT（1971）：89，1972年 RFT（1972）：49-50，1973年 RFT（1973）：41-43より筆者作成

つてタイの旅客列車は混合列車が主体であり，貨車の連解結のため各駅で長時間停車することから，列車の速度は非常に遅いものであった。ところが，フレンドシップ・ハイウェーの開通後，旅客輸送のスピードアップを図るために従来の混合列車を旅客列車に変更することになり，普通列車の本数が増加することとなった。例えば，1962年から翌年にかけてコーラート～ノーンカーイ間，コーラート～ウボン間で運行されていた混合列車がそれぞれ普通列車に格上げされ，新たに貨物輸送を主体とした混合列車が新設されている[119)]。

ディーゼルカーは加速減速に優れており，列車のスピードアップには有効であった。かつて戦前にも使用されていたが，戦後は適切な保守がなされず満足に

表 3-7　鉄道在籍車両数の推移（1960〜75 年）（単位：両）

| 年 | 機関車 | | | 内燃動車（ディーゼルカー） | 客車 | 貨車 | その他 | 計 |
|---|---|---|---|---|---|---|---|---|
| | 蒸気 | ディーゼル | 計 | | | | | |
| 1960 | 307 | 64 | 371 | 1 | 813 | 7,181 | 25 | 8,391 |
| 1965 | 283 | 165 | 448 | 6 | 760 | 7,937 | 26 | 9,177 |
| 1970 | 239 | 192 | 431 | 34 | 928 | 9,169 | 28 | 10,590 |
| 1975 | 218 | 244 | 462 | 90 | 1,001 | 9,631 | 28 | 11,212 |

注：メークローン線の車両は含まない。
出所：附表 4 より筆者作成

使用されなかった。国鉄では旅客列車のスピードアップのために再びディーゼルカーを購入することとなり，世界銀行からの第 3 回借款を利用してまず 3 編成を日本から購入し，1962 年からバンコク近郊区間でディーゼルカーによる列車運行を開始した[120)]。ディーゼルカーは利用者に好評であったことから，国鉄では新規に車両を購入して，列車の増発を行った。

列車のスピードアップは，ディーゼル機関車牽引列車の増加や，レールの重軌条化にも起因していた。表 3-7 を見るとディーゼル機関車の両数は，1960 年から 75 年までに 4 倍弱増加している。国鉄では蒸気機関車の燃料である薪の枯渇問題もあり，61 年に全面的なディーゼル化を決めていた［RFT 1970: 105–106］。また，50 年代から続いているレールの重軌条化も進展し，73 年までに営業路線総延長の 72％にあたる 2,716km が 60 ポンド以上のレールに交換され，一部では 80 ポンドレールも導入され始めた[121)]。これらの成果は列車速度の向上に現れており，例えばバンコク〜ウボン間の急行は 64 年から翌年にかけて約 2 時間，さらに 70 年にも 1 時間の所要時間の短縮を実現させた[122)]。

このような旅客輸送面の改善のため，自動車輸送との競合が激化する中で旅客輸送量は着実に増加していった。図 3-8 を見ると，1958 年から 75 年まで旅客輸送量は着実に増加していることが分かる。とくに，人キロベースでの増加が顕著である。この間に人ベースでも約 70％増加しているが，人キロベースでは 3 倍弱の増加率となっている。これは利用者の平均利用距離が延びたためであり，この数値は 58 年の 55km から 75 年には 92km に増えている。これは，自動車輸送との競合により短距離の利用者が自動車に転位し，より鉄道の優位性を発揮でき

写真15　貨物中心の混合列車（1991年）

カンタン支線の混合列車。現在では混合列車は見られなくなった。
出所：筆者撮影

図 3–8　鉄道旅客・貨物輸送量の推移（1958～75 年）

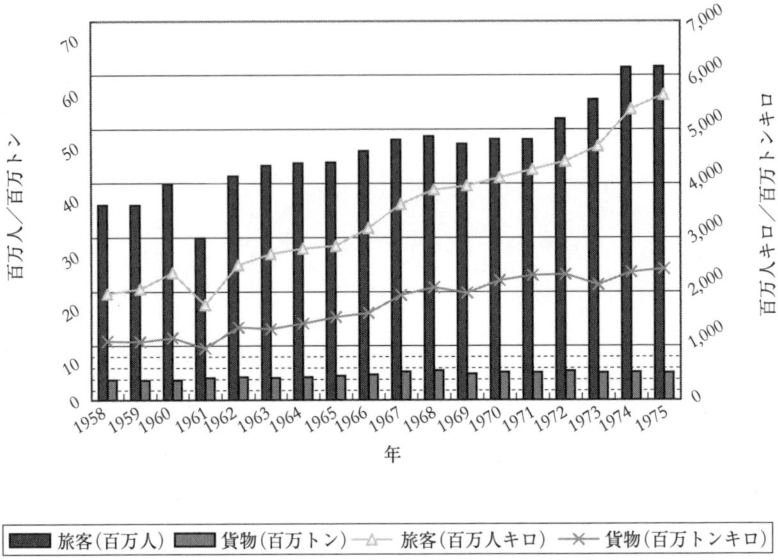


出所：附表 3 より筆者作成

る長距離利用者の占める割合が高まった状況を示している[123]。

### (2) 貨物輸送のサービス向上

貨物輸送の場合は，自動車との競合はより深刻であった。鉄道による貨物輸送の場合は，駅での貨物の積み降ろしや，ヤードでの貨車の入れ替えなどにより，輸送時間面では自動車に太刀打ちできなかった。このため，貨物輸送では車両の増強や運賃の引き下げが主要な対策となった。

車両の増備は，貨車と機関車が対象になった。機関車の増備状況は，上述の通りである。先の表 3–7 を見ると，1960 年から 75 年の間に貨車も約 2, 500 両増加していることが分かる。貨車不足は戦争中から問題となっており，50 年代にも貨車の増備を進めたものの解決には至らなかった。当時の主要な輸送品目は農産物であったことから，収穫期を迎えると貨車の需要が急増し，貨車不足が発生した。58 年の時点では，貨物輸送の最盛期は 11～7 月であり，1 日に東北線 235 両，北線 188 両，南線 50 両の貨車がバンコクに到着していた[124]。また，商人が市場での価格動向を見極めながら，価格が上がると集中して貨車の配車申請を行うことも貨車不足の要因となった[125)]。

しかし，実際には車両の増備のみでは貨車不足を完全に解消することはできなかった。貨車の運用に時間がかかることも，貨車不足を引き起こす要因であった。1972 年 9 月には，北部や東北部からバンコクへの農産物輸送の貨車の運用所要日数は通常 5〜6 日であったが，積み降ろしに時間がかかり，バンコク側のターミナルであるメーナーム駅に 80〜90 両，トンブリー駅に 160〜170 両が滞っていた[126)]。機関車の故障による輸送力不足も貨車の円滑な運用を妨げることとなり，67 年 1 月には購入後 2〜3 年のアメリカ製ディーゼル機関車 50 両のうち 40 両が，酷使により故障して工場に入場していた[127)]。

運賃の引き下げは，主に割高な運賃に設定されている品目に対して行われた。貨物輸送の運賃は輸送する貨物に応じて 9 種類に分けられており，最も高いものが第 1 種の小荷物で，最も安いものが国鉄の砕石輸送用の第 8 種であった。例えば 1952 年の 500km の区間での 100kg あたりの運賃を比較すると，第 1 種が 18.4 バーツ，第 8 種が 6.5 バーツと約 3 倍の格差があった［RFT 1952: 204–205，298–299］[128)]。先のフレンドシップ・ハイウェーの開通により打撃を受けた貨物輸送は，比較的賃率の高いバンコク発の第 2 種，第 3 種貨物であり，まだ高規格道路が未整備であった北線方面でも同じような傾向が見られ始めた[129)]。このため，これらの品目に対してより安価の第 4 種の運賃を適用することとなり，62 年にまずバンコクから北部への第 2 種，第 3 種の貨物に第 4 種の運賃を適用することになった[130)]。この施策が効果を発揮したため，同年にはさらにナコーンサワン，ピッサヌローク，コーンケーン〜ウドーンターニー間に対して第 4 種を，コーラート〜バーンパイ間へ第 5 種を適用することになった[131)]。

また，小口の利用者に対して半車扱いの運賃設定を認める区間も出現した。それまでは，運賃計算の際にはたとえ積載した貨物の重両が車両の最大積載量に達していなくても，2 軸貨車の場合最低 10 トン分の運賃を徴収することになっていたが，区間によって 6 トン分に引き下げることにした。これは容積が嵩む物品にとっては実質的な値下げとなり，1958 年から区間を限定して開始された[132)]。これにより，かつて自動車輸送が主流であったサワンカロークからの綿花輸送にも鉄道が参入することが可能となった[133)]。

国鉄側では運賃の割引によって減少する貨物を食い止めようとしたが，自動車との競争力を低める2つの問題が存在した。1つはバンコクの貨物取扱所が1960年末からバーンスーへ移転したことであり，これによりバンコク市内から駅までの輸送費用が嵩むこととなった。もう1つは貨物の積み降ろし業務を通運公団(Express Transportation Organization)が独占しており，民間に比べ高い手数料を徴集していた点である。通運公団は国鉄の主要駅における貨物の貨車への積み降ろし業務を独占しており，世界銀行から改善を要請されていた[134)]。このため，55年から通運公団の業務を国鉄に譲り渡す計画が進められ，最終的に60年8月に貨車の積み降ろし業務は返還された[135)]。

しかし，同時に通運公団には主要駅の構外集配業務の独占を認めたため，今度は駅までの輸送に通運公団を利用する必要が生じた。通運公団の集配料金は民間よりも高く，1kmまでの場合はトラック1台につき民間20バーツに対し30バーツ，14km以上の場合は民間70バーツに対し125バーツとなっていた[136)]。このため，東北部のブアヤイからバンコクの精米倉庫まで精米を輸送すると，トラックの場合1袋8～10バーツであるが，鉄道では運賃6.48バーツ，積み降ろし1バーツ，通運公団の集配料金3.35～3.84バーツを合わせて計11バーツ程度となり，鉄道の競争力を失わせる結果となった[137)]。

このような問題もあったものの，国鉄側で行った様々な施策により，この時代の貨物輸送量が減少するという事態は避けられた。先の図3-8の貨物輸送量の推移を見ると，貨物輸送量は1958年から73年の間にトンベースで35%，トンキロベースで2倍以上の増加となっている。旅客輸送と同じくトンキロベースの増加率が高いことは，貨物の平均輸送距離が増加したことを示しており，短距離の貨物が自動車に転位して，相対的に長距離貨物の比率が高まったことを示している。図3-9は鉄道事業の収入を示しているが，旅客，貨物ともこの間に大きく増加していることが分かる。伸び率は旅客のほうが貨物より高く，60年代に入ると旅客のほうが貨物よりも年間の収入が多くなり，その差は拡大傾向にある[138)]。このような収入の増加は輸送量の増加に起因しており，背景にはこの時代の順調な経済成長による旅客や貨物の需要増もあるものの，国鉄側の自動車輸送の競合への対応策が効果を奏した結果がこれらの数値に現われているといえよう。

写真16　米の積み降ろし風景

通運公団が積み降ろし業務を独占していた主要駅での貨車からの米袋の積み降ろし風景。
出所：RSP［1987］：16

図3-9　鉄道事業収支の推移（1958〜75年）

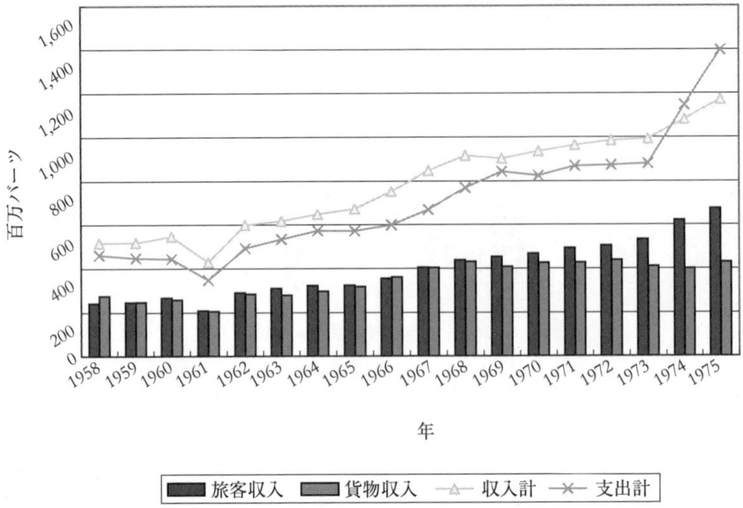


注：支出は国鉄の営業支出であり，資本支出は含まない。
出所：附表4より筆者作成

### (3) 鉄道の役割の変容

「開発」の時代の幕開けを飾ったサリットの鉄道観が象徴するように，この時代の鉄道は道路優先政策の陰に置かれ，道路に比べて明らかに劣勢であった。交通政策の中心は道路に置かれることとなり，場合によっては鉄道の存在意義を根底から否定されかねない状況となった。国民も鉄道よりも道路に関心を抱くようになり，新聞紙上でも鉄道関係の記事や投稿は1950年代よりも減った。サリットらが提唱し国民に期待させた「開発」の象徴は，鉄道ではなく道路であった。

道路優先政策の成果は，上述のように国家予算の配分面でも，路線の総延長の面でもきわめて明瞭に現れていた。とくに，路線の総延長については，この時代に鉄道の総延長と高規格道路の総延長が逆転した点が重要であった。1958年の時点では鉄道よりも舗装道路の総延長のほうが少なかったものの，73年には鉄道の3.6倍もの舗装道路網が完成するに至った。このすべてが鉄道に平行する路線ではなかったものの，鉄道にとっては競合相手が全国規模で出現したといった状況であった。

確かに，「開発」の時代は，鉄道にとっては政策面でも，競合相手の道路網の整備過程の点でも，また実際の自動車輸送との競争による顧客の喪失という点から見ても逆風の時代であった。しかしながら，国鉄側は状況を冷静に判断し，劣勢な状況を可能な限り打開しようと試みていた。サリットが命じたバンコク市内の鉄道の廃止問題については，赤字のパークナーム線の廃止には同意しつつも利用者に多大な影響を与えるフアラムポーンの移設やメークローン線の廃止については反対を貫いた。新線建設についても，開業しても収益が見込まれない区間についてはむしろ自ら建設する必要はないとの考えを示していた[139)]。それは，まさにフレンドシップ・ハイウェーによって見せつけられた自動車輸送の脅威を受けたものであり，漫然とした新線の建設よりも既存の路線網の改良を行い，顧客の流出を防ぐことが最大の課題であると認識したからであった。

新線建設には消極的な一方で，既存の路線網での輸送改善は列車の増発，スピードアップ，運賃割引など様々な施策が実行され，全体としては順調な輸送量や収入の増加を見た。すなわち，国鉄の経営陣が鉄道の直面する問題をよく認識し，路線網の拡大という「攻撃」型の戦略から既存の路線網での「防衛」型に発想を転換したことが，この逆風の時代を乗り越えることができた最大の要因であった。逆に，国鉄がその採算性から存続意義がないと判断したスパンブリー線やターヌン線の一部開通区間が，結局政府側の意向で建設を続行させられたり，廃止を見合わせられたりしていることからも分かるように，政治の圧力が逆風に対処していこうとする国鉄に新たな負担を背負わすことになっている点も見過ごせない事実である。急増する高規格道路網と自動車の中で，国鉄側は正確に自らの置かれている状況を認識して，直面する問題に対して柔軟に対応していたが，最終的には政府の判断に従わざるを得ない宿命を負っていた。

道路優先時代にもかかわらず，国鉄は柔軟に対応して旅客，貨物共に輸送量の増加を実現させたが，どちらにおいても従来までの輸送構造とは異なる傾向が見られるようになった。旅客面でも貨物面でも，利用者や輸送貨物の平均利用距離が延びていた。これは，相対的に短距離よりも長距離の輸送の比率が高まり，短距離の利用は自動車輸送へと転移していったことを意味した。旅客輸送の場合はフリークエンシーの点から，貨物輸送の場合は積み降ろしの点から短距離輸送は自動車のほうが有利であった。

旅客輸送における平均利用距離が延びたということは，かつて旅客輸送の最大の顧客であった短距離客の比重が低下したことを意味する。戦前の鉄道利用者の中心は，モノの輸送を兼ねた農民や小商人による短距離の3等旅客であった。すなわち，鉄道を利用する旅客の中心は，自ら生産あるいは購入した産物を輸送するために列車を利用する農民や小商人であった［柿崎 2002: 14–15］。彼らは最寄りの都市に立地する市場へ近郊農村からの農産物を運び，都市で得た工業製品などを農村に持ち寄り，車扱いの貨物輸送が担っていたバンコク～地方間の商品流通の末端を支えていた。

ところが，道路整備が進み自動車が各地へ入り込むと，このような荷物輸送のための利用者は自動車に転移したのである。自動車であれば村から市場まで乗り換えなしで行くことが可能であり，鉄道よりも便利であった。このような短距離客が減ったことで，相対的に長距離利用者の比重が高まったのである。国鉄も長距離客の便宜を図るために，快速列車の運行，夜行普通列車の新設，混合列車の普通列車化によるスピードアップなどを図った。さらにこの「開発」の時代は，外資を導入して工業化を推進する時代であったため，バンコク周辺には工場が立地し始め，新たな労働市場を形成することになった。このため，鉄道は長距離バスと共に地方からバンコクへ労働力を輸送する任務を務めることとなった。この時代から，鉄道の旅客輸送の役割は局地的な短距離輸送からバンコクを求心地とした長距離輸送へと変化していくことになったのである。

貨物輸送の場合も，同じく顧客に変化が見られるようになった。それは，かつて鉄道輸送の重要な顧客であった農産物や小荷物の輸送のシェアが減り，石油製品, 建設資材などの特定区間で大量に輸送される貨物の比重が高まった点である。図3–10は品目別の貨物輸送量の推移を示している。これを見ると，戦前には米の比率が全体の35%程度を占めていたが，戦後は20%以下に低下し，「開発」の時代に商品畑作物などその他の農産物の増加により農産物全体の比率は若干増えたものの，1970年代にはそれも20%以下にまで低下していることが分かる。反対に石油製品，建設資材，鉱産物の比率が戦後拡大し，とくに「開発」の時代に大きくその比率を増加させた結果，農産物に代わって鉄道貨物輸送の中心となったことが一目瞭然となっている。

タイでは倉庫などへの引込線の建設がなかったため，米などの農産物の輸送はかならず発地駅と着地駅で積み替えを必要としたことから，戸口間輸送が可能な

図 3-10　主要品目別貨物輸送量比率の推移（1936/37〜75 年）

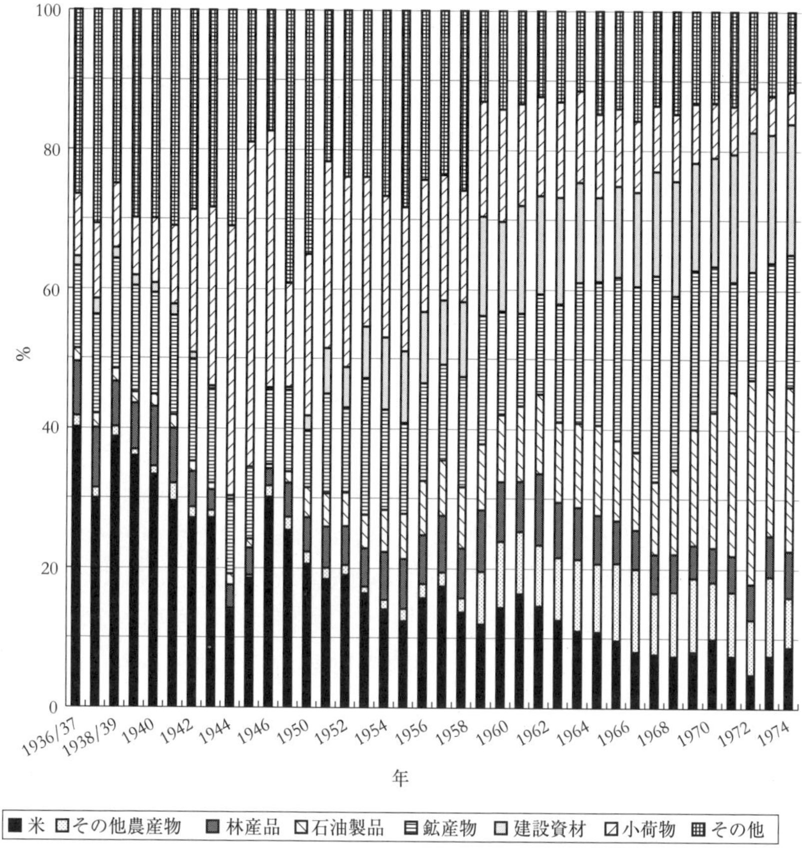


注：1958 年までのその他の農産物は天然ゴムとココヤシ（1954 年以降），林産品は丸太・板材，鉱産物は亜炭（1954 年以降），石膏，泥灰土，錫他，砕石，建設資材はセメント，クリンカー（1951 年以降）の数値である。
出所：附表 6 より筆者作成

自動車に比べると不利であった。このため，国鉄では鉄道輸送の利点が生かせる石油製品やセメントなど特定の区間に大量の流動が存在するバラ積み貨物を奨励することになり，荷主ごとに年間の輸送量や輸送区間を取り決める契約輸送や，工場への引込線の建設を優遇するなどの措置をとっていた［RFT（1969）: 3，22–23］。一方で経済成長と共にこれらの貨物の需要も高まったことから，結果としてこの時期に石油製品や建設資材の輸送量が増加したのである。この点からも，タイの鉄道は従来のような農産物輸送を主目的とした「地方開拓型」鉄道から脱却したといえよう。

このように,「開発」の時代は鉄道にとっては転機の時代ではあったが,国鉄が自らの置かれている現状を的確に判断し,状況に応じて柔軟な対応をとった結果,逆風は大きな変革へとつながることになった。それは,戦前からの農産物輸送や短距離旅客を主体とした貨物輸送中心の鉄道から,現在に至るまで続く鉱工業原料・製品輸送や長距離旅客輸送を主体とした旅客輸送中心の鉄道への変化であった。

## 小括

「開発」の時代の交通政策は,それまでの鉄道と道路の共存時代から道路優先政策への大きな変化であった。「開発」の時代の幕を開けたサリットは,開通したばかりのフレンドシップ・ハイウェーの効用を目の当たりにして,「開発」の切り札としての高規格道路の役割に着目した。高規格道路の整備には多額の費用が掛かるため,当初はアメリカからの援助を期待したが,それが難しくなると世界銀行などからの借款を模索し,世界銀行側との協力と調整を経て国道建設修復8年計画が策定された。この計画は,対象を道路ネットワークの基幹となる路線に限定した非常に野心的な計画であったが,彼の死後計画は変更され,代わりに既存の道路網を安価に舗装化する方針が立てられた。

「開発」の時代における国際協力による道路整備については,地域的には東北部と中部でその比率が高くなり,路線別には幹線道路の整備面での役割が大きかったものの,むしろこの時代の高規格道路の急増を支えたものは,国家予算の増加であった。東北部の道路整備については,インドシナ半島の国際情勢を背景に,この地の道路整備が急速に進められたことは事実であったものの,それは東北部の道路網が「過剰」なまでに整備されたことを意味するのではなく,従来非常に低い状況に置かれていた東北部の道路水準が,他地域と同じ程度に追い付いたまでのことであった

一方の鉄道は,道路優先政策の下で劣勢に立たされることになった。既存の鉄

道網にとっても，前時代から継承されていた新線建設にとっても大きな転機が訪れ，一部路線の廃止や新線建設の中止という事態が生じたものの，国鉄は既存の路線網の改良を優先して様々なサービス改善のための施策を行うことで，自動車輸送への転移に歯止めをかけようとした。その結果，自動車輸送との競合にもかかわらずこの時代の鉄道輸送量は旅客，貨物とも増加し，鉄道輸送の主要な顧客もかつてのような短距離旅客や農産物から長距離旅客や鉱工業原料・製品へと移っていったのである。

このように，開発の時代の交通政策の変容は，従来鉄道の優位性の高かった地域間輸送にも自動車が参入する契機となり，それまでの鉄道を中心に形成されてきた地域間の商品流通が変容する契機となったはずである。次の課題は，この商品流通の変容を解明することとなる。

# 第2部
# 商品流通の再編

# 第4章
# 既存の商品流通の変容

本章では，戦前の鉄道三大貨物であった，米，豚，木材について，その後の商品流通の変容を解明することを目的とする。柿崎［2000a］で明らかにしたように，戦前の鉄道の主要輸送品目は運賃収入面から見ると米，豚，木材の3品目であった［柿崎 2000a：199–200］。そして，いずれも主に北部や東北部など内陸部からバンコクへの輸送が中心であり，他に輸送手段が存在しなかった東北部からの発送が最大となっていた。一方で，鉄道輸送に依存しない形の流通も存在しており，その代表はチャオプラヤー・デルタを中心とする中部下部からの米の発送や，北部からのチークの輸送であった。どちらもより輸送費の安い水運を利用しており，鉄道開通前から存在した商品流通であった。

本章で扱う時代には，このような既存の鉄道によって構築された商品流通構造を変化させ得る2つの契機が存在した。それは，戦争と高規格道路の整備である。これまで見てきたように，戦争による日本軍の軍用列車の運行や爆撃による鉄道の疲弊は，鉄道の輸送力を大きく低下させ，既存の商品流通に大きな影響を与えた可能性がある。また，高規格道路の整備による自動車輸送の進展は，鉄道輸送からの転移を発生させることになり，既存の鉄道による商品流通を変化させることになったはずである。

この時代の商品流通を解明する際の大きな障害は，利用可能な資料の少なさである。序章で述べたように，戦前のような鉄道局（国鉄）の年次報告書に記載された貨物輸送統計が戦後は存在せず，1975年以降になってようやく主要貨物輸送統計（SSR）が利用可能という状況であることから，この間の鉄道輸送の変容については断片的な一次資料および二次資料に記載された統計に依存することになる。なお，鉄道輸送の分析の際には，基本的には柿崎［2000a］と同じく鉄道路線を区間に分けて，区間ごとの発着量を分析することになるが，その区間の区分は若干変更箇所がある（図4-1参照）。

以下，第1節では米について，第2節では豚について，第3節では木材について，それぞれ1930年代後半から70年代半ばまでの鉄道による輸送状況の変容や全体的な商品流通の変化について分析する。

## 第1節　米輸送 ── 鉄道輸送の衰退

### (1) 戦時中の米輸送と車両不足

米輸送は，かつてタイの鉄道の最大の任務であった。1935/36年には，鉄道は総貨物輸送量の45%にあたる64万トンもの米を輸送しており，その8割程度が内陸部からバンコクへの輸送であった［柿崎 2000a：224-231］。とくに，東北部からの米輸送は鉄道開通によって初めて発生したものであったが，鉄道による米輸送の最大の任務は，この東北部からバンコクへの輸送であった。また，鉄道開通以前にはビルマなどからの輸入米に依存していた南部西海岸にも，鉄道によってタイ米が供給されることになり，鉄道はそれまで水運のみで構築されていたタイ国内の米の流通構造を大きく変革した。

この鉄道による米輸送も，1941年末にタイが戦争に巻き込まれることで打撃を受けることになった。図4-2の1935/36年から57年までの鉄道による米輸送

図 4–1　鉄道貨物統計の各区間

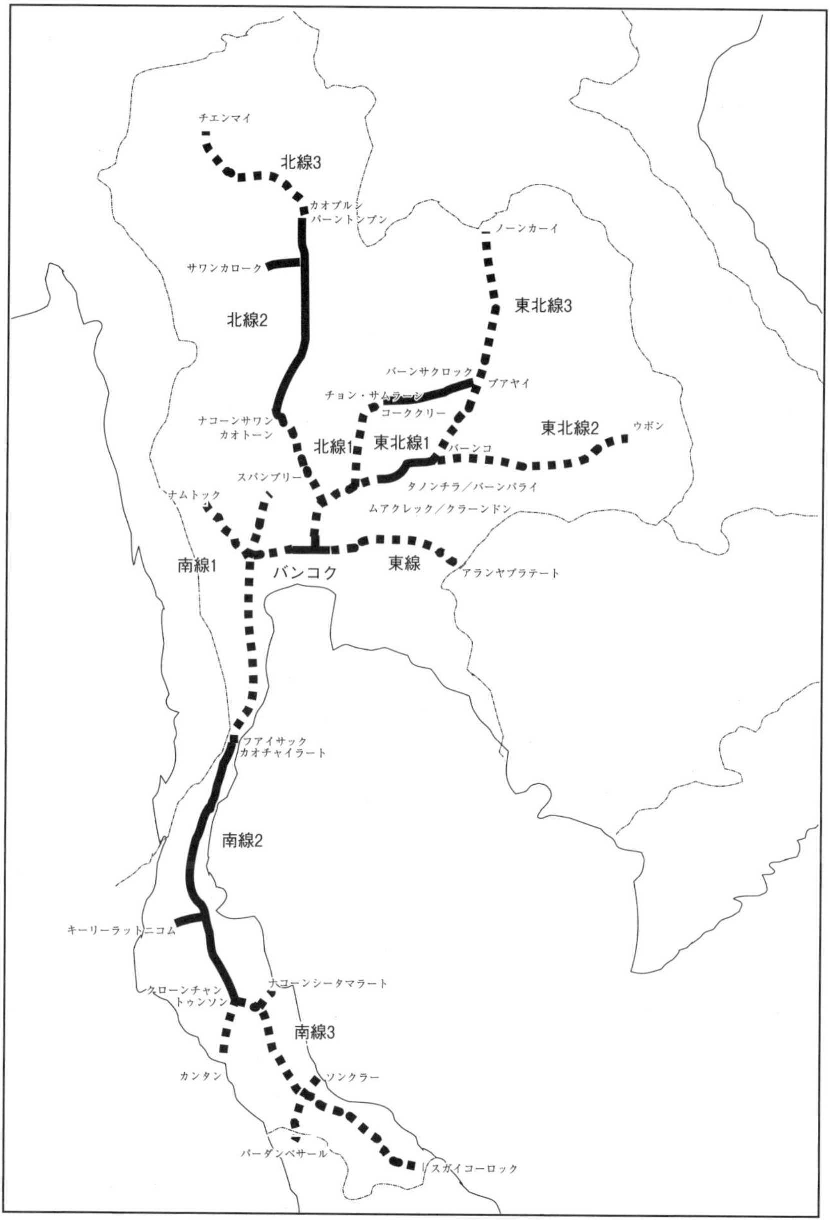


出所：筆者作成

量と貨物輸送量全体の推移を見ると，戦争前は年間50～60万トンの米が輸送されていたが，戦争が始まると輸送量は戦前の半分程度に減少し，さらに44年には戦前の10分の1程度にまで落ち込んでいることが分かる。総貨物輸送量も同様に落ち込んでいるものの，米の占める割合が減っていることから，米輸送の減少が著しいことが理解される[1)]。

戦争による輸送量の減少は，車両不足が主要な要因であった。車両不足は第1章で述べた日本軍による車両接収の影響が最も大きかったが，他に新線の開通も関係していた。当時鉄道局は東北部のコーンケーン～ウドーンターニー間119kmを建設しており，1941年6月に開通させていた。鉄道局ではこの新線開通後の車両需要の増加を見越して新車の発注を行っており，39年には7両のディーゼ

図4-2　鉄道米輸送量と米輸出量の推移（1935/36年～57年）

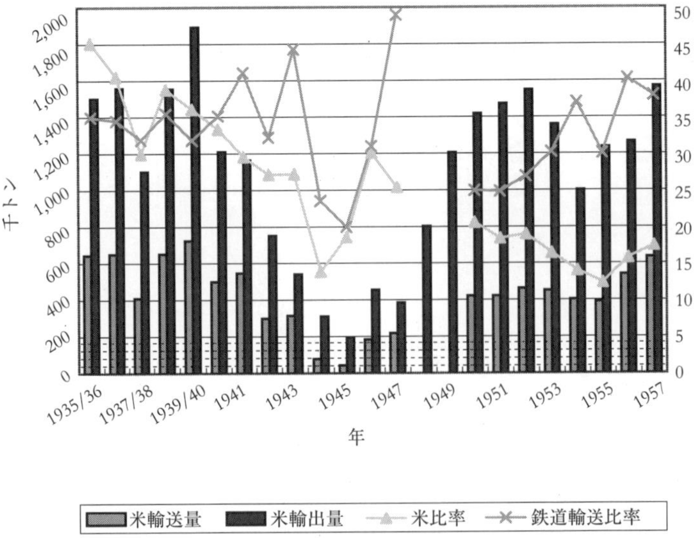


注1：米輸送量は精米（砕米，糠を含む）と籾米輸送量の合計値である含む。
注2：米比率は，米輸送量の総貨物輸送量に占める割合である。
注3：鉄道輸送比率は，鉄道精米輸送量（籾米は重量比64%で精米に換算）の米輸出量に占める比率である。実際には米輸送量とバンコク到着米量は異なるが，各年のバンコク到着米量が得られないため，総輸送量を使用している。ちなみに1935/36年と1947年のバンコク到着米量はそれぞれ総輸送量の82%，74%である。
出所：鉄道輸送量 附表6，米輸出量 附表5より筆者作成

ル機関車をスイスに発注した［Ramaer 1994: 96］。しかし，ヨーロッパで第 2 次世界大戦が勃発した影響で車両の製造が大幅に遅れ，これらの機関車がタイに到着したのは戦後のこととなった。貨車の納入も遅れており，戦争の影響がタイの鉄道の車両調達計画を狂わせた[2)]。

さらに，タイが 1941 年に仏印から「失地」を獲得したことも，予期せぬ車両不足を招くこととなった。第 1 章で述べたように，「失地」内のアランヤプラテート～サワーイドーンケーオ間が新たにタイ領内に入り，仏印が建設していた区間の建設もタイが引き継いでこれを完成させたことから，タイにとっては 166km の新線が新たに組み込まれたことを意味した。後述のようにバッタンバンは米の産地であり，鉄道の開通によってバンコクへの米輸送が開始されることになったが，この線のための車両増備は行われていなかったため，必然的に車両不足が発生することになった[3)]。

日本軍は，支配下に置いた各地の食糧の供給源としてタイの米に期待していた。タイは戦前に 100 ～ 150 万トンの米を輸出していたため，日本側も年間 100 万トン程度の米をタイから調達する計画であった。1942 年には 118 万トンを日本向けに輸出することになっていたが，実際の輸出量は 75 万トンであった［吉川 1999：21］。41 年の米の生産量は約 510 万トンと平年よりもむしろ多かったことから，42 年の輸出の減少は米の輸送が滞ったことが主要な要因であると考えられる[4)]。例えば，北部のデンチャイでは例年貨車 300 両分の米を発送していたが，41 年には月 40 両の貨車が配車されたものの翌年には 25 両に減り，チエンマイでも 5,000 トンの米が発送できずに溜まっていた[5)]。図 4–2 からも分かるように，42 年の鉄道による米輸送量は約半減していた。

さらに，日本軍は翌年も 100 万トン程度の米の購入を求めたものの，1942 年に中部で不作が発生したことから，タイ側はバッタンバンや東北部からの米輸送のための車両を日本側が返還しなければ調達は不可能であると伝えた[6)]。42 年の米生産量は計 385 万トンと前年の 75％に留まり，とくに輸出米の主要生産地である中部下部では前年の 40％しかなかった［SYB（1939/40–44）: 467–468］。一方で，東北部では前年比 25％増の 125 万トンを生産しており，車両不足により前年分の米も残っている状況であった。タイ側は 42 年には 80 万トンのコメを鉄道でバンコクへ輸送する計画を立てたものの，実際には車両不足により目標の達成は極めて難しかった[7)]。

バッタンバンへの鉄道が完成したのに伴い，鉄道局は1942年9月からバッタンバンへ向けて米輸送の特別列車を1日1往復運行していた[8)]。バッタンバンは米の産地であり，仏印時代の統計によると年間30～40万トンの生産があった[9)]。その後，東北部でも米の滞貨が増えて問題となったことから，この列車をバッタンバンと東北に分けて週3往復ずつ運行するようになった[10)]。43年6月には，中部からの米が水運で1日300トン程度バンコクに到着していたが，日本軍の要求通り月9万トンの米を確保するためには，東北部とバッタンバンから1日1,900トンを鉄道で輸送する必要があった[11)]。そのためには，1日190両の貨車をバンコクに到着させなければならず，必要な車両数は貨車490両，機関車12両と見積もられたものの，現状ではそれぞれ120両，3両しかなかった。

タイ側では，米輸送の車両を調達する方法を画策した。貨車については，車両の運用を再検討したところ，有蓋車148両など200両程度の貨車を捻出することが可能であり，さらに故障中の車両が400両あることから，調達できる見通しがついた[12)]。しかし，問題は機関車であった。使用可能な機関車はすべて運用しているため，残された道は現在運行中の列車を廃止してその機関車を投入する以外に方法はなかった。このため，列車が複数運行されている区間の列車2往復を廃止して，機関車を捻出することになった[13)]。タイ側の列車運休措置により，バンコク～バッタンバン間に新たに1日1往復の米輸送列車が運行されることになり，従来バッタンバンと東北部へ向けて週3日ずつ運行されていた列車もそのまま運行を継続することになった[14)]。

それでも，日本側が要求するだけの米の調達が難しかったことから，タイ側は日本軍の軍用列車を削減し，その車両を返還するよう求めた。タイが返還を求めたのは，1日3往復運行されていたバンコク～シンガポール間の列車であった。この間は水運も利用可能であり，タイの船でも日本軍用の米輸送を手伝っているとして，3往復のうち1往復分の車両を返還するよう要求した[15)]。タイ側は，この軍用列車1往復に機関車6両を使用しているため，これを米輸送に使用すれば1日3往復の米輸送列車の運行が可能となり，月に3万6,000トンの米を輸送できると説明し，より多くの米を確保したい日本側の気を引こうとした[16)]。しかし，日本側はタイ側のいうほどタイの車両を使用していないと反論し，シンガポールから貨車 250 両分の部品を送るなど車両増強に協力していると主張して軍用列車の削減には応じなかった。一方のタイ側は，日本軍が車両を返還しない限り，日本軍が希望する量の米の調達は不可能であると繰り返した。

結局，日本側が譲歩して 2 本の列車を提供し，これを使ってバッタンバン線で 1 日 2 往復運行の米輸送列車が運行を開始した[17)]。しかし，日本側はバッタンバンの米は水運でプノンペン方面へ輸送できるため，これらの列車を東北線に廻して，東北部からの米輸送に利用すべきであると主張していた[18)]。タイ側は，日本が貸与した車両は空気ブレーキがないため東北線では危険だと主張してプノンペンへの輸出を認めたがらなかったが，実際はバンコクでの糠の生産を確保したいためであった［吉川 1999：23］[19)]。さらに，日本側は東北線用の車両を 1 往復分提供したようであり，8 月には東北部から 1 日 3 往復の米輸送列車で，貨車 105 両分の米が到着することになった[20)]。

中部の不作を契機として日本軍から車両を奪回することで，ようやく内陸部からの米輸送体制が整ったかに見えたが，実際には順調には行かなかった。東北線からの 1 日 105 両の輸送は，結局タイ側の危惧通り空気ブレーキのない貨車を使用したことから脱線が多く，1 日 60 ～ 70 両しか到着しなかった[21)]。タイが日本に引き渡す米の量も 1943 年 5 月の 7 万 3,000 トンから徐々に減っており，8 月は 20 日までに 2 万 1,000 トンに留まっていたが，日本側も米を輸送する船がないために苦情は出なかった［Ibid.: 23］。

ところが，日本軍が 9 月からバンコク～チエンマイ間に軍用列車を 1 日 1 往復運行することに決めたため，東北線の米輸送列車 1 往復がこれに転用されることになった[22)]。さらに，10 月にも北線への軍用列車増発に伴い 1 往復が転用され，11 月には南線チュムポーン～パーダンベサール間軍用列車の増強に伴って，最後の 1 往復も廃止された[23)]。この結果，東北部からバンコクへの米輸送は通常の貨物列車のみとなり，1 日の輸送量も貨車 5 ～ 10 両に激減した[24)]。日本向けに東北部で米を確保していたタイ米穀社（Borisat Khao Thai Chamkat）は，既に東北部で 1 万 6,000 トンの米を購入しており，輸送できないのであれば日本側に補償を求めたいと主張し，商務省も貨車の返還を求めたが，日本側は南線の軍事輸送のために必要であるとして認めなかった[25)]。

米輸送列車が廃止された結果，1944 年以降の米輸送量は激減することとなり，

44 年の米輸送量がわずか 8 万トン弱に激減し，翌年は 4 万トンと過去最低の数値を記録した。鉄道による米輸送の壊滅は，当然ながらタイの米輸出の大幅な減少にも繋がった。先の図 4–2 (p. 164) から分かるように，輸出量の減少と鉄道輸送量の減少は連動していた。戦前は鉄道輸送量が輸出量の約 3 分の 1 であり，戦中は初期にはその比率が若干あがる年もあったが，1944 年に鉄道輸送量が大幅に減少すると，鉄道輸送の比率は 20% 台に落ちている[26)]。実際には，鉄道輸送量の 8 割程度がバンコクに到着した米の量であったが，鉄道輸送の壊滅的状況が米輸出にも大きな影響を与えていた。他にも，上述のようにバンコクから先の輸送船の不足も深刻となったことから，タイの米輸出の大幅な減少は，主として輸送手段の障害に起因していたといえるであろう[27)]。

### (2) 米による「復興」── 鉄道米輸送の復活

戦争が終わると，タイは直ちに米を利用して敗戦国としての地位を脱することを試みた。タイは日本と同盟を結んだ直後に英米に対して宣戦布告を行っており，戦後直ちに摂政プリディー (Pridi Phanom-yong) が宣戦布告の無効宣言を行ったものの，それだけでは自らの置かれた苦境から脱することは不可能であった。とくにタイに対して強硬な態度を取ったのは，イギリスとタイに「失地」を奪われたフランスであった。イギリスは東南アジアに復帰するに際し，タイの米に目を付けた。これは，東南アジア各地では終戦時に大きな食糧不足に悩まされており，タイの米がこの地域の困窮した状況を救う重要な手段と認識されたためであった [倉沢 2001：157]。

イギリスは 1945 年 9 月にセイロンのキャンディーでタイと暫定軍事協定を結び，今後 1 年間にタイが 150 万トンの米を無償で供出することが決まった [Ibid.: 158]。これは大きな負担であったが，タイの地位向上のためにはやむを得ない措置であった。タイ政府は商人や農民から 35% 精米をトン当たり 27.85 バーツで購入することに決めたものの，更なる価格の高騰を期待した売り惜しみのために調達は全くはかどらず，45 年 10 月から翌年 3 月までに集まった米は 15 万トンに過ぎなかった [OFA (1941–50): 18–19]。

このため，1946 年 5 月には協定が改訂され，タイ政府の無償供出ではなくトン当たり 12 ポンド 10 シリングで連合国が年 120 万トンを買い取ることに決まった［Ibid.: 20］。そしてイギリス，アメリカが連合タイ米委員会を設置し，タイ政府と協力してタイの米輸出を推進していくこととなった[28]。委員会は米の調達を円滑に進める対策を取るよう助言し，米の輸送を増強するためにマラヤの機関車や貨車をタイ側に売却した［Ibid.: 21］[29]。それでも，買い取り価格と闇価格との格差は開く一方であり，シンガポールの闇価格がトン当たり600ポンドにも達したことから，バンコクの米が南部経由でマラヤ方面への密輸される事例が相次ぎ，1946年5月から12月までの供出量も，40万トンに留まった[30]。

120万トンの目標は達成されそうもないため，委員会は新たに1947年1月から8月までに60万トンの米を輸出するという目標を立て，合わせて引き取り価格をトン当たり20ポンドに引き上げ，輸入者は別に米輸出税として同じく4ポンドをタイ政府に支払うことにした［Ibid.: 23］。輸出税分については，特別基金として委員会とタイ政府が合意した米の増産や国内の価格統制などの事業に使用することとした。しかし，価格を引き上げたことで，商人や農民は更なる引き取り価格の値上げを期待して再び売り惜しみを行ったことから米の供出量は以前より減少し，2月には2万トンにも達しなかった。政府は米の流通に関する規制を厳しくしたが，一時的には効果があったものの8月には再び2万トンを切る量しか得られなかった。ついに，委員会は8月末を持って解散し，連合国への米供出事業も終焉した［Ibid.: 23–24］。最終的にこの間にタイが供出した米の量は，無償分15万トン，有償分65万トンの計80万トンに過ぎなかった［Ibid.: 111–112］。

連合国への米の供出は，買い取り価格があまりに低すぎたことから失敗したとされているが，輸送手段の不足も要因の一つであった。終戦直前の1945年に入ると列車の運行はほぼ麻痺状態となり，終戦後4ヶ月経った12月初めの時点でもようやく旅客列車の運行が再開されたという状況であった[31]。ただし運行状況は極めて悪く，バンコク～コーラート間はかろうじて毎日1往復運行されたものの，北線はバンコク～ピッサヌローク間，バンコク～パークナムポー間がそれぞれ週2往復ずつの運行であった。また，爆撃を受けた橋梁がまだ各地で復旧しておらず，橋梁では人や貨物の積み替えが行われた。橋梁の破壊は鉄道車両のやりくりにも影響を与えており，47年3月には貨車300両と機関車30両がマラヤ方面から発送可能な状態にあったものの，南線のターピー川橋梁が破壊されていたため，バンコク方面に移送できない状況であった[32]。

また，地域によっては余剰米が不足していたことも，連合軍への米供出を滞らせた要因であった。1945年の稲作が不作であり，翌年も作付面積が増えなかったことから両年とも米の生産量が例年を下回っていた。両年の米生産量はそれぞれ370万トン，445万トンで，40年代の平均520万トンをかなり下回っていた［Ibid.: 18］。その結果，地域的にも米不足の県が出現しており，県外への搬出禁止や県ごとの余剰米管理を行って不足県への米の融通を行っていた[33]。47年7月の状況を見ると，チャンタブリーなどタイ湾東海岸，コーラート，チャイヤプームなど東北部の一部，北部のナーン，南部のラノーン，タクアパーなどが米不足地域となっており，隣接県から不足分を補うことになっていた[34]。

連合軍への米供出が終了した後は，米の輸出はタイ政府が独自に管轄することになり，輸出先は国連緊急食糧委員会（International Emergency Food Commission: IEFC）が決定することになった。米の買い取り価格はビルマ米の水準に合わせてトン当たり30ポンド程度に引き上げられたが，より円滑に米の輸出を行うために政府は精米所からの買い取り価格をさらにトン当たり6ポンド上乗せし，合わせて従来の米の流通に関する規制も撤廃した［Ibid.: 24–25］。その結果，1947年11月から米の調達量が急増し，同年の総輸出量はようやく38万トンに達した。

1948年の目標は，当初50万トンと控えめに出されたものの，前年末以降の順調な米の調達が続いたことから，目標を大幅に超えた輸出が可能となった［Ibid.: 26］。まだ世界各地での米不足は続いており，米の購入を求める申請が後を断たないことから，IECFもタイ政府も増産に積極的であった。その米の増産の足枷と考えられたのが，鉄道輸送であった。鉄道輸送は内陸部各地に存在する余剰米をバンコクに運ぶためには欠かせない存在であったが，依然として輸送力不足から満足に輸送できない状態であった。車両不足が顕著であったことから，タイ政府は鉄道車両が調達できれば東北部からより多くの米を輸送することが可能であると考えた。

この話に，日本や朝鮮半島向けの米を必要としていた駐日米軍が関心を示し，鉄道車両を購入する費用を捻出する名目でIECFに米購入を申請する提案を1948年7月にタイ政府に対して行った[35]。アメリカ側の意図としては，タイの鉄道輸送力を増強してより多くの米を得られるようにすると同時に，日本の鉄道車両を購入させることで，日本の鉄道車両産業の復興も目論んでいた［Ramaer 1994:

117]。この話にタイ側も同調し，間もなく蒸気機関車50両，客車200両，貨車500両を日本から購入することに決まった[36]。いわば，米と交換で鉄道車両を調達したのである。

これらの車両の到着はもちろん翌年以降となったが，1948年の輸出量は計80万トンに達した。翌年は100万トンの輸出量が予想されていたが，政府は鉄道車両の調達が進んで輸送力が増強されれば，さらに10万トンの米を東北部から輸送できると見積もり，IECFに対して輸出量の上乗せを申請することにした[37]。タイが鉄道車両や資材を購入する国は日本やアメリカなどドル圏だったので，ドルでの支払いがなされないと鉄道車両代金に充当できなかったことから，今回はドルでの支払いが期待できるフィリピンを対象とした。1948年にもタイはIECFに3万トンの輸出量の上乗せを申請し，ドルで支払うとの条件で中国，インド，マラヤに輸出したものの，各国とも結局ポンド払いを求めていた[38]。

これが成功したのかは定かではないが，1950年に蒸気機関車50両と貨車500両が新たに日本に発注されているので，今回はドルでの支払いが行われたのであろう［日本鉄道車両工業協会 1962：18–19]。49年も輸出量は予想以上に増えて，計120万トンが輸出できた。そして，米の需給状況が安定してきたという理由で，IECFによる米輸出の統制も同年末で終了となり，以後はタイ政府が独自に輸出先を決めることができるようになった。さらに，国際市場での政府間取引が徐々に減少し，最大の顧客であったイギリスも政府による米取引を廃止したことから，54年を持って政府による米輸出も終了し，以後は自由貿易となった[39]。

米の輸出が回復したということは，米生産も復活し，かつ増加したことを意味した。1945年から46年にかけて生産量が落ち込んだが，連合国への供出が終了した47年には作付面積が3,000万ライと前年を20％も上回り，生産量も551万トンに達した［OFA (1941–50): 18]。その後も作付面積，生産量とも増加を続け，56年には作付面積が4,152万ライ，生産量は830万トンにまで増加している［SKT (1966): 46–47]。このため，米不足地域対策のための米の県外搬出禁止措置も徐々に解除され，56年にはラオス国境地域および南部西海岸，マラヤ国境地域以外は米の搬出が自由化された[40]。

戦後の復興期には，鉄道輸送も徐々に復興していくことになったが，初期においては鉄道輸送が依然として不便なことから，鉄道による米輸送量も少ないままであった。先の図4-2（p. 164）の米輸送量を見ると1946年，47年とも輸送量は20万トン程度であったことが分かる。47年については詳しい数値が得られ，この年の発送は精米と籾米を合わせて東北線2区間の9万5,811トンが最大となっている［RSRS（1947）］。東北線全体からの発送量は計11万トン程度であり，戦前の30年代には約30万トンの米を発送していたことから，当時タイ側が鉄道車両の増備で東北部からあと10万トンの米を輸送できるとの見通しを立てていたのも比較的慎重な見通しであったことが分かる。また，全体の輸送量が少ないにも関わらず，米不足地帯である南部西海岸が含まれる南線3区間の到着量も1万5,591トンと多くなっており，輸送力不足が続く中で必要度の高い区間に優先して車両を配車していた状況が理解される[41]。

その後1948年と49年の輸送量は判明しないが，50年は40万トンを超える輸送量にまで回復しており，その後も50年代前半は40万トン代で推移している。それでも，戦前の状況と比較すると，その輸送量は30年代より若干少なくなっている。30年代には，35/36年以降米の輸送量が60万トンを超えた年が4年あったが，50年代は57年にようやく60万トンを超えているに過ぎない。ただし，戦後は籾米に代わり精米の輸送量が増えていることから，精米に換算すると戦前との差はより縮まる。米輸出量に占める鉄道輸送量の割合は30％前後で推移しており，戦前の状況より若干低い程度であった。

表4-1は，1950年代の北線と東北線の米輸送量の推移を示したものである。これを見ると，米の輸送量は東北線のほうが多くなっており，56年以降は20万トンを超えているのに対し，北線は51年が最高で以後は10万トンに届かない年が多いことが分かる。57年は戦後最高水準の輸送量であったが，それでも東北線が30万トン程度，北線が12万トン程度であった。戦前と比較すると，東北線は同程度の輸送量であるものの，北線は戦前より減っていた[42]。北線の輸送量が減った理由は，56年に完成したチャイナートのチャオプラヤー・ダムにより，ダム以北のチャオプラヤー川の水位が上昇し，水運の利便性が向上したことが主要な要因であろう［Silcock 1970: 88］[43]。東北線の輸送力の増強を目的に鉄道車両を増強したものの，実際には東北線からの発送量は戦前のレベルに回復しただけであった。

上述のように，IECFの時代にタイは計1,000両の貨車を東北線の米輸送力の

表 4-1　北線と東北線の米発送量の推移（1951 ～ 57 年）（単位：トン）

| 年 | 路線 | 籾米 | 精米 | 計 |
|---|---|---|---|---|
| 1951 | 東北線 | 66,621 | 102,215 | 168,836 |
| | 北線 | 53,077 | 80,332 | 133,409 |
| | 計 | 119,698 | 182,547 | 302,245 |
| 1954 | 東北線 | 68,690 | 117,772 | 186,462 |
| | 北線 | 6,211 | 75,808 | 82,019 |
| | 計 | 74,901 | 193,580 | 268,481 |
| 1955 | 東北線 | 8,772 | 67,031 | 75,803 |
| | 北線 | 8,063 | 59,681 | 67,744 |
| | 計 | 16,835 | 126,712 | 143,547 |
| 1956 | 東北線 | 53,055 | 163,029 | 216,084 |
| | 北線 | 10,457 | 86,171 | 96,628 |
| | 計 | 63,512 | 249,200 | 312,712 |
| 1957 | 東北線 | 74,228 | 217,110 | 291,338 |
| | 北線 | 5,364 | 112,320 | 117,684 |
| | 計 | 79,592 | 329,430 | 409,022 |

注：1951 年は 4 月から翌年 3 月までの数値である。
出所：1951 年 NA [2] So Ro. 0201.57/1，1954 ～ 57 年 NA Kho Kho. 0202. 9/48 より筆者作成

増強用として購入した。これらの貨車がすべて米輸送に利用されたとすれば，5 日サイクルで貨車を運用させたとしても 1 日 200 両，計 2,000 トン分の米輸送が可能で，年間約 70 万トンもの米の輸送が実現するはずであった。しかし，実際にはこれらの車両は老朽化した車両の代替としての役割が高かったようであり，しかも米輸送にのみ利用されたわけではなかった。米以外にも輸送需要は多数存在しており，米輸送の目的で購入した車両をすべて米輸送に充当することはできなかったのである。

このように，戦後に鉄道による米輸送が復興したとはいえ，その輸送量自体は戦前のレベルに達してはいなかった。しかし，総貨物輸送量を比較すると，戦後のほうが戦前よりも輸送量が大きく増加していることが分かる。戦前の総貨物輸送量は 200 万トンが最高であったが，戦後は 1950 年に 200 万トンを超えてからも輸送量は増加し続け，57 年には 360 万トンを超えている。その結果，総貨物

輸送量に占める米輸送の比率は戦後減っており，先の図 4–2 (p. 164) のようにかつては総輸送量の 45%を占めた米比率は 10%台に落ちていることから，もはや米が鉄道の最重要輸送品目ではなくなったことが理解される。

### (3) 鉄道米輸送の変容 ── 輸送の長距離化

1958 年に開通したフレンドシップ・ハイウェーは，鉄道輸送を補完するというよりも，むしろ代替することになった。さらに，この道路の開通を契機として高規格道路が各地で建設されていったことから，鉄道から自動車輸送への転換は他地域にも波及することとなり，戦後復興期に増加した米輸送量は 58 年以降漸減することになった。図 4–3 は 58 年以降の鉄道米輸送の状況を示している。これを見ると，先の図 4–2 の 57 年の輸送量が 60 万トン強であったことから，58 年には前年比で 10 万トン以上も輸送量が減少したことが分かる。その後 65 年から 40 万トン台に低下し，70 年代に入ると年によってはさらに低下していること

図 4–3　鉄道米輸送量と米輸出量の推移 (1958 年～ 75 年)

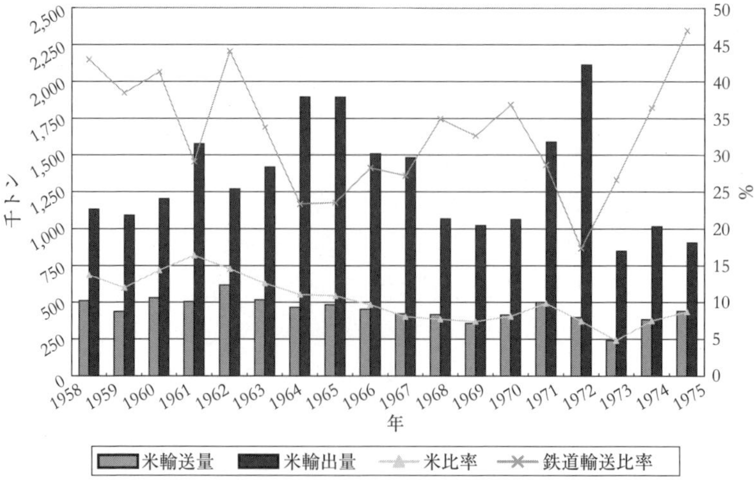


注 1：米輸送量は精米 (砕米，糠を含む) と籾米輸送量の合計値である含む。
注 2：米比率は，米輸送量の総貨物輸送量に占める割合である。
注 3：鉄道輸送比率は，鉄道精米輸送量 (籾米は重量比 64%で精米に換算) の米輸出量に占める比率である。実際には米輸送量とバンコク到着米量は異なるが，各年のバンコク到着米量が得られないため，総輸送量を使用している。
出所：鉄道輸送量 附表 6，米輸出量 附表 5 より筆者作成

が分かる。貨物輸送全体に占める米の比率も戦後復興期に比べてさらに低下しており，67 年以降はほぼ 10％以下となっている。

次の表 4‒2 は，東北部の精米発送状況を示したものである。1958 年に開通したフレンドシップ・ハイウェーはサラブリー～コーラート間，すなわち表のコーラート線に完全に並行する区間であり，この間からの発送量が 59 年から激減している状況が分かる。56 年には 4 万トンを超えた発送量が 60 年代にはせいぜい 3,000 トン台にまで低下したということは，この間からの米の発送はほとんど自動車に転移したことを意味する。フレンドシップ・ハイウェーの最初の開通区間の終点であるコーラートでは，開通後に鉄道での米輸送はほとんど消滅していた。64 年 10 月には洪水で道路が冠水し自動車の通行が困難となったが，鉄道輸送は時間も費用もかさむので利益が出ないとして，利用可能であったにもかかわらず鉄道で代替輸送は行わなかったという[44]。

次のウボン線は並行する道路が未整備であることからこの道路の影響は見ら

表 4‒2　東北線米発送量の推移（1955 ～ 69 年）（単位：トン）

| 年 | コーラート線 | | ウボン線 | | ノーンカーイ線 | | 計 |
|---|---|---|---|---|---|---|---|
| | 発送量 | （％） | 発送量 | （％） | 発送量 | （％） | |
| 1955 | 11,623 | 29 | 27,942 | 71 | N.A. | N.A. | 39,565 |
| 1956 | 43,181 | 40 | 65,471 | 60 | N.A. | N.A. | 108,652 |
| 1959 | 2,691 | 4 | 57,518 | 96 | N.A. | N.A. | 60,209 |
| 1960 | 1,218 | 1 | 128,492 | 99 | N.A. | N.A. | 129,710 |
| 1961 | 456 | 0 | 214,736 | 100 | N.A. | N.A. | 215,192 |
| 1962 | 514 | 0 | 263,404 | 63 | 153,366 | 37 | 417,284 |
| 1963 | 1,914 | 1 | 145,589 | 46 | 167,758 | 53 | 315,261 |
| 1964 | 1,145 | 0 | 97,078 | 42 | 131,453 | 57 | 229,676 |
| 1965 | 2,670 | 1 | 145,135 | 70 | 59,611 | 29 | 207,416 |
| 1966 | 3,211 | 3 | 98,580 | 80 | 21,220 | 17 | 123,011 |
| 1967 | 1,586 | 1 | 177,170 | 85 | 29,876 | 14 | 208,632 |
| 1968 | 971 | 1 | 102,663 | 99 | N.A. | N.A. | 103,634 |
| 1969 | 1,393 | 2 | 86,878 | 98 | N.A. | N.A. | 88,271 |

注 1：区間はコーラート線：ノーンクアイ～コーラート間，ウボン線：バーンパライ～ウボン間，ノーンカーイ線：タノンチラ～ノーンカーイ間であり，図 4‒1 の区分とは若干異なる。
注 2：ノーンカーイ線の数値はコーラート駅分を含んでおり，コーラート駅の分がコーラート線と重複している。
出所：コーラート，ウボン線 Visit［1971］：55‒56，ノーンカーイ線 Kovit［1969］：25 より筆者作成

れず，むしろ1950年代よりも60年代のほうが輸送量は多くなっている。ノーンカーイ線は利用可能な数値が少ないが，65年に大幅な輸送量の減少を見ていることが分かる。これは65年にフレンドシップ・ハイウェーがノーンカーイまで延伸されたことで，ノーンカーイ線もコーラート線と同様に高規格道路が完全に並行する状況が出現したためである。このように，東北線の米発送量は，並行する区間においてフレンドシップ・ハイウェーの2段階の開通を機に明らかに減少しており，この道路は実際には鉄道輸送の補完というよりも代替する機能のほうが高かったことを示している。

この「開発」の時代には，鉄道による米輸送は漸減傾向であったが，米の輸出量自体も大幅に拡大したわけではなかったことから，鉄道による米輸送量と輸出量を比較しても，戦後復興期と比較してそれほど大きな変化は見られなかった。この時代にも輸出米の鉄道輸送は行われており，1960年代後半には政府間の協定による米輸出のための米輸送に便宜を図るように，貿易局（Krom Kankha Tang Prathet）から国鉄に対して貨車の配車を求める陳情が頻繁になされていた[45)]。発地も北線2，3区間や東北線2区間であり，高規格道路が未到達の地域では依然として鉄道輸送が重視されていた。

しかしながら，一見すると輸送量はそれほど減少していないものの，輸送構造は大きく変化していた。表4–3は1975年から77年までの年平均精米輸送量を示したものであり，各区間ごとの輸送量もすべて把握することが可能である。これを見ると，バンコクに到着した米の量は13万トン弱と，総輸送量の3分の1程度となっていることが分かる。他方で，南線3区間の到着量が最も多くなっており，南線2区間，マレーシア国境を加えると南部着の米が24万トン弱と全体の約6割を占めていることが分かる。すなわち，この時期にはバンコク向けの米輸送よりも南部向けの米輸送が中心となっていたのである。

南部への米輸送そのものは以前から存在していたが，この表からバンコク以遠，すなわち中部上部，北部，東北部からも南部へ向けて米が発送されていることが分かる。北線と東北線区間から南部へ向けて発送された米の量は計11万トンあまりであり，南部着の米の約半分に当たる。先の図4–3を見る限り，鉄道の輸出米輸送に占める役割は以前変わらないものと考えられたが，実は鉄道の主要な役割は輸出米のバンコクへの輸送ではなく，米不足の南部への国内輸送へと変化し

表4-3　鉄道精米輸送状況（1975～77年平均）（単位：トン）

| 到着／発送 | 北線1 | 北線2 | 北線3 | 東北線1 | 東北線2 | 東北線3 | 東線 | バンコク | 南線1 | 南線2 | 南線3 | マレーシア国境 | 計 | 比率（%） |
|---|---|---|---|---|---|---|---|---|---|---|---|---|---|---|
| 北線1 | 5 | — | — | — | 125 | — | — | 799 | 35 | 567 | 3,782 | 500 | 5,813 | 1 |
| 北線2 | 1,310 | 2,598 | 4,734 | 20 | 2,849 | 199 | 54 | 76,356 | 10,200 | 11,056 | 38,580 | 121 | 148,077 | 36 |
| 北線3 | — | 2,909 | 478 | 15 | 64 | 524 | 30 | 1,503 | 869 | 2,918 | 21,220 | 154 | 30,684 | 8 |
| 東北線1 | — | — | — | — | — | 4 | — | 112 | 73 | 267 | 1,386 | 310 | 2,152 | 1 |
| 東北線2 | 20 | — | 15 | 24 | 891 | 47 | 13 | 24,533 | 5,179 | 645 | 10,733 | 565 | 42,665 | 10 |
| 東北線3 | 35 | 122 | 401 | 16 | 40 | 59 | 150 | 20,116 | 7,020 | 2,918 | 16,207 | 601 | 47,685 | 12 |
| 東線 | — | — | 13 | — | — | — | — | — | — | — | 56 | 29 | 98 | 0 |
| バンコク | 5 | 36 | 17 | — | 135 | — | — | 53 | 161 | 6,157 | 39,161 | 5,931 | 51,656 | 13 |
| 南線1 | — | — | — | — | 256 | 21 | — | — | 398 | 4,498 | 42,830 | 1,620 | 49,623 | 12 |
| 南線2 | — | — | — | — | 8 | — | — | 8 | 8 | 444 | 566 | — | 1,034 | 0 |
| 南線3 | — | 15 | 17 | — | 11 | — | 4 | 5,393 | 18 | 1,234 | 13,906 | 8,873 | 29,471 | 7 |
| マレーシア国境 | — | — | — | — | — | — | — | — | — | — | — | — | — | — |
| 計 | 1,375 | 5,680 | 5,675 | 75 | 4,379 | 854 | 251 | 128,873 | 23,961 | 30,704 | 188,427 | 18,704 | 408,958 | 100 |
| 比率（%） | 0 | 1 | 1 | 0 | 1 | 0 | 0 | 32 | 6 | 8 | 46 | 5 | 100 | |

注1：四捨五入の関係で合計値は原資料と若干異なる。

注2：各区間は次の通りである。北線1：クローンランシット～カオトーン，バーンパーチー～ムアクレック間，ケーンユーイ～コーククリー間，北線2：ナコーンサワン（ノーンプリン）～パーントンプン，サワンカローク支線，北線3：カオプルン以北，東北線1：クラーンドン～タノンチラ間，チョン・サムラーン～バーンサクロック間，東北線2：バーンパライ以東，東北線3：バーンコ以北，東線：プレーン以東，バンコク：バンコク（フアラムポーン）～ドーンムアン間，バンコク～クローンルアンペン間，メーナーム支線，トンブリー～サーラータンマソップ間，バーンスー～タリンチャン間，南線1：サーラーヤー～フアイサック間，スパンブリー支線，ナムトック支線，南線2：カオチャイラート～クローンチャン間，キーリーラットニコム支線，南線3：トゥンソン以南，マレーシア国境：パーダンベサール，スガイコーロック。なお，この区間区分は柿崎［2000a］，［2000b］，及びKakizaki［2005］のものと一部異なっている。図4-1も参照。

出所：SSR（1975）-（1977）より筆者作成

ていたのである。この変化の起源は確定できないが，1966年に東北部から発送された精米の量が表4-2のように12万トンであり，別の資料で同年にバンコクに東北線から到着した精米が2万トンとされていることから，60年代にはすでに南部への長距離輸送が始まっていたものと思われる[46)]。

このような南部への米輸送が活発化した背景には，2つの要因があった。1つは南部自体での米不足であり，人口が増加する一方で地形や他産業の存在などから稲作がそれほど拡大せず，南部の米収支は悪化する傾向にあった。南部の米収支を計算すると，1951年から55年までの余剰米量の平均値は年2万9,600トン程度であったが，61年からの5年間には1万3,400トンへ，さらに71年からの5年間では－1万6,000トンへと減少していた[47)]。もう1つはマレーシアへの米輸出であり，同じく米が不足するマレーシアへタイ南部から国境交易で運ばれる米も少なからず存在した[48)]。このため，南部への米輸送量が増加し，南部はタイ各地からの米が集まる一大消費地となったのである[49)]。南部へはバンコクから水運でも米が運ばれており，64年の調査では年間6,923トン，71年にはソンクラー港着分のみで3,862トンが到着していた[50)]。

鉄道の主要な任務がバンコクへの輸出米輸送から南部への国内消費米輸送へと変化したのに対し，輸出米の輸送は自動車に引き継がれることとなった。表4-4はバンコク発着の自動車による米輸送量を示したものである。これを見ると，自動車輸送でバンコクへ到着する米の量は，1966年には38万トンであったものが，10年後には平均150万トンを超えていることが分かる。北部や東北部などからも自動車で米が到着しており，70年代半ばにはそれぞれ平均15万トン，38万トンの米が到着している。この時期には，少なくとも鉄道輸送の10倍規模の量の米が自動車でバンコクに到着していたのである。

このような鉄道と自動車輸送の分担状況を比較したものが，表4-5となる。これを見ると，北部と東北部では自動車輸送が中心となり，鉄道輸送の比率が少なくなっているのに対し，南部への米輸送は鉄道が主役となっていることが分かる。北部や東北部から鉄道で発送される米はバンコクを通り南部へ輸送される分も含んでいることから，純粋にバンコク着の米輸送となると鉄道輸送の比率はこの半分以下に低下することになる。中部上部はチャオプラヤー川水運が利用可能なことから，河川水運の比率が高くなっている。南部への輸送も沿岸水運が利用可能

表4-4　自動車米輸送量の推移（1966～78年）（単位：千トン）

バンコク発

| 年 | 北部 | | 東北部 | | 中部上部 | | 中部下部 | | 南部 | | 計 |
|---|---|---|---|---|---|---|---|---|---|---|---|
| | 輸送量 | （%） | 輸送量 | （%） | 輸送量 | （%） | 輸送量 | （%） | 輸送量 | （%） | |
| 1966 | — | — | 6.7 | 10 | 0.4 | 1 | 63.0 | 89 | 0.3 | 0 | 70.4 |
| 1976 | 1.0 | 1 | 9.6 | 8 | 5.0 | 4 | 95.8 | 78 | 11.7 | 10 | 123.1 |
| 1977 | 2.2 | 2 | 8.3 | 6 | 2.1 | 1 | 112.1 | 79 | 17.0 | 12 | 141.7 |
| 1978 | 3.6 | 1 | 35.8 | 14 | 6.5 | 3 | 195.1 | 77 | 14.0 | 5 | 255.0 |
| 1976–78平均 | 2.3 | 1 | 17.9 | 10 | 4.5 | 3 | 134.3 | 78 | 14.2 | 8 | 173.3 |

バンコク着

| 年 | 北部 | | 東北部 | | 中部上部 | | 中部下部 | | 南部 | | 計 |
|---|---|---|---|---|---|---|---|---|---|---|---|
| | 輸送量 | （%） | 輸送量 | （%） | 輸送量 | （%） | 輸送量 | （%） | 輸送量 | （%） | |
| 1966 | 6.3 | 2 | 67.5 | 18 | 45.9 | 12 | 259.8 | 68 | — | — | 379.5 |
| 1976 | 73.4 | 6 | 293.3 | 22 | 219.7 | 17 | 721.1 | 55 | 0.0 | 0 | 1,307.5 |
| 1977 | 180.6 | 10 | 586.5 | 31 | 332.2 | 18 | 764.6 | 41 | 0.1 | 0 | 1,864.0 |
| 1978 | 193.9 | 14 | 265.2 | 19 | 276.3 | 20 | 659.2 | 47 | 1.1 | 0 | 1,395.7 |
| 1976–78平均 | 149.3 | 10 | 381.7 | 25 | 276.1 | 18 | 715.0 | 47 | 0.4 | 0 | 1,522.4 |

注：四捨五入の関係で合計値は原資料と若干異なる場合がある。
出所：RKT（1966）–（1978）より筆者作成

であるが，実際には鉄道輸送が圧倒的に多く，しかもこのうちの半数が中部上部，東北部，北部からの輸送となっている。

バンコクへの米輸送が鉄道から自動車へ転移した理由は，輸送費が最大の理由であった。500km以上の輸送では鉄道のほうが有利であると認識されてきたが，米の場合は発駅と着駅での積み替えや自動車による継送などの鉄道輸送の非効率性から，この距離がさらに延びていたようであり，600km離れた東北部のウボン，ウドーンターニーや700km離れた北部のチエンマイでさえも，自動車輸送への転移が見られた。ブリーラム県ラムプラーイマート郡のある精米所でも，かつてはバンコクへの米輸送もすべて鉄道で行っていたが，1970年代に入ってからバンコク向けは自動車輸送になったという[51)]。

このため，鉄道でバンコクへの輸送が残っている発駅は，大半は高規格道路がまだ到達していないか，もしくは道路が大幅な迂回路となり鉄道輸送の優位性が

表 4-5　手段別米輸送量の比較（1975 年頃）（単位：千トン）

| 方向 | 地域 | 自動車 | | 鉄道 | | 河川水運 | | 沿岸水運 | | 計 |
|---|---|---|---|---|---|---|---|---|---|---|
| | | 輸送量 | (%) | 輸送量 | (%) | 輸送量 | (%) | 輸送量 | (%) | |
| バンコク方面へ | 北部発 | 149 | 85 | 27 | 15 | — | — | — | — | 176 |
| | 東北部発 | 381 | 81 | 91 | 19 | — | — | — | — | 472 |
| | 中部上部発 | 276 | 28 | 136 | 14 | 566 | 58 | — | — | 978 |
| | 計 | 806 | 50 | 254 | 16 | 566 | 35 | — | — | 1,626 |
| バンコク方面から | 南部着 | 14 | 6 | 213 | 88 | — | — | 14 | 6 | 241 |

注 1：自動車輸送量は表 4-4 の 1976～78 年平均値を使用した。
注 2：鉄道輸送量は，北部，東北部，中部上部発については表 4-3 のバンコク以南着の米の量を合計したものであり，南部着は南線 1 区間以北発の米の量を合計したものである。
注 3：河川水運の輸送量は表 6-3 の数値を利用している。
注 4：沿岸水運の輸送量は表 6-19 の数値を利用している。
出所：自動車 表 4-4，鉄道 表 4-3，河川水運 表 6-3，沿岸水運 表 6-19 より筆者作成

保たれている地点であった。表 4-3（p. 177）から米の最大発送地はかつての東北部から北線 2 区間に移ったことが分かるが，この間には並行する道路は全く存在せず，途中のタパーンヒン，ピチット，ピッサヌロークからは自動車輸送も利用可能であったものの，迂回路となることから鉄道輸送が優位であった。実際にタパーンヒン～ピッサヌローク間からの発送が大半を占めており，中でもタパーンヒンが最大の発送量を誇っていた。

このように，「開発」の時代の道路整備により，自動車輸送は既存の鉄道によるバンコクへの米輸送を代替することとなり，鉄道は主に南部への米輸送へと役割を変化させることとなった。すなわち，鉄道による米輸送の主役はかつての東北線から南線へと移ったのである。鉄道によるバンコクへの米輸送はその後も減少の一途をたどり，ついに 2001 年にはバンコク向けの輸送が消滅した[52)]。

## 第 2 節　豚輸送 ── 鉄道輸送の終焉

### (1) 豚輸送の停滞と産地の変化

戦前のタイの鉄道の豚輸送は，家畜輸送の中心であった。図 4-4 は 1930 年代後半から 50 年代までの鉄道による豚輸送量を示しているが，これを見ると戦前

図4-4　鉄道豚輸送量の推移（1935/36～60年）

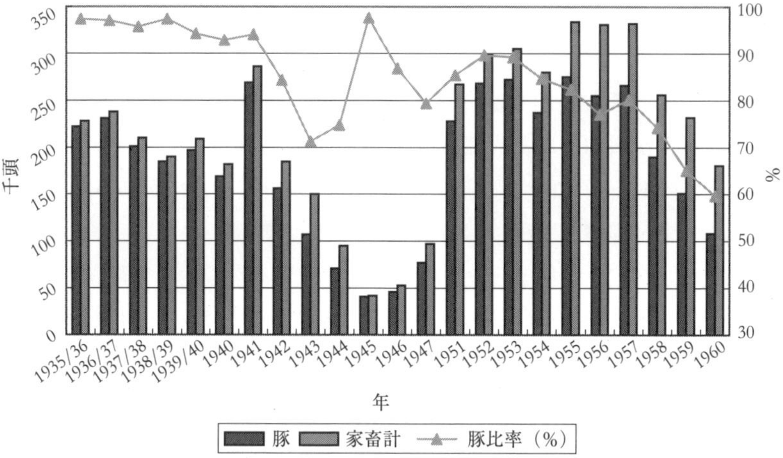


注：豚比率は家畜輸送に占める豚輸送の比率である。
出所：附表6より筆者作成。

には家畜輸送に占める豚の比率が非常に高く，9割以上を占めていたことが分かる。鉄道による豚輸送は，東北部や北部からバンコクへの輸送が中心であり，35/36年には北部から約7万4,000頭，東北部から約9万2,000頭が発送され，バンコクには16万6,000頭もの豚が到着していた［柿崎 2000a：246-247］[53]。この年には南線からも2万1,000頭の豚がバンコクに到着しており，バンコク着の比率は総輸送量の84%に達していた。

この鉄道によって主に北部や東北部から輸送された豚は，バンコク市場でも大きなシェアを占めていたものと思われる。1930年代のバンコクでの豚屠殺量を示す数値は見つからないが，39年にバンコク自治区から屠殺場の運営を移管された陸軍兵站局（Krom Phalathikan Thahan Bok）は，1ヶ月の屠殺頭数を1万8,000頭としており，年間で21万6,000頭との数値が得られる[54]。このため，当時のバンコクの豚消費量約22万頭のうち，鉄道によって輸送されてきた豚は7～8割程度を占めていたことが理解されよう。

バンコク市場に供給される豚の大部分が鉄道輸送に依存していたということは，鉄道輸送が滞るとバンコクでの豚肉供給に大きな影響を与えることを意味した。それが実際に発生したのが，1941年末からタイが巻き込まれた第2次世界大戦であった。上述の米の場合と同様に，輸送量の大幅な減少は豚の場合も顕著であった。図4-4を見ると，42年以降豚の輸送量が大きく減少していることが読み取られる。最終的に45年の輸送量は約4万頭となり，41年の輸送量の15%に減少していた。なお，開戦後に家畜全体に占める豚の比率が下がっているが，これは牛の輸送が増加したためである[55)]。

豚の輸送量の減少の理由は，鉄道の輸送力不足以外にも理由があった。それは，豚の産地から鉄道駅までの輸送を行うトラックの燃料不足であった。1942年7月には，バンコクに豚が集まらない理由として，豚を屠殺場に供給するエージェント同士の競争と共に，東北部で駅まで豚を輸送するトラックの燃料不足が挙げられていた[56)]。豚は歩かせて長距離を移動することが難しいことから，牛や水牛とは異なり奥地から鉄道駅までの輸送も牛車か自動車で行う必要があった。民間の自動車自体も軍に供出されるものが増えたことから，燃料不足と共に自動車不足も豚輸送の障害となったのである。

さらに，戦争により日本軍が多数タイに入り込んできたことから，日本軍向けの食料調達も新たに加わり，豚肉も当然その中に含まれていた。1943年の時点で，日本軍はタイ側に対して月に4万5,000頭の豚の調達を求めており，うちバンコクでの消費分は200頭であった[57)]。日本軍は豚肉よりも牛肉を大量に求めていたことから，政府としては牛や水牛の調達のほうがより大きな問題ではあった。とくに，牛肉についてはタイ国内の部隊の消費用の他に輸出用も含まれていたことから，農耕用の牛の不足も懸念されていた[58)]。

鉄道による豚輸送の減少を補完するためには，鉄道に依存しない産地の確保が課題であった。仏教が殺生を禁じていたことから，タイ人は豚などの家畜の肉の摂取に消極的であり，かつ牛や水牛とは異なり農耕や輸送の動力としての意味も持たなかったことから，豚の飼育も盛んではなかった。しかし，都市に居住していた中国人は豚肉を好んだことから，都市近郊では中国人による豚飼育が見られた。中でもバンコクの西隣のナコーンパトムは当時から豚飼育が盛んであり，1933年には年に4万3,000頭の豚がバンコクへ向けて発送されたという[59)]。ペッブリーでも豚の飼育は行われていたが，海岸部では中国人が飼育し，内陸部では移住してきたラオソーン族が飼育しており，タイ人は経験がなかったり，罪（Bap）であると認識したりして豚飼育を好まなかったという[60)]。中国人を別にすると，モチ米を常食とする地域では豚飼育が広まっていたが，ウルチ米を常食とする地域では豚飼育は広まらなかった[61]。

このため，ウルチ米を常食とする地域で豚の飼育を奨励することが課題となった。豚のみではないが，各家庭での家畜飼育の奨励は，タイ人の食生活の改善を唱えるピブーン首相によって既に 1939 年から始まっていた。彼は農村部でのトカゲなどの小動物や昆虫の摂取はふさわしくないとして，豚，家禽，魚の摂取を奨励し，そのために各家庭でこれらの動物を飼育するよう内務省を通じて指示を出した［Thai nai Patchuban 1940］[62]。内務省がこれを担当したことから，各県や郡レベルで役人が率先して家畜飼育を行い，実際に家畜を配給して住民に浸透するよう策を講じたようであるが，そう簡単には普及しなかった。41 年のチャイナート県知事の県内視察報告によると，ハンカー郡では役人が豚飼育を行っていないのでその理由を糺したところ，豚は飼育したことがなかったので売却してしまったとのことであり，他郡でも同様の状況であったという[63]。

このように，タイ人への豚飼育の普及はそう簡単にはいかなかったが，従来から豚飼育を行っていた中国人らによる飼育は着実に拡大していった。とくに，開戦後に北部や東北部からの豚の供給が減少すると，それを補うことができるのは実質的に中部の中国人養豚家のみとなることから，彼らはこの商機を逃さなかったはずである。また，従来から豚の価格は東北部からのものよりも中部のほうが高かった。これは東北部の豚は痩せており肉が少なく，消費者も中部の豚を好んだためである[64]。北部や東北部からの豚の流入が減少してバンコクでの豚の供給が不足する可能性が高まったが，実際には中国人養豚家が補完したことから，バンコクでの豚肉不足はそれほど大きなものとならなかった。

北部や東北部からバンコクへの豚輸送は，戦争により一時的に減少することになったが，戦争が終わり鉄道も復興すると，輸送量は回復していった。図 4–4 を見ると，1946 年以降輸送量は着実に増加していることが分かる。戦後に入ると鉄道側の資料では豚の輸送量の数値が得られない年があるが，家畜の輸送量から推測すると，50 年にはほぼ戦前のレベルに回復した。その後 50 年代は 25 万頭以上の数値を記録しており，これは 20 年代後半に次ぐ第 2 の，そして最後の豚輸送の最盛期であった[65]。ただし，牛や水牛の輸送が戦前より増加したことから，豚の比率は戦前より若干減少していた[66]。

1947年の輸送状況を見ると，大半が東北部からバンコクへの輸送であったことが分かる。東北部の発送量は，ウボン線が2万4,466頭，ウドーン線（ノーンカーイ線）が2万6,713頭で，コーラート線区間を合わせると計5万1,756頭となり，全体の68%を占めていることが分かる［RSRS (1947)］[67]。一方到着は周辺駅を合わせるとバンコクが6万4,682頭となり，全体の85%となっている。北部についてはラムパーンが533頭を発送しているのみであることから，この時期には北部からバンコクへの豚輸送はほぼ消滅したことになる。

1932年の立憲革命以降，全国に道路が建設されていったが，戦後復興期の段階ではまだ低規格の未舗装道路がほとんどであったことから，自動車での豚輸送も限定されていた。表4–6は北部と東北部から中部方面へ発送された豚の量を手段別に示したものである。この表を見ると，道路による発送量は非常に少ないことが分かる。50年代には1万頭を越えた年もあるものの，鉄道輸送のほうが圧倒的に多いことが分かる。

このように，戦争による後遺症もなく順調に回復したかに見えた鉄道による豚輸送ではあったが，実際にはバンコク市場でのシェアを完全に回復したわけではなかった。鉄道輸送量は1952～53年には約27万頭，56～57年にも約26万頭と変わらないが，バンコクでの屠殺量はそれぞれ34万頭，40万頭と増加しており［PSP (1969) : 131–132］，鉄道輸送量が屠殺量に占める割合は79%から65%に低下した。35/36年や47年の数値によると，バンコク到着量は総輸送量の85%であったことから，この割合で計算するとそれぞれ68%，55%に下がる。人口増加に伴いバンコクでは着実に豚肉消費量が増えたのであるが，鉄道によるバンコクへの到着量は21～22万頭程度で頭打ちとなっていた。このため，戦時中に重要性を高めた中部産の豚のシェアが高まったのである。

確かに東北部からの豚がバンコク市場に復帰することになったが，他方では戦時中に増産した中部の豚と競合して豚の供給が過剰となる懸念もあった。豚肉の価格高騰による市民の不満を恐れた政府は，バンコクでの豚の屠殺と豚肉の販売の統制と自由化を繰り返し，その度に豚の供給にも影響を与えていた[68]。1946年8月には食料公団（Ongkan Sanphahan）が設立され，東北部や中部の豚を買い取ってバンコク都内の小売業者に卸す役割を担ったが，買い取り価格のほうが高く赤字体質となり，翌年5月に廃止されて自由化された［Rangsan n.d.: 16–21］。48年

写真 17　家畜飼育推奨ポスター

家畜飼育は役に立つとして，その理由に，1：現金獲得の機会となる，2：仕事に使用可能である，3：食用になる，4：支出の節約になる，の 4 項目を掲げている。
出所：*Thai nai Patchuban*［1940］

表4-6　手段別中部方面への豚輸送頭数
（1944～80年）（単位：頭）

| 年 | 鉄道 | 道路 | 計 |
|---|---|---|---|
| 1944 | N.A. | 1,749 | 1,749 |
| 1945 | N.A. | 9,134 | 9,134 |
| 1946 | N.A. | 10,070 | 10,070 |
| 1947 | N.A. | 3,611 | 3,611 |
| 1948 | N.A. | 2,668 | 2,668 |
| 1949 | 103,499 | 8,120 | 111,619 |
| 1950 | 175,160 | 5,590 | 180,750 |
| 1951 | 211,202 | 3,501 | 214,703 |
| 1952 | 258,256 | 7,004 | 265,260 |
| 1953 | 249,507 | 19,640 | 269,147 |
| 1954 | 231,011 | 17,396 | 248,407 |
| 1955 | 231,088 | 20,054 | 251,142 |
| 1956 | 201,431 | 9,235 | 210,666 |
| 1957 | 226,301 | 5,696 | 231,997 |
| 1958 | 216,399 | 16,171 | 232,570 |
| 1959 | 216,966 | 34,920 | 251,886 |
| 1960 | 76,900 | 49,965 | 126,865 |
| 1961 | 73,380 | 65,178 | 138,558 |
| 1962 | 67,580 | 234,578 | 302,158 |
| 1963 | 120,046 | 236,628 | 356,674 |
| 1964 | 93,381 | 258,090 | 351,471 |
| 1965 | 54,111 | 289,386 | 343,497 |
| 1966 | 49,925 | 406,004 | 455,929 |
| 1967 | 47,725 | 260,113 | 307,838 |
| 1968 | 25,226 | 262,521 | 287,747 |
| 1969 | 5,055 | 279,992 | 285,047 |
| 1976 | 49 | 234,974 | 235,023 |
| 1977 | 101 | 45,705 | 45,806 |
| 1978 | 307 | 140,846 | 141,153 |
| 1979 | 141 | 120,571 | 120,712 |
| 1980 | 63 | 66,439 | 66,502 |

注：北部と東北部から中部へ輸送された頭数を示している。
出所：1944–69年 PSP (1969)：126–127，1976年 PSP (1976)：82–83，1977年 PSP (1977)：89–90，1978年 PSP (1978)：78–79，1979年 PSP (1979)：88–89, 1980年 PSP (1980)：86–87より筆者作成。

6月には退役兵福祉公団（Ongkan Songkhro Thahan Phan Suk）がバンコクでの豚肉の卸・小売価格の統制を行い，屠殺場を5ヶ所に集約させたうえで豚肉の域外からの流入を禁止した［Ibid.: 23–37］。これによりバンコクでの豚肉販売価格は高騰する一方で，豚の引き取り価格が下がり豚飼育を放棄する農民が増えたために豚不足が生じたことから，51年6月には再び自由化された。

その後，1953年には豚の屠殺業者，卸売業者などによってタハーンサーマッキー家畜販売会社（Borisat Kha Sat Thahan Samakkhi Chamkat）が設立され，この会社が再びバンコクでの豚の流通を統制することとなった［Ibid.: 37–39］[69]。しかし，今回も会社がバンコクへの豚輸送を独占したことから，豚の取引価格が低迷して農民が困窮することとなった[70]。豚価格の低下は国内の豚頭数の減少につながり，53年に全国で約350万頭飼育されていた豚が2年後には290万頭に減少したという［Muscat 1966: 120］[71]。このため，政府は55年に入って再び自由化を認めることになった。

このような豚の供給の問題は，流通面の問題もさることながら，生産者の拡大も大きな要因であった。1955 年に出された豚問題に関する文書では，豚の供給過剰の理由について，1：各世帯で家庭菜園や畜産を行うよう奨励し，タイ人が豚の飼育と取引に参入するようになった，2：かつては東北部で疎放的に飼われていただけであり，豚の価格変動は農民に大きな影響を与えなかった，3：かつて中国人の商人は市場状況を考慮した上で豚を飼育していた，4：政府が無秩序に豚飼育を奨励したため需要を上回ることになった，と説明している[72]。すなわち，価格が低下すると農民の飼育意欲が下がって豚不足が発生する一方で，価格が高騰すると飼育頭数が急増して豚の供給過剰になるという市場メカニズムが働いていたのである。

結局，鉄道輸送が停滞してかつてのように北部や東北部からの豚がバンコク市場に流入しなくなったことで，豚の生産は中部で奨励されてその不足分を補ったが，戦後再び東北部の豚が復帰することで供給過剰の状態が生まれたのである。そこに豚肉価格の安定化を目論む政府が，豚取引の統制と自由化を繰り返したことで，豚肉の供給は非常に不安定な状況に陥ってしまった。

### (2) 鉄道豚輸送の消滅 ── 鉄道から自動車へ

鉄道による東北部からの豚輸送は順調に推移したが，1958 年に開通したサラブリー～コーラート間のフレンドシップ・ハイウェーがそれを大きく減少させることになった。鉄道の貨物輸送の中で最も大きな影響を被ったのが，この豚輸送であった。フレンドシップ・ハイウェーは 58 年 7 月に正式に開通したが，この月から東北部から発送される豚の量が急激に減少することになった。表 4–7 は 55 年からの東北線の豚発送量を月別に示したものである。これを見ると，この道路の開通前は平均して月に 1 万頭以上の豚が発送されており，58 年も 6 月までは 1 万 1,000 ～ 1 万 2,000 頭の豚が発送されているが，7 月には 8,832 頭に減り，翌月は半減して 4,815 頭，そして 9 月には 487 頭に激減していることが分かる。他の貨物でも輸送量の大幅な減少が見られたが，最も劇的に減少したのがこの豚であった。

この豚輸送量の激減は，鉄道貨物に占める豚の重要性を大きく減らすことと

表4-7　東北線の月別豚発送量の推移（1954～58年）（単位：頭）

| 月 | 1954 | 1955 | 1956 | 1957 | 1958 |
|---|---|---|---|---|---|
| 1 | 14,200 | 12,724 | 17,440 | 13,322 | 12,273 |
| 2 | 11,641 | 9,725 | 13,394 | 9,206 | 11,015 |
| 3 | 13,775 | 12,961 | 10,434 | 12,885 | 12,831 |
| 4 | 13,598 | 11,882 | 9,769 | 9,886 | 11,971 |
| 5 | 8,913 | 13,724 | 16,335 | 10,574 | 10,825 |
| 6 | 12,579 | 16,147 | 14,225 | 12,380 | 11,137 |
| 7 | 11,793 | 18,298 | 10,788 | 12,268 | 8,832 |
| 8 | 11,202 | 17,834 | 11,524 | 9,594 | 4,815 |
| 9 | 11,823 | 14,752 | 12,499 | 12,399 | 487 |
| 10 | 10,136 | 20,257 | 12,128 | 9,822 | N.A. |
| 11 | 11,731 | 23,811 | 11,037 | 8,185 | N.A. |
| 12 | 11,700 | 17,575 | 12,781 | 11,497 | N.A. |
| 年計 | 143,091 | 189,690 | 152,354 | 132,018 | 84,186 |

出所：NA Kho Kho. 0202. 9/48より筆者作成

なった。国鉄の年次報告書を見ても，豚の輸送頭数は1960年以降数値が記載されなくなり，家畜全体の輸送頭数のみしか得られなくなる。先の表4-6を見ると，鉄道による豚の輸送量が60年代前半に3分の1に減少したことが分かる。これと引き換えに自動車による輸送量が同時期に20万頭を越え，鉄道に代わって輸送の主流となったことが読み取られる。

東北部からの豚輸送が激減したが，その影響は東北部でも地域によって異なっていた。フレンドシップ・ハイウェーと並行するサラブリー～コーラート間からの発送はほぼ皆無となったが，その先のノーンカーイ線にも影響は及んだ。これは，コーラート～ノーンカーイ間には未舗装の国道が鉄道にほぼ並行して存在しており，フレンドシップ・ハイウェーに接続してバンコクへ直接自動車輸送ができるようになったためである。59年に国鉄が家畜の輸送状況について調査したところ，ノーンカーイ線からの発送は牛と水牛については1日貨車1～2両分見られたものの，豚はほとんど消滅していた[73)]。

一方で，鉄道に並行する道路が全く存在しないウボン線からの豚輸送は自動車に転移しなかったことから，ウボン線からの豚輸送は継続していた。同じ報告によると，ウボン線からの家畜の発送は1日に貨車6両程度であり，うち豚が4両であったという[74]。このため，東北部からバンコクへの鉄道による豚輸送が全くなくなったわけではなかったが，結果としてフレンドシップ・ハイウェーの開通で東北部からバンコクへの鉄道による豚輸送量は3分の1に減少したことになった[75]。

フレンドシップ・ハイウェーの開通で鉄道による豚輸送が激減したが，その最大の理由は鉄道より自動車のほうが迅速な輸送が可能なことであった。豚は輸送中に体重を減らしたり死んだりすることがあるため，可能な限り早く目的地に到着して屠殺業者に引き渡す必要があった。1954年の例では，中部の豚は平均して1頭80kgのうち輸送中に3kgほど痩せており，北部や東北部からの豚は10%，すなわち8kg痩せるとされていた[76]。豚の価格は到着時の体重で決まることから，輸送中に痩せた分は売主の負担となった。このため，豚をできるだけ痩せさせないことが求められたのである。

確かに鉄道は，旧来の陸上輸送や水運に比べれば迅速な輸送手段であったが，時速100kmで走行可能な自動車輸送と比べると，勝負は明らかであった。バンコク～コーラート間の鉄道の所要時間は急行列車でさえ7時間半であったことから，貨物列車の場合は少なくともその倍は時間がかかった。加えて，鉄道輸送の場合は発送駅と到着駅で他の交通手段への積み替えを必要とし，そのための費用と時間も別にかかることになった。これに比べると，自動車の場合は戸口から戸口までの一貫輸送が可能であり，途中での積み替えも必要なかった。

また，鉄道側には貨車の配車や，輸送中の係員への「袖の下」の支払いなどの問題もあった。1950年代には輸送需要が拡大して貨車不足が深刻となったことから，貨車の配車申請には不正が横行していた。貨車を無事に入手しても，今度は迅速に目的地に到着するまでに何度も「袖の下」を払うことになった。57年7月25日には，前々日にウボンからバンコクへ豚を輸送した商人が，途中で何度も「袖の下」を払わされ，これが昔から慣習となっていると国鉄本社に抗議して，受け取った駅員や車掌が処分されていた[77]。

実際には，自動車輸送でも同じような問題は存在していた。トラック業者は利益を上げるために過積載をする場合が多く，検重所で「袖の下」を払って見逃してもらうことが多々あった。1960年12月には，道路局で過積載の取締りを厳しくしたところ，トラック輸送費が高騰してバンコクの豚肉価格が上がるという問題も発生した[78]。牛や水牛の輸送の場合も同様であり，58年には中部のピッサヌロークから牛や水牛を輸送する際に，自動車輸送のほうが所要時間は短いものの途中の検問所や警察に何回も「袖の下」を払わねばならないため，鉄道を利用する商人も少なからず存在するとの報告もあった[79]。この問題は現在に至るまで続いており，自動車輸送のコストを不合理に引き上げる要因ともなっている[80]。

鉄道側でも家畜の輸送は迅速に行う必要があることを認識しており，野菜，果物などの生鮮品や家畜の貨車は優先的に編成に組み込まれていた[81]。また，かつてはバンコク（フアラムポーン）駅に到着した豚は，トラックなどに積み替えられて屠殺場に運ばれたが，戦後完成したプラカノーンの屠殺場では，最寄りのメーナーム駅から引込み線を建設して貨車が直接乗り入れることができるようになっていた。国鉄では1958年に東北部からバンコクへの家畜専用列車を運行することを検討していたが，実際にはフレンドシップ・ハイウェーが先に開通して家畜の輸送量が激減したために，野菜などの生鮮品輸送列車として運行することになった[82]。この列車はディーゼル機関車を使用して速度を向上させ，しかも停車駅を限定して速達化を図ることになり，朝4時にバーンスーに到着するとすぐにメーナーム行の列車に接続させて，屠殺場に直行することになっていた[83]。

このように鉄道側も対策を講じたものの，既に自動車輸送に転移した輸送を奪い返すことはできず，わずかに残された利用者へのサービス拡大としての意味しか持たなかった。鉄道側がいかに努力しても，自動車輸送より迅速な輸送を提供することは不可能であり，これができない限り，自動車輸送と競争することはできなかった。わずかに，自動車輸送が不可能な地域からの輸送のみが，鉄道に残された役割となった。

鉄道による豚輸送は，フレンドシップ・ハイウェーの開通で以前の3分の2が消失したが，残りの3分の1の輸送も道路整備の進展と共に，いずれ自動車輸送に転移する運命にあった。この残る輸送は，ウボン線からの発送と，北線での輸送であった。ウボン線は年間5万頭程度の輸送が継続しており，北線では1950年代には年4～8万頭が輸送されていた[84]。これらの残された輸送も，道路整備の進展に伴う自動車輸送への転移により，徐々に減少した。67年には，北線から発送された豚は3,960頭でそのほとんどが中部のピチット県発，東北線の発送量4万3,765頭はウボン線のブリーラム，スリン，シーサケートの各県から発送

写真 18　自動車による豚輸送（1950 年代）

豚は 1 頭ずつ籠に入れられている。
出所：Barton & Sawat［1957］：144

されていた [PSP (1967) : 59]。この年の数値を見ると，既に迂回路ながら道路が到達しているウボン県については鉄道による発送がほとんどなくなっており，代わりに自動車による輸送が 6 万頭を超えていた [Ibid.: 59–62]。すなわち，たとえ長距離であろうとも，自動車が利用可能であれば豚輸送は自動車に転移していたのである。

その後統計の都合で 1976 年まで数値が得られないが，先の表 4–6 を見ると 70 年代後半には鉄道による豚輸送はほぼ壊滅したことが分かる。この時期に牛と水牛の輸送はまだ年間 1 ～ 2 万頭程度存続していたことから，豚輸送のほうが先に消滅したことになる[85]。この豚輸送の消滅は，自動車輸送が不便な地域がなくなったことを意味した。北線のナコーンサワン～ラムパーン間は並行する道路がなく，県庁所在地は当面迂回ルートでバンコクと結ばれていたが，ピチット県は迂回ルートの整備も遅れ，72 ～ 73 年にようやく高規格道路のみでバンコクと結ばれることになった[86]。ウボン線の場合も鉄道に完全に並行する道路は建設されなかったが，鉄道の南 40 ～ 50km 程度のところを並行するチョークチャイ～デートウドム道路と，この道路とブリーラム，スリン，シーサケートの各県庁所在地を結ぶ道路が 73 年までに高規格化され，いずれの県もバンコクと高規格道路のみで結ばれるようになった。この結果，最後まで残ったウボン線の豚輸送も消滅したのである。

1958 年からのタイの「開発」の時代は，まさに高規格道路の整備の時代であったが，その結果が鉄道による豚輸送の壊滅であった。東北部からバンコクへの豚輸送自体が消滅したわけではないが，その流動を生み出した鉄道から豚が消えたのである。他の産品でも鉄道から道路への転移は起こったが，豚の事例ほど劇的な変化は起こらなかった。豚のように輸送時間の短縮が極めて重要な商品だからこそ起こった変化であるが，逆に見ればこれまでの鉄道による輸送は極めて「マージナル」な輸送であったともいえよう。輸送中に大幅に体重が減少したり，大量に死んだりする可能性があったにもかかわらず，鉄道により長距離輸送が行われていたということは，そのような「無理」を承知で，あるいは「無理」をしてでも輸送することで利益が得られたことを意味する。鉄道による豚の長距離輸送という，おそらく世界的に見ても珍しい輸送体系は，ここに終焉したのである。

### (3) 豚産地の変化 ── 東北部から中部へ

これまで見てきたように，戦前から続いた北部や東北部からの鉄道による豚輸送は，戦争により一時停滞したものの，戦後復活して戦前と同じレベルまで到達した。戦前は北部の比重も高かったが，戦後は東北部からの輸送が中心となり，鉄道の主要な役割は東北部からバンコクへの豚輸送となっていた。その豚輸送が，1958 年のフレンドシップ・ハイウェーの開通で自動車輸送への転移が始まり，73 年のチョークチャイ～デートウドム間道路の開通で鉄道輸送は壊滅するに至ったのであった。それは東北部からバンコクへの豚の流動の消滅を意味するものではなく，自動車輸送というより有利な輸送手段へと転移したまでであった。このため，自動車の利用によって豚輸送の便が向上し，東北部の豚が再びバンコク市場でのシェアを高める可能性も存在した。

しかし，実際にシェアを拡大したのは，東北部産の豚ではなく中部産の豚であった。1967 年にバンコクで屠殺された豚 58 万 2,153 頭のうち，56%が中部産であり，東北部産は 35%に留まっていた［PSP (1967) pp. 55–57］。50 年代には鉄道輸送の豚が 6 ～ 7 割でありその大半が東北部からの豚であったことから，この間に東北部と中部の比率が逆転したことになる。

バンコクの屠殺頭数は 1977 年以降数字が得られないが，各県における豚の県外への搬出頭数の統計が得られ，これを地域ごとにまとめたものが次の表 4–8 となる。これを見ると，県外への搬出頭数は 67 年の時点でも中部のほうが東北部の倍以上となっているが，年ごとにその差はさらに拡大して，東北部の比率は減少している。また，かつてバンコクへ豚を多数発送していた北部でも，搬出頭数が大きく減少している。この県外搬出頭数は必ずしもすべてがバンコク向けに輸送された頭数ではないが，豚の商取引が中部で活発になり東北部ではむしろ減少傾向にあることが読み取られる。

このように，バンコクにおいてもタイ全体で見ても中部産の豚のシェアの拡大が拡大していることが理解されるが，過去においては東北部が豚生産の中心地であったことは地域別の豚頭数の統計を見ても明らかである。豚の頭数の統計は 1954 年以前にはほとんど存在しないが，17/18 年以降で数値の得られた年の地域別豚頭数をまとめたものが表 4–9 となる。これを見ると，10 年代当時は東北部の豚頭数が圧倒的に多く，全国の豚頭数の過半数を東北部が占めていたことが分

表4-8　県外豚搬出頭数の推移（1967～80年）

| 年 | 中部 | | 東北部 | | 北部 | | 南部 | | 計 |
|---|---|---|---|---|---|---|---|---|---|
| | （頭） | （%） | （頭） | （%） | （頭） | （%） | （頭） | （%） | （頭） |
| 1967 | 543,351 | 57 | 244,027 | 26 | 46,684 | 5 | 116,077 | 12 | 950,139 |
| 1969 | 390,646 | 56 | 167,643 | 24 | 69,313 | 10 | 68,611 | 10 | 696,213 |
| 1976 | 554,138 | 71 | 165,843 | 21 | 10,682 | 1 | 53,081 | 7 | 783,744 |
| 1977 | 522,782 | 68 | 171,023 | 22 | 12,236 | 2 | 57,757 | 8 | 763,798 |
| 1978 | 780,765 | 74 | 195,306 | 19 | 13,957 | 1 | 65,604 | 6 | 1,055,632 |
| 1979 | 578,224 | 72 | 153,217 | 19 | 5,321 | 1 | 64,767 | 8 | 801,529 |
| 1980 | 613,088 | 84 | 61,492 | 8 | 5,333 | 1 | 46,099 | 6 | 726,012 |

出所：1967年PSP（1967）：87–89，1969年PSP（1969）：87–89，1976年PSP（1976）：145–149，1977年PSP（1977）：137–141，1978年PSP（1978）：145–149，1979年PSP（1979）：149–153，1980年PSP（1980）：155–159より筆者作成

かる。一方中部では豚頭数が少なく，全体の2割程度でしかなかった。次に数値がある42年の段階では，既に中部の比率が東北部より高くなっている。50年代後半と60年代前半に東北部の頭数のほうが多くなっている時期もあるが，その後は中部の比率が高まる一方で東北部の数値は下がり，70年代後半に東北部の豚頭数は大幅に減少し，中部との格差が大きく拡大した点が注目される。すなわち，鉄道による豚輸送が終焉したと同時に，東北部での養豚業もその重要性を低めることとなったのである。

東北産の豚が中部産の豚に圧倒され始めた背景には，2つの大きな理由があった。1つは，バンコクでの豚肉搬入の自由化である。1955年にタハーンサーマッキー社の独占が廃止され，再び豚の取引の自由化が行われたものの，その後すぐに統制の方向に動いた。今回は養豚家，豚流通業者，販売業者に家畜飼育・販売者連合組合（Sahaphan Sahakon Phu Liang lae Kha Sat Chamkat Sinchai）を組織させて，組合が豚の生産から流通までを管理することになった［Chatchai 1977: 19］。他方で，タハーンサーマッキー社の事業の継承を目的として，後のタノーム時代の副大臣を務めるプラパート（Praphat Charusathian）らが55年にサハサーマッキー家畜販売会社（Borisat Saha Samakkhi Kha Sat Chamkat）を設立した［Rangsan n.d.: 40–41］[87)]。

この会社は1959年にアメリカのUSOMからの援助を利用し，バンコクに近代的な屠殺場を建設する計画を立て，政府もこれを了承した［Chatchai 1977: 20］。

表 4-9　地域別豚頭数の推移（1917/18 ～ 79 年）

| 年 | 中部 | | 東北部 | | 北部 | | 南部 | | 計 |
|---|---|---|---|---|---|---|---|---|---|
| | （千頭） | （%） | （千頭） | （%） | （千頭） | （%） | （千頭） | （%） | （千頭） |
| 1917/18 | 165 | 21 | 409 | 52 | 121 | 15 | 88 | 11 | 783 |
| 1918/19 | 161 | 20 | 426 | 54 | 118 | 15 | 91 | 11 | 796 |
| 1942 | 747 | 44 | 537 | 31 | 212 | 12 | 210 | 12 | 1,706 |
| 1954 | 1,244 | 40 | 892 | 28 | 575 | 18 | 430 | 14 | 3,141 |
| 1955 | 895 | 31 | 1,016 | 35 | 539 | 19 | 460 | 16 | 2,910 |
| 1956 | 802 | 26 | 1,005 | 33 | 547 | 18 | 677 | 22 | 3,031 |
| 1957 | 899 | 24 | 1,187 | 32 | 904 | 24 | 749 | 20 | 3,739 |
| 1958 | 1,183 | 30 | 1,030 | 26 | 989 | 25 | 720 | 18 | 3,922 |
| 1959 | 1,320 | 31 | 1,155 | 27 | 984 | 23 | 747 | 18 | 4,206 |
| 1960 | 1,316 | 31 | 1,170 | 28 | 993 | 23 | 751 | 18 | 4,230 |
| 1961 | 1,537 | 29 | 1,806 | 34 | 1,148 | 22 | 755 | 14 | 5,246 |
| 1962 | 1,241 | 29 | 1,637 | 38 | 636 | 15 | 768 | 18 | 4,282 |
| 1963 | 1,086 | 22 | 1,984 | 41 | 1,083 | 22 | 738 | 15 | 4,891 |
| 1964 | 1,200 | 28 | 1,525 | 36 | 787 | 18 | 779 | 18 | 4,291 |
| 1965 | 1,312 | 27 | 1,715 | 36 | 834 | 17 | 944 | 20 | 4,805 |
| 1966 | 1,613 | 41 | 1,149 | 29 | 474 | 12 | 725 | 18 | 3,961 |
| 1967 | 1,773 | 42 | 1,209 | 29 | 495 | 12 | 745 | 18 | 4,222 |
| 1968 | 1,948 | 43 | 1,272 | 28 | 517 | 11 | 766 | 17 | 4,503 |
| 1969 | 2,141 | 45 | 1,338 | 28 | 540 | 11 | 788 | 16 | 4,807 |
| 1970 | 2,352 | 46 | 1,405 | 27 | 564 | 11 | 811 | 16 | 5,132 |
| 1971 | 2,510 | 46 | 1,500 | 27 | 601 | 11 | 865 | 16 | 5,476 |
| 1972 | 2,510 | 45 | 1,962 | 35 | 593 | 11 | 508 | 9 | 5,573 |
| 1975 | 1,537 | 43 | 831 | 23 | 668 | 19 | 512 | 14 | 3,548 |
| 1976 | 1,493 | 44 | 798 | 23 | 585 | 17 | 528 | 16 | 3,404 |
| 1977 | 1,331 | 41 | 805 | 25 | 640 | 20 | 499 | 15 | 3,275 |
| 1978 | 2,471 | 46 | 1,221 | 23 | 879 | 17 | 753 | 14 | 5,324 |
| 1979 | 1,561 | 46 | 750 | 22 | 551 | 16 | 534 | 16 | 3,396 |

出所：1917/18 ～ 18/19 年 NA Ko So. 13/1462, 1942 年 NA [3] So Ro. 0201. 32/23, 1954 ～ 65年 SKT (1965)：105, 1966～72年 SKT (1972/73)：80, 1973～79年 SKT (1979/80)：71–75 より筆者作成

さらに，59年屠殺食肉販売統制法によって，屠殺場は立地する行政区域内のみに豚肉を販売できると規定されたことから，バンコク市内での屠殺は会社が独占することになった [Rangsan n.d.: 83–85][88]。その後豚肉の流通を担っていた家畜飼育・販売者連合組合も62年に廃止され，豚肉の流通，販売業務も会社が独占することとなった。しかし，64年に豚不足が発生したため一時的に自由化し，その後66年からは会社が1日1,000頭を屠殺するという半自由化状態となり，最終的には68年に再び自由化して豚肉の市外からの搬入を認めることになった [Ibid.: 93][89]。これにより，初めてバンコク以外で屠殺された豚の肉がバンコクで販売できるようになったのである。すなわち，もはやバンコクでの豚肉消費量をバンコクでの豚屠殺頭数で把握することは不可能となったのであり，バンコクで消費される豚肉の産地を正確に把握することも困難となったのである[90]。

この豚肉搬入の自由化は，中部の豚に有利であった。これまで見てきたように豚の輸送は迅速さを求められ，長時間の輸送ほど不利となったが，豚肉の輸送はさらに迅速さを要求された。輸送コストの面では豚を生体のまま輸送するほうが豚肉輸送より安かったであろうが，バンコクでの割高な屠殺コスト，輸送中の体重減少や死亡のリスクなどを考慮すると，豚肉としての輸送のほうが有利であった。このため，中部の豚はわざわざバンコクに連れて行ってから屠殺して豚肉にするよりも，産地で屠殺してから豚肉としてバンコクへ運んだほうがより多くの利益が得られることとなった。

これに対し，東北部では豚肉として輸送するという選択肢は難しかった。中部よりも地理的に距離があることから，豚肉として輸送するためには必ず冷蔵車か冷凍車を使用する必要があったが，当時は冷蔵車の能力も低く輸送費も高くなり，国内市場への供給では冷凍輸送も難しかった。このため，鮮度がきわめて重要になる食肉としての輸送は，生体輸送よりも市場への近接性が重要となり，その点で東北部は中部に比べて明らかに不利であった。

そもそも地理的にはバンコク市場までの距離は東北部のほうが中部より遠いことから，生体としての輸送にしても豚肉としての輸送にしても，輸送コストの面では東北部のほうが明らかに不利であった。そのような不利な状況の中でも，1960年代まで東北部の豚がバンコク市場で優位性を保てた理由は，中部産の豚とバンコク産の豚の価格差であった。1900年に鉄道が東北部のコーラートに到達すると直ちに豚がバンコクへ向けて輸送され，早くも 06/07 年にはバンコク市場の 8 割以上のシェアを獲得するに至ったが，その最大の要因は東北部の豚の安さであった [柿崎 2000a: 244-249]。当時鉄道でバンコクに到着する豚は 1 ハープ (60kg) あたり 27 ～ 28 バーツで屠殺業者に売却されていたが，コーラートでの豚の価格は 15 バーツ，さらに奥地のウドーン州やイーサーン州では 1 頭につき 6 ～ 12 バーツで取引されていた [Ibid.: 248]。このようなバンコクと東北部の価格差により，中部産の豚に比べて相対的に高い輸送費をかけても利益が確保されたのである。

この価格差は，鉄道開通まで東北部においては商品経済が事実上ほとんど浸透していなかったことから，東北部の物価水準が中部と比べて極めて低いために生じたものであった。加えて東北部の豚は残飯を餌とする放し飼いで，農家が数頭ずつ飼育するという粗放的に飼育されたものであった。しかし，鉄道の開通による商品経済の浸透により東北部の物価水準は高まり，中部との価格差は縮小していった。1954 年の時点で，タハーンサーマッキー社の地方での豚買い取り価格は，中部で 1kg あたり 5 バーツ，東北部と北部で同じく 4 バーツとなっていた[91]。この価格差の縮小は，輸送費の面で中部に太刀打ちできない東北部にとっては，その優位性を減退させる結果となった。

価格差が確実に減少する中で東北部がタイの養豚業の中心地としての地位を確保するためには，豚飼育の集約化や近代化を指向して，豚の品質の改善や大量生産によるコスト減などを目指す必要があった。しかしながら，そのような努力は上からも下からも見られなかった。1957 年から翌年にかけて世界銀行の調査団が行ったタイの経済開発調査報告書では，東北部での畜産の重要性を指摘していたが，実際に政府が立案した東北部開発計画では，畜産関係の計画は豚よりも牛・水牛が重視されていた[92]。60 年代に内務省がバンコクの豚肉不足を解消するために豚飼育奨励計画を立てて豚飼育を奨励する県を指定したが，含まれた県はバンコク近郊の中部 12 県のみであった[93]。一方農民も従来の粗放的な豚飼育方法を改めることもなく，あくまでも稲作の副業の 1 つとしての伝統的な飼育方法を踏襲した[94]。このため，古くからの中国人養豚家を中心として集約化の進んだ中部産の豚と比較すると東北産の豚の品質は悪く，小柄で肉が少なく脂肪が多いという状況が続いていた[95]。

かつて東北部は，鉄道の開通を機にバンコクとの価格差を利用して自らの産品を販売することに成功してきた。しかしながら，商品経済の浸透により東北部の物価水準が高まってその価格差が縮まると，東北産の産品の価格競争力は低下していった。フレンドシップ・ハイウェーの開通に始まる高規格道路の整備は，輸送時間の短縮を実現し，ある程度の輸送コストの削減にも寄与したはずであるが，それだけでは低下しつつある競争力の強化には結びつかなかった。一方で，中部の豚は黎明期から集約化の傾向が強く，東北産の豚に比べて高品質を維持していた。このような状況では，たとえ高規格道路でバンコクとの輸送条件が改善されようとも，東北産の豚は中部産の豚に太刀打ちできず，結果として豚産地の首位の座を中部に譲り渡すことになったのである。

## 第3節　木材輸送 ── 新たな鉄道輸送の発生

### (1) 木材輸送の停滞と復興

戦前の鉄道による木材輸送は，東北線からバンコク方面への輸送が中心であった。1935/36年の丸太の発送量を見ると，東北線2区間が全体の約3分の1に当たる3万1,556トンを発送しており，木材発送の中心地であった［柿崎 2000a：260–261］。東北線2区間はコーラート高原とクメール低地を隔てるパノムドンラック山脈の北麓に位置し，とくにコーラート〜ブリーラム間では丘陵地帯を通過することからは発送量が多くなっていた。この沿線からの発送はフタバガキ科のマイ・ヤーンが中心であり，鉄道開通後に初めて商品化された木であった[96]。また，この山脈の南麓を通る東線も丸太の発送量が多くなっており，毎年1万トン以上が発送されていた［Ibid.］。

一方で，米に次ぐタイの主要輸出品であったチークを産する北部からの鉄道輸送は少なく，鉄道はチーク材輸送にはほとんど関与していなかった。同年の北線3区間の発送量は1万4,004トンと少なく，しかもその大半はカリン（マイ・プラドゥー）であった［Ibid.: 260–262］。西欧のチーク伐採業者が建設した森林鉄道の中には，メコン川水系に位置しているチークをチャオプラヤー川経由でバンコクへ輸送する役割を任うものも存在したが，官営鉄道自体がチーク材の輸送に関与することはほとんどなかった。これは，チーク材を河川で輸送するほうがはるかに輸送費も安く，しかも品質の劣化の問題も少なかったためである［Ibid.: 256］。このチーク材の川下りは，鉄道開通前から行われていた伝統的輸送方法であった。

表4–10は，検材所を通過したチーク材及びその他の木材の量を示したものである。この検材所は森林局が設置したもので，チャオプラヤー川の場合は4つの支流が合流するパークナムポー（ナコーンサワン）に位置し，上流から到着した木材について刻印を手がかりに伐採業者を特定し，税金を支払わせるものである。これを見ると，戦前はパークナムポーを通過するチーク材は年間18万トン，本数にして20万本程度であったことが分かる97)。サルウィン川の検材所を通るチークはメーホンソーンなどサルウィン川流域産のものであり，森林鉄道も存在しなかったことからサルウィン川水系のチークは必ずこのルートで輸送された。その量は4～5万トンと少なく，フランスの業者がメコン川水系で輸送していた量も1.5万トン程度であった98)。1900年頃には北部から切り出されるチークはチャオプラヤー川水系，サルウィン川水系とも同程度の量であったが，30年代に入るとチャオプラヤー川を下るチークが中心となっていた。

このような戦前の木材輸送体系も，戦争によって大きく変化することになった。チーク材のパークナムポー検材所通過量は1942年に前年の半分以下に減り，その後47年まで低迷していた。サルウィン川経由もこの時期に一時輸送が途絶え，仏印経由は40年より数値がなくなっている。木材輸出量も減少し，ほぼ壊滅状況となった。図4–5は木材輸出量の推移を示しているが，これを見るとチーク材の輸出量は30年代には6万トン程度あったものの，戦時中は1万トン以下に落ち込んでいることが分かる。

木材輸送や輸出量が減少した背景には，チーク伐採業者の操業停止が大きな要因であった。北部のチーク伐採業者は外国企業が中心であり，1930年の段階でイギリス企業4社，デンマーク企業1社，フランス企業1社が全体の85%を伐採していたと見積もられている［MCC 1930: 129］。タイが英米に対し宣戦布告を行った結果，イギリス人らは事業を中断して操業停止状態となった［Thiam 1971: 62–63］。政府はイギリス企業4社の資産を接収して郡に管理を任せ，やがて42年にタイ木材社（Borisat Mai Thai Chamkat）を設立し，伐採及び製材事業を引き継

表 4–10　検材所別木材通過量の推移（1935/36 〜 75 年）（単位：千トン）

| 年 | チーク材 | | | | その他木材 |
|---|---|---|---|---|---|
| | パークナムポー（チャオプラヤー川） | カードー（サルウィン川） | 仏印（メコン川） | 計 | パークナムポー（チャオプラヤー川） |
| 1935/36 | 226 | 48 | 14 | 289 | N.A. |
| 1936/37 | 180 | 23 | 19 | 222 | N.A. |
| 1937/38 | 188 | 45 | 14 | 248 | N.A. |
| 1938/39 | 123 | 49 | 14 | 185 | N.A. |
| 1939/40 | 172 | 26 | 16 | 214 | N.A. |
| 1940 | 118 | 17 | — | 135 | N.A. |
| 1941 | 121 | 17 | — | 138 | N.A. |
| 1942 | 48 | 6 | — | 55 | N.A. |
| 1943 | 97 | — | — | 97 | N.A. |
| 1944 | 55 | — | — | 55 | N.A. |
| 1945 | 38 | — | — | 38 | 113 |
| 1946 | 49 | 0 | — | 49 | 75 |
| 1947 | 29 | 1 | — | 29 | N.A. |
| 1948 | 139 | 11 | — | 150 | 99 |
| 1949 | 186 | 6 | — | 191 | 144 |
| 1950 | 177 | — | — | 177 | 141 |
| 1951 | 168 | 27 | — | 195 | 127 |
| 1952 | 169 | 15 | — | 184 | 132 |
| 1953 | 207 | 10 | — | 216 | 181 |
| 1954 | 153 | 6 | — | 159 | 159 |
| 1955 | 227 | 13 | — | 239 | 146 |
| 1956 | 162 | 10 | — | 172 | 134 |
| 1957 | 107 | 16 | — | 123 | 162 |
| 1958 | 129 | 4 | — | 132 | 120 |
| 1959 | 137 | 1 | — | 138 | 79 |
| 1960 | 130 | 0 | — | 130 | 89 |
| 1961 | 64 | 0 | — | 64 | 143 |
| 1962 | 44 | 0 | — | 44 | 127 |
| 1963 | 143 | 0 | — | 143 | 190 |
| 1964 | 43 | 0 | — | 43 | 131 |
| 1965 | 1 | — | — | 1 | 136 |
| 1966 | — | — | — | 0 | 157 |
| 1967 | 48 | — | — | 48 | — |
| 1968 | 107 | — | — | 107 | 131 |
| 1969 | 83 | — | — | 83 | 132 |
| 1970 | 102 | — | — | 102 | 82 |
| 1971 | 39 | 2 | — | 41 | 113 |
| 1972 | 153 | 9 | — | 162 | 141 |
| 1973 | 73 | 14 | — | 87 | 137 |
| 1974 | 71 | 20 | — | 92 | — |
| 1975 | 39 | 13 | — | 51 | 251 |

注 1：通過量は原資料の体積表示を比重 0.7 で計算したものである。
注 2：1947 年のその他の木材の原資料の数値が前後と比べて過大に大きいことから，ここでは除外した。
出所：1935/36 〜 36/37 年 SYB（1935/36–36–37）：479，1937/38 〜 38/39 年 SYB（1937/38–38/39）：485，1939/40 〜 44 年 SYB（1939/40–44）：524，1945 〜 55 年 SYB（1945–55）：198–199，1956 〜 58 年 SYB（1956–58）：202–203，1959 〜 62 年 SYB（1963）：199，1963 〜 67 年 SYB（1967–69）：227，1968 〜 73 年 SYB（1974/75）：227，1974 〜 75 年 SYB（1976–80）：238 より筆者作成

図 4-5　木材輸出量の推移（1935/36 ～ 75 年）

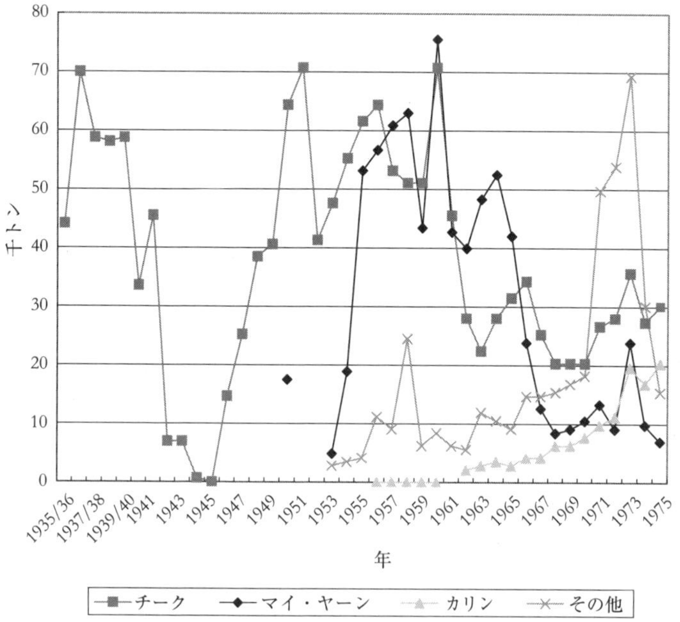


出所：附表 5 より筆者作成。

がせることになった［Ibid.: 63］[99]。

しかしながら，実際にはバンコクの製材所については，日本軍が接収したものも存在した。日本はアングロ・タイ社，ボンベイ・ビルマ社，ボルネオ社の 3 社の製材所を接収して自ら製材を行っていた[100]。日本軍は製材所のみならずチークの丸太の接収も行ったが，パークナムポーに到着して税金を支払ったもの以外はまだタイのものであるとして，タイ側は日本軍に接収ではなく購入するよう求めていた[101]。1944 年前半の時点で，日本軍が敵国資産として接収したパークナムポー以南に存在したチーク丸太は 4 万 9,727 本で，そのうち 3 万 4,500 本を使用したという[102]。日本軍は当初タイ側に対しチークの売却を求めてはいなかったが，接収したチークの残りが減り始めると，タイ側にチークの売却を求めてきた。43 年にはパークナムポーで 4 万本のチークを購入したいと要求したようであるが，その後 3 万本に減らし，タイ側はパークナムポーで 2 万本，アユッタヤーで 1 万本を引き渡すことで合意した[103]。

図4–6　鉄道木材輸送量の推移（1935/36～75年）

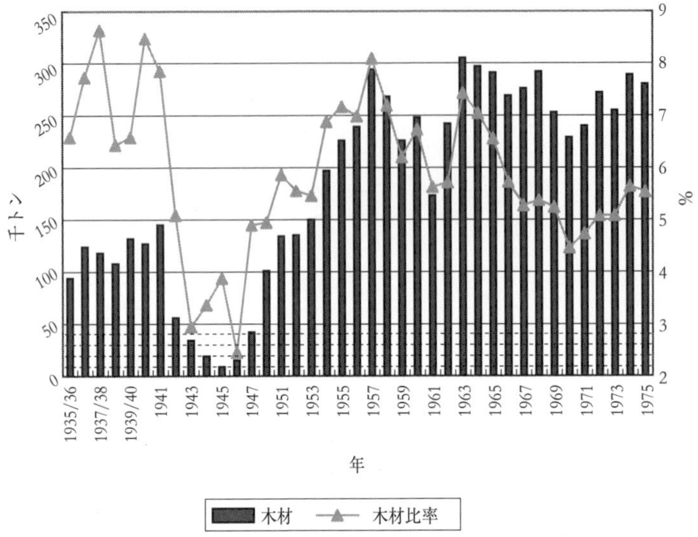


注：木材輸送量は丸太と材木の輸送量を合計したものである。
出所：附表6より筆者作成

チーク丸太の河川輸送も戦時中に大幅に減少したが，輸送量の減少は鉄道輸送も同様であった。図4–6は鉄道による木材輸送量の推移を示しているが，これを見ると木材輸送量は1942年以降大きく減少していることが分かる。戦時中の貨物輸送量の減少は米や豚でも見られたことであったが，木材輸送の場合は貨車の配車もできなくなっていた。これは，戦時中の貨車の配車は軍最高司令部が品目別の貨車の配車両数を決めていたものの，木材はこれに含まれていなかったためである[104)]。このため，事実上一般の商人が木材を輸送することは不可能となった。

ただし，軍事輸送としては木材輸送も継続されていた。日本軍の軍用列車では木材が輸送された痕跡は見られなかったが，タイ軍用の輸送では木材も運ばれていた。1943年末から44年2月頃までのタイ軍用列車の運行予定表を見ると，東北線3区間のファイクーンから北線2区間のタパーンヒンへ向けて5日に1回程度木材輸送の列車が運行されていた[105)]。この列車は材木車のみで構成されており，木材のみを輸送していた。

戦争が終わると，河川輸送，鉄道輸送ともに木材輸送は復興していった。河川輸送については，イギリス企業の復帰によるチーク伐採の復活がその復興に寄与した。戦後タイ政府はイギリス企業の資産凍結を解除し，合わせて戦前の状態への現状復帰を約束した［Thiam 1971: 64–65］。このため，各所に滞っていたチーク丸太は各社に返還し，既に使用した丸太や機材の減価償却費などは政府が負担して会社に補償した。一方で，接収会社の事業を継承したタイ木材社は資産の返還の完了と共に廃止されたが，政府は森林事業を自ら行うことを目的として，1947年に林業公団（Ongkan Utsahakam Pamai）を設立した［Ibid. 65–66］。当初は森林局の配下に置かれていたが，56年の林業公団設置勅令によって独立した公企業となった［UPM 1997: 35］。

その後，1950年代に入ると，外国の伐採業者の伐採免許の期限が切れることから，政府は新たな方針を立てることになった[106)]。戦前のチーク伐採業は外国企業に事実上独占されており，戦時中に一時的にタイがこれを摂取したものの，戦後再び外国企業が復活していた。しかしながら，今後も従来通りに外国企業に伐採免許を与えることは経済ナショナリズムの時流の元では考えられず，政府は51年の閣議でチーク伐採業をタイ人の手に取り戻すことを決めていた[107)]。これに対し，会社側は直ちにチーク事業から撤退することには難色を示したことから，森林局では各社と政府が合弁会社を設立して伐採予定のチークの3分の1を伐採し，残りは林業公団と新たに設置した県林業会社（Borisat Pamai Pracham Changwat）で半分ずつ伐採することに決めた［Thiam 1971: 80–81］[108)]。この3社による分担方式も長続きはせず，60年にはチーク伐採事業をすべて林業公団に移管する閣議決定がなされ，合弁会社は閉鎖された［PMK 1971: 116］。これにより，長年チーク伐採の中心を担ってきた外国企業は完全に撤退し，公企業である林業公団を中心とするタイ人の手にチーク業が戻されたのである。

このような事業者の変容にもかかわらず，チーク伐採は順調に復興していった。先の表4–10を見ると，パークナムポーを通過したチークの量も1950年代には戦前のレベルに復活していたことが分かる。サルウィン川のカードー経由もわずかながら復活しているが，50年代後半以降通過量が減り，60年代後半には発送量がなくなっている。これは，陸上交通の便が良くなってサルウィン川流域のチークも自動車でバンコク方面へ輸送可能になったためであり，カードーの検材所も66年に廃止された[109)]。輸出量の回復も同様であり，図4–5から分かるように少なくとも50年代には戦前のレベルまで復活していた。また，この50年代にはマイ・ヤーンの輸出が大きく増加し，50年代後半には輸出量はチークと同程度にまで増加していた[110]。これらは東北部や中部で伐採されたものであり，急速な伐採はマイ・ヤーン林の急減を招いた。このため，政府は59年にチークと同様にマイ・ヤーンも禁制木（Mai Huang Ham）に指定し，違法伐採を禁止した［PMK 1971: 118］。

鉄道輸送については，戦前のレベルまで復興したのみならず，さらにそれを上回って輸送量が増加している点が米や豚とは異なっていた。先の図4-6を見ると，木材の輸送量は1955年に20万トンを超えてから50年代は一貫して20万トン台で推移している。30年代は10万トン台であったことから，50年代後半には30年代の倍の輸送量にまで増加したことになる。その結果，総貨物量に占める木材の比率も7%程度と戦前とほぼ同じ水準で推移していたことが分かる。米や豚とは異なり，木材は戦前の主要三大貨物の中で唯一戦後に輸送量が増加した品目なのであった。

鉄道の輸送状況については，他品目と同様に戦前のものを踏襲していた。すなわち，輸送の中心は東北部からバンコク方面への輸送であった。1954年から57年までの東北線と北線の木材発送量を比較すると，年平均でそれぞれ6万7,287トン，1万2,545トンと東北線のほうが圧倒的に多くなっていた[111]。30年代前半の東北線，北線の木材発送量はそれぞれ4万トン，1万5,000トン程度であったことから，東北線で発送量が増加して北線は戦前と同程度ということになる。一方でチークは相変わらず伝統的な河川輸送で運ばれており，鉄道はその輸送にはほとんど関与していなかった。

### (2) 鉄道木材輸送の変容 ── 伝統の終焉と新たな顧客

そのような鉄道による木材輸送に変化が起こるのは，やはりフレンドシップ・ハイウェーの開通を契機とする高規格道路網の整備であった。表4-11は東北線の林産品の発送量の推移を示している。この林産品の数値は丸太のみの数値ではなく，材木と薪の数値が含まれているものと考えられる。これを見ると，コーラート線の発送量が，1958年のフレンドシップ・ハイウェーの開通に連動して激減していることが分かる。すなわち，56年には3万トン以上あった発送量が

表 4-11　東北線林産品発送量の推移（1955 ～ 69 年）（単位：トン）

| 年 | コーラート線 | | ウボン線 | | ノーンカーイ線 | | 計 |
|---|---|---|---|---|---|---|---|
| | 発送量 | （%） | 発送量 | （%） | 発送量 | （%） | |
| 1955 | 34,650 | 32 | 74,373 | 68 | N.A. | N.A. | 109,023 |
| 1956 | 33,657 | 35 | 61,533 | 65 | N.A. | N.A. | 95,190 |
| 1959 | 4,453 | 4 | 121,834 | 96 | N.A. | N.A. | 126,287 |
| 1960 | 2,818 | 2 | 127,098 | 98 | N.A. | N.A. | 129,916 |
| 1961 | 1,622 | 2 | 79,190 | 98 | N.A. | N.A. | 80,812 |
| 1962 | 2,476 | 2 | 61,534 | 49 | 62,564 | 49 | 126,574 |
| 1963 | 414 | 0 | 88,107 | 53 | 76,498 | 46 | 165,019 |
| 1964 | 795 | 0 | 114,461 | 57 | 85,093 | 42 | 200,349 |
| 1965 | 1,903 | 1 | 99,320 | 66 | 48,304 | 32 | 149,527 |
| 1966 | 459 | 1 | 73,783 | 88 | 10,044 | 12 | 84,286 |
| 1967 | 153 | 0 | 48,542 | 90 | 5,509 | 10 | 54,204 |
| 1968 | 173 | 0 | 67,856 | 100 | N.A. | N.A. | 68,029 |
| 1969 | 127 | 0 | 48,876 | 100 | N.A. | N.A. | 49,003 |

注 1：各区間は表 4-2 と同じである。
注 2：ノーンカーイ線の数値はコーラート駅分を含んでおり，コーラート駅の分がコーラート線と重複している。
出所：表 4-2 と同じ

59 年にはそのわずか 13% に減少し，その後も減少傾向が続いて 60 年代後半にはほぼ発送がなくなっている。コーラート線は 1900 年の鉄道開通後から木材の発送を行っており，丸太こそ資源の枯渇で 30 年代には発送量が低下していたが，薪の発送は依然として多かった[112)]。そのコーラート線からの林産品の発送が，事実上消滅したのである。

次いでフレンドシップ・ハイウェーの延伸区間がノーンカーイまで達すると，影響はノーンカーイ線に現れることになった。この間は 1964 年まではウボン線に匹敵する発送量を誇っていたが，65 年の延伸区間の開通により，発送量は大幅に減少した。この間は戦前には 5,000 トン未満しか丸太の発送が存在しなかったが，戦後は発送量が増加していた。その要因の 1 つに，鉄道が 55 年にノーンカーイまで到達したことでラオスからの木材の輸送が加わったことが挙げられる。58 年にはラオスの会社がノーンカーイからバンコクへのチーク輸送のための貨車の配車の便宜を図るようタイ側に要求していた[113)]。これによってノーンカーイ線からの林産品の発送が増加したものの，すぐにフレンドシップ・ハイウェーの全通で自動車へ転移してしまうのである。

このような自動車輸送への転移は米や豚にも見られ，フレンドシップ・ハイウェーの開通を期にまずコーラート線とノーンカーイ線で輸送量が減少し，その後他区間でも高規格道路の到来を期に減少傾向が見られ，全体として「開発」の時代以降輸送量が減少することになった。ところが，先の図 4–6 (p. 202) から分かるように，木材輸送量自体は 1960 年代に決して減少しているわけではなく，輸送量はほぼ 50 年代と同じレベルとなっており，それは 70 年代にも継承されている。すなわち，一方で東北線での発送量が減少したにもかかわらず，それを相殺する形で他線での発送が増加したことを意味している。

それは，北線でのチーク輸送の開始であった。上述したように，これまで北部からバンコクへのチーク輸送は伝統的な河川輸送であった。しかしながら，途中で盗まれたり沈んだりして消失するチークも少なからず存在しており，1948 年から 57 年までの 10 年間に林業公団が川に流したチーク丸太が計 83 万 4,013 本，94 万 7,243$m^3$ (約 66 万トン) であったのに対し，パークナムポーに到着しなかった分が計 3 万 866 本，4 万 4,040$m^3$ (約 3 万トン) で，当時の価格で 4,400 万バーツ分に達したという [UPM 1997: 38]。このように，伝統的な河川輸送も実は見えない形でコストが発生していたのである。

さらに，チークの河川輸送そのものが不可能となる事態が発生した。それが，ピン川へのプーミポン・ダムの建設である。このダムはターク県サームガオ郡のチャオプラヤー川の 4 支流の 1 つであるピン川に灌漑と水力発電を目的として建設されたもので，1961 年から建設が開始され 64 年に完成した [CPT 1964: Ko-Cho (chan)]。このタイで最初の大型ダムの建設のため，従来のチークの河川輸送はダム建設現場で遮られることとなり，61 年からこの間を自動車で迂回輸送する必要が生じた [UPM 1997: 39]。このため，林業公団では 58 年から鉄道でのチーク輸送を始めており，ダムの影響を直接受けるチエンマイやラムプーンのみならず，ラムパーン，プレーなど北線が通過する沿線各地からもチークの鉄道輸送を始めたという [Ibid.]。これが，東北線の輸送量減少を補った最大の要因であった。

チークの河川輸送にとって，ダムの建設は最大の障害となった。ダムにおいて丸太を一度陸揚げして再び放流する必要が生じるのみならず，ダム下流への放水

写真19　東北部からの自動車による木材輸送（1950年代）

完成前のフレンドシップ・ハイウェーを使用しての木材輸送と思われる。
出所：Barton & Sawat［1957］：114

量が減少して川流しを困難にする場合もあった。日本でも同様で，かつて山間部で伐採した丸太を川流しで輸送していたものの，ダムが建設されたことによってそれが困難となり代替手段として鉄道を建設した事例が存在する。タイの鉄道の場合は木材輸送のみを目的として建設したわけではなく，当初チーク輸送は全く鉄道に転移しなかったのであるが，ダムの建設により思いがけず新たな輸送品目が加わることになったのである。

ただし，これにより河川輸送が全くなくなったかというと，そのようなことはなかった。先の表4-10（p.200）を見ると，1960年代に入ってパークナムポーを通過するチークの量が減少しているものの，依然としてパークナムポーに到着するチークが存在していることが分かる。またその他の木材についても同様であり，こちらは50年代からそれほど変わらず年間10万トン台で推移しており，ダムの影響が見られない。これは，ピン川以外の支流やダムの下流からの木材輸送については，ダムはそれほど影響を与えなかったことを示している。62年にパークナムポーを通過したチークの伐採地を見ると，ダムの上流のチエンマイとチエンラーイは計80$m^3$（56トン）とわずかであったが，ラムパーン，ピッサヌロークといった他の支流沿いの県や，ターク，ナコーンサワンといったダム下流の県からの丸太が計6万3,000$m^3$（約4万4,000トン）と多数を占めていた［SYB（1965）: 229］。

東北線の輸送量が減少した一方で，北線のチーク輸送が加わったことで，鉄道での木材輸送の主役は東北線から北線へと転移した。この1960年代の線区別の輸送状況を示すデータはほとんどないが，66年にバンコクに到着した主要貨物量の統計を見ると，木材は東北線が1万2,180トン，北線が3万5,177トン，南線1万975トン，東線22トンと北線からの到着量が最も多くなっていた[114)]。南線からもかなりの量の木材が到着しているが，これは後述するように南部の南線2，3区間から到着したものであった。

これまで見てきた他の輸送品目と同じく，東北部からの木材発送は鉄道から道路に転移した。表4-12はバンコクを発着する自動車による木材輸送量を示したものである。これを見ると，1966年には東北部からは10万トン程度の木材が到着しており，中部下部に次いで木材の到着量が多くなっていることが分かる。ただし，この数値のみでは鉄道輸送の減少分を相殺できないことから，この統計に現れない形での自動車輸送が存在したはずである。それは，表の76～78年の数

写真 20　木材輸送列車

北線からのチーク材輸送専用列車であると思われる。
出所：RFT［1985］：5

表 4-12　自動車木材輸送量の推移（1966 ～ 78 年）（単位：千トン）

バンコク発

| 年 | 北部 | | 東北部 | | 中部上部 | | 中部下部 | | 南部 | | 計 |
|---|---|---|---|---|---|---|---|---|---|---|---|
| | 輸送量 | (%) | 輸送量 | (%) | 輸送量 | (%) | 輸送量 | (%) | 輸送量 | (%) | |
| 1966 | — | — | 4.1 | 47 | 1.4 | 16 | 3.2 | 36 | 0.1 | 1 | 8.8 |
| 1976 | 2.1 | 4 | 10.9 | 20 | 2.6 | 5 | 37.6 | 69 | 1.1 | 2 | 54.3 |
| 1977 | 5.3 | 6 | 10.0 | 11 | 10.3 | 12 | 60.4 | 68 | 2.8 | 3 | 88.8 |
| 1978 | 11.7 | 7 | 21.4 | 13 | 13.8 | 9 | 109.0 | 68 | 3.6 | 2 | 159.5 |
| 1976–78 平均 | 6.4 | 6 | 14.1 | 14 | 8.9 | 9 | 69.0 | 68 | 2.5 | 2 | 100.9 |

バンコク着

| 年 | 北部 | | 東北部 | | 中部上部 | | 中部下部 | | 南部 | | 計 |
|---|---|---|---|---|---|---|---|---|---|---|---|
| | 輸送量 | (%) | 輸送量 | (%) | 輸送量 | (%) | 輸送量 | (%) | 輸送量 | (%) | |
| 1966 | 2.4 | 1 | 101.6 | 30 | 12.5 | 4 | 211.0 | 62 | 13.8 | 4 | 341.3 |
| 1976 | 48.3 | 5 | 388.3 | 43 | 129.9 | 14 | 262.7 | 29 | 72.0 | 8 | 901.2 |
| 1977 | 114.4 | 9 | 585.1 | 46 | 173.9 | 14 | 298.7 | 24 | 98.4 | 8 | 1,270.5 |
| 1978 | 101.4 | 9 | 307.3 | 27 | 172.8 | 15 | 422.7 | 37 | 127.8 | 11 | 1,132.0 |
| 1976–78 平均 | 88.0 | 8 | 426.9 | 39 | 158.9 | 14 | 328.0 | 30 | 99.4 | 9 | 1,101.2 |

注 1：四捨五入の関係で合計値は原資料と若干異なる場合がある。
注 2：1966 年の数値は林産品の数値である。
出所：RKT (1966) – (1978) より筆者作成

値が 66 年と比べてかなり多くなっており，東北部からの到着量が平均 40 万トンを越えていることからも理解されよう。他方で 66 年の北部からバンコクへの自動車での木材輸送量はわずかであり，水運から自動車輸送への代替はほとんど見られなかったことが分かる。それでも 70 年代後半には北部からの木材輸送量も平均 9 万トンに達していることから，自動車輸送も徐々に増加していた状況がうかがわれよう。

東北線に代表される鉄道から自動車への転移は，輸送コストが最大の要因であった。木材の場合は，通常伐採地と駅との間には距離があることが多く，伐採してから駅まで輸送して，貨車に積み替える必要があった。かつては駅までの輸送には象などに牽引させるか牛車などの荷車を使用していたが，モータリゼーションの到来と共に，自動車がこれに代わっていった。さらに，木材の伐採が進むと伐採現場は徐々に奥地へと入り込み，駅までの輸送距離が延びると，伐採現場から直接自動車で製材所まで輸送したほうが安上がりとなった。米の場合と同じく，輸送費自体は鉄道のほうが安いものの，駅までの輸送費や積み替えの費用を含めると，自動車輸送のほうが安くなったのである。

自動車が伐採現場近くまで入り込めるようになった背景には，前章で見た道路網の整備が存在した。モータリゼーションが進行しても道路が存在しなければ自動車は入り込むことはできなかったが，「開発」の時代には新たな道路整備が進展した。もちろん，国道や県道が通過するのは必ずしも森林が豊富な場所とは限らず，たとえそのような場所が存在してもすぐに伐採されて運ぶべき木材はなくなるが，新たに整備された道路からさらに奥地に自動車が何とか通れるような簡易な道路を整備すれば，自動車は伐採現場まで入り込むことが可能であった。とくに東北部は比較的起伏が少なく地形も平坦地が多かったことから，自動車が道路から奥地に入り込むのは容易であった。このため，フレンドシップ・ハイウェーの開通を契機とする高規格道路網の整備によって，東北部からの木材輸送は大半が自動車輸送へと転移したのである。

このように，フレンドシップ・ハイウェーの開通とプーミポン・ダムの建設により，鉄道の木材輸送は大きく変化した。前者によって東北線からの輸送量が大きく減少したのは米や豚と同じであったが，相違点は後者の影響により北線からのチーク材の発送が増加し，結果として鉄道による木材輸送量は 1950 年代のレベルをそのまま維持することになった点である。さらに戦前の時点と比べると木材輸送量は倍増していたことから，かつての三大貨物の中で最も輸送量が成長した貨物であったということができよう。

### (3) 木材輸送の限界 ── 森林資源の枯渇

このように，自動車輸送への転移が見られながらも全体としては輸送量を維持した鉄道による木材輸送であったが，その変化の結果は次の表 4-13 に現れている。これを見ると，上段の丸太輸送では北部に当たる北線 3 区間が発送量の約半数を占め，大半がバンコクと北線 1 区間に到着していることが分かる。北線 1 区間での主要な到着地はアユッタヤーとバーンパインであり，事実上バンコク近郊といっても差し支えない場所であった。次いで発送量が多いのは南線 2 区間であり，南線 3 区間と東北線 3 区間がこれに次いでいる。南線 2 区間では西海岸のター

表 4-13　鉄道木材輸送状況（1975 ～ 77 年平均）（単位：トン）

丸太

| 到着<br>発送 | 北線 1 | 北線 2 | 北線 3 | 東北線 1 | 東北線 2 | 東北線 3 | 東線 | バンコク | 南線 1 | 南線 2 | 南線 3 | マレーシア国境 | 計 | 比率（%） |
|---|---|---|---|---|---|---|---|---|---|---|---|---|---|---|
| 北線 1 | 9 | — | — | 4 | — | — | — | 663 | — | — | — | — | 676 | 0 |
| 北線 2 | 416 | 45 | 1,235 | — | — | — | 264 | 5,997 | 27 | — | — | — | 7,984 | 3 |
| 北線 3 | 22,188 | 993 | 6,192 | 22 | 306 | — | 694 | 97,060 | 1,717 | 4 | 28 | — | 129,204 | 53 |
| 東北線 1 | — | — | — | — | 251 | — | — | — | — | — | — | — | 251 | 0 |
| 東北線 2 | — | — | 7 | — | 15 | — | — | 237 | — | — | — | — | 259 | 0 |
| 東北線 3 | 28,795 | 5 | — | — | — | — | — | 13 | — | — | — | — | 28,813 | 12 |
| 東線 | — | — | — | — | — | — | — | 4 | 243 | — | — | — | 247 | 0 |
| バンコク | 14 | — | — | 80 | — | — | — | 856 | 3 | — | 111 | — | 1,064 | 0 |
| 南線 1 | — | — | — | — | — | — | — | 329 | 428 | — | 48 | — | 805 | 0 |
| 南線 2 | 56 | — | — | 1,959 | 33 | — | 16 | 28,680 | 4,520 | 11,238 | 45 | — | 46,547 | 19 |
| 南線 3 | — | — | — | — | — | — | 217 | 18,255 | 1,131 | 1,099 | 685 | 1,929 | 23,316 | 10 |
| マレーシア国境 |  | — | — | — | — | — | — | 4,120 | 15 | — | 9 | 4 | 4,148 | 2 |
| 計 | 51,478 | 1,043 | 7,434 | 2,065 | 605 | — | 1,191 | 156,214 | 8,084 | 12,341 | 926 | 1,933 | 243,314 | 100 |
| 比率（%） | 21 | 0 | 3 | 1 | 0 | — | 0 | 64 | 3 | 5 | 0 | 1 | 100 |  |

材木

| 到着<br>発送 | 北線 1 | 北線 2 | 北線 3 | 東北線 1 | 東北線 2 | 東北線 3 | 東線 | バンコク | 南線 1 | 南線 2 | 南線 3 | マレーシア国境 | 計 | 比率（%） |
|---|---|---|---|---|---|---|---|---|---|---|---|---|---|---|
| 北線 1 | — | — | — | — | 19 | — | 4 | — | 13 | — | — | — | 36 | 0 |
| 北線 2 | 400 | 312 | 501 | — | — | — | 10 | 882 | 657 | — | 10 | — | 2,772 | 4 |
| 北線 3 | 1,512 | 1,044 | 4,381 | 61 | 269 | 22 | 319 | 7,454 | 2,106 | 57 | 80 | 35 | 17,340 | 22 |
| 東北線 1 | 14 | — | — | — | 13 | — | — | 216 | 7 | — | — | — | 250 | 0 |
| 東北線 2 | 913 | — | 304 | 24 | 291 | 7 | 5 | 1,895 | 98 | 5 | — | — | 3,542 | 5 |
| 東北線 3 | 273 | 93 | 325 | 30 | — | 17 | — | 821 | 338 | 10 | — | — | 1,907 | 2 |
| 東線 | — | — | — | — | — | — | 51 | — | — | — | 24 | — | 75 | 0 |
| バンコク | 14 | 9 | 18 | 14 | 8 | — | — | 144 | 43 | 26 | 316 | 32 | 624 | 1 |
| 南線 1 | — | — | 11 | — | — | — | — | 4,795 | 2,629 | 22 | 65 | — | 7,522 | 10 |
| 南線 2 | 347 | 31 | — | 60 | — | — | — | 13,976 | 4,645 | 1,121 | 1,268 | — | 21,448 | 27 |
| 南線 3 | 101 | 30 | 100 | 42 | 5 | 8 | 320 | 17,218 | 2,578 | 188 | 195 | 30 | 20,815 | 27 |
| マレーシア国境 | 3 | — | — | 12 | — | — | — | 1,768 | 37 | — | 237 | — | 2,057 | 3 |
| 計 | 3,577 | 1,519 | 5,640 | 243 | 605 | 54 | 709 | 49,169 | 13,151 | 1,429 | 2,195 | 97 | 78,388 | 100 |
| 比率（%） | 5 | 2 | 7 | 0 | 1 | 0 | 1 | 63 | 17 | 2 | 3 | 0 | 100 |  |

注 1：四捨五入の関係で合計値は原資料と若干異なる。
注 2：各区間は表 4-3 と同じである。
出所：SSR（1975）－（1977）より筆者作成

ヌンへ向けて建設された支線の終点であるキーリーラットニコムからの発送が最大となっており，この支線の唯一の役割は木材輸送であったことが分かる[115]。南線では両区間ともバンコク方面への輸送が中心であり，南部からバンコクへの木材輸送量がこの時期に増加していたことが理解される。

一方で，東北線からの発送量は極めて少なくなっており，東北線3区間以外は事実上発送がほぼ消滅している。しかも，この東北線3区間の発送はほぼすべてがノーンカーイの1つ手前の駅ナーターから発送されていることから，前述したラオスからの木材輸送であると思われる[116]。すなわち，東北部から鉄道で発送される丸太は事実上消滅していたのである。先の表4–11から1960年代後半にも東北線2区間からの発送は続いていたことが分かるが，70年代後半に入るとそれも消滅したのである。これも豚の場合と同じく，73年に開通したチョークチャイ～デートウドム間道路の影響であると推測される。

この表の下段は材木の輸送状況を示したものであり，当時平均して年間8万トン弱の輸送量が存在していた。輸送状況については丸太と類似しており主に北線と南線からバンコク方面への輸送が中心であったが，北線3区間よりも南線2，3区間の発送量が多くなっているのが異なっている。これは南部では丸太を製材してから輸送する比率が北部よりも高かったことを示している。南線1区間も比較的発送量が多いが，これは旧泰緬鉄道の終点ナムトックから発送されたものが中心であった[117]。東北線からの発送も若干存在したが，北線や南線に比べるとやはり相対的に少なかった。ラオスからの木材輸送を除いて，東北線はもはや木材輸送の役割を失ったのである。

これまで考察してきた情報を元に手段別の木材輸送量を集計したものが，表4–14となる。河川水運については，パークナムポー検材所を通過した木材の量を利用し，発地が分かるものは中部上部と北部に分類したが，チーク以外の木材は発地が不明なため，チークの中部上部と北部の比率を利用して推計している。これを見ると，木材の輸送量は東北部からの分が最も多く46万トンであり，北部と中部上部が30万トン程度，南部が25万トンとなっている。1975年の木材輸出量は6万トン程度であったことから，これらの木材はほとんどが国内消費用であったことになる。輸送手段別では全体で見ると自動車が6割を占め，鉄道と河川水運がそれぞれ2割程度であったことが分かる。

表4-14　手段別木材輸送量の比較（1975年頃）（単位：千トン）

| 方向 | 地域 | 自動車 | | 鉄道 | | 河川水運 | | 沿岸水運 | | 計 |
|---|---|---|---|---|---|---|---|---|---|---|
| | | 輸送量 | （%） | 輸送量 | （%） | 輸送量 | （%） | 輸送量 | （%） | |
| バンコク方面へ | 北部発 | 88 | 28 | 133 | 42 | 94 | 30 | — | — | 315 |
| | 東北部発 | 427 | 93 | 33 | 7 | — | — | — | — | 460 |
| | 中部上部発 | 159 | 48 | 9 | 3 | 161 | 49 | — | — | 329 |
| | 南部発 | 99 | 40 | 100 | 40 | — | — | 49 | 20 | 248 |
| | 計 | 773 | 57 | 275 | 20 | 255 | 19 | 49 | 4 | 1,352 |

注1：鉄道輸送量は，北部，東北部，中部上部発については表4-13の北線1区間以南着の丸太，材木の量を，南部発は南線1区間以北着の丸太，材木の量をそれぞれ合計したものである。
注2：河川水運の輸送量は1974～76年のパークナームポー検数所を通過した丸太の容積を比重0.7で計算したものである。ただしチーク以外の木材の発地が不明なため，北部発と中部上部発の比率はチークと同じものと仮定した。
注3：沿岸水運の輸送量は表6-19の数値を使用している。
出所：自動車 表4-12，鉄道 表4-13，河川水運 SYB（1976-80）：238，沿岸水運 表6-19より筆者作成

ただし，地域別に見ると輸送手段は大きく異なっており，東北部は圧倒的に自動車が多く，鉄道の比率はわずかであったのに対し，北部は鉄道の比率が約4割と最も高く，南部は鉄道と自動車がほぼ同じ比率となっていた。中部上部については自動車と河川水運が同程度となり，鉄道の利用は極めて少なかった。このため，北部と南部からバンコクへの輸送については依然として鉄道の役割が大きく，とくに北部からの木材輸送では鉄道輸送が中心的役割を担っていたことになる。南部からは沿岸水運も利用可能であるが，バンコク方面から南部への米輸送と同じく，水運の比率は低くなっていた。

このように，東北線からの木材の発送量は減ったものの，北線と南線からの発送量が増加したことで鉄道の木材輸送は実質的に成長してきたのであるが，この木材の流通自体は将来に渡って永続的に保障されるものではなかった。米や豚とは異なり，木材は森林を伐採することで供給されてきたのであるが，その森林資源がいつまでも無尽蔵に存在するわけではなかった。戦前の1930年代には河川水運で年間20万トン前後，鉄道で年間10万トン程度，計30万トン程度の木材が輸送されるに過ぎなかったが，1970年代には130万トンと4倍以上に増加していた。これは，伐採される森林が大幅に拡大したことを意味するものである。

実際に，この間の森林面積は大幅に減少してきた。戦前の森林面積の統計は存在しないが，1930 年の段階では国土面積の 5 ～ 6 割が森林であったと見積もられていた［MCC 1930: 120］。52 年の段階でも国土面積の 58%が森林面積であったが，それが 61 年には 53%，78 年には 34%にまで減少したという[118)]。地域別に 52 年から 78 年までの減少率を計算すると，東北部が 70%，北部・中部上部が 43%，中部下部が 43%，南部が 53%と東北部の減少率が最も高かった。その結果，52 年と 78 年の森林面積率を比較すると，東北部が 61%から 18%へ，北部・中部上部が 62%から 56%へ，中部下部が 52%から 33%へ，南部が 54%から 25%へそれぞれ減少したことになる。

東北部の森林面積の大幅な減少は，とくに商品畑作物の導入に連動していた。次章で述べるように，1950 年代後半から東北部でメイズ，ケナフ，キャッサバといった新たな商品畑作物の栽培が急増し，これらの作物を栽培するための畑作地が大幅に拡大していった。その際に，既存の水田が畑作地になるのではなく，森林が開拓されて畑になっていった。スウィットらによると，それは「ケナフが来て森が消えた（Po Ma Pa Taek）」という言葉に集約されるという［Suwit & Dararat 1998: 135］。確かに人口増加の結果水田も増加していったが，畑はそれを上回る勢いで増加した。50 年と 89 年を比較すると，この間に人口が 2.85 倍に，水田面積が 2.42 倍に増加したのに対し，畑面積は 23.54 倍と 10 倍もの勢いで増加したのである［Ibid.］[119)]。

東北部での林業は，以前から農地の開拓と連動していた。従来から東北部では人口抑圧が高まると，新たな農地を求めて奥地へと入り込んでは，森林を開拓して開田を進めていった。このような行為は，「ハーナーディー（良田探し）」と呼ばれ東北部のラオ系住民に一般的に見られたものである[120)]。さらに 20 世紀に入って鉄道が到達すると，それまで商品価値をほとんど持たなかった東北部の木材がバンコク市場へと輸送可能となり，沿線の森林が伐採されて木材として搬出され，その跡地は水田となっていった。それは，一方では米の商品化に伴う農地需要の拡大に連動し，他方では木材の商品化に伴う木材需要の拡大にも連動していた。このような商品化の波が，鉄道沿線の森林地帯を徐々に水田に換えることになり，森林の減少を引き起こした。

ところが，1950 年代末から新たな商品畑作物が導入されると，これまで水田としては使用できなかった水利の悪い丘陵地や山間部なども，畑として利用可能となった。そのため，水田不適地に残っていた森林も例外なく伐採対象となり，開畑が進んでいったのである。一部は無理して水田化した水利の悪い水田も畑に転換されたのであろうが，多くが森林を開拓して畑としたものであった。言い換えれば，畑作地として開拓された土地の大半が，元は森林なのである。

このような森林の減少は，1970年代の木材輸送状況からも見て取ることができる。76年の東北部からバンコク方面への自動車による木材輸送量は計39万トンであったが，その発送地には偏りがあった。すなわち，最も発送量が多かったのはウドーンターニー県の12万5,800トンであり，以下ノーンカーイが6万8,800トン，ウボンが6万5,900トンと続いていた。反対にかつて30年代に最大の発送量を誇っていたコーラート（ナコーンラーチャシーマー）は1万9,000トン，ブリーラムは8,800トンと少なくなっていた[121)]。ウドーンターニー，ノーンカーイ，ウボンはいずれも東北部ではバンコクから最も遠い地域であり，しかも国境であるノーンカーイやウボンではラオスから入る木材も少なからず存在したものと考えられる。このように，バンコクから最も離れた地域が木材の主要発送先となったことは，バンコクにより近い地域から森林資源の枯渇が進み，伐採地がより周縁へと押しやられていったことを示唆している。

このような森林の減少は東北部にとどまらず，程度の差こそあれ他地域でも同様に進んでいた。もちろん伐採後の跡地に植林を行うなどして林業を持続的に行うことは可能であり，森林局や林業公団では1967年から植林による人工林（Suan Pa）の再生を行っていた［PMK 1971: 162］[122)]。しかし，その面積は78年までの累計でも15万7,095ライ（約251km$^2$）に過ぎず，61年から78年までにタイが喪失した森林面積約10万km$^2$のわずか0.25%でしかなかった[123)]。このため，伐採地の外延的拡大は，いずれは森林資源の枯渇を招き，最終的には林業自体が消滅することになるのである。

実際に，タイはこの後すぐに森林資源の枯渇を理由として，木材の輸出を禁止することになる。1975年には材木の輸出禁止が，77年には丸太の輸出禁止がそれぞれ閣議決定され，タイの木材輸出は終焉を迎えることになった［UPM 1997: 112］。70年代の木材輸出量はそれほど多くはなく，バンコクに到着する木材の大半が国内消費用ではあったが，長らくタイの主要輸出品としての地位を保ってきたチークの輸出が終焉したのである。それは，北部にとっては国外への主要な輸出品を喪失したことを意味した。さらに，12年後の89年には南部での大規模な水害を契機として全国で天然林の商業伐採を禁止することになり，タイの林業は大きな転機を迎えることになる[124]。70年代の大量伐採の背後には，資源枯渇による林業の終焉が刻々と迫っていたのであった。

このように，戦後大きく拡大してきた木材輸送も，この後縮小の一途を辿ることになるのである。言い換えれば1970年代半ばが木材輸送の最盛期であり，これ以上の輸送量の拡大は望めなかったのである。とくに東北部では60年代の道路整備と商品作物の導入の結果，木材の発送が前代未聞の規模に達していたが，それはひたすら森林資源を収奪することでのみ達成されていた。結局，限りある森林資源が枯渇した段階でその伐採は終了し，発生した商品流通も消滅することになる。北部はかつての稼ぎ頭であったチークという商品を失うことになり，東北部では鉄道開通を期に商品化されたマイ・ヤーンなどの木材が，それから80年で枯渇するという事態に追い込まれたのである。

## 小括

本章では，戦前の鉄道貨物輸送の三大輸送品目である米，豚，木材の流通状況の変容を解明した。米については戦前のタイの鉄道の最大輸送品目であり，東北部と北部からバンコクへの輸送が中心であったが，フレンドシップ・ハイウェーが開通すると，バンコクへの米輸送は自動車輸送へと転移し，鉄道はより輸送距離の長い南部への輸送を担うことになった。豚については，高規格道路の整備によって鉄道輸送が完全に消滅した事例であり，同じくフレンドシップ・ハイウェーの開通を期に自動車輸送への転移が急速に進み，高規格道路が全国にほぼ到達した1970年代前半には鉄道輸送が消滅した。木材輸送については，逆に鉄道輸送の重要性がある程度高まった事例であり，東北部からの木材輸送は同様の理由で減ったものの，北部や南部からの輸送量の拡大がそれを相殺した。

このように，かつての鉄道の三大輸送品目であった米，豚，木材の流通の変容は，鉄道輸送から自動車輸送への転移と，鉄道輸送の役割の変化の2点に集約することができよう。鉄道輸送から自動車輸送への転移はすべての品目で見られた現象であり，その転移の始まりは1950年代末のフレンドシップ・ハイウェーの最初の区間の開通を契機とするものであったことも一致している。そして，このフレンドシップ・ハイウェーはバンコクと東北部，さらにはラオスを結ぶ目的で建設された道路であったことから，その影響は東北線に現れることになった。東北線は戦前の鉄道貨物輸送の中心を担った路線であったが，それがフレンドシップ・ハイウェーの開通を期に東北部からバンコクへの貨物輸送という役割を失っていったのである。

しかしながら，これによって東北線は貨物輸送面での役割をすべて喪失したわけではなかった。前章で見たように，「開発」の時代に鉄道の主要な任務は農作物輸送から鉱工業原料や製品輸送へと変化していった。かつての三大輸送品目はいずれも農作物輸送であり，いずれも東北部からバンコクへの輸送であったが，新たに輸送量が増えた石油製品や建設資材は逆にバンコク方面から東北部へと輸送される品目である。このため，東北線もバンコクから東北部への貨物輸送という新たな役割を担うことになる。これが，次章で扱う新たに形成された商品流通となるのである。

# 第5章
# 新たな商品流通の形成

本章では，戦後新たに形成された商品流通として商品畑作物，セメント，石油製品の3品目を取り上げ，その出現の背景と流通状況を解明することを目的とする。商品畑作物については，序章で述べた「フレンドシップ・ハイウェー神話」の再検討が必要となる。フレンドシップ・ハイウェーの経済的効用については，既にウィシットを始めとする多数の研究例が見られ，道路沿線の経済開発に大きな役割を果たしたとの結論を出している［Wisit 1963，Boonchuan 1968，Visit 1971］。本書で行うことは，この道路とタイの商品畑作物栽培の関係性をよりマクロな視点から捉えることである。すなわち，この道路と新たに栽培が急増した商品畑作物の栽培地は地理的に関係性が見られるのか，これらの輸送にこの道路がどの程度関わっていたのか，そして他の輸送手段との関係はどのようなものであったのかについて分析することで，「神話」の妥当性を検証することになる。

セメントと石油製品については，戦後その流通が大幅に拡大したにもかかわらず，研究対象として扱われたことはほとんどない。わずかにリンマーが1970年の石油製品輸送の手段別分担率を扱っているが，全国的な石油製品の輸送構造を明らかにしたわけではない［Rimmer 1973］。どちらも戦後に鉄道輸送量が増加しており，鉄道の輸送品目の中核をなしたことから，その輸送状況の変遷や他の輸送手段との関係性など分析すべき課題は数多く存在する。とくに，この2つの輸送品目は地域間流通という視点から考えるとバンコクから周縁部へと輸送される品目であり，前章で考察したかつての三大輸送品目と商品畑作物がいずれも周縁部からバンコクへ輸送されていたのとは流通の方向が逆である点に着目する必要がある。

以下第1節でメイズ，ケナフ，キャッサバの順に商品畑作物を取り扱い，それぞれの栽培や輸出が急増した背景とその輸送状況をフレンドシップ・ハイウェーとの関係性に注目して分析する。次いで第2節でセメント，第3節で石油製品を取り上げて，流通の急増の背景と輸送状況の変化を，主に鉄道輸送に焦点を当てながら明らかにする。

## 第1節　商品畑作物輸送<br>── フレンドシップ・ハイウェーとの関係性

### (1) 道路と産地の不一致 ── メイズ輸送

第2次世界大戦後に至るまで，タイにおいては食用としてのトウモロコシの栽培も飼料用としてのメイズの栽培もほとんど行われていなかった。1930年代後半の作付面積も5万ライ（80km$^2$）程度であり，生産量もせいぜい10万ハープ（6,000トン）であった[1)]。このメイズの生産が，50年代に入ると急速に拡大していくことになる。表5-1を見ると，タイのメイズ生産量は60年代前半に50万トンを超え，後半には約100万トン台に達していることが分かる。また，輸出量も急増しており，50年代前半から60年代後半までに30倍以上増加している。生産量に占める輸出量の比率も50年代に増加傾向にあり，60年代には生産量と輸出量がほぼ拮抗していることが分かる。

この結果，1960年代初めには早くもメイズはタイの最重要輸出品目の1つとなった。63年にはメイズの輸出額は米，天然ゴムに次いで第3位となっており，

表 5-1　メイズの生産量と輸出量の推移（1950 ～ 75 年）（単位：千トン）

| 年 | 生産量 | 輸出量 | 輸出比率（%） |
|---|---|---|---|
| 1950 | 26.9 | 12.6 | 47 |
| 1951 | 41.7 | 22.6 | 54 |
| 1952 | 44.8 | 25.2 | 56 |
| 1953 | 51.1 | 34.7 | 68 |
| 1954 | 62.3 | 37.0 | 59 |
| 1955 | 67.5 | 68.2 | 101 |
| 1956 | 114.8 | 81.5 | 71 |
| 1957 | 136.8 | 64.3 | 47 |
| 1958 | 186.3 | 162.9 | 87 |
| 1959 | 317.2 | 236.8 | 75 |
| 1960 | 543.9 | 514.7 | 95 |
| 1961 | 598.3 | 567.2 | 95 |
| 1962 | 665.4 | 472.4 | 71 |
| 1963 | 857.7 | 744.0 | 87 |
| 1964 | 935.1 | 1,115.0 | 119 |
| 1965 | 1,021.3 | 804.4 | 79 |
| 1966 | 1,122.4 | 1,218.5 | 109 |
| 1967 | 1,212.3 | 1,090.8 | 90 |
| 1968 | 1,331.0 | 1,480.8 | 111 |
| 1969 | 1,700.0 | 1,476.1 | 87 |
| 1970 | 1,938.2 | 1,520.4 | 78 |
| 1971 | 2,300.0 | 1,806.0 | 79 |
| 1972 | 1,315.0 | 1,932.4 | 147 |
| 1973 | 2,339.0 | 1,456.0 | 62 |
| 1974 | 2,500.0 | 2,259.6 | 90 |
| 1975 | 2,863.2 | 2,072.3 | 72 |

出所：生産量；1966 年まで SKT（1966）：55，1967 年 SPR（1967）：1，1968 年 SPR（1968）：1，1971 年 SPR（1971）：1，1972 年 SPR（1972）：1，1975 年 SKT（1979/80）：20–23，輸出量；附表 5 より筆者作成

輸出額は 8 億バーツを超えていた［SYB（1966）: 310–311］[2]。これは同年の総輸出額の約 9%を占めており，ケナフと共にタイの新たな商品畑作物としての頭角を現すこととなった。この新たな商品畑作物は，輸出額で見ると戦前からの伝統的な輸出品目である錫鉱やチーク材を上回ることになり，タイの一次産品輸出構造を大きく変化させた[3]。ケナフと共に，メイズは戦後タイで発展した数々の「奇跡の作物」の代表格であった［Silcock 1970: 83］。

メイズの生産が急増した背景には，輸出需要の拡大が存在した。タイのメイズの最大の購入国は，日本であった。1954年の時点で日本は約3万トンのメイズをタイから購入していたが，64年には80万トンを超えるまでに至った［外務省 1960：50，SYB (1966): 316–317］。次いでシンガポールや香港への輸出が続いていたが，日本向けの輸出量が圧倒的に多く，タイの総輸出量の7～8割を占めていた。一方の日本では57年にタイ産のメイズは総輸入量の6％に過ぎなかったものの，61年には25％にシェアが増加しており，佐藤はその要因としてタイ産のメイズの質がよく価格も安定していることと，自動承認制 (AA制)[4] のため自由に貿易が行われることを挙げていた［佐藤 1964：41–42］。

輸出需要の拡大はメイズ生産急増の最大要因であったが，メイズ生産は農民にとっても魅力的であった。タイ中央銀行の報告書によると，メイズは作付けから収穫まで90～120日しかかからず，米の180日より短いうえ，1ライ (1,600m$^2$) あたりの収入も米の180バーツに比べて300バーツと高く，二期作も可能であった[5]。メイズの収入のほうが高いのは，1955年より導入されたライス・プレミアムのために，稲作農民の米販売価格が輸出価格に比べて相対的に低く抑えられていたことも一因であった[6]。

また，メイズ栽培は稲作よりも水を必要としないことから，稲作に不向きな丘陵地など水利の悪い地域での栽培が可能であり，水田不適地としてこれまで使われなかった土地の利用を可能とした。このため，当初メイズは天水田が中心で稲作が不安定な東北部において稲作を代替する作物として，1950年代初めにアメリカの援助で栽培が奨励され，世界銀行の経済調査団が58年に出した報告書でも，ケナフなど他の畑作物と並んでメイズの東北部での栽培が推奨されていた［Silcock 1970: 85，SSPS 1960: 89–91］。

このような国際的な需要の高まりと，国内での栽培条件が合致した結果，タイにおけるメイズ栽培が急速に拡大することとなった。おりしもその急成長が1950年代末からの「開発の時代」に合致していたことから，フレンドシップ・ハイウェーと並んでメイズも「開発」の象徴として捉えられた。しかしながら，メイズの生産地を検討してみると，両者の間に関係性が見られないことが明らかとなる。表5–2を見ると，50年代前半の時点でのメイズ生産の中心は中部と東北部であったが，50年代後半から東北部の比率が下がり始め，60年代には10％以

表 5-2　地域別メイズ生産量の推移（1950 ～ 75 年）（単位：千トン）

| 年 | 北部 | | 東北部 | | 中部 | | 南部 | | 計 |
|---|---|---|---|---|---|---|---|---|---|
| | 生産量 | （%） | 生産量 | （%） | 生産量 | （%） | 生産量 | （%） | |
| 1950 | 1.5 | 6 | 11.1 | 41 | 12.9 | 48 | 1.4 | 5 | 26.9 |
| 1951 | 1.2 | 3 | 21.6 | 52 | 17.8 | 43 | 1.0 | 2 | 41.6 |
| 1952 | 1.2 | 3 | 25.7 | 57 | 17.2 | 38 | 0.7 | 2 | 44.8 |
| 1953 | 1.2 | 2 | 24.5 | 48 | 22.4 | 44 | 3.0 | 6 | 51.1 |
| 1954 | 1.6 | 3 | 29.6 | 48 | 28.2 | 45 | 2.8 | 5 | 62.2 |
| 1955 | 2.7 | 4 | 33.2 | 49 | 29.3 | 43 | 2.3 | 3 | 67.5 |
| 1956 | 5.7 | 5 | 49.4 | 43 | 55.8 | 49 | 3.9 | 3 | 114.8 |
| 1957 | 6.8 | 5 | 55.8 | 41 | 69.6 | 51 | 4.8 | 4 | 137.0 |
| 1958 | 10.6 | 6 | 78.8 | 42 | 85.1 | 46 | 11.8 | 6 | 186.3 |
| 1959 | 16.6 | 5 | 112.3 | 35 | 167.0 | 53 | 21.3 | 7 | 317.2 |
| 1960 | 24.8 | 5 | 154.2 | 28 | 332.3 | 61 | 32.7 | 6 | 544.0 |
| 1961 | 4.2 | 1 | 75.6 | 13 | 507.5 | 85 | 11.0 | 2 | 598.3 |
| 1962 | 6.2 | 1 | 68.0 | 10 | 584.8 | 88 | 6.4 | 1 | 665.4 |
| 1963 | 7.3 | 1 | 64.4 | 8 | 778.7 | 91 | 7.3 | 1 | 857.7 |
| 1964 | 12.0 | 1 | 63.4 | 7 | 851.8 | 91 | 7.9 | 1 | 935.1 |
| 1965 | 20.7 | 2 | 69.2 | 7 | 916.6 | 90 | 14.7 | 1 | 1,021.2 |
| 1966 | 53.4 | 5 | 110.8 | 10 | 939.7 | 84 | 18.5 | 2 | 1,122.4 |
| 1967 | 49.2 | 4 | 122.7 | 10 | 1,020.2 | 84 | 20.2 | 2 | 1,212.3 |
| 1968 | 34.0 | 3 | 129.4 | 10 | 1,131.1 | 85 | 36.5 | 3 | 1,331.0 |
| 1971 | 47.5 | 2 | 300.1 | 15 | 1,635.3 | 82 | 11.8 | 1 | 1,994.7 |
| 1972 | 55.1 | 4 | 184.0 | 15 | 993.6 | 80 | 6.2 | 1 | 1,238.9 |
| 1975 | 121.8 | 4 | 704.1 | 25 | 2,037.5 | 71 | — | — | 2,863.4 |

注：表 5-1 の生産量と全国計の合計値と異なっている年が存在するが，出所が異なるためでありそのまま記載してある。

出所：1966 年まで SKT（1966）：55，1967 年 SPR（1967）：1，1968 年 SPR（1968）：1，1971 年 SPR（1971）：1，1972 年 SPR（1972）：1，1975 年 SKT（1979/80）：20–21 より筆者作成

下に低下していることが分かる。対する中部の生産量は急増し，60 年代前半にその比率はほぼ 9 割に達している。70 年代に入ると東北部の比率が再び増加傾向にあるものの，少なくとも 60 年代のメイズ生産の中心は明らかに中部であった。

さらに生産量を県別に比較すると，メイズ生産の中心地がより明瞭に浮かび上がってくる。シルコック（T.H. Silcock）によると，1951 年の時点ではメイズ生産量の多い上位 7 県のうち 5 県が東北部の県であった［Silcock 1970: 85–86］[7)]。55 年の段階でも，東北部のコーラートの生産量が 8,067 トンと最も多く，以下中部

のサラブリー6,088トン，ナコーンサワン4,551トン，ピッサヌローク4,221トンと続いていた［外務省1960：18–20］。ところが，その後コーラートの生産量は増加して65年には3万7,426トンに達したものの，東北部の他県ではメイズ生産の拡大は見られなかった［SPR (1963): 1–5］。一方中部のロッブリー，サラブリー，ナコーンサワンの生産量が61年から急増しており，65年にはそれぞれ34万305トン，10万3,992トン，24万1,716トンに達した。その結果，この3県の生産量は70万トン弱となり，これはタイのメイズ総生産量の約7割を占めていた［SPR (1965): 1–4］。

この3県はチャオプラヤー・デルタ左岸の丘陵地帯に位置しており，デルタの周縁部とも呼べる場所であった。標高がデルタよりも高いため水利が悪いことから，水田適地が限定されており，戦後まで未利用の土地が多数存在した。このため，水利が悪くとも栽培できるメイズが新たな商品畑作物として脚光を浴び始めると，急速にメイズ畑が開拓されていったのである。他のメイズ栽培が拡大した中部の県も，いずれも同じような地理的条件の地域を抱えており，図5–1のように中部がメイズの一大産地に成長したのである。

一方の東北部は，コーラートでは生産量の減少はなかったものの，地域レベルで見ると生産量が1960年代前半に落ち込んでいたことから，当初の思惑通りにメイズ栽培が拡大したわけではなかった。その要因は，後述するケナフの出現と輸送費にあったものと考えられる。次に見るように，東北部のケナフ生産量は60年から61年にかけて急増しており，この増加分にメイズからの転作が少なからず存在したものと想定される。また，中部のメイズ産地はバンコクまで輸送費の安い水運が利用可能であるが，東北部からは鉄道か自動車で輸送する必要があり，輸送費が相対的に高くついた。

このように，メイズの産地を検討すると，フレンドシップ・ハイウェーがメイズ栽培の拡大に大きな役割を果たしたとはいえないことが明らかとなった。フレンドシップ・ハイウェーの役割はバンコクと東北部を結ぶ新たな交通路の提供であったが，肝心のメイズ栽培は中部で急速に拡大し，東北部ではそれほど広まらなかった。確かに，フレンドシップ・ハイウェーの基点はサラブリーであり，この県は3大生産県の1つではあった[8]。しかし，サラブリーでのメイズ生産の拡大がフレンドシップ・ハイウェーの開通のみに起因しないことは，ロッブリー，

図 5-1　フレンドシップ・ハイウェーと商品畑作物の産地（1965 年頃）

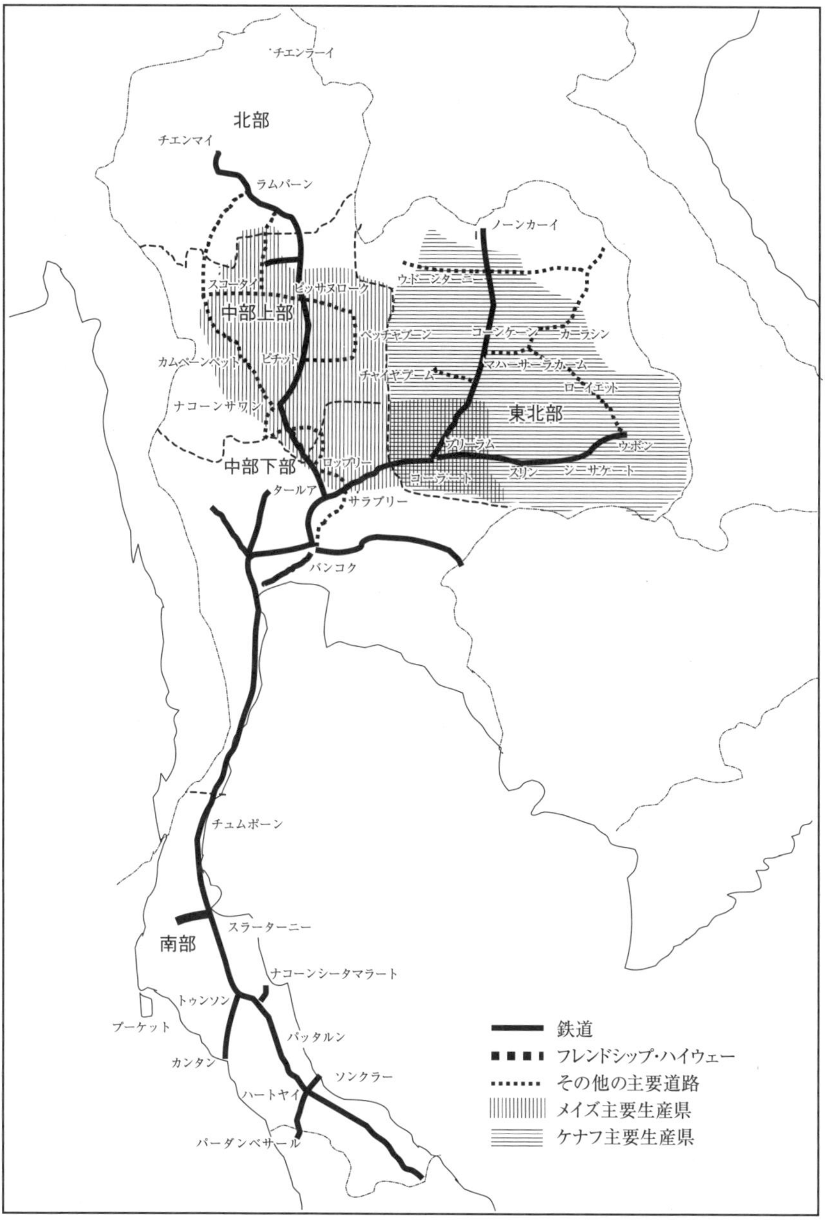


出所：SPR（1965）：1–4，20–22 より筆者作成

ナコーンサワンなどこの道路の沿線外においても同様に生産量が急増していることからも明らかである。すなわち，フレンドシップ・ハイウェーの開通とメイズ生産量の増加は時期的には一致するものの，地域的には一致しないのである。

メイズはそのほとんどが国外へ輸出されるため，各地で生産されたメイズは輸出港であるバンコクに輸送されてきた。当時のメイズのバンコクへの輸送状況を検討すると，水運が中心であったことが明らかとなる。1950 年代末に日本大使館の専門調査員が行った調査結果によると，バンコクに最も近く旧規格ながら舗装道路で到達できるサラブリーでさえも，水運と自動車の輸送量は同じであり，ナコーンサワンでは水運が全体の 8 割，ピッサヌロークではすべて水運となっていた［外務省 1960：28］[9)]。これらの 3 県は鉄道も利用可能であるものの鉄道輸送は皆無となっていたが，コーラートは水運が利用できないために自動車が 8 割，鉄道が 2 割となっていた［Ibid.］。

このように水運が利用された最大の要因は，輸送費の安さであった。戦前から水運はタイで最も重要な輸送手段であり，鉄道や自動車輸送よりも割安であった[10)]。鉄道輸送については，水運よりも運賃が割高であることと，バンコクに到着してから業者の倉庫までのトラック輸送にさらに費用がかかることから，水運が利用可能な中部からの利用は見られなかった［外務省 1960：30］。それでも，60 年代に入り国鉄がメイズ輸送の運賃引き下げなど便宜を図った結果，年間 10 万トン以上が鉄道で輸送されるようになった[11)]。鉄道によるメイズ輸送量と輸出量を比較している図 5–2 を見ると，鉄道輸送量は 66 年から 10 万トンを超えており，最大で 20 万トン程度に達していたことが分かる。輸出量に占める比率は 10%程度でしかなかったものの，鉄道もメイズ輸送に少なからず貢献していた。

水運がメイズ輸送の中心であるという状況は，高規格道路の整備が進んだ 1970 年代初めにも変わらなかった。70 年 10 月から 12 月までの 3 ヶ月間にバンコクに到着したメイズは計 84 万 1,953 トンであったが，このうち水運で輸送されてきた分が全体の 65%にあたる 54 万 6,778 トンであり，道路と鉄道はそれぞれ 18 万 5,505 トン，10 万 9,670 トンであった[12)]。72 年の時点でナコーンサワンからのバンコクまでの 1 トンあたりのメイズ輸送費は，水運 35 ～ 40 バーツ，鉄道 60 バーツ，自動車 80 バーツであり，産地から自動車でパーサック川のタールアまで運び，船に積み替えてバンコクに輸送することも多く，パーサック川のみ

図 5-2　メイズ輸出量と鉄道輸送量の比較（1961 ～ 75 年）

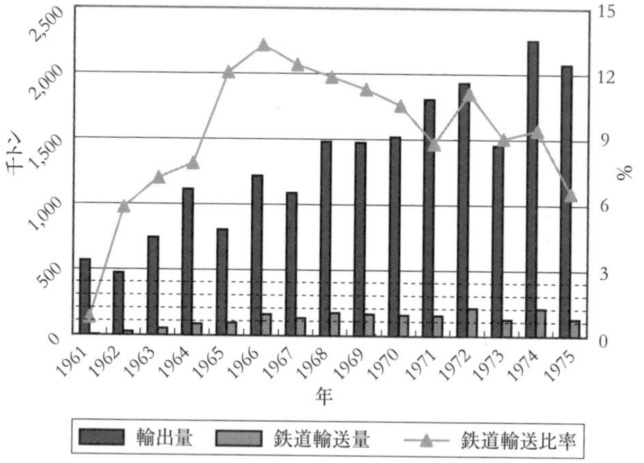


出所：輸出量；附表 5，鉄道輸送量；附表 6 より筆者作成

で年間 120 万トンのメイズを輸送していたという[13)]。

このような状況から，バンコクへのメイズ輸送は水運が中心であったことは明瞭であるが，水運といえども船着場までの輸送は必ず自動車に依存していた。タールアで多数のメイズが自動車から船に積み替えられていたように，メイズ産地から最寄りの船着場までの輸送は自動車輸送が一般的であった。デルタで栽培されている米が産地から直接水運でバンコクまで輸送されるのとは異なり，デルタ周縁部のメイズ畑からの搬出は自動車に依存していたことが大きな相違点である。バンコクに集まってくるメイズは，最終的にどの輸送手段を利用しようと，最初の時点では必ず自動車輸送が用いられていたはずである。

水運に接続するためのフィーダー道路は，必ずしもフレンドシップ・ハイウェーのような高規格道路である必要はなかった。従来からの牛車道のような未舗装の道路でも，少なくとも乾季には何とか自動車の通行が可能であり，各地のメイズ畑から集荷場へ，集荷場から船着場や駅まで，メイズを満載したトラックが走行していた。例えば，1964 年に国鉄がナコーンサワン県のメイズ産地であるタータコーへの鉄道建設の是非を検討していたが，ナコーンサワンまでの未舗装の県道をバスが年中運行していたと報告している[14)]。

このように，フレンドシップ・ハイウェーには全国的なメイズ栽培の拡大や輸出の急増を直接支えるという役割は存在しなかった。仮に東北部で生産されたメイズがすべてこの道路経由で輸送されたと仮定しても，1963 年の段階で総生産量の 7.5％，68 年でも 9.7％がこの道路を通過したに過ぎない。低規格の未舗装道路と同じく，沿線のメイズ畑の開拓という役割は存在したことから，この道路が沿線の開拓を促進したことは疑いない事実であるものの，それは未舗装の低規格道路でも可能なことであった。

### (2) 鉄道輸送の重要性 ── ケナフ輸送

ケナフはジュートとともに重要な天然繊維であり，耐久性があり通気性も高いことから，食品を保存する袋やロープとして利用されてきた。ジュートのほうが繊維は細かく高値で売買され，栽培に豊富な水を必要とするのに対し，ケナフは雨量が少なくても栽培可能であり，しかも単位面積あたりの収量が多いという利点があった [外務省 1962：3-6]。タイでは最重要輸出品である米の輸送や保管の際にこのジュートやケナフによって作られた麻袋を利用してきたが，戦前はそのほとんどを英領インドからの輸入に依存していた[15)]。ところが，第 2 次世界大戦が始まると輸入が滞ったため，タイ米穀社がジュートの栽培を中部の農民に広めて，原料として購入して麻袋の生産を始めた[16)]。

戦後もインドやパキスタンの独立など麻袋の調達に不安材料が多かったことから，新たに水利条件の悪い東北部でケナフ栽培を奨励して，麻袋製造を行うことになった[17)]。ジュートの栽培適地がチャオプラヤー・デルタなど稲作適地と重なるためにその奨励が期待できないことから，東北部の不安定な稲作の代替としてタイではケナフの栽培が中心となっていった。1956 年の時点で国内に 3 ヶ所の麻袋工場があり，年間にケナフ 1 万トンを原料として購入していた[18)]。しかし，当時の麻袋の国内需要が年 2,000 万枚であったのに対し，国内での生産能力は 500 万枚しかなかった。

一方で，原料としてのケナフの輸出も増加していった。表 5-3 を見ると，1950 年代前半の輸出量は非常に少なかったが，後半から輸出が増加し，60 年代前半に輸出量が大きく増加していることが分かる。輸出の増加は生産量の増加に裏づけされており，生産量も 60 年代前半に 50 万トンに達している。輸出比率はメイズよりも若干低いものの，6 ～ 7 割程度で推移している。「開発」の時代の幕開け

表5-3　ケナフの生産量と輸出量の推移（1950～75年）（単位：千トン）

| 年 | 生産量 | 輸出量 | 輸出比率（%） |
|---|---|---|---|
| 1950 | 4.7 | 0.6 | 13 |
| 1951 | 20.0 | 1.9 | 10 |
| 1952 | 13.1 | 1.5 | 11 |
| 1953 | 14.1 | 3.0 | 21 |
| 1954 | 8.2 | 3.3 | 40 |
| 1955 | 9.8 | 2.9 | 30 |
| 1956 | 17.0 | 5.9 | 35 |
| 1957 | 17.8 | 14.6 | 82 |
| 1958 | 29.6 | 27.6 | 93 |
| 1959 | 50.1 | 37.3 | 74 |
| 1960 | 181.3 | 61.8 | 34 |
| 1961 | 339.3 | 143.5 | 42 |
| 1962 | 134.4 | 236.7 | 176 |
| 1963 | 211.7 | 124.9 | 59 |
| 1964 | 303.1 | 161.8 | 53 |
| 1965 | 529.1 | 316.8 | 60 |
| 1966 | 662.4 | 473.0 | 71 |
| 1967 | 421.8 | 316.8 | 75 |
| 1968 | 316.0 | 289.3 | 92 |
| 1969 | 373.4 | 254.3 | 68 |
| 1970 | 380.9 | 258.9 | 68 |
| 1971 | 419.1 | 268.0 | 64 |
| 1972 | 427.9 | 252.2 | 59 |
| 1973 | 468.9 | 262.2 | 56 |
| 1974 | 384.1 | 245.3 | 64 |
| 1975 | 307.6 | 156.2 | 51 |

注：1961年までの輸出量はケナフとジュートの合計値である。
出所：生産量；1964年までSKT（1966）：85，1965年SPR（1965）：20，1966年SPR（1966）：20，1967年SPR（1967）：21，1968年SPR（1968）：19，1971年SPR（1971）：26，1972年SPR（1972）：24，1975年SKT（1979/80）：60–61，輸出量；附表5より筆者作成

とほぼ同時期の急速な生産と輸出の拡大によって，ケナフはメイズと並ぶ新たな商品畑作物としての地位を確立した。

メイズ生産と輸出の増加の背景には，世界最大のジュート産地である東パキスタン（現バングラデシュ）の生産状況の変化が存在した[19]。ジュートはガンジス川下流域で生産されていたが，戦後インドとパキスタンが分裂したため，生産地が

東パキスタンに，麻袋への加工地カルカッタ（現コルカタ）がインドへと二分されたことから，生産状況が不安定となった。さらに，1960 年には東パキスタンでのジュートの不作により，同年から翌年にかけて世界市場でのジュート価格が急激に高騰した。この結果，タイのケナフが脚光を浴びることになり，市場での高価格を背景にわずかの間に急激に生産量が増加したのである。逆にその反動で市場価格が下落したために，62 年には生産量が減少した。

ケナフの主要な輸出先は，インド，日本などであったが，メイズよりも輸出先は多様であった。1961 年の時点では日本が最大の輸出先であり，2 万 6,038 トンが日本向けであった [外務省 1962：24]。その後インド向けの輸出が急増し，65 年の輸出量 31 万 6,759 トンのうちインドが全体の 3 分の 1 に当たる 11 万 5,190 トンを購入しており，以下日本 6 万 988 トン，ベルギー 2 万 3,212 トンと続いていた [SYB (1967–69): 358]。メイズの場合とは異なり，ケナフは国内でも麻袋の原料という形での需要が多少は存在したものの，国内の生産能力の限界からやはり輸出が中心であった。

メイズと異なり，ケナフの生産は圧倒的に東北部で多くなっていた。表 5–4 からは，ケナフの生産はほぼすべて東北部で行われていたことが分かる。ケナフはジュートのように栽培に大量の水を必要としなかったことから，水利条件の悪い東北部での栽培に適していた。当初はメイズが東北部で導入されるべき商品畑作物と考えられていたが，メイズ栽培の中心地が実際には中部となり，東北部では代わりにケナフが商品畑作物として普及していったのである。

東北部でのケナフ生産の中心地は，先の図 5–1 (p. 225) のように東北部の中部から下部にかけての一帯であった[20]。このケナフ栽培が多い地域の 1 つは，ちょうどコーラート～ノーンカーイ間のフレンドシップ・ハイウェーの延長部分の沿線であった[21]。一方で，ブリーラム，スリン，シーサケート，ウボンの東北部下部の 4 県での生産も少なからず存在しており，1965 年の時点でこの 4 県の生産量は約 10 万トンと同年の総生産量の 20％を占めていた [SPR (1965): 20–22]。ウボンの場合は，若干遠回りとなるが自動車でバンコクへの輸送も可能であったが，他の 3 県の場合は実際にバンコクと間の自動車輸送はほとんど存在しなかった。66 年の自動車によるバンコクへの貨物輸送量は，ウボンでは年間 8 万 6,840 トン存在したが，ブリーラムは 3,666 トン，シーサケートは 260 トンしかなく，スリ

表 5-4　地域別ケナフ生産量の推移（1950 ～ 75 年）（単位：トン）

| 年 | 北部 | | 東北部 | | 中部 | | 南部 | | 計 |
|---|---|---|---|---|---|---|---|---|---|
| | 生産量 | （%） | 生産量 | （%） | 生産量 | （%） | 生産量 | （%） | |
| 1950 | 7 | 0 | 4,614 | 98 | 98 | 2 | — | — | 4,719 |
| 1951 | 14 | 0 | 19,567 | 98 | 371 | 2 | — | — | 19,952 |
| 1952 | 33 | 0 | 13,004 | 99 | 41 | 0 | — | — | 13,078 |
| 1953 | 25 | 0 | 9,735 | 69 | 4,347 | 31 | — | — | 14,107 |
| 1954 | 8 | 0 | 7,957 | 97 | 228 | 3 | — | — | 8,193 |
| 1955 | 26 | 0 | 9,571 | 97 | 232 | 2 | — | — | 9,829 |
| 1956 | 220 | 1 | 16,506 | 97 | 300 | 2 | — | — | 17,026 |
| 1957 | 171 | 1 | 17,503 | 98 | 99 | 1 | — | — | 17,773 |
| 1958 | 219 | 1 | 29,274 | 99 | 117 | 0 | — | — | 29,610 |
| 1959 | 9 | 0 | 49,162 | 98 | 889 | 2 | — | — | 50,060 |
| 1960 | 1,217 | 1 | 176,402 | 97 | 3,687 | 2 | — | — | 181,306 |
| 1961 | 4,122 | 1 | 324,208 | 96 | 10,954 | 3 | — | — | 339,284 |
| 1962 | 940 | 1 | 130,473 | 97 | 2,622 | 2 | — | — | 134,035 |
| 1963 | 2,251 | 1 | 204,290 | 97 | 5,145 | 2 | — | — | 211,686 |
| 1964 | 268 | 0 | 297,083 | 98 | 5,741 | 2 | — | — | 303,092 |
| 1965 | 389 | 0 | 521,078 | 99 | 7,095 | 1 | 36 | 0 | 528,598 |
| 1966 | 1,077 | 0 | 649,141 | 98 | 11,153 | 2 | — | — | 661,371 |
| 1967 | 690 | 0 | 485,076 | 99 | 6,586 | 1 | — | — | 492,352 |
| 1968 | 470 | 0 | 292,705 | 92 | 23,626 | 7 | — | — | 316,801 |
| 1971 | 1,933 | 0 | 431,635 | 98 | 7,349 | 2 | — | — | 440,917 |
| 1972 | 1,533 | 0 | 521,705 | 98 | 8,797 | 2 | — | — | 532,035 |
| 1975 | — | — | 307,211 | 100 | 391 | 0 | — | — | 307,602 |

注：表 5-3 の生産量と全国計の合計値と異なっている年が存在するが，出所が異なるためでありそのまま記載してある。

出所：1964 年まで SKT（1966）：85, 1965 年 SPR（1965）：20, 1966 年 SPR（1966）：20, 1967 年 SPR（1967）：21, 1968 年 SPR（1968）：19, 1971 年 SPR（1971）：26, 1972 年 SPR（1972）：24, 1975 年 SKT（1979/80）：60–61 より筆者作成

ンは皆無であった[22)]。このため，この地域のケナフは大半が鉄道で輸送されていたはずである。

ケナフの輸送量については，メイズのような手段別の分担比率を示す統計が存在しない。しかし，ケナフの場合は東北部でのみ生産されていたことから，輸出される場合のバンコクへの輸送手段は鉄道か自動車に限定され，水運という選択肢はない。このため，国鉄の輸送統計から得られるケナフ輸送量と輸出量を比較すれば，その差が自動車による輸送分であると推計することが可能である。図

5–3 はケナフの輸出量と鉄道輸送量を比較したものであり，鉄道による輸送量も少なからず存在していることが分かる。とくに1960年代前半は鉄道輸送量が輸出量に占める割合がかなり高く，62年には7割に達している。65年以降は鉄道輸送の比率は2割程度に低下してが，これは65年に開通したコーラート～ノーンカーイ間のフレンドシップ・ハイウェー延伸区間の影響と考えられよう。

ケナフの輸送については，鉄道も重要な役割を果たしていた。1956年の時点でも，すでに東北部からバンコク方面へのケナフ輸送の貨車の配車を優先して行うよう運輸省への要請が出ていた[23)]。その後61年にケナフの生産が急増したことからケナフ用の貨車を優先して1日100両を配車した結果，今度は年末になって米の発送が始まると米輸送用の貨車が不足する事態が発生していた[24)]。同年11月のウボンからの報告によると，10月後半にウボンから鉄道で発送された精米は8,125袋であったが，11月前半には2,625袋に減り，その理由は国鉄がケナフ輸送の貨車の配車を優先したことから米輸送用の貨車が1日1～2両に減ったためであった[25)]。

鉄道輸送は東北部下部のウボン線沿線のみでなく，ケナフ栽培の中心であったノーンカーイ線でも重要な役割を果たしていた。1964年のケナフに関する報告によると，バンコクへのケナフ輸送については利便性とコストに基づいて鉄道か

図5–3　ケナフ輸出量と鉄道輸送量の比較（1961～75年）

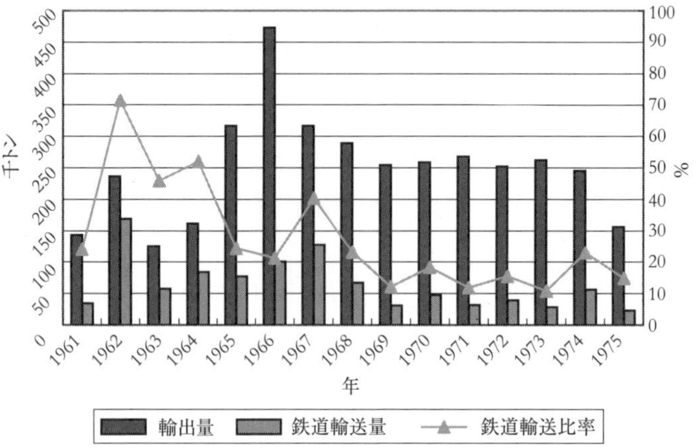


出所：輸出量；附表5，鉄道輸送量；附表6より筆者作成

自動車を使い分けており，ウボンではケナフはすべて鉄道で発送されており，コーンケーンでも自動車よりも鉄道が好まれるとのことであった[26)]。60 年代前半には輸出量に占める鉄道輸送比率が高いことから，少なくとも 65 年のフレンドシップ・ハイウェーの延伸区間開通までは，ノーンカーイ線でも鉄道利用の割合が高かったことが分かる。

以上の点を考えると，ケナフ生産と輸出の急増も必ずしもフレンドシップ・ハイウェーの開通と関係していないことが理解されよう。確かに 1960 年代後半になると自動車輸送が中心になっているものの，プアイがフレンドシップ・ハイウェーの意義を賞賛したサリット時代末期においては，東北部からバンコク方面へ送られるケナフの半数は鉄道で輸送されていた。すなわち，メイズの場合と同様に，ケナフについてもフレンドシップ・ハイウェーの開通とその急速な生産と輸出の拡大の因果関係を証明することは不可能なのである。

### (3) 道路開通と輸送拡大の時間差 ―― キャッサバ輸送

メイズやケナフに比べると，キャッサバはやや後発の商品畑作物であった。キャッサバはトウダイグサ科の熱帯植物であり，塊根に澱粉が含まれることから熱帯地方では主食として利用されてきた。元来は中南米の原産であり，ポルトガルがインドネシアに持ち込んだものが，シンガポール経由で 1845 年にタイに導入されたものと言われている [Falvey 2000: 183]。当初キャッサバから取れるタピオカ澱粉を菓子に使用する程度であったが，戦後復興期に入るとキャッサバ加工品の輸出が始まり，澱粉工場のある東部（中部下部）のチョンブリーで商品畑作物としての栽培が広まっていった [Silcock 1970: 93][27)]。このため，1956 年までのキャッサバの生産統計にはチョンブリー県の数値しか記載されていない。

表 5‒5 は，キャッサバの生産量と輸出量を示したものである。キャッサバの場合は加工されて輸出されることから，輸出される商品形態ごとの数値のみを示してある[28)]。これを見ると，生産量は 60 年代には 100 万～ 200 万トン台で推移し，70 年代に入って生産量が急増していることが分かる。輸出については，主にヨーロッパ市場向けであった。1965 年にはキャッサバ加工品の輸出総量は 64 万 1,228 トンであり，主要輸出国は西ドイツ 25 万 2,976 トン，オランダ 21 万 3,011 トン，アメリカ 12 万 1,299 トンであった [SYB (1967‒69): 350‒351][29)]。これらは，日本

表5-5　キャッサバの生産量と輸出量の推移（1950～75年）（単位：千トン）

| 年 | 輸出量 | | | 生産量 |
|---|---|---|---|---|
| | キャッサバ・チップ | キャッサバ澱粉 | キャッサバ・ペレット | |
| 1950 | 0 | 19 | | 256 |
| 1951 | 0 | 10 | | 256 |
| 1952 | 0 | 12 | | 257 |
| 1953 | 1 | 22 | | 282 |
| 1954 | 1 | 30 | | 283 |
| 1955 | 1 | 29 | | 253 |
| 1956 | 1 | 56 | | 396 |
| 1957 | 0 | 76 | | 418 |
| 1958 | 2 | 125 | | 487 |
| 1959 | 0 | 149 | | 1,083 |
| 1960 | 3 | 241 | | 1,222 |
| 1961 | 8 | 416 | | 1,726 |
| 1962 | 13 | 378 | | 2,077 |
| 1963 | 93 | 123 | | 2,111 |
| 1964 | 339 | 354 | | 1,557 |
| 1965 | 401 | 221 | | 1,475 |
| 1966 | 360 | 221 | | 1,892 |
| 1967 | 337 | 374 | | 2,000 |
| 1968 | 323 | 532 | | 2,611 |
| 1969 | 56 | 149 | 753 | 3,079 |
| 1970 | 8 | 149 | 1,164 | 3,431 |
| 1971 | 3 | 152 | 962 | 3,114 |
| 1972 | 2 | 130 | 1,177 | 3,974 |
| 1973 | 18 | 177 | 1,639 | 5,668 |
| 1974 | 105 | 253 | 2,031 | 6,420 |
| 1975 | 71 | 145 | 2,169 | 8,100 |

出所：生産量；1966年まで SKT（1966）：59，1967年 SPR（1967）：43，1968年 SPR（1968）：41，1971年 SPR（1971）：43，1972年 SPR（1972）：1，1975年 SKT（1979/80）：24-27，輸出量；附表5より筆者作成

のメイズ輸入と同じく飼料用として用いられた。

キャッサバ加工品の輸出も，時期によって形態が変化してきた。当初はキャッサバ澱粉の輸出が中心であったが，1960年代に入ってキャッサバ・チップとしての輸出が急増し，それがキャッサバ・ペレットとしての輸出に継承された。キャッサバ・ペレットはハード・ペレットと呼ばれるものであり，乾燥させた

キャッサバ・チップを加熱圧縮して棒状に固めたものである[30]。このキャッサバ・ペレットはほとんどがヨーロッパの飼料向けに輸出されることになった。この加工技術は 67 年に導入されており，それがヨーロッパ向けのキャッサバ・ペレット輸出とキャッサバ生産の拡大をもたらしたのである［末廣 1988：299］[31]。

最初のキャッサバ栽培が東部のチョンブリー県を中心としたものであったことから，キャッサバ生産の拡大も当初は中部が中心であった。表 5–6 は地域別のキャッサバ生産量の推移を示しているが，1960 年代まではキャッサバ生産の中心地は中部であったことが分かる。実際には中部といっても産地には著しい偏りがあり，68 年の時点では中部の総生産量 232 万 4,495 トンのうち，チョンブリー県がその半数に当たる 128 万 6,163 トンを生産しており，以下ラヨーン 45 万 5,250 トン，チャチューンサオ 16 万 1,665 トンとタイ湾東海岸の東部のみで全体の 9 割弱を生産していた［SPR（1968）: 41–42］。

表 5–6　地域別キャッサバ生産量の推移（1957 ～ 75 年）（単位：千トン）

| 年 | 北部 | | 東北部 | | 中部 | | 南部 | | 計 |
|---|---|---|---|---|---|---|---|---|---|
| | 生産量 | （%） | 生産量 | （%） | 生産量 | （%） | 生産量 | （%） | |
| 1957 | 1.0 | 0 | 7.0 | 2 | 399.7 | 96 | 10.0 | 2 | 417.7 |
| 1958 | 0.9 | 0 | 3.3 | 1 | 467.7 | 96 | 13.0 | 3 | 484.9 |
| 1959 | 2.4 | 0 | 39.9 | 4 | 1,017.3 | 94 | 23.6 | 2 | 1,083.2 |
| 1960 | 4.8 | 0 | 60.1 | 5 | 1,112.6 | 91 | 44.8 | 4 | 1,222.3 |
| 1961 | 8.1 | 0 | 56.6 | 3 | 1,618.2 | 94 | 43.2 | 3 | 1,726.1 |
| 1962 | 13.4 | 1 | 61.4 | 3 | 1,925.6 | 93 | 76.6 | 4 | 2,077.0 |
| 1963 | 21.7 | 1 | 92.3 | 4 | 1,890.2 | 90 | 106.9 | 5 | 2,111.1 |
| 1964 | 9.8 | 1 | 100.3 | 6 | 1,337.6 | 86 | 108.9 | 7 | 1,556.6 |
| 1965 | 8.5 | 1 | 167.5 | 11 | 1,164.2 | 79 | 134.5 | 9 | 1,474.7 |
| 1966 | 26.4 | 1 | 126.5 | 7 | 1,598.0 | 84 | 140.8 | 7 | 1,891.7 |
| 1967 | 18.3 | 1 | 157.6 | 8 | 1,750.6 | 85 | 136.3 | 7 | 2,062.8 |
| 1968 | 5.6 | 0 | 109.4 | 4 | 2,324.5 | 89 | 171.9 | 7 | 2,611.4 |
| 1971 | 10.9 | 0 | 485.1 | 13 | 2,999.1 | 82 | 178.0 | 5 | 3,673.1 |
| 1972 | 14.1 | 0 | 1,060.7 | 24 | 3,178.2 | 72 | 182.9 | 4 | 4,435.9 |
| 1975 | 25.6 | 0 | 2,859.0 | 40 | 4,050.8 | 57 | 158.7 | 2 | 7,094.1 |

注：表 5–5 の生産量と全国計の合計値と異なっている年が存在するが，出所が異なるためでありそのまま記載してある。

出所：1966年まで SKT（1966）：59, 1967 年 SPR（1967）：43, 1968年 SPR（1968）：41, 1971 年 SPR（1971）：43，1972 年 SPR（1972）：1，1975 年 SKT（1979/80）：20–21 より筆者作成

ところが，1970年代に入ると東北部での生産量が急増し，75年には全体の4割が東北部産となっていた。東北部での栽培も大きな偏りがあり，75年の段階ではコーラート県の生産量が118万1,873トンと最も多く，以下ブリーラム55万2,727トン，カーラシン22万8,970トン，コーンケーン16万2,930トンと続いており，東北部下部でバンコクや東部に近い地域が栽培の中心となっていた[SKT (1979/80): 24–27]。一方で東部ではラヨーンの130万2,233トンが最も多く，チョンブリーは102万6,174トンとコーラートよりも少なくなっていた。ちなみに，東北部でのキャッサバ栽培はその後も拡大を続け，79年には東北部の生産量が約695万トンと総生産量の63%を占めるまでに至った[Ibid.]。70年代に，キャッサバの主要産地は中部から東北部へと移ったのである。

東北部で急速にキャッサバ栽培が拡大した理由について，末廣は，1：キャッサバの栽培が無灌漑，無農薬，無防除でも可能であり，水利の悪い米作不適地で栽培可能であったこと，2：ケナフの代替作物としての役割を果たしたこと，3：仲介人にも小額の投資でチップ工場を建設できるというメリットがあったこと，の3点を挙げている[末廣 1988：293–298]。最初の要因はメイズにも当てはまるが，キャッサバは砂質の土壌を好み，乾燥にも強いことから，降水の不安定な東北部には真に適した作物であった[Rattana 1982: 253][32]。さらに，1970年代に入ると化学製品の開発でケナフの需要が減少することから，ケナフに代わってメイズとキャッサバが東北部で広まっていったことになる。

キャッサバの輸送については，ほぼすべて自動車に依存していた。キャッサバは収穫後の腐敗が早いことから，短時間で最寄りのチップ工場に輸送して，チップに切断して天日干しで乾燥させる必要がある[Ibid. 297]。このため，畑からチップ工場までの輸送は自動車に依存することになる。チップ工場からペレット工場への輸送については鉄道輸送でも可能ではあるが，国鉄の貨物統計の分類にはキャッサバが存在したことはない[33]。従来からキャッサバ栽培は東部が中心であったことから，タピオカへの加工工場も東部に多く立地しており，1970年代に入ってバラ積みによる本船への直接積み込みが導入されると，同じく東部が積み出し地となった。このため，キャッサバ・チップやタピオカ・パレットはバンコクではなく東部に輸送する必要があったものの，鉄道はこの地まで到達していなかった[34]。中部上部など水運が利用可能な地域でのキャッサバ栽培も限定されていたことから，キャッサバ輸送に水運が利用される可能性も低かった。

このように，キャッサバはメイズとケナフに比べるとやや後発の商品畑作物であり，東北部にとっては 1970 年代に急速に栽培が拡大した作物であった。このため，フレンドシップ・ハイウェーの開通とキャッサバ栽培とは基本的には何の因果関係も存在しない。もちろん，70 年代に急速に生産が拡大した東北部のキャッサバがこの道路を経由してバンコク方面へ輸送されたことは間違いないものの，その栽培の拡大はヨーロッパへの輸出の急増という国外市場の需要拡大と，逆に市場価値を失いつつあったケナフの代替という 2 つの要因のほうが重要な意味を持っていた。

### (4) 商品畑作物輸送の状況

以上見てきたように，「開発」の時代にタイの主要輸出品目として頭角を現した 3 つの商品畑作物の生産と輸出の拡大は，フレンドシップ・ハイウェーの開通とは明確な関係性が存在しないことが明らかとなった。ここでは，「開発」の時代以降急増した畑作物輸送が 70 年代半ばにはどのような状況になっていたのかを考察する。

表 5–7 は，バンコク発着の自動車による畑作物輸送量を示したものである。1966 年は畑作物と一括された数値しか得られないが，70 年代は品目別の数値が得られる。これを見ると，自動車による畑作物の到着量は東北部からが最大となっており，品目別ではキャッサバの輸送量が圧倒的に多くなっていたことが分かる。自動車でバンコクに到着する畑作物の半分以上が東北部発となり，しかもその大半がキャッサバであった。

次の表 5–8 は，鉄道によるメイズとケナフ輸送の状況を示している。メイズの輸送量は 1975 ～ 77 年平均で 17 万トン程度とそれなりの輸送量を保っているが，輸送状況は米と類似していた。それは，バンコク向けの輸送よりも南部向けの輸送が多かった点である。バンコクに到着するメイズは全体の 46％であるが，南線 3 区間とマレーシア国境を合わせた到着量の比率は 52％となり，バンコクの到着量を上回っていた。南線 3 区間の場合はハートヤイ着がほとんどであり，マレーシア国境にも少なからぬ量のメイズが到着していたことから，これらはマレーシアへ輸出されるものであったことになる。発送地では北線 2，3 区間と東

表 5-7　自動車商品畑作物輸送量の推移（1966 ～ 78 年）（単位：千トン）

バンコク発

| 年 | 品目 | 北部 | | 東北部 | | 中部上部 | | 中部下部 | | 南部 | | 計 |
|---|---|---|---|---|---|---|---|---|---|---|---|---|
| | | 輸送量 | (%) | 輸送量 | (%) | 輸送量 | (%) | 輸送量 | (%) | 輸送量 | (%) | |
| 1966 | 畑作物 | 1.5 | 3 | 22.9 | 45 | 4.4 | 9 | 21.8 | 43 | — | — | 50.6 |
| 1976 | メイズ | — | — | 0.1 | 6 | 1.1 | 61 | 0.5 | 28 | 0.1 | 6 | 1.8 |
| | ケナフ | — | — | 8.4 | 93 | 0.1 | 1 | 0.5 | 6 | — | — | 9.0 |
| | キャッサバ | 0.0 | 0 | 3.7 | 58 | 0.1 | 2 | 2.6 | 41 | — | — | 6.4 |
| | 計 | 0.0 | 0 | 12.2 | 71 | 1.3 | 8 | 3.6 | 21 | 0.1 | 1 | 17.2 |
| 1977 | メイズ | 0.2 | 7 | 0.9 | 32 | 0.1 | 4 | 1.4 | 50 | 0.2 | 7 | 2.8 |
| | ケナフ | 1.6 | 8 | 6.9 | 35 | 0.6 | 3 | 10.6 | 54 | 0.1 | 1 | 19.8 |
| | 計 | 1.8 | 8 | 7.8 | 35 | 0.7 | 3 | 12.0 | 53 | 0.3 | 1 | 22.6 |
| 1978 | メイズ | 0.3 | 12 | 0.5 | 19 | 0.5 | 19 | 1.3 | 50 | 0.0 | 0 | 2.6 |
| | ケナフ | 1.3 | 8 | 3.2 | 21 | 0.9 | 6 | 9.9 | 64 | 0.2 | 1 | 15.5 |
| | 計 | 1.6 | 9 | 3.7 | 20 | 1.4 | 8 | 11.2 | 62 | 0.2 | 1 | 18.1 |
| 1976–78 平均 | メイズ | 0.2 | 7 | 0.5 | 21 | 0.6 | 24 | 1.1 | 44 | 0.1 | 4 | 2.4 |
| | ケナフ | 1.0 | 7 | 6.2 | 42 | 0.5 | 4 | 7.0 | 47 | 0.1 | 1 | 14.8 |
| | キャッサバ | 0.0 | 0 | 3.7 | 58 | 0.1 | 2 | 2.6 | 41 | — | — | 6.4 |
| | 計 | 1.1 | 5 | 10.4 | 44 | 1.2 | 5 | 10.7 | 45 | 0.2 | 1 | 23.6 |

バンコク着

| 年 | 品目 | 北部 | | 東北部 | | 中部上部 | | 中部下部 | | 南部 | | 計 |
|---|---|---|---|---|---|---|---|---|---|---|---|---|
| | | 輸送量 | (%) | 輸送量 | (%) | 輸送量 | (%) | 輸送量 | (%) | 輸送量 | (%) | |
| 1966 | 畑作物 | 34.7 | 5 | 359.6 | 49 | 81.9 | 11 | 260.9 | 35 | 3.4 | 0 | 737.1 |
| 1976 | メイズ | 37.2 | 4 | 336.9 | 39 | 289.3 | 33 | 247.4 | 28 | 0.1 | 0 | 873.7 |
| | ケナフ | 0.5 | 0 | 112.3 | 98 | 1.6 | 1 | 0.5 | 0 | — | — | 114.4 |
| | キャッサバ | 0.1 | 0 | 920.1 | 82 | 36.9 | 3 | 163.5 | 15 | 0.1 | 0 | 1,120.6 |
| | 計 | 37.8 | 2 | 1,369.3 | 64 | 327.8 | 15 | 411.4 | 19 | 0.2 | 0 | 2,146.5 |
| 1977 | メイズ | 66.8 | 10 | 206.5 | 30 | 213.7 | 31 | 200.4 | 29 | 0.4 | 0 | 687.8 |
| | ケナフ | 1.5 | 1 | 173.0 | 74 | 23.0 | 10 | 31.2 | 13 | 6.2 | 3 | 234.9 |
| | 計 | 68.3 | 7 | 379.5 | 41 | 236.7 | 26 | 231.6 | 25 | 6.6 | 1 | 922.7 |
| 1978 | メイズ | 37.4 | 7 | 164.8 | 29 | 166.4 | 29 | 198.6 | 35 | 0.2 | 0 | 567.4 |
| | ケナフ | 3.0 | 1 | 221.6 | 69 | 34.6 | 11 | 52.2 | 16 | 8.3 | 3 | 319.7 |
| | 計 | 40.4 | 5 | 386.4 | 44 | 201.0 | 23 | 250.8 | 28 | 8.5 | 1 | 887.1 |
| 1976–78 平均 | メイズ | 34.7 | 5 | 236.1 | 33 | 223.1 | 31 | 215.5 | 30 | 0.2 | 0 | 709.6 |
| | ケナフ | 1.5 | 1 | 169.0 | 76 | 19.7 | 9 | 28.0 | 13 | 4.8 | 2 | 223.0 |
| | キャッサバ | 0.1 | 0 | 920.1 | 82 | 36.9 | 3 | 163.5 | 15 | 0.1 | 0 | 1,120.6 |
| | 計 | 36.3 | 2 | 1,325.1 | 65 | 279.8 | 14 | 406.9 | 20 | 5.2 | 0 | 2,053.2 |

注 1：四捨五入の関係で合計値は原資料と若干異なる場合がある。
注 2：1977 年以降のケナフの数値は繊維原料（ケナフ，綿，カポックなど）の数値である。
注 3：キャッサバの数値は 1977 年以降得られないことから，1976 年単年の数値である。
出所：RKT（1966）－（1978）より筆者作成

北線 2 区間が中心であり，米の場合と同様に自動車輸送の不便な地域が主要な発送地となっていた[35)]。この南部向け輸送は少なくとも 1968 年の時点では全く存在していなかったことから，その後急速に拡大したことがうかがわれる[36)]。

一方でケナフの場合は産地がほぼ東北部に限定されていたことから，発送はほぼ東北部に限定されている。この時点では輸送量も 2 万トンに満たず，やはり東

表5-8　鉄道商品畑作物輸送状況（1975～77年平均）（単位：トン）

メイズ

| 発送＼到着 | 北線1 | 北線2 | 北線3 | 東北線1 | 東北線2 | 東北線3 | 東線 | バンコク | 南線1 | 南線2 | 南線3 | マレーシア国境 | 計 | 比率（%） |
|---|---|---|---|---|---|---|---|---|---|---|---|---|---|---|
| 北線1 | 546 | — | — | — | — | — | — | 143 | — | — | 8,371 | 10,948 | 20,008 | 12 |
| 北線2 | 1,142 | 295 | — | 73 | — | — | — | 29,601 | 34 | — | 7,239 | 784 | 39,168 | 23 |
| 北線3 | 4 | 149 | 9 | — | — | — | — | 19,177 | 137 | — | 12,397 | 436 | 32,309 | 19 |
| 東北線1 | — | — | — | — | — | 10 | — | 10 | 25 | — | 5,131 | 5,115 | 10,291 | 6 |
| 東北線2 | 932 | — | — | — | — | — | — | 28,517 | 311 | — | 8,568 | 2,486 | 40,814 | 24 |
| 東北線3 | — | — | 18 | — | — | — | — | 401 | 4 | — | 118 | — | 541 | 0 |
| 東線 | — | — | — | — | — | — | — | — | — | — | 94 | — | 94 | 0 |
| バンコク | — | — | — | — | — | — | — | 55 | — | 12 | 1,932 | 1,718 | 3,717 | 2 |
| 南線1 | — | — | — | — | — | — | — | 238 | 475 | — | 17,422 | 289 | 18,424 | 11 |
| 南線2 | — | — | — | — | — | — | — | 21 | — | — | 3,451 | — | 3,472 | 2 |
| 南線3 | — | — | — | — | — | — | — | 570 | 9 | — | 39 | 3,090 | 3,708 | 2 |
| マレーシア国境 | — | — | — | — | — | — | — | — | — | — | — | — | — | — |
| 計 | 2,624 | 444 | 27 | 73 | — | 10 | — | 78,733 | 995 | 12 | 64,762 | 24,866 | 172,546 | 100 |
| 比率（%） | 2 | 0 | 0 | 0 | — | 0 | — | 46 | 1 | 0 | 38 | 14 | 100 | |

ケナフ

| 発送＼到着 | 北線1 | 北線2 | 北線3 | 東北線1 | 東北線2 | 東北線3 | 東線 | バンコク | 南線1 | 南線2 | 南線3 | マレーシア国境 | 計 | 比率（%） |
|---|---|---|---|---|---|---|---|---|---|---|---|---|---|---|
| 北線1 | — | — | — | — | — | — | — | — | — | — | — | — | — | — |
| 北線2 | — | — | — | — | — | — | — | — | — | — | — | — | — | — |
| 北線3 | — | — | — | — | — | — | — | 10 | — | — | — | — | 10 | 0 |
| 東北線1 | — | — | — | 436 | — | 523 | — | — | — | — | — | — | 959 | 5 |
| 東北線2 | 1,225 | — | — | 398 | 22 | — | — | 13,683 | — | — | — | — | 15,328 | 86 |
| 東北線3 | — | — | — | 227 | — | — | — | 977 | — | — | — | — | 1,204 | 7 |
| 東線 | — | — | — | — | — | — | — | — | — | — | — | — | — | — |
| バンコク | — | — | — | — | 216 | — | — | — | — | — | — | 194 | 410 | 2 |
| 南線1 | — | — | — | — | — | — | — | — | — | — | — | — | — | — |
| 南線2 | — | — | — | — | — | — | — | — | — | — | — | — | — | — |
| 南線3 | — | — | — | — | — | — | — | 3 | — | — | — | — | 3 | 0 |
| マレーシア国境 | — | — | — | — | — | — | — | — | — | — | — | — | — | — |
| 計 | 1,225 | — | — | 1,061 | 238 | 523 | — | 14,673 | — | — | — | 194 | 17,914 | 100 |
| 比率（%） | 7 | — | — | 6 | 1 | 3 | — | 82 | — | — | — | 1 | 100 | |

注1：四捨五入の関係で合計値は原資料と若干異なる。
注2：各区間は表4-3と同じである。
出所：SSR（1975）－（1977）より筆者作成

北線2区間からの発送が中心となっている。ただし，このケナフについては，東北部内で完結する輸送も少なからず存在しており，道路事情の悪い地点で東北部内の麻袋工場や集荷場への短距離輸送も行われていたようである[37]。1960年代前半までは鉄道によるケナフ輸送も少なからず存在していたが，この時期には鉄道の役割は非常に限定されていた。

ケナフ輸送が衰退したのに対してメイズ輸送がある程度の輸送量を確保していた背景には，前章で見た米の場合と同じく輸送の長距離化が存在した。米の場合も従来からのバンコク向けの輸送ではなく，より長距離となる南部向けの輸送が中心となっていたが，このメイズの場合も全く同じ傾向を示していたのである。すなわち，メイズは南部やマレーシア国境まで輸送してマレーシアに輸出するという商品流通が存在したことが鉄道輸送の存続に結びついたのであり，逆にバンコクまでの輸送需要しか存在しないケナフ輸送は自動車輸送に転移したのである。商品畑作物の流通が本格的に発生したのは1950年代末であることから，鉄道にとっても新たな輸送ではあったが，道路優先時代の到来で早くも自動車への転移が進み，鉄道の主要貨物とはなり得なかったのである。

メイズについては，水運による輸送も依然として続いていた。1970年の統計では，中部上部のナコーンサワンからバンコク方面への水運によるメイズ輸送量は15.8万トンであった［RKNM (1970)］。この他に，1972年の時点で年間120万トンのメイズがパーサック川で輸送されており，これらは中部上部，中部下部，あるいは東北部から自動車で輸送されてきたものであった。その産地別の比率を示す資料は存在しないが，1975年のメイズ生産量から他手段による輸送量を差し引いた余剰メイズ量の比率が中部上部，中部下部，東北部でそれぞれ2：1：1となることから，ここでは中部上部からのものが60万トン，中部下部と東北部からのものがそれぞれ30万トンずつであったものと仮定する[38]。

以上を踏まえてこれまで見てきた商品畑作物の輸送状況を品目別にまとめたものが，表5-9となる。この表を見ると，品目別に輸送状況が大きく異なっていることが分かる。最初のメイズについては，河川水運の占める割合が全体の6割強と最も高くなっている。このうち，東北部からの30万トンと中部上部からの60万トンは自動車で中部下部のパーサック川に運ばれてから水運となるものであり，中部上部からの15.8万トンのみが中部上部から直接河川水運で輸送される

表5-9　手段別商品畑作物輸送量の比較（1975年頃）（単位：千トン）

メイズ

| 方向 | 地域 | 自動車 | | 鉄道 | | 河川水運 | | 沿岸水運 | | 計 |
|---|---|---|---|---|---|---|---|---|---|---|
| | | 輸送量 | （%） | 輸送量 | （%） | 輸送量 | （%） | 輸送量 | （%） | |
| バンコク方面へ | 北部発 | 47 | 59 | 32 | 41 | — | — | — | — | 79 |
| | 東北部発 | 236 | 40 | 52 | 9 | 300 | 51 | — | — | 588 |
| | 中部上部発 | 223 | 22 | 39 | 4 | 758 | 74 | — | — | 1,020 |
| | 計 | 506 | 30 | 123 | 7 | 1,058 | 63 | — | — | 1,687 |
| バンコク方面から | 南部着 | 0 | 0 | 83 | 100 | — | — | N.A. | — | 83 |

ケナフ

| 方向 | 地域 | 自動車 | | 鉄道 | | 河川水運 | | 沿岸水運 | | 計 |
|---|---|---|---|---|---|---|---|---|---|---|
| | | 輸送量 | （%） | 輸送量 | （%） | 輸送量 | （%） | 輸送量 | （%） | |
| バンコク方面へ | 北部発 | 2 | 100 | 0 | 0 | — | — | — | — | 2 |
| | 東北部発 | 169 | 91 | 16 | 9 | — | — | — | — | 185 |
| | 中部上部発 | 20 | 100 | — | — | — | — | — | — | 20 |
| | 南部発 | 5 | 100 | — | — | — | — | — | — | 5 |
| | 計 | 196 | 92 | 16 | 8 | — | — | — | — | 212 |

キャッサバ

| 方向 | 地域 | 自動車 | | 鉄道 | | 河川水運 | | 沿岸水運 | | 計 |
|---|---|---|---|---|---|---|---|---|---|---|
| | | 輸送量 | （%） | 輸送量 | （%） | 輸送量 | （%） | 輸送量 | （%） | |
| バンコク方面へ | 北部発 | 0 | 100 | — | — | — | — | — | — | 0 |
| | 東北部発 | 920 | 100 | — | — | — | — | — | — | 920 |
| | 中部上部発 | 37 | 100 | — | — | — | — | — | — | 37 |
| | 南部発 | 0 | 100 | — | — | — | — | — | — | 0 |
| | 計 | 957 | 100 | — | — | — | — | — | — | 957 |

注1：自動車輸送量は表5-7の1976～78年の平均値である。
注2：鉄道輸送量は，北部，東北部，中部上部発については表5-8の北線1区間以南着の量を合計したものであり，南部着は南線1区間以北発の量を合計したものである。
注3：メイズの河川水運は，1972年のパーサック川での年間輸送量120万トンと，表6-3のチャオプラヤー川経由の中部上部発の輸送量15.8万トンを基準としている。前者は1975年の地域別メイズ生産量からそれぞれ他手段で発送された量を減じて計算した余剰メイズ量の比率を用いて中部上部発，中部下部発，東北部発をそれぞれ60万トン，30万トン，30万トンと仮定し，後者の15.8万トンを中部上部に加えたものである。余剰メイズ量の算出については，本章の注38を参照。ちなみにRKNM（1964）では1964年の中部上部からバンコク方面への河川水運によるメイズの輸送量は18万6,509トンであった（パーサック川経由は除く）。なおパーサック川経由の場合は，パーサック川までは自動車輸送となる。
注4：沿岸水運の輸送量についてはRKNT（1971），RKNT（1965）とも畑作物に該当する数値が存在しないため除外した。
出所：自動車 表5-7，鉄道 表5-8，河川水運 表6-3，NA Kho Kho. 0202. 2/193より筆者作成

ことになる。このため，バンコク到着時を基準としてみると，河川水運のほうが自動車輸送よりも多くなるのである。南部については鉄道での輸送は存在が確認されたが，沿岸水運についてはその存在は不明である。

一方で，ケナフとキャッサバは圧倒的に自動車輸送が多く，キャッサバに至ってはすべて自動車輸送となっている。どちらも主要産地は東北部であることから，

東北部からの輸送量が最も多くなっている。北部と南部については，その流動はほとんど存在していない。このように，商品畑作物の輸送については発地が中部上部と東北部に集中しており，前者はメイズの河川水運，後者はキャッサバの自動車輸送が中心となっている。

このように，新たな商品畑作物の到来により，商品畑作物輸送は1950年代末から急速に拡大することになり，主に中部上部と東北部からバンコク方面へ向けて新たな商品流通を形成することになった。その急成長が始まった時期とフレンドシップ・ハイウェーの開通が一致していたことから，「開発」の時代の商品畑作物栽培の拡大はこの道路の開通によるものと当時から評価されてきたが，実際には地理的にも時期的にも直接の因果関係はなく，「フレンドシップ・ハイウェー神話」は「神話」でしかなかった。それでも，商品畑作物栽培の拡大には自動車輸送は欠かせない存在となっており，結果的にはこの時代の道路優先政策による急速な道路整備はこれらの作物の栽培地の拡大を促進することになった。この点においては，道路優先政策自体は間違いではなかったといえよう。

## 第2節　セメント輸送 ──「開発」に伴う流通の拡大

### (1) セメント産業の成長 ── 輸入代替化の達成

タイにおけるセメント産業は，1910年代に出現することとなった。タイでの建設資材は元来木材が中心であったが，西欧様式の建造物が増加し，また鉄道や灌漑設備など多くの公共事業が推進されたことにより，セメントの需要も増加していた。1907/08年のセメント輸入量は1万1,000トンにのぼり，輸入量は年々増加していた[FTS (1907/08): 59]。このため，国内にある資源を用いたセメント工場の建設が画策され，セメントの国産化が目論まれることとなった。

セメント産業の担い手は，1913年に設立されたサイアム・セメント社（The Siam Cement Co. Ltd.）であった。この会社はラーマ6世の命によって設立されたものであり，王庫運営局（Krom Phrakhlang Khangthi）が株式の3分の1を所有した[PST 1957: 5][39]。会社はセメント工場を設置するにあたり，最大の消費地であるバンコクに立地させることにした。バンコクでの立地場所については，当初は水運の便の良いバンコク市街北方のチャオプラヤー川左岸にする予定であったが，鉄道から離れており引込線の建設に多額の費用がかかることから，バーンスー駅に隣接した地点に移すことになった［Ibid.: 6］。この工場は当時バンコクでも最大の規模を誇っており，19年にはバンコクの近代的工場7ヶ所のうちの1つに数えられていた［Suehiro 1989: 37］。工場設備はデンマーク企業から調達することになったことから，デンマーク人技師が会社の要職に就いた。

鉄道との接続を考慮せざるを得なかった理由は，セメントの原料輸送に鉄道を利用することになったためである。この工場では泥灰土（Marl）を主要な原料として使用することになったが，その産地が北線のチョンケー（バンコク起点180km）であり，鉄道で輸送する以外には方法がなかった[40]。このため，原料輸送は完全に鉄道に依存することとなり，工場は必然的に鉄道を利用することを前提に立地させる必要があった。さらに，地方への輸送も水運が利用できない場合には鉄道に依存せざるを得なかった。

この工場でのセメント生産量は当初は年間2万トン程度であったが，1920年代に増加して30/31年には7万トン程度にまで達していた［PST 1957: 12］。他方で，セメントの輸入は年間1万トン程度で伸び悩んでおり，セメントの国産化は着実に進んでいった。表5-10は35/36年以降のセメント生産量と輸出入量の推移を示している。これを見ると，1935/36年の時点でセメント生産量は約5万トン，輸入量が約1万トン程度と輸入品が占める割合は全体の2割程度となっていたことが分かる。その後生産量は増加して年10万トンに達したのに対し，輸入量は37/38年以降激減したことから，30年代末には事実上セメントの国産化がほぼ達成された。

当時のセメントの需要はバンコクが中心であり，地方においてはセメント消費量が非常に限られたことから，セメントの流通量はそれほど多くはなかった。図5-4は，鉄道によるセメント関連品目の輸送量の推移を示したものである。1930年代のセメントの輸送量は2万トンから3万トン台であり，消費可能量と比べると輸送量は生産量の2～3割となっていた。一方で泥灰土の輸送量はセメントよりも多くなっており，30年代後半には10万トンを超えていた。泥灰土の総貨物輸送量に占める割合も高く，家畜を除けば米，木材，砕石に次いで輸送量が多い輸送品目であった。

表 5–10　セメント生産量と輸出入量の推移
(1935/36 ～ 77 年) (単位：千トン)

| 年 | 生産量 | 輸入量 | 輸出量 | 消費可能量 |
|---|---|---|---|---|
| 1935/36 | 48 | 11 | 0 | 59 |
| 1936/37 | 62 | 13 | 0 | 75 |
| 1937/38 | 75 | 4 | 0 | 79 |
| 1938/39 | 90 | 1 | 0 | 91 |
| 1939/40 | 110 | 1 | 0 | 111 |
| 1940 | 135 | 0 | 1 | 135 |
| 1941 | 115 | 0 | 1 | 115 |
| 1942 | 72 | 0 | 0 | 72 |
| 1943 | 68 | 0 | 0 | 68 |
| 1944 | 20 | 0 | 1 | 20 |
| 1945 | 5 | 0 | — | 5 |
| 1946 | 17 | 6 | — | 23 |
| 1947 | 57 | 1 | 1 | 57 |
| 1948 | 84 | 1 | 0 | 85 |
| 1949 | 126 | 0 | 0 | 126 |
| 1950 | 165 | 14 | — | 179 |
| 1951 | 229 | 7 | — | 236 |
| 1952 | 249 | 43 | — | 292 |
| 1953 | 291 | 47 | 1 | 337 |
| 1954 | 383 | 59 | 1 | 441 |
| 1955 | 387 | 59 | 3 | 443 |
| 1956 | 396 | 26 | 10 | 412 |
| 1957 | 404 | 48 | 15 | 437 |
| 1958 | 458 | 22 | 14 | 466 |
| 1959 | 482 | 16 | 18 | 480 |
| 1960 | 542 | 14 | 24 | 532 |
| 1961 | 800 | 6 | 157 | 649 |
| 1962 | 967 | 7 | 179 | 795 |
| 1963 | 998 | 14 | 105 | 907 |
| 1964 | 1,060 | 7 | 83 | 984 |
| 1965 | 1,250 | 7 | 106 | 1,151 |
| 1966 | 1,483 | 119 | 45 | 1,557 |
| 1967 | 1,736 | 241 | 33 | 1,944 |
| 1968 | 2,168 | 51 | 35 | 2,184 |
| 1969 | 2,403 | 0 | 48 | 2,355 |
| 1970 | 2,628 | 2 | 151 | 2,479 |
| 1971 | 2,779 | 0 | 236 | 2,543 |
| 1972 | 3,992 | 1 | 629 | 3,364 |
| 1973 | 3,708 | — | 742 | 2,966 |
| 1974 | 3,923 | — | 831 | 3,092 |
| 1975 | 3,959 | — | 645 | 3,314 |
| 1975 | 3,959 | — | 645 | 3,314 |
| 1976 | 4,422 | — | 565 | 3,857 |
| 1977 | 5,063 | — | 291 | 4,772 |

| 年 | 生産量 | 輸入量 | 輸出量 | 消費可能量 |
|---|---|---|---|---|
| 1975–77 平均 | 4,481 | — | 500 | 3,981 |

注 1：1945 年までのセメント生産量は PST [1957] p. 12 のグラフから解読した数値であるため，誤差があるものと思われる。

注 2：1952 年までのセメント生産量は，サイアム・セメント社のセメント販売量である。

出所：生 産 量；1935/36 ～ 52 年 PST [1957]：12, 32, 1953 ～ 77 年 Siwitcha [1978]：24 – 25, 輸出入量；(輸入) 1935/36～38/39 年 SYB (1937/38–38/39)：122, 1939/40～45 年 SYB (1937/38–38/39)：218, 236, (輸出) 1935/36～36/37 年 FTS (1937/38)：185, 1937/38～41 年 FTS (1941)：276, 1942～45 年 FTS (1942–45)：63, (輸出入) 1946～49 年 FTS (1948–49)：222, 288, 1950 年 FTS (1950)：72, 1951 年 FTS (1951)：72, 1952 年 FTS (1952)：77–78, 1953 年 FTS (1953)：81, 190, 1954 年 FTS (1954)：72, 184, 1955 年 FTS (1955)：92, 235, 1956 年 FTS (1956)：65, 159, 1957 年 FTS (1957)：71–72, 170, 1958 年 FTS (1958)：72–73, 173, 1959 年 FTS (1959)：75, 178, 1960 年 FTS (1960)：91, 237, 1961 年 FTS (1961)：96–97, 256, 1962～77 年 Siwitcha [1978]：24–25 より筆者作成

図 5-4　鉄道セメント関連品目輸送量の推移（1935/36 ～ 77 年）

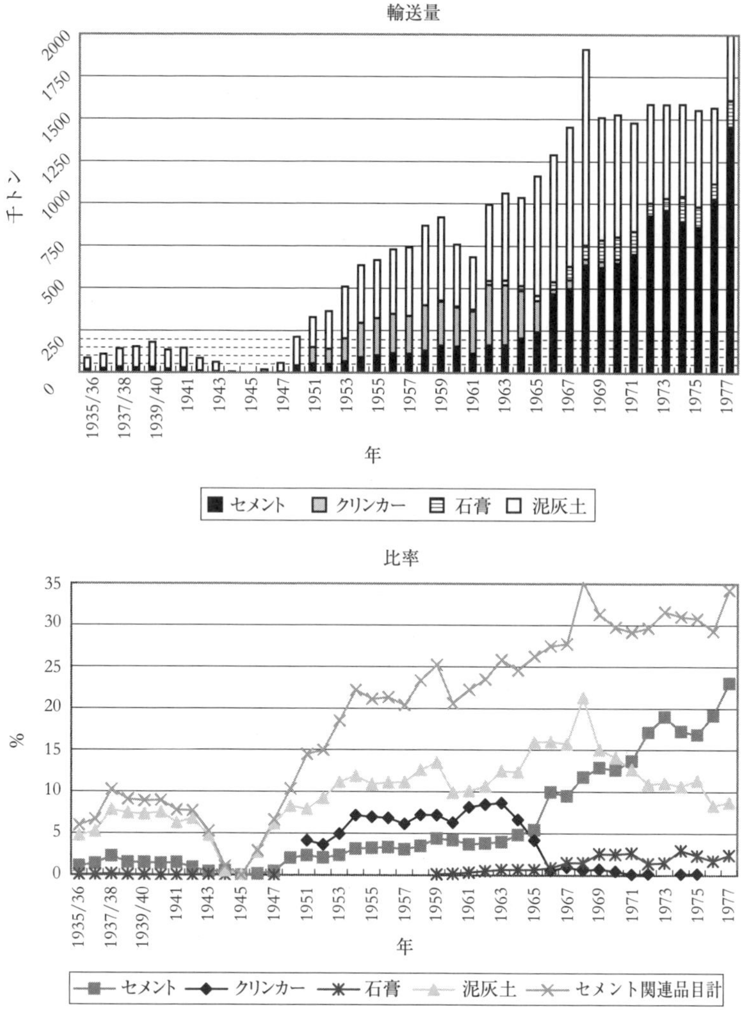


出所：附表 6 より筆者作成

鉄道輸送の輸送状況は，大半がバンコクから地方への輸送であった。1935/36 年の輸送状況を見ると，総輸送量 1 万 5,565 トンのうちバーンスー発のセメントが 1 万 2,923 トンと全体の 8 割強を占めており，サイアム・セメント社の工場の製品輸送が大半を占めていたことになる［RSRS（1935/36）］[41]。到着地については全体の3分の1が到着地不明となっているので大まかにしか分からないが，東北部1,605トン，中部上部439トン，北部3,436トン，南部3,250トンとなっており，北部と南部への輸送が多くなっていた。南部については，ペナンやシンガポールからの輸入セメントが直接水運で流入しており，35/36年のセメント輸入総額16万3,869バーツのうち，8,154バーツが南部東海岸，1万9,593バーツが南部西海岸の輸入であった［SYB (1935/36–36/37): 181］。31年にはプーケットに初めてサイアム・セメントの製品を扱うエージェントが出現し，国産のセメントの使用が広まるものと期待されていた[42)]。鉄道も南部へのセメント輸送運賃を特別に引き下げて，バンコクから南部へのセメント輸送を推奨した[43)]。この結果，30年代末までにセメントの輸入はほぼ消滅し，タイのセメント国産化がほぼ達成されたことになった。

セメント需要の拡大と国産化の進展に伴い，サイアム・セメント社の工場でも増産体制を敷いていった。当初の工場の生産能力は焼成炉1機で年間2万トンであったが，1922年には年間生産能力3万5,000トンの第2号炉が増設され，さらに29年には4万6,000トンの能力を持つ第3号炉も加わった［SCC 1983: 143］[44)]。また，泥灰土の輸送距離を短縮するために，チョンケーよりも近いバーンモー（バンコク起点109km）に新たな産地を開拓して，23年にはチョンケーからの輸送をすべて代替した［RSRS (1923/24): 8］。

さらに，会社ではセメントの増産を目指して，新工場の建設に乗り出した。最初の工場は市場立地型であったが新工場は原料立地型を目指して，バーンモーに近いタールアンに立地させることになった［PST 1963: 22–23］[45)]。タールアンはパーサック川の北岸に位置し，バーンスーよりも河川水運の利用には便利な場所であったが，バーンモーの泥灰土は鉄道で輸送する必要があったことと，製品の搬出も鉄道に依存することからやはり鉄道輸送も考慮する必要があり，会社はバーンモーから支線を建設して鉄道局に譲渡することになった［Ibid.］。この工場の建設は戦争直前から始まったものの，戦争により建設が中断されたことから操業開始は戦後のこととなった。

他の輸送品目と同じく，戦争による鉄道輸送の障害は，セメント生産にも直接影響を与えることとなった。バーンスーの工場は原料輸送を事実上100％鉄道輸送に依存していたことから，鉄道輸送の停滞は直ちにセメント生産に影響を及ぼすこととなった。サイアム・セメント社は1942年に鉄道局と協議した際に，バーンモーからバーンスーまでの泥灰土輸送は鉄道輸送のみを利用することを約束していた[46]。ところが，鉄道輸送が滞って十分な泥灰土が供給されなくなったことから，翌年には水運での泥灰土輸送を検討していた[47]。泥灰土の輸送量は42年には7万5,000トンに減少し，43年には5万5,000トンに減っていた。その結果，セメント生産量も戦争中は平均5.6万トンに減少した。

鉄道輸送の障害は，泥灰土輸送のみではなかった。石膏や木炭輸送にも同様に支障が出ていた。石膏はセメント生産の過程で必要とされるものであり，戦前は主に輸入していた[48]。ところが，戦争により輸入が止まり，1943年に入ると備蓄分が枯渇して生産に支障が出ることになった。このため，北線のウッタラディットやラムパーン付近から輸送することになったものの，今度は貨車不足で輸送が滞るという事態に陥った[49]。木炭については，石炭不足のための代替として用いたものであり，44年4月には東北部で木炭を1,000トン程度買い付けて工場への輸送の準備を進めていた[50]。しかしながら，鉄道局に依頼した機関車の調達が難航し，結局5月末からの輸送となった。

さらに，連合軍による爆撃も，セメント生産を滞らせることとなった。1943年12月には最初の爆撃があり，翌年5月から操業を再開したものの，生産能力はそれまでの4割に落ちたという[51]。さらに，同年の11月28日にも爆撃があり，変電設備が損傷し生産不能となった［PST 1957: 44–45］。この結果，44年以降のセメント生産量は大幅に低下し44年には2万トン，翌年は5,000トンと大きく落ち込んだ［Ibid.: 32］。工場の操業停止か鉄道輸送の停滞が主因かどうかは不明であるが，泥灰土の輸送量もこの2年間に大きく減少しており，44年には3,000トン，翌年は1,000トンに達しないほどに低下した。

セメントについても日本軍の調達要求が出されていたが，サイアム・セメント社は極力日本への引渡し量を減らそうと尽力した。会社は日本軍へのセメント売却については商務省に任せ，日本軍が直接会社に要求するのを避けようとした。そして商務省では，会社の生産したセメントのうち12分の5を日本軍に売却し，残りはタイ側が国内で使用すること決めた［Ibid.: 38–39］。しかしながら，実際には会社は生産量を少なく見せることで，日本軍への引渡し量を生産量全体の12分の1に留めることができたとしている［Ibid.: 39］。1942年から45年までの生産量が計 17 万 3,000 トンであることから，この記述に従うと日本に引き渡した量は 1 万 5,000 トン程度であったことになる。

確かに，日本軍は大量のセメント購入の要求を出していたものの，実際に得られた量は限られていた。1943 年 1 月には日本軍が計 1 万 2,850 トンのセメントの購入希望を出してきたが，実際には日本軍に売却したセメントの量ははるかに少なかった[52)]。42 年と 43 年に日本軍に売却されたセメントはそれぞれ 3,693 トン，2,917 トンであり，購入希望量に比べ大幅に少なくなっていた[53)]。43 年 11 月には年 5 万トンを売却することで契約し，12 月から引渡しが始まったものの上述の第 1 回爆撃のためにすぐに停止してしまった[54)]。その後，44 年 8 月から引渡しを再開して，10 月 22 日までに 5,018 トンを引渡した。これまでの引渡し量を合計すると計 1 万 1,628 トンとなり，その後まもなく第 2 回目の爆撃で工場の操業は停止することから，上述の 12 分の 1 という数値も妥当なものであろう。

日本側は会社側が故意に生産能力を低く見せかけているのではとの疑念を抱き，1944 年 10 月には日本人技師を派遣して工場の視察を行った[55)]。その結果，技師はタイ側が故障しているとした粉砕機が稼動直後のように熱かったことを見抜いて，実際には利用可能であったと結論付けた。会社側はその「誤解」を解消するべく，粉砕機のベアリングが磨耗して使用できないことと，稼動させるには電力消費量が少なすぎることを根拠に説得した[56)]。結局，タイ人技師からなる調査委員会が真相を究明することで日本側も同意したが，結論はタイ側の主張を正当化しただけであり，その疑念自体も 11 月の第 2 回爆撃で工場が損傷したことで解消されたという [Ibid.: 46–47][57)]。

しかしながら，実際には日本人技師の判断は正しかった。タイ側は損傷した炉の 1 つを粘土の焼成に利用していると報告していたが，実際にはクリンカー[58)]の焼成に使用していた。またセメント粉砕機も昼間は「故障」していたものの，夜になると稼動していたという [Ibid.: 42–43]。日本人技師が視察に来た際には，焼成炉のほうは粘土を並べることでごまかすことができたが，粉砕機は前夜に使用したための余熱が残っており，それを見抜かれたのであった。11 月の爆撃にしても，連合軍側に情報が伝わって変電設備のみを爆撃することで話が付いており，予備の変電設備を他所にあらかじめ隠しておいたことから，生産量は減るものの翌日からの生産も可能であったという [Ibid.: 44–45][59)]。

写真21　爆撃を受けたサイアム・セメント社バーンスー工場

出所：Sorasan［1996］：20

このように，会社が日本軍へのセメントの供出を極力少なくしようと努力した結果，日本軍へ売却されたセメント量は非常に少なくなったのである。連合軍の爆撃も日本軍へのセメント売却を抑制する効果を発揮し，さらに爆撃が致命傷とはならなかったことから戦後直ちに復興体制に入ることが可能であった。戦争によりタイのセメント生産量こそ大きく減退したものの，産業自体が破壊されるまでには至らなかったのである。

### (2) セメント需要の急増

戦後のセメント産業は急速に復興に向かい，セメント輸送量も回復に向かうことになった。先の表5-10 (p. 244) を見ると，戦後のセメント生産量は急速に回復し，1940年代後半には戦前のレベルに復帰したことが分かる。鉄道輸送量も同様の回復傾向を見せており，セメント輸送量は50年には4万トンと戦前のレベルを超えており，泥灰土の輸送量も同じく50年に戦前の量を上回るまでに回復した。鉄道輸送量は48年と49年の数値が存在しないが，とくにセメントの輸送量は47年から50年の間に10倍近く増加していることから，この間の輸送力の増強が急速に進んだことを示している。

1947年のセメント最大発送駅はバーンスーではなくバンコクであり，バンコクの発送量が1,827トン，バーンスーが1,783トンとなっていた［RSRS (1947)］。到着地は北部のラムパーンが1,094トンと最大であり，以下チエンマイ803トン，ウドーンターニー283トンとなっていた。集計すると北部の到着量が2,045トンと総輸送量の半数を占めており，東北部が1,207トン，中部上部360トン，南部268トンと，戦前に比べ南部着の輸送量が大きく減少していた。これは戦争によりラーマ6世橋が使用不能となっていたことから，バーンスーから南線への貨車輸送ができなくなり，沿岸水運に代替されたものと考えられる。

セメント生産量の回復は，戦争で破壊されたバーンスー工場の復興のみならず，戦時中に建設が中断されていたタールアン工場の操業開始にも起因していた。タールアン工場は1948年に操業を開始し，焼成炉1機で年間13万トンの生産能力を有していたが，53年には早くも第2号炉を増設して年間生産能力は26万トンへと倍増することになった［SCC 1983: 143］。タールアン工場はバーンモーの泥灰土産地からは10kmほど離れており，鉄道で輸送する必要があった。このため，工場への支線は会社の費用で建設したものの，輸送費は通常通りの賃率で支払うことになった［PST 1957: 9–10］。

タールアンにセメント工場ができたことは，地方からバンコク向けのセメント輸送が発生したことを意味した。これまではバンコク市内のバーンスーにしかセメント工場が存在しなかったことから，鉄道によるセメント輸送はバンコクから地方に向けて行われてきた。ところが，新工場が地方に出現したことで，工場からバンコクへの輸送が新たに加わったのである。この時期の詳細な鉄道輸送統計が存在しないので確認はできないが，タールアン工場からはバンコク向けのみならず，北線や東北線方面への輸送も出現したはずである。この後出現するセメント工場もすべて原料立地型となったことから，地方からバンコク向けのセメント輸送がこの後のセメント輸送の中心となっていくのである。

タールアン工場の完成は，クリンカーの鉄道輸送を生み出した。先の図5–4（p. 245）を見ると，1951年からクリンカーの数値が存在しているが，これはタールアン工場で焼成されたクリンカーをバーンスー工場へ運んで粉砕してセメントとして販売するための輸送であったものと考えられる。バーンスーでは戦後も第1号炉と第2号炉が復活せず，第3号炉のみで生産を続けていたことから粉砕能力に余裕があり，そのためクリンカーをタールアンから運んでいたのであろう。クリンカーは長期間の保管が可能であったことから，バーンスーでは市場需要に合わせてセメントに粉砕すれば良かったのである［Siwitcha 1976: 25］。クリンカー輸送は64年まではセメント輸送量よりも多く，時期によってはセメント輸送量の倍以上に達していた。しかしながら，63年から67年にバーンスーで新たな焼成炉が3炉建設されたことで，65年をもってタールアンからのクリンカー輸送はほぼ終焉した[60)]。

1950年代にセメント生産量は一貫して増加していったが，セメントの需要はそれを上回る速度で成長したようであり，この時期に再びセメントの輸入が見られるようになった。先の表5–10のセメント輸入量を見ると，50年代前半は5万トン程度の輸入が存在したことが分かる。戦前の輸入量は多くても1万トン台であったことから，セメント輸入量は戦後に大きく増加したことになる。53年にはタールアンの第2号炉も操業を開始しているが，輸入は解消されないことから，これだけでは国内需要を賄うには不十分であったことになる。

一方で，この時期からセメントの国外輸出も本格的に行われるようになった。同じく表5–10からは戦前よりセメントの輸出が行われていることが分かるが，その量は1,000トンに満たないことが多かった。その後50年代後半に輸出量が1万トンを超えており，60年代前半に入る10万トンを上回る年も見られるようになった。主要な輸出先は近隣諸国であり，とくに内陸国でセメント産業が未発達なラオス向けの輸出が中心であった[61)]。タイも近隣の新興独立国への工業製品の輸出に積極的であり，セメントや砂糖など国内で生産可能なものは輸出を推奨し，市場を確保すべきだとの考えであった[62)]。

セメント需要は，道路やダムなどの大規模な社会基盤整備が進むにつれて大きく増加していくことになった。中でも，大規模なダム建設には大量のセメントが必要となることから，ダム建設に伴って新たなセメント製造会社が設立されることになった。これが，1956年に設立されたチョンラプラターン・セメント社（Jalaprathan Cement Co. Ltd.）である。この会社は，前章で述べたプーミポン・ダム建設に伴うセメント需要の増加を賄うべく設立されたもので，事業主体の灌漑局が株式の半分を所有した［Suehiro 1989: 149］[63)]。プーミポン・ダムの建設には計28万2,000トンのセメントを使用することが見積もられており，当時の年間セメント生産量の約4分の3に値する量であった。このため，既存のサイアム・セメントの生産能力だけでは不足するものと考えられた結果，新会社の設立により生産能力を増やすことになったのである[64)]。ちなみに，この年にはセメント産業が投資奨励事務所（Board of Investment: BOI）の投資奨励産業に指定されており，チョンラプラターン・セメント社は工場建設時にその恩恵を享受していた［Suphat & Patthama 1996: 2］[65)]。

このチョンラプラターン・セメント社は，北線のポーントーン（バンコク起点189km）に工場を建設し，1958年に操業を開始した。この工場も原料立地型であったが，鉄道沿いに工場を建設したのは，やはり製品輸送に鉄道を利用するためであった。しかしながら，ダム建設現場までのクリンカー輸送は自動車で行われることになった[66)]。ポーントーンの工場から4km程でバンコクから北部へ至る幹線道路（パホンヨーティン通り）に出られ，この道路を北上すればダム建設現場のすぐそばまで到達できることから，自動車輸送の利便性は確保されていた[67)]。鉄道で最寄りのサワンカロークまで輸送する選択肢もあったはずである

写真22　プーミポン・ダム建設のためのクリンカー輸送

出所：CPK［1964］

が，鉄道の輸送力増強が難しかったのか採用されなかった。

それでも，当時のパホンヨーティン通りは一部が舗装されていたものの道幅の狭い低規格の道路であったことから，道路の整備が必要であった。道路局では工場の最寄りのタークリーからクローンクルンまでの165kmについては橋の拡張と路面の整備を行ったが，残りのクローンクルン～ダムサイト入り口までの150kmは灌漑局が担当した［CPT 1964: 29］。工事現場への物資輸送は水運も利用可能であったが，水位の関係から灌漑局が建造した100トンの船は雨季の２ヶ月間しかタークまで到達できず，他の期間はチャイナートのチャオプラヤー・ダムまでの輸送となり，その先は同じ道路を利用して運ぶことになった。このため，この道路はクリンカー輸送以外にも，他の資材や機材輸送にも利用されることになり，15～70トン積みのトラックやトレーラーが57台で輸送を担ったという［Ibid.］。このプーミポン・ダム建設に伴う自動車輸送は，おそらくタイで最初の自動車による大量貨物輸送であったものと思われる。

「開発」の時代に入り国内のセメント需要はさらに拡大し，生産量も増加を続けた。セメントの生産量は1950年代後半の平均50万トン弱から60年代前半には100万トン以上へと倍増した。これはセメント工場の生産能力の上昇に伴うものであり，バーンスーでは63年に年間生産能力10万トンの第４号炉が設置され，翌年には同規模の第５号炉も稼動を開始し，タールアンでも57年と60年にそれぞれ年間21万トンの生産能力を持つ第３号炉と第４号炉が増設された［SCC 1983: 143］。このような生産能力の増強が，急速な生産量の拡大をもたらしたのである。

鉄道によるセメント輸送量も，さらに拡大を続けていた。1955年に10万トンを突破してからしばらく10万トン台が続くものの，64年には20万トンを超えてその２年後には前年のほぼ倍増の約47万トンに達していた。この時期は「開発」の時代であり，フレンドシップ・ハイウェーの影響を受けて米をはじめとするかつての三大輸送品目は軒並み輸送量を減少させていたが，セメント輸送にはその影響はほとんど現れていない。1965年に平行するフレンドシップ・ハイウェー延伸区間が開通したノーンカーイ線の建設資材の到着量を見ても，64年６万3,818トン，65年５万7,932トン，66年４万6,924トン，67年７万8,407トンと道路開通の影響はそれほど見られない［Kovit 1969: 37-41］[68]。

泥灰土の輸送も，同様に拡大を続けていた。泥灰土はバーンスーとタールアンに向けて輸送されており，チョンラプラターン・セメント社は工場周辺の石灰岩を採掘して使用したことから，鉄道による泥灰土輸送は不要であった。タールアンの場合は工場と採掘場が近く，道路も利用可能であったことから，鉄道と自動車の双方が併用されていた。1961年の段階では，1日800～1,200トンの泥灰土をタールアンの工場に輸送しており，その輸送は鉄道が12.5トン積み貨車38両の編成で3往復（1,425トン），自動車が5トン積みトラック8台で3往復（120トン）であった[69]。このように，輸送シェアは圧倒的に鉄道のほうが高かったが，輸送コストは自動車のほうが安かったことから，国鉄では運賃の引き下げを図って顧客の維持に努めようとした[70]。

### (3) セメント輸送の変容 ── 輸送ルートの多様化

「開発」の時代に各社は工場の増強を行ったものの，さらなる需要の増加が見込まれたことから，新工場の建設が計画された。最初に実現したものが，サイアム・セメント社の第3工場となる南部のトゥンソン工場である。トゥンソンはナコーンシータマラート山脈の西麓に位置し，原料となる石灰岩の採掘も可能であり，鉄道にも道路にも隣接していた。1966年に操業開始したこの工場は，タイで初めて乾式製法を導入した［SCC 1983: 144］[71]。当初の生産能力は年間46万トンであり，67年には本格的な稼働体制に入った。

この工場は，タイで最初の周縁部に立地するセメント工場となり，セメント輸送構造の変容に大きな役割を果たすことになった。これまで南部で消費されるセメントは，鉄道か水運でバンコクやタールアンなどから輸送する必要があり，長距離輸送のコストが問題となっていた。このため，サイアム・セメント社では1962年から南部でのセメント工場の設立を検討し，パッタルンやヤラーなどの候補地もあったものの，結局南部のほぼ中央に当たるトゥンソンに立地させることになった［Ibid.: 100］。この工場の生産能力は当初1日あたり1,000トンとされていたが，当時の南部でのセメント需要は1日300トンほどであり，当面南部のセメント需要はこの工場で十分賄うことができ，かつマレーシア方面への輸出余力も備えていた[72]。このため，当初はバンコク方面への輸送も行っており，70年頃には1日900トンが鉄道と水運でバンコク方面へ輸送された［Rimmer 1971:

147］[73]。

南部にセメント工場が操業したことに伴い，バンコクから南部へ輸送されるセメントの量は減少したはずである。当時の南部のセメント需要は年間11万トン程度であったことから，工場完成前はこの量が鉄道か水運でバンコク方面から輸送されていたことになる。1965年の沿岸水運の貨物輸送統計によると，バンコクから南部への建設資材の輸送量は計8万8,799トンであったことから，このうちかなりの割合でセメントが含まれていたものと推測される［RKNT (1965)］。鉄道輸送については統計が得られないが，バンコク方面から南部への長距離輸送はトゥンソン工場の操業後減少したものと思われる。ただし，トゥンソンから南部各地へむけての鉄道輸送が新たに発生しており，セメント需要全体も増加していたことから，図5-4 (p. 245) のセメント輸送量自体の減少は見られない。

既存の工場の生産能力増強や新たなセメント工場の建設にもかかわらず，1966年にはセメントの需要増に生産が追いつかず，大量の輸入が発生することになった。先の表5-10 (p. 244) を見ると，66年に輸入量が12万トンと急増し，翌年は24万トンとさらに増加していることが分かる。60年代後半から70年代前半は第1次建設ブームと呼ばれており，セメント生産能力が需要に追いつかなくなった［末廣・南原 1991：53］[74]。この要因は，米軍の建設計画による需要増や，バンコクでのアジア大会会場整備，国際見本市会場整備，空港整備などの開発計画が重なったためであった[75]。前述のように66年の鉄道セメント輸送量が前年比で倍近く増加していた背景には，このような建設ラッシュが存在していたのである。

このセメント需要の急増を受けて，政府も新たにセメント産業奨励策を打ち出すことになった。チョンラプラターン・セメント社が設立された際の優遇措置は1962年に廃止されていたため，68年に改めてセメント産業が奨励産業に指定された［Suphat & Patthama 1996: 2］。これを受けて，チョンラプラターン・セメント社とサイアム・セメント社は新工場を1ヶ所ずつ建設することになった。前者はバンコクの南西に位置するチャアムに工場を建設して69年から操業を開始し，後者はドンパヤーイェン山脈の西麓のケーンコーイに新工場を建設し，71年から生産を開始した。それぞれ原料立地型の工場であり，従来の工場と同じく鉄道に隣接して建設された。サイアム・セメント社は既存工場の増強も行っており，バーンスーでは67年に年間生産能力19万トンの第6号炉が新設され，タールアンでは68年に生産能力60万トンの第5号炉が新設された［SCC 1983: 143］。

さらに，従来の企業による生産能力増強のみならず，第3のセメント製造企業が出現することになった。これが，1969年に設立されたサイアムシティー・セメント（Siam City Cement Co. Ltd.）である[76]。この会社はアユッタヤー銀行グループのラッタナラック一族の企業であり，同グループが新たな産業に参入したことになる［Suehiro 1989: 60］。この会社もケーンコーイに工場を建設し，72年から生産を開始した。これにより，タイ国内のセメント工場は計7工場となり，年間生産能力は表5-11のように計500万トンに達したことになる。実際の生産量は77年に500万トンを超え，生産能力の増強はあったもののこの7工場体制で80年代までタイのセメント生産が担われることになる。

このように，60年代後半から新たなセメント工場が多数建設されたが，いずれも原料立地型であったことからバンコクへ向けてのセメント輸送も増加することになり，鉄道の役割はこのバンコク方面への輸送が中心となっていた。表5-12は1970年代半ばの鉄道によるセメント輸送の状況を示したものである。これを見ると，最大発送地は北線1区間の約98万トンであり，総輸送量の88%を占めていた。北線1区間に立地するセメント工場は，サイアム・セメント社のタールアン，ケーンコーイ工場，チョンラプラターン・セメント社のタークリー工場，サイアムシティー・セメント社のケーンコーイ工場の4ヶ所であった。南線1，3区間からの発送も多く，それぞれチャアム，トゥンソン工場が立地していた。

一方到着を見ると，バンコク着が約78万トンと全体の70%を占めており，以下北線3区間，南線1区間，南線2区間と続いている。バンコク着のセメントのほとんどが北線1区間発であり，鉄道によるセメント輸送のうち北線1区間からバンコクへの輸送が全体の7割を占めていたことになる。地方への輸送も北線2区間以北や東北線への輸送は北線1区間の4工場からの発送が中心であり，南線2，3区間では北線1区間からの長距離輸送も見られるものの，大半が南線3区間のトゥンソン工場からの発送であった。東北線への輸送量が少なくなっているのは，自動車輸送が主流であったためであろう。鉄道輸送の中心は北線1区間の工場からバンコク市場向けの輸送であり，地域間輸送は相対的に低い比率となった。これは，戦前のセメント輸送とは大きく異なるものであった。

セメントの場合は特定の区間に大量の輸送需要が存在していたことから，バラ

表5–11　セメント工場の生産能力と鉄道利用率（1977年）（単位：千トン）

| 会社名 | 工場名 | 操業開始年 | 利用駅 | 年間生産能力 | 鉄道発送量 | 鉄道利用比率（%） |
|---|---|---|---|---|---|---|
| サイアム・セメント | バーンスー | 1915 | バーンスー | 330 | — | — |
| | タールアン | 1948 | タールアン | 1,320 | 309 | 23 |
| | トゥンソン | 1966 | ティーワン | 495 | 80 | 16 |
| | ケーンコーイ | 1971 | バーンチョンターイ | 1,320 | 677 | 51 |
| チョンラプラターン・セメント | タークリー | 1958 | ポーントーン | 413 | 186 | 45 |
| | チャアム | 1969 | チャアム | 460 | 36 | 8 |
| サイアムシティー・セメント | ケーンコーイ | 1972 | マープカバオ | 660 | 150 | 23 |
| 計 | | | | 5,033 | 1,438 | 29 |

注：サイアム・セメント社については，Siwitcha［1976］とSCC［1983］の操業開始年が異なっている場合があり，その場合は後者に従った。
出所：操業開始年，生産能力 Siwitcha［1976］：4–9，SCC［1983］：143–144，鉄道発送量 SSR（1977）より筆者作成

積み輸送による輸送コストの低減もなされた。従来は袋詰めのセメント袋を有蓋車で輸送していたが，積み降ろしに手間がかかることから，専用のセメントホッパー車を利用して工場から目的地に輸送するバラ積み輸送が登場した。ただし，目的地にはバラ積みセメントを貯蔵するサイロを建設する必要があった。このセメントホッパー車は1975年に100両が新造されており，76年から輸送が開始された［RFT（1976）: 49］。77年には約38万トンのセメントがこの方式で輸送されており，セメント輸送の約4分の1を占めていた。発送地はサイアム・セメント社のケーンコーイ工場に隣接するバーンチョンターイのみであり，バンコク市内の2ヶ所のセメントサイロに向けて輸送された。このバラ積み輸送の導入の成果は，先の図5–4（p. 245）のように75年以降の鉄道輸送量の急増に現れており，この後鉄道によるセメント輸送の主役へと成長していくことになる[77]。

セメントの原料輸送も，依然として鉄道の重要な任務であった。泥灰土は最盛期より若干減少したものの年間50万トン程度の輸送が存在し，そのほとんどがバーンモーからバーンスーへの輸送であり，タールアンへの輸送は消滅した[78]。一方，石膏については，1960年代に入って輸送量が増加しており，69年には10

表 5-12　鉄道セメント輸送状況（1975 ～ 77 年平均）（単位：トン）

| 発送＼到着 | 北線 1 | 北線 2 | 北線 3 | 東北線 1 | 東北線 2 | 東北線 3 | 東線 | バンコク | 南線 1 | 南線 2 | 南線 3 | マレーシア国境 | 計 | 比率（%） |
|---|---|---|---|---|---|---|---|---|---|---|---|---|---|---|
| 北線 1 | 144 | 9,295 | 84,553 | 2,856 | 31,724 | 2,749 | — | 771,483 | 49,428 | 10,830 | 16,148 | 567 | 979,777 | 88 |
| 北線 2 | — | 132 | — | — | — | 17 | — | — | — | — | — | — | 149 | 0 |
| 北線 3 | — | — | 38 | — | — | — | — | — | — | — | — | — | 38 | 0 |
| 東北線 1 | — | — | — | — | — | — | — | — | — | — | 4 | — | 4 | 0 |
| 東北線 2 | — | — | — | — | 11 | — | — | — | — | — | — | — | 11 | 0 |
| 東北線 3 | — | 17 | — | 4 | — | — | — | 139 | — | — | — | — | 160 | 0 |
| 東線 | — | — | — | — | — | — | — | — | — | — | — | — | — | — |
| バンコク | — | 4 | 431 | 10 | 163 | 78 | 4 | 207 | 543 | 335 | 7,571 | 86 | 9,432 | 1 |
| 南線 1 | — | 4 | 641 | — | 124 | 124 | — | 1,799 | 13,339 | 2,300 | 6,233 | 2,795 | 27,359 | 2 |
| 南線 2 | — | — | — | — | — | — | — | — | 52 | 407 | 68 | | 527 | 0 |
| 南線 3 | — | — | — | — | — | — | — | 2,200 | 13,310 | 44,181 | 21,974 | 12,297 | 93,962 | 8 |
| マレーシア国境 | 9 | — | — | — | — | — | — | — | — | — | — | — | 9 | 0 |
| 計 | 153 | 9,452 | 85,663 | 2,870 | 32,022 | 2,968 | 4 | 775,828 | 76,672 | 58,053 | 51,998 | 15,745 | 1,111,428 | 100 |
| 比率（%） | 0 | 1 | 8 | 0 | 3 | 0 | 0 | 70 | 7 | 5 | 5 | 1 | 100 | |

注 1：四捨五入の関係で合計値は原資料と若干異なる。
注 2：各区間は表 4-3 と同じである。
出所：SSR（1975）-(1977) より筆者作成

万トンを超えている。これらの石膏は北線2区間のチュムセーン，タパーンヒンと南線2区間のバーンソンから主に発送されており，前者はチョンラプラターン・セメント社のタークリー，チャアムの各工場へ，後者はサイアム・セメント社のトゥンソン工場とマレーシアへと運ばれていた[79)]。原料も含めたセメント関連品目の輸送量は，年によっては鉄道総輸送量の約3分の1を占めることもあり，「開発」の時代以降の鉄道の重要な任務となっていたのである。

しかしながら，セメント自体の輸送の主役は鉄道ではなかった。先の表5-11には，1977年の各セメント工場の最寄り駅のセメント発送量と生産能力に占める鉄道利用比率を示しており，これを見るとサイアム・セメント社のケーンコーイ工場の51%からチャアム工場の7%まで幅があることが分かる。このケーンコーイ工場からの発送は75年には35.6万トンであったことから，バラ積み輸送の導入で発送量が急増したことになる［RFT (1975)］。鉄道で発送されたセメントは総計すると3割となることから，それ以外のセメントは，自動車か水運で輸送されたことになる。バーンスーはバンコク市場向けの工場であるから製品輸送は必然的に自動車となるし，サイアム・セメント社の場合は生産したセメントをグループ企業でコンクリート管などの製品に加工して販売することもあった[80)]。

鉄道以外の輸送状況の把握は，これまで見てきた品目のように容易ではない。それは，自動車輸送にしても水運にしても，利用可能な統計には「建設資材」の数値しか得られず，その中には土砂，砕石，鉄筋などの建設資材が含まれており，セメントの輸送量の推計すら困難なためである。このため，次善の策として地域別のセメント消費量から輸送量を推計することが考えられ，その結果が表5-13となる。この表では，タイ交通連携調査の推計による地域別セメント消費量の比率を用いて75～77年の平均セメント使用可能量（生産量－輸出量）を配分したものである[81)]。

この推計消費量から鉄道にて各地域に到着した量を引くと，残りがその他の輸送手段で運ばれたセメント量となる。このうち，水運については多少情報があり，1972年の時点でパーサック川を利用して輸送されたセメントが年間50万トンであったとの記述が得られ，75年の生産量が72年とほぼ同じ量であったことから，50万トンがバンコクへ輸送されたものと仮定した[82)]。中部上部へも水運で輸送することも可能ではあるが，統計を見る限りそのような輸送は存在しない。南部

写真 23　鉄道によるセメントのバラ積み輸送

サイアム・セメント社の工場でのホッパー車へのセメント積み込み風景。
出所：RFT［1991］：186

表5–13　地域別セメント消費量と手段別輸送量の推計（1975年頃）（単位：千トン）

| 地域 | 消費量 | 輸送手段 | | | | | | 備考 |
|---|---|---|---|---|---|---|---|---|
| | | 鉄道 | | 自動車 | | 水運 | | |
| | | 輸送量 | (%) | 輸送量 | (%) | 輸送量 | (%) | |
| 北部 | 318 | 86 | 27 | 232 | 73 | — | — | |
| 東北部 | 637 | 38 | 6 | 599 | 94 | — | — | |
| 中部上部 | 318 | 9 | 3 | 309 | 97 | — | — | |
| 中部下部 | 548 | 77 | 14 | 471 | 86 | — | — | |
| 南部 | 518 | 110 | 21 | 368 | 71 | 40 | 8 | |
| バンコク | 1,642 | 776 | 47 | 366 | 22 | 500 | 30 | 消費量以外に輸出向け輸送が40万トン存在 |
| 計 | 3,981 | 1,096 | 28 | 2,345 | 59 | 540 | 14 | |

注1：地域別消費量は1973年の地域別セメント需要予測の比率（北部・中部上部16%，東北部16%，中部下部・バンコク55%，南部13%）を基準とし，1975～77年のセメント使用可能量の平均値398.1万トンより算出したものである。ただし北部と中部上部の割合は半分ずつ，中部下部とバンコクの割合は1：3と推計してある。

注2：鉄道輸送量は表5–12を基準とし，北部は北線3区間，東北部は東北線各区間，中部上部は北線2区間，中部下部は北線1，南線1区間，南部は南線2，3区間の到着量を利用した。

注3：水運はバンコクへの輸送量は1972年にパーサック川で年間50万トンのセメントが輸送されているとの記述に基づいており，中部下部向けの輸送はなかったものと仮定している。南部については1966年にセメント工場が操業しバンコク方面から輸送する必要がなくなったことと，及びRKNT（1965）とRKNT（1971）の数値からこの間にバンコクからソンクラーへの建設資材の輸送量が3.8万トンから1.7万トンに減少したことを勘案し，RKNT（1965）のバンコク発南部着の建設資材量8.9万トンをソンクラーと同じ減少率で減少させた数値を利用している。

注4：自動車輸送量は地域別消費量から鉄道と水運による輸送量を減じたものである。ただし，バンコクは輸出分40万トンを消費量に加えて産出してある。

注5：バンコク経由の輸出量は，1975～77年の平均輸出量50万トンから，南部発の輸出量10万トンを減じたものである。

出所：消費量；WSALA［1969］：2B–70，輸送量；鉄道 表5–12，水運 NA Kho Kho 0202. 2/193，RKNT（1965），RKNT（1971）より筆者推計

への水運での輸送については，65年の建設資材の輸送量8.9万トンを基準とし，同年と71年のソンクラー港着の建設資材量の減少率を用いて算出した4万トンとの数値を利用している。これは66年のトゥンソン工場の操業開始でバンコク方面から南部へ輸送されたセメントが減少したとの前提によるものである。

以上をふまえて表5–13を見ると，セメントの輸送量は自動車輸送が鉄道の2倍以上となっていることが分かる。最大の市場であるバンコクへの輸送は，鉄道輸送の比率が最も高くなり，全地域中で最も鉄道輸送の比率が高くなっている。これは，バンコクの場合は特定区間での大量輸送が可能であり，しかも前述のバ

表 5–14　手段別セメント輸送量の比較（1975 年頃）（単位：千トン）

| 方向 | 地域 | 自動車 | | 鉄道 | | 河川水運 | | 沿岸水運 | | 計 |
|---|---|---|---|---|---|---|---|---|---|---|
| | | 輸送量 | （%） | 輸送量 | （%） | 輸送量 | （%） | 輸送量 | （%） | |
| バンコク方面から | 北部着 | 232 | 73 | 86 | 27 | — | — | — | — | 318 |
| | 東北部着 | 599 | 94 | 38 | 6 | — | — | — | — | 637 |
| | 中部上部着 | 309 | 97 | 9 | 3 | — | — | — | — | 318 |
| | 南部着 | — | — | 43 | 52 | — | — | 40 | 48 | 83 |
| | 計 | 1,140 | 84 | 176 | 13 | — | — | 40 | 3 | 1,356 |

注 1：鉄道輸送量は，北部，東北部，中部上部着は北線 1 区間以南発の量を，南部発は南線 1 区間以北発の量をそれぞれ合計したものである。
注 2：自動車輸送量と沿岸水運輸送量は表 5–13 の推計方法と同じである。なお，南部については自動車でのバンコク方面からの輸送も考えられるが，表 5–11 のトゥンソン工場の生産能力が年間 49.5 万トンであり，表 5–13 での推計消費量が 51.8 万トン，別に輸出が 10 万トンあることから南部で必要なセメント量は計 61.8 万トンとなる。するとこの差が約 10 万トンとちょうど鉄道と水運による輸送量と近いことから，自動車での輸送はなかったものと仮定した。
出所：自動車，沿岸水運 表 5–13，鉄道 表 5–12 より筆者作成

ラ積み輸送が利用可能となって，鉄道輸送の優位性が高まったためである。一方，南部と北部は比較的鉄道輸送量が多いが，中部上部や東北部は北線 1 区間に立地している工場からの輸送距離が短いことから，自動車輸送が中心となっていたものと思われる。南部については輸送距離が短いものの，当時鉄道に並行する道路が未整備であったことから，鉄道輸送の比率がある程度高くなっていた[83]。

バンコクへの輸送量については，海外への輸出分が 40 万トンも含まれていた。1970 年代に入りセメントの輸出量は拡大しており，表 5–10（p. 244）の 75 ～ 77 年の平均輸出量は年 50 万トンであった。当時の最大の輸出先はインドネシアであり，75 年の輸出量は約 28 万トンであった [Siwitcha 1976: 付表]。輸出用セメントの発送地については，表 5–12（p. 259）から南線 3 区間，すなわちトゥンソン工場から 1 万 2,000 トン程度が鉄道でマレーシアへ発送されていたことが確認できるほか，西海岸のカンタン港からも 7 万トン程度の発送が行われていたことから，南部からの輸出量が 10 万トン程度であったものと推測される[84]。このため，残りは中部の工場から発送されたものと考えられ，輸出はバンコク経由となる。

最後に，地域間輸送についてまとめたものが表 5–14 となる。この表では地域間輸送に限定したもので，バンコクへの輸送や南部内での輸送については除外している。これを見ると，やはり，北部と南部への輸送は鉄道の役割が比較的高く，

逆に東北部へは自動車輸送が中心となっていることが分かる。輸送量自体では南部への輸送は少なくなっているが，バンコク方面から南部への輸送については水運と鉄道が同程度の輸送量となっている。ただし全体の輸送量は 136 万トンであり，セメント生産量全体の 3 分の 1 でしかなく，セメントの場合はやはりバンコク～周縁部間の輸送よりも工場からバンコクへの短距離の輸送が中心であったことが改めて理解される。

このように，「開発」の時代のセメント需要の急増を受けて，国内のセメント輸送量も急速に増加した。その主要な輸送ルートは主として中部下部に位置するセメント工場からバンコク向けの短距離輸送であったが，北部と東北部については，これらの産地からの中・長距離輸送が行われていた。一方で南部には独自のセメント工場が存在したことから，バンコク方面からのセメント輸送量は限定されていた。かつてはバンコクで輸入あるいは製造されたセメントが周縁部へと輸送される単純な輸送構造であったが，セメント産地の分散によって独特の輸送構造が形成されたのである。

## 第 3 節　石油製品輸送 ── 鉄道輸送の「最後の砦」

### (1) 戦時中の石油製品輸送

タイにとって，石油[85]は 20 世紀に入り急速に需要が拡大した商品であった。タイでは伝統的に燃料は薪と木炭が使用されており，石油製品はランプの流入と共に 19 世紀後半から輸入が始まった。20 世紀に入ると北部のファーンで油田の試掘も行われたものの，その埋蔵量は少ないと判断され，石油製品は輸入に依存することになった[86]。当初は石油ランプ用の灯油の輸入が中心であったが，後に自動車が導入されるとガソリンの輸入も増えた。さらに，鉄道や工場での潤滑油の需要や重油の輸入も増加していった。

表 5-15 は石油輸入量の推移を示しており，これを見ると 1930 年代後半には 13 万 kℓ 程度の石油製品が輸入されていたことが分かる。当時の石油製品の輸入は主に蘭印から来ており，1935/36 年には灯油の輸入額の 87%が蘭印からの分であった [SYB (1935/36–36/37): 100–101]。このため，南部では蘭印やシンガポー

表 5-15　石油輸入量の推移（1936/37 ～ 77 年）（単位：kℓ）

| 年 | 原油 | 灯油 | ガソリン | ディーゼル燃料・重油 | 航空燃料 | 潤滑油 | 計 |
|---|---|---|---|---|---|---|---|
| 1936/37 | — | 49,913 | 27,216 | 56,118 | N.A. | N.A. | 133,247 |
| 1937/38 | — | 38,122 | 27,775 | 65,788 | N.A. | N.A. | 131,685 |
| 1938/39 | — | 40,432 | 29,113 | 68,669 | N.A. | N.A. | 138,214 |
| 1939/40 | — | 26,700 | 23,203 | 68,639 | N.A. | N.A. | 118,542 |
| 1940 | — | 51,187 | 39,587 | 76,295 | N.A. | N.A. | 167,069 |
| 1941 | — | 20,044 | 28,811 | 51,528 | N.A. | N.A. | 100,383 |
| 1942 | — | 11,627 | 2,481 | 12,872 | N.A. | N.A. | 26,980 |
| 1943 | — | 8,055 | 14,658 | 18,503 | N.A. | N.A. | 41,216 |
| 1944 | — | 2,093 | 6,736 | 11,259 | N.A. | N.A. | 20,088 |
| 1945 | — | 722 | 2,596 | 3,135 | N.A. | N.A. | 6,453 |
| 1946 | — | 16,639 | 16,023 | 15,760 | N.A. | N.A. | 48,422 |
| 1947 | — | 44,255 | 43,496 | 32,168 | N.A. | N.A. | 119,919 |
| 1948 | — | 57,754 | 81,179 | 59,237 | N.A. | N.A. | 198,170 |
| 1949 | — | 69,957 | 111,499 | 82,314 | N.A. | N.A. | 263,770 |
| 1950 | — | 60,585 | 110,310 | 113,029 | N.A. | N.A. | 283,924 |
| 1951 | 2,492 | 76,193 | 161,734 | 146,040 | N.A. | 17,682 | 404,141 |
| 1952 | 8,944 | 94,492 | 209,315 | 194,191 | N.A. | 19,514 | 526,456 |
| 1953 | 4 | 93,799 | 205,009 | 276,874 | N.A. | 24,932 | 600,618 |
| 1954 | 8,130 | 105,885 | 180,688 | 145,125 | N.A. | 21,551 | 461,379 |
| 1955 | 1,647 | 99,127 | 192,604 | 204,234 | N.A. | 28,414 | 526,026 |
| 1956 | 3 | 118,883 | 313,222 | 472,814 | 68,547 | 30,087 | 1,003,556 |
| 1957 | — | 106,945 | 400,302 | 527,684 | 58,385 | 37,373 | 1,130,689 |
| 1958 | 17 | 120,436 | 385,972 | 571,098 | 68,580 | 28,729 | 1,174,832 |
| 1960 | — | 165,871 | 507,407 | 658,437 | 52,919 | 40,785 | 1,425,419 |
| 1961 | — | 129,500 | 494,414 | 770,491 | 115,650 | 36,268 | 1,546,323 |
| 1962 | — | 143,146 | 521,414 | 977,789 | 236,328 | 56,163 | 1,934,840 |
| 1963 | — | 154,206 | 504,305 | 1,125,552 | 218,088 | 46,596 | 2,048,747 |
| 1964 | 795,250 | 92,416 | 490,502 | 1,211,359 | 268,962 | 61,450 | 2,919,939 |
| 1965 | 1,408,921 | 47,987 | 183,092 | 778,634 | 482,106 | 67,039 | 2,967,779 |
| 1966 | 2,555,029 | 59,800 | 168,417 | 749,109 | 1,636,765 | 87,722 | 5,256,842 |
| 1967 | 2,549,259 | 49,064 | 179,816 | 938,769 | 460,605 | 105,171 | 4,282,684 |
| 1968 | 3,471,483 | 40,398 | 170,680 | 1,463,591 | 133,142 | 100,642 | 5,379,936 |
| 1969 | 2,887,182 | 32,291 | 193,631 | 1,425,973 | 75,659 | 105,729 | 4,720,465 |
| 1970 | 4,419,699 | 63,574 | 257,891 | 1,096,342 | 6,760 | 134,592 | 5,978,858 |
| 1971 | 6,293,798 | 18,609 | 87,644 | 934,351 | 18,480 | 119,660 | 7,472,542 |
| 1972 | 7,620,156 | 17,480 | 29,630 | 671,335 | 10,769 | 123,665 | 8,473,035 |
| 1973 | 8,760,902 | 28,747 | 151,648 | 873,115 | 11,618 | 122,958 | 9,948,988 |
| 1974 | 6,623,402 | 6,825 | 45,288 | 992,355 | 5,723 | 487,446 | 8,161,039 |
| 1975 | 8,365,878 | 26,999 | 76,691 | 767,761 | 15,574 | 113,178 | 9,366,081 |
| 1975 | 8,365,878 | 26,999 | 76,691 | 767,761 | 15,574 | 113,178 | 9,366,081 |
| 1976 | 8,804,735 | 16,107 | 46,342 | 1,097,278 | 13,408 | 144,891 | 10,122,761 |
| 1977 | 9,695,669 | 31,134 | 65,050 | 1,647,166 | 12,736 | 176,629 | 11,628,384 |
| 1975–77 平均 | 8,955,427 | 24,747 | 62,694 | 1,170,735 | 13,906 | 144,899 | 10,372,409 |

注 1：1970 年以降の原油には抜頭原油を含む。
注 2：灯油，ガソリン，ディーゼル燃料・重油は関連品目も含む。
注 3：1949 年までのディーゼル燃料・重油には潤滑油などのその他の石油製品も含む。
注 4：航空用燃料は航空用ガソリンとジェット燃料の数値であり，1970 年以降は航空用ガソリンのみの数値である。
注 5：潤滑油は容積表示の品目のみを対象としている。
出所：1936/37年 FTS（1937/38）：17–18，1937/38～38/39年 FTS（1938/39）：17，1939/40～40年 FTS（1940）：18, 1941～44 年 FTS（1942–45）：10, 1945～49 年 FTS（1948–49）：224, 1950 年 FTS（1950）：32–33，1951年 FTS（1951）：31–33，1952年 FTS（1952）：36–38，1953 年 FTS（1953）：38–40，1954 年 FTS（1954）：30–32, 1955年 FTS（1955）：31–33, 1956 年 FTS（1956）：31–32, 1957年 FTS（1957）：21–22，1958年 FTS（1958）：22–23，1959年 FTS（1959）：22–24，1960 年 FTS（1960）：26–28，1961 年 FTS（1961）：27–29, 1962 年 FTS（1962）：27–29, 1963年 FTS（1963）：29–31, 1964年 FTS（1964）：30–32，1965年 FTS（1965）：29–31，1966年 FTS（1966）：32–34，1967年 FTS（1967）：34–36，1968 年 FTS（1968）：43–46, 1969年 FTS（1969）：36–39, 1970 年 FTS（1970）：37–39, 1971年 FTS（1971）：33–36，1972年 FTS（1972）：34–36，1973年 FTS（1973）：34–36，1974 年 FTS（1974）：37–39，1975 年 FTS（1975）：37–39，1976 年 FTS（1976）：38–40，1977 年 FTS（1977）：42–45 より筆者作成。

ルから直接石油製品を輸入する割合が高く，バンコク以外の港で輸入される石油製品も少なからず存在した。表5–16はバンコクと地方の石油輸入額の推移を示しており，戦前には地方の輸入額が全体の2～3割を占めていたことが分かる。当時南部はペナンやシンガポールとの経済関係のほうが強かったが，石油製品はまさにバンコクを経由する必要のない商品の典型例であった。

戦前の鉄道による石油製品の輸送状況も，前節で見たセメント輸送と同じく基本的にはバンコクから内陸部へと輸送されていたが，南部では地域内の輸送が見られた点が異なっていた。1935/36年の段階では，灯油が1.2万トン，ガソリンが0.8万トン程度鉄道で輸送されていた（附表6参照）。35/36年の灯油輸送状況を見ると，バンコク発が1万44トンと全体の約8割を占め，一方到着は北部が最も多く3,289トンとなっており，東北部は計2,161トンであった［柿崎1999a：295］。南部でも発送が1,610トン存在していたが，これは南部の港に輸入された灯油が鉄道で南部各地へ輸送されていたものである。中でも西海岸のカンタンの発送量が1,247トンと多く，バンコクに次ぐ発送量を誇っていた［RSRS (1935/36)］。またマラヤから鉄道輸送されてくる灯油も存在し，パーダンベサール経由で727トンの灯油が入っていた。ガソリンの輸送状況も基本的には同じであり，バンコクから内陸部への輸送と南部内での短距離輸送の2つが存在した。

このように，タイの石油製品はすべてを輸入に依存しており，20世紀初頭まではロイヤルダッチシェル系のアジア石油社（The Asiatic Petroleum Co. Ltd.）とスタンダードヴァキューム社（The Standard Vacuum Co. Ltd.）が輸入を牛耳っていた［Thompson 1967: 349］。しかしながら，1930年代末に入るとピブーン首相が石油事業への政府の関与を画策し始め，39年には液体燃料法を制定して統制することになった［Ibid.: 351］。さらに政府は石油精製事業も自ら行うことを決め，日本の技術を用いてバンコクのチョンノンシーにタイで最初の石油精製工場を建設した。この工場は40年から操業を開始し，1日1,000バレルの精製能力を有していた［Khuruchit 1993: 28］。工場の運営は軍務省の燃料局（Krom Chuaphloeng）が行い，同年7月に民間業者が石油製品の輸入販売を停止してからは，この燃料局がタイで独占的に石油製品販売を担うことになった［Thompson 1967: 351–352］。

戦争中は石油の輸入量が激減したことから，鉄道輸送量も大きく落ち込むこととなった。表5–15のように，輸入量は42年に2.7万kℓと前年の約4分の1に

表 5-16　バンコク・地方別石油輸入額の推移（1935/36 ～ 68 年）（単位：千バーツ）

| 年 | バンコク | | 地方 | | | | | 計 |
|---|---|---|---|---|---|---|---|---|
| | 輸入額 | (%) | 南部東海岸 | 南部西海岸 | 内陸国境 | 輸入額計 | (%) | |
| 1935/36 | 9,321 | 82 | 944 | 1,162 | N.A. | 2,106 | 18 | 11,427 |
| 1936/37 | 7,400 | 75 | 1,173 | 1,358 | N.A. | 2,531 | 25 | 9,931 |
| 1937/38 | 6,997 | 70 | 1,626 | 1,336 | N.A. | 2,962 | 30 | 9,959 |
| 1938/39 | 7,426 | 72 | 1,533 | 1,422 | N.A. | 2,955 | 28 | 10,381 |
| 1939/40 | 6,092 | 68 | 1,386 | 1,456 | N.A. | 2,842 | 32 | 8,934 |
| 1940 | 13,938 | 83 | 1,521 | 1,281 | N.A. | 2,802 | 17 | 16,740 |
| 1941 | 8,158 | 70 | 1,864 | 1,644 | N.A. | 3,508 | 30 | 11,666 |
| 1946 | 25,792 | 62 | 7,008 | 8,416 | 193 | 15,617 | 38 | 41,409 |
| 1947 | 56,256 | 81 | 7,333 | 6,162 | — | 13,495 | 19 | 69,751 |
| 1948 | 88,092 | 78 | N.A. | N.A. | N.A. | 24,668 | 22 | 112,760 |
| 1949 | 93,807 | 77 | N.A. | N.A. | N.A. | 28,594 | 23 | 122,401 |
| 1950 | 150,352 | 77 | N.A. | N.A. | N.A. | 43,855 | 23 | 194,207 |
| 1951 | 204,036 | 77 | N.A. | N.A. | N.A. | 62,630 | 23 | 266,666 |
| 1952 | 348,718 | 83 | N.A. | N.A. | N.A. | 71,058 | 17 | 419,776 |
| 1953 | 403,063 | 85 | N.A. | N.A. | N.A. | 68,746 | 15 | 471,809 |
| 1954 | 500,773 | 88 | N.A. | N.A. | N.A. | 69,148 | 12 | 569,921 |
| 1955 | 602,485 | 87 | N.A. | N.A. | N.A. | 89,339 | 13 | 691,824 |
| 1956 | 668,497 | 86 | N.A. | N.A. | N.A. | 106,684 | 14 | 775,181 |
| 1957 | 812,128 | 88 | 56,019 | 59,952 | 14 | 115,999 | 12 | 928,127 |
| 1958 | 603,073 | 85 | 51,184 | 52,355 | 225 | 103,764 | 15 | 706,837 |
| 1959 | 854,947 | 90 | 52,484 | 37,947 | 187 | 90,805 | 10 | 945,752 |
| 1960 | 937,745 | 92 | 47,127 | 39,640 | 172 | 86,939 | 8 | 1,024,684 |
| 1961 | 938,517 | 93 | 38,814 | 33,979 | 205 | 72,998 | 7 | 1,011,515 |
| 1962 | 1,136,395 | 93 | 53,572 | 33,443 | 119 | 87,253 | 7 | 1,223,648 |
| 1963 | 1,124,079 | 92 | 60,508 | 35,812 | 554 | 96,874 | 8 | 1,220,953 |
| 1964 | 1,374,342 | 94 | 53,797 | 29,929 | 358 | 84,084 | 6 | 1,458,426 |
| 1965 | 1,280,630 | 94 | 48,763 | 34,778 | 270 | 83,811 | 6 | 1,364,441 |
| 1966 | 2,231,346 | 97 | 49,819 | 21,644 | 45 | 71,508 | 3 | 2,302,854 |
| 1967 | 1,507,087 | 95 | 62,868 | 18,395 | 138 | 81,401 | 5 | 1,588,488 |
| 1968 | 1,908,745 | 96 | 71,563 | 14,880 | 185 | 86,628 | 4 | 1,995,373 |

注：1949 年までは鉱物性油，50 年以降は鉱物性燃料，潤滑油及び関連品の輸入額である。
出所：1935/36 ～ 36/37年 SYB（1935/36-36/37）：181,1937/38年 FTS（1937/38）：208，1938/39年 FTS（1938/39）：208，1939/40年 FTS（1939/40）：212，1940年 FTS（1940）：212，1941年 FTS（1941）：315，1946年 FTS（1946）：293，1947年 FTS（1947）：277，1948～49年 FTS（1948-49）：327，1950年 FTS（1950）：228，1951年 FTS（1951）：221，1952年 FTS（1952）：223，1953年 FTS（1953）：228，1954年 FTS（1954）：221-222，1955年 FTS（1955）：224，1956年 FTS（1956）：225，1957年 FTS（1957）：244，295-303，1958年 FTS（1958）：253，307-316，1959年 FTS（1959）：264，322-330，1960年 FTS（1960）：333，411-419，1961 年 FTS（1961）：349，425-433，1962年 FTS（1962）：406，487-496，1963年 FTS（1963）：420，498-507，1964年 FTS（1964）：430，510-518，1965年 FTS（1965）：425，501-508，1966年 FTS（1966）：429，505-512，1967年 FTS（1967）：447，526-533，1968年 FTS（1968）：522，610-617 より筆者作成

急減し，43年はやや回復して4万kℓとなったものの，44年は再び2万kℓに減少し，45年には6,453kℓにまで低下していた。鉄道輸送量も同様に落ち込み，41年には3.6万トンあった輸送量が45年にはその10分の1に落ち込んでいた。

石油輸入量の減少は，一般の住民にとってはそれほど大きな問題ではなかった。当時住民が石油製品を使用する機会といえば家庭でのランプ程度であったが，伝統的にヤシ油を利用していたことから灯油の減少もそれほど問題とはならなかったはずである[87)]。石油の輸入減少の影響を最も受けたのは，自動車であった。東北部からの豚輸送が滞った要因の1つは，鉄道駅まで豚を輸送する自動車の燃料不足であった。このため，自動車輸送に依存せざるを得なかった住民には間接的に影響が出たことになるが，当時は自動車の普及も非常に少なかったことから，石油製品不足で自動車が動かなくなれば，旧来の牛車が再び登場したのであろう。

しかしながら，前節で述べたセメント産業などの工業部門や軍事部門においては石油製品の不足は死活問題となることから，石油製品の調達は必須であった。1930年代後半からタイの石油製品輸入先は変化し，蘭印に代わってシンガポールからの輸入が増加した後，39/40年からアメリカからの輸入が急増し，40年には石油輸入量の3分の2がアメリカからの輸入となった[88)]。ところが，開戦によりアメリカからの輸入は途絶えることとなったことから，タイは日本軍が準備した石油をシンガポールで受け取って持ち帰ることとなった。42年に日本側と合意した石油の引渡し量は，月に7,950kℓであった[89)]。もしこの量が確保されれば年間の輸入量は計9万5,400kℓとなり，41年の輸入量と同程度になるはずであった。ただし，実際には政府各機関から出された要望よりも月あたり8,550kℓ不足していた[90)]。

シンガポールからの石油輸送は，海運に依存することになった。輸送の主役は1936年に建造された1,854トンの油槽船サムイ丸であり，シンガポールとの間を月に2往復して3,000kℓの石油を輸送していた[91)]。他にもタイ海運社（Borisat Thai Doen Rua Thale Chamkat）の貨物船を利用してドラム缶詰めの石油輸送も行っており，ワライ丸，スターティップ丸は1往復で3,000缶，バーンナラー丸は1,000缶輸送しており，各船とも3ヶ月で4往復のペースで往来していた[92)]。これにより3ヶ月で約6,000kℓを輸送していたが，これらの船は南部の港に寄港し他の貨物も積んでいるので，石油輸送のみを行えば計5万4,400缶，1万880kℓ輸送できると見積もられた。このため，燃料局はタイ海運社と協議し，43年5月にはワライ丸とスターティップ丸は沿岸港を経由せずにバンコク〜シンガポール間を直行して石油と米のみを運ぶことに決めた[93)]。

このペースでも月に8,000kℓを輸送するのは困難であり，タイ側は日本軍に対してバンコクからシンガポールへの空き缶の返送を援助するよう要求していた[94)]。1943年の段階ではシンガポールには石油が潤沢にあったが，シンガポールではタイに石油を売却する代わりに米を輸送してくることを求めたことから，バンコクからシンガポールへの船は空き缶のみではなく米も輸送する必要があった[95)]。このため，返送される石油缶のほうが少なくなり，43年5月の段階で8,000缶の返送が滞っていたことから，日本軍の船に余裕がある場合にはタイの石油缶を運ぶよう便宜を図ることを求めたのであった[96)]。

その後，戦況の悪化による船の喪失により輸送力がさらに低下することになった。1944年1月には石油輸送を担っていたワライ丸がチャオプラヤー川河口で機雷により沈没し，使用不能となった[97)]。海軍では燃料局経由での石油の調達が難しくなったことから，自らのパガン丸をシンガポールへ派遣していた[98)]。さらに，45年に入るとサムイ丸がシンガポールからの帰途に潜水艦の攻撃を受けてトレンガヌ沖で沈没したことから，バンコクへの石油輸送は危機的状況となった[99)]。このため，燃料局では残るタイ海運社の貨物船2隻をソンクラー〜シンガポール間で運行し，バンコク〜ソンクラー間はバンコク〜シーチャン島間で大型船への継送を行っていた艀を利用する計画を立てた[100)]。バーンナラー丸がシンガポールへは空き缶2,280缶，一般貨物50トン，日本軍の米450トン，スッターティップ丸が空き缶3,280缶，一般貨物50トン，日本軍の米550トンを運び，帰りに石油を満載したとするとそれぞれ4,000缶，5,000缶輸送できると見積もられた[101)]。

ところが，事態は悪化する一方であった。1945年5月の時点ではシンガポールから石油を積んできたスターティップ丸がサッタヒープ沖に停泊していたが，機雷のためにバンコクには入港できず，継送する艀も木製のものがようやくバンコクから出航できる目処がついた状況であった[102)]。バーンナラー丸も機雷のため2ヶ月もバンコクに足止めされており，出航できる見通しも立っていなかった。このため，民間への石油製品の配給は停止することになった[103)]。結局スターティップ丸の石油については，サッタヒープで陸揚げしてバンコクへ輸送することになった。

タイ側の船が利用不可能となったことから，日本軍がタイへの石油輸送を行うこととなった。計画では1,000トンの油槽船で石油を運ぶものの，バンコク港には入れないことから油槽艀をシンガポールから派遣し，これに積み替えて艀をバーンパコン川に入れ，缶に詰め替えてから陸揚げするという複雑な手法を取ることになった[104)]。艀は2隻派遣されることになり，2隻が到着後に油槽船が運行することになっていたが，6月に到着する予定であった1隻目の艀は7月3日にようやく到着した。その後2隻目がシンガポールを出たが，途中で爆撃に遭いチュムポーンで修理していたものの，結局この船はバンコクまで来られなかった[105)]。こうして，石油輸送が事実上壊滅したと同時に終戦を迎えたのである。

このように，当初の予定では月に約8,000kℓの石油を受け取ることになっていたものの，実際にはそれをはるかに下回る量の石油しか得られなかった。1942年から45年までにタイに入った石油の量は計9.4万kℓであり，月8,000kℓのペースで1年間に得られるはずの石油の量とほぼ同じでしかなかった。別の資料によると42年8月から45年4月までに日本軍がタイに売却した石油の量が約7.8万kℓであったことから，戦時中は日本軍がシンガポールで売却した分以外にはタイに到着する石油はほとんど存在しなかったことが分かる[106)]。他の商品と同じように，石油製品もまた輸送上の問題から欠乏したのであった。

### (2) 東北線の石油製品輸送の拡大 —— ラオス特需とベトナム戦争

戦争の終結と共に，石油製品輸送も直ちに復興へと向かい始めた。先の表5–15（p. 265）から分かるように，戦後の石油輸入量の回復は早く，1940年代後半には早くも戦前のレベルまで回復した。中でもガソリンの輸入が大きく増加しており，ガソリンの輸入量が灯油を上回るようになった。これは，自動車の燃料としての需要の拡大によるものであり，この後もタイの石油製品需要は自動車の増加と連動して拡大していくことになる。

ただし，この間の物価の高騰に伴い，石油輸入額は大幅に増加していた。1941年と47年の石油輸入量を比較するとこの間に20%の輸入量の増加が見られたが，輸入額を比較すると同じ期間で9.6倍も増加した。石油の輸入先は戦時中と同

図 5–5　鉄道石油製品輸送量の推移（1935/36 ～ 77 年）

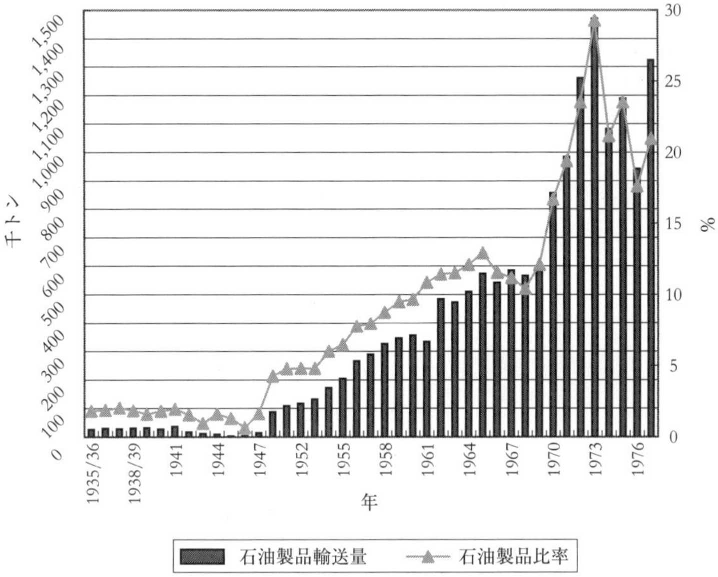


出所：附表 6 より筆者作成

じくシンガポールが中心であったが，ペナンからの輸入も増加している。47 年の数値を見ると，ガソリンは 93%がシンガポールから，6%がペナンからの輸入であり，この 2 ヵ所からの輸入がタイの石油需要を支えていた［FTS (1947): 20］。このため，戦前と同じく南部で消費される石油製品はシンガポールやペナンから直接輸入されることとなり，表 5–16 (p. 267) から分かるように 40 年代後半も地方での輸入額が全体の 2 ～ 3 割を占めた。

石油輸入量の回復と拡大に伴い，鉄道による石油製品輸送量も回復していくことになった。図 5–5 から鉄道による石油製品輸送量も 1947 年以降回復し，50 年には戦前の輸送量の倍以上に増加していることが分かる。1947 年の輸送状況を見ると，ガソリン，灯油ともバンコク発の輸送がほとんどを占めており，南部のカンタン発の輸送は見られなくなった。バンコクの発送量が総輸送に占める割合はガソリンで 92%，灯油で 91%となっており，北部の到着量はそれぞれ 2,213 トン，2,595 トン，東北部は 2,016 トン，2,423 トンとなっていた［RSRS (1947)］。南線の輸送量は非常に少なくなっており，この時期には西海岸に輸入された石油製品を東海岸へ輸送することはなかったものと思われる。これは，戦前との輸入先の違いに起因するのであろう[107]。

戦後復興期において，鉄道の石油製品輸送量は急速に拡大した。図 5–5 からは，石油製品の輸送量が戦前はせいぜい 3 万トン台であったものが，1958 年には 30 万トンを超えてこの間に 10 倍も増加したことが分かる。前節で見たセメントの輸送量も同時期に急速に増加していたが，その増加率は戦前の 3 万トン台から 15 万トンへと 5 倍であった[108]。石油製品輸送量の急増は，図 5–5 の総貨物輸送量に占める比率がこの時期に増加していることからも明らかであり，石油製品の比率は戦前の 2% から 50 年代末には 10% にまで上昇していたことが読み取られる。鉄道の石油製品輸送はこの時代に急速に拡大し，かつ鉄道の主要輸送品目としての地位を獲得していったのである。

鉄道輸送が増加した背景には，ラオス向け輸送の拡大も存在した。戦前からラオスはバンコクの後背地となっており，ラオスで消費される工業製品は大半がバンコク経由で入っていた。石油製品についてはアンナン（ベトナム中部）からも入っており，戦前はアンナンからラオス経由で逆に東北部に入る石油製品も存在していた[109]。しかしながら，戦後はベトナムの独立闘争の影響でベトナムとの貿易は停滞しており，バンコクへの依存度を高めることとなった。さらに，前述したようアメリカは独立後のラオスを共産主義への砦として支えたことから，内陸国ラオスへの外港との連絡ルートの整備は必須であった。このために建設されたのが，ウドーンターニー～ノーンカーイ間鉄道とフレンドシップ・ハイウェーであった。

アメリカが援助をして建設したウドーンターニー～ノーンカーイ間の鉄道は，ラオスへの貨物輸送の改善が主目的であったが，アメリカが鉄道に最も期待したのがこの石油製品輸送であった。アメリカの USOM は 1956 年にタイに対してラオス向けの貨物輸送用の貨車 150 両を購入するために 60 万ドルの借款をタイに供与する計画を出してきた[110]。アメリカ側はこの鉄道で月に石油製品 4,000 トン，その他の貨物 1 万トンを輸送する計画であり，このために，当初の終点であった旧ノーンカーイ駅（現ナーター）に倉庫と石油製品貯蔵施設を整備し，ラオス向けの石油製品をノーンカーイまで輸送して，そこから自動車に積み替えてメコン川をフェリーで渡ってラオスに運ぶことを予定していた[111]。

実際に，1956 年以降ラオスへの石油製品輸送は急増していた。表 5–17 はラオスへの石油輸送額の推移を示したものである。これを見ると，50 年代後半から再輸出が大幅に拡大して輸送額が急増したことが分かる。さらに，57 年からは通過貨物としての石油製品輸送も出現し，再輸出はやがて通過貨物に取って代わられていった。ラオスに対する通過貨物の扱いは 54 年に閣議で認められたが，実際の運用上の問題から実施は 57 年からとなったのであろう[112)]。58 年の輸送額は約 7,000 万バーツであり，同年のタイの石油輸入額が約 7 億バーツ，輸入量が 117 万 kℓ（約 105 万トン）であったことから，ラオスへの石油輸送量は約 10 万トンと計算される［FTS (1958): 22–23］。この年の鉄道による石油製品輸送量が 32.6 万トンであったことから，実にその 3 分の 1 がラオス向け輸送であったことになる。

ラオスへの輸送の拡大は一方でタイ側の運賃収入の増加という形で貢献したものの，他方では車両不足を招いてタイ国内向けの輸送に支障をもたらす懸念もあった。このため，タイはアメリカに車両の増備を援助するよう要求し，アメリカ側もこれに応えることになった。1959 年には USOM がタンク車 40 両をタイに無償譲渡し，3 年前の計画がようやく実現することとなった[113)]。同じ時期に，陸軍も軍事援助としてタンク車 16 両を入手している[114)]。さらに，翌年にはラオス向けの石油製品輸送列車を牽引するためのディーゼル機関車 5 両の援助をアメリカの国際協力局（International Cooperation Administration: ICA）に要求することにした[115)]。これらの要請を受けた結果，アメリカは 63 年に 1,000 馬力ディーゼル機関車 10 両とタンク車 100 両をタイに寄贈した［RFT (1963): 2–3］[116)]。

石油製品輸送の形態も，従来の石油缶を用いた有蓋車での輸送からタンク車へと変化した。戦前の 1935/36 年にはタンク車は 10 両しか在籍しておらず，51 年にも石油製品輸送用のタンク車は 3 両しかなかった［柿崎 2000a：184，RFT (1951) : 25］。50 年代も基本的には有蓋車での輸送が中心であり，56 年の段階では 1 日あたりの石油製品輸送用の貨車は有蓋車 56 両とタンク車 6 ～ 8 両であった[117)]。ところが，有蓋車での輸送は石油缶の積み降ろしに手間がかかることから，タンク車での輸送のほうが望まれるようになった。このため，アメリカから援助された石油製品輸送用の車両はすべてタンク車となり，国鉄でもタンク車用の車台を購入や改造によって捻出し，貸し付けられた各石油会社が自らタンクを調達

表5-17　ラオスへの石油輸送額の推移（1951～77年）（単位：千バーツ）

| 年 | 輸出 | 再輸出 | 通過貨物 | 計 |
|---|---|---|---|---|
| 1950 | — | 199 | | 199 |
| 1951 | — | 338 | | 338 |
| 1952 | — | 533 | | 533 |
| 1953 | — | 717 | | 717 |
| 1954 | — | 22 | N.A. | 22 |
| 1955 | — | 338 | N.A. | 338 |
| 1956 | — | 36,871 | N.A. | 36,871 |
| 1957 | — | 42,750 | 1,411 | 44,161 |
| 1958 | 15 | 67,360 | 2,104 | 69,479 |
| 1959 | — | 59,551 | 11,414 | 70,965 |
| 1960 | — | 21,095 | 27,016 | 48,111 |
| 1961 | 17 | 29,050 | 39,509 | 68,576 |
| 1962 | 3 | 13,254 | 59,375 | 72,632 |
| 1963 | 1 | 15,705 | 77,843 | 93,549 |
| 1964 | — | 6,610 | 72,412 | 79,022 |
| 1965 | — | 13,457 | 93,385 | 106,842 |
| 1966 | 856 | 13,824 | 87,371 | 102,051 |
| 1967 | 5,916 | 13,077 | 110,800 | 129,793 |
| 1968 | 631 | 16,566 | 106,227 | 123,424 |
| 1969 | 30,648 | 9,528 | 105,281 | 145,457 |
| 1970 | 53,066 | 6,662 | 114,243 | 173,971 |
| 1971 | 89,007 | 3,933 | 91,175 | 184,115 |
| 1972 | 122,767 | 1,494 | 66,216 | 190,477 |
| 1973 | 143,384 | 3,932 | 51,219 | 198,535 |
| 1974 | 177,292 | 897 | 178,659 | 356,848 |
| 1975 | 134,968 | 475 | 115,336 | 250,779 |
| 1976 | 14,069 | 1,367 | 139,419 | 154,855 |
| 1977 | 12,225 | 757 | 134,383 | 147,365 |

注1：鉱物性燃料，潤滑油及び関連品の輸出額である。
注2：1953年までの数値は仏印の数値である。
出所：1951年FTS（1951）：199–200，1952年FTS（1952）：199–200，1953年FTS（1953）：204–205，1954年FTS（1954）：198–199，1955年FTS（1955）：284–288，1956年FTS（1956）：206–215，1957年FTS（1957）：210–220，309，1958年FTS（1958）：229–241，323，1959年FTS（1959）：251，338，1960年FTS（1960）：318–319，426，1961年FTS（1961）：322–334，440，1962年FTS（1962）：357–386，503，1963年FTS（1963）：369–399，513，1964年FTS（1964）：406–408，525，1965年FTS（1965）：402–404，516，1966年FTS（1966）：370–408，519，1967年FTS（1967）：398–426，540，1968年FTS（1968）：345–346，499–500，628，1969年FTS（1969）：414–443，461，1970年FTS（1970）：424，1971年FTS（1971）：318–374，383–384，415，1972年FTS（1972）：328–397，436，1973年FTS（1973）：336–417，453，1974年FTS（1974）：35–137，2，1975年FTS（1975）：6–34，2，1976年FTS（1976）：2–33，1，1977年FTS（1977）：46–47，1より筆者作成

する形でタンク車を増備していった[118]。61 年の時点では，国鉄のタンク車は 26 両しか存在せず，石油会社のタンク車が 301 両という状況であった[119]。その後さらに増加し，66 年には計 511 両のタンク車が石油製品輸送を担当していた[120]。

ただし，タンク車による輸送を行う際には，到着駅でも積み降ろし設備を整備する必要があった。有蓋車輸送の場合は，積み降ろしの手間がかかるものの，それさえ厭わなければ事実上どの駅へも発送することができた。タンク車での輸送の場合は事前に設備を準備する必要があり，しかもその費用も高額であることから，地域ごとに石油取扱設備を設けて拠点間輸送を行うようになった。1965 年の時点では，計 29 駅に各社ごとの石油取扱設備が設置されていた[121]。

このような地方の石油取扱所の整備により，バンコクと各石油取扱所間の輸送量が増加することから，石油製品は鉄道輸送のメリットを十分に発揮できる輸送品目となったのである。すなわち，鉄道は大量の物資を特定の区間で輸送するのに適した輸送手段であり，しかもタンク輸送で積み下ろしのコストも低減されたことから，バンコクから地方の石油取扱所への石油製品輸送は鉄道輸送の優位性が保たれたのである。その結果，石油製品輸送についてもフレンドシップ・ハイウェーを始めする高規格道路との競合による輸送量の減少は見られず，逆に一貫して上昇を続けたのである[122]。

ラオス向け輸送以外にも，他の国際的要因がタイ国内の石油製品輸送量の増加を促進することとなった。それは，ベトナム戦争に従事する米軍向けの石油製品輸送であった。タイ国内にはベトナムへ向けて出撃するための戦闘機の離着陸用の米軍基地が設けられ，中部のタークリー，東北部のコーラート，ウドーンターニー，ウボン，ナコーンパノムに立地していた。これらの基地では戦闘機に燃料を積み込む必要があることから，鉄道で航空燃料が輸送されることになった。その量自体は不明であるが，国鉄の統計では 1973 年から軍・警察用の石油製品輸送量の統計が別に示されており，この時点で 20 万トン程度であったことが分かる。この軍・警察用との分類がいつから始まったのかは不明であるが，仮に 60 年代に既に存在していたとすると，その量は戦争の最盛期には 20 万トンよりもはるかに多かったものと思われる。

ベトナム戦争向けの石油製品輸送は，タイ側の一般貨物輸送にも影響を与えることになった。1967 年の時点では，東北線のコーラートやウボンで駅構内が貨車で溢れて満線となり，列車の発着や貨車の入換に支障をきたしていた[123]。72年にはウボン線の貨物列車は1日3往復運行されていたが，ベトナム戦争の激化で石油製品輸送量が増加していることから，そのうち2往復が運休するという状況であった[124]。ベトナム戦争向けの石油製品輸送が増強された結果として一般貨物列車の運行に支障が出たということは，間接的に東北線からの鉄道による農産品輸送を減らしたことを意味する。戦争のための石油製品輸送は一時的なものであることから，短期的にはベトナム戦争による石油製品輸送の増加は鉄道輸送量の増加に寄与するが，その影響で他の顧客へのサービスが低下したことは長期的にはデメリットをもたらすことになった。

実際には，図5–5 (p. 271) を見る限りベトナム戦争の終焉による石油製品輸送量の減少は顕著には現れていない。それはラオスやベトナム戦争用の石油製品需要の拡大のみならず，国内での石油製品需要もそれに勝るとも劣らず拡大を続けたからであった。その結果，総貨物輸送量に占める石油製品比率はさらに高まり，1970年代に入ると2割を超えて鉄道の最大輸送品目に成長したのである[125]。自動車との競合の中でその競争力を失いつつある鉄道にとって，石油製品輸送は「最後の砦」として機能することになった。

### (3) 石油製品輸送の求心化

戦後の東北線を中心とする急速な石油製品輸送の拡大と共に，タイの石油製品輸送構造はもう1つの変化を見せていた。それは，バンコク中心型の石油製品輸送への転換である。上述したように，石油は事実上ほぼすべてを輸入に依存していた状況であったことから，南部についてはバンコク経由ではなく蘭印，ペナンあるいはシンガポールから直接輸送されていた。表5–16 (p. 267) で見たように，戦前でも地方の石油輸入額は全体の2～3割であり，戦後も1940年代後半は2割台であった。63年の段階では，ペナンの対岸プライから鉄道でパーダンベサールを経由して輸入されていた石油製品も存在しており，62年末からマラヤ鉄道の労働者のストライキでこの石油製品輸送が滞った結果，国鉄では急遽マラヤからタンク車を借りてバンコクからの輸送に代えていた[126]。

ところが，先の表5–16を見ると，地方での輸入額の比率がその後減少に転じて，1950年代は10%台を維持したものの，60年代に入ると1桁台にまで減少してい

写真 24　鉄道による石油輸送（1992 年）

北線でのタンク車返送。
出所：筆者撮影

ることが分かる。地方の石油輸入はほとんどが南部であったことから，これは南部での国外からの石油製品輸入が減り，代わりにバンコク経由で入る石油製品の量が増えたことを示している。もちろん，バンコクでの石油の輸入比率の増加はバンコクでの石油製品需要が地方よりも急速に拡大した結果とみなすことも可能ではあるが，実際には次に述べるように自動車登録台数から判断する限り，地方での需要のほうがバンコクよりも急速に拡大していたのである。

このような石油製品輸送の求心化は，タイ国内における石油精製工業の発展と連動していた。すなわち，それまではタイで消費される石油製品はガソリンやディーゼル燃料（軽油）など既に原油を加工した製品として輸入されていたのであるが，タイ国内に新たに石油精製工場が設置された結果，タイは原油を輸入して精製した石油製品を国内各地に輸送して販売する形へと変化したのである。南部の石油輸入額が相対的に減少したのは，石油製品の国産化によってバンコクで精製された石油製品が増加したためであった。

タイで最初の石油精製工場は 1940 年に操業開始していたが，戦争によって爆撃を受け破壊されていた。戦後外資系の石油販売会社がタイに復帰した際に，燃料局の石油販売独占が問題視されたことから，政府は燃料局を廃止し設備も民間に売却した［Chamnian 1973: 38–40］。原油の輸入量を見る限り，この工場が精製した石油製品はわずかであった[127)]。その後 1955 年には軍燃料局の下に新設された燃料公団（Ongkan Chuaphloeng）がファーンの油田から採掘した原油を精製する目的で日産 1,100 バレルの石油精製工場を建設し，59 年に稼動させている［Khuruchit 1993: 128］[128)]。この石油精製工場も規模は小さく，製品もほとんどが軍需用に使用されるに過ぎなかった。

1958 年には同じく燃料公団がバンコク南方のチャオプラヤー川に面するバーンチャークに日産 5,000 バレルの石油精製工場を建設する許可を得て，64 年に完成させたものの赤字となり，翌年民間のサムミット・インダストリアル社に貸し付けた。この工場も当初は軍や公務関係の石油製品の生産や，石油製品価格の維持，緊急時の備蓄を目的としたものであり，後に精製能力を 1 日 2 万バレルへと増強したものの，国内の石油製品需要を満たすには到底及ばなかった［Ibid.: 130–131］[129)]。

このため，政府は更なる大規模石油精製工場の建設を目論み，1960 年に BOT

写真25　タイオイル社の石油精製工場

1964年に操業開始した当時の状況。
出所：*Prathet Thai*［1966］

方式による石油精製工場の建設計画を発表した［Ibid.: 135–136］[130]。この工場の生産能力は当初日産2万8,000バレルに設定され，当時深水港建設が計画されていた東部のシーラーチャーに建設されることになっていた。この工場建設のために61年にタイオイル社が設立され，64年9月より日産3万5,000バレルの能力での生産を開始した。その後67年には第2精製工場の建設も認められ，70年から会社の精製能力は日産6万5,000バレルに増強された[131]。この会社にはシェルやカルテックスといった外資系石油販売業者も出資していたことから，会社が精製した精油製品はこれらの業者経由で消費者に販売されることになった。なお，エッソについては63年に工場建設認可を受けた同じくシーラーチャーに立地するタイアスファルト社の日産7,000バレルの小規模石油精製工場を67年に買収して自前の石油精製工場とし，71年と76年までに精製能力をそれぞれ3万5,000バレル，4万6,000バレルへと引き上げた[132]。

1964年のタイオイル社の石油精製工場の操業開始により，タイの石油輸入構造は大きく変化し，石油製品輸送もそれに付随して変化することになった。先の表5–15 (p. 265) を見ると，64年から原油の輸入が急増して70年代半ばには輸入量全体の9割程度を占めるにまで増えたのに対し，石油製品の輸入は相対的にその比率を減らしたことが分かる。南部でも直接輸入ではなくシーラーチャーからの輸送が中心となり，64～67年の平均で年に11.1万kℓがシーラーチャーから2,000トンクラスの船でソンクラーへ輸送されており，シェル社はマレーシアのプライからの年間3万kℓの鉄道による石油製品輸送を廃止する計画であった[133]。シーラーチャーは鉄道が到達していないことから，北部や東北部のような内陸部への輸送はバンコクまで水運で輸送してから鉄道に積み替えることになったが，南部の場合は東海岸までそのまま輸送が可能であることから，直接沿岸水運で輸送されていた。ただし，西海岸ではシーラーチャーからの水運も遠回りとなり，東海岸からの陸上輸送でもコストがかかることから，一部は輸入が続くことになった[134]。

石油精製産業の発展は，国内の石油製品需要の急増を背景にしたものであった。石油製品消費量は1960年の1日2万2,482バレルから1975年には15万6,050万バレルへと増加した［Khuruchit 1993: 15］。品目別にこの間の増加率を比較すると，灯油は1.5倍と伸び悩んでいるのに対し，ガソリン4倍，ディーゼル燃料6倍，そして重油が21倍と大きく増加している。灯油はランプの需要が減少してその比重を低下させたのに対し，ガソリンやディーゼル燃料は自動車の燃料としての需要が拡大したことで消費量が拡大した。ディーゼルの消費量のほうが多くなっているのは，トラックやバスなどの大型車を中心により燃費の安いディーゼルエンジンの使用が広まったためであろう。重油も使用量が大きく増加しているが，これは電力消費量の増加に伴う発電用の需要や，工場の増加に伴う工業用燃料としての使用の拡大によるものである。

とくに地方での石油製品需要を考える際に，自動車登録台数の増加は重要であった。かつて地方における石油製品需要は灯油が中心であったが，電化と共に灯油の需要は減少し，自動車の普及がガソリンとディーゼル燃料の需要を拡大したのである。南部の場合は漁船や錫鉱山も石油製品消費の担い手ではあるが，他の地域においては自動車以外には石油製品を消費するものは少なく，石油消費を増加させる工業化も進展していなかった。しかも，自動車の普及速度はバンコクよりも地方で顕著であり，1960年と75年の全自動車登録台数に占めるバンコクの割合は56％から45％へと低下していた[135)]。反対に中部下部では同じ数値が9％から16％へ，東北部では7％から11％へと増加していた。同じ期間の自動車登録台数は全国で10万台から51.2万台へと5倍以上増加していたが，バンコク以外の地域に限れば同じく4.4万台から28.8万台へと6.5倍も増加していた。このような地方での自動車の急速な普及が，地方における石油製品需要の拡大に貢献し，それが地域間石油製品輸送の拡大をもたらしたのである。

最後に，1970年代半ばの地域間石油製品輸送状況を推計する。表5-18は，鉄道による1975～77年の平均石油製品輸送状況を示したものである。原資料では軍・警察用の輸送統計が77年分のみ掲載されていたことから，それ以外の品目の分の平均値を産出した上で，軍・警察用の77年の数値を加えてある。これを見ると，石油製品の輸送状況は発地と着地が極めて明瞭に別れており，発送は事実上ほぼすべてがバンコク発となっている。上述したマレーシア発の石油製品輸送は，この段階では既に消滅している。到着はやはり東北部が多くなっており，全体の約4割が東北部着で，以下北部と中部上部がそれぞれ2割ずつとなっている。北線1区間にも到着量が多いが，これは大半がセメント工場向けの重油輸送である。南線へも若干の輸送が見られるが，南部への輸送は沿岸水運が中心なた

表 5–18　鉄道石油製品輸送状況（1975 ～ 77 年平均）（単位：トン）

| 発送＼到着 | 北線 1 | 北線 2 | 北線 3 | 東北線 1 | 東北線 2 | 東北線 3 | 東線 | バンコク | 南線 1 | 南線 2 | 南線 3 | マレーシア国境 | 計 | 比率（%） |
|---|---|---|---|---|---|---|---|---|---|---|---|---|---|---|
| 北線 1 | 244 | — | — | — | — | — | — | — | — | — | — | — | 244 | 0 |
| 北線 2 | — | 53 | 30 | — | — | — | — | — | — | — | — | — | 83 | 0 |
| 北線 3 | 8 | — | 35 | — | — | — | — | 19 | — | — | — | — | 62 | 0 |
| 東北線 1 | — | — | — | — | — | — | — | — | — | 4 | — | — | 4 | 0 |
| 東北線 2 | — | — | — | — | 4 | 2,357 | — | — | — | — | — | — | 2,361 | 0 |
| 東北線 3 | — | — | — | — | — | 361 | — | 8 | — | — | — | — | 369 | 0 |
| 東線 | — | — | — | — | — | — | — | — | — | — | — | — | — | — |
| バンコク | 166,499 | 241,966 | 276,886 | 11,366 | 116,552 | 340,615 | 853 | 1,921 | 4,886 | 20,076 | 34,051 | 191 | 1,215,862 | 100 |
| 南線 1 | — | 5 | — | — | — | — | — | — | 4 | — | — | — | 9 | 0 |
| 南線 2 | 4 | — | 3 | — | — | — | — | 4 | — | 297 | 126 | — | 434 | 0 |
| 南線 3 | 12 | — | 5 | — | — | — | — | 7 | — | 8 | 43 | — | 75 | 0 |
| マレーシア国境 | — | — | — | — | — | — | — | 13 | — | — | — | — | 13 | 0 |
| 計 | 166,767 | 242,024 | 276,959 | 11,366 | 116,556 | 343,333 | 853 | 1,972 | 4,890 | 20,385 | 34,220 | 191 | 1,219,516 | 100 |
| 比率（%） | 14 | 20 | 23 | 1 | 10 | 28 | 0 | 0 | 0 | 2 | 3 | 0 | 100 | |

注 1：四捨五入の関係で合計値は原資料と若干異なる。
注 2：各区間は表 4–3 と同じである。
注 3：軍・警察用の輸送統計が 1977 年分しか存在しないことから，他品目の平均値に 77 年の軍・警察用の輸送量を加えてある。
出所：SSR（1975）－（1977）より筆者作成

表5–19　自動車石油製品輸送量の推移（1966～78年）（単位：千トン）

バンコク発

| 年 | 北部 | | 東北部 | | 中部上部 | | 中部下部 | | 南部 | | 計 |
|---|---|---|---|---|---|---|---|---|---|---|---|
| | 輸送量 | （%） | 輸送量 | （%） | 輸送量 | （%） | 輸送量 | （%） | 輸送量 | （%） | |
| 1966 | 1.8 | 2 | 288.8 | 39 | 256.9 | 35 | 189.0 | 25 | 5.1 | 1 | 741.6 |
| 1976 | 18.3 | 2 | 250.4 | 23 | 133.0 | 12 | 667.1 | 60 | 43.9 | 4 | 1,112.7 |
| 1977 | 31.2 | 2 | 322.0 | 25 | 160.7 | 12 | 730.1 | 56 | 58.4 | 4 | 1,302.4 |
| 1978 | 30.7 | 2 | 283.4 | 18 | 175.2 | 11 | 996.1 | 64 | 59.9 | 4 | 1,545.3 |
| 1976–78平均 | 26.7 | 2 | 285.3 | 22 | 156.3 | 12 | 797.8 | 60 | 54.1 | 4 | 1,320.1 |

バンコク着

| 年 | 北部 | | 東北部 | | 中部上部 | | 中部下部 | | 南部 | | 計 |
|---|---|---|---|---|---|---|---|---|---|---|---|
| | 輸送量 | （%） | 輸送量 | （%） | 輸送量 | （%） | 輸送量 | （%） | 輸送量 | （%） | |
| 1966 | — | — | 3.6 | 20 | 3.4 | 19 | 10.6 | 60 | — | — | 17.6 |
| 1976 | 1.1 | 2 | 1.4 | 2 | 0.5 | 1 | 55.0 | 94 | 0.5 | 1 | 58.5 |
| 1977 | 3.5 | 5 | 2.9 | 4 | 1.5 | 2 | 59.2 | 87 | 1.1 | 2 | 68.2 |
| 1978 | 3.1 | 3 | 2.3 | 3 | 1.4 | 2 | 82.6 | 91 | 1.4 | 2 | 90.8 |
| 1976–78平均 | 2.6 | 4 | 2.2 | 3 | 1.1 | 2 | 65.6 | 90 | 1.0 | 1 | 72.5 |

注：四捨五入の関係で合計値は原資料と若干異なる場合がある。
出所：RKT（1966）–（1978）より筆者作成

めその重要性は低い。

次の表5–19は，自動車によるバンコク発着の石油製品輸送量を示したものである。これを見ると，1966年の時点では東北部への石油製品輸送量が最も多いが，70年代半ばには中部下部が最大の到着地となっており，東北部への輸送量は66年とほとんど変化がない。中部上部への輸送量は66年より70年代半ばのほうが少なくなっており，鉄道のタンク車輸送が普及する中でむしろ鉄道輸送が増加したことを示しているものと考えられる。このため，自動車輸送は輸送距離の短い中部下部向けが中心となり，中部上部，北部，東北部へはバンコクから直接自動車で輸送するよりも，鉄道にて各地の石油取扱所までの輸送を行い，そこから自動車で各消費地への輸送を行っていたのである。

この2つの表を元にして，各地の石油製品消費量と輸送手段を推計したものが次の表5–20となる。この表ではまず地域別の消費量を推計しているが，これは

表 5–20　地域別石油製品消費量と手段別輸送量の推計（1975 年頃）（単位：千トン）

| 地域 | 消費量 (a) | 輸送量 | | | | | | | 格差 (a-b) | 備考 |
|---|---|---|---|---|---|---|---|---|---|---|
| | | 鉄道 | | 自動車 | | 水運 | | 計 (b) | | |
| | | 輸送量 | (%) | 輸送量 | (%) | 輸送量 | (%) | | | |
| 北部 | 306 | 277 | 91 | 27 | 9 | — | — | 304 | 2 | |
| 東北部 | 787 | 469 | 62 | 285 | 38 | — | — | 754 | 33 | 他にラオスへの輸送 10.6 万トンが存在 |
| 中部上部 | 306 | 242 | 60 | 156 | 39 | 6 | 1 | 404 | − 98 | |
| 中部下部 | 1,837 | 166 | 12 | 743 | 54 | 459 | 34 | 1,368 | 469 | |
| 南部 | 525 | 54 | 11 | 54 | 11 | 397 | 79 | 505 | 20 | 水運のうち 7.3 万トンは輸入 |
| バンコク | 4,986 | — | — | — | — | — | — | — | — | |
| 計 | 8,747 | 1,208 | 36 | 1,265 | 38 | 862 | 26 | 3,335 | | |

注 1：地域別消費量は 1973 年の地域別石油製品需要予測の比率（北部・中部上部 7%，東北部 9%，中部下部 21%，バンコク 57%，南部 6%）を基準とし，1975 〜 77 年の石油製品消費量の平均値 874.7 万トンより算出したものである。ただし北部と中部上部の割合は半分ずつと推計してある。

注 2：鉄道輸送量は表 5–18 を基準とし，北部は北線 3 区間，東北部は東北線各区間，中部上部は北線 2 区間，中部下部は北線 1，南線 1 区間，南部は南線 2，3 区間のバンコク発の到着量を利用した。

注 3：自動車輸送量は表 5–19 の到着量の 1975 〜 77 年の平均値を用いてある。

注 4：河川水運については，中部上部は表 6–3 の 1970 年の石油製品到着量の数値を，中部下部は RKNM (1964) の 1964 年の燃料到着量を基準とし，64 年から 75 年までの石油製品消費量の増加率 4.1 倍を用いて算出したものである。

注 5：沿岸水運については，NA [2] Ko Kho. 1. 8. 21. 1/2 に 1975 年のソンクラー港の石油製品到着量が 21.6 万トンであったという記述と，NA [2] Ko Kho 1. 8. 21. 1/7 に同年のプーケット港の石油製品到着量が 7.3 万トンであったという記述に基づいた。西海岸についてはプーケット以外の石油製品の輸入はほとんど存在しないものと考えられるが，東海岸はソンクラー港以外の到着も存在したはずであるから，ソンクラー港以外着の量をソンクラー着の半分の 10.8 万トンとした。

注 6：ラオス向け輸送量は，1975 年のラオスへの石油製品輸出量のうち容積表示のものが約 5.4 万キロリットルあったことから，これを比重 0.9 で重量換算し，ラオスへの再輸出，通過貨物についても同じ基準で計算したものである。

出所：消費量；WSALA [1969]：2B–92，輸送量；鉄道 表 5–18，自動車 表 5–19，水運 表 6–3，RKNM (1964)，NA [2] Ko Kho. 1. 8. 21. 1/2，NA [2] Ko Kho 1. 8. 21. 1/7 より筆者推計

セメントと同様に各地域の石油製品需要比率から 75 〜 77 年の石油製品消費量平均値を分配したものである[136)]。一方輸送量については，鉄道と自動車については表 5–18，表 5–19 の数値を利用している。河川水運は 64 年の輸送量の数値から石油製品消費量の増加率を用いて 75 年の輸送量を推計しており，沿岸水運は 75 年のソンクラーとプーケットの石油製品到着量を利用し，ソンクラー以外の南部東海岸への到着量はソンクラーの半分と見積もってある。このため，先のセメントの事例とは異なり，地域別消費量と輸送量は一致せず，むしろ輸送量の妥当性を確認することに意義がある。なお，東北部については，ラオス向けの輸出

表5-21　手段別石油製品輸送量の比較（1975年頃）（単位：千トン）

| 方向 | 地域 | 自動車 | | 鉄道 | | 河川水運 | | 沿岸水運 | | 計 |
|---|---|---|---|---|---|---|---|---|---|---|
| | | 輸送量 | (%) | 輸送量 | (%) | 輸送量 | (%) | 輸送量 | (%) | |
| バンコク方面から | 北部着 | 27 | 9 | 277 | 91 | — | — | — | — | 304 |
| | 東北部着 | 285 | 38 | 469 | 62 | — | — | — | — | 754 |
| | 中部上部着 | 156 | 39 | 242 | 60 | 6 | 1 | — | — | 404 |
| | 南部着 | 54 | 13 | 54 | 13 | — | — | 324 | 75 | 432 |
| | 計 | 522 | 28 | 1,042 | 55 | 6 | 0 | 324 | 17 | 1,894 |

注：南部着の沿岸水運は，輸入量を除いた数値である。
出所：表5-20より筆者作成

が別に10.6万トン存在しているが，この数値はラオスの共産化を受けて輸出量が減少した後のものである。

以上の点を踏まえてこの表を見ると，これまでのどの品目よりも鉄道輸送の占める比率が高いことが分かる。北部は事実上ほぼすべて鉄道輸送に依存しており，東北部は約3分の2が鉄道輸送に依存している。比較的輸送距離が短くなる中部上部でも鉄道輸送のほうが自動車輸送よりも比率が高くなっており，鉄道輸送が重要な役割を果たしていたことが改めて確認される。一方の南部は水運が中心であり，うち7.3万トンは国外から西海岸に輸入された量である。中部下部では消費量に比べて輸送量が大幅に少なくなっているが，これはシーラーチャーからバンコクを経由せずに輸送される分が少なからず存在するものの，それらが表5-20の数値に表れてこないことが理由であろう。

この表を元に手段別の地域間の石油製品輸送量を比較したものが，表5-21となる。これを見ると，石油製品輸送に占める鉄道輸送の重要性が一目瞭然である。地域間輸送に限れば，鉄道輸送は全体の6割弱を担当しており，自動車が3割，水運が2割弱となっている。鉄道輸送の比率が高いのは北部であり，北部の石油製品需要は鉄道によって支えられているといっても過言ではない。これまでの輸送品目では鉄道輸送の役割が著しく低下した東北部でも鉄道輸送の比率は高く，フレンドシップ・ハイウェーの開通後の東北部において唯一鉄道輸送がその優位性を保ち続けた輸送品目であった。

このように，石油製品輸送は戦後その輸送量を急増させ，バンコクから地方への新たな流通を形成することになった。その輸送量の拡大の背景はラオス向け輸送，ベトナム戦争特需，自動車の普及など多岐に及んでいたが，最初の2つの要因が東北部で関係していたことから東北線での石油製品輸送が増加することとなった。そして，1960年代にタンク車輸送が普及した結果，鉄道輸送の優位性は高まり，他品目とは異なり自動車との競合にもそれほど遭遇しなかった。その結果，これまで見てきた輸送品目の中では最も鉄道輸送の存在感が高くなっていたのである。

## 小括

本章では，戦後に流通量が急増した商品畑作物，セメント，石油製品の3品目の流通状況の変容とその背景について考察した。商品畑作物は主に1950年代末から60年代の「開発」の時代にその栽培が急増し，周縁部からバンコクへの新たな商品流通が構築された。「フレンドシップ・ハイウェー神話」については，メイズについては栽培地の中心が東北部ではなく輸送の中心も水運であったこと，ケナフについては60年代前半までは鉄道輸送の比率も高かったことから，まさに「神話」であることが判明した。

セメントについては，従来は輸入あるいはバンコクで製造されたセメントの地方への輸送が中心であったが，以後増設されたセメント工場が市場立地型から原料立地型へと転換したことから，工場から最大消費地であるバンコクへの輸送が中心となっていった。石油製品も戦後一貫して流通量が拡大し，地域間流通については鉄道輸送の比重が高く，水運が利用可能な南部を除いては鉄道輸送が中心となっており，これまで見てきた品目の中で最も鉄道輸送が利用されていた。とくに，他品目では重要性を低下させた東北線が石油製品輸送では重要な役割を果たしており，フレンドシップ・ハイウェーの開通以後その存在意義を低下させつつあった東北線の最重要任務となったのである。

このように，戦後新たな商品流通を形成した各品目についても，その流通状況は多様であったが，特徴的な点は流通方向の逆転である。すなわち，前章で見た戦前の鉄道三大輸送品目はいずれも周縁部からバンコクへの一方向輸送が中心であったが，本章で扱った品目については商品畑作物を除きむしろ逆のバンコクから地方への輸送方向となっていたのである。このような新たな商品流通の方向が従来の商品流通とは逆になっていたということは，バンコク～周縁部間の商品流通全体の変容にも大きな影響を与えていたことを容易に想起させる。この点の解明が，次章での主要な課題となる。

# 第6章
# 地域間商品流通の変容

これまで第4章と第5章で主要品目の商品流通の発生や変容の過程を検証してきたが，本章では地域間商品流通の変遷，すなわち各地域の外部との商品流通構造の変遷を主として対バンコクの商品流通を中心に行うこととなる。そして，最終的には本書で扱った約40年間の地域間商品流通の変容の結果として1975年の商品流通量および額の見積りを行い，1935/36年の商品流通状況と比較することが課題となる。

地域間商品流通状況の解明については，それを主眼とした研究は存在しないものの，リンマーの研究が参考となる［Rimmer 1971］。彼は本書でも既に使用している道路貨物輸送量調査報告書（RKT），河川水運貨物輸送量調査報告書（RKNM），沿岸水運貨物輸送量調査報告（RKNT），および国鉄の内部資料を用いて，県別に輸送手段別の貨物発着量を明らかにしている。彼はこれらの数値を対バンコクの輸送量として言及しているわけではないが，実質的には鉄道以外はバンコクと各県間の輸送を対象とした数値になっている。ただし，彼は各手段別の輸送量全体に言及しているのみで，品目別の輸送量についての言及はなく，またこれらの数値をバンコクと各地域間の商品流通という観点から利用しているわけでもない。

本書での商品流通状況の解明も，基本的にはリンマーと同じ手法で行うことになるが，扱う時期が若干異なっている。自動車輸送については，RKT の入手状況から 1976 ～ 78 年間の各年版を用い，原則としてこの 3 年間の平均値を使用することになる1)。水運についてはさらに使用可能な年版が限られていることから，RKNM は 64 年，70 年版，RKNT は 65 年，71 年版を使用する。鉄道についてはリンマーとは異なり，1975 ～ 77 年の主要貨物輸送統計（SSR）を利用して見積りを行っている2)。

以下第 1 節で北部と中部上部，第 2 節で東北部，第 3 節で南部と，各地域の地域間商品流通の変容を分析する。その際に，議論の中心は地域によって変わり，北部，中部上部では主としてこれまで対象とされなかった新たな商品流通の発生に，東北部では戦時中の鉄道とフレンドシップ・ハイウェーという輸送面の問題に焦点を置き，南部では天然ゴムと錫という重要産品の流通を主にペナンとの関係の変化を中心に取り扱う。そして，最後の第 4 節でそれまで明らかにしたバンコクと各地域間の商品流通量を流通額に換算し，対外貿易も含めた上で地域間商品流通の戦前の状況との比較を行う。

## 第 1 節　北部・中部上部 ── 流通品目の多様化

### (1) 農産物輸送の拡大 ── 新たな特産品の発生

北部と中部上部はチャオプラヤー川の上流域と中流域にあたり，同じ川の後背地と外港という関係性を構築していたことから，バンコクとの商品流通は古くから重要な役割を占めていた。北部については地理的な近接性からインド洋側のモールメインとの商品流通も存在していたが，1920 年代にバンコクとの間に鉄道が開通するとモールメインとの関係性は相対的に低下していった3)。中部上部は水運が利用可能であったものの，北部は川の上流域に位置していたことから水運の利用は非常に限定的でしかなく，鉄道の開通後はチーク材などの木材の輸送以外は河川経由の商品流通はほぼ消滅した。

鉄道の開通により，従来はチーク材とラックなどの林産品くらいしか存在しなかった北部から発送される商品が増加し，新たに米，豚，チーク材以外の木材が加わった。1935/36 年の北部からバンコク方面への鉄道による貨物発送量を見ると，最も輸送量が多かったのが米の 7 万 5,664 トンであり，以下木材 1 万 3,924 トン，野菜・果物 7,188 トンと続いており，頭数でしか数値のない豚の発送頭数は 7 万 4,248 頭であった［柿崎 2000a：289］[4]。これらの商品はいずれも鉄道開通後に商品化されたものであり，新たな現金獲得手段として農民の間に栽培や飼育が広まっていった。

野菜・果物に含まれる具体的な商品は不明であるが，プラーイオー（Plai-o Chananon）によると第 2 次世界大戦前に北部で栽培されていた商品作物は米以外には葉タバコしか存在しなかった［Plai-o 1986: 65］。葉タバコの栽培自体は新しいものではなく，以前から在来種がビルマへ輸出されていたが，1934 年にタイ政府がタバコの関税を引き上げたことから葉タバコの需要が急増し，アメリカのブリティッシュ・アメリカン・タバコ社（British American Tobacco Co. Ltd.）がバージニア種の栽培を推奨したことで，商品作物としての葉タバコ栽培が拡大した［Ibid.: 82–83］。35/36 年の貨物輸送統計にこの葉タバコがどれほど含まれるかは不明ではあるが，国鉄の 77 年度の主要貨物輸送統計によると，北部から約 1 万 5,000 トンの葉タバコがバンコクへ向けて輸送されていた［SSR (1977)］。

また，ニンニクやタマネギなどもバンコクへ向けて輸送されるようになった。1944 年にはラムプーンで貨車の配車が遅れてニンニクの発送が滞っているとの報告があり，43 年 8 月から 12 月までにバンコクに到着したニンニクは計 1,816 トンであった[5]。これらの輸送には一般の列車のみならず，軍用列車のバンコクへの返送も利用された。タマネギなど他の野菜の発送も問題となっており，少なくとも北部から水運が利用可能となる中部上部のピッサヌロークあたりまで列車を増発して農産物輸送を促進するべきであるとの意見も存在した[6]。

これらの野菜は，戦後もバンコク市場を潤すこととなった。ニンニクについては戦後北部が主要な産地となり，1956 年には全国のニンニク生産量 1 万 288 トンのうち，約 8 割の 8,287 トンが北部産となり，主要産地はチエンマイとラムプーンであった[7]。さらにキャベツなどの栽培も拡大し，北部から発送される野菜は種類も量も増加していったが，問題は発送が乾季に集中し，米の発送時期とも競合することから貨車の配車が遅れることであった。67年6月には貨車の配車の遅れを指摘した新聞記事に対し，国鉄は毎年10月から4月までの期間は北部からのメイズ，豆，野菜，ニンニク，キャベツ，米などが一斉に発送されるため貨車の配車が間に合わないことがあるが，同年1月から4月までウッタラディット管区とラムパーン管区でそれぞれ計7,745両，9,135両の貨車を配車したため，現在滞貨は大幅に解消され，残りは木材と鉱石のみであると回答していた[8]。

野菜以外では，果物のラムヤイが新たにバンコク方面へと発送されるようになった。ラムヤイは中国原産のレイシ（茘枝）に似た果実であり，東南アジアではタイ北部のみに生育していた[Kingshill 1991: 32]。元々は住民が自ら消費したり親戚などに配ったりして利用されていたが，やがて外部市場への販売が始まり，中国人商人も農村を徘徊して買い取っていくようになった[Rattanaphon 2003: 107]。1953年にチエンマイ県サーラピー郡の村を調査したキングスヒル（Konrad Kingshill）によると，ラムヤイは村の現金獲得源となっており，大半の農民は買取りに来た商人にラムヤイを売却するのみであったが，ある村人は自分でラムヤイを担いでバンコク方面に販売に出かけたという[Kingshill 1991: 31–32]。

このラムヤイ輸送も，鉄道の重要な役割となった。ラムヤイの実は6～7月に熟すことから，ラムヤイ輸送は毎年6～8月に集中し，国鉄ではラムヤイ輸送のための特別体制でこれに臨んでいた。1954年にはラムヤイ輸送用に1日12両の荷物車をチエンマイに準備し，すべて小荷物扱いで輸送していた[9]。その後59年には，1日30両分以上のラムヤイの発送がある場合は専用列車を運行することとし，チエンマイを深夜出てバンコクに翌々日の早朝に到着する列車を設定した[10]。この年のラムヤイ収穫量は多く，例年の貨車500～800両分に対し1,500両分になると見積もられていた[11]。ラムヤイは貨車1両に7トン積んでいたことから，この年には1万トン程度が鉄道で輸送されたことになる。

ラムヤイのような生鮮品の輸送は，豚と同様に迅速性が要求されたことから，鉄道によるラムヤイ輸送も徐々に自動車に転移することとなった。ようやく自動車が到達できるようになった状況であった1956年には，早くも通運公団がラムヤイ輸送のトラックをチエンマイ～バンコク間に走らせていた[12]。61年のラムヤイ輸送では鉄道と自動車の輸送量がほぼ同じであり，その要因としてバンコクの貨物取り扱い駅がフアラムポーンからバーンスーへ移転したことで，鉄道輸送の競争力が落ちたことが挙げられていた[13]。ラムヤイはフアラムポーンから程近いクルンカセーム市場で取引されていたが，バーンスーからはトラックで輸送することになるものの，朝7時から10時までは市内へのトラック乗り入れが禁止され，早朝に到着したラムヤイの搬出が困難になったためであった[14]。このため，64年のラムヤイ輸送では，特別列車をフアラムポーンまで乗り入れる計画を立てていた。

このように，北部から発送される農産物はかつての米と葉タバコから，ニンニクなどの野菜類やラムヤイが加わって品目の拡大が見られた。北部は標高が比較的高く気候も亜熱帯的であることから，前章で扱ったメイズ，ケナフ，キャッサバといった商品作物の栽培こそ拡大しなかったものの，その地理的特徴を活かして他地域では栽培不可能な作物を拡大させ，バンコク市場へ供給する役割を担ったのである。他方で中部上部はメイズ栽培が急速に拡大したことから，北部ほど輸送品目は多様化しなかった。

### (2) 鉱石輸送の出現

農産物の多様化と共に，北部からの商品流通に新たな産品が加わることとなった。それは，亜炭やホタル石などの鉱石であった。1917年に当時のカムペーンペット親王が国内の燃料の存在を調査させたところ，北部ラムパーン県のメーモと，南部クラビー県のクローンカナーンに亜炭が存在することが確認された[Liknai 1964: 20][15]。戦争により開発は中断されたが，戦後この亜炭を発電に使用することなり，54年に亜炭発電公団（Ongkan Phalangngan Faifa Liknai）が設置されて亜炭鉱山の開発を行った[16]。亜炭は鉄道でバンコクに輸送され，サームセーンとワット・リアプの発電所で燃料として用いられた[17]。亜炭発電所はメーモにも建設され，58年に完成した北部最初の発電所からはチエンマイ方面のみならずプーミポン・ダムへの建設現場へも送電された[FPK 1994: 23]。

その後，バンコクに大型亜炭発電所を建設することとなり，7万5,000キロワットの発電能力を持つ火力発電所が1961年に完成した[Ibid.: 23]。発電所への亜炭輸送は1日1,300トンにまで拡大すると見込まれたことから，国鉄ではディーゼル機関車を5両増備することになり，亜炭公団は輸送用貨車100両をコロンボ計画の一環としてオーストラリアに支援を求めた[18)]。これらの貨車は62年には到着し，亜炭輸送に優先的に使われることになった［RFT (1962): 45］。亜炭輸送が本格的に行われれば，年間50万トン近くの亜炭がメーモから発送されることになり，北線の主要な貨物輸送に成長するはずであった。

ところが，600kmもの距離を輸送しての亜炭発電は，高い輸送コストと発電所の維持コストのため，まもなく中止されてしまった。国鉄の貨物輸送統計を見ると，亜炭の輸送量は1959年の10.5万トンが最高であり，64年までは5万トン以上を輸送していたものの66年には3,000トンにまで落ち込んでいた。発電所では代わりに重油を使用することになり，63年に完成した7万5,000キロワットの第2タービンは重油専用で建設された。亜炭公団では国鉄に賃率の引き下げを要求し，当初の第3種を第4種に下げ，さらに10%の割引を実現させたものの，亜炭を長距離輸送するメリットはなかったのである[19)]。

その後も亜炭輸送は細々と続いていたが，1974年に突如輸送が復活することになった。これは石油ショックの影響で重油価格が高騰したことから，亜炭発電が再開されたためであった。75年と76年には8万トン程度の亜炭がバンコクに到着しており，この2回目の亜炭輸送は79年まで続いた。しかし，80年には再び亜炭発電が中止となり，以後北部からバンコクへ運ばれる亜炭は存在しなくなった［RFT (1980): 17］。

バンコクへの輸送は結局消滅したものの，北部での亜炭採掘は続いていた。1964年にプーミポン・ダムが完成すると，このダムを利用した水力発電が可能となることからメーモの発電設備を停止し，代わりに化学肥料工場を建設することになった[20)]。亜炭公団は63年に化学肥料会社（Borisat Pui Khemi Chamkat）を設立し，ドイツ企業が肥料工場を建設することになった［STR 1963: 188］。工場は硫安と尿素をそれぞれ年6万トン，3万トンを生産する能力を有し，66年から生産を開始したものの，操業率は低く非効率な経営が続いたことから会社は清算されることとなり，工場の操業も78年で終了した[21)]。国鉄の主要貨物輸送統計を見ると，78年にはメーモから2万2,404トンの肥料が発送されていたが，翌年は4,963トンとなり，81年には皆無となっている［SSR (1978)−(1981)］。78年の輸送状況を見ると，バンコク着が1万4,283トンと全体の3分の2を占め，残りは

写真26　鉄道による亜炭輸送

オーストラリアから援助された貨車を用いての亜炭輸送風景。
出所 : Liknai [1964] : 18

北部と中部上部に 3,000 トンずつ，東北部へも 2,000 トン程度輸送されていた。

亜炭の他に，ホタル石とマンガンの輸送も新たに発生した。ホタル石は弗化カルシウムを含む鉱物でガラスの原料として用いられるものであり，タイでは 1960 年から輸出が始まった。その産地は北部のラムプーンであり，鉄道輸送は 62 年から本格化して 65 年には 4 万 8,338 トンが北線のラムプーンとパーサオから発送されるに至った [RFT 1968: 27]。これらのホタル石はバンコクのメーナーム駅で降ろされて船に積み替えられ，64 年にはその 99％が日本へと輸出されていた[22)]。ホタル石輸送は事実上鉄道のみで行われており，国鉄側も無蓋車だけでは配車が間に合わず有蓋車も使用して輸送に対応していた[23)]。国鉄の 75 ～ 77 年の平均輸送量は 7 万 2,448 トンで，そのうち 6 万 6,000 トン程度が北部からバンコクへの輸送となり，他に南部のナコーンシータマラート県カパーンからの発送が 6,000 トン程度存在した [SSR (1975)–(1977)]。

マンガンも，同じ頃に発生した輸送品目であった。マンガンの輸送自体は 1957 年から始まり，東北部のルーイ県チエンカーンの鉱山からメコン川経由でノーンカーイへ輸送されたものを鉄道でバンコクへ運んだが，やがて 61 年にラムプーン県のリーで新たなマンガン鉱山が開発された [RFT 1968: 29]。しかし，電池に利用可能な高品質のマンガンはすぐに枯渇し，肥料用などに使用可能な低質マンガンのみとなった。採掘会社は輸送コストが高すぎるため国鉄に賃率の引き下げを求め，国鉄は 64 年に第 3 種から第 4 種へ賃率を引き下げたものの，当初予定の月 5,000 トンの輸送量には及ばなかった [Ibid.: 30]。ホタル石と同様に 70 年代にも輸送は続いており，76 ～ 77 年の平均輸送量は 4 万トン程度で，ほとんどが北部からバンコクへの輸送であった [SSR (1976)–(1977)]。

これらの鉱石輸送は，70 年代に入っても事実上鉄道が独占していた。鉱石の輸送は発地と着地が決まっていることから鉄道の大量輸送の特性が活かせる輸送形態であり，輸送距離も 600 ～ 700km と長距離なため自動車輸送よりも有利であった。鉱石輸送には水運の利用可能性もあったが，チャオプラヤー川上流域では船の航行は難しく，かつプーミポン・ダムなどの障害もあり水運は事実上不可能であった。このため，鉱石は北部からバンコクへの新たな鉄道による輸送品目となったのである。しかしながら，北部からバンコクへは農産物の輸送も存在したことから，国鉄は農産物輸送の少ない雨季に鉱石輸送を集中させるよう採掘会社に要請していた［RFT 1968: 29］。

### (3) 国境交易の停滞 ── 政治情勢に伴う不安定化

北部とビルマ，ラオス方面を結ぶ国境交易は，戦前から存在していた。当初はモールメインから北部経由でシャンや雲南を結ぶルートでの隊商による交易が中心であったが，20世紀に入ってバンコクの後背地としての機能が強まると，モールメインとの交易は停滞してその重要性を低下させたのに対し，シャン東部やラオス北部はバンコクの後背地としての機能を強化させていった。ただし，この戦前の北部経由の国境交易については正確な統計が存在せず，モールメイン方面へのチーク材輸出以外にはその全体像を構築するのが難しかった。

ビルマ国境では1924年から一部品目に関してイギリス側が関税を徴収することになったが，タイ側は通商額が少なく経費もかかるので関税の設置を見送っていた［柿崎 2000a：293–294］。このため，タイ側の統計には北部での国境交易の数値が得られなかったのであるが，41年にようやくビルマ国境のメーサーイ，メーホンソーン，メーサリアン，メーソート及びラオス国境のチエンコーンに税関が設置された[24)]。表6–1は，41年以降の北部・中部上部国境での貿易額の推移を示したものである。41年の数値ではメーサーイ以外の貿易額は存在せず，そのメーサーイの貿易額も非常に低くなっていた。戦後は対ビルマ貿易額が増加するものの，時期による変動が激しいことが分かる。

このような貿易額の変動は，ビルマの政治的状況によるものであった。ビルマは1948年に独立したが，共産党の武装蜂起が発生するなど政情は安定しなかった[25)]。タイとの国境を接するシャン州やカレン州には反政府勢力も存在し，国境交易も不安定な政治情勢の影響を受けていた。タイでは50年代前半に地域のリーダーとなるべく国際協力を推進するために隣国との国際交通網の整備を各国に打診したが，ビルマは国内事情が沈静化しないという理由で関心を示さなかった[26)]。このため，貿易額は政治情勢により影響を受け，国境が閉鎖されるとモノの流れも公式的には遮断されることとなった。60年代後半の平均貿易額が激減したのも，ビルマ側が国境を閉鎖したのがその理由であった[27)]。

なお，地理的要因からサルウィン川流域のチーク材のビルマへの輸送は引き続き存在した。サルウィン川経由のチーク材輸送は1960年代にほぼ消滅したもの

表 6-1　北部国境の輸出入額の推移（1941～77 年）（単位：千バーツ）

| 輸出 | | | | | | | | 輸入 | | | | | | | |
|---|---|---|---|---|---|---|---|---|---|---|---|---|---|---|---|
| 年 | ビルマ | | | | ラオス | | | 年 | ビルマ | | | | ラオス | | |
| | メーサーイ | メーソート | その他 | 計 | チエンコーン | チエンセーン | 計 | | メーサーイ | メーソート | その他 | 計 | チエンコーン | チエンセーン | 計 |
| 1941 | 30 | — | — | 30 | | | 0 | 1941 | 27 | — | — | 27 | 3 | | 3 |
| 1946 | 85 | — | — | 85 | 16 | | 16 | 1946 | 19,076 | — | — | 19,076 | 3 | | 3 |
| 1947 | 4,451 | — | — | 4,451 | 36 | | 36 | 1947 | 7,258 | — | — | 7,258 | 59 | | 59 |
| 1948 | 16,621 | 496 | — | 17,117 | 253 | 1 | 254 | 1948 | 6,680 | 817 | — | 7,497 | 290 | | 290 |
| 1949 | 8,775 | 1,182 | — | 9,957 | 138 | — | 138 | 1949 | 10,656 | — | 1 | 10,657 | 40 | 809 | 849 |
| 1956 | 2,528 | — | 7 | 2,535 | 577 | 4,218 | 4,795 | 1956 | 3,410 | 2,687 | 10,466 | 16,563 | 7 | 7 | 14 |
| 1957 | 5,476 | 29 | 2 | 5,507 | 2,427 | 1,513 | 3,940 | 1957 | 5,068 | 2,210 | 2,941 | 10,219 | 61 | 972 | 1,033 |
| 1958 | 7,003 | — | 894 | 7,897 | 694 | 1,562 | 2,256 | 1958 | 4,973 | 1,023 | 608 | 6,604 | 45 | 60 | 105 |
| 1959 | 3,492 | 810 | 414 | 4,716 | 489 | 1,677 | 2,166 | 1959 | 4,675 | 622 | 881 | 6,178 | 5 | 1,162 | 1,167 |
| 1960 | 3,771 | 331 | 159 | 4,261 | 975 | 1,402 | 2,377 | 1960 | 2,624 | 611 | 728 | 3,963 | 13 | 1,098 | 1,111 |
| 1961 | 6,700 | 227 | 84 | 7,011 | 189 | 1,952 | 2,141 | 1961 | 7,110 | 1,614 | 365 | 9,089 | 11 | 63 | 74 |
| 1962 | 7,771 | 317 | 67 | 8,155 | 988 | 4,228 | 5,216 | 1962 | 8,453 | 3,850 | 389 | 12,692 | 20 | 11 | 31 |
| 1963 | 7,453 | 26 | 443 | 7,922 | 462 | 2,600 | 3,062 | 1963 | 9,214 | 2,534 | 135 | 11,883 | 36 | 467 | 503 |
| 1964 | 6,987 | 53 | 2,271 | 9,311 | 3 | 2,064 | 2,067 | 1964 | 2,533 | 217 | 231 | 2,981 | 36 | 364 | 400 |
| 1965 | 184 | 24 | 25 | 233 | 4,333 | 4,486 | 8,819 | 1965 | 29 | 92 | 81 | 202 | 29 | 181 | 210 |
| 1966 | 129 | — | — | 129 | 25,144 | 5,466 | 30,610 | 1966 | 7 | 156 | 22 | 185 | 1,493 | 1,216 | 2,709 |
| 1967 | 176 | — | — | 176 | 15,697 | 1,005 | 16,702 | 1967 | 21 | 227 | 155 | 403 | 173 | 2,060 | 2,233 |
| 1968 | 3,612 | — | — | 3,612 | 16,720 | — | 16,720 | 1968 | 494 | 53 | 84 | 631 | 282 | 3,806 | 4,088 |
| 1969 | 1,637 | N.A. | — | 1,637 | N.A. | N.A. | N.A. | 1969 | 35 | N.A. | — | 35 | N.A. | N.A. | N.A. |
| 1970 | 562 | N.A. | — | 562 | N.A. | N.A. | N.A. | 1970 | 290 | N.A. | — | 290 | N.A. | N.A. | N.A. |
| 1971 | 203 | N.A. | — | 203 | N.A. | N.A. | N.A. | 1971 | 222 | N.A. | — | 222 | N.A. | N.A. | N.A. |
| 1972 | 1,048 | N.A. | — | 1,048 | N.A. | N.A. | N.A. | 1972 | 386 | N.A. | — | 386 | N.A. | N.A. | N.A. |
| 1973 | 917 | N.A. | — | 917 | N.A. | N.A. | N.A. | 1973 | 3,935 | N.A. | — | 3,935 | N.A. | N.A. | N.A. |
| 1974 | 1,668 | N.A. | — | 1,668 | N.A. | N.A. | N.A. | 1974 | 4,903 | N.A. | — | 4,903 | N.A. | N.A. | N.A. |
| 1975 | 1,874 | 23 | 915 | 2,812 | N.A. | N.A. | N.A. | 1975 | 1,302 | 1,892 | 2,577 | 5,771 | N.A. | N.A. | N.A. |
| 1976 | 1,754 | — | — | 1,754 | N.A. | N.A. | N.A. | 1976 | 1,115 | 700 | 508 | 2,323 | N.A. | N.A. | N.A. |
| 1977 | 5,832 | 782 | 33 | 6,647 | N.A. | N.A. | N.A. | 1977 | 4,196 | 3,932 | 4,261 | 12,389 | N.A. | N.A. | N.A. |
| 1975–77 平均 | 3,153 | 268 | 316 | 3,422 | N.A. | N.A. | N.A. | 1975–77 平均 | 2,204 | 2,175 | 2,449 | 6,828 | N.A. | N.A. | N.A. |

注：1969 年以降の「その他」の数値には，原資料で「その他」に区分された地点の分を含まない。

出所：1941 年 FTS（1941）：365–366，1946 年 FTS（1946）：347–348，1947 年 FTS（1947）：327–328，1948～49 年 FTS（1948–49）：377–378，1956 年 FTS（1956）：274–275，1957 年 FTS（1957）：295–303，1958 年 FTS（1958）：307–316，1959 年 FTS（1959）：322–331，1960 年 FTS（1960）：411–419，1961 年 FTS（1961）：425–433，1962 年 FTS（1962）：411–419，1963 年 FTS（1963）：498–507，1964 年 FTS（1964）：510–518，1965 年 FTS（1965）：501–508，1966 年 FTS（1966）：505–512，1967 年 FTS（1967）：526–533，1968 年 FTS（1968）：610–617，1969～71 年 SYB（1972–73）：345，1972～74 年 SYB（1974–75）：353，1975～77 年 SYB（1976–80）：354–355 より筆者作成

の，70年代に復活して74～76年の平均で年間2万トンのチークが通過していた［SYB (1976–80): 238］。木材をトン当たり1万バーツと見積もると金額にして年2億バーツとなり，国境交易の数値よりもはるかに大きくなる。正確にはこのチーク輸送はビルマ向け輸出ではなくビルマ国内の通過貨物となるが，ここでは北部からビルマへの商品流通に含めておく。

一方，ラオスとの交易も同様であった。表6–1の対ラオス貿易額を見ると，チエンセーンとチエンコーンがラオス交易の窓口となっていたことが分かる。1940年代にはチエンコーンの数値しか存在しないが，50年代後半からはチエンセーンの数値が得られるようになり，こちらのほうが貿易額は多くなっていた。チエンセーンやチエンコーンはメコン川水運の連絡口であり，戦前からルアンプラバーン方面への玄関口となっていた。チエンコーンのほうが距離的には近かったにもかかわらずチエンセーンの貿易額のほうが多かったのは，国道も到達しており道路事情が良かったためであろう。

ところが，1966年になるとチエンコーンの輸出額が急増し，チエンセーンを抜いている。これは，チエンラーイ～チエンコーン間の道路整備によるものであった。この道路はラオスの政情不安定化に伴う軍事道路として，アメリカの援助で63年から建設が始まった[28]。ウォーカー (Andrew Walker) によると，それまでチエンコーンへの貨物輸送はチエンセーンから水運で行われており，68年にこの道路が到達して初めてチエンラーイから道路での輸送が可能となったという［Walker 1999: 57］。この道路の開通により，ラオスへの玄関口がチエンセーンからチエンコーンへと変化したのであった[29]。

このラオス北部の通商も，政治情勢の影響を受けて大きく変容していた。1949年に中国が共産化すると，ラオスと中国との間の通商が途絶えることとなり，ラオス北部のムアンシンやルアンナムターに入る工業製品はバンコクからチエンセーン，チエンコーン経由で入るものが主流となった［Ibid.: 52–54］。しかしながら，ラオス北部一帯がパテトラオの支配下に入ると，今度は中国との関係が強化されることになった。中国はパテトラオの勢力圏の拡大のため国境からルアンナムター，ウドムサイ方面を結ぶ道路を整備し，やがてメコン川畔のパークベーンに達することとなった[30]。その結果，王国政府の支配地域は徐々に狭くなり，それはバンコクの後背地の縮小を意味することとなった。

そして最終的には，このラオスという後背地は一時的に失われることとなった。表6-1では1970年代のチエンセーン，チエンコーンの数値が得られなくなるが，交易は続いていた。しかしながら，75年にパテトラオがラオス全土を掌握してラオスが共産化し，翌年タイの「民主化」の時代が終わると，タイ側は共産勢力の浸透を恐れて国境の閉鎖を行った［Ibid.: 57–58］。これにより，以後88年まで国境交易は途絶えることとなる。政治情勢の変化が従来の経済関係を再編することとなり，かつてバンコクの後背地として機能していたシャン東部もラオス北部もその役割を一時的に失うことになったのである。

ただし，これらの記述はあくまでも統計上に現れる公式の貿易を基準としたものであり，実際には統計に現れない「密貿易」が別に存在しており，それはたとえ政治状況がどのように変化しようとも，またたとえ正規の国境が封鎖されようとも，消え失せることはなかった。この北部とビルマ，ラオスの国境の接する地域は，いわゆる「黄金の三角地帯」として世界中にその名を轟かせた場所であり，アヘン栽培やヘロイン製造の中心地でもあった。ウォーカーによると，1960年代にはメコン川流域にシャンから入ってくるアヘンの精製工場が多数あり，ベトナム経由でアメリカやヨーロッパなどに輸出されたという［Ibid.: 56］。もちろんタイに流入してくるものも存在し，50年7月2日の『サヤームニコーン』紙には，チエンマイ方面から列車でロッブリーの1つ手前のターケーという小駅に降ろされる密アヘン輸送に関する記事が掲載されていた[31)]。これらの密貿易の額を加えれば，表6-1の貿易額の数値は大きく増えることが容易に想起されるが，その見積りは不可能である。

### (4) 対バンコク商品流通量の見積り

最後に，バンコクと北部，中部上部間の商品流通量の見積りを行う。表6-2は北部～バンコク間の商品流通量の見積りを示したものである。この表を見ると，北部～バンコク間の輸送量は北部発が113万トン，北部着が118万トンと両者が拮抗していることが分かる。発送では木材が最も多くなり，以下鉱石，米が続いている。通常は飲料・嗜好品の到着量は発送量を上回るはずであるが，北部の場合は葉タバコの輸送がここに含まれることから，発送のほうが到着よりも2倍も多くなっている。一方，到着は建設資材，雑貨，石油製品が多くなっており，こ

表 6-2　北部～バンコク間の商品流通量の見積り（1975 年頃）（単位：トン）

| 品目 | 発送 | | | | 到着 | | | | 備考 |
|---|---|---|---|---|---|---|---|---|---|
| | 自動車 | 鉄道 | 水運 | 計 | 自動車 | 鉄道 | 水運 | 計 | |
| 米 | 149,283 | 26,694 | | 175,977 | 2,291 | 47 | | 2,338 | |
| メイズ | 47,101 | 32,151 | | 79,252 | 166 | — | | 166 | |
| ケナフ他 | 2,236 | 10 | | 2,246 | 1,472 | — | | 1,472 | |
| キャッサバ | 782 | | | 782 | 43 | | | 43 | |
| マメ | 15,896 | | | 15,896 | 44 | | | 44 | |
| 野菜・果物 | 79,661 | — | | 79,661 | 2,829 | 6,644 | | 9,473 | 鉄道はココヤシの数値 |
| 乾物 | 25,416 | — | | 25,416 | 15,573 | 3,630 | | 19,203 | 鉄道は塩の数値 |
| 家畜 | 7,292 | | | 7,292 | 1,093 | | | 1,093 | |
| 水産物 | 261 | | | 261 | 4,762 | | | 4,762 | |
| ゴム・植物油 | 8,624 | | | 8,624 | 253 | | | 253 | |
| 木材 | 88,034 | 133,254 | 94,000 | 315,288 | 6,390 | 129 | | 6,519 | 鉄道は丸太，材木の数値 |
| 薪炭 | 1,401 | | | 1,401 | 237 | | | 237 | |
| 鉱石 | 63,119 | 183,108 | | 246,227 | 489 | | | 489 | 鉄道は亜炭，ホタル石，マンガン，重晶石の数値 |
| 石油製品 | 2,568 | 27 | | 2,595 | 26,750 | 276,894 | | 303,644 | |
| 建設資材 | 14,941 | 1,623 | | 16,564 | 313,361 | 85,625 | | 398,986 | 自動車はセメント到着量を追加，鉄道はセメント，泥灰土，石膏の数値 |
| 肥料 | 2,387 | 14,308 | | 16,695 | 41,840 | 661 | | 42,501 | |
| 飲料・嗜好品 | 32,833 | 15,081 | | 47,914 | 21,338 | — | | 21,338 | 鉄道は葉タバコの数値 |
| 日用品 | 30,989 | | | 30,989 | 11,096 | | | 11,096 | |
| 雑貨 | 33,618 | | | 33,618 | 341,032 | | | 341,032 | |
| その他 | 19,278 | | | 19,278 | 12,303 | | | 12,303 | |
| 計 | 625,720 | 406,256 | 94,000 | 1,125,976 | 803,362 | 373,630 | — | 1,176,992 | |

注 1：品目の内訳は以下の通りである。ケナフ他：ケナフ，綿，カポックなど，ゴム・植物油：天然ゴム，植物油など，乾物：塩，砂糖，干魚，エビ味噌，調味料，卵，漬物など，建設資材：土砂，砕石，セメント，鉄筋，トタン板，アスファルトなど，飲料・嗜好品：飲料水，アルコール，タバコなど，日用品：衣服，化粧品，薬品，洗剤，家具，電気製品，文房具など，雑貨：麻袋，空瓶，容器，2 品目以上混載など，その他：他品目に該当しない物。

注 2：自動車の数値は原則として 1976～78 年の平均値を使用しているが，77 年に一部品目の分類が変更になったので，野菜果物，キャッサバ，マメは 1976 年単年の，ケナフ他，乾物，家畜，水産物，日用品，雑貨，その他は 1977～78 年の平均値を使用している。

注 3：自動車の到着量には表 5-14 のセメント到着量を別に追加してある。

注 4：鉄道輸送は北線 3 区間と北線 1 区間以南間の貨物輸送量を集計したものである。

注 5：鉄道の数値は原則として 1975～77 年の平均値を使用しているが，資料の都合で乾物（塩）と嗜好品（葉タバコ）は 1977 年単年の，鉱石（マンガン，重晶石）は 1976～77 年の平均値を，肥料は 1978 年単年の数値を使用している。

出所：自動車 RKT（1976）－（1978），表 5-14（建設資材），鉄道 SSR（1975）－（1978），水運 表 4-14（木材）より筆者作成

の3品目で全体の全体の約9割を占める。

輸送手段で見ると，これまで見てきた品目と同様に，鉄道の輸送比率の高さが他地域と比べて目立っている。発送では自動車が全体の56%，鉄道が36%，到着が自動車68%，鉄道32%と，どちらも鉄道の分担率が3分の1程度となっていることが分かり，これは全地域の中でも最も高い部類に属する。鉄道の比率が高いのはこれまで見てきたように輸送距離の長さが主な理由であるが，品目で見ると鉱石の発送と石油製品の到着での鉄道依存率がとくに高く，全体の鉄道輸送比率を高める結果となっている。

北部については木材輸送以外に水運の利用は存在しないが，中部上部とバンコクとの間には河川水運が存在することから，全体の商品流通量を見積る前に，水運について考察しておく必要がある。北部については鉄道開通後に水運の役割は終焉し，木材輸送以外には河川経由の輸送はなくなったが，中部上部については，水運も依然として利用されていた。とくに，中部上部の入り口に当たるナコーンサワンまでは航行条件も良く，輸送時間の問題さえなければ鉄道よりも水運のほうが好まれていた。

この水運については輸送量の統計が存在しないことから，柿崎［2000a］においては中部上部については地域間流通の分析対象としなかったが，柿崎［2000b］において1930/31年の県別の米生産量と消費量から水運での米輸送量の推計を行った。これによると，この年に中部下部にあたるナコーンサワン州から6万9,401トン，ピッサヌローク州から4,700トン，計7.4万トンの精米が発送されていたものと見積られ，これを籾米に換算すると約11.6万トンとなる［柿崎 2000b：294］[32)]。この年の鉄道による米発送量は籾米換算で計9万6,359トンとなることから，この時代の中部上部からバンコク方面への米発送量は水運も鉄道も同程度であったことになる［Ibid.: 284］。

チャオプラヤー川の水運の問題点は，乾季の水量が減る時期に大型の蒸気船が遡上できる区間が限定されていたことであった。19世紀末から20世紀初頭には，乾季の蒸気船の北限はアーントーン付近であった［柿崎 2000a：31–32］。このため，戦後チャオプラヤー川の河床掘削が運輸局により計画され，クラトゥムプローン運河（チャイヨー）〜チャオプラヤー・ダム予定地（チャイナート）間の掘削を行い，クラトゥムプローム運河からノーイ川を経由してアユッタヤー南部のバーンサイでチャオプラヤー川に戻る迂回ルートを活用するというものであった[33)]。この計画に対し，灌漑局は堆砂により毎年高コストの掘削を行う必要があり，しかもダム以北から別ルートでの迂回も可能であるとして反対し，結局実現しなかった[34)]。

ところが，1956 年にチャオプラヤー・ダムが完成すると，川の水位が高まって航行条件が向上することになった［Silcock 1970: 88］。このダムはチャオプラヤー・デルタの灌漑用水の取得を主目的としており，チャオプラヤー川の水運が遮断しないよう水門を設けて対応した。さらに，さらに上流に建設されたプーミポン・ダムやタープラー・ダム（現シリキット・ダム）からは乾季に農業用水を放流するので，これも川の水位を高めることとなった[35)]。ダムの建設が，チャオプラヤー川の水運を改善し，前述したメイズ輸送などに活用された。

チャオプラヤー川の水運による貨物輸送状況が初めて判明したのは，1964 年の貨物輸送量調査であった。表 6–3 を見ると，発送量が到着量を大幅に上回っており，発送では米が最も多く約 50 万トンと全体の 7 割を占め，以下メイズが 19 万トンとなっており，事実上この 2 品目が水運の主要な輸送貨物となっていることが分かる。この表には 70 年の数値も載っており，統計の作成方法が違うことから単純な比較はできないものの，発送と到着の比率や発送品目に占める米やメイズの割合などは 64 年とほぼ同じである。70 年には建設資材の発送も増えているが，これは川砂の発送であろう。ちなみに，河川水運によるバンコク発着の貨物量は，64 年の時点でバンコク到着が約 567 万トン，発送が 37 万トンとなり，対中部上部の貨物が占める割合はわずかであった［RKNM（1964）］[36)]。

以上の水運の輸送状況を踏まえて作成したものが，表 6–4 となる。この表を見ると，発送量と到着量の大きな差異がまず注目される。すなわち，発送量は約 300 万トンと北部の約 3 倍となっているのに対し，到着量は 137 万トンと北部よりやや多いのみであり，その結果発送量が到着よりも 2.2 倍も多くなっているのである。その要因は農産物の発送量の多さにあり，米，メイズの発送がそれぞれ 100 万トン程度存在していることが全体の発送量を大きくしているのである。一方到着を見ると，北部と同じく石油製品，雑貨，建設資材の到着が多くなっており，これらの品目が全体の 9 割弱を占めている。

輸送手段別に見ると，発送では水運が最も多くなり，比率は水運が 52%，自

表 6-3　中部上部～バンコク方面間の河川水運輸送量（1964・70年）（単位：トン）

| 品目 | 発送 | | 到着 | |
|---|---|---|---|---|
| | 1964 | 1970 | 1964 | 1970 |
| 米 | 498,224 | 566,365 | 2,393 | — |
| メイズ | 189,051 | 157,911 | 4,576 | — |
| 野菜・果物 | 7,758 | 5,293 | 3,134 | 490 |
| 乾物 | 1,949 | 48 | 5,880 | 16,742 |
| 石油製品 | 972 | 409 | 4,630 | 5,936 |
| 建設資材 | 4,283 | 69,264 | 1,946 | — |
| 肥料 | 60 | — | 41 | — |
| その他 | 4,889 | 5,408 | 10,219 | 1,671 |
| 計 | 706,731 | 796,937 | 32,819 | 25,329 |

注1：1964年はバンコクと各県間の貨物輸送量を示した統計であるが，70年はバンコク以外の主要港における貨物発着量のみが示されていることから，ナコーンサワン港発着の貨物及び他の中部下部の港における中部上部発着の貨物を対象として集計したものである。
注2：チャオプラヤー川水系経由のみを対象としており，パーサック川経由のメイズ輸送は含まれていない。
注3：原資料に含まれていない木材の輸送量は除外してある。
出所：RKNM（1964），RKNM（1970）より筆者作成

動車41%，鉄道8%となる。水運の比率が高いのは米，メイズといった農産物の輸送が多いためであり，米は全体の約6割，メイズは4分の3が水運に依存している。鉄道の発送量は北部の6割程度でしかなく，全体の発送量が北部より3倍も多い中でその比率を下げている。一方，到着では自動車が79%と圧倒的に自動車輸送が多くなってが，これはバンコクからの輸送距離が相対的に短いことから自動車輸送の優位性が高まるためである。鉄道輸送は石油製品の到着以外にめぼしい輸送は存在せず，石油製品輸送の分担率は最も高くなっている。発送では重要な役割を果たしている水運も到着ではほとんど輸送が存在せず，水運が著しく偏った輸送状況であることが理解されよう。

この北部・中部上部とバンコクとの間の商品流通量は，戦前と比べると大幅に増加していた。1935/36年の鉄道経由の商品流通量は，発送11万トン，到着3.6万トン程度であった［柿崎 2000a：289］[37]。35/36年のパークナムポーを通過したチークは20万トン弱であったことから，北部発の商品は計30万トンとなり，これが40年後の75年には113万トンと約3.8倍に増加している。一方，到着の増加率ははるかに多く，3.5万トンから118万トンへと34倍も増加している。かつ

表 6-4　中部上部～バンコク間の商品流通量の見積り（1975 年頃）（単位：トン）

| 品目 | 発送 | | | | 到着 | | | | 備考 |
|---|---|---|---|---|---|---|---|---|---|
| | 自動車 | 鉄道 | 水運 | 計 | 自動車 | 鉄道 | 水運 | 計 | |
| 米 | 276,069 | 137,677 | 566,365 | 980,111 | 4,530 | 51 | | 4,581 | |
| メイズ | 223,149 | 38,800 | 757,911 | 1,019,860 | 603 | — | | 603 | 水運はパーサック川経由の 60 万トンを含む |
| ケナフ他 | 28,778 | — | | 28,778 | 781 | — | | 781 | |
| キャッサバ | 36,870 | | | 36,870 | 728 | | | 728 | |
| マメ | 83,624 | | | 83,624 | 43 | | 490 | 43 | |
| 野菜・果物 | 34,372 | — | 5,293 | 39,665 | 13,033 | 16,634 | 16,742 | 30,157 | 鉄道はココヤシの数値 |
| 乾物 | 162,013 | — | 48 | 162,061 | 24,086 | 132 | | 40,960 | 鉄道は塩の数値 |
| 家畜 | 51,406 | | | 51,406 | 1,163 | | | 1,163 | |
| 水産物 | 1,268 | | | 1,268 | 4,885 | | | 4,885 | |
| ゴム・植物油 | 12,453 | | | 12,453 | 665 | | | 665 | |
| 木材 | 158,900 | 8,663 | 161,000 | 328,563 | 8,885 | 70 | | 8,955 | 鉄道は丸太，材木の数値 |
| 薪炭 | 7,129 | | | 7,129 | 651 | | | 651 | |
| 鉱石 | 25,229 | 9 | | 25,238 | 613 | — | | 613 | 鉄道は亜炭，ホタル石，マンガン，重晶石の数値 |
| 石油製品 | 1,126 | — | 409 | 1,535 | 156,300 | 241,971 | 5,936 | 404,207 | |
| 建設資材 | 43,901 | 56,228 | 69,264 | 169,393 | 379,507 | 9,320 | | 388,827 | 自動車はセメント到着量を追加，鉄道はセメント，泥灰土，石膏の数値 |
| 肥料 | 2,222 | | | 2,222 | 23,480 | 24 | | 23,504 | |
| 飲料・嗜好品 | 4,303 | | | 4,303 | 34,267 | | | 34,267 | 鉄道は葉タバコの数値 |
| 日用品 | 7,469 | | | 7,469 | 9,862 | | | 9,862 | |
| 雑貨 | 60,034 | | | 60,034 | 393,746 | | | 393,746 | |
| その他 | 9,353 | | 5,408 | 14,761 | 20,443 | | 1,671 | 22,114 | |
| 計 | 1,229,668 | 241,377 | 1,565,698 | 3,036,743 | 1,078,271 | 268,202 | 24,839 | 1,371,312 | |

注 1：自動車，鉄道に関する注は表 6-2 と同じ。ただし水運の「その他」の内訳は自動車の内訳と異なる。
注 2：水運の数値は表 6-3 の 1970 年の数値を使用している。ただし，木材の発送は表 4-14 の数値を使用している。
出所：自動車 表 6-2 と同じ，鉄道 表 6-2 と同じ，水運 表 6-3，表 4-14（木材）より筆者作成

ては発送量が到着量を3倍ほど上回っていたが，75年にはそれが同程度に並んだのである。35年頃の中部上部とバンコク間の商品流通量は見積ることができなかったが，少なくとも北部と同じように発送量が到着量を上回っていたことは間違いなく，75年にもその状況が続いていたのである。

## 第2節　東北部 ― 流入商品の急増

### (1) 鉄道依存型の商品流通の限界

戦前の東北部の地域間商品流通は，完全に鉄道に依存したものであった。東北部はメコン川流域という首都バンコクとは違う水系に位置しており，メコン川の航行条件が著しく悪かったことから，伝統的に陸上交通への依存度が高く，結果として鉄道開通前の商品流通は非常に限定されていた。20世紀に入り鉄道が開通すると，米，豚，木材などの産物がバンコクへ向けて輸送され始めたが，バンコクと東北部を結ぶ近代的交通路は1943年まで鉄道のみであった。このため，自ら歩かせて輸送していた牛・水牛を除けば，東北部からの産品の輸送はすべて鉄道に依存したものであった。

鉄道によって商品化された東北部の産物は，米，豚，木材であった。中でも米は数量的にもっとも多く，1930年代には年間30万トンがバンコクに向けて運ばれていた。東北部は，上部から中部にかけてのモチ米を常食するラオ族が卓越する「モチ稲栽培圏」と，下部のウルチ米を常食とするタイ・コーラート系，クメール系民族が卓越する地域に二分された[38)]。バンコクから輸出される米はウルチ米であったことから，「モチ稲栽培圏」となるウドーン線沿線では商品化に際してウルチ米を別途栽培する必要があったが，下部については自給用のウルチ米がそのまま商品用として利用可能であった[39)]。実際には，1930年代にも少なからぬ米がウドーン線からバンコクへ発送されていたことから，「モチ稲栽培圏」でも商品用のウルチ米栽培が鉄道沿線を中心にある程度進んだものと考えられる[40)]。

この鉄道による米輸送が戦争や輸送力不足によって難しくなったことは，このような商品化の恩恵を被っていた鉄道沿線の地域にとっては大きな打撃であったはずである。鉄道車両の軍事輸送への供出で米の搬出路を断たれることとなった東北部では，米価格が大幅に下落することになった。1944 年 3 月の時点では，バンコクの籾米買い取り価格は 1 クウィアン（約 1 トン）あたり 72 ～ 80 バーツであったが，東北部では 35 ～ 40 バーツとなっていた[41)]。同じく内陸部であるチエンマイは 66 バーツ，バッタンバンは 65 ～ 75 バーツであったことから，東北部の下落が顕著なことが分かる。北部は川の増水時を利用すればバンコク方面の水運も不可能ではなかったし，バッタンバンは水運でプノンペン方面への輸送が容易に行えたのに対し，東北部の米は鉄道以外では動かしようがなかった。一方で，他地域から米を購入していた南部では米が不足し，価格が高騰していた[42)]。

地域間における米の価格差はかつて鉄道建設前に存在していたものであり，販路のない東北部の米価格が非常に安くなり，輸入米に依存していた南部西海岸の米価格が高くなっていた状況もまったく同じであった[43)]。この価格差は鉄道の開通で解消されたものの，輸送手段が不足することで，以前と同様の現象が再び生じたのである。このことは，まさに米の価格平準化における鉄道の役割を再確認させる出来事であった。

それまで年間 30 万トンの米を運び出していた鉄道が麻痺したことは，東北部に図り知れない影響を与えたものと予想できるが，東北部の米生産の状況を見るとまた別の状況が浮かび上がってくる。表 6–5 は，1935/36 年以降の東北部の米生産量から域内消費量を引いて余剰米量を推計したものである。この表を見ると，東北部の米生産量は全体としてみると年々増加傾向にあるが，年ごとの変動が激しいことが分かる。1935/36 年は約 130 万トンの籾米生産量がある一方で，翌年はその 3 分の 1 に減っている。作付面積の変動がそれほど大きくないことから，天候不順による不作が頻繁に発生していたことを意味しており，天水田に依存したこの地域の米生産状況が如実に反映されている。

また，生産量が年々増えている一方で，人口も確実に増えていることから，域内消費量も着実に増加傾向にある。この結果，生産量が少ないと余剰米の量がマイナスとなっている年が少なからず存在している。とくに，戦争前の 39/40 年から 46 年にかけては余剰米量がマイナスの年が続いていることが分かる。実際には 35/36 年の時点でもそれ以前に蓄積された余剰米が存在したはずであるし，余剰米量がマイナスとなっている期間中にも大規模な飢餓が発生したとの記録もないことから，余剰米量がマイナスであるという状況が，直ちに米不足を意味する

表 6-5　東北部の余剰米量の推計（1935/36〜75 年）

| 年 | 作付面積（千ライ） | 籾米生産量（千トン） | 精米換算量 a（千トン） | 人口（千人） | 食糧用 b（千トン） | 種籾使用量 c（千トン） | 域内消費量 b+c（千トン） | 余剰米量 a−(b+c)（千トン） | 鉄道発送量（精米換算）（千トン） |
|---|---|---|---|---|---|---|---|---|---|
| 1935/36 | 6,109 | 1,294 | 828 | 4,686 | 562 | 65 | 627 | 201 | 211 |
| 1936/37 | 5,724 | 435 | 278 | 4,819 | 578 | 70 | 649 | −370 | 130 |
| 1937/38 | 6,220 | 1,082 | 692 | 4,952 | 594 | 76 | 671 | 22 | 205 |
| 1938/39 | 6,768 | 1,346 | 861 | 5,078 | 609 | 62 | 672 | 190 | N.A. |
| 1939/40 | 5,513 | 918 | 588 | 5,204 | 624 | 73 | 697 | −110 | N.A. |
| 1940 | 6,440 | 1,084 | 694 | 5,329 | 640 | 80 | 720 | −26 | N.A. |
| 1941 | 7,120 | 1,016 | 650 | 5,455 | 655 | 97 | 752 | −101 | N.A. |
| 1942 | 8,591 | 1,268 | 812 | 5,581 | 670 | 84 | 754 | 58 | N.A. |
| 1943 | 7,426 | 1,136 | 727 | 5,707 | 685 | 81 | 766 | −39 | N.A. |
| 1944 | 7,171 | 1,159 | 742 | 5,833 | 700 | 86 | 786 | −44 | N.A. |
| 1945 | 7,627 | 843 | 540 | 5,958 | 715 | 87 | 802 | −262 | N.A. |
| 1946 | 7,674 | 989 | 633 | 6,084 | 730 | 125 | 855 | −222 | 93 |
| 1947 | 11,044 | 1,478 | 946 | 6,210 | 745 | 135 | 881 | 65 | N.A. |
| 1948 | 11,976 | 1,873 | 1,199 | 6,426 | 771 | 132 | 903 | 296 | N.A. |
| 1949 | 11,664 | 1,660 | 1,062 | 6,638 | 797 | 143 | 940 | 122 | N.A. |
| 1950 | 12,695 | 1,846 | 1,181 | 6,852 | 822 | 167 | 989 | 192 | 145 |
| 1951 | 14,773 | 2,335 | 1,494 | 7,066 | 848 | 133 | 981 | 514 | N.A. |
| 1952 | 11,762 | 1,800 | 1,152 | 7,280 | 874 | 179 | 1,052 | 100 | N.A. |
| 1953 | 15,804 | 2,705 | 1,731 | 7,494 | 899 | 138 | 1,037 | 694 | 162 |
| 1954 | 12,193 | 1,470 | 941 | 7,708 | 925 | 164 | 1,089 | −148 | 73 |
| 1955 | 14,518 | 2,150 | 1,376 | 7,922 | 951 | 175 | 1,126 | 250 | 197 |
| 1956 | 15,517 | 2,613 | 1,672 | 8,136 | 976 | 117 | 1,093 | 579 | 264 |
| 1957 | 10,366 | 1,572 | 1,006 | 8,350 | 1,002 | 152 | 1,154 | −148 | 159 |
| 1958 | 13,495 | 1,978 | 1,266 | 8,564 | 1,028 | 174 | 1,202 | 64 | N.A. |
| 1959 | 15,421 | 2,020 | 1,293 | 8,778 | 1,053 | 164 | 1,218 | 75 | N.A. |
| 1960 | 14,557 | 2,295 | 1,469 | 8,992 | 1,079 | 174 | 1,253 | 216 | N.A. |
| 1961 | 15,408 | 2,323 | 1,487 | 9,295 | 1,115 | 201 | 1,317 | 170 | 417 |
| 1962 | 17,820 | 3,666 | 2,346 | 9,599 | 1,152 | 192 | 1,344 | 1,003 | 315 |
| 1963 | 16,970 | 3,516 | 2,250 | 9,902 | 1,188 | 175 | 1,363 | 887 | 229 |
| 1964 | 15,471 | 3,302 | 2,113 | 10,205 | 1,225 | 173 | 1,398 | 715 | 207 |
| 1965 | 15,332 | 2,734 | 1,750 | 10,509 | 1,261 | 222 | 1,483 | 267 | 123 |
| 1966 | 19,630 | 3,796 | 2,429 | 10,812 | 1,297 | 171 | 1,469 | 961 | 209 |
| 1967 | 15,160 | 2,350 | 1,504 | 11,115 | 1,334 | 202 | 1,536 | −32 | N.A. |
| 1968 | 17,860 | 3,192 | 2,043 | 11,418 | 1,370 | 229 | 1,599 | 444 | N.A. |
| 1969 | 20,240 | 4,580 | 2,931 | 11,722 | 1,407 | 231 | 1,638 | 1,293 | N.A. |
| 1970 | 20,460 | 4,920 | 3,149 | 12,025 | 1,443 | 243 | 1,686 | 1,463 | N.A. |
| 1971 | 21,471 | 5,434 | 3,478 | 12,392 | 1,487 | 138 | 1,625 | 1,852 | N.A. |
| 1972 | 12,241 | 4,198 | 2,687 | 12,760 | 1,531 | 251 | 1,782 | 905 | N.A. |
| 1973 | 22,199 | 4,638 | 2,968 | 13,127 | 1,575 | 234 | 1,809 | 1,159 | N.A. |
| 1974 | 20,683 | 3,795 | 2,429 | 13,495 | 1,619 | 283 | 1,902 | 527 | 72 |
| 1975 | 25,017 | 5,326 | 3,409 | 13,862 | 1,663 | 260 | 1,923 | 1,486 | 83 |

注 1：作付面積，籾米生産量以外の数値は以下の数式で算出してある。
　精米換算量：籾米換算量×0.64
　人口：1929/30，37/38，47，60，70，80 年のセンサスに基づき，各センサス間の増加率を一定と仮定して計算。
　食糧用：人口×0.12（精米消費量 1 人当たり 120kg/ 年）
　種籾使用量：翌年の作付面積×0.0113（1 ライあたり種籾量（精米換算）11.3kg/ 年）
　域内消費量：食糧用＋種籾使用量
　余剰米量：精米換算量－域内消費量
注 2：1957 年までの鉄道発送量は，糠を除外して籾米を精米換算してあり，それ以降は精米のみの数値である。
注 3：鉄道発送量は翌年の東北線の発送量を記入してある。
注 4：1957 年の鉄道発送量（1958 年分）は 9 月までの数値である。
出所：作付面積，籾米生産量；1935/36〜36/37 年 SYB（1935/36-36/37）：418-427，1937/38〜38/39 年 SYB（1937/38-38/39）：424-430，1939/40〜44 年 SYB（1939/40-44）：467-468，1945〜46 年 SYB（1944-55）：155-156，1947〜55 年 SK（1955）：62，1956〜61 年 SK（1966）：48，1962〜75 年 SK（1975/76）：45，人口；Wilson [1983]：33，鉄道発送量；1935/36 年 RSRS（1936），1936/37〜37/38 年 SYB（1937/38-38/39）：224-226，1946 年 RSRS（1947），1950〜57 年 表 4-1，1961〜66 年 表 4-2，1974〜75 年 SSR（1975)-(1976) より筆者作成

とはいえないであろう[44]。

バンコクでは，鉄道輸送が麻痺していたため東北部には多数の余剰米が運ばれずに放置されていると考えていたが，実際には東北部の余剰米はそれほど多く存在しなかった。1944年6月には，仏印が1万トンの米を東北部から購入したいと申請してきたことから，各県に余剰米の量を報告するよう求めたところ，どの県も余剰米はないと回答してきた[45]。内務省は43年6月に各県に対し過去5年間の米収穫量と現在の余剰米量を報告させており，その報告では約50万トンの余剰米があることになっていた[46]。また，45年にスリンでタイ米穀社が日本軍向けの米を発送しようとしたところ，米不足を理由に県がそれを禁止していた［吉川 1999：27–28］。政府が余剰米量を把握する唯一の手段は各県からの報告であったが，余剰米の量は刻一刻と変化しており，余剰米が蓄積して増加しているとの政府の予想とは裏腹に，その量は徐々に減っていた。

確かに，鉄道開通後に東北部は年間30万トンの余剰米をバンコクへ発送できるまでに米生産を拡大させたものの，天水田主体のため年間の生産量は天候に左右されることから，毎年確実にそれだけの余剰米を生産できる状況にはなっていなかった。米の商品化も，牛車などで鉄道駅まで輸送して利益が出る範囲内に限られていた[47]。さらに，農民が自家消費分以上の作付けを行わなかったことが主因であろうが，1943年から46年までの作付面積はほぼ変わらなかった。その結果，更なる米生産量の低下を招いており，45年と46年には不作も重なって生産量が大きく落ち込んでいる。43年11月に米輸送の特別列車の運行が止まったが，ちょうどその後から46年までは東北部の米生産量が落ち込んだ結果，鉄道が運ぶべき米はそれほど存在しなかったのである。

鉄道輸送が停滞した戦時中には，それによる米輸送への影響はそれほど大きな問題とはならなかったが，戦後の復興期に入ると鉄道の輸送力不足が深刻となっていった。表6–5を見ると，47年以降米生産量が増加し，51年には200万トン台に達している。上述したように，連合国への米供出が終了したことから47年には全国的に米の作付けと生産が増えた。その結果，余剰米量も47年以降増えており，53年には約70万トンに達している。不作による余剰米の不足する年も存在するが，その頻度は大幅に減っており，40年代と比べて米生産が大幅に拡大した状況が読み取れる。

このように，1947年以降東北部の米生産が急速に拡大していったが，頼みの鉄道輸送量はそれに追い付かなかった。1950年代の鉄道による発送量は判別する限り最高でも26万トン，すなわち戦前のレベルに過ぎず，10万トン台の年のほうが多い状況であった。米の輸送量全体も戦前のレベルに達していなかったが，実は東北部からの米の発送についても同様のことがいえるのである。しかも余剰米の量は戦前よりはるかに多くなっていたことから，状況はより深刻であった。

鉄道輸送の最大の問題は，車両不足であった。例えば，1956年には東北部で前年作が豊作であったにもかかわらず，貨車不足で米を搬出できないとの苦情が工業大臣から国鉄に寄せられていた[48]。同じ頃コーラート県ノーンスーンの精米所は，2ヶ所の精米所に貨車180両分の米が溜まっているとして，無蓋車でもいいから貨車を配車してほしいと同県出身の議員に訴えていた[49]。これに対し，国鉄はウボン線，ノーカーイ線各1日1往復の定期貨物列車の他に，55年から繁忙期に各線1日1往復ずつ増発し，56年にはさらに臨時列車を隔日で両線に運行して便宜を図っていると主張した[50]。

しかし，国鉄は東北線の米輸送のみに対応すれば良いわけではなかった。他線や他の貨物についても同じような苦情が寄せられており，それぞれ対応しなければならなかった。米輸送の貨車は北線でも不足しており，1957年6月16日の時点で801両分の米が貨車待ちの状態であった[51]。この時期は北部からニンニクなどの野菜の発送期にあたり，野菜輸送を優先した結果，米輸送貨車が不足していた[52]。さらに，影響は同線沿線の製糖工場からの砂糖輸送にも及び，工業省からラムパーンとウッタラディットの製糖工場へ貨車の配車を増やすよう要求が来ていた[53]。このように，鉄道輸送力の不足は各地で発生しており，東北線の米輸送のみを優先するわけにはいかなかった。

貨車の不足は，同時に貨車の配車に関する不正も発生させた。戦後貨車不足が深刻となったことから，貨車配車委員会（Khana Kammakan Chai Rot）を設置してここで一括して配車を決めていた。政府機関や政府系企業が貨車の配車優先権を得ることになり，一般の利用者よりも貨車を優先的に得られた。その結果，優先権を得た企業が民間に貨車を高く譲り渡すという横流しが横行し，例えば東北部のウドーンターニーからコーンケーンまで正規に貨車を手配すると運賃の500バーツで済むのに，優先権のある会社から貨車を譲ってもらうと2,000～5,000バーツもかかるといった事態も出現した[54]。配車委員会は 1955 年に廃止されたが，政府機関の優先権は残されていた[55]。

このため，フレンドシップ・ハイウェーの完成以前から，バンコクと東北部の間の自動車輸送が始まっていた。これは未舗装道路を使用したものであり，バンコクからノーンカーイ線のブアヤイまでトラックが到達して，鉄道輸送との中継点になっていた[56]。もちろん，その輸送量は微々たるものでしかなく，後述する表 6–8 から分かるように自動車通行量から計算すると年間 10 万トンに満たない。未舗装道路でしかも迂回路であったことから，輸送コストは鉄道よりもはるかに高かったはずであるが，それでも自動車が利用されていたということは，鉄道の輸送力不足がそれだけ深刻化していたことを示している。

戦後国内の輸送需要が急速に高まり，鉄道の輸送能力を超えた。その結果，鉄道は東北部で増え続ける余剰米の輸送に限らず，各地の輸送需要に対応できなくなった。加えて配車の問題など鉄道輸送の障害が存在したことから，利用者は鉄道以外の輸送手段の出現を待ち望んだ。そのような時期に，東北部からバンコクへの新たな輸送路となる高規格道路フレンドシップ・ハイウェーが全通するのである。

### (2) フレンドシップ・ハイウェーの影響
### ── 鉄道から自動車への転移の発生

1958 年に最初のサラブリー～コーラート間が開通したフレンドシップ・ハイウェーは，従来の鉄道依存型の商品流通を根底から覆すことになった。これまで見てきた米，豚，木材のいずれの輸送においても，この道路の開通を境に鉄道から自動車輸送への転移が確認された。表 6–6 は東北線の貨物輸送量の推移を，区間別にコーラート線，ウボン線，ノーンカーイ線に分けて，それぞれ発送と到着の数値を示したものである。この表を見ると，58 年のフレンドシップ・ハイウェーの開通によって，翌年にかけてコーラート線とノーンカーイ線の輸送量が減少していることが分かる。この区間はまさにフレンドシップ・ハイウェーと完全に並行していたことからその影響は著しく，道路開通後はコーラート線の区間にバンコクから到着する貨物は石油製品以外には消滅したという[57]。

1958 年に開通した区間はコーラートまでであったが，コーラートからノーン

表 6–6　東北線貨物輸送量の推移（1955～69 年）（単位：千トン）

| 発送 | | | | | 到着 | | | | |
|---|---|---|---|---|---|---|---|---|---|
| 年 | コーラート線 | ウボン線 | ノーンカーイ線 | 計 | 年 | コーラート線 | ウボン線 | ノーンカーイ線 | 計 |
| 1955 | 96.9 | 147.8 | *134.6* | 657.1 | 1955 | 140.7 | 140.2 | *238.3* | 770.4 |
| 1956 | 107.6 | 152.5 | *187.2* | 732.1 | 1956 | 130.8 | 130.8 | *145.1* | 444.9 |
| 1957 | *86.0* | *153.3* | 369.0 | 820.4 | 1957 | *79.7* | *118.9* | *163.7* | 423.5 |
| 1958 | *36.2* | *111.8* | 320.0 | 657.6 | 1958 | *49.2* | *109.1* | *129.2* | 422.3 |
| 1959 | 20.1 | 248.9 | 237.0 | 506.0 | 1959 | 51.1 | 158.8 | N.A. | 209.9 |
| 1960 | 24.1 | 288.6 | 307.0 | 619.7 | 1960 | 47.3 | 111.3 | N.A. | 158.6 |
| 1961 | 15.9 | 341.6 | N.A. | 357.5 | 1961 | 39.6 | 113.2 | N.A. | 152.8 |
| 1962 | 22.3 | 484.9 | 351.3 | 858.5 | 1962 | 62.0 | 165.8 | 324.6 | 552.4 |
| 1963 | 32.8 | 300.7 | 345.1 | 678.6 | 1963 | 67.9 | 170.6 | 391.5 | 630.0 |
| 1964 | 39.8 | 361.9 | 329.1 | 730.8 | 1964 | 71.2 | 253.7 | 437.6 | 762.5 |
| 1965 | 58.8 | 396.6 | 160.6 | 616.0 | 1965 | 77.4 | 258.2 | 393.2 | 728.8 |
| 1966 | 97.8 | 457.1 | 62.3 | 617.2 | 1966 | 56.1 | 458.4 | 336.9 | 851.4 |
| 1967 | 139.2 | 566.8 | 66.6 | 772.6 | 1967 | 74.7 | 512.0 | 418.1 | 1,004.8 |
| 1968 | 20.2 | 399.7 | N.A. | 419.9 | 1968 | 72.6 | 494.1 | N.A. | 566.7 |
| 1969 | 17.9 | 316.1 | N.A. | 334.0 | 1969 | 39.8 | 434.6 | N.A. | 474.4 |

注 1：各線の範囲は，それぞれサラブリー～コーラート間，バーンパライ～ウボン間，タノンチラ～ノーンカーイ間である。
注 2：イタリックの数値は，主要駅のみの数値である。ただし当該年の合計値は全駅の合計である。
注 3：1957～60，62～68 年のノーンカーイ線の数値はコーラート駅分を含んでおり，コーラート駅分がコーラート線と重複している。
出所：コーラート線，ウボン線（55～56，59～69 年）Visit [1971]：55–56，82
ノーンカーイ線（57～60 年）Wisit [1963]：30，（62～67 年）Kovit [1969]：25，37–41
イタリック数値 SYB（1956/58）：394–395

カーイまでは旧来の道路が連絡していたことから，フレンドシップ・ハイウェーの影響はノーンカーイ線にも及んだ。フレンドシップ・ハイウェー開通前と後の 1 ヶ月当たりのバンコク発の貨車到着両数を比較すると，ブアヤイが 8 両から 0.5 ～ 0.75 両に減り，ムアンポンが 14 両から 0.25 両へ，コーンケーンは 163 両から 12 両に減っていた[58)]。第 3 章で述べたように，これらのバンコク発の貨物は賃率が割高であったことから，迅速性の要求される豚輸送と共にフレンドシップ・ハイウェー開通の打撃を最も受けた品目であった。フレンドシップ・ハイウェーの開通によってコーラート線とノーンカーイ線で輸送量の減少，すなわち自動車輸送への転移が発生しており，少なくとも数量にすると前者で 16 万トン，後者で 16 万トン，計 32 万トンの貨物が鉄道から自動車へ移ったといえよう[59)]。

しかしながら，1960年代に入ると自動車輸送の影響がないウボン線のみではなく，コーラート線，ノーンカーイ線でも再び輸送量が増加している。コーラート線では，発送面で開通前と同じレベルまで回復し，ノーンカーイ線の発送量も62〜64年にかけて30万トンを超えるまでに回復しており，到着量では64年に40万トンを超えている。ノーンカーイ線は65年のフレンドシップ・ハイウェーの延伸区間の開通の影響で66年に発送が6割，到着が15％減少しているが，ウボン線は逆に大きく増加している。

このように，1958年のフレンドシップ・ハイウェーの開通で鉄道輸送に打撃が出たものの，その影響はその後の貨物輸送需要の増加によってすぐに消え，東北線全体では輸送量はむしろ増加傾向にあった。注目すべき点は，この時期に発送量よりも到着量が多くなった点であり，鉄道の役割が変化していった過程が現れている。これまで鉄道は東北部からバンコクへの農作物輸送が中心であり，35/36年の時点では東北部では家畜を除いた発送量が37万トン，到着量が5万トン弱と発送が到着を大きく上回っていた［柿崎 2000a：300］。ところが，道路網の整備に伴い農産物の発送は徐々に自動車輸送に転移する一方で，バンコク方面からの燃料や建設資材の輸送が増加し，結果として鉄道は東北部の産品の搬出という役割よりも，域外からの産品の搬入という役割が重要となったのである。主要な輸送方向が，上りから下りへと逆転したのであった。

一方で，フレンドシップ・ハイウェーは，開通後着実に輸送量を増やしており，やがて鉄道の輸送量を上回るまでに至った。表6-7は，1966年のバンコク〜東北部間のフレンドシップ・ハイウェーと鉄道の貨物輸送量を比較したものである。実際にはフレンドシップ・ハイウェーの貨物輸送量を直接示したものではないが，当時バンコクと東北部を結ぶ道路はこの道路以外は未舗装で距離も遠回りとなることから，バンコク〜東北部間の自動車による貨物輸送はすべてこの道路を通過したものとの仮定に基づいている。

この表を見ると，フレンドシップ・ハイウェーを通過した貨物量は，下り，上りとも83万トン程度であり，全体として見ると下りは工業製品，上りは農産物が中心であるといえよう。鉄道については資料の制約から種類別の輸送量が判別しがたい項目が多いが，鉄道の輸送量は下り85万トンと道路とほぼ同じ，上りは道路の4分の3にあたる62万トン程度となっており，この時点で鉄道の輸送

表6-7　フレンドシップ・ハイウェーと鉄道の貨物輸送量（1966年）（単位：千トン）

| 品目 | フレンドシップ・ハイウェー | | 鉄道 | |
|---|---|---|---|---|
| | 下り | 上り | 下り | 上り |
| 食品 | 52.2 | 27.3 | N.A. | N.A. |
| 農産物 | 53.8 | 609.8 | N.A. | 349.0 |
| 米 | 6.7 | 67.5 | N.A. | 123.0 |
| 畑作物 | 22.9 | 359.6 | N.A. | 137.6 |
| 林産品 | 4.1 | 101.6 | N.A. | 84.3 |
| 建設資材 | 76.6 | 117.8 | 97.2 | 161.7 |
| 石油製品 | 288.8 | 3.6 | 167.8 | 0.0 |
| 機械 | 63.5 | 7.7 | N.A. | 11.9 |
| 飲料・タバコ | 36.6 | 1.4 | N.A. | N.A. |
| 小荷物 | 14.1 | 52.1 | N.A. | N.A. |
| 雑貨 | 249.1 | 10.6 | N.A. | 63.8 |
| 総計 | 834.6 | 830.2 | 851.4 | 617.3 |

注1：フレンドシップ・ハイウェーの数値はバンコク～東北部間の自動車輸送量であるが，当時はフレンドシップ・ハイウェー以外には高規格道路が存在しなかったことから，バンコク～東北部間の自動車輸送はすべてこの道路を通過したものと考えられる。
注2：下りはバンコク発東北部着を，上りは東北部発バンコク着を意味する。
注2：鉄道は東北線（サラブリー以遠）発着の貨物量の合計値である。
注3：鉄道下りの建設資材，石油はコーラート線分を含まない。
出所：フレンドシップ・ハイウェー RKT (1966)，鉄道 Visit [1971]：55–62，82，Kovit [1969]：25，37–41より筆者作成

量を自動車輸送が上回ったことになる。下りは石油と建設資材の輸送量しか判別しないが，上りは道路と同じく農産物が最も多くなっており，全体の57％を占めている。

次の表6–8は，フレンドシップ・ハイウェーの自動車通行台数を利用して，バンコク～東北部間の貨物輸送量を推計したものである。この数値は表6–7の1966年の輸送量を基準に計算しており，75年の時点で上り下り合わせて約300万トンの貨物が流通していたことになる。この数値は後述する表6–10と比べると200万トンほど少なくなるが，この時点では既に高規格されていた他の2つのルートが利用可能であったことから，必ずしもフレンドシップ・ハイウェーを通過する必要がなくなったことに起因するのであろう[60]。

この表からは，1958年のフレンドシップ・ハイウェーの開通後に自動車による貨物輸送量が急増したことが理解される。開通前の57年には自動車による輸

表 6–8　フレンドシップ・ハイウェー自動車通行量とバンコク～東北部間の貨物輸送量の推移（1955～75 年）

| 年 | 自動車通行量（台 / 日） | 貨物輸送量（千トン） | | |
|---|---|---|---|---|
| | | 鉄道 | 自動車 | 計 |
| 1955 | 82 | 1,427.5 | 53.7 | 1,481.2 |
| 1956 | 152 | 1,177.7 | 99.5 | 1,277.2 |
| 1957 | 125 | 1,243.9 | 81.8 | 1,325.7 |
| 1958 | 550 | 1,079.9 | 360.1 | 1,440.0 |
| 1959 | 726 | *715.9* | 475.3 | 1,191.2 |
| 1960 | 902 | *778.3* | 590.5 | 1,368.8 |
| 1961 | 1,078 | *510.3* | 705.7 | 1,216.0 |
| 1962 | 1,253 | 1,410.9 | 820.3 | 2,231.2 |
| 1963 | 1,366 | 1,308.6 | 894.3 | 2,202.9 |
| 1964 | 1,739 | 1,493.3 | 1,138.5 | 2,631.8 |
| 1965 | 1,874 | 1,344.8 | 1,226.8 | 2,571.6 |
| 1966 | 2,543 | 1,468.6 | 1,664.8 | 3,133.4 |
| 1967 | 3,307 | 1,777.4 | 2,165.0 | 3,942.4 |
| 1968 | 3,384 | *986.6* | 2,215.4 | 3,202.0 |
| 1969 | 3,666 | *808.4* | 2,400.0 | 3,208.4 |
| 1970 | 3,665 | N.A. | 2,399.3 | 2,399.3 |
| 1971 | 3,807 | N.A. | 2,492.3 | 2,492.3 |
| 1972 | 3,970 | N.A. | 2,599.0 | 2,599.0 |
| 1973 | 4,564 | N.A. | 2,987.9 | 2,987.9 |
| 1974 | 4,280 | N.A. | 2,801.9 | 2,801.9 |
| 1975 | 4,573 | N.A. | 2,993.8 | 2,993.8 |

注 1：自動車通行量 1957 年まではチョン・サムラーン付近の旧道経由の数値であり，58 年はシーキウ，62 年以降がムアクレック～シーキウ間（189km 地点）の通過台数を示す。
注 2：自動車通行量の 1959～61 年の数値は推計値である。
注 3：自動車の貨物輸送量は，1966 年の数値を基準に自動車通行量に比例させて計算したものである。
注 4：鉄道の貨物輸送量は，東北線発着貨物量の合計値である。
注 5：鉄道貨物輸送量のイタリック数値にはノーンカーイ線の数値が含まれていない。
出所：自動車通行量；1955 年 TLK（1955）：146, 1956～57 年 TLK（1957）：230, 1958 年 NA [1] Ko Kho. 1. 3. 3. 2/4，1962～67 年 TVF（1962–67）：2，1968～72 年 TVF（1967–72）：2，1973～75 年 TVF（1970–75）：3，貨物輸送量；（道路）表 6–7 より筆者計算，（鉄道）表 6–6

送量は年間 8 万トン程度であったが，翌年には 36 万トンに急増しており，この間に輸送量が 4 倍以上も増加したことを示している。一方の鉄道はフレンドシップ・ハイウェーの開通前の 55 年と比べると 64 年までにほぼ同じレベルに回復した状況であった。このため，鉄道の輸送量と自動の差が年々縮小し，65 年にコーラート～ノーンカーイ間の延長区間が開通すると翌年に輸送量が逆転したのである。これが，これまでバンコク～東北部間の貨物輸送の動脈を担っていた鉄道がその主役の座を道路に譲り渡した瞬間であった。

このように，フレンドシップ・ハイウェーは，従来の鉄道依存型の商品流通を一変させ，バンコクと東北部の間の商品流通を大きく拡大させた。すなわち，フレンドシップ・ハイウェーは鉄道に代わる新たな動脈となり，拡大する商品流通の需要に対応することになった。鉄道の輸送力不足という足枷はこれによって外され，しかも鉄道輸送から自動車輸送への転移が進んだ。鉄道の開通を東北部の最初の「開国」とすれば，このフレンドシップ・ハイウェーの開通は第2の「開国」であったといえよう。

### (3) ラオス貿易の拡大 ── もう1つの商品流通増加の要因

東北部と同じく，ラオスもまた伝統的にバンコクの後背地として機能してきた。1934/35年のタイ～ラオス間の国境交易額の推計によると，北部のチエンセーン経由を除いたタイからラオスへの輸出は78万バーツ，輸入は48万バーツと輸出のほうが多くなり，工業製品や石油製品がラオスへ輸出され，林産品や家畜が輸入されていた［柿崎 2000a：305］[61)]。すなわち，これはバンコクと東北部間の商品流通と同じ構造であった。

表6-9は，1940年以降の東北部のラオス国境での貿易額の数値である。北部のビルマ国境と同様に，税関が設置されたのが1940年から41年にかけてであり，当初は貿易額がごくわずかである。戦争直後は輸入額のほうが多いが，56年から得られる数値を見ると輸出額が輸入額を大幅に上回っており，その後どちらも1975年へ向けて拡大していくことが分かる。1934/35年の段階ではピブーンマンサーハーン（ピムーン）経由の貿易額が最大となっていたが，戦後はノーンカーイ経由が中心となっていった。ラオスとの貿易額はビルマに比べてはるかに大きく，対ビルマ交易が停滞していたのと比べて拡大傾向にあった。

ラオスとの貿易の拡大は，アメリカの対ラオス支援に連動していた。アメリカはラオスを西側陣営の一角として組み込むことを画策したが，内陸国ラオスには農業以外にはさしたる産業も存在せず，経済基盤は非常に脆弱であった。このため，アメリカはラオスに対して経済支援を行うこととなり，その一環としてバン

表 6–9　東北部国境の輸出入額の推移（1940 ～ 75 年）（単位：千バーツ）

| 輸出 | | | | | | | 輸入 | | | | | | |
|---|---|---|---|---|---|---|---|---|---|---|---|---|---|
| 年 | ノーンカーイ | ナコーンパノム | ムックダーハーン | ピブーン | その他 | 計 | 年 | ノーンカーイ | ナコーンパノム | ムックダーハーン | ピブーン | その他 | 計 |
| 1940 | | | | 9 | | 9 | 1940 | | | | 23 | | 23 |
| 1941 | 32 | | | 23 | 3 | 58 | 1941 | 0 | 19 | 10 | 168 | 176 | 373 |
| 1946 | 12 | 16 | 7 | — | 29 | 64 | 1946 | 1,698 | 980 | 766 | — | 1,886 | 5,330 |
| 1947 | — | 24 | 239 | 69 | 33 | 365 | 1947 | 193 | 602 | 902 | 970 | 77 | 2,744 |
| 1948 | 711 | 698 | 846 | 250 | 397 | 2,902 | 1948 | 286 | 526 | 1,574 | 822 | 581 | 3,789 |
| 1949 | 2,525 | 436 | 155 | 497 | 1,065 | 4,678 | 1949 | 722 | 387 | 1,466 | 493 | 2,483 | 5,551 |
| 1956 | 185,690 | 5,832 | 18,911 | 7,485 | 750 | 218,668 | 1956 | 9,229 | 42 | 1,266 | 429 | 1,905 | 12,871 |
| 1957 | 128,452 | 2,215 | 28,637 | 14,880 | 1,499 | 175,683 | 1957 | 15,267 | 84 | 3,275 | 1,534 | 2,104 | 22,264 |
| 1958 | 119,145 | 212 | 17,998 | 7,441 | 2,595 | 147,391 | 1958 | 18,533 | 180 | 6,540 | 2,584 | 2,461 | 30,298 |
| 1959 | 89,988 | 1,337 | 18,728 | 3,853 | 3,958 | 117,864 | 1959 | 12,228 | 171 | 1,991 | 841 | 2,398 | 17,629 |
| 1960 | 65,348 | 407 | 7,937 | 4,847 | 5,353 | 83,892 | 1960 | 15,696 | 115 | 2,425 | 490 | 3,417 | 22,143 |
| 1961 | 86,007 | 1,140 | 13,945 | 11,048 | 3,197 | 115,337 | 1961 | 22,200 | 325 | 4,015 | 687 | 3,258 | 30,485 |
| 1962 | 104,091 | 800 | 7,265 | 8,337 | 2,765 | 123,258 | 1962 | 9,769 | 229 | 4,834 | 2,879 | 1,703 | 19,414 |
| 1963 | 103,924 | 3,137 | 13,329 | 11,124 | 3,720 | 135,234 | 1963 | 15,702 | 269 | 2,331 | 2,983 | 3,672 | 24,957 |
| 1964 | 69,984 | 2,002 | 5,794 | 7,390 | 1,245 | 86,415 | 1964 | 9,550 | 994 | 2,232 | 3,127 | 3,652 | 19,555 |
| 1965 | 209,384 | 2,410 | 8,221 | 14,610 | 1,439 | 236,064 | 1965 | 31,236 | 28,137 | 2,017 | 5,347 | 6,226 | 72,963 |
| 1966 | 178,099 | 7,002 | 15,528 | 26,605 | 5,459 | 232,693 | 1966 | 20,388 | 1,706 | 1,925 | 4,426 | 4,762 | 33,207 |
| 1967 | 173,456 | 4,916 | 15,155 | 44,457 | 6,885 | 244,869 | 1967 | 43,460 | 2,940 | 3,762 | 3,378 | 3,769 | 57,309 |
| 1968 | 172,505 | 1,594 | 20,967 | 25,827 | 7,980 | 228,873 | 1968 | 33,526 | 4,363 | 3,501 | 5,172 | 4,669 | 51,231 |
| 1969 | 131,303 | N.A. | 29,972 | 23,731 | 15,008 | 200,014 | 1969 | 31,071 | N.A. | 16,039 | 7,433 | 8,553 | 63,096 |
| 1970 | 238,447 | N.A. | 116,140 | 21,956 | 12,050 | 388,593 | 1970 | 44,992 | N.A. | 15,389 | 11,218 | 7,734 | 79,333 |
| 1971 | 283,213 | N.A. | 365,539 | 51,441 | 12,553 | 712,746 | 1971 | 42,650 | N.A. | 20,513 | 12,908 | 11,277 | 87,348 |
| 1972 | 257,602 | N.A. | 43,958 | 33,612 | 53,389 | 388,561 | 1972 | 78,353 | N.A. | 19,164 | 16,672 | 14,923 | 129,112 |
| 1973 | 400,116 | N.A. | 67,074 | 35,967 | 41,206 | 544,363 | 1973 | 77,038 | N.A. | 17,815 | 11,452 | 27,582 | 133,887 |
| 1973 | 400,116 | N.A. | 67,074 | 35,967 | 41,206 | 544,363 | 1973 | 77,038 | N.A. | 17,815 | 11,452 | 27,582 | 133,887 |
| 1974 | 332,094 | N.A. | 19,595 | 34,553 | 23,810 | 410,052 | 1974 | 95,117 | N.A. | 14,510 | 12,763 | 47,618 | 170,008 |
| 1975 | 187,138 | 2,669 | 22,074 | 17,182 | 701,865 | 930,928 | 1975 | 62,285 | 8,719 | 16,169 | 14,260 | 20,974 | 122,407 |
| 1973–75 平均 | 306,449 | 890 | 36,248 | 29,234 | 255,627 | 628,448 | 1973–75 平均 | 78,147 | 2,906 | 16,165 | 12,825 | 32,058 | 142,101 |

注：通過貨物は含まれていない。

出所：1940 年 FTS（1941）：365–366，1941 年以降 表 6–1 と同じ，より筆者作成

コクをラオスの外港として活用するべく，バンコク〜ラオス間の交通ルートの改善をタイへの援助という形で行うことになった。ウドーンターニー〜ノーンカーイ間の鉄道やフレンドシップ・ハイウェーが，その具体化であった。

一方のタイ政府も，ラオスへの支援を積極的に進めた。1953年のラオスの正式な独立後，タイ側は両国間の貿易について，輸出は米，塩，マッチ，タバコなど品目について，輸入はタイでの生活費低減に役立つような商品及び外国への再輸出品のみを認めた[62]。タイ自身もまだ数多くの工業製品を輸入に依存しているような状況であったものの，セメントや砂糖など輸出可能な商品については市場確保のために生産能力を増強し，積極的に輸出を拡大すべきであると考えていた[63]。このため，当初は国営の県商事会社のみしか国境交易に従事することができなかったが，54年にはラオスとカンボジアを対象として民間業者による自由な貿易と，タイの工業製品の輸出も試験的に認めることになった[64]。

また，タイは通過貨物の取り扱いも認めることになった。これはラオスと第3国との貿易の際にその商品が無関税でタイ国内を通過することを認めるものであり，ラオスのような内陸国にとって欠かせない制度であった。タイは1954年に通過貨物扱いを隣国のビルマ，ラオス，カンボジアに対して行うことを検討し，ビルマは需要が少ないとのことで後者2ヶ国のみに限定して運用することになった[65]。この通過貨物の輸送業務は通運公団が独占することとなり，対ラオスについては輸送ルートがバンコク港〜ノーンカーイ，ウボン間となっていた[66]。石油製品のような外国からの輸入品の輸送にはこの通過貨物扱いが好まれており，75年の通過貨物扱いの貨物輸送額の総計は，ラオス着が4億164万バーツ，ラオス発が6,896万バーツとなっていた［FTS (1975): 2–5］。

しかしながら，この通過貨物扱いについては，タイ側，ラオス側共に問題を抱えていた。タイ側の問題は，通過貨物としてラオスに到着した輸入製品がメコン川を渡ってタイに密輸されることであった。1956年のラオスからの密輸に関する報告によると，ラオスに到着した通過貨物のうち，実際にヴィエンチャンに運ばれるものは全体の2〜3割のみであり，残りはすべてタイ側に密輸されていたという[67]。これは，ラオスの関税が安いためではなく，タイとラオスの間でドルの為替レートが大きく異なっていたことから，輸入品の価格がタイよりもラオスのほうが安くなるためであった[68]。

一方ラオス側の問題は，通過貨物の扱いが通運公団に限定されたことで輸送費が高くつくというものであった。通運公団に限定をしたのは，通過貨物がタイ国内で流出するなどの問題を防ぐためであったが，独占輸送は結果として高コストを招くことになり，ラオス側には不満であった。1957年には，貨車600両分のラオス向け通過貨物がバンコク港から輸送できずにいるとの駐バンコク・ラオス大使の話が新聞に掲載された[69]。彼によると，通運公団側は貨車が足りないことを遅延の理由にしていたが，ラオスの商人は打撃を受けているため，南ベトナムのトゥレン（ダナン）経由で物資の輸送を行わなければならなくなると語っていた。バンコク経由に勝る輸送ルートの存在しないラオスにしてみれば，このルートはまさにラオスの「生命線」であった。

ラオスへの「生命線」としてラオス国境のノーンカーイまで鉄道とフレンドシップ・ハイウェーが到達し，メコン川の船着場の改良も行われたが，最終的にはメコン川に橋が掛かり，列車や自動車がバンコクからラオスまで直通できるようになることが理想であった。このタイとラオスを結ぶ架橋構想は，ラオス独立後に浮上することになった。ラオス側の要望を受けて，タイ側が1956年にUSOMへのメコン川架橋調査を依頼し，タイ国鉄と合同で調査した結果，ヴィエンチャン付近の3ヶ所を橋の候補地と決めた［Samniang 1994: 23–24］[70]。しかしながら，その後ラオス危機が発生し政情が不安定となると，この橋を利用して共産勢力がタイに侵入してくる事態を警戒し，サリットは消極的な態度を示した[71]。彼によると，メコン川は共産主義の浸透を食い止める必要不可欠な障壁であるとして，ラオスが安定するまで計画は延期すべきであるとのことであった。

その後，ラオス政府の要望でメコン委員会が架橋計画を推進することとなり，日本政府の援助で1968年に事業化調査を行った［吉松・小泉 1996：104］[72]。この調査では，架橋場所はノーンカーイ～タードゥア間とし，鉄道と道路の併用橋とすることが決まった。メコン委員会では，世界銀行の借款でこの架橋工事を行う予定であったが，世界銀行側の了承が得られず，棚上げになってしまった［Ibid.: 104–105］[73]。結局，「生命線」の橋の完成を待たずして，アメリカが支援したラオス王国政府は命脈を絶たれることとなり，75年にラオスの共産化が実現した。これによりアメリカの支援が無くなり，タイ側の貿易制限も加わったことからラオスとの貿易は大きく停滞することとなる。

### (4) 対バンコク商品流通の見積り

最後に東北部とバンコクの間の商品流通量を見積ったものが，表6–10となる。この表からは，バンコクと東北部の間の商品流通量が拡大した状況が読み取れる。北部とバンコク間の商品流通規模は北部発，北部着とも110万トン程度であり，中部上部とバンコク間も，中部上部発が300万トン程度，中部上部着が140万トン弱程度であったことから，東北部の商品流通量は発送，到着とも北部，中部上部よりも多いことになる。

品目別に見ると，発送では農産物の割合が高く，中でもキャッサバの発送量が92万トンと最大となっており，以下メイズが59万トン，米が47万トンとなっており，農産物を総計すると全体の約3分の2となる。次いで木材，薪炭といった林産品目も多くなっており，発送は事実上農林産品がほとんどを占めていることになる。一方の到着は石油製品，建設資材，雑貨がそれぞれ70万トンを超えて三大輸送品目となっており，全体の8割以上を占めていることが分かる。なお，どちらもラオス発着の貨物が含まれており，例えば石油製品については75万トンの到着のうち11万トンはラオス向けの輸送量であった。

輸送手段別に見ると，かつての鉄道依存型の商品流通から自動車輸送依存型へと転換した結果が，明瞭に現れている。自動車輸送量は発送，到着とも200万トンを超えており，自動車輸送の比率は発送で85%，到着で80%となっている。発送に存在する水運は，東北部から自動車でパーサック川へ運び，そこから水運経由でバンコクに入るものである。自動車輸送は発送，到着に関わらずほぼすべての品目の輸送を行っていた。中でも，キャッサバは事実上自動車輸送が独占的に行っており，かつ輸送量が品目別で最大となっていた。米やケナフ，メイズも自動車輸送が中心であり，バンコク向けの輸送は事実上自動車が独占している状況であった。

一方，鉄道については主要輸送品目の数値しか得られないが，発送では米が最も多く，メイズ，木材などが続いている。このうち，米とメイズはバンコク向け輸送よりもバンコク経由で南部への輸送が中心であった。鉱石については，ウドーンターニーからの重晶石の輸送のみが存在していた。到着は発送の倍以上の量を保っているが，その輸送の実に9割が石油製品輸送となっている。他地域ではセメントの輸送量も多くなっていたが，東北部は中部下部のセメント産地から

写真 27　タイ〜ラオス間のメコン川のフェリー

通運公団のトラックによるラオス向け通過貨物がメコン川フェリーで国境を横断中。現在は通運公団による独占輸送も，通運公団という組織自体も廃止されている。
出所：RSP［1987］：12

表 6–10　東北部〜バンコク間の商品流通量の見積り（1975 年頃）（単位：トン）

| 品目 | 発送 | | | | 到着 | | | | 備考 |
|---|---|---|---|---|---|---|---|---|---|
| | 自動車 | 鉄道 | 水運 | 計 | 自動車 | 鉄道 | 水運 | 計 | |
| 米 | 381,653 | 90,883 | | 472,536 | 17,896 | 552 | | 18,448 | |
| メイズ | 236,066 | 51,618 | 300,000 | 587,684 | 490 | — | | 490 | 水運はパーサック川経由 |
| ケナフ他 | 197,299 | 15,885 | | 213,184 | 5,087 | 216 | | 5,303 | |
| キャッサバ | 920,079 | | | 920,079 | 3,694 | | | 3,694 | |
| マメ | 9,306 | | | 9,306 | 173 | | | 173 | |
| 野菜・果物 | 61,234 | 7 | | 61,241 | 38,679 | 12,324 | | 51,003 | 鉄道はココヤシの数値 |
| 乾物 | 176,900 | 13 | | 176,913 | 30,242 | 426 | | 30,668 | 鉄道は塩の数値 |
| 家畜 | 78,506 | | | 78,506 | 1,963 | | | 1,963 | |
| 水産物 | 1,136 | | | 1,136 | 13,408 | | | 13,408 | |
| ゴム・植物油 | 14,931 | | | 14,931 | 2,238 | | | 2,238 | |
| 木材 | 426,937 | 33,640 | | 460,577 | 14,092 | 2,244 | | 16,336 | 鉄道は丸太，材木の数値 |
| 薪炭 | 165,645 | | | 165,645 | 984 | | | 984 | |
| 鉱石 | 3,362 | 11,804 | | 15,166 | 898 | — | | 898 | 鉄道は亜炭，ホタル石，マンガン，重晶石の数値 |
| 石油製品 | 2,213 | 12 | | 2,225 | 285,237 | 468,533 | | 753,770 | |
| 建設資材 | 25,643 | 143 | | 25,786 | 758,245 | 37,828 | | 796,073 | 自動車はセメント到着量を追加，鉄道はセメント，泥灰土，石膏の数値 |
| 肥料 | 5,994 | | | 5,994 | 124,619 | 10 | | 124,629 | |
| 飲料・嗜好品 | 12,030 | — | | 12,030 | 53,654 | 30 | | 53,684 | 鉄道は葉タバコの数値 |
| 日用品 | 11,627 | | | 11,627 | 19,926 | | | 19,926 | |
| 雑貨 | 102,630 | | | 102,630 | 752,870 | | | 752,870 | |
| その他 | 16,596 | | | 16,596 | 25,860 | | | 25,860 | |
| 計 | 2,849,787 | 204,005 | 300,000 | 3,353,792 | 2,150,255 | 522,163 | — | 2,672,418 | |

注 1：品目の内訳と自動車に関する注は表 6–2 と同じ。
注 2：鉄道輸送は東北線各区間と北線 1 区間以南間の貨物輸送量を集計したものである。
出所：自動車 表 6–2 と同じ，鉄道 表 6–2 と同じ，水運 表 5–9（メイズ）より筆者作成

の距離が相対的に近いこともあり，建設資材輸送でも自動車の分担率が高くなっている。他に野菜・果物の到着が1万トン程度存在するのが目立っているが，これは南線からのココヤシ輸送である。

このバンコク～東北部間の商品流通規模の拡大は，北部～バンコク間以上のものであった。1935/36年の東北部からバンコク方面への発送は，米を中心に37万トン，他に家畜が計14万頭存在し，一方の到着は4.8万トンに過ぎなかった［柿崎 2000a：300–301］[74]。ところが，75年には発送が335万トンと当時の約9倍に，到着は267万トンと50倍以上も増加したことになる。この間の変化は，北部と同じく到着面でより顕著であった。戦前には北部も発送量のほうが到着量よりもはるかに多かったが，東北部ではその差はさらに大きく発送量が到着量の8倍弱も存在していた。ところが75年にはその差は縮小し，到着量は発送量の8割程度にまで拡大した。

かつて鉄道によりバンコク方面への商品流通が大幅に拡大し，鉄道依存型の商品流通が構築された東北部であったが，フレンドシップ・ハイウェーの完成と共にそれは自動車依存型の商品流通へと大きく変容し，輸送構造も東北部からバンコクへの一方向の輸送から双方向の輸送へと変化した。東北部の場合はメイズ，ケナフ，キャッサバなどの商品作物の発送が新たに加わったものの，農林産物以外の発送品目はほとんど存在せず，逆に到着品目も工業製品や燃料が中心であったことから，基本的には戦前と同じ流通構造であった。その流通品目が多様化し，しかも流入する商品の比率が大幅に高まった点が，鉄道依存型と自動車依存型の商品流通の大きな相違点であった。

## 第3節　南部 ── ペナン後背地からの脱却

### (1) 鉄道経由の商品流通の拡大

マレー半島に位置する南部は，伝統的にバンコクとの経済関係が希薄であった。19世紀に入りシンガポールとペナンがこの地域の外港としての機能を高めたことから，南部はタイ湾側の東海岸がシンガポールの後背地として，アンダマン海側の西海岸がペナンの後背地としてそれぞれ機能するようになり，その傾向はマラヤを集散地とする錫鉱と天然ゴムという二大産品の生産が拡大した 20 世紀に入り一層顕著となった。1920 年代までにバンコクと南部を結ぶ縦貫鉄道が開通し，バンコク方面から米が西海岸へ輸送されるようになったものの，鉄道はマラヤにも接続して南部東海岸とペナンの関係を強化したことから，東海岸とシンガポールとの関係性が減少して，南部全体がペナンとの経済関係を強化させることとなった。このため，戦前の南部は事実上ペナンの後背地と化していた。

このような状況から，バンコクと南部の間の商品流通は量的にも質的にも非常に限定されたものであった。1935/36 年のこの間の鉄道輸送量の見積りは，南部発が 1.9 万トン，到着が 2.9 万トンであり，北部や東北部とバンコクとの間の貨物輸送量に比べると格段に少なくなっていた［柿崎 2000a：317］。これは，南線の貨物列車の本数の少なさにも現れており，戦前の時点で定期貨物列車は北線と東北線で 1 日 2 往復ずつ設定されていたにもかかわらず，南線には定期列車は存在せず臨時貨物列車が 1 日 2 往復設定されているのみで，しかも南部まで運行される列車は 1 往復しかなかった[75]。

バンコク～南部間では，鉄道以外にも沿岸水運が利用可能であった。この沿岸水運は鉄道開通前から重要な輸送手段として機能していたものであり，鉄道開通後も安い運賃を武器に地域間輸送の主役を担っていた。当時の沿岸水運による貨物輸送量を示す資料は存在しないが，定期船の週あたりの輸送能力は片道 1,400 トンとなり，鉄道の 700 トンの倍となっていたことから，Kakizaki［2005］では鉄道輸送量の倍と見積った［Kakizaki 2005: 241］。1930 年代に入り，鉄道側も南部への貨物輸送の賃率を下げるなどして対抗したが，輸送費の点では水運に軍配が上がっていた［柿崎 2000a：314］。

ところが，1930 年代末になると，マラヤとタイの間の交易が停滞するようになった。その契機は，日中戦争に伴ってマラヤで日本製品の取り扱いが制限されたためであった[76]。30 年代に入り価格の安さから人気を呈するようになった日本製品は，従来マラヤ経由で南部に流入していたが，イギリスが日中戦争の長期化に伴って日本製品の取扱いに制限を加え始めたことから，南部の商人は不足分をバンコクから購入せざるを得なくなった。さらに，ヨーロッパで第 2 次世界大戦が始まると，従来マラヤに輸出していた錫鉱や天然ゴムをより価格の良い日本へ輸出する動きが強まり，マラヤ側は不満を抱いて石油などの輸出を制限するようになった[77]。日本への錫鉱や天然ゴムの輸出については，政府がバンコク経由に限定した[78]。

このように，政治情勢によって南部とマラヤの間の商品流通に陰りが見え始め，バンコクと南部間の商品流通が強化されることとなったが，これがさらに決定的となったのが日本軍の軍事輸送であった。日本軍の軍用列車の運行は，南線にとっては大幅な列車本数の増加となった。それまでの列車運行本数は，長距離列車については週2本の急行列車，臨時の1日1往復の貨物列車しか存在せず，他は短区間の混合列車が1日1～2往復しか運行されていない区間が大半であった[79]。これまでほとんど長距離列車が運行されていなかった南線に，日本軍の軍用列車が1日3往復も運行されるようになり，南線の縦貫線としての機能が過去最大限に高められる結果となった。

それまでの南線は縦貫線としての機能が低く，南部から見るとバンコクへの輸送手段というよりもむしろペナンへの輸送手段としての機能が高い状況であった。軍用列車自体はバンコク～南部間の輸送のみを想定したものではなく，バンコクとシンガポールの間の国際輸送が中心であり，日本軍にとって南部は単なる通過点に過ぎなかった。しかしながら，タイ側にとっても1日3往復の軍用列車は時には重要な輸送手段となり，とくにシンガポール方面からバンコクへの列車は日本軍の積荷が無いことが多かったことから，適宜南部からバンコクへ輸送する貨物を積んで利用していた[80]。一般営業の列車も水運も輸送力は大幅に減退されていたが，その不足分を日本軍の軍用列車が間接的に補っていたのである。輸送方向も南部からバンコクへと限定されていたことから，通常の販路を失った南部の産品をバンコクに輸送する意味は大きかったものと推測される[81]。

この南線経由の商品流通の拡大を具体的な数値で明らかにすることは困難であるが，南線の重要性は他線と比べて戦時中の輸送量の低下が少ない点からも明らかであった。1941年と44年の貨物輸送量を比較すると，41年には東岸線（北線，東北線，東線）が計141万トン，西岸線（南線）が43万トンであったのに対し，44年にはそれぞれ33万トン，23万トンであり，西岸線の減少率のほうが低かった［SYB (1939/40–44): 316–317］。日本軍の軍用列車を加えれば，戦時中は東岸線よりも西岸線の輸送量のほうが多かったことは間違いなかろう。

### (2) 天然ゴム・錫輸送の変容 ── 集散地ペナンへの依存低下

この戦争を境として，南部の主要産品であった天然ゴムと錫鉱の輸出先にも変化が現れ，商品流通も変化することとなった。どちらも最終的な消費地は欧米や日本などの工業国であったが，ペナンとシンガポールがその集散地として機能していたことから，戦前はほぼすべてがシンガポールとペナンに向けて輸出されていた[82]。表6-11は，天然ゴムの主要輸出先を示したものである。30年代は全体の3分の2がペナンへ，残りがシンガポールへと輸出され，それ以外への輸出は非常に少なかった。この時代は天然ゴムの発送地を示す数値はないが，35/36年には鉄道でパーダンベサール経由8,867トン，スガイコーロック経由1,795トンが輸出されていた［RSRS (1935/36)］。前者はペナン向け輸送であったことから，ペナン着の天然ゴムの4割程度が鉄道で輸送されていたことになる。

実際には，天然ゴムを直接消費国に輸出する必要性は認識されていた。1939年には日本の三井物産が南部の天然ゴムを直接輸入したいと経済省に申請しており，経済省も輸出先を拡大するために前向きに検討するよう求めていた[83]。また，40年には駐米大使セーニー (Seni Pramot) も政府に対して天然ゴムと錫鉱を直接輸出するよう提案し，アメリカの企業と交渉した［Wichit 1985: 198–199］。政府は南線沿線のナコーンシータマラート県チャワーン郡でゴム園を購入してタイ人の雇用を創出し，生産された天然ゴムをバンコクに輸送して外国に直接売却することになった[84]。この結果，40年から日本向けの輸出量が増加しており，41年には日本が最大の輸入国となった。41年の鉄道による天然ゴム輸送量は過去最高の4.7万トンに達していたことから，日本への輸出は鉄道経由でバンコク港から発送されたものと思われる［SYB (1939/40–44): 314–317］[85]。

このように，1940年代に入ってマラヤ一辺倒の天然ゴムの輸出は変化することとなったが，戦後もその傾向は続いていた。46年から天然ゴムの輸出が再開されるが，その主要な輸出先はアメリカとなった。当初アメリカがバンコクにて，イギリスが南部にて天然ゴムを購入することになっていたが，南部からバンコクへの鉄道輸送が滞り，十分な量の天然ゴムを確保できなかった[86]。アメリカへの輸出はドルを確保できることから，政府はマラヤへの輸出を制限して天然ゴムを確保しようとし，バンコクへの輸送が不便な西海岸以外の地域の天然ゴムをすべてバンコクに輸送するよう命じた[87]。しかしながら，輸出で得られた外貨を

表 6-11　天然ゴム輸出先の推移（1935/36〜77 年）（単位：トン）

| 年 | ペナン | シンガポール | マラヤ | 日本 | ドイツ | アメリカ | イギリス | 計 |
|---|---|---|---|---|---|---|---|---|
| 1935/36 | 21,690 | 9,356 | 30 | 111 | 5 | N.A. | N.A. | 31,199 |
| 1936/37 | 26,049 | 9,161 | 1,890 | 669 | 294 | N.A. | N.A. | 38,303 |
| 1937/38 | 23,696 | 8,019 | — | 422 | 825 | N.A. | N.A. | 33,794 |
| 1938/39 | 27,832 | 18,512 | — | 28 | 922 | N.A. | N.A. | 47,309 |
| 1939/40 | 23,276 | 17,349 | — | 778 | 108 | N.A. | N.A. | 42,181 |
| 1940 | 16,150 | 8,045 | — | 3,596 | — | N.A. | N.A. | 30,024 |
| 1941 | 5,631 | 6,857 | 241 | 25,171 | — | N.A. | N.A. | 49,086 |
| 1942 | N.A. | N.A. | N.A. | N.A. | N.A. | N.A. | N.A. | 11,903 |
| 1943 | N.A. | N.A. | N.A. | N.A. | N.A. | N.A. | N.A. | 4,976 |
| 1944 | N.A. | N.A. | N.A. | N.A. | N.A. | N.A. | N.A. | 1,616 |
| 1945 | — | — | — | — | — | — | — | — |
| 1946 | — | — | — | — | N.A. | 13,750 | N.A. | 13,750 |
| 1947 | 3,927 | 611 | 1,066 | — | N.A. | 15,669 | N.A. | 21,329 |
| 1948 | 21,879 | 454 | 419 | — | N.A. | 69,441 | N.A. | 94,899 |
| 1949 | 23,260 | 18,432 | 714 | — | N.A. | 43,052 | N.A. | 96,064 |
| 1950 | 7,662 | 2,011 | — | 157 | N.A. | 98,547 | N.A. | 101,114 |
| 1951 | 6,520 | 330 | — | 509 | N.A. | 104,141 | N.A. | 111,499 |
| 1952 | 21 | 0 | — | 15 | N.A. | 99,857 | N.A. | 99,844 |
| 1953 | 10 | 1 | — | 1,168 | N.A. | 102,009 | N.A. | 103,217 |
| 1954 | 112 | — | 313 | 1,636 | N.A. | 133,914 | N.A. | 136,281 |
| 1955 | 173 | 255 | 42 | 241 | N.A. | 128,659 | N.A. | 132,610 |
| 1956 | 2,530 | 4,128 | 1,967 | 178 | N.A. | 123,436 | N.A. | 136,222 |
| 1957 | 2,182 | 7,672 | 2,205 | 57 | N.A. | 119,987 | N.A. | 135,538 |
| 1958 | 1,912 | 17,189 | 2,808 | 368 | N.A. | 92,723 | N.A. | 135,633 |
| 1959 | 5,956 | 25,686 | N.A. | 16,578 | 4,338 | 108,308 | 4,277 | 174,404 |
| 1960 | 9,271 | 19,495 | N.A. | 40,717 | 14,280 | 59,075 | 5,007 | 169,655 |
| 1961 | 7,028 | 12,459 | N.A. | 44,926 | 10,658 | 45,690 | 19,535 | 184,598 |
| 1962 | 18,123 | 4,392 | N.A. | 50,742 | 19,225 | 44,150 | 28,371 | 194,180 |
| 1963 | 15,096 | 789 | N.A. | 62,478 | 22,501 | 33,352 | 23,951 | 186,887 |
| 1964 | 24,521 | 1,802 | N.A. | 80,815 | 23,235 | 13,943 | 38,138 | 216,997 |
| 1965 | 37,701 | 5,042 | N.A. | 54,353 | 25,671 | 7,029 | 36,292 | 210,854 |
| 1966 | 28,729 | 13,346 | N.A. | 61,783 | 16,212 | 4,860 | 33,778 | 202,535 |
| 1967 | 12,064 | 17,860 | N.A. | 76,924 | 12,237 | 16,514 | 25,856 | 211,119 |
| 1968 | 7,558 | 21,729 | N.A. | 81,702 | 19,542 | 36,897 | 28,120 | 252,221 |
| 1969 | 3,805 | 20,286 | N.A. | 101,838 | 19,024 | 32,408 | 20,226 | 276,381 |
| 1970 | 1,918 | 16,954 | N.A. | 142,750 | 7,196 | 25,904 | 9,082 | 275,610 |
| 1971 | 1,126 | 22,737 | N.A. | 161,666 | 12,756 | 34,272 | 4,711 | 307,871 |
| 1972 | 1,140 | 16,007 | 2,196 | 196,071 | 3,627 | 24,442 | 760 | 317,696 |
| 1973 | 2,139 | 50,667 | 40,246 | 214,095 | 5,390 | 22,537 | 1,535 | 390,514 |
| 1974 | — | 60,731 | 30,995 | 175,581 | 5,640 | 20,311 | 965 | 362,364 |
| 1975 | N.A. | 44,274 | 29,793 | 185,375 | 3,508 | 27,694 | N.A. | 332,189 |
| 1976 | N.A. | 44,881 | 29,848 | 193,631 | 6,294 | 58,524 | N.A. | 373,459 |
| 1977 | N.A. | 50,735 | 28,255 | 213,094 | 6,574 | 55,203 | N.A. | 404,362 |
| 1975–77 平均 | N.A. | 46,630 | 29,299 | 197,367 | 5,459 | 47,140 | N.A. | 370,003 |

出所：1935/36〜45 年 SYB（1939/40–44）：290，1946〜55 年 SYB（1945–55）：264，1956〜58 年 SYB（1956–58）：244，1959〜62 年 SYB（1963）：272，1963〜66 年 SYB（1967–69）：352，1967〜69 年 SYB（1970–71）：356，1970〜71 年 SYB（1972–73）：350，1972〜74 年 SYB（1974–75）：344，1975〜77 年 SYB（1976–80）：380 より筆者作成

中央銀行に納めるという規制のため，マラヤへの合法，非合法の輸出が相次ぎ，政府はマラヤ向け天然ゴム輸送の貨車の配車を止めるなどの対策を講じた[88)]。

ところが，1949年からソンクラー経由の輸出が本格化するとバンコク経由の輸出は減少し，さらに朝鮮戦争の影響でアメリカでの天然ゴム価格が高騰すると，南部から直接アメリカへ輸出される比率が拡大していった[89)]。表6–12を見ると，49年のバンコクの輸出量はソンクラーよりも少ないが，月別の統計を見ると49年1月の輸出量はバンコクが2,119トン，ソンクラーが229トンであったものが，8月にはそれぞれ457トン，6,982トンと逆転していた[90)]。ソンクラーからの輸出は当初はシンガポールで積み替えて輸送されていたが，52年からアメリカ船が直行するようになった[91)]。さらに，東海岸のパッターニー，ナラーティワートも輸出港として機能するようになったことから，南部から直接アメリカに輸出される割合が高まり，バンコク経由はチャンタブリーなど東部からのものが中心となった[92)]。

1960年代に入ると，天然ゴムの輸出先に大きな変化が見られた。それはアメリカ向けの輸出が減少し，代わってヨーロッパや日本向けの輸出が増えたのである。先の表6–11を見ると，アメリカ向け輸出は60年に大きく減少し，代わりに日本向けの輸出が大きく拡大していることが分かる。アメリカへの輸出の減少は，朝鮮戦争以降拡大させた天然ゴムの在庫が余剰となったことと，人工ゴムの需要拡大に押されたためであった［Wichit 1985: 318］。60年代に入るとペナンやシンガポール向けの輸出も若干回復するが，その比重は戦前のように高まることはなかった。

タイ国内には6つの天然ゴムの集散地が存在し，各地から集散地に集まった天然ゴムはそこから輸出されていた［Suwan 1975: 42–46］[93)]。バンコク以外はいずれも南部に位置しており，東海岸はハートヤイ，ヤラー，ナラーティワート，西海岸はトラン，プーケットであった。このうち，東海岸から発送される天然ゴムは大半が日本向けであり，西海岸はヨーロッパ向けの発送地であった。ただし，いずれの場合も港湾設備の問題から積み替えが必要であり，東海岸の場合は艀で沖合に停泊する外洋船に積み替えを行い，西海岸では艀で沿岸船に積み替えてペナンへ輸送し，さらに外洋船に積み替えていた［Ibid.］。このため，ペナンへの輸出自体は大幅に減少したが，ペナン経由の輸送は依然として存在し，1975年の

表 6–12　発地別天然ゴム輸出量の推移（1949〜77 年）（単位：トン）

| 年 | バンコク | ターチャレープ | プーケット | カンタン | クラビー | ソンクラー | パーダンベサール | パッターニー | ベートン | ナラーティワート | スガイコーロック | その他 | 計 |
|---|---|---|---|---|---|---|---|---|---|---|---|---|---|
| 1949 | 16,588 | — | 2,564 | 16,298 | — | 32,296 | 7,490 | 2,737 | 6,578 | 9,520 | 2,360 | 51 | 96,482 |
| 1950 | 5,808 | — | 3,150 | 27,016 | — | 39,781 | 3,272 | 7,104 | 5,769 | 20,626 | 467 | 40 | 113,033 |
| 1951 | 6,932 | — | 3,807 | 25,132 | — | 42,813 | 4,935 | 6,067 | 7,463 | 12,100 | 1,216 | 102 | 110,567 |
| 1952 | 4,136 | — | 3,152 | 17,429 | — | 39,590 | — | 2,359 | 7,697 | 25,065 | — | — | 99,428 |
| 1953 | 4,986 | — | 2,788 | 18,665 | — | 36,737 | — | 9,175 | 7,265 | 17,493 | — | — | 97,109 |
| 1954 | 6,726 | — | 4,343 | 25,526 | — | 34,946 | 204 | 20,446 | 7,191 | 19,192 | — | — | 118,574 |
| 1955 | 6,653 | 2,331 | 4,903 | 27,195 | — | 42,620 | 1,527 | 23,127 | 6,062 | 17,851 | — | — | 132,269 |
| 1956 | 5,168 | 3,286 | 4,912 | 30,822 | — | 38,515 | 6,996 | 17,668 | 8,027 | 20,293 | — | — | 135,687 |
| 1957 | 4,625 | 3,386 | 4,535 | 30,080 | — | 43,871 | 1,853 | 19,011 | 8,440 | 19,160 | — | — | 134,961 |
| 1958 | 15,432 | 1,986 | 4,544 | 22,945 | — | 42,260 | 1,112 | 22,297 | 8,013 | 21,021 | — | 14 | 139,624 |
| 1959 | 20,188 | 416 | 6,754 | 29,287 | 806 | 55,047 | 2,527 | 30,988 | 8,415 | 18,566 | — | — | 172,994 |
| 1960 | 19,465 | — | 7,855 | 34,174 | 1,213 | 47,039 | 5,708 | 31,623 | 7,901 | 14,578 | 292 | — | 169,848 |
| 1963 | 16,580 | 6,169 | 9,461 | 28,887 | 2,688 | 62,548 | 2,501 | 29,346 | 9,179 | 19,432 | — | — | 186,791 |
| 1966 | 20,399 | 7,947 | 6,981 | 40,802 | 3,088 | 61,985 | 6,357 | 25,547 | 9,592 | 19,397 | — | — | 202,095 |
| 1967 | 20,528 | 5,003 | 7,003 | 33,788 | 2,926 | 73,885 | 3,467 | 33,918 | 9,079 | 19,578 | — | — | 209,175 |
| 1968 | 22,991 | 7,949 | 8,858 | 49,310 | 3,446 | 77,837 | 3,316 | 53,462 | 7,829 | 16,792 | — | — | 251,790 |
| 1969 | 16,620 | 8,725 | 13,646 | 56,294 | 3,255 | 87,691 | 3,295 | 56,520 | 10,097 | 18,700 | — | — | 274,843 |
| 1970 | 17,145 | 6,737 | 16,737 | 47,336 | 1,651 | 90,541 | 1,126 | 71,907 | 11,202 | 14,781 | — | — | 279,163 |
| 1971 | 16,727 | 6,189 | 17,411 | 61,095 | 152 | 85,348 | 940 | 93,895 | 13,707 | 11,859 | — | — | 307,323 |
| 1972 | 21,714 | 5,560 | 21,079 | 39,744 | 200 | 107,736 | 3,493 | 91,022 | 19,738 | 14,157 | — | — | 324,443 |
| 1973 | 37,395 | 10,808 | 23,998 | 46,425 | — | 130,190 | 11,696 | 83,338 | 19,430 | 4,874 | — | — | 368,154 |
| 1974 | 33,197 | 9,106 | 23,766 | 55,175 | — | 114,764 | 8,648 | 100,331 | 19,721 | 480 | — | — | 365,188 |
| 1975 | 23,673 | 9,663 | 27,187 | 35,941 | 1,000 | 126,315 | 6,778 | 85,796 | 16,859 | — | — | 1,525 | 334,737 |
| 1976 | 21,940 | 10,974 | 29,967 | 37,581 | 201 | 155,489 | 5,288 | 83,272 | 16,630 | 11,450 | — | 150 | 372,942 |
| 1977 | 15,636 | 11,572 | 30,861 | 26,395 | — | 168,829 | 19,910 | 96,026 | 13,850 | 20,540 | — | 390 | 404,009 |
| 1975–77 平均 | 20,416 | 10,736 | 29,338 | 33,306 | 400 | 150,211 | 10,659 | 88,365 | 15,780 | 10,663 | — | 688 | 370,563 |

注：原資料が異なるため，表 6–11 の天然ゴム輸出量とは合計値が若干異なっている。

出所：1949〜1960 年 Wichit 1985：422–439，1963 年 NA [1] Ko Kho. 1. 4. 5 Kho (khai) /1，1966〜68 年 NA Kho Kho. 0501. 3. 2/ 3，1969〜1973 年 SYT Vol. 2–4：21–22，1974〜77 年 SYT Vol. 11–4：29–30 より筆者作成

西海岸各港及び国境のパーダンベサール，ベートン経由の輸出量をペナン経由と仮定すると計 8 万 7,765 トンとなり，全体の 4 分の 1 に相当した[94)]。

一方，錫鉱もマラヤ依存型の貿易を打開しようとする動きが，同じく 1930 年代から見られるようになった。タイでは錫鉱の掘削は古い歴史を持ち，ごく簡単な溶鉱炉での錫鉱の精製も古くから行われ，中国などにも輸出されていたが，19 世紀後半に近代的な精錬所がマラヤに建設されると，タイの錫鉱は鉱石の状態でペナンやシンガポールに輸出されて錫に精錬されることになった[95)]。その後，錫鉱は主として輸送距離の短いペナンの精錬所に運ばれるようになり，表 6–13 からも分かるように 30 年代後半はほとんどがペナンに向けて輸出されていた。このため，プーケットなどの西海岸の錫鉱石は海路でペナンへ，東海岸のナコーンシータマラートなどの錫鉱は鉄道で直接輸送されるか，鉄道で西海岸のカンタンへ運んでから水運で輸送されていた[96)]。

1930 年代に入ると，タイは天然ゴムと同じく消費国に直接錫鉱あるいは錫を輸出することを画策したが，その前提として精錬所の建設が必要なことが判明した。34 年には日本への輸出を検討したが，鉱石での輸出は価格や輸送コストの面から難しく，タイで精錬をして付加価値を高めてから輸出すべきであるとの提案が経済省から出され，閣議で基本了承された[97)]。その後，40 年にはマラヤの精錬会社 2 社がタイ国内に精錬所を建設する計画を打診してきたことから，政府はアメリカへの錫の輸出を目論んで精錬所の建設を検討した[98)]。これらの計画は結局実現しなかったが，戦争によって錫の輸入が止まると国内で錫鉱を精錬する必要が生じ，42 年頃から小規模な精錬が行われた [Ho Kankha Thai 1983: 7]。その後，54 年には造幣局に供給する錫を精錬する工場が鉱業局に設置されたが，小規模な生産能力を有するに過ぎなかった [STK 1992: 180–181]。

結局タイにおける錫鉱の精錬は商業ベースでは実現しなかったものの，天然ゴムと同じくマラヤ一辺倒の輸出構造は戦争を機に変化することになった。表 6–13 から分かるように，1930 年代はほとんどがペナン向けの輸出となっていたが，40 年代に入り日本向けの輸出が拡大して戦争に突入し，錫鉱の輸出は事実上壊滅する。その後 47 年から輸出が復活するが，その際に天然ゴムと同じくイギリスとアメリカが購入することで合意し，アメリカ向けの輸出が発生することになった [BOT (1947): 6][99)]。アメリカ向けの輸出は 50 年代まで続き，年によって

表6-13　錫鉱・錫輸出先の推移（1935/36〜77年）（単位：トン）

| 年平均 | ペナン | シンガポール | 日本 | オランダ | ブラジル | アメリカ | 計 |
|---|---|---|---|---|---|---|---|
| 1935/36 | 14,013 | 237 | 4 | N.A. | N.A. | N.A. | 14,254 |
| 1936/37 | 18,182 | 267 | — | N.A. | N.A. | N.A. | 18,461 |
| 1937/38 | 21,804 | 276 | — | N.A. | N.A. | N.A. | 22,085 |
| 1938/39 | 20,108 | 252 | — | N.A. | N.A. | N.A. | 20,362 |
| 1939/40 | 22,594 | 404 | 8 | N.A. | N.A. | N.A. | 23,007 |
| 1940 | 17,659 | 402 | 419 | N.A. | N.A. | N.A. | 18,481 |
| 1941 | 16,394 | 425 | 4,016 | N.A. | N.A. | N.A. | 21,207 |
| 1942 | N.A. | N.A. | N.A. | N.A. | N.A. | N.A. | 3,188 |
| 1943 | N.A. | N.A. | N.A. | N.A. | N.A. | N.A. | 527 |
| 1944 | N.A. | N.A. | N.A. | N.A. | N.A. | N.A. | 23 |
| 1945 | N.A. | N.A. | N.A. | N.A. | N.A. | N.A. | 5 |
| 1946 | — | — | N.A. | — | — | 1 | 2 |
| 1947 | 2,230 | — | N.A. | — | — | 3,347 | 5,582 |
| 1948 | — | — | N.A. | N.A. | — | 6,879 | 9,232 |
| 1949 | 6,459 | — | N.A. | — | — | 4,706 | 11,474 |
| 1950 | 10,267 | 12 | N.A. | 10 | — | 4,520 | 14,809 |
| 1951 | 8,448 | 20 | N.A. | 111 | — | 3,741 | 12,320 |
| 1952 | 20 | N.A. | N.A. | 605 | — | 7,029 | 14,572 |
| 1953 | 6,470 | 147 | N.A. | 247 | 4,178 | 7,824 | 14,798 |
| 1954 | 10,320 | 576 | N.A. | 40 | 517 | 2,363 | 13,880 |
| 1955 | 10,409 | 351 | N.A. | N.A. | 732 | 2,886 | 15,635 |
| 1956 | 13,405 | 375 | N.A. | — | 561 | 2,487 | 17,598 |
| 1957 | 16,569 | 479 | N.A. | — | 390 | 5 | 18,396 |
| 1958 | 8,107 | 221 | N.A. | — | 27 | 377 | 9,096 |
| 1959 | 9,063 | N.A. | N.A. | — | 1,381 | 2,751 | 13,737 |
| 1960 | 12,834 | N.A. | N.A. | 585 | 1,292 | 1,324 | 17,165 |
| 1961 | 11,873 | N.A. | N.A. | 2,146 | 900 | 150 | 18,104 |
| 1962 | 10,771 | N.A. | N.A. | 3,958 | 1,699 | 101 | 19,841 |
| 1963 | 10,242 | N.A. | 1,436 | 3,889 | 2,499 | N.A. | 22,003 |
| 1964 | 10,659 | N.A. | 1,197 | 6,683 | 1,036 | N.A. | 22,339 |
| 1965 | 8,288 | N.A. | 1,098 | 4,086 | 929 | N.A. | 15,723 |
| 1966 | N.A. | N.A. | 15 | 1,219 | N.A. | 4,166 | 17,593 |
| 1967 | N.A. | N.A. | — | 6,594 | N.A. | 17,781 | 26,997 |
| 1968 | N.A. | N.A. | 1,115 | 8,555 | N.A. | 11,207 | 22,315 |
| 1969 | — | — | 1,222 | 6,457 | — | 15,523 | 23,431 |
| 1970 | — | — | 915 | 6,025 | — | 14,907 | 21,847 |
| 1971 | N.A. | N.A. | 622 | 5,614 | N.A. | 15,635 | 21,873 |
| 1972 | — | — | 3,658 | 4,928 | — | 13,254 | 21,840 |
| 1973 | N.A. | N.A. | 5,431 | 7,658 | N.A. | 7,376 | 22,671 |
| 1974 | N.A. | N.A. | 5,131 | 7,973 | N.A. | 5,321 | 20,768 |
| 1975 | N.A. | N.A. | 5,781 | 2,388 | N.A. | 7,831 | 16,661 |
| 1976 | — | — | 6,151 | 6,600 | — | 7,297 | 20,048 |
| 1977 | — | — | 6,056 | 8,168 | — | 7,213 | 21,437 |
| 1975–77 平均 | N.A. | N.A. | 5,996 | 5,719 | N.A. | 7,447 | 19,382 |

注：1965年までは錫鉱，66年以降は錫の数値である。

出所：1935/36〜45年 SYB（1939/40–44）：291，1946〜55年 SYB（1945–55）：265，1956〜58年 SYB（1956–58）：245，1959〜62年 SYB（1963）：271，1963〜65年 SYB（1967–69）：357，1966〜69年 SYB（1970–71）：361，1970〜71年 SYB（1972–73）：355，1972〜74年 SYB（1974–75）：349，1975〜77年 SYB（1976–80）：385より筆者作成

は最大の輸出先となっていたものの，天然ゴムとは異なり依然としてペナンに向かう錫鉱が主流を占めていた。

当時の錫鉱の輸送ルートについては，天然ゴムのような時系列データが入手できず，1965年4月の数値のみ利用可能である。これによると，発地はプーケットが最大となっており，総輸出量2,008トンのうちプーケット発が1,029トンと全体の約半数を占め，以下パーダンベサール222トン，タクアパー191トン，ラノーン175トン，カンタン136トンと続いていた[100)]。ペナンへの輸出が中心であることから発地は西海岸に集中しており，東海岸のものは戦前と同じく鉄道でパーダンベサール経由，あるいは鉄道か自動車でカンタンまで運ばれてから水運で輸送されていたのであろう。

ところが，戦前から検討されてきた錫鉱の精錬所が1965年8月に完成すると，錫鉱の輸出は禁止されて精錬された錫のみが輸出されることとなった。このタイサルコ社（Thailand Smelting and Refining Co. Ltd.: Thaisarco）の工場はアメリカのユニオン・カーバイド社（The Union Carbide Co. Ltd.）が出資してプーケットに建設されたもので，年間精製能力2.5万トンの規模であり，タイ国内で生産された錫鉱はすべてこの工場に売却することが義務付けられた［Phuwadon 1992: 20–21］[101)]。このため，これまで西海岸の各地やパーダンベサールから行われていた錫鉱の輸出は65年限りで姿を消し，代わって精製された錫がプーケットから輸出されるようになったのである。66年以降錫の輸出構造は大きく変わり，主要輸出国はアメリカ，オランダ，日本となった。天然ゴムと同様にペナンで積み替える可能性は存在したものの，ペナンへの輸出は事実上消滅した。

この精錬所の完成により，錫鉱の輸送ルートは大きく変容した。国鉄ではこれまでパーダンベサール経由でペナンへ輸送していた錫鉱の輸送を止めて，カンタン経由で水運に接続してプーケットへ錫鉱を輸送することになった［RFT 1968: 35–37］。また，建設が中断されていたスラーターニー～ターヌン線が完成すれば，この鉄道を用いて東海岸の錫鉱をプーケットに輸送することも検討していた[102)]。また，西海岸を縦貫する幹線道路（ペットカセーム通り）も1967年に高規格化が完了し，同時にプーケット島と本土を結ぶサーラシン橋も開通したことから，ラノーンやタクアパーなど西海岸の鉱山からも自動車で直接プーケットに鉱石を輸送できるようになった。このように，従来はペナンを求心地としていた錫

写真 28　タイサルコ社の錫精錬所

出所：STK［1992］：181

鉱の輸送がプーケットを求心地とする形へと大きく変化したのである。

ただし，この錫鉱の輸出禁止はあくまでも原則であり，実際にはペナンへの密輸は続いていた。密輸自体は輸出税を逃れるために以前からも行われていたが，1975 年にタイサルコ社の子会社のテムコ（Thai Exploration and Mining Co. Ltd.: TEMCO）社が独占していた海底鉱区の掘削免許が取り消されると，その区域に多数の無許可の浚渫船が入り込み，違法採掘が横行するようになった[103)]。これらの錫鉱は合法的な許可証を持たないことからタイサルコ社の精錬所には搬入することができず，ペナンやシンガポールに密輸出された。このため，公式には 66 年以降は錫鉱の輸出は存在しないことになっているが，実際にはペナン方面への錫鉱の流通は少なからず存在していたことになる。

このように，南部の主要な産品である天然ゴムと錫鉱の流通経路を見ると，戦前のマラヤ一辺倒の輸送形態が大きく変化し，南部から直接消費国へ輸出される輸送形態が一般的となった。もちろん，実際にはペナンでの積み替えや錫鉱のペナン方面への密輸出も存在するが，この 2 品目の輸送の点から見ると，統計に現れる限りにおいて南部は確実にペナンの後背地としての機能を低下させた[104)]。

### (3) 沿岸・国境貿易の比重低下

南部とペナンやシンガポールとの商品流通面の関係性の低下は，南部の港湾や国境での貿易量や貿易額の変遷からも読み取ることができる。表 6–14 は，南部東海岸の輸出入額を示したものである。東海岸での貿易は事実上ソンクラー，パークプーン（ナコーンシータマラート），パッターニー，ナラーティワートの 4 ヶ所のみで行われており，全体としては輸出額が輸入額を大きく上回っている傾向が読み取れる。輸出ではソンクラーがほぼ一貫して最大の輸出額を誇っているが，1960 年代にパークプーンからの輸出が大きく増加している。これは，ターサーラーから日本向けに輸出された鉄鉱石の発送がパークプーンから行われたためであった[105)]。ソンクラー，パッターニー，ナラーティワートの 3 港は上述の天然ゴムの輸出が中心であった。

貿易額自体は輸出，輸入とも増加傾向にあるが，総貿易額に占める比率を見ると相対的に南部東海岸の比重が低下している傾向が理解される。東海岸の比率は輸出面では戦前よりも 1950 年代後半から 60 年代前半のほうが比率は高くなって

表 6-14　南部東海岸の輸出入額の推移（1935/36〜77 年）（単位：千バーツ）

輸出

| 年 | ソンクラー | パークプーン | バーンドーン | コ・サムイ | パッターニー | ナラーティワート | その他 | 計 | 全国比（%） |
|---|---|---|---|---|---|---|---|---|---|
| 1935/36 | 816 | 20 | 348 | 0 | 674 | 1,450 | 2,224 | 5,607 | 3.5 |
| 1936/37 | 1,056 | 21 | 368 | — | 675 | 1,964 | 3,712 | 7,931 | 4.3 |
| 1937/38 | 906 | 17 | 376 | 6 | 1,662 | 1,670 | 2,738 | 7,416 | 4.4 |
| 1938/39 | 1,727 | 26 | 226 | — | 1,929 | 5,226 | 3,355 | 12,565 | 6.1 |
| 1939/40 | 2,189 | — | 334 | 0 | 3,481 | 4,767 | 1,994 | 12,838 | 5.9 |
| 1940 | 1,770 | — | 211 | — | 3,040 | 1,485 | 2,146 | 8,790 | 4.7 |
| 1941 | 1,075 | — | 82 | 24 | 2,780 | 1,038 | 1,868 | 7,003 | 2.4 |
| 1946 | 622 | — | — | — | 78 | 73 | 24 | 797 | 0.2 |
| 1947 | 11,197 | 27 | 463 | — | 365 | 914 | 203 | 13,169 | 1.4 |
| 1948 | 103,288 | 90 | 1,754 | — | 686 | 23,204 | 56 | 129,078 | 6.2 |
| 1949 | 146,627 | 58 | 1,749 | — | 10,430 | 43,864 | 39 | 202,767 | 7.3 |
| 1956 | 461,937 | 10 | 2,411 | — | 172,242 | 216,880 | 1 | 853,481 | 12.3 |
| 1957 | 491,508 | 4 | 1,534 | — | 170,914 | 196,837 | 1 | 860,798 | 11.4 |
| 1958 | 426,040 | 22 | 1,670 | — | 189,993 | 183,207 | 374 | 801,306 | 12.4 |
| 1959 | 762,972 | 33 | 2,216 | — | 396,253 | 243,647 | 55 | 1,405,176 | 18.6 |
| 1960 | 741,955 | 18 | 2,130 | — | 457,567 | 216,262 | 73 | 1,418,005 | 16.5 |
| 1961 | 581,032 | 46 | 2,174 | 4,202 | 238,052 | 196,079 | 83 | 1,021,668 | 10.2 |
| 1962 | 600,670 | 108 | 3,911 | 4,841 | 308,315 | 178,179 | 17 | 1,096,041 | 12.9 |
| 1963 | 652,229 | 61 | 6,995 | 1,214 | 303,298 | 196,251 | 396 | 1,160,444 | 12.0 |
| 1964 | 701,184 | 18,533 | 6,118 | 1,679 | 347,806 | 197,312 | 90 | 1,272,722 | 10.3 |
| 1965 | 556,073 | 122,096 | 3,837 | 2,726 | 260,578 | 195,184 | 43 | 1,140,537 | 8.8 |
| 1966 | 593,050 | 123,818 | 1,621 | 1,177 | 258,482 | 177,319 | 0 | 1,155,467 | 8.1 |
| 1967 | 589,239 | 79,314 | 3,769 | 726 | 256,778 | 149,004 | 48 | 1,078,878 | 7.6 |
| 1968 | 571,207 | 51,885 | 3,358 | 19,650 | 400,806 | 156,697 | 76 | 1,203,679 | 8.8 |
| 1969 | 869,242 | N.A. | N.A. | N.A. | 469,650 | 141,045 | 193,364 | 1,479,937 | 11.4 |
| 1970 | 740,870 | N.A. | N.A. | N.A. | 573,962 | 104,476 | 11,785 | 1,419,308 | 9.7 |
| 1971 | 564,099 | N.A. | N.A. | N.A. | 581,039 | 76,115 | 14,273 | 1,221,253 | 7.1 |
| 1972 | 563,425 | N.A. | N.A. | N.A. | 296,340 | 80,769 | 17,769 | 940,534 | 4.3 |
| 1973 | 1,362,338 | N.A. | N.A. | N.A. | 974,432 | 85,920 | 27,322 | 2,422,690 | 7.6 |
| 1974 | 1,459,704 | N.A. | N.A. | N.A. | 333,197 | 4,203 | 15,143 | 1,797,104 | 3.6 |
| 1975 | 1,324,526 | N.A. | N.A. | N.A. | 884,458 | — | 36,096 | 2,208,984 | 4.6 |
| 1976 | 2,275,179 | N.A. | N.A. | N.A. | 1,185,609 | 172,849 | 517,063 | 3,633,637 | 6.8 |
| 1977 | 2,784,936 | N.A. | N.A. | N.A. | 1,522,075 | 313,860 | 42,171 | 4,620,871 | 6.5 |
| 1975–77 平均 | 2,128,214 | N.A. | N.A. | N.A. | 1,197,381 | 162,236 | 198,443 | 3,487,831 | 5.8 |

輸入

| 年 | ソンクラー | パークプーン | バーンドーン | コ・サムイ | パッターニー | ナラーティワート | その他 | 計 | 全国比（%） |
|---|---|---|---|---|---|---|---|---|---|
| 1935/36 | 259 | 4 | 8 | 1 | 587 | 407 | 436 | 1,547 | 1.6 |
| 1936/37 | 382 | 15 | 47 | 1 | 729 | 427 | 537 | 1,984 | 1.9 |
| 1937/38 | 350 | 17 | 19 | 0 | 842 | 423 | 664 | 2,201 | 2.1 |
| 1938/39 | 271 | 19 | 16 | 2 | 1,020 | 561 | 590 | 2,392 | 1.9 |
| 1939/40 | 219 | — | 20 | 0 | 1,128 | 462 | 629 | 2,343 | 1.3 |
| 1940 | 116 | — | 32 | — | 882 | 271 | 554 | 1,768 | 1.5 |
| 1941 | 252 | — | 13 | — | 1,011 | 458 | 677 | 2,291 | 1.4 |
| 1946 | 4,488 | 56 | 3,501 | 43 | 1,945 | 4,907 | 4,862 | 18,796 | 3.5 |
| 1947 | 435 | 145 | 182 | — | 1,696 | 688 | 1,890 | 4,178 | 0.4 |
| 1948 | 432 | 1,708 | 5 | 0 | 3,905 | 1,601 | 328 | 7,889 | 0.5 |
| 1949 | 2,049 | 274 | 4 | — | 1,831 | 981 | 91 | 5,160 | 0.2 |
| 1956 | 25,025 | 95 | 4 |  | 8,609 | 977 | 2,732 | 36,696 | 0.5 |
| 1957 | 23,709 | 58 | 6 | 9 | 14,141 | 1,450 | 1,573 | 40,547 | 0.5 |
| 1958 | 21,210 | 173 | 7 | 1 | 15,406 | 1,159 | 557 | 38,016 | 0.5 |
| 1959 | 32,627 | 687 | 10 | 0 | 24,137 | 864 | 958 | 58,742 | 0.7 |
| 1960 | 52,703 | 488 | 7 | 19 | 34,310 | 1,948 | 368 | 89,571 | 0.9 |
| 1961 | 49,548 | 875 | 4 | 16 | 20,065 | 665 | 376 | 71,257 | 0.7 |
| 1962 | 42,958 | 1,193 | 2 | 57 | 10,823 | 414 | 229 | 55,560 | 0.5 |
| 1963 | 35,263 | 934 | 5 | 7 | 12,010 | 292 | 255 | 48,651 | 0.4 |
| 1964 | 31,801 | 768 | 2 | 0 | 8,660 | 281 | 184 | 41,570 | 0.3 |
| 1965 | 30,121 | 577 | — | — | 4,110 | 209 | 803 | 35,354 | 0.2 |
| 1966 | 15,568 | 1,147 | 379 | — | 3,882 | 283 | 1,033 | 21,389 | 0.1 |
| 1967 | 15,257 | 911 | — | — | 3,558 | 78 | 3,177 | 19,943 | 0.1 |
| 1968 | 20,954 | 149 | — | — | 17,149 | 180 | 3,674 | 38,432 | 0.2 |
| 1969 | 32,555 | N.A. | N.A. | N.A. | 10,403 | 27 | 1,522 | 42,985 | 0.2 |
| 1970 | 14,155 | N.A. | N.A. | N.A. | 2,534 | 90 | 979 | 16,779 | 0.1 |
| 1971 | 13,011 | N.A. | N.A. | N.A. | 1,475 | 82 | 334 | 14,568 | 0.1 |
| 1972 | 29,949 | N.A. | N.A. | N.A. | 1,123 | 12 | 416 | 31,084 | 0.1 |
| 1973 | 10,735 | N.A. | N.A. | N.A. | 4,038 | 45 | 9,743 | 14,818 | 0.1 |
| 1974 | 90,591 | N.A. | N.A. | N.A. | 2,683 | 44 | 3,632 | 93,318 | 0.2 |
| 1975 | 38,352 | N.A. | N.A. | N.A. | 1,413 | — | 528 | 39,765 | 0.1 |
| 1976 | 25,889 | N.A. | N.A. | N.A. | 1,100 | 105 | 608 | 27,094 | 0.0 |
| 1977 | 114,608 | N.A. | N.A. | N.A. | 2,604 | — | 555 | 117,212 | 0.1 |
| 1975–77 平均 | 59,616 | N.A. | N.A. | N.A. | 1,706 | 35 | 564 | 61,357 | 0.1 |

注：1969〜74 年のその他にはマレー国境のスガイコーロックの数値を含む。
出所：1935/36 年 SYB（1935/36–36/37）：176–177，1936/37〜37/38 年 FTS（1937/38）：239，1939/39 年 FTS（1938/39）：239，1939/40 年 FTS（1938/39–39/40）：239，1940 年以降 表 6–9 と同じ，より筆者作成

いるものの，その後は減少傾向にあることが分かる。輸出の比率が50年代から60年代前半にかけて10%台の高い数値を記録しているのは，東海岸の天然ゴムの輸出経路が戦前の鉄道によるマラヤ国境経由から東海岸の港経由に変化したためである。一方，輸入の比率は戦前と比べて大きく低下し，戦前は1～2%程度あったものが0.1%に低下しており，輸出よりも輸入面でその低下が著しいことが分かる。

南部東海岸の港湾は，戦後天然ゴムの発送地としての機能が高まったのにもかかわらず，その改良が遅れていた。ソンクラー港は南部東海岸最大の港として，1930年代にはバンコク港の改修計画と併せて整備が経済省によって計画されたが，貨物取扱量が少ないとして大蔵省が反対し実現には至らなかった[106)]。その後，戦後再びソンクラー港の改修計画が計画され，ドイツ人の専門家が52年に改修計画を提案し，60年代に入って1万5,000トン規模の大型船が接岸可能な大規模港湾の建設計画が浮上した[107)]。しかしながら，実際には現状の港への水路を深さ5.5mに掘削して1,000トンの船が入港できるようにする小規模な改良が68年に行われたのみであり，72年には水深を6mにして3,000トンの船の入港が可能となったものの，依然として大型外洋船の着岸は不可能であり，沖合に停泊した外洋船との間を艀で継送する手間は解消されなかった[108)]。

パッターニー港やナラーティワート港は，さらに劣悪な状況であった。パッターニー港はパッターニー川の河口に位置しており，上流からの土砂の堆積で水深が浅くなるという問題を抱えていた。このため，1957年には副首相の南部視察を受けて検討されたパッターニー港浚渫計画について，運輸省は多額の費用が掛かる上にすぐに土砂が堆積してしまうために必要性は乏しいと回答していた[109)]。ナラーティワート港も同じ問題を抱えていたが，港湾局では浚渫費用がかさむためこの港を整備せず，代わりに建設中のナラーティワート～パッターニー間道路経由でパッターニー港を利用すべきであるとした[110)]。このように，東海岸の港はいずれも水深が浅く堆砂に悩まされており，戦前の蒸気船の時代と同じく外洋船は港に着岸できず，艀での継送が必要であった。

天然ゴムの輸出経路が東海岸の港湾経由となったことにより，マレーシア国境経由の貿易は重要性を減少させることとなった。表6-15を見ると，全国比が輸出で約10%から1%へ，輸入でも2～3%から0.1%程度へと大きく低下していることが分かる。これは，戦前東海岸の天然ゴムと錫鉱が主としてパーダンベサール経由で輸出されていたものが，戦後天然ゴムは東海岸から直接外国へ発送され，錫鉱はプーケットへ輸送されるようになったためである。一方で，従来ペナンから鉄道輸送で東海岸に入っていた石油製品もシーラーチャーから入るようになり，輸入面でもこのルートの重要性は低下した。

各国境別の状況を見ると，輸出ではパーダンベサールが最も多く，以下ベートン，サダオが続いている。天然ゴムの輸出ルートの転移の影響は明瞭に現れていないが，錫鉱のほうは 1960 年代後半にパーダンベサールの輸出額が半減した形で反映されている。輸入ではパーダンベサールとサダオの数値が拮抗しており，輸入面では自動車輸送がより重要な役割を果たしていたことを現している[111]。輸出とは異なりベートンの輸入額は 50 年代後半から徐々に減少し，70 年代にも減少傾向が続いているが，これはヤラー～ベートン間の道路が高規格化され，日用品などの生活必需品の供給源がタイに代わったためであろう[112]。東海岸の内陸国境であるスガイコーロックは輸出，輸入とも数値は低いが，戦後は輸出よりも輸入のほうが多くなっていた。

一方，西海岸の港湾でも，輸出入は停滞していた。表 6–16 は西海岸の港別輸出入額の推移を示したものであり，輸出ではプーケットの数値が圧倒的に高くなっており，とくに錫の輸出が始まった 1965 年以降その比率は西海岸全体の輸出額の 8 ～ 9 割を占めるに至っている。ラノーンやタクアパーなどでは，錫鉱の輸出が消滅したことによる輸出額が大きく減少しており，プーケットでの錫精錬所の操業が西海岸での輸出港の一極集中化をもたらしたことが分かる。輸入についてもプーケットとカンタンに集中しており，それ以外の港の衰退が激しい。従来から西海岸での輸入品目は，主としてペナン経由の工業製品と石油製品が中心であったことから，これらの流入がバンコク経由となったことが，小規模港での輸入が減少あるいは消滅した要因であろう。

西海岸の貿易額の全国比を見ると，マレーシア国境と同じくその比重の低下傾向が窺われる。輸出は錫鉱や天然ゴムの輸出が存在したことから戦後 1960 年代までは 10% 台をほぼ維持しているが，その後低下している。輸入面での比率の低下は逆に早く，戦後まもなく 2% 以下に下がり，さらに 60 年代後半から 1% を切っている。この変化は東海岸も同じであり，戦争を契機として南部の輸入比率

表 6-15　マレーシア国境の輸出入額の推移（1935/36〜77 年）（単位：千バーツ）

| 輸出 | | | | | | | 輸入 | | | | | | |
|---|---|---|---|---|---|---|---|---|---|---|---|---|---|
| 年 | サダオ | パーダンベサール | ベートン | スガイコーロック | 計 | 全国比（%） | 年 | サダオ | パーダンベサール | ベートン | スガイコーロック | 計 | 全国比（%） |
| 1935/36 | 2,053 | 7,756 | 1,330 | 1,586 | 12,725 | 8.0 | 1935/36 | 987 | 1,330 | 315 | 224 | 2,856 | 2.6 |
| 1936/37 | 3,761 | 13,484 | 1,920 | 2,402 | 21,567 | 11.7 | 1936/37 | 1,209 | 1,092 | 428 | 443 | 3,172 | 2.9 |
| 1937/38 | 4,201 | 14,785 | 2,423 | 1,941 | 23,350 | 13.8 | 1937/38 | 1,603 | 1,657 | 535 | 302 | 4,097 | 3.7 |
| 1938/39 | 3,928 | 11,340 | 2,948 | 2,891 | 21,107 | 10.3 | 1938/39 | 1,721 | 2,146 | 637 | 337 | 4,841 | 3.7 |
| 1939/40 | 4,580 | 14,840 | 3,251 | 3,592 | 26,263 | 12.1 | 1939/40 | 1,583 | 1,676 | 528 | 264 | 4,051 | 2.1 |
| 1940 | 6,039 | 10,210 | 2,639 | 3,027 | 21,915 | 11.8 | 1940 | 1,814 | 2,227 | 505 | 209 | 4,755 | 3.8 |
| 1941 | 1,693 | 8,956 | 1,751 | 628 | 13,028 | 4.5 | 1941 | 1,983 | 2,132 | 751 | 386 | 5,252 | 3.1 |
| 1946 | 15,262 | 3,452 | 43 | 3 | 18,760 | 4.2 | 1946 | 25,119 | 8,081 | 2,475 | 1,500 | 37,175 | 6.5 |
| 1947 | 30,993 | 3,689 | 3,936 | 466 | 39,084 | 4.0 | 1947 | 25,167 | 3,390 | 3,588 | 1,374 | 33,519 | 2.4 |
| 1948 | 46,999 | 15,166 | 19,234 | 2,972 | 84,371 | 4.1 | 1948 | 43,886 | 6,908 | 6,442 | 699 | 57,935 | 3.3 |
| 1949 | 27,008 | 45,713 | 28,353 | 7,915 | 108,989 | 3.9 | 1949 | 51,964 | 13,181 | 6,332 | 506 | 71,983 | 3.2 |
| 1956 | 31,835 | 180,979 | 113,825 | 1,379 | 328,018 | 4.7 | 1956 | 45,642 | 84,405 | 42,299 | 6,273 | 178,619 | 2.3 |
| 1957 | 40,734 | 120,263 | 110,372 | 956 | 272,325 | 3.6 | 1957 | 43,435 | 82,551 | 43,504 | 2,959 | 172,449 | 2.0 |
| 1958 | 38,617 | 83,639 | 87,914 | 517 | 210,687 | 3.3 | 1958 | 37,769 | 70,358 | 31,928 | 2,043 | 142,098 | 1.7 |
| 1959 | 43,105 | 128,978 | 116,609 | 329 | 289,021 | 3.8 | 1959 | 42,756 | 73,995 | 30,062 | 3,507 | 150,320 | 1.7 |
| 1960 | 43,292 | 216,704 | 125,930 | 5,226 | 391,152 | 4.5 | 1960 | 45,157 | 65,787 | 22,463 | 2,980 | 136,387 | 1.4 |
| 1961 | 43,358 | 248,577 | 128,854 | 2,624 | 423,413 | 4.2 | 1961 | 36,733 | 48,619 | 16,115 | 2,680 | 104,147 | 1.0 |
| 1962 | 41,861 | 178,681 | 125,919 | 667 | 347,128 | 4.1 | 1962 | 40,057 | 58,502 | 14,066 | 2,170 | 114,795 | 1.0 |
| 1963 | 32,450 | 132,198 | 98,159 | 506 | 263,313 | 2.7 | 1963 | 43,714 | 55,447 | 19,152 | 2,151 | 120,464 | 0.9 |
| 1964 | 35,755 | 203,254 | 72,612 | 244 | 311,865 | 2.5 | 1964 | 55,313 | 65,955 | 17,192 | 2,301 | 140,761 | 1.0 |
| 1965 | 49,114 | 233,934 | 125,589 | 480 | 409,117 | 3.2 | 1965 | 67,265 | 77,058 | 18,275 | 1,829 | 164,427 | 1.0 |
| 1966 | 58,305 | 98,371 | 88,967 | 229 | 245,872 | 1.7 | 1966 | 70,079 | 74,707 | 13,667 | 1,082 | 159,535 | 0.6 |
| 1967 | 34,697 | 63,033 | 64,750 | 42 | 162,522 | 1.1 | 1967 | 90,941 | 66,985 | 12,178 | 3,573 | 173,677 | 0.8 |
| 1968 | 29,290 | 55,515 | 56,198 | 437 | 141,440 | 1.0 | 1968 | 101,812 | 60,836 | 10,950 | 1,467 | 175,065 | 0.7 |
| 1969 | 25,876 | 59,719 | 87,941 | N.A. | 173,536 | 1.2 | 1969 | 102,356 | 53,086 | 11,702 | N.A. | 167,144 | 0.6 |
| 1970 | 34,135 | 49,670 | 90,060 | N.A. | 173,865 | 1.2 | 1970 | 77,207 | 27,080 | 11,404 | N.A. | 115,691 | 0.4 |
| 1971 | 40,872 | 50,315 | 78,537 | N.A. | 169,724 | 1.0 | 1971 | 49,804 | 42,325 | 6,121 | N.A. | 98,250 | 0.4 |
| 1972 | 44,679 | 64,033 | 76,381 | N.A. | 185,093 | 0.8 | 1972 | 42,098 | 38,119 | 5,539 | N.A. | 85,756 | 0.3 |
| 1973 | 74,792 | 232,770 | 175,799 | N.A. | 483,361 | 1.5 | 1973 | 55,271 | 78,990 | 6,957 | N.A. | 141,218 | 0.3 |
| 1974 | 80,797 | 317,807 | 470,760 | N.A. | 869,364 | 1.7 | 1974 | 48,435 | 37,253 | 2,342 | N.A. | 88,030 | 0.1 |
| 1975 | 102,583 | 207,221 | 196,052 | 7,118 | 512,974 | 1.1 | 1975 | 50,948 | 89,205 | 2,328 | 2,044 | 144,525 | 0.2 |
| 1976 | 109,604 | 217,700 | 232,923 | 54,399 | 614,626 | 1.0 | 1976 | 52,817 | 55,046 | 1,328 | 13,765 | 122,956 | 0.2 |
| 1977 | 169,510 | 779,380 | 207,717 | 61,429 | 1,218,036 | 1.7 | 1977 | 73,498 | 98,638 | 1,898 | 30,508 | 204,542 | 0.2 |
| 1975–77 平均 | 127,232 | 401,434 | 212,231 | 40,982 | 781,879 | 1.3 | 1975–77 平均 | 59,088 | 80,963 | 1,851 | 15,439 | 157,341 | 0.2 |

注：1969〜74 年の合計値にはスガイコーロックの数値は含まれない。
出所：表 6-14 に同じ

表 6-16　南部西海岸の輸出入額の推移（1935/36〜77 年）（単位：千バーツ）

| 輸出 | | | | | | | | | | 輸入 | | | | | | | | | |
|---|---|---|---|---|---|---|---|---|---|---|---|---|---|---|---|---|---|---|---|
| 年 | プーケット | ラノーン | カンタン | クラビー | タクアパー | パンガー | その他 | 計 | 全国比（%） | 年 | プーケット | ラノーン | カンタン | クラビー | タクアパー | パンガー | その他 | 計 | 全国比（%） |
| 1935/36 | 7,483 | 3,243 | 6,664 | 155 | 3,226 | 2,130 | 1,219 | 24,120 | 15.2 | 1935/36 | 2,814 | 1,019 | 1,277 | 96 | 779 | 267 | 452 | 6,704 | 6.2 |
| 1936/37 | 8,595 | 4,075 | 7,888 | 206 | 4,363 | 3,620 | 1,855 | 30,602 | 16.6 | 1936/37 | 2,877 | 698 | 1,336 | 95 | 966 | 544 | 527 | 7,043 | 6.4 |
| 1937/38 | 9,348 | 6,153 | 8,611 | 199 | 5,877 | 4,160 | 1,491 | 35,839 | 21.1 | 1937/38 | 4,131 | 1,406 | 1,704 | 90 | 1,183 | 691 | 534 | 9,739 | 8.7 |
| 1938/39 | 9,026 | 4,619 | 7,780 | 228 | 3,805 | 3,192 | 1,651 | 30,301 | 14.8 | 1938/39 | 3,685 | 1,092 | 1,751 | 99 | 1,199 | 489 | 525 | 8,840 | 6.8 |
| 1939/40 | 11,655 | 5,754 | 8,854 | 278 | 5,445 | 4,554 | 1,509 | 38,049 | 17.6 | 1939/40 | 3,416 | 904 | 1,230 | 94 | 985 | 622 | 417 | 7,668 | 3.9 |
| 1940 | 9,712 | 5,224 | 7,072 | 237 | 4,644 | 5,446 | 1,039 | 33,374 | 18.0 | 1940 | 3,627 | 834 | 1,027 | 8 | 932 | 546 | 368 | 7,342 | 5.9 |
| 1941 | 7,158 | 5,229 | 5,536 | 322 | 5,577 | 5,993 | 607 | 30,422 | 10.5 | 1941 | 4,149 | 934 | 1,430 | 15 | 1,060 | 445 | 564 | 8,597 | 5.1 |
| 1946 | 30 | 50 | 938 | 46 | — | — | 67 | 1,131 | 0.3 | 1946 | 2,033 | 1,302 | 39,470 | 504 | 98 | — | 2,313 | 45,720 | 8.0 |
| 1947 | 7,055 | 5,670 | 17,090 | 436 | 459 | 1,051 | 2,648 | 34,409 | 3.6 | 1947 | 7,198 | 4,665 | 9,580 | 167 | 1,409 | 0 | 2,335 | 25,354 | 1.8 |
| 1948 | 27,665 | 3,398 | 57,024 | 902 | 3,260 | 480 | 2,239 | 94,968 | 4.6 | 1948 | 16,950 | 13,292 | 6,810 | 294 | 7,507 | 11 | 1,927 | 46,791 | 2.7 |
| 1949 | 114,109 | 35,888 | 84,350 | 2,129 | 30,253 | 19,007 | 3,308 | 289,044 | 10.4 | 1949 | 23,342 | 7,638 | 3,808 | 383 | 5,901 | 741 | 2,413 | 44,226 | 1.9 |
| 1956 | 268,738 | 78,520 | 373,147 | 3,311 | 75,626 | 38,582 | 7,596 | 845,520 | 12.2 | 1956 | 64,350 | 11,754 | 23,578 | 1,888 | 19,871 | 5,633 | 4,865 | 131,939 | 1.7 |
| 1957 | 275,296 | 76,963 | 341,028 | 3,270 | 82,188 | 35,790 | 7,316 | 821,851 | 10.9 | 1957 | 107,159 | 20,492 | 37,487 | 1,963 | 22,309 | 5,726 | 4,143 | 199,279 | 2.3 |
| 1958 | 157,683 | 36,857 | 236,558 | 3,211 | 37,381 | 12,499 | 10,604 | 494,793 | 7.7 | 1958 | 45,802 | 17,518 | 32,172 | 2,301 | 15,231 | 3,279 | 4,640 | 120,943 | 1.5 |
| 1959 | 313,622 | 49,976 | 414,080 | 16,671 | 53,437 | 20,479 | 12,942 | 881,207 | 11.7 | 1959 | 64,406 | 7,215 | 27,074 | 1,478 | 15,324 | 2,054 | 7,377 | 124,928 | 1.4 |
| 1960 | 371,410 | 73,295 | 542,878 | 23,449 | 66,568 | 39,190 | 12,137 | 1,128,927 | 13.1 | 1960 | 54,205 | 9,667 | 27,495 | 737 | 17,319 | 4,509 | 2,216 | 116,148 | 1.2 |
| 1961 | 392,380 | 69,994 | 531,558 | 44,058 | 85,871 | 41,581 | 10,592 | 1,176,034 | 11.8 | 1961 | 57,128 | 11,134 | 27,064 | 531 | 18,729 | 7,095 | 2,635 | 124,316 | 1.2 |
| 1962 | 441,820 | 66,713 | 512,153 | 35,009 | 91,936 | 39,568 | 8,561 | 1,195,760 | 14.0 | 1962 | 63,453 | 7,121 | 26,237 | 25,586 | 17,880 | 5,516 | 2,032 | 147,825 | 1.3 |
| 1963 | 456,704 | 82,779 | 356,486 | 31,395 | 92,244 | 41,429 | 12,222 | 1,073,259 | 11.1 | 1963 | 58,600 | 14,632 | 23,806 | 135,586 | 13,327 | 6,988 | 1,999 | 254,938 | 2.0 |
| 1964 | 574,244 | 110,300 | 443,298 | 24,392 | 73,447 | 55,857 | 12,700 | 1,294,238 | 10.5 | 1964 | 110,955 | 15,421 | 20,099 | 10,322 | 15,470 | 5,987 | 1,804 | 180,058 | 1.3 |
| 1965 | 884,114 | 80,018 | 492,920 | 28,823 | 50,076 | 37,202 | 10,721 | 1,583,874 | 12.2 | 1965 | 91,739 | 16,445 | 20,434 | 739 | 13,974 | 2,713 | 1,135 | 147,179 | 0.9 |
| 1966 | 1,405,325 | 25 | 403,746 | 31,125 | 295 | 1,227 | 6,740 | 1,848,483 | 12.9 | 1966 | 80,411 | 13,835 | 24,386 | 8,807 | 12,647 | 661 | 799 | 141,546 | 0.8 |
| 1967 | 2,061,842 | 109 | 281,089 | 24,093 | 346 | 750 | 5,862 | 2,374,091 | 16.8 | 1967 | 83,177 | 1,858 | 17,308 | 36,383 | 35,485 | 982 | 1,043 | 176,236 | 0.6 |
| 1968 | 1,647,354 | 10 | 373,014 | 25,593 | 469 | 840 | 5,554 | 2,052,834 | 15.0 | 1968 | 57,454 | 659 | 13,221 | 18,465 | 45,956 | 648 | 785 | 137,188 | 0.4 |
| 1969 | 1,658,606 | 32 | 502,211 | N.A. | 1,942 | 702 | 244,098 | 2,407,591 | 16.4 | 1969 | 85,249 | 895 | 5,632 | N.A. | 13,267 | 375 | 2,988 | 105,418 | 0.3 |
| 1970 | 1,788,222 | 3 | 423,112 | N.A. | 236 | 859 | 17,611 | 2,230,043 | 15.1 | 1970 | 56,257 | 2,774 | 8,398 | N.A. | 19,598 | 507 | 1,261 | 87,534 | 0.5 |
| 1971 | 1,700,574 | 388 | 437,926 | N.A. | 272 | 1,067 | 5,313 | 2,145,540 | 12.4 | 1971 | 62,866 | 9,611 | 29,590 | N.A. | 21,333 | 397 | 1,512 | 123,797 | 0.6 |
| 1972 | 1,437,206 | 10 | 206,209 | N.A. | 222 | 915 | 2,851 | 1,647,413 | 7.3 | 1972 | 146,826 | 3,318 | 18,473 | N.A. | 9,541 | 393 | 869 | 178,551 | 0.4 |
| 1973 | 2,191,731 | — | 617,197 | N.A. | 171 | 1,737 | 4,613 | 2,815,449 | 8.7 | 1973 | 42,505 | 3,702 | 36,305 | N.A. | 7,470 | 94,744 | 1,217 | 184,726 | 0.2 |
| 1974 | 2,529,004 | 69 | 957,357 | N.A. | 641 | 2,395 | 5,274 | 3,494,740 | 7.0 | 1974 | 42,117 | 3,314 | 82,021 | N.A. | 430 | 36 | 1,140 | 127,918 | 0.2 |
| 1975 | 2,626,085 | 3,080 | 477,979 | 19,125 | N.A. | 2,912 | 45,524 | 3,174,705 | 6.6 | 1975 | 93,202 | 991 | 63,810 | 37 | N.A. | 77 | 3,361 | 158,117 | 0.2 |
| 1976 | 3,604,492 | 3,016 | 655,773 | 20,063 | N.A. | 2,432 | 5,035 | 4,290,811 | 7.1 | 1976 | 69,261 | 1,408 | 72,864 | 422 | N.A. | 160 | 2,110 | 144,188 | 0.2 |
| 1977 | 5,571,587 | 163 | 479,089 | 3,924 | N.A. | 11,879 | 11,523 | 6,078,165 | 8.5 | 1977 | 45,293 | 7,032 | 93,183 | 617 | N.A. | 18 | 3,092 | 148,044 | 0.2 |
| 1975–77 平均 | 3,934,055 | 2,086 | 537,614 | 14,371 | N.A. | 5,741 | 20,694 | 4,514,560 | 7.5 | 1975–77 平均 | 69,252 | 3,144 | 76,619 | 359 | N.A. | 85 | 2,854 | 150,116 | 0.2 |

出所：表 6-14 に同じ

が大きく低下したことを示している[113]。

この西海岸の港湾整備も，東海岸と同じく進展しなかった。戦後1952年にソンクラー港の改修計画が浮上した際に，同じドイツ人の専門家がプーケット港の調査も行ったが，プーケット港は改修するほどの商品流通がなく，かつ建設中のスラーターニー〜ターヌン間鉄道が完成すればこれを利用してソンクラー港と結ばれるとし，改修は必要ないとの結論を出した[114]。58年の世界銀行の調査でも，南部西海岸の港湾はペナン以外には天然の良港はなく大規模港湾を整備するのに見合う貨物取扱量も期待できないことから，投資は正当化されないと結論付け，東海岸のソンクラーも含めて沿岸船が着岸できる程度の改修を提案していた[115]。

その後，プーケットにはタイサルコ社が精製した錫を搬出するための新たな桟橋が建設されることになり，水深7mの岸壁が整備された[116]。天然ゴムの発送もこの桟橋を用いるようになったが，錫も天然ゴムも9,000〜1万6,000トン級の外洋船で輸送することから，艀による積み替えは依然として欠かせなかった。さらに，1967年からプーケット深水港計画が日本の援助によって調査され，その後イギリスの会社による2回の調査を経て，75年にNESDB（旧NEDB）がアジア開発銀行に最終的な深水港の立地箇所を決める調査を依頼することに決まった[117]。結局，プーケットの深水港はソンクラーと共にこの後ようやく実現に向かい，88年に2万トンの船舶が着岸できるような深水港が完成することになるが，それまでは外洋船とは艀による積み替えの手間から解放されなかったのである[118]。

このように，南部の港湾や国境経由の貿易はその量，金額共に拡大したものの，バンコク経由の貿易の拡大に比べるとその速度は遅く，結果として南部経由の貿易の比重を低下させることになった。1935/36年と75年の南部経由の輸出入額の全国比率を比較すると，輸出が26.7％から12.3％へ，輸入が10.4％から0.5％へと低下していた。輸出については戦前と同じく天然ゴムと錫が南部から輸出されていたが，輸入はバンコク経由で入る商品が増えた結果，その比率が著しく低下した。バンコクとの商品流通面での関係の強化は，この点からも明瞭に理解されるのである。

### (4) 対バンコク商品流通の見積り

最後に，バンコクとの間の水運による貨物輸送を考察した上で，バンコクと南部間の商品流通量の見積りを行う。南部については鉄道開通前からバンコクとの間に定期船が運航されており，鉄道開通後も鉄道によるバンコク～南部間の輸送量よりも多かったものと考えられる[119)]。しかしながら，水運による貨物輸送量に関する統計が存在しなかったことから，具体的な輸送量や輸送品目は推計に依存するしかなかった。沿岸水運による貨物輸送の状況が初めて明らかになったのは，チャオプラヤー川の水運と同じく，1960年代に行われた貨物輸送量調査であった。これをまとめたものが，表6–17となる。

この表での1965年の調査は，沿岸水運によるバンコクと各県間の貨物輸送量を税関の統計を利用してまとめたものである[120)]。これによると，65年には南部からバンコク方面へ発送された貨物は約10.6万トンであり，逆にバンコクから到着した量は約26.1万トンとなっている。品目別に見ると，発送では木材が最も多く，以下建設資材，ココヤシとなっており，大半が直接輸出されていた天然ゴムも8,000トンほど発送されていることが分かる[121)]。一方，到着では建設資材が最も多くなっており，以下石油製品，乳製品・砂糖，食料・飲料・嗜好品が続いている。

この表には1971年の数値も記載されているが，このときの調査は同じく税関の数値を使用したものであるものの，対象港はソンクラーのみであった。このため，65年の数値にもソンクラーのものを掲載しており，この間の比較を可能としている。この数値を見ると，発送面では大きな変化は見られないが到着面での変化は顕著である。とくに，石油製品の到着量が大幅に上昇しており，71年には到着量の6割近くが石油製品となっている。これは，シーラーチャーの石油精製工場からの輸送が拡大し，ソンクラーが南部の石油製品到着基地となった結果である。反対に建設資材の到着量が減少しているが，これはトゥンソンのセメント工場の開設に伴い，バンコクからのセメントが減少したためであろう。ソンクラー港の到着量はこの間に2倍以上に増加しており，南部から発送される貨物が伸び悩む一方で，バンコク方面から流入する貨物は着実に増加していた。

表6–18は，南部東海岸の港別沿岸水運発着量の推移を示したものである。これは必ずしも対バンコクの数値というわけではないが，表6–17の1965年の数値と比較すると，この年には発送の72%，到着の92%が対バンコクのものであったことが分かる。発送については60年代から70年代にかけてそれほど大きな変

表6-17　南部～バンコク間の沿岸水運輸送量（1965・71年）（単位：トン）

| 品目 | 発送 | | | 到着 | | |
|---|---|---|---|---|---|---|
| | 1965 | | 1971 | 1965 | | 1971 |
| | 東海岸計 | ソンクラー | ソンクラー | 東海岸計 | ソンクラー | ソンクラー |
| 米 | 5 | 1 | 6 | 6,923 | 124 | 3,862 |
| ココヤシ | 18,036 | 5 | 159 | 250 | 19 | 165 |
| 水産物 | 294 | 104 | 2,906 | 3,898 | 328 | 1,481 |
| ゴム | 8,448 | 1,069 | 1,093 | 1,189 | 236 | 880 |
| 植物油 | 1,706 | 186 | 1,315 | 1,407 | 397 | 778 |
| 木材 | 34,093 | 8 | 595 | 2,459 | 578 | 212 |
| 鉱石 | 202 | 150 | — | 81 | 5 | 16 |
| 石油製品 | 483 | 56 | 238 | 55,597 | 5,155 | 112,028 |
| 建設資材 | 24,879 | 24,550 | 20,002 | 88,799 | 38,105 | 16,916 |
| 肥料 | 93 | 30 | 56 | 4,103 | 1,866 | 8,831 |
| 乳製品・砂糖 | 377 | 251 | — | 46,868 | 19,816 | 23,634 |
| 食品・飲料・嗜好品 | 1,675 | 1,259 | 1,245 | 28,608 | 8,316 | 16,724 |
| 日用品 | 163 | 51 | 32 | 3,582 | 1,228 | 1,153 |
| その他 | 15,962 | 7,170 | 6,629 | 17,664 | 8,173 | 8,421 |
| 計 | 106,416 | 34,890 | 34,276 | 261,324 | 84,346 | 195,101 |

注1：1965年の東海岸の数値は，チュムポーン，スラーターニー，コ・サムイ，ナコーンシータマラート，ソンクラー，パッターニー，ナラーティワートの各港の合計値である。
注2：1965年の建設資材（発送）には原資料では「その他」に含まれていた珪砂24,241トンを含む。
注3：1971年の数値は中部下部，東部発も含む。
出所：RKNT（1965），RKNT（1971）より筆者作成

化はないものの，到着はこの間に3倍も拡大していた。この到着量の増加も，やはり石油製品の到着量の増加に起因するものと考えられ，バンコク港の1960年と75年の沿岸水運発着量の変化を見ると，発送はそれぞれ19.8万トン，24.6万トン，到着は14.7万トン，20.1万トンと若干増加しているものの，発送量は南部の到着量の増加に見合うほど増えてはいない[122]。これは，バンコク発の統計に現れないシーラーチャーからの石油製品輸送が増加したことを間接的に示唆するものである。

以上の南部～バンコク間の水運の輸送状況を踏まえて，各手段別の商品流通量を見積ったものが表6-19となる。自動車と鉄道については他地域と同様の見積り方法であるが，水運については表6-17の1965年の東海岸全体の数値を基準とし，表6-18の64～66年と74～76年の平均発着量の増加率を乗じて計算した

ものである[123]。これを見ると，発送が80万トン，到着が145万トンと，発送量に比べて到着量が大幅に多くなっていることが分かる。とくに発送量の少なさは，これまで見てきた各地域と比べても顕著であり，中部上部や東北部の約4分の1となっている。品目別に見ると，発送は木材が最も多くなり，以下水産物，野菜・果物が続いている。バンコクへの輸送品目を見る限り，南部最大の産品である天然ゴム，錫がほとんど現れていない点が特徴である[124]。一方，到着はやはり石油製品が最も多く，次いで米，雑貨，乾物が続いている。

輸送手段別に見ると，他地域に比べて鉄道と水運の役割が大きく，とくに到着面では自動車輸送が最も少なくなっている点が注目される。発送については，輸送時間が重要である水産物の輸送が自動車に特化されていることと，木材や薪炭の発送も相当量あることから，自動車輸送の分担率は約6割となっている。鉄道と水運が残りを2割ずつ担当しており，いずれも木材，野菜・果物，建築資材の輸送が中心となっている。このうち，野菜・果物はココヤシの輸送であり，バンコク向けは主に水運で，その先の中部上部，北部，東北部方面への輸送は主に鉄道が担当していた[125]。建設資材は鉄道輸送ではセメントが1万5,000トン程度，残りが石膏となり，水運では珪砂が中心となっていた。

一方，到着のほうは鉄道と水運の役割が高く，前者は主に米やメイズの輸送に，後者は石油製品の輸送に重要な役割を果たしていた。鉄道による米の輸送については，バンコクのみならず北線や東北線からの長距離輸送が少なからず存在しており，メイズ輸送も同様の傾向であった。鉄道輸送では他に石油製品，建設資材，乾物の輸送が多くなっており，建設資材はセメント，乾物は塩の輸送であった[126]。水運は石油製品が全体の半分を占め，残りは乾物，飲料・嗜好品などの消費物資が中心であった。南部はバンコクとの距離が離れていることから，自動車輸送に対する鉄道の競争力が相対的に強く，鉄道輸送の比重が高くなっていた。さらに，輸送費の安い沿岸水運も利用可能であることから，自動車輸送の比率がこれまで見てきた地域の中で最も低くなっていたのである。

南部とバンコクとの間の商品流通量も，戦前に比べて大きく増加した。1935/36年の鉄道による南部～バンコク間の貨物輸送量は，発送が1.9万トン，到着が3.0万トンと見積られていた［柿崎 2000a：317］。水運については，Kakizaki［2005］ではこの倍と見積ったことから，全体で発送5.7万トン，到着9.0

表 6-18　南部東海岸の港別沿岸水運発着量の推移（1959～76 年）（単位：トン）

発送

| 年 | ソンクラー | パークパナン | パークプーン | シチョン | バーンドーン | コ・サムイ | チュムポーン | ランスアン | パッターニー | ナラーティワート | タークバイ | その他 | 計 |
|---|---|---|---|---|---|---|---|---|---|---|---|---|---|
| 1959 | 38,750 | 16,506 | 2,230 | 4,115 | 31,278 | 13,899 | 5,102 | 6,528 | 3,079 | 3,622 | 1,614 | 2,642 | 129,365 |
| 1960 | 30,236 | 13,322 | 2,357 | 5,798 | 36,613 | 24,930 | 3,294 | 7,231 | 8,554 | 1,947 | 926 | 3,226 | 138,434 |
| 1961 | 29,056 | 11,500 | 2,229 | 4,430 | 40,787 | 22,227 | 2,656 | 5,372 | 5,146 | 1,520 | 1,759 | 2,857 | 129,539 |
| 1962 | 27,032 | 7,657 | 1,310 | 3,450 | 43,244 | 10,873 | 130,360 | 3,614 | 4,645 | 5,362 | 1,163 | 2,529 | 241,239 |
| 1963 | 37,714 | 9,437 | 1,996 | 7,275 | 72,487 | 19,258 | 1,751 | 3,919 | 5,411 | 4,115 | 1,131 | 1,724 | 166,218 |
| 1964 | 38,734 | 12,301 | 3,062 | 5,982 | 68,221 | 12,666 | 1,086 | 2,286 | 5,821 | 5,636 | 2,919 | 1,025 | 159,739 |
| 1965 | 45,412 | 7,235 | 1,687 | 4,603 | 56,188 | 12,542 | 1,077 | 1,574 | 6,468 | 8,204 | 1,653 | 725 | 147,368 |
| 1966 | 45,179 | 7,688 | 2,161 | 2,836 | 46,615 | 14,976 | 1,715 | 2,958 | 6,707 | 4,938 | 1,530 | 639 | 137,942 |
| 1964–66 平均 | 43,108 | 9,075 | 2,303 | 4,474 | 57,008 | 13,395 | 1,293 | 2,273 | 6,332 | 6,259 | 2,034 | 796 | 148,350 |
| 1967 | 53,539 | 28,635 | 1,672 | 5,290 | 52,040 | 16,413 | 1,469 | 4,503 | 15,078 | 8,093 | 3,890 | 433 | 191,055 |
| 1968 | 61,687 | 49,305 | 1,615 | 7,142 | 75,343 | 11,645 | 1,356 | 1,057 | 23,497 | 6,066 | 2,042 | — | 240,755 |
| 1969 | 114,182 | 59,022 | 7,254 | 6,171 | 58,073 | 8,896 | 728 | 468 | 20,212 | 7,248 | 2,959 | — | 285,213 |
| 1972 | 73,988 | 54,017 | 563 | 4,168 | 56,265 | 15,849 | 409 | 332 | 37,218 | 1,951 | 1,436 | — | 246,196 |
| 1973 | 79,524 | 28,387 | — | 4,476 | 56,601 | 17,519 | 446 | 82 | 31,446 | 4,733 | 377 | — | 223,591 |
| 1974 | 69,170 | 10,988 | — | 3,682 | 89,322 | 19,465 | 1,404 | 34 | 24,060 | 1,286 | 63 | — | 219,474 |
| 1975 | 29,758 | 9,975 | — | 2,850 | 85,736 | 16,849 | 558 | 423 | 27,916 | 97 | 1,070 | — | 175,232 |
| 1976 | 32,044 | 10,629 | — | 3,756 | 74,862 | 22,593 | 3,254 | 171 | 25,895 | — | 68,033 | — | 241,237 |
| 1974–76 平均 | 43,657 | 10,531 | — | 3,429 | 83,307 | 19,636 | 1,739 | 209 | 25,957 | 461 | 23,055 | — | 211,981 |

到着

| 年 | ソンクラー | パークパナン | パークプーン | シチョン | バーンドーン | コ・サムイ | チュムポーン | ランスアン | パッターニー | ナラーティワート | タークバイ | その他 | 計 |
|---|---|---|---|---|---|---|---|---|---|---|---|---|---|
| 1959 | 64,905 | 25,157 | 19,230 | 1,148 | 43,012 | 4,543 | 7,985 | 5,730 | 37,705 | 19,846 | 4,784 | 2,204 | 236,249 |
| 1960 | 66,503 | 27,900 | 17,565 | 1,867 | 46,654 | 5,104 | 4,927 | 5,476 | 42,902 | 18,521 | 4,114 | 1,426 | 242,959 |
| 1961 | 69,378 | 29,567 | 15,179 | 2,549 | 38,904 | 6,012 | 5,136 | 4,100 | 39,147 | 8,659 | 3,279 | 1,054 | 222,964 |
| 1962 | 64,405 | 34,298 | 20,485 | 2,632 | 33,964 | 4,743 | 16,166 | 4,776 | 47,700 | 9,232 | 4,554 | 702 | 243,657 |
| 1963 | 66,946 | 39,416 | 27,986 | 2,966 | 44,909 | 5,129 | 1,978 | 3,089 | 52,889 | 9,507 | 5,154 | 472 | 260,441 |
| 1964 | 72,585 | 39,304 | 26,555 | 3,720 | 49,144 | 6,167 | 1,381 | 2,199 | 53,577 | 8,818 | 9,016 | 464 | 272,930 |
| 1965 | 81,754 | 37,949 | 29,840 | 4,175 | 43,547 | 4,631 | 1,008 | 1,986 | 60,982 | 14,047 | 2,981 | 480 | 283,380 |
| 1966 | 90,706 | 45,234 | 32,497 | 5,112 | 44,063 | 5,094 | 1,805 | 3,363 | 74,949 | 10,622 | 2,101 | 590 | 316,136 |
| 1964–66 平均 | 81,682 | 40,829 | 29,631 | 4,336 | 45,585 | 5,297 | 1,398 | 2,516 | 63,169 | 11,162 | 4,699 | 511 | 290,815 |
| 1967 | 75,562 | 52,139 | 22,993 | 5,346 | 52,545 | 4,880 | 1,621 | 3,258 | 54,624 | 11,243 | 2,670 | 130 | 287,011 |
| 1968 | 74,408 | 76,858 | 17,601 | 6,533 | 66,785 | 7,160 | 1,161 | 1,089 | 51,199 | 9,704 | 2,723 | — | 315,221 |
| 1969 | 90,034 | 91,973 | 19,344 | 5,990 | 65,379 | 5,903 | 1,166 | 524 | 56,066 | 10,014 | 3,436 | — | 349,829 |
| 1972 | 248,581 | 105,970 | 41,173 | 2,461 | 70,033 | 3,575 | 382 | 262 | 86,066 | 6,754 | 1,852 | — | 567,109 |
| 1973 | 268,026 | 132,181 | 11,456 | 3,387 | 121,029 | 4,686 | 7,795 | 144 | 48,347 | 4,910 | 1,143 | — | 603,104 |
| 1974 | 313,225 | 150,155 | 10,591 | 2,486 | 120,077 | 6,770 | 17,775 | 346 | 43,404 | 3,047 | 1,433 | — | 669,309 |
| 1975 | 294,988 | 135,202 | 9,365 | 1,693 | 123,754 | 10,832 | 14,316 | 337 |  | — | 391 | — | 590,878 |
| 1976 | 293,393 | 132,634 | 9,417 | 2,675 | 165,567 | 9,281 | 34,251 | 246 | 35,943 | — | — | — | 683,407 |
| 1974–76 平均 | 300,535 | 139,330 | 9,791 | 2,285 | 136,466 | 8,961 | 22,114 | 310 | 39,674 | 1,016 | 608 | — | 661,089 |

注：1975年のパッターニー港の到着量は61万3,832トンと前後の年と比較して異常に多いので誤表示と判断し，除外して計算した。

出所：1959年FTS (1959)：367，1960年FTS (1960)：455，1961年FTS (1961)：466，1962年FTS (1962)：532，1963年FTS (1963)：547，1964年FTS (1964)：555，1965年FTS (1965)：549，1966年FTS (1966)：550，1967年FTS (1967)：569，1968年FTS (1968)：670，1969年FTS (1969)：494，1972年FTS (1972)：452，1973年FTS (1973)：468，1974年FTS (1974)：9，1975年FTS (1975)：9，1976年FTS (1976)：9より筆者作成

表6-19　南部～バンコク間の商品流通量の見積り（1975年頃）（単位：トン）

| 品目 | 発送 | | | | 到着 | | | | 備考 |
|---|---|---|---|---|---|---|---|---|---|
| | 自動車 | 鉄道 | 水運 | 計 | 自動車 | 鉄道 | 水運 | 計 | |
| 米 | 735 | 5,482 | 7 | 6,224 | 11,724 | 212,812 | 15,715 | 240,251 | |
| メイズ | 228 | 600 | | 828 | 106 | 83,060 | | 83,166 | |
| ケナフ他 | 7,213 | 3 | | 7,216 | 162 | 194 | | 356 | |
| キャッサバ | 727 | | | 727 | — | | | 0 | |
| マメ | 80 | | | 80 | — | | | 0 | |
| 野菜・果物 | 38,054 | 28,442 | 25,791 | 92,287 | 5,092 | 24 | 568 | 5,684 | 鉄道，水運はココヤシの数値 |
| 乾物 | 4,436 | — | 539 | 4,975 | 10,502 | 43,618 | 106,390 | 160,510 | 鉄道は塩，水運は乳製品・砂糖の数値 |
| 家畜 | 212 | | | 212 | 521 | | | 521 | |
| 水産物 | 186,204 | | 420 | 186,624 | 5,094 | | 8,848 | 13,942 | |
| ゴム・植物油 | 10,725 | | 14,520 | 25,245 | 242 | | 5,893 | 6,135 | |
| 木材 | 99,401 | 100,296 | 48,753 | 248,450 | 2,504 | 873 | 5,582 | 8,959 | 鉄道は丸太，材木の数値 |
| 薪炭 | 52,266 | | | 52,266 | 453 | | | 453 | |
| 鉱石 | 687 | 6,956 | 289 | 7,932 | 794 | 587 | 184 | 1,565 | 鉄道は亜炭，ホタル石，マンガン，重晶石の数値 |
| 石油製品 | 1,004 | 44 | 691 | 1,739 | 54,039 | 54,322 | 324,000 | 432,361 | |
| 建設資材 | 17,240 | 19,369 | 35,577 | 72,186 | 47,626 | 46,869 | 40,000 | 134,495 | 自動車はセメント到着量を追加，鉄道はセメント，泥灰土，石膏の数値，水運（到着）はセメントの数値 |
| 肥料 | 1,529 | 1,782 | 133 | 3,444 | 5,424 | 17,991 | 9,314 | 32,729 | |
| 飲料・嗜好品 | 2,528 | 40 | 2,395 | 4,963 | 12,510 | — | 64,940 | 77,450 | 鉄道は葉タバコ，水運は食料・飲料・嗜好品の数値 |
| 日用品 | 4,077 | | 233 | 4,310 | 5,715 | | 8,131 | 13,846 | |
| 雑貨 | 54,376 | | | 54,376 | 191,376 | | | 191,376 | |
| その他 | 6,521 | | 22,826 | 29,347 | 9,715 | | 40,097 | 49,812 | |
| 計 | 488,243 | 163,014 | 152,174 | 803,431 | 363,599 | 460,350 | 629,662 | 1,453,611 | |

注1：品目の内訳と自動車に関する注は表6-2と同じ。ただし水運の「その他」の内訳は自動車の内訳と異なる。
注2：鉄道輸送は南線2，3区間，マレー国境と南線1区間以北間の貨物輸送量を集計したものである。
注2：水運の輸送量は表6-17の1965年の東海岸計の数値を基準とし，表6-18から得られる1964～66年と1974～76年の平均発着量の増加率，発送1.43倍，到着2.27倍を乗じて計算してある。ただし，到着については石油製品は表5-21，建設資材は表5-14のセメントの数値を使用している。
出所：自動車 表6-2と同じ，鉄道 表6-2と同じ，水運 表6-17，表6-18，表5-14（建設資材），表5-21（石油製品）より筆者作成

万トン程度であったことになる。これを表6-19と比較すると，発送で14倍，到着で16倍程度の増加率となる。これまで見た北部と東北部と比較すると，発送の増加率が最も高い一方で，到着の増加率は最も低くなっている点が特徴的である。これは，発送については南部の主要産品である天然ゴムと錫鉱がいずれもマラヤ方面へ輸出されていたことから，戦前にバンコクに輸送される商品が著しく少なかったことが，到着については戦前から他地域よりも到着量が多かったことが要因として挙げられよう。戦前から南部とバンコクとの商品流通は発送よりも到着のほうが多くなっていたが，その差が少なくなったとはいえ依然として到着のほうが多くなっており，これが南部とバンコクとの間の商品流通の最大の特徴であった。

## 第4節　バンコク後背地の強化

### (1) 地域間商品流通額の見積り

これまで見積ってきたバンコクと各地域間の商品流通量を踏まえて，本節で最終的に地域間商品流通を総括して，戦前の状況と比較することになる。その際に，商品流通量を商品流通額に換算する必要性が生じてくる。これは，バンコクと各地域間の商品流通については，利用可能な統計がすべて数量単位で表示されていたことから流通量という形で見積もったものの，国外との貿易については南部の港湾を除いて量単位での数値が得られないことと，1935/36年の見積りもすべて流通額で行ってきたことから，比較のために必要不可欠なものとなる。ただし，問題は数量表示のものをいかに金額に換算するかという点であり，柿崎［2000a］とKakizaki［2005］では通関統計から一致あるいは類似する商品を選択し，トン当たりの価格を定めた［柿崎 2000a：283，Kakizaki 2005: 210］。本書でも，同様の手法を用いて流通量を金額に換算することになる。

基準価格の設定は，原則としてSYB（1976−80）に掲載された1975年のバンコクでの小売価格を基準とし，対象となる商品が複数ある場合はその近似値を使用している[127)]。問題となるのは日用品，雑貨，その他など多岐にわたる商品が含まれており具体的な基準価格を定めるのが難しい品目の扱いであるが，ここでは日用品に分類されている洗剤の価格を採用し，すべて同じ基準価格とした。これは洗剤が生活必需品であり，相当量が地方へも輸送されている可能性が高いこと，これらの品目に含まれる商品の中でも重量当たりの価格が安い部類に当たること，及び当時の小売価格の情報が入手可能であったことを前提として定めたものである。この3項目には主として工業製品が分類されることから，実際の単価はこれよりはるかに高いものも含まれるはずであるが，1975年の東北部での社会経済調査から得られる家計消費支出と比較すると，全体としては妥当な数値であるものと考えられる[128)]。

この基準価格を元に，各地域とバンコクの間の商品流通量を金額に算出したものが表6–20となる。この表を見ると，各地域からバンコクへの発送額は計502億バーツ，バンコクからの到着額は543億バーツとなり，全体としては到着額のほうが多くなる。ちなみに，1975～77年のタイ全体の輸出入額の平均値は輸出が601.44億バーツ，輸入が779.63億バーツとなることから，発送額は輸出額の84%，到着額は輸入額の70%となる [SYB (1976–80): 354–355]。この全地域を合わせた発送と到着の状況を数量で見ると発送量が832万トン，到着量が667万トンとなっていたことから，金額に換算すると発送と到着の比率が逆転していることが分かる。これは，全体として発送される品目よりも到着する品目のほうが単価の高いことを示している。このため，発送量のほうが多かった東北部では逆に到着額のほうが多くなっており，中部上部以外はいずれも同じ状況となっている。品目別に見ると，発送では木材が最も多くなり，以下米，雑貨，メイズが続いており，やはり一次産品が中心となっていることが分かる。一方到着は，雑貨が最も多くなり，以下石油製品，飲料・嗜好品が続いており，こちらは工業製品が中心となっている。

南部については，国外貿易が少なからず存在していることから，これを加えて南部の対外貿易額を表にしたものが，表6–21となる。これを見ると，南部の発送額は合計で171億バーツ，到着は118億バーツとなり，国外貿易を加えると南部は発送額のほうが多くなっていることが分かる。発送については全体の約半数がバンコク向けとなり，残りが外国向けとなっている。南部の最重要産品である天然ゴムと錫の発送がほとんど国外輸出に含まれるにもかかわらず，バンコク向けの商品流通額がその国外輸出分と並んでいる点が注目される。一方，到着面で

表 6-20　各地域～バンコク間の商品流通額の見積り（1975 年頃）（単位：千バーツ）

| 品目 | 発送（バンコク着） | | | | | 到着（バンコク発） | | | | |
|---|---|---|---|---|---|---|---|---|---|---|
| | 北部 | 中部上部 | 東北部 | 南部 | 計 | 北部 | 中部上部 | 東北部 | 南部 | 計 |
| 米 | 754,941 | 4,204,676 | 2,027,179 | 26,701 | 7,013,497 | 10,030 | 19,652 | 79,142 | 1,030,677 | 1,139,501 |
| メイズ | 214,773 | 2,763,821 | 1,592,624 | 2,244 | 4,573,462 | 450 | 1,634 | 1,328 | 225,380 | 228,792 |
| ケナフ他 | 9,209 | 117,990 | 874,054 | 29,586 | 1,030,839 | 6,035 | 3,202 | 21,742 | 1,460 | 32,439 |
| キャッサバ | 1,329 | 62,679 | 1,564,134 | 1,236 | 1,629,378 | 73 | 1,238 | 6,280 | — | 7,591 |
| マメ | 88,382 | 464,949 | 51,741 | 445 | 605,517 | 245 | 239 | 962 | — | 1,446 |
| 野菜・果物 | 398,305 | 198,325 | 306,205 | 461,435 | 1,364,270 | 47,365 | 150,785 | 255,015 | 28,420 | 481,585 |
| 乾物 | 127,080 | 810,305 | 884,565 | 24,875 | 1,846,825 | 96,015 | 204,800 | 153,340 | 802,550 | 1,256,705 |
| 家畜 | 218,760 | 1,542,180 | 2,355,180 | 6,360 | 4,122,480 | 32,790 | 34,890 | 58,890 | 15,630 | 142,200 |
| 水産物 | 3,915 | 19,020 | 17,040 | 2,799,360 | 2,839,335 | 71,430 | 73,275 | 201,120 | 209,130 | 554,955 |
| ゴム・植物油 | 129,360 | 186,795 | 223,965 | 378,675 | 918,795 | 3,795 | 9,975 | 33,570 | 92,025 | 139,365 |
| 木材 | 3,152,880 | 3,285,630 | 4,605,770 | 2,484,500 | 13,528,780 | 65,190 | 89,550 | 163,360 | 89,590 | 407,690 |
| 薪炭 | 2,102 | 10,694 | 248,468 | 78,399 | 339,663 | 356 | 977 | 1,476 | 680 | 3,489 |
| 鉱石 | 246,227 | 25,238 | 15,166 | 7,932 | 294,563 | 489 | 613 | 898 | 1,565 | 3,565 |
| 石油製品 | 7,785 | 4,605 | 6,675 | 5,217 | 24,282 | 910,932 | 1,212,621 | 2,261,310 | 1,297,083 | 5,681,946 |
| 建設資材 | 10,601 | 108,412 | 16,503 | 46,199 | 181,715 | 255,351 | 248,849 | 509,487 | 86,077 | 1,099,764 |
| 肥料 | 61,772 | 8,221 | 22,178 | 12,743 | 104,914 | 257,254 | 86,965 | 461,127 | 121,097 | 926,443 |
| 飲料・嗜好品 | 1,437,420 | 129,090 | 360,900 | 148,890 | 2,076,300 | 640,140 | 1,028,010 | 1,610,520 | 2,323,500 | 5,602,170 |
| 日用品 | 619,780 | 149,380 | 232,540 | 86,200 | 1,087,900 | 221,920 | 197,240 | 398,520 | 276,920 | 1,094,600 |
| 雑貨 | 672,360 | 1,200,680 | 2,052,600 | 1,087,520 | 5,013,160 | 6,820,640 | 7,874,920 | 15,057,400 | 3,827,520 | 33,580,480 |
| その他 | 385,560 | 295,220 | 331,920 | 586,940 | 1,599,640 | 246,060 | 442,280 | 517,200 | 996,240 | 2,201,780 |
| 計 | 8,542,541 | 15,587,910 | 17,789,407 | 8,275,457 | 50,195,315 | 9,686,560 | 11,681,715 | 21,792,687 | 11,425,544 | 54,586,506 |

出所：表 6-2（北部），表 6-4（中部上部），表 6-10（東北部），表 6-19（南部）より筆者計算

表6–21　南部商品流通額の見積り（1975年頃）

発送

| | 発地 | 金額（千バーツ） | （%） | 主要品目 |
|---|---|---|---|---|
| バンコク方面へ | | 8,275,457 | 49 | 水産物，木材，雑貨など |
| 国外へ | 東海岸 | 3,487,831 | 20 | 天然ゴムなど |
| | マレーシア国境 | 781,879 | 5 | 天然ゴムなど |
| | 西海岸 | 4,514,560 | 26 | 天然ゴム，錫など |
| | 計 | 8,784,270 | 51 | |
| 計 | | 17,059,727 | | |

到着

| | 着地 | 金額（千バーツ） | （%） | 主要品目 |
|---|---|---|---|---|
| バンコク方面から | | 11,425,544 | 97 | 雑貨，飲料・嗜好品，石油製品，米など |
| 国外から | 東海岸 | 61,357 | 1 | 雑貨など |
| | マレーシア国境 | 157,341 | 1 | 雑貨など |
| | 西海岸 | 150,116 | 1 | 雑貨，石油製品など |
| | 計 | 368,814 | 3 | |
| 計 | | 11,794,358 | | |

注：国外の商品流通額は表6–14（東海岸），表6–15（マレーシア国境），表6–16（西海岸）の1975～77年の輸出入額の平均額である。
出所：表6–20（バンコク方面），表6–14（東海岸），表6–15（マレーシア国境），表6–16（西海岸）より筆者作成

はバンコク方面からの到着が占める比率は非常に高くなり，工業製品の流入という面では完全にバンコク経由が中心となったことが分かる。

南部の国外貿易については，主要輸出品目である天然ゴムと錫の輸出状況から到着地がある程度推測できる。この2品目の南部からの1975～77年の平均輸出額はそれぞれ45.95億バーツ，32.54億バーツであり，合計すると78.49億バーツと表6–21の国外輸出額の約9割を占める。同じ期間に南部東海岸と西海岸から輸出された天然ゴムが平均年42.38億バーツ，マレーシア国境からが同じく3.57億バーツとなり，マレーシア国境から輸出されたものはマレーシア向けと考えて差し支えない。この間にタイ全土からマレーシアとシンガポールへ輸出された天然ゴムが平均3.74億バーツであることから，東海岸と西海岸から輸出された天然ゴムの大半が直接消費国に向かっていることになり，南部からマレーシア，シ

ンガポールへの輸出はマレーシア国境経由のみと考えられ，しかも全体の8%程度に過ぎないことになる[129]。錫も同様に直接消費国へ向かっており，マレーシアやシンガポール向けの輸出は公式には存在しない。このため，輸出全体に関してもマレーシアとシンガポール向けが占める比率は多くとも10%程度であろう。

### (2) バンコク発の商品流通の拡大

これまでの見積り結果を元に，地域間商品流通額を図示したものが図6–1となる。この図では，北部・中部上部とビルマ間，東北部とラオス間の国境交易の数値も加えており，前者は表6–1の1975～77年の平均値を，後者はラオス共産化の影響を加味して表6–9の73～75年の平均値を使用している。さらに，対ラオスについては通過貨物も含める必要があり，FTS（1973）～（1975）から計算した73～75年の平均値6億9,500万バーツ（東北部からラオスへ），1億3,800万バーツ（ラオスから東北部へ）をそれぞれ加えてある。ビルマ交易については，メーソート経由を中部上部，それ以外を北部とし，北部には別にメーホンソーンからのチーク発送額2億バーツを加えてある。また，南部については，マレーシア国境経由の貿易のみを対マレーシア貿易としてあり，それ以外の対外貿易は東海岸と西海岸を別々に表示している。いずれも，金額と線の太さを比例させており，線が太いほど流通額が多いことを示している。

この図を見ると，バンコクを中心とした商品流通の状況が理解される。バンコクとの間の商品流通額が最も多いのは東北部となり，以下中部上部，南部，北部となっている。中でもバンコクから東北部への流通額は218億バーツと最大となっており，これはタイ全体の輸入額の28%に相当する。一方，バンコクへの到着についてもやはり東北部が最も多くなり，バンコク～東北部間の商品流通額が地域間商品流通額の中で最も多くなっていることが分かる。次いでバンコク～中部上部間が多くなり，一番少ないのはバンコク～北部間となっている。各地域の国外貿易の比率は非常に低く，南部からの国外輸出以外には顕著な流通は見られない。このように，バンコクを中心とした商品流通構造がこの図から明確に読み取られる。

さらに，この図を戦前の1935/36年当時の地域間商品流通状況と比較すると，この間の大きな変化が読み取られる。図6–2は，Kakizaki［2005］の図7–1を，単

図 6–1　地域間商品流通額の見積り（1975 年頃）（単位：百万バーツ）

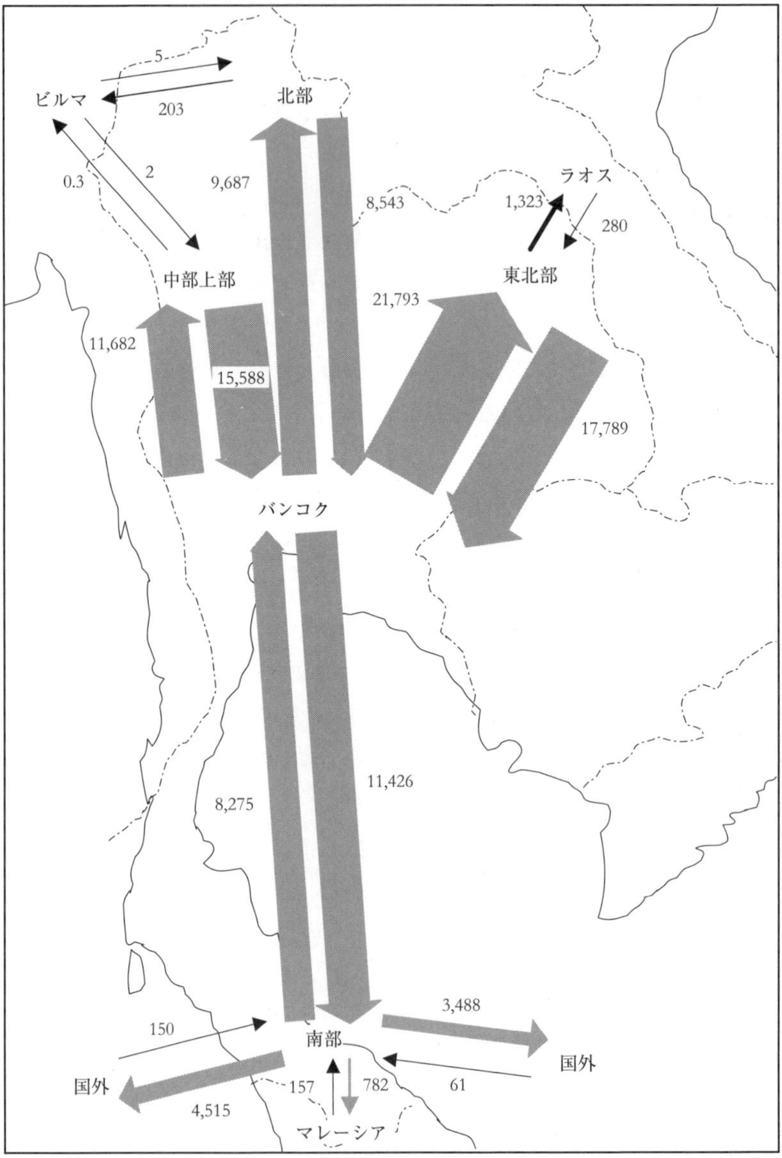


注 1：対ビルマ貿易は，表 6–1 の 1975 ～ 77 年の平均値を，対ラオス貿易は表 6–9 の 1973 ～ 75 年の平均値を使用している。ただし，中部上部～ビルマ間はメーソートの数値を，北部～ビルマ間はメーソート以外の数値を使用している。
注 2：北部からビルマへの輸出は，メーホンソーンからのチーク輸出額 2 億バーツを含む。
出所：表 6–1（ビルマ国境），表 6–9（ラオス国境），表 6–21（南部貿易），表 6–20 より筆者作成

位を千バーツのまま描きなおしたものである[130]。この図を先の図6–1と比べると，この40年間の大きな変化を2点挙げることができよう。1つは商品流通のバンコクへの求心化の傾向であり，とくに南部で顕著となっている。1935/36年の段階では南部の発送額の13%がバンコクへ入るに過ぎなかったが，それは75年には約半数にまで拡大し，一方到着額は戦前のバンコク発が56%であったものが97%にまで拡大した。反対に，対ペナン，シンガポール貿易の比重の低下が顕著であり，マレーシア国境経由の数値のみを対ペナン，シンガポールのものと仮定すると，発送面では戦前の87%が5%へ，到着面でも44%が1%へと激減した[131]。従来シンガポールとペナンとの間に存在した商品流通は激減し，南部の産品は直接消費国へ，域外からの工業製品はバンコク経由に転移したのである。すなわち，戦前のペナン後背地として機能していた南部が，バンコクの後背地としての機能を高めることになったのである。

もう1点は，バンコクから地方への商品流通規模の急激な拡大である。図6–2から分かるように，戦前はバンコク着の商品流通額のほうが多く，とくに内陸部の北部と東北部でその傾向が顕著であった。どちらの地域とも発送額が到着額の2倍程度存在しており，発送額と到着額の差は顕著であった。南部はバンコクからの到着額のほうが多くなっているものの，ペナンやシンガポールとの流通を含めると南部自体の発送額は4,881万バーツ，到着額は2,558万バーツとやはり2倍弱の差が存在していた。ところが，1975年になると北部と東北部において発送額を到着額が上回るようになり，逆転現象が起こったのである。戦前に見積りのない中部上部は発送額のほうが多くなっており，南部は国外貿易を加えると表6–21のようにやはり発送額が到着を上回っていたが，発送額は到着額の約1.4倍とその差は戦前よりは縮小していた。

このように，戦前と比べると地域間商品流通は数量的にも金額的にも大きく拡大したのではあるが，バンコク求心型の商品流通の強化と，バンコク発の商品流通の拡大が，この40年間の大きな変化であった。バンコク求心型の商品流通は，実は19世紀末からの鉄道建設を機に構築されたものであり，1930年代までに北部と東北部ではそれが確立されたものの，南部は依然としてペナンとの関係性が強く，以前より拡大はしたもののバンコクとの商品流通が限定されていた。それが70年代までにようやくバンコクの後背地として機能することになったのであ

図 6-2　地域間商品流通額の見積り（1935/36 年頃）（単位：千バーツ）

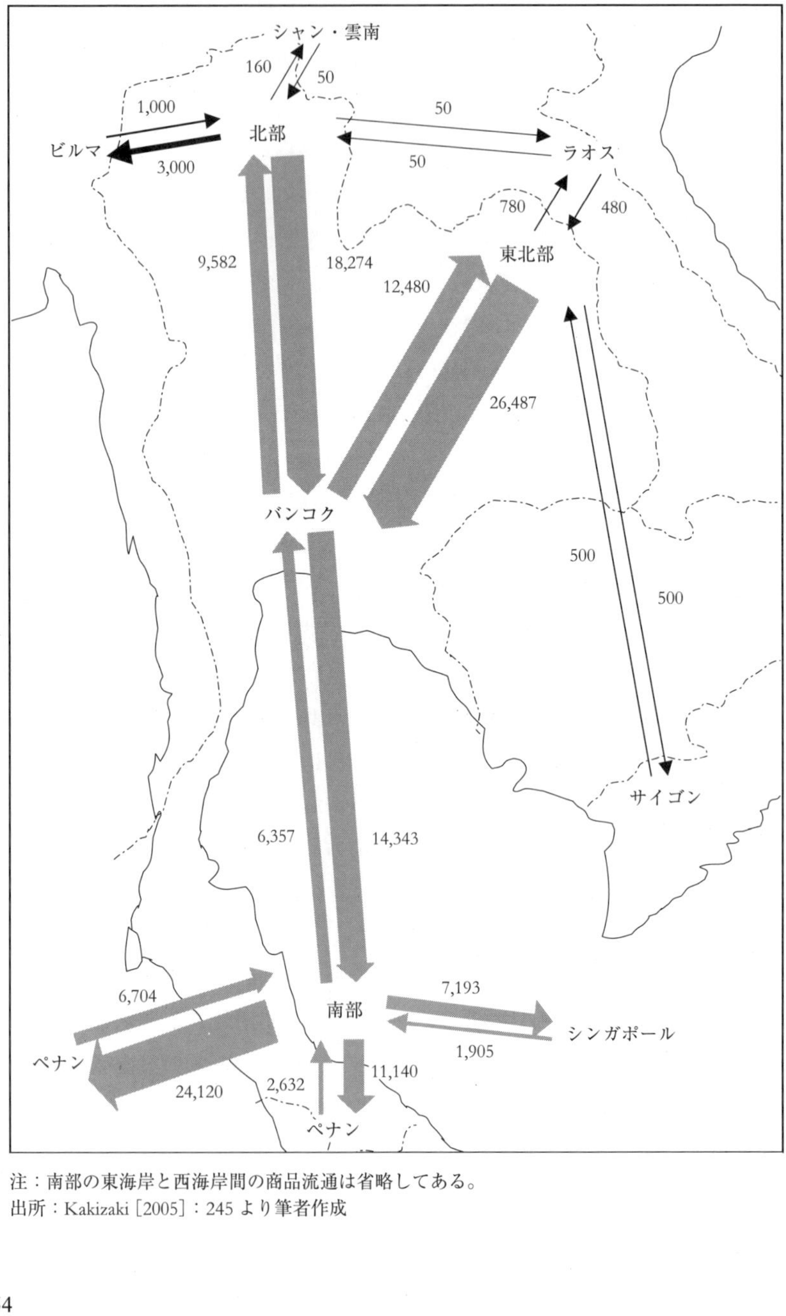


注：南部の東海岸と西海岸間の商品流通は省略してある。
出所：Kakizaki［2005］：245 より筆者作成

る。バンコク発の商品流通の拡大は，北部と東北部において従来の周縁部からバンコクへの発送額が多い状況を一変し，逆に到着額のほうが多くなるという変化を引き起こした。すなわち，この40年間にいかに多くの工業製品が周縁部に流入するようになったのかを，この2つの図は歴然と示しているのである。

## 小括

本章では，地域間商品流通状況の変容過程を，主としてバンコクとの間の商品流通の変容という点から分析した。北部については発送品目の多様化が進み，新たにバンコク方面へ輸送される商品が発生した。その中心は野菜・果物などの生鮮品や鉱石であり，前者はラムヤイなど北部特有の気候を活かした商品が，後者も亜炭やホタル石など北部で新たに発見された品目が重要であり，北部全体としてその特産品を拡大させた結果であった。中部上部は商品畑作物のうちのメイズの発送が顕著であり，対バンコクの商品流通量は発送が到着の2倍強と全地域中で最も発送の比率が高くなっていた。

東北部には鉄道依存型の商品流通が形成されており，戦争による鉄道輸送の停滞は一時的にこれらの流通を中断させたが，戦後再びそれが復活すると，鉄道の輸送力不足が問題となった。そのような状況下でフレンドシップ・ハイウェーが開通し，高規格道路の整備が進むと，鉄道輸送から自動車輸送への転移が発生すると共に，ケナフやキャッサバなど商品畑作物の発送が急増した。一方で，建設資材や石油製品などバンコク方面から流入する商品も急速に拡大し，戦前には発送に著しく偏った一方通行的な状況が変化し，到着量の増加が顕著となった。

南部は戦前ペナンの後背地としての機能が強かったが，第2次世界大戦によって日本軍の軍事輸送が活発化することで南線の機能が強化され，さらにペナンとの貿易も途絶えたことでバンコクとの商品流通が拡大する契機となった。戦後もペナンとの関係は希薄化する一方で，天然ゴムは南部から直接消費国へ輸出され，錫鉱はプーケットの精錬所の完成を受けてペナンへの輸出が消滅した。一方で木材や水産物などバンコクへ発送される産品も拡大し，工業製品はほとんどバンコク経由で到着するようになった。

このように地域間商品流通は大きく変容し，戦前の状況と比較すると商品流通のバンコクへの求心化と，バンコクから周縁部への商品流通額の拡大が大きな特徴として確認された。すなわち，周縁部各地のバンコク後背地としての機能がさらに高まるとともに，周縁部が発送する産品よりも，バンコクから流入する工業製品のほうが金額的に高くなったのである。次章では，このような商品流通の変化をもたらした主要な要因と，その意味について考察することになる。

# 第7章
# 交通網の整備と商品流通

これまでの分析結果を踏まえて，本章では1930年代から70年代までの商品流通の変化の背景を探り，最終的に商品流通の変化とこの間の交通網の整備の関係性を解明することを目的とする。この間の商品流通上の大きな変化は，南部で顕著であったバンコク後背地化の進展と，北部と東北部で顕著であった発送額と到着額の逆転であった。この2つの変化の背景を検討すると，2つの転換点の存在が浮上してくる。それは，第2次世界大戦と「開発」の時代であった。

第2次世界大戦は，既存の商品流通システムを破壊するという点で，大きな転換点となった。それは世界的な分業体制から成立していた当時の植民地型の商品流通を壊すこととなり，その末端に組み込まれたタイ国内の商品流通にも影響を与えた。しかも，日本軍の軍事輸送の発生，車両や施設の疲弊，連合軍の爆撃などによって，当時の商品流通を支えていた鉄道輸送が麻痺することとなり，鉄道依存型の商品流通に大きな影響が出た。一方で，ペナンとの関係の深かった南部は，必然的にバンコクとの関係を深めることになり，バンコク後背地としての機能を高める契機となった。すなわち，この転換点は既存の商品流通の破壊とバンコク後背地化の促進に関係しているのである。

一方の「開発」の時代は，道路優先政策への転換とそれに伴う自動車輸送の急増の時代であり，それまでの鉄道依存型の商品流通に終止符を打つ役割を果たした。この政策転換は「フレンドシップ・ハイウェー神話」に裏打ちされたものであり，イングラムをはじめとする多数の先行研究が，商品畑作物栽培の拡大に貢献したとして積極的に評価しているものである。しかしながら，この時代の商品流通上のより重要な変化は，発送額と到着額の逆転現象，すなわちバンコク後背地の機能の変化であった。商品畑作物栽培の拡大は疑いもない事実ではあるが，これが結果として東北部と他地域との経済格差の是正には結びつかず，東北部の「貧困」問題を解決できなかったこともまた事実である。この２つの事実に基づいて，本書の議論の帰着点として商品流通の変容と交通網の整備の関係性を説明し，「フレンドシップ・ハイウェー神話」の意味を結論付けなければならない。

以下，第１節において最初の転換点となった第２次世界大戦の影響を分析し，第２節で次の転換点となった「開発」の時代に焦点を当てて，政策変更の意味を検討する。そして第３節において，バンコク後背地としての機能の変化を東北部に焦点を当てて考察し，第４節で最終的に「フレンドシップ・ハイウェー神話」の再検討を行う。

## 第１節　第２次世界大戦の影響 ── 商品流通の断絶と再編

### (1) 既存の商品流通の破壊

第２次世界大戦は，既存の商品流通システムを破壊することになった。この既存の商品流通の破壊は，鉄道輸送力の減退や船舶の不足など，主として輸送面の問題が引き起こしたものであった。この問題は，タイ国内での後背地と外港の間での国内輸送と，タイと外国の間の国際輸送のいずれにも発生していたが，タイにとっては国内輸送のほうがはるかに重要な問題であった。

タイに入ってきた日本軍は，自らの軍事輸送のためにタイの輸送手段を利用した。このため，既存の商品流通を支えていた輸送手段の輸送力が大きく減少し，戦前と同じ量の産品を輸送することが不可能となったのである。その結果，周縁部からバンコクへ向けて輸送されていた産品の輸送は滞り，商品流通が大きく減少した。その影響は，鉄道輸送への依存度が高かった地域ほど大きくなり，鉄道以外には事実上外部への輸送手段がなかった東北部で最大となったのである。鉄道によってバンコクへの産品の発送という機会を獲得した東北部は，同じく鉄道によってその機会を失うこととなった。

この輸送力不足に伴う商品流通の停滞は，様々な面で問題を引き起こすことになった。産地で生産に従事していた農民は，商品作物としての売却を前提にした稲作を中止し，一時的に自給自足的な稲作へと回帰することになった。販路を失った豚は，そのまま庭で放し飼いにされ，木を伐採して新たに開墾する予定であった土地は，そのまま残されることになった。生産者であった農民は，非常に粗放的な農業に従事してきたことから，戦争による販路を断たれたことへの影響はそれほど大きくなかったものと考えられる。農民は余剰生産を取りやめて自給分のみの作物を栽培し，現金収入が減った分は外部から購入する工業製品を控えることで対応したのであろう。前章で見たこの時期の東北部の米の作付面積や生産量の伸び悩みは，その状況を端的に示している。

一方，消費地では産地からの商品の流入の減少が問題となったが，周縁部からバンコクへ向かった商品の大半は輸出向けであったことから，その影響は少なかった。例えば，東北部から輸送される米については大半が輸出向けであり，たとえバンコクで消費される分が存在したとしても，中部下部など他の産地からの米で代替可能であった。豚はバンコク市場向けであったが，中部での豚飼育を奨励したことから中部産の豚が代替する役割を担った。米の場合はむしろバンコク方面からの米に依存していた南部での不足が深刻であり，政府は日本軍の軍用列車も利用して米の供給を行っていた。

このように，戦争による商品流通の破壊は，戦時中にも多方面に影響を与えたが，実は戦後にもそれは及ぶことになった。戦争が終わって輸送力不足という問題が徐々に回復していったにもかかわらず，商品流通は必ずしも戦前の状態に回復したわけではなかった。例えば，戦前にはバンコクで消費される豚の7～8割が鉄道で北部や東北部から輸送されてきたが，戦後鉄道が復旧しても北部発の豚は復活せず，東北部からの豚は中部産の豚と競合することとなり，もはやバンコク市場を独占する状況ではなくなっていた。南部の天然ゴムと錫鉱も戦後輸出が復活するものの，輸出先は戦前のペナン一辺倒に代わってアメリカなど他の輸出先が加わり，天然ゴムはそちらが主流となった。戦争は既存の商品流通を「一時停止」させたわけではなく，明らかに「破壊」したのであった。

### (2) 国家単位の経済圏の構築

戦争の発生は，国家単位の経済圏の構築，すなわちバンコク中心型の経済圏の強化にもつながることとなった。それが最も顕著に現れたのが，前章で分析した南部であった。南部は地理的に首都バンコクよりもシンガポールやペナンといった英領マラヤの自由貿易港に近接しており，かつ主要な産品が錫鉱と天然ゴムであるという点でマラヤと同じ経済構造を保持していたことから，19 世紀後半よりこれらの外港の後背地としての機能が強かった。とくに，20 世紀に入って南部の東海岸とペナンが鉄道で結ばれ，西海岸のみならず東海岸も含めた南部全体がペナンとの経済関係を強化されることとなった。

ところが，1930 年代末に入ると，このペナンとの商品流通に陰りが見え始めてきたのである。その要因の１つは，イギリスによる日本製品の取り扱いの制限であり，世界恐慌以降価格の安さを武器として南部にもペナン経由で多数流入してきた日本製品の流入が制限されることで，南部の商人はバンコクからの仕入れに依存することになった。さらに，戦争が始まると天然ゴムや錫鉱の価格が高騰し，従来のマラヤに代わってバンコク経由で日本へと輸出されるようになった。このように,戦争によって既存の南部とペナンとの間の商品流通に制限が加わり，その反動でバンコクとの商品流通が拡大したのである。

この戦争という政治情勢の変化が，従来の国境を自由に越えていた商品の流通を遮断することとなったのである。南部はバンコクの後背地としての機能が弱かったが，その要因の１つに事実上商品の往来の自由な国境の存在があった。すなわち，南部からペナンへ向かう錫鉱や天然ゴムはマラヤ側で輸入の際の関税を免除されており，タイの輸出税のみを支払えばよかった[1)]。逆にペナン経由で入る工業製品も自由貿易港であるがゆえにペナンに到着する際には同じく関税を免除されており，タイ国境を通過する際にタイ側の関税を支払うのみであった。すなわち，南部とマラヤの国境は商品流通の障壁にはなっておらず，ペナンは事実上バンコクなどタイ国内の外港と全く同じレベルで機能していたのである。このため，南部との絶対距離が近く，しかもヨーロッパ方面との貿易面でもより短距離の輸送ルートとなるペナンが南部の主要な外港として機能してきたのであった。

しかしながら，この国境が一度障壁となると，ペナンとの商品流通はバンコク経由に変更されることになった。国境が障壁として機能することで，商品流通は障壁内となる国家単位に再編されることとなり，新たな経済圏が構築されることとなったのである。とくに，工業製品の流入については，世界恐慌後からバンコクと南部間の鉄道運賃の引き下げを行ってバンコク経由で流入する商品が増加していたこと，及び戦争中はマラヤが輸出を禁止していたことから，必然的にバンコクへの依存度が高まっていた[2)]。

このような戦争による国家単位の商品流通への改編も，その足枷が排除された時点で戦前の状態に戻る，すなわち再び南部がペナンの後背地として機能するようになる可能性を抱いていた。しかしながら，実際には戦前の状態へと回復することはなかった。錫鉱こそ1965年のタイサルコ社の精錬所の完成まではペナンへの輸出が中心となっていたものの，天然ゴムはペナン経由ではなく直接アメリカなどの消費国へ輸出される比率が高まった。工業製品の輸入については，石油製品がペナン経由に戻るなど若干の復活も見られたが，60年代のシーラーチャーの製油所の完成でこれも衰退することになった。

ただし，この国民国家単位の商品流通の強化は，必ずしもバンコク中心型の商品流通の強化を意味するものではない。南部の天然ゴムのように，バンコク経由であると明らかに迂回となるものは，バンコクを経由せず南部の港湾から直接輸出されることになった。プーケットで精錬された錫も同じであり，その意味では依然として南部の主要産品はバンコクを経由しない流通ルートを用いていたことになる。それでも，前章で見たように南部からバンコクへ輸送される産品が多様化し，その流通量も流通額も確実に拡大した。その結果，金額で見ると南部の産品の約半数がバンコクに向かうまでに成長したのである。この点において，戦争は従来の南部とペナンと経済関係を減退させ，南部のバンコク後背地化，すなわちタイという国家単位の経済圏の構築を促す契機となったのである。

### (3) 国際鉄道網の活躍

戦争は軍事輸送という特殊な商品流通を生み出したが，その軍事輸送がタイの鉄道に新たな役割を付与することになった。それは，鉄道を利用した東南アジア大陸部の各国を結ぶ国際輸送の発生である。確かに戦前からタイの鉄道はマラヤの鉄道と接続しており，国境を越えた直通貨物輸送が存在していた。しかしながら，それは前述した南部〜ペナン間の輸送が中心であり，バンコク〜ペナン間，あるいはバンコク〜シンガポール間といった長距離の国際輸送はほとんど存在しなかった[3)]。これらの国際輸送の役割は，鉄道ではなく水運が担っていた。

ところが，戦争が始まると，日本軍はタイの鉄道網を利用して国際輸送を行うことになった。前章で見たように，それまで南線は長距離列車の運行は少なく，北線や東北線よりも列車本数が少なかったが，戦争が始まると日本軍が1日3往復の軍用列車を設定し，マレー半島を縦貫する列車が多数運行されるようになった。バンコクから南下する列車の主要な積荷は米であり，事実上マラヤやシンガポール方面への米輸送列車として機能していた。すなわち，それまではバンコクから船で輸送されていた民間業者の手による米輸送に代わり，日本軍が鉄道を利用して米の長距離輸送を行い始めたのである。

さらに，日本軍は建設途上であった東線のアランヤプラテートと「失地」内のモンコンブリーの間を完成させて，バンコク〜プノンペン間にも軍用列車を運行していた。東線はラーマ6世の時代にバンコク〜サイゴン間の鉄道を実現させるためにタイ側が率先して建設した路線であったが，仏印側の建設が遅れたことからその機能を果たせずにいた[4)]。このため，未開通区間を完成させることで，日本軍はタイ〜カンボジア間の軍事輸送にこの鉄道を利用することになった。プノンペンまでは小型であれば外洋船もメコン川を遡上可能であるので，プノンペンは事実上南シナ海の水運との結節点として機能していた。

また，戦争中に日本軍が建設した泰緬鉄道とクラ地峡横断鉄道は，タイ〜ビルマ間の鉄道による軍事輸送をも可能とすることとなった。この結果，タイを中心にマラヤ，カンボジア，ビルマとの間に国際輸送が発生することとなり，タイは東南アジア大陸部に突如出現した国際鉄道網の結節点としての役割を担うようになった。軍事輸送に限定されていたものの，タイの鉄道が国際鉄道として初めて機能することとなったのである。そのため，それまでマラヤと結ばれていながら国際輸送面の機能がそれほど高くなかった南線の重要性が高まり，アランヤプラテートまでの中途半端な支線に過ぎなかった東線が，突如国際鉄道としての機能を付与され，国際輸送に組み込まれることとなったのである。

この国際鉄道としての機能は，実は 1920 年代に当時の鉄道局総裁であったカムペーンペット親王が希求していたものであった。親王はタイをインドシナ半島の鉄道網の中心とすることを期待しており，東線もこの一環として建設されたのであった[5)]。親王はタイの鉄道網を自分の手のひらにたとえ，腕は南に伸びる南線，親指はビルマ連絡線，人差し指は北線，中指はコーンケーン線，薬指はウボン線，小指は東線であり，腕はマラヤへ，親指はビルマへ，中指と薬指はラオスへ，そして小指はカンボジアへの連絡線となり，タイは国際交通上の重要な役割を果たすことになるであろうと述べていた［柿崎 2000a：164］。この親王の夢が，奇しくも戦争によって叶えられたのであった。

しかしながら，この夢はつかの間のものに過ぎなかった。戦争が終わると，国際輸送の需要も消失し，従来の国内輸送中心の鉄道へと回帰した。戦争中に建設された国際鉄道網も解体され，泰緬鉄道はタイ側の一部区間を残して廃止され，東線は 1946 年の「失地」返還と共に再びアランヤプラテート止まりとなった。その後 55 年からカンボジアへの直通列車の運行が復活したものの，カオプラウィハーン問題で両国が断交したことから 61 年に中止された［RFT 1991: 204–205］[6)]。マラヤとの連絡線は現在まで利用されているが，国際鉄道としての機能は結局戦前と同じ状況に逆戻りしたのである[7)]。

## 第 2 節　「開発」と商品流通 ── 道路優先政策の意図

### (1) 道路優先政策の妥当性

「開発」の時代は，戦争と並んで商品流通を変化させたもう 1 つの重要な要因であった。この時代は交通政策上でも大きな転換点となっており，従来の鉄道と道路の併用政策が道路優先政策へと変化し，高規格道路の急速な整備が開始された。この時代の商品流通の変容にはこの高規格道路の整備が密接に関係しており，これに伴う鉄道輸送から自動車輸送への転移及び新たな商品流通の発生がその変容の具体像であった。そして，この変化の起点は，1958年に開通したフレンドシップ・ハイウェーであった。

フレンドシップ・ハイウェーの完成は，鉄道依存型の商品流通の限界に達していた東北部にとっては，新たな輸送ルートが提供されたことを意味した。その結果，バンコク～東北部間の商品流通量は1955年の約150万トンから75年には約600万トンへと4倍も増加した。この急速な増加率は，鉄道のみでは達成不可能な数字であることから，この道路が商品流通の拡大に重要な役割を果たしたことは疑いのない事実である。

この道路優先政策は，単に商品流通の拡大という点から見れば，至極妥当な政策であったことはいうまでもない。道路が高規格化されれば，それが輸送時間の短縮や輸送費用の低減につながり，結果として商品流通を促進する役割を担うことになる。鉄道への投資よりも費用的にも安く済み，しかも次に述べる民間企業の育成という点からも道路整備のほうが鉄道よりも意義があるのも事実である。第3章で見たように，高規格道路と鉄道の建設費自体はそれほど大差がないものの，鉄道の場合は車両調達費を加えると全体として道路建設費の2倍以上となっていた。道路の場合は輸送手段の調達は民間に任せればよいことから，政府の予算支出は少なくて済むこととなった。

それでも，「開発」の時代に発生した新たな商品流通は，必ずしも高規格道路のみの成果であるとは限らなかった。フレンドシップ・ハイウェーの初期区間の開通とメイズとケナフ栽培の拡大には直接の因果関係が存在せず，むしろこれらの商品作物栽培の拡大に直接貢献したのは，未舗装の低規格道路であった。フレンドシップ・ハイウェーは逼迫した鉄道輸送を補完する役割を持っていたからこそ，高規格道路としての存在意義を有していたのであるが，単に沿道の開拓のみを目的とするならば，高い費用をかけて高規格道路を作る必要はなかったのである。その意味では，「フレンドシップ・ハイウェー神話」はこの時代の道路優先政策を正当化するための「神話」であっと言わざるを得ない。

この道路優先政策にも変化が見られ，当初サリットの時代に策定された数少ない高価な高規格道路を建設する8年計画から，タノームの時代に規格を多少落としてでもより多くの既存の道路の舗装化を目指した5年計画へと変わった。これにより，当初計画より整備対象となる道路が増加し，結果として高規格道路網の拡大を促進することとなった。フレンドシップ・ハイウェーのように地域間を結ぶ幹線道路のみならず，当時存在した国道が 70 年代までにほぼ舗装化されたのは，この政策変更の賜物であった。商品作物の生産拡大の点からも，数少ない高規格道路を建設するよりも低規格道路をより多く建設するほうが有効であったことから，この政策変更は十分評価されるものである。

しかしながら，この道路優先政策下において，他の輸送手段の改良がおろそかにされたことは，現在の自動車一辺倒のタイ社会を生み出す引き金にもなっていた。この「開発」の時代に，鉄道や水運もより適切な「開発」を施されていたならば，この現在の自動車一辺倒の状況も多少は変わっていたであろう。とくに，バンコク～東北部間の商品流通は自動車への依存度が 1975 年の時点でも 83％と最も高くなっており，水運が利用できないという地理的制約から，鉄道輸送の比重を高めるための施策が必要であったものと思われる。

タイの場合は鉄道と自動車の連携が不十分であったことから，鉄道輸送の分担率を高めるためには，既存の路線網の改良のみならず，新線建設という路線網の拡張も有効であったはずである。積み替えに掛かる費用が相対的に高かったことから，鉄道駅まである程度の距離を自動車輸送する必要がある場合には，目的地まで一貫して自動車輸送を行ったほうが安上がりとなった。このため，高規格道路が各地へ到達すると，鉄道の通過しない県とバンコクとの間の輸送は従来の自動車と鉄道の連絡輸送から自動車での一貫輸送に転移し，必要以上に自動車依存度を高める一因となっていた[8)]。

これまで見てきたように，長距離輸送やバラ積み輸送では鉄道輸送の優位性を発揮しやすく，タンク車輸送がいち早く取り入れられた石油製品輸送はもちろんのこと，自動車輸送への転移が顕著であった農産物輸送も南部への長距離輸送という点では依然として重要な役割を担っていた。東北部のブアヤイ～ナコーンパノム間の建設がこの時代に行われていたならば，この線のみでウボン線並みの貨物輸送量を確保することが可能であり，バンコクからの石油輸送や南部向けの米やメイズの発送などで少なくともバンコク～東北部間の鉄道輸送を 50％拡大させたであろうし，1967 年に開通したケーンコーイ～ブアヤイ線にも十分な輸送需要を提供したはずである[9)]。道路優先政策は確かに商品流通の急速な拡大をもたらしたが，その速度を見る限り長距離輸送のための幹線としての鉄道建設も正当化されたに違いない。

### (2) 交通事業の変容 ── 官から民へ

「開発」の時代は，民間主導の工業化の時代であり，官に代わり民が経済発展の牽引車となり，官は民の投資を支えるための基盤，いわゆるインフラの整備を行う役割に特化することとなった。道路優先政策とそれに伴う鉄道輸送から自動車輸送への転移も，実はこの民間企業の育成という役割を担うものであり，「開発」の時代に適合する政策であった。それはすなわち，建設産業，運輸産業，自動車産業の成長への貢献であった。

建設産業は，道路優先政策に伴う道路整備の拡大に伴って成長することとなった。第2章で見たように，それまでの道路整備は原則として道路局が直轄で行っており，機材，人材面の能力不足から道路整備が一向に進まず，100kmの道路整備に10年もかかるような事態も存在した。ところが，フレンドシップ・ハイウェーの建設を機に，道路建設を建設業者に請負わす方式が一般化し，その後続いた世界銀行の借款など国際協力による道路建設はもちろんのこと，政府予算による道路建設や修復事業も一部を除いて請負方式となった。おりしもフレンドシップ・ハイウェーの建設を機に近代的な機材を使用した道路建設方法がタイにも導入された直後であり，受け皿の建設業界も十分対応可能であった。いわばこの時代に急速に拡大した道路局の道路建設，修復予算が，そのまま建設業界を潤すこととなったのである。

道路建設に限らず，ダム建設，灌漑設備整備，送電網の構築など，この時代には様々な「開発」が目白押しに並び，好調な経済を背景に民間の建設需要も急速に拡大した。国内総生産（GDP）における建設業の生産額は，1960年の24.61億バーツから1970年の82.61億バーツへと約3.4倍増加し，GDP全体の増加率2.5倍を上回っていた［Wilson 1983: 333–334］[10)]。道路に限らず，鉄道建設など他の建設事業においても請負方式が一般的となったことから，建設業界が請負う事業は急速に拡大した。まさに「開発」の時代は，建設業の「開発」の時代でもあった。

運輸産業については，高規格道路の整備に伴う自動車輸送の拡大が，その成長の起爆剤となった。鉄道では輸送を提供するのは鉄道事業者であり，タイの場合は国鉄であった。このため，鉄道輸送が主要な役割を果たした時代には，民間業者の役割は鉄道までの貨物の集配と積み降ろし業務となるはずであったが，これらの業務は主要駅において通運公団が独占しており民間が参入できる余地は限られていた。

ところが，自動車輸送の場合は自動車さえ所有していれば事実上誰でも参入可能であり，民間が輸送主体の中心となった。1954 年に出された輸送法 (Phraratchaban-yat Khonsong) では，自動車による貨物輸送は，公共輸送 (Kan Khonsong Satharana)，路線輸送 (Kan Khonsong Pracham Thang)，自家用輸送 (Kan Khonsong Suan Bukkhon)，請負輸送 (Kan Rapchat Kan Khonsong) の 4 種に分けられており，公共輸送と路線輸送については統制されることになっていた [Thommaya 1961: 2–6][11]。しかし，実際には自家用輸送に登録されたトラックが圧倒的に多く，それらが事実上自由に輸送を行っていた。政府も通運公団という機関を通じて自動車輸送を行っていたものの，圧倒的に多数を占めた民間輸送業者との価格競争によって不利な立場におかれていた[12]。このため，自動車輸送の拡大は，民間輸送業者の拡大につながった。

自動車輸送の急増は，輸送手段である自動車台数の急速な拡大をもたらした。第 5 章で見たように，1960 年と 75 年の自動車登録台数を比較すると，この間の増加率は 5.1 倍であった。中でもトラックの増加は顕著であり，60 年の 3 万 6,253 台から 75 年の 22 万 4,142 台へとこの間に 6.2 倍も増加している[13]。その結果，トラックの台数が全体に占める割合は 37％から 44％へと増加していた。タイの地域間商品流通の主役が鉄道から道路に変わったということは，輸送主体が国鉄から民間運輸業者へ，すなわち官から民へ変化したことになる。貨物輸送のみならず，旅客輸送面でも同様の変化が起こっており，国民に運輸産業という新たな産業が提供されたことになるのである。

そして，自動車輸送の拡大は，必然的に自動車産業にも好影響をもたらすようになった。政府は外資の導入による民間主導の工業化を図るべく，1962 年に産業投資奨励法を改正して自動車産業を奨励産業に指定した [Phatchari 1997: 7]。タイの自動車産業の起源は，61 年にフォード車の組み立てを開始したタイ・モーター社 (Thai Motor Industries Co. Ltd.) であったが，翌年サイアム・モーター社が (Siam Motors & Nissan Co. Ltd.) が日産車の組立工場を操業させ，以後トヨタ，三菱などと参入が相次ぎ，60 年代だけで 8 社がタイに進出した [Suehiro 1989: 174,

207–209][14]。これは，自動車部品の輸入関税率が完成車の半分となったことを受けての対応であり，それまで完成車の輸入に依存していたタイにとって，自動車組立産業は新たな産業となったのである[15]。

この自動車組立産業は，急速な発展を見せた。1961年の国内での自動車組立台数は525台に過ぎなかったが，68年には1万3,988台，76年には4万9,645台と急増した[Suwit & Cho 1995: 45]。その結果，完成車の輸入台数は徐々に減少し，68年の6万7,231台が76年には3万7,166台にまで低下し，76年にはついに組立台数が輸入台数を上回ることとなった[Ibid.]。中でも，トラックやバスなど商用車の組立台数の増加は著しく，商用車の比率は68年の48.5%から76年には65.1%へと拡大した。現在タイは「アジアのデトロイト」を目指しているが，その起源はこの「開発」の時代であった。

自動車産業を育成するためには，国内の自動車需要を高める必要があり，そのための重要な施策がまさに道路整備であった。当時は自動車の輸出が期待できる状況ではなく，タイ国内で生産された自動車は国内での使用を前提としていた。このため，自動車産業の成長はひとえに国内市場の拡大に依存していたのである。もちろん，国内市場の拡大のためには経済レベルの向上が不可欠ではあるが，同時に自動車が有効に機能するための環境の整備，すなわち道路整備も必要であり，しかも自動車輸送の優位性の高まる高規格道路が望まれた。自動車産業の発展は，道路優先政策の賜物であった。

以上見てきたように，「開発」の時代の道路優先政策とそれに伴う商品流通の拡大は，建設産業，運輸産業，自動車産業の成長という点で非常に重要な役割を果たしたのである。これらの民間産業の成長は，「開発」の時代における民間主導の経済発展に適うものであり，奨励する価値は十二分に存在した。いわばそれまで政府が担っていた道路建設と輸送業務を民間に開放し，それを自動車産業という新たな産業の奨励策として活用したのである。この「一石三鳥」の政策は，そのまま現在に至るまで継承されてきたものであり，自動車一辺倒の社会を構築する下地となったのである。

### (3)「開発」を支える鉄道

急増する高規格道路と自動車の中で，「開発」の時代にその存在感を急速に低下させたのが鉄道であった。内陸部での地域間商品流通の主役であった鉄道は，その座を自動車輸送に譲り渡し，戦前からの主要な任務であった米などの輸出産品のバンコクへの輸送が減少していった。一方で，石油製品やセメントなどの工業製品の輸送が増加し，かつての農産物を周縁部からバンコクに輸送する鉄道から，工業製品をバンコクから周縁部へと輸送する鉄道へとその役割を変化させていたのである。

石油製品とセメント関連品は，この時代に鉄道輸送の重要な「顧客」となった。1975年の時点で最も輸送量が多かったものは石油製品の118.9万トンであり，以下鉱産物96.1万トン，建設資材94.6万トンと並んでいた。このうち鉱産物にはセメントの原料となる石膏と泥灰土が含まれており，この2品目だけで69.2万トンと鉱産物の7割以上を占めていた。このため，石油製品とセメント関連品のみで274.3万トンと75年の総貨物輸送量の54％を占めていたことになる。しかも両者とも地域間商品流通での鉄道輸送の比率が高く，石油製品では全体の55％が鉄道輸送に依存しており，セメント輸送ではバンコクへの輸送も含めると28％となっていた[16)]。

鉄道が担った新たな役割は，実はこの時代の「開発」を支える役割を果たしていた。鉄道輸送量が大きく拡大した石油製品もセメントも，その需要は「開発」から発生したものであった。地方における石油製品の需要は主として自動車の燃料であった。地方の自動車台数が増加するに従って石油製品の需要も拡大し，その結果鉄道による石油輸送量が拡大するという構図が存在していたのである。自動車の増加は前述のように道路整備の進展と連動しており，その道路整備こそ政府の考える「開発」の具体化であった。鉄道にとっては，石油製品はまさにその存在意義を示す「命の油」であり，自動車がそれを生み出していたのである。これは，農産物という主要輸送品目を自動車に奪われた一方で，新たな輸送品目を自動車から恵まれるという何とも皮肉な現象であった。

セメントも，同じく「開発」から需要が拡大したものであった。ダム建設に代表されるように，「開発」はセメント需要の発生を意味していた。政府が各地で「開発」の名の下に様々な建設事業を行い，セメントの需要も追随して拡大した。道路建設も当然セメント需要の拡大に貢献しており，舗装こそアスファルト舗装が一般的であったものの，排水溝の設置や橋梁の建設など，セメントに依存する場面は多数存在した。民間の工場やビルの建設にもセメントは利用され，その需要は急速に拡大していた。その結果，60年代に既存のセメント工場の増強や新規工場の建設が行われたのである。

すなわち，この時代の鉄道に課された役割とは，「開発」の裏方としての機能であった。「開発」の主役はあくまでも高規格道路であり，その上を走行する自動車であったが，鉄道はその道路建設に必要な資材と自動車の運行に必要な燃料を輸送する役割を担うこととなったのである。もちろん，これらの「開発の必需品」の輸送は鉄道以外でも行うことは可能であったが，輸送費用の点からは鉄道輸送のほうが有利であった。このため，鉄道は石油製品とセメントの小売価格を引き下げるという役割を果たしたことになる。これは農産物輸送という大役を失った鉄道に「開発」が新たな存在意義を付与したとも捉えられるが，逆の面から見ると鉄道の存在が「開発」を支えたとも見なすことができよう。

## 第3節　バンコク後背地の機能変化
## ── 出超から入超へ

### (1) 工業製品の流入拡大

戦前の1930年代と70年代の地域間商品流通を比較すると，この間の最大の変化はバンコクから周縁部への商品流通の急速な拡大であり，その結果流通額で見ると北部と東北部では発送額を到着額が上回ることになっていた。戦前は周縁部からバンコクへの一次産品の流動が地域間商品流通の主役であったが，戦後はむしろバンコクから周縁部に流入する工業製品が増加し，前者を上回るまでに拡大したのであった。すなわち，バンコクの後背地である周縁部から見れば，従来の出超が入超状態へと変化した地域が存在するのである。

このような周縁部への工業製品の流入が拡大した背景は，通常は商品経済化の進展として説明されてきた。すなわち，周縁部での商品経済化が進むにつれて，商品作物の生産による現金収入の獲得機会が増え，工業製品の購買力が高まってその需要が拡大するという説明である。この商品経済化の波は戦前から存在していたものであるが，戦後もそれは拡大し，「開発」の時代に大きな波となった。さらに，電化を始めとする近代化の波も周縁部での工業製品の需要を拡大させる結果となり，バンコクから周縁部に流入する工業製品が急速に増加したのである。

ところが，商品流通面から考えると，さらに2つの要因が考えられる。1つは，「開発」に伴う商品の流入である。「開発」の進展に伴い，周縁部では石油製品と建設資材の需要が急増した。前述のように石油製品は「開発」に伴う自動車輸送の拡大に従って需要が拡大したものであり，建設資材はセメントに代表されるように「開発」計画によるダムなどの建設工事が需要を拡大させたものであった。これらの工業製品の生産は南部のセメントを除いて周縁部自体では不可能であり，セメントは中部下部のセメント工場から，石油製品はシーラーチャーの製油所から輸送された。つまり，「開発」が直接生み出した新たな商品流通は，いずれもバンコクから周縁部の輸送となっており，その需要の拡大は必然的にバンコク方面からの商品流通の拡大を招いたのであった。

もう1つは，「開発」の時代までの輸送体系，すなわち鉄道依存型の商品流通では，バンコクから周縁部への工業製品の輸送が輸送費の点でその流通を制限されていた点である。第3章でも言及したように，鉄道運賃は付加価値の高い商品ほど賃率が高く，逆に単価の安い商品では賃率を低く設定してきた。農産物の賃率は精米が第4種，籾米が第6種などと比較的安く設定されているのに対し，ガソリンが第3種，機械，繊維製品が第2種とバンコクから周縁部へ輸送される工業製品は高めに設定されていた。52年の運賃表によって500kmの距離でのトン当たりの賃率を計算すると，最も高い第2種が120バーツであるのに対し，第3種は99バーツ，第4種は82.5バーツと徐々に安くなり，最も安い第8種では65バーツであった［RFT 1952: 298–299］[17)]。

鉄道輸送においてバンコクから周縁部へ輸送される工業製品の賃率が高かった理由は，輸送費の負担力の高い品目から利益を生み出し，周縁部からバンコクへの農産物輸送の運賃を極力安く設定するという，バンコクへの一次産品輸送の奨励策の一環であった。しかしながら，この政策が逆にバンコクから周縁部へ流入する工業製品を制限する結果となっていたことも事実である。すなわち，輸入工業製品は必要以上に高い輸送費を払って周縁部に輸送された結果，周縁部での販売価格がバンコクと比べて高騰することとなり，庶民の手に届きにくくなるというメカニズムが発生していたのである。

この結果，フレンドシップ・ハイウェーの完成により自動車輸送が利用可能となると，これらの割高の工業製品の輸送は鉄道から自動車へと瞬く間に転移することとなったのである。例えば，1957年には第2種運賃を適用されていた缶詰の輸送量は年間6万8,402トンであったが，60年には1万5,299トンへと大幅に減っており，フレンドシップ・ハイウェーの開通後にはバンコクからケーンコーイ～コーラート間に到着する貨物は石油製品以外にはほぼ消滅していた[18]。第2種や第3種の運賃を適用されていたバンコク発の工業製品の輸送量の落ち込みが顕著であったことから，国鉄では自動車輸送との競合が顕著な区間で賃率を第4種や第5種へと引き下げて，競争力を維持しようとした。

自動車輸送では原則として重量のみで運賃が決まっていたことから，工業製品の場合は鉄道よりもはるかに有利な運賃を提供することが可能であった。実際には，鉄道と同じように品目別に賃率を変えた運賃基準価格が陸上運輸局によって定められてはいたが，自家用トラックが多数参入し業者間の競争も激しかった自動車輸送業界にとっては，そのような運賃の統制は不可能であった[19]。このため，フレンドシップ・ハイウェーを始めとする高規格道路は，米などの農産物の輸送費の削減よりも工業製品の輸送費の削減効果のほうが大きかった。鉄道による高い輸送費という足枷が外れたことで，工業製品は相対的に安く周縁部に流入するようになり，おりしも農村部での購買力も高まった結果，相乗的にバンコクから周縁部へ流入する工業製品が拡大したものといえよう。

### (2) 産品多様化の限界 ――「多様化」の中の「画一化」

バンコクから流入する工業製品が質的にも量的にも大きく拡大する一方で，周縁部からバンコクへ発送される産品の拡大はそれに追いつかなかった。それは，周縁部からバンコク方面へ発送される産品の多様化の限界でもあった。もちろん，周縁部から発送される商品も，質的にも量的にも戦前に比べて大幅に拡大していた。前章で見たように，流通量で見た場合には，どの地域でも発送量が到着量を上回っていた。発送品目の多様化も見られ，北部からは従来のチーク材，米に加えて新たにニンニク，ラムヤイなどの野菜・果物，亜炭，ホタル石などの鉱石が発送されるようになり，東北部でもメイズ，ケナフ，キャッサバなどの商品畑作物が，従来からの米，豚，木材に加わることとなった。

しかしながら，この商品多様化も問題を抱えていた。それは，多様化する商品

表7–1　人口1人当たり発送・到着額の推移（1900～75年）（バーツ / 人）

| 発送 | | | | 到着 | | | |
|---|---|---|---|---|---|---|---|
| 地域＼年 | 1900 | 1935 | 1975 | 地域＼年 | 1900 | 1935 | 1975 |
| 北部 | 4 | 11 | 2,063 | 北部 | 4 | 6 | 2,257 |
| 中部上部 | N.A. | N.A. | 3,335 | 中部上部 | N.A. | N.A. | 2,494 |
| 東北部 | 0.7 | 5 | 1,267 | 東北部 | 0.4 | 3 | 1,506 |
| 南部 | 12 | 26 | 3,264 | 南部 | 10 | 14 | 2,235 |

注：人口は1900年は1910年センサスの数値を，35年は37年センサスの数値を，75年はWilai et al. [1993] の75年の数値を使用している。

出所：人口；1900年 Thesaphiban. Vol. 13：250–347，1935年 SYB（1935/36–36/37）：50–51，Wilai et al. [1993]：53–57，発送・到着額；1900年 柿崎 [2000a]：94，1935年 図6–2，1975年 図6–1より筆者作成

がいずれも一次産品であり，流入する工業製品と比べると付加価値の格差が大きい点であった。北部の亜炭からの肥料製造のように，工業製品も全く存在しないわけではなかったが，新たに発生した商品は農産物が大半を占めた。もちろん，北部のラムヤイや南部の水産物や果物のように，地域の特性を活かした商品が増加したり，あるいは東北部でキャッサバのチップ工場が多数出現してキャッサバをチップに加工して出荷する事例も存在したが，いずれも付加価値を高めるという点では工業製品には及ばなかった。

この地域別の発送・到着額を，人口1人あたりの発送額に計算したものが，表7–1となる。この表の1975年の数値を見ると，地域間の格差が依然として存在しており，発送額では最も高い中部上部と最低の東北部との間の格差は2.6倍となっていることが分かる。とくに東北部の発送額の低さは顕著であり，地域全体での商品流通量や流通額こそ大きくなっているものの，他地域と比べて人口規模が著しく大きいことから，人口1人あたりの数値を比較すると最も少なくなるのである。一方，到着額は中部上部で最も高く，以下北部，南部と続いているが，いずれも2,000バーツ程度でそれほど差はないのに対して，東北部は1,500バーツ程度でありその低さが際立っている。

東北部は，タイの中でも最も「貧しい」地域として有名であった。1975年の1人当たり地域総生産（Gross Provincial Product: GPP）の数値は全国平均値の43％でしかなく，中部上部を含んだ北部の74％，南部の98％と比べてもその低さは際

立っていた［Lok 1978: 177］[20)]。同じ年の農村部の貧困人口の比率をみても，東北部は38％と全国最大となっており，北部と南部はそれぞれ28％，26％と全国平均の28％とほぼ同じ程度であった［Ibid.: 5］[21)]。東北部の「貧困」は，表7–1の人口1人あたりの発送額からも見て取られ，発送額が地域全体では最大となるものの，人口を加味すると最小となることから，人口規模からすると東北部発の産品の付加価値が不足していたことを示している。

ただし，1人あたりの発送額が最も高くなる中部上部では，実は産品の多様化がそれほど見られない点にも着目する必要がある。前章の表6–20を見ると，中部上部の発送は米，メイズ，木材，家畜が主要なものとなっており，東北部と大差がないことが分かる。しかしながら，人口規模は東北部の3分の1であるにもかかわらず，発送額は東北部の約9割となっていたことから，結果として1人あたりの発送額が東北部よりはるかに高くなったのである。この要因は，東北部における人口過剰や自給自足的農業の継続，中部上部での機械化の推進などが考えられるが，必ずしも産品を多様化しなくとも発送額を拡大させることができることを示唆するものである[22)]。

中部上部も東北部も，どちらも「開発」の時代に商品畑作物の栽培が急増し，中部上部は主としてメイズに，東北部では始めはケナフに特化し，後にメイズとキャッサバが加わっていた。このように，どちらの地域も特定の作物栽培に特化するという「画一化」の傾向が見られたが，これが中部上部では順調な生産額の拡大をもたらしたのに対し，東北部では逆に機能していた。すなわち，特定の作物栽培に特化したことで，供給過剰が発生して価格が暴落し，農民が打撃を受けたのである。

その典型例は，第5章で見たケナフであった。1960年に世界的なジュート不足からタイのケナフが突如脚光を浴びることとなり輸出が急増したが，62年には価格の低下で生産量が大きく減少していた。65年には30万トン程度のケナフ生産が見込まれていたが，雨不足でケナフを浸す水場が不足し，農民が通常よりも早く刈り取り，しかも浸す時間を短くしたことから，質の悪いケナフが大量に発生する事態となった。ケナフ加工工場協会のサワット（Sawat Rattanawin）は，この年の東北部のケナフ生産状況を視察し以下のように述べていた[23)]。

……生産が拡大するケナフを浸す水場の能力を考慮せずに，単に生産量を増やすことのみを考えたケナフ栽培面積の拡大は，間違った考え方であり，さらに悪い結果をもたらすものである。単に浸すことができないケナフの存在による損失のみならず，生産されるケナフの質を低下させることにもなる。そして，このように最初から水不足が発生した際には，その被害も倍増するのである……。

同じケナフの生産過剰問題について，『サヤームニコーン』に掲載されたコーンケーン～ヤーンタラート間道路の開通とその効果についての特集記事を執筆したノン（Non Norachat）は長い記事の末尾に以下のように述べている[24)]。

……ケナフ栽培が非常に広まって，住民の生活用水ではケナフを浸せないことからケナフを浸すための水場が不足すると，厄介な問題が発生することになり，これらの問題は政府の農業あるいは地方統治部門の担当者が関心を持って対応し，東北部の住民が不必要な不幸に遭遇しないようにすべきである。畑作物については，ケナフ以外にもワタやヒエなどのように栽培可能な作物が多数存在し，市場での需要も存在する。住民にケナフ栽培ばかりに資本と労力を投下させておくのは，あまりにも危険すぎる。もしケナフの生産量が需要を上回れば，東北部の農民はかつて中部のサトウキビ農民が味わったような辛い目に遭遇しなければならない……。

第4章で触れた「ケナフが来て森が消えた」との言葉通り，「開発」の時代にケナフ畑は急速に拡大した。住民はケナフの市場価格が良いと知るや否や，誰もが競ってケナフ栽培に走った。その結果，東北部の疎林は一面ケナフ畑へと転換し，生産過剰を招くこととなったのである。ケナフの斜陽化と共に農民はキャッサバへの転作を図ったが，キャッサバも同様の問題を抱えていた。確かに，東北部では戦前の主要な産品である「米，豚，木材」に，新たな商品畑作物としてメイズ，ケナフ，キャッサバなどが加わり「多様化」が促進されたものの，実際には特定作物の栽培のみに傾倒する「画一化」となり，逆に生産過剰や品質低下などの問題を引き起こしたのである。

# 第4節　「フレンドシップ・ハイウェー神話」の再検討

## (1)「交通の限界」── 鉄道建設と高規格道路整備の相違

これまで見てきたように，1930年代からの40年間に，商品流通の規模は大幅に拡大してきた。しかしながら，地域によってはかつて発送額が到着額を大幅に上回っていた状況から，発送額を到着額が上回るという逆転現象が発生しており，とくにそれは東北部で顕著であった。1人あたりの発送額も他地域よりも大幅に低くなっており，東北部の「貧困」が商品流通面からも説明されていた。

ところが，東北部における交通網の整備は，他地域よりも相対的に速く進んできたのであった。鉄道建設以前の交通条件は著しく悪かったが，タイで最初の鉄道はバンコクとこの東北部を結ぶ形で建設され，路線網もメコン川に向かってコーラートから2方向へ伸びていった。戦後フレンドシップ・ハイウェーというタイで初めての高規格道路が到達したのも，この東北部であった。そして，「開発」の時代には東北部の道路の高規格化はもっとも速く進み，第3章で見たように舗装道路の密度は1957年から76年までに実に37.5倍も拡大し，全国平均の5.9倍を大幅に上回っていた。

交通網の整備にもかかわらず，東北部から発送される商品は相対的に伸び悩み，1人あたりの発送額は全国最低となった。反対に東北部に到着する商品は「開発」の影響で急増し，結果として到着額が発送額を上回ることとなったのである。同じく商品畑作物の栽培拡大が見られた中部上部では，道路整備の速度は東北部より遅く，1957年から76年までの舗装道路増加率は8倍であり，76年の舗装道路率も100km$^2$あたり1.60kmと東北部の2.25kmよりも低かった。にもかかわらず，中部上部は地域全体で見ても発送額が到着額を上回っており，1人あたりの発送額も全地域中で最高となっていた。

これが，「交通の限界」であった。交通網の整備によって，輸送時間や輸送費用といった輸送条件が改善されても，それだけで商品流通が発生するのではないのである。すなわち，オーウェン（Wilfred Owen）が述べたように，交通は経済発展にとって必要条件ではあっても十分条件ではないのである［Hilling 1996: 12］。ウィルソンの言によると，後発国において道路整備は必ずしも経済発展をもたらすわけではなく，その地域に経済発展への潜在性，すなわち先行ダイナミズムがあるかどうかに拠っているのであり，東北部ではそれが欠如していたということになる［Wilson et al. 1966: 211–212］。

確かに，戦前に開通した鉄道は，米，豚，木材という新たな商品を東北部に提供し，商品流通上の大きな変化を生み出した。その理由は，鉄道による輸送条件の改善の度合いの高さと，東北部とバンコクの経済状況の格差であった。鉄道建設前のバンコク～コーラート間の貨物輸送費は水運と陸上輸送を用いてトン当たり 54 バーツであったが，鉄道の輸送費は最も安い籾米の場合で 7.2 バーツと大幅な低下を実現した［柿崎 2000a：52，210］。輸送時間面の短縮効果はさらに大きく，従来 20 ～ 30 日掛かっていたこの間の移動時間はわずか 1 日に短縮されたのであった。

この輸送条件の改善は，東北部と外部との急速な商品流通の拡大をもたらした。先の表 7–1 には，1900 年と 35 年の地域別の 1 人当たり発送・到着額が示されている。これを見ると，1900 年には東北部の発送額は 1 人当たり 0.7 バーツであったものが，35 年には 5 バーツに拡大している。他地域でも同様な傾向は見られるものの，注目すべき点は東北部と他地域との間に 1900 年の段階で存在していた非常に大きな格差が，35 年には大幅に縮小されている点である。到着でも同様の傾向が見られ，1900 年の段階，すなわち鉄道開通前の状況下で東北部の域外商品流通がいかに制限されていたのか，それを鉄道がいかに拡大したのかを端的に示す数値となっている。

ところが，高規格道路のもたらした輸送条件の改善の度合いは，鉄道に比べるとはるかに小さかった。東北部のブアヤイからバンコクまでの精米輸送費は，トラックで 1 袋あたり 8 ～ 10 バーツ，鉄道が 11 バーツであり，自動車輸送のほうが安いとはいえ輸送費用の大幅な低下とはいえなかった。輸送時間面でも同様であり，フレンドシップ・ハイウェーによりバンコク～コーラート間の輸送時間が半減しても，かつての鉄道による劇的な輸送時間の短縮と比べれば高規格道路による輸送条件の改善の度合いは明らかに低かった。

さらに，鉄道開通当時と「開発」の時代では，経済状況も大きく異なっていた。鉄道開通時には，東北部の商品経済化のレベルは非常に低く，自給自足的な経済構造が一般的であった。当時の劣悪な輸送条件の下では，東北部から外部市場へ売却可能な産品は単価の高い林産品か輸送費のかからない牛・水牛のみであり，鉄道の開通によって米などの単価の安い重良品の発送が初めて可能となったことから，それまで商品価値を持たなかったこれらの価格は非常に安かった。このため，鉄道開通によって発生した商品流通は，基本的にはバンコクと東北部の経済レベルの格差，すなわち価格差に依存したものであった。ところが，その後東北部にも商品経済化の波が広まると，バンコクとの価格差は縮小し，第 4 章の豚の事例で見たように東北部の優位性は失われつつあった。もはや，価格差に依存した商品流通は限界を迎えたのである。

そのような状況下において出現した高規格道路網は，確かにある程度の輸送条件の改善をもたらし，価格差に依存する商品流通を多少生き長らえさせることには成功したのかもしれない。それでも，鉄道の時代のような大幅な輸送条件の改善ではなく，外部との経済格差も是正されてきたことから，高規格道路さえ到達すれば新たな商品流通が発生し，東北部からの商品流通の拡大に貢献するというわけには行かなかったのである。この時代に確かに商品畑作物の生産は急速に拡大し，バンコク方面への発送も大きく増加した。多くの先行研究は，この商品畑作物の栽培の急速な拡大こそが，フレンドシップ・ハイウェーをはじめとする道路整備の成果であると言及していた。

しかしながら，商品畑作物の急増には高規格道路が必ずしも必要条件ではないことは，第 5 章で見たとおりであった。この拡大に貢献したのは，むしろ低規格道路や自動車であり，中部上部での急速なメイズ栽培の拡大が，高規格道路の不必然性を証明している。東北部における商品畑作物の急増は，マクロな視点から見れば新たな輸出産品の獲得という点で評価されるが，ミクロな視点から見れば，東北部の経済状況を好転させるまでには至らなかったのである。発送額のみで経済状況を説明することはできないが，表 7-1 (p. 373) を見ると 1900 年と 35 年の間に東北部と他地域との 1 人当たり発送額の格差が明らかに是正されているが，35 年と 75 年の間の是正の度合いはさして大きくはない。逆に，この間には到着面での格差是正のほうが顕著となっていた。

やはり，「フレンドシップ・ハイウェー神話」は，「神話」に過ぎなかったのである。高規格道路を建設すれば，自動的に沿道が「開発」されて，経済発展が実現するという単純な話ではなく，その先に存在する介在条件の整備が必要なのであった。戦前の鉄道建設の場合は，介在条件，言い換えると先行ダイナミズムが存在したからこそ，輸送条件の改善のみで大規模な商品流通の発生と拡大が出現したのである。ところが，戦後の高規格道路の時代には量的な面では確かに商品流通を拡大させたものの，流入する商品の拡大の速度のほうが圧倒的に速く，結果として質的には発送額を到着額が上回る状況，言い換えれば「商品流通収支」の赤字をもたらした。

イングラムは，タイの道路網は既に人口と生産が存在する地域に対して市場へのアクセスを提供したと評価している［Ingram 1971: 277–278］。それは一方で新たな商品畑作物の栽培機会を提供したものの，他方で生産過剰，価格低迷，森林資源の消失などの問題を引き起こし，拡大する工業製品需要に見合う収入をもたらさず，結果として「貧困」という構造的な問題の克服にはつながらなかった。東北部の豚産地としての優位性の低下やケナフ畑の急増による問題を見ても明らかなように，高規格道路を建設するのみではなく，それをどのように活用するかという視点からの施策が必要なのであった。例えば，生産性の向上，農産物加工工場の建設，新たな商品の開発といった施策によって，発送される商品の付加価値を高めて商品流通収支の赤字縮小を目指すことが該当するであろうし，その際に高規格道路は重要な役割を果たしうるのである。

交通網の整備は輸送条件を改善する役割を果たすものであるが，輸送条件の改善のみに依存した商品流通の発生，そしてそれに基づく経済発展が期待されない状況では，交通自体はそれ以上の何の解決策をも提供できないのである。これが「交通の限界」であり，交通網の整備は必ずしも経済発展や「貧困」救済のための万能薬ではないことを示唆するものである。もちろん，輸送条件の改善そのものは多かれ少なかれ何らかの意味を持つものであるから，それが実現することは望ましいことであり，より良い条件を提供するべく努力するに越したことはない。しかしそれと同時に，改善された輸送条件をどのように活用するのかという次のステップへと進まないことには，交通網の整備は「宝の持ち腐れ」になりかねない。同様に商品畑作物の栽培を拡大させながらも，一方の東北部では道路整備が進んだにもかかわらず人口増加に見合う発送量の伸びは実現せず，他方の中部上部では東北部ほど急激に道路整備は進まなかったにもかかわらず発送量が大きく拡大していた。この2つの地域の対照的な状況が，「交通の限界」を如実に物語っているのである。

### (2) 交通網の整備の真意 ── 「心理的安心感」の獲得

それでは，なぜ「フレンドシップ・ハイウェー神話」のような言説が登場したのであろうか。もちろん，当時の世界的な交通政策の趨勢は鉄道から自動車への転移であり，「開発」の時代の民間主導による経済発展を指向するという方針からも，この「神話」は正当化された。しかしながら，肝心の道路整備と経済発展との関係性は非常にあいまいな状態で「神話」化されたものであり，その結果が商品流通面の変容においても端的に現れていた。この「神話」には様々な側面が存在し，見方によって多様な評価が可能であるのは事実ではあるが，究極的にはタイにとって，あるいは国家，為政者にとって交通網の整備とは何であるのかという命題に行き着くのである。

その答えは，「心理的安心感」を醸成する手段としての交通網の整備であるものと筆者は結論付けたい。プアイも述べているように，フレンドシップ・ハイウェーの建設目的はそもそも軍事的，政治的なものであり，具体的にはラオス危機に対応したアメリカの政策の現れであった。プアイは，「当初は軍事面，統治面の理由で建設された道路が，計算できないほどの経済的潜在性を持ち合わせており，それは以前には理解できなかったことである」と述べていたが，この言説は道路建設の経済面の効用を強調する役割を担うものである。すなわち，「フレンドシップ・ハイウェー神話」とは，軍事的，政治的目的から行う道路整備を，経済面でも正当化するための「神話」であるといえよう。

このような経済的効用を盾とした道路建設の正当化は，何も「開発」の時代に始まったものではない。立憲革命後の交通政策の変更の際にも，全く同じ言説が用いられていた。ボーウォーラデート殿下の反乱に伴って人民党政府が全国に道路網を構築しようとした際に，道路の経済的効用を謳ったアンドリュースが利用された事例も，「フレンドシップ・ハイウェー神話」と全く同じ構図を持っていた。交通網の整備を行う際に，経済的効用を全面に押し出して正当化しようとの施策は，実は以前から存在していたのであった。

さらに，軍事的，政治的な目的から交通網を整備しようとの発想は，19世紀末から始まる鉄道建設においても存在していた。鉄道建設の場合は，あえてその経済的効用を全面に出して建設を正当化するということは行われなかったが，そもそも鉄道の導入自体が帝国主義の嵐が吹き荒れる中での独立の維持及びそのための中央集権的な領域国家の構築を背景に行われたことは疑いのない事実である[25)]。筆者はかつて柿崎［2000a］および Kakizaki［2005］において，政治的な目的で建設されたタイの鉄道の経済的重要性を明らかにしたのであるが，これも当時の王政政府にとっては，「計算できないほどの経済的潜在性を持ち合わせていた」といえるのかもしれない。

このように，タイにおいて鉄道や道路といった近代的交通路の導入は，必ずと言って良いほど政治的あるいは軍事的な目的を第一義に行われてきたのである。その背景にあるものは，「心理的安心感」に他ならない。タイで最初の鉄道であったバンコク～コーラート間の鉄道は，それまで乾季でも 15 日かかっていたこの間の所要時間をわずか 1 日に短縮し，バンコクと東北部の間の時間距離を大幅に短縮した［柿崎 2000a：202–205］。当時フランスによって狙われていた東北部とバンコクとの間の交通条件が大幅に改善されたことは，ラーマ 5 世を始めとする王政政府に大きな「心理的安心感」を与えたであろうことは疑いなく，現にこの鉄道が完成したことでフランスは東北部への進出を諦めていくのである[26)]。すなわち，実際に利用するかどうかはともかく，交通路の存在自体が為政者に「心理的安心感」を提供するのであり，それ自体が重要なのであった。

ピブーン首相による道路建設要求などは，まさに「心理的安心感」の獲得を目的にしたものであった。実際に整備される道路は，何とか自動車が通行できるような低規格の道路でしかないものの，その存在自体が有事の際の軍や警察の到達を保障するものなのであり，たとえ実際に貨物輸送面で良好な輸送条件を提供しなくとも，道路の存在の有無は大きな違いとなったのである。「開発」の時代に建設された道路網も，当時各地に浸透しつつあった共産勢力に対抗するための意味合いを持っており，道路が到達することはすなわちバンコク政府の権威が到達することを意味した。このため，道路建設をめぐって政府側と共産勢力側が衝突する事態が度々存在していた[27)]。

この交通網のもたらす「心理的安心感」は，個別の鉄道なり道路なりの交通路の完成で具体化されるのであるが，それを一元的に把握可能とするものが交通図，すなわち交通網の配置を示した地図であった[28)]。トンチャイ（Thongchai

Winitchakun）は有名な『地図がつくったタイ（Siam Mapped）』の中で，タイという国の地理的身体（Geo-Body）を近代的な地図の作成によって可視化する作業の重要性を指摘したが［Thongchai 1994］，交通図の作成もいうなれば「心理的安心感」を「可視化」する作業である。交通網はタイという地理的身体に張り巡らされる血管のような存在であり，個々の存在もさることながら全体像の把握，すなわち交通路の「地図化」が「心理的安心感」を獲得するために極めて重要なのである。

タイという地理的身体に血管を張り巡らせる作業は，まず19世紀末の鉄道建設から始まった。鉄道はバンコクと周縁部を結ぶような「大動脈」となり，鉄道から分岐する道路がやがて自動車道路として整備され，鉄道と自動車用道路による血管網が地理的身体内に構築された。そして立憲革命後の政策変更は，道路のみで身体全体に行き渡るような新たな血管網を構築することであり，さらに身体を強化すべく幹動脈を強化して毛細血管を拡張したものが，「開発」の時代の高規格道路網の整備と村道などのフィーダー道路整備であった。この血管を張り巡らす過程を交通図に図示することで，為政者はその密度を一目瞭然に把握することが可能であった。本書の第1部に記載された多数の交通網の現状を示した図が，まさにその緻密化の過程を物語っている。

例えば，第2章で見たようにピブーンは鉄道という旧動脈網しか到達していなかった東北部のシーサケートへの道路整備を要求したが，その根拠は交通図を見る限り新たな動脈網，すなわち道路網がこの県に到達していないことであった。新たな動脈が到達することで共産主義の浸透の阻止が可能であると彼は考えていたのであり，この道路が完成してその存在が地図上に図示された時点で，「心理的安心感」を獲得できたはずである[29)]。トンチャイのいう地理的身体が「地図化」によって形成されたとすれば，交通網の整備は地理的身体に血管を張り巡らせる作業であり，その結果が交通図における交通網，すなわち「血管網」の緻密化なのである。

もちろん，筆者は交通網の経済的効用を真っ向から否定するつもりはない。フレンドシップ・ハイウェーのごとく，軍事目的の交通整備も必ず何らかの形で輸送条件の改善をもたらすものであることから，それが「真の効用」であるかどうかを問わなければ何らかの経済的効用が発生することは疑いのない事実である。しかしながら，タイにおける交通網の整備は明らかに中央集権化や安全保障などの政治的，軍事的目的を重視して行われてきたのであり，その最大の目的は「心理的安心感」の醸成であった。時にはそれらの交通網が「計算できないほどの経済的潜在性」を持っていたことは事実であろうが，それは前述した「交通の限界」の範囲内でしか達成されないものであった。すなわち，「フレンドシップ・ハイウェー神話」は交通網の整備を経済的に正当化するための方便であり，それは「交通の限界」が許容する限りにおいて事実となり，それを超えると虚構となるのである。19世紀末からの鉄道建設と20世紀後半の高規格道路建設がもたらした商品流通面の変容の相違点は，この「交通の限界」との関係性に起因していたのである。

## 小括

本章では，前章で明らかにした戦後の地域間商品流通が戦前のものと比べて大きく変化していたことを踏まえて，その変容を戦争と「開発」の時代という2つの転換点から分析し，最終的に商品流通の変化とこの間の交通網の整備の関係性を解明することを目的とした。商品流通の第1の転換点である第2次世界大戦は，戦前に形成されていた商品流通を破壊することとなり，戦後復活した商品流通も戦前と同一のものではなかった。第2の転換点である「開発」の時代は，自動車輸送による商品流通が大幅に拡大した時代であった。この道路優先政策は，当時の民間主導型の経済発展を支える役割を果たし，道路整備の請負化によって建設業界へ，自動車輸送の拡大によって運輸業界へ，運輸業界の発展に伴って自動車産業界へと，恩恵が伝播していくこととなった。

このような2つの転換点を経て形成された商品流通は，バンコク後背地に対して従来の商品発送地としての機能に加え，新たに商品到着地として機能を付与することになり，しかも東北部で顕著なように発送額を到着額が上回り，「商品流通収支」が赤字となる地域も発生した。しかも，道路整備の最も進んだ東北部での商品畑作物の生産は相対的に伸び悩み，「商品流通収支」が赤字に転落したのに対し，一方で整備の遅れた中部上部において商品畑作物の生産が大きく拡大し，「商品流通収支」も黒字であり続けた。これは，まさに「交通の限界」を示すものであり，かつての鉄道の導入時とは異なり，高規格道路の導入のみでは東北部の「貧困」の問題を改善するには至らなかったのである。

結局「フレンドシップ・ハイウェー神話」は，タイの軍事的，政治的効用を目的とした交通網の整備を正当化するための方便であり，「交通の限界」の範囲内ではその「神話」は現実のものとなるものの，その範囲を超えると「神話」にすぎないという結果が生じたのである。タイの為政者にとって，交通網の整備とは「心理的安心感」の獲得であり，それを具体的に図示したものが交通図であった。すなわち，タイ国内に交通網という血管を張り巡らせることにより為政者は統治面や安全保障面の「心理的安心感」を獲得するのであり，そのような交通網の整備を経済面から正当化する言説が「フレンドシップ・ハイウェー神話」なのであった。

# 終　章
# 「交通の限界」を超えて
## 求心化から多極化の時代へ

### (1) 総括 ── 鉄道・道路・商品流通の関係性

19世紀末から鉄道を導入したタイは，1932年の立憲革命によって王政政府が終焉するまでに，バンコクから周縁部へ向けて放射状に伸びる鉄道網を構築し，中央集権型の領域国家形成とバンコク中心型の商品流通構造の形成に貢献させた。本書は，王政政府の時代に形成された鉄道優先型の交通政策と，鉄道によって形成された商品流通が，その後「開発」の時代が終焉する1970年代半ばまでにどのように変化したのかを明らかにし，その意義を検証することで「フレンドシップ・ハイウェー神話」に代表される交通網の整備と経済発展との関係性を再検証することを主要な課題とした。

立憲革命後，それまでの鉄道優先政策は大きく変化した。1933年のボーウォーラデート親王の反乱により道路の必要性を痛感させられた人民党政府は，アンドリュースの農村経済調査の結果も利用しながら，治安維持を主目的として全国に道路網を構築するという非常に野心的な全国道路建設18年計画を立てた。対する鉄道は，新線建設計画の中止など当初は明らかに劣勢であったが，世界情勢の緊迫化とともに鉄道の重要性が見直され，41年には全国鉄道建設計画という壮大な計画が策定された。ただし，この軍事目的のための交通網整備は，結局タイが戦争に巻き込まれることで頓挫し，日本軍の軍事輸送に伴う酷使や連合軍の爆撃によって既存の交通路は疲弊する運命にあった。

戦後は交通網の復興と，頓挫した整備計画の再開が主要な課題となった。基本的には戦争直前の交通政策を継承しており，道路網の整備を重視する一方で鉄道網の拡張も模索するものであり，戦後再び緊迫した世界情勢を反映したものであった。道路整備は中断されていた18年計画の具体化が中心であり，タイ国内に「1つの道路網」を構築するべく，道路局は幹線となる国道の整備に専心した。その結果，ようやくバンコクと周縁部を結ぶ道路網が構築され，タイ国内に「1つの道路網」が完成したが，質的な改良は相対的に遅れた。一方の鉄道は，既存の鉄道網の復興とともに，新線の建設も模索されたが，資金不足により計画通りには進まなかった。

そのような中で，アメリカの援助によってタイで最初の高規格道路であるフレンドシップ・ハイウェーが1958年に開通し，タイの交通政策はそれまでの鉄道と道路の共存時代から道路優先政策へと大きく変化することになった。「開発」の時代の幕を開けたサリットは，「開発」の切り札としての高規格道路の役割に着目した。高規格道路の整備には多額の費用が掛かるため，当初はアメリカからの援助を期待したが，それが難しくなると世界銀行などからの借款を模索して高規格道路の整備を行うこととなった。この時代の高規格道路整備は国際協力に依存したものであったと捉えられることが多いが，むしろ高規格道路の急増を支えたのは，国家予算の増加であった。

一方の鉄道は，道路優先政策の下で劣勢に立たされることになった。既存の鉄道網にとっても，前時代から継承されていた新線建設にも大きな転機が訪れ，一部路線の廃止や新線建設の中止という事態が生じた。しかし，国鉄にとっては，路線網の拡張への望みが断たれることよりも，むしろ既存の路線網での道路整備の進展に起因する自動車輸送との競合による輸送量の減少のほうが，はるかに深刻であった。このため，既存の路線網の改良を優先して様々なサービス改善のための施策を行うことで自動車輸送への転移に歯止めをかけようとした。その結果，自動車輸送との競合にもかかわらずこの時代の鉄道輸送量は旅客，貨物とも増加し，鉄道輸送の主要な顧客もかつての短距離旅客や農産物から長距離旅客や鉱工業原料・製品へと変化したのである。

このような交通政策の変容に伴う交通網の整備は，従来の鉄道依存型の商品流通にも大きな影響を与えることとなった。その変化は，既存の商品流通の変容と新たな商品流通の発生に二分された。前者については，戦前の鉄道貨物輸送の三大輸送品目である米，豚，木材の流通状況の変容であった。米は戦前のタイ鉄道の最大輸送品目であり，東北部と北部からバンコクへの輸送が中心であったが，戦争中に日本軍が多数の軍用列車を運行したことから，輸送力が不足して周縁部からの米輸送に大きな打撃を与えた。戦後鉄道による米輸送は復活するが，他の輸送品目が増加したことで米輸送の比重は戦前より低下し，フレンドシップ・ハイウェーが開通すると，バンコクへの米輸送は自動車輸送へと転移し，鉄道はより輸送距離の長い南部への輸送が中心となった。

豚については，高規格道路の整備によって鉄道輸送が完全に消滅した事例であった。戦争で東北部や北部からの豚輸送が止まったことで，バンコク市場で中部産の豚の重要性が高まり，戦後鉄道輸送が復活してからも東北部からの豚は中部産の豚と競合することになった。そして，フレンドシップ・ハイウェーの開通を期に豚輸送の自動車輸送への転移が急速に進み，高規格道路が全国にほぼ到達した1970年代前半には鉄道輸送は消滅した。自動車輸送に転移した東北部の豚も，中部産の豚に太刀打ちできず，その重要性を低下させた。一方の木材輸送については，逆に鉄道輸送の重要性がある程度高まった事例であった。従来は東北部からバンコクへの木材輸送が中心であったが，フレンドシップ・ハイウェーによって東北部からの木材輸送こそ減少した。しかし，戦後チャオプラヤー川の支流にダムが建設されて伝統的なチークの河川輸送が困難となったことから，鉄道はバンコクへのチーク輸送という新たな役割を担うことになった。

新たに発生した商品流通としては，戦後に流通量が急増した商品畑作物，セメント，石油製品の3品目が挙げられた。商品畑作物は主に1950年代末から60年代の「開発」の時代にその栽培が急増し，周縁部からバンコクへの新たな商品流通が構築された。フレンドシップ・ハイウェーの開通がメイズやケナフなどの商品畑作物栽培の拡大に貢献したという「フレンドシップ・ハイウェー神話」については，メイズ栽培地の中心が東北部ではなく輸送の中心も水運であったこと，ケナフは60年代前半までは鉄道輸送が利用される比率も高かったことから，あくまでも「神話」に過ぎないことが判明した。

セメントについては，従来は輸入あるいはバンコクで製造されたセメントの地方への輸送が中心であったが，以後増設されたセメント工場が市場立地型から原料立地型へと転換したことから，工場から最大消費地であるバンコクへの輸送が中心となっていった。セメントの場合は原料の泥灰土，石膏や半製品のクリンカーの輸送も存在しており，セメント関連品目は鉄道輸送の需要な顧客であり，その輸送量は戦後一貫して増加していった。一方，石油製品も戦後一貫して需要が拡大し，流通量は大きく拡大した。南部では当初石油製品を外国から直接輸入していたが，戦後バンコク経由で入る割合が増加し，大型の石油精製工場が完成して国内で石油製品の製造が可能となると，南部に直接輸入される石油製品の量は減少した。石油製品の地域間流通については鉄道輸送の比重が高く，水運が利用可能な南部を除いては鉄道輸送が中心となっていた。

これらの品目別の商品流通の変化は，当然ながら地域間商品流通状況にも影響を与えた。北部については，戦前はチーク材，米，豚などの発送が中心であったが，戦後は発送品目の多様化が進み，新たにバンコク方面へ輸送される商品が発生した。その中心は野菜・果物などの生鮮品や鉱石であり，前者はラムヤイなど北部特有の気候を活かした商品が，後者も亜炭やホタル石など北部で産出される品目が重要であり，北部全体としてその特産品を拡大させた。中部上部はメイズの発送が顕著であり，対バンコクの商品流通量は発送が到着の3倍と全地域中で最も発送の比率が高くなっていた。

東北部は，鉄道の開通によって商品流通が大きく拡大したことから，戦前は鉄道依存型の商品流通が形成されており，主要発送品は北部と同じく米，豚，木材であった。戦争による鉄道輸送の停滞は一時的にこれらの流通を中断させたが，戦後再び復活すると今度は鉄道の輸送力不足が問題となった。そのような状況下でフレンドシップ・ハイウェーが開通し，高規格道路の整備が進むと，鉄道輸送から自動車輸送への転移が発生すると共に，ケナフやキャッサバなど商品畑作物の発送が急増した。一方で，建設資材や石油製品などバンコク方面から流入する商品も急速に拡大し，戦前には発送に著しく偏った一方通行的な状況が変化し，到着量の増加が顕著となった。

南部はその主要産品である錫鉱石と天然ゴムがペナン向かっていたことから，

戦前はペナンの後背地としての機能が強かった。マレー半島を縦貫する南線も輸送量が少ない状況であったが，戦時中は日本軍によってマレー半島を縦断する軍事輸送が行われ，南線の機能が強化された。さらに戦争によってペナンへの輸出も途絶えたことから，バンコクとの商品流通が拡大する契機となった。戦後もペナンとの関係は希薄化する一方で，天然ゴムは南部から直接消費国へ輸出され，錫鉱はプーケットの精錬所の完成を受けてペナンへの輸出が消滅した。一方で木材や水産物などバンコクへ発送される産品も拡大し，工業製品はほとんどバンコク経由で到着するようになった。

この間の地域間商品流通の変化を総括すると，商品流通のバンコクへの求心化とバンコクから後背地への商品流通の急増が大きな特徴であることが明らかとなり，その背景には第2次世界大戦と「開発」の時代という2つの転換点が存在していた。第1の転換点である第2次世界大戦は，戦前に形成されていた商品流通を破壊することとなり，戦後復活した商品流通も戦前と同一ではなく，南部を従来のペナン後背地からバンコク後背地への変化させる上で大きな役割を果たした。第2の転換点である「開発」の時代は，まさに道路優先政策の時代であり，自動車輸送による商品流通が大幅に拡大した時代であった。これは民間主導型の経済発展を支える役割を果たし，道路整備の請負化による建設業界の育成，自動車輸送の拡大による運輸業界の育成，そして運輸業界の発展に伴う自動車産業界の育成へと貢献した。一方，鉄道には「開発」を裏から支える石油製品と建設資材の輸送任務が与えられ，新たな存在意義を見出していった。

この2つの転換点を経て形成された商品流通は，バンコクと後背地の関係性を強化するのみならず，従来の商品発送地としての機能に加え，新たに商品到着地として機能をバンコクの後背地に付与することになった。北部と東北部で発送額を到着額が上回る状況，言い換えれば「商品流通収支」の赤字が出現することになり，とくに東北部の1人当たり商品発送額は他地域と比べて低くなっており，東北部の「貧困」が商品流通面からも見て取ることができた。「開発」の時代に道路整備の最も進んだ東北部で「商品流通収支」が赤字に転落したのに対し，一方で整備の遅れた中部上部においては黒字であり続けた。これは，まさに「交通の限界」を示すものであり，単に交通網の整備をすれば経済発展が実現されるものではないことを物語っているのである。

結局「フレンドシップ・ハイウェー神話」は，タイの軍事的，政治的効用を目的とした交通網の整備を正当化するための方便であり，「交通の限界」の範囲内ではその「神話」は現実のものとなるものの，その範囲を超えると単なる「神話」にすぎなくなるという結果が生じていたのである。タイの為政者にとって，交通網の整備とは「心理的安心感」の獲得であった。タイ国内に交通網という血管を張り巡らせ，それを「地図化」することで為政者は統治面や安全保障面の「心理的安心感」を獲得するのであり，そのような交通網の整備を経済面から正当化する言説が「フレンドシップ・ハイウェー神話」なのであった。

### (2) 今後の課題 ── 求心化から多極化の時代へ

本書では，「開発」の時代の終焉する1970年代半ばまでを対象期間としたが，実際の交通網の整備はこの後も続いており，それに伴って商品流通の変容も当然発生している。従って，本研究と同じ目的において研究を進めるのであれば，「開発」の時代以降の交通政策と商品流通の変容を解明することが重要な課題となるであろう。

交通政策の変容については，実は大きな変化が存在しているものと考えられる。それはすなわち，19世紀末の鉄道建設から「開発」の時代までの交通網整備の主要な原動力であった政治的，軍事的な目的から真に経済的な目的での交通網の整備への転換である。これはタイを取り巻く国内外の情勢とも関係したものであり，国内では1980年代半ばまでには共産勢力もすべて投降し，バンコク政府の権威を浸透させるための交通網の整備が事実上終焉したことと，国外ではチャーチャーイ（Chatchai Chunhawan）首相の「インドシナを戦場から市場へ」というスローガンに象徴されるような周辺諸国との関係改善の結果である。もちろん，現在でも治安維持目的の交通網整備が完全に姿を消したわけではなく，例えば政情不安の続く南部国境地域でマレーシア国境沿いを周回するベートン～スガイコーロック間120kmの道路整備が2004年の時点でも計画されていた[1)]。

しかしながら，近年のメコン圏（Greater Mekong Subregion: GMS）構想における国際交通網の整備計画を見ると，もはや統治や安全保障面の「心理的安心感」を獲得するための交通網整備は過去のものになった感がある。このGMS構想では，国家単位の外港─後背地関係に固執せず，新たな外港─後背地関係を構築する役割を担うような交通網の整備が推進されており，その代表例として東西回廊が挙げられる[2)]。この回廊は，別名東南アジアランドブリッジと呼ばれ，南シナ海側のダナン港（ベトナム）とインド洋側のモールメイン港（ビルマ）を結ぶものとなっている。このため，東西回廊が通過するタイにおいては，従来からの伝統的な外港バンコク，あるいはその代替港として整備されてきた同じくタイ湾に面するレームチャバン港のみならず，東西回廊によって接続される新たな港を外港として利用し，地域開発を促進しようとの期待が出ている［柿崎 1999b：74］[3)]。例えば，東北部のムックダーハーンからはダナン港のほうがレームチャバン港よりも近く，中部上部のタークからはモールメインへの距離はバンコクへの半分となる。このため，中国や日本方面へ輸出する商品を東北部から輸送する際には，レームチャバン経由よりもダナン経由のほうが所要距離も輸送時間も大幅に短縮され，逆にインドやヨーロッパ方面へ輸出する商品を中部上部から輸送する時は，モールメイン経由のほうがレームチャバン経由よりも有利となる。

ここでいう新たな外港―後背地関係には，従来の政治的関係性が含む関係とは異なり，経済的関係性のみで構築される点が重要である。かつてタイは，チャオプラヤー川上流域とモールメインとの間に存在していた外港―後背地関係を断ち切るべく，バンコクから鉄道を建設して同地を完全にバンコクの後背地とすることに成功した。しかし 100 年後の現在においては，モールメインとの外港―後背地関係を復活させ，それを利用して新たなビジネスチャンスを狙うのである。この地域における国家主権を脅かすような確執の解消と，グローバル化の中での世界的な自由化や統合化の流れが，このような複数の外港―後背地関係の存在を許すことになったのである。すなわち，交通網の整備には，もはや「心理的安心感」の獲得という目的は必要なく，経済発展のみが重視される時代へと変化したのである。これは，鉄道導入以降一貫して「心理的安心感」の獲得を第一義として行われてきたタイの交通網整備にとって，大きな転換点となるであろう。

このような交通政策の変化は，必然的に商品流通面の変化も引き起こすことになる。その変化は，まさに新たな外港―後背地関係の再構築という言葉に集約される。GMS における交通網の整備はまだ現在進行中であるが，メコン川経由のタイ～中国間の水運の拡大など，既に変化が出現している。今後真に新たな外港―後背地関係が構築されることになれば，東北部～ダナン間，中部上部～モールメイン間などに新たな商品流通が形成されることになろう。また，南部の天然ゴム輸出経路についても，1980年代に入ってコンテナ輸送化に伴いバンコク経由の輸出が一時増えるものの，その後ソンクラーやプーケットでのコンテナ取り扱いが始まって，さらに近年はパーダンベサール経由でペナン港からの輸出が再び増えるなど，新たな変化が発生している[4)]。

これらの変化は，すなわち商品流通の多極化，すなわちバンコク中心型の商品流通からの脱却であり，これまでは考えられないことであった。19世紀末以降，タイは一貫してバンコク中心型の商品流通あるいは経済圏を構築するべく交通網の整備を行ってきたのであったが，その国民国家単位の交通網整備の時代が終焉した以上，経済圏も国民国家単位で構築される必要がなくなったのである。近年進められているアセアン自由貿易地域（AFTA）構想などに伴う関税障壁の撤廃が，さらにその傾向に拍車をかけるであろう。国民国家の存在基盤がかつてなく強固になった現在においては，国民国家単位で交通網を囲い込む必要も，商品流通ルートを無理に捻じ曲げる必要もなくなり，隣国と協調しながら相互に経済発展を享受することがより重視されるのである。

その意味では，本書で扱った「開発」の時代の終焉する1970年代半ばという時期は，ちょうど国民国家単位の交通網整備とそれに伴う商品流通ルートの改編，言い換えれば国民国家単位の外港—後背地関係の構築が頂点に達した時期であったといえよう。この後カンボジア問題などで国際情勢が緊迫する状態が続くが，1980年代後半からは市場経済を導入して経済改革を進める周辺の社会主義諸国との関係改善や，タイ自身の経済ブームによって一貫して情勢は緩和されていく。その過程でGMSなどの協力体制が構築され，新たな外港—後背地関係が認知されてきたのである。これは，タイの交通史や商品流通史にとって，戦争や「開発」の時代と並ぶ重要な転換点となるはずであり，今後の研究がその意義を明らかにするであろう。

附表1　国道・県道総延長の推移（1934/35 ～ 75 年）（単位：km）

| 年 | 国 | 道 | | | | | | 県 | 道 | | | | | |
|---|---|---|---|---|---|---|---|---|---|---|---|---|---|---|
| | 維持道路 | | | 建設道路 | | | 総計 | 維持道路 | | | 建設道路 | | | 総計 |
| | 舗装 | 未舗装 | 計 | 着工済 | 未着工 | 計 | | 舗装 | 未舗装 | 計 | 着工済 | 未着工 | 計 | |
| 1934/35 | 198 | 1,566 | 1,764 | 547 | 369 | 916 | 2,680 | 18 | 987 | 1,005 | 145 | 368 | 513 | 1,518 |
| 1935/36 | 200 | 1,679 | 1,879 | 432 | 369 | 801 | 2,680 | 18 | 994 | 1,012 | 145 | 393 | 538 | 1,550 |
| 1936/37 | 275 | 1,833 | 2,108 | 822 | 1,301 | 2,123 | 4,231 | 25 | 850 | 875 | 1,273 | 6,424 | 7,697 | 8,572 |
| 1937/38 | 325 | 2,092 | 2,417 | 879 | 1,426 | 2,305 | 4,722 | 25 | 852 | 877 | 1,292 | 6,405 | 7,697 | 8,574 |
| 1938/39 | 411 | 2,215 | 2,626 | 1,101 | 996 | 2,097 | 4,723 | 25 | 855 | 880 | 1,291 | 6,405 | 7,696 | 8,576 |
| 1939/40 | 587 | 2,324 | 2,911 | 1,497 | 987 | 2,484 | 5,395 | 25 | 855 | 880 | 1,281 | 6,314 | 7,595 | 8,475 |
| 1940 | 706 | 2,675 | 3,381 | 1,621 | 949 | 2,570 | 5,951 | 25 | 855 | 880 | 1,282 | 6,314 | 7,596 | 8,476 |
| 1941 | 873 | 4,642 | 5,515 | 780 | 6,606 | 7,386 | 12,901 | 24 | 814 | 838 | 787 | 4,743 | 5,530 | 6,368 |
| 1942 | 874 | 4,762 | 5,636 | 1,119 | 6,125 | 7,244 | 12,880 | 24 | 814 | 838 | 787 | 4,743 | 5,530 | 6,368 |
| 1943 | 892 | 5,055 | 5,947 | 1,335 | 5,665 | 7,000 | 12,947 | 24 | 814 | 838 | 787 | 4,743 | 5,530 | 6,368 |
| 1944 | 905 | 5,163 | 6,068 | 1,489 | 5,426 | 6,915 | 12,983 | 32 | 814 | 846 | 779 | 4,759 | 5,538 | 6,384 |
| 1945 | 909 | 5,285 | 6,194 | 1,517 | 5,275 | 6,792 | 12,986 | 32 | 859 | 891 | 716 | 4,816 | 5,532 | 6,423 |
| 1946 | 909 | 5,312 | 6,221 | 1,617 | 5,166 | 6,783 | 13,004 | 32 | 859 | 891 | 714 | 4,721 | 5,435 | 6,326 |
| 1947 | 760 | 4,988 | 5,748 | 2,339 | 3,704 | 6,043 | 11,791 | 32 | 839 | 871 | 660 | 4,711 | 5,371 | 6,242 |
| 1948 | 751 | 5,008 | 5,759 | 2,685 | 3,352 | 6,037 | 11,796 | 32 | 839 | 871 | 673 | 4,698 | 5,371 | 6,242 |
| 1949 | 735 | 5,042 | 5,777 | 2,669 | 3,377 | 6,046 | 11,823 | 34 | 904 | 938 | 660 | 5,109 | 5,769 | 6,707 |
| 1950 | 811 | 5,023 | 5,834 | 2,499 | 3,753 | 6,252 | 12,086 | 36 | 906 | 942 | 768 | 5,332 | 6,100 | 7,042 |
| 1951 | 966 | 4,980 | 5,946 | 2,301 | 4,448 | 6,749 | 12,695 | N.A. | N.A. | N.A. | N.A. | N.A. | N.A. | N.A. |
| 1952 | 1,111 | 5,033 | 6,144 | 2,463 | 4,318 | 6,781 | 12,925 | N.A. | N.A. | N.A. | N.A. | N.A. | N.A. | N.A. |
| 1953 | 1,398 | 4,971 | 6,369 | 2,654 | 3,898 | 6,552 | 12,921 | N.A. | N.A. | N.A. | N.A. | N.A. | N.A. | N.A. |
| 1954 | 1,708 | 4,921 | 6,629 | 3,053 | 3,391 | 6,444 | 13,073 | N.A. | N.A. | N.A. | N.A. | N.A. | N.A. | N.A. |
| 1955 | 1,816 | 5,295 | 7,111 | 2,862 | 3,160 | 6,022 | 13,133 | N.A. | N.A. | 1,141 | N.A. | N.A. | 4,138 | 5,279 |
| 1957 | 2,062 | 5,861 | 7,923 | 2,400 | 3,871 | 6,271 | 14,194 | N.A. | N.A. | N.A. | N.A. | N.A. | N.A. | N.A. |
| 1959 | 2,780 | 5,505 | 8,285 | N.A. | N.A. | N.A. | 8,285 | 151 | 1,804 | 1,955 | N.A. | N.A. | N.A. | 1,955 |
| 1960 | 2,972 | 5,475 | 8,447 | N.A. | N.A. | N.A. | 8,447 | 151 | 1,967 | 2,118 | N.A. | N.A. | N.A. | 2,118 |
| 1961 | 3,282 | 5,301 | 8,583 | N.A. | N.A. | N.A. | 8,583 | 151 | 1,967 | 2,118 | N.A. | N.A. | N.A. | 2,118 |
| 1962 | 3,892 | 5,041 | 8,933 | N.A. | N.A. | N.A. | 8,933 | 151 | 1,991 | 2,142 | N.A. | N.A. | N.A. | 2,142 |
| 1963 | 4,189 | 4,885 | 9,074 | N.A. | N.A. | N.A. | 9,074 | 257 | 1,957 | 2,214 | N.A. | N.A. | N.A. | 2,214 |
| 1964 | 4,702 | 4,702 | 9,404 | N.A. | N.A. | N.A. | 9,404 | 257 | 1,957 | 2,214 | N.A. | N.A. | N.A. | 2,214 |
| 1965 | 5,047 | 4,436 | 9,483 | N.A. | N.A. | N.A. | 9,483 | 405 | 2,388 | 2,793 | N.A. | N.A. | N.A. | 2,793 |
| 1966 | 4,911 | 4,403 | 9,314 | N.A. | N.A. | N.A. | 9,314 | 427 | 2,568 | 2,995 | N.A. | N.A. | N.A. | 2,995 |
| 1967 | 5,506 | 4,011 | 9,517 | N.A. | N.A. | N.A. | 9,517 | 581 | 3,312 | 3,893 | N.A. | N.A. | N.A. | 3,893 |
| 1968 | 6,614 | 3,130 | 9,744 | N.A. | N.A. | N.A. | 9,744 | 1,131 | 4,078 | 5,209 | N.A. | N.A. | N.A. | 5,209 |
| 1969 | 7,822 | 2,146 | 9,968 | N.A. | N.A. | N.A. | 9,968 | 1,281 | 4,448 | 5,729 | N.A. | N.A. | N.A. | 5,729 |
| 1970 | 8,621 | 1,781 | 10,402 | N.A. | N.A. | N.A. | 10,402 | 1,479 | 4,412 | 5,891 | N.A. | N.A. | N.A. | 5,891 |
| 1971 | 9,681 | 1,296 | 10,977 | N.A. | N.A. | N.A. | 10,977 | 1,781 | 4,347 | 6,128 | N.A. | N.A. | N.A. | 6,128 |
| 1972 | 10,493 | 1,014 | 11,507 | N.A. | N.A. | N.A. | 11,507 | 2,238 | 3,891 | 6,129 | N.A. | N.A. | N.A. | 6,129 |
| 1973 | 11,065 | 1,008 | 12,073 | N.A. | N.A. | N.A. | 12,073 | 2,560 | 4,039 | 6,599 | N.A. | N.A. | N.A. | 6,599 |
| 1974 | 11,750 | 746 | 12,496 | N.A. | N.A. | N.A. | 12,496 | 3,025 | 3,986 | 7,011 | N.A. | N.A. | N.A. | 7,011 |
| 1975 | 11,839 | 818 | 12,657 | N.A. | N.A. | N.A. | 12,657 | 3,396 | 4,043 | 7,439 | N.A. | N.A. | N.A. | 7,439 |

注 1：表中の数値は各管区別の数値を四捨五入して集計したものであるため，原資料の合計値と多少相違する場合がある。
注 2：県道の管轄は 1941 年までと 1950～62 年は内務省自治土木局であった。
出所：1934/35～40年 TK（1934/35-1940）：59-111，233-394，1941～48年 TK（1941-1948）：147-287，414-592，1949年 TK（1949）：27-48，67-101，1950年 TK（1950）：26-50，65-103，1951年 TK（1951）：28-52，1952年 TLK（1952）：32-64，1953年 TLK（1953）：40-63，1954年 TLK（1954）：33-65，1955年 TLK（1955）：25-53，NA Kho Kho 0202. 8. 7/166，1957 年 TLK（1957）：30-54，1959～60 年 SYB（1963）：222-223，1961～64年 SYB（1965）：266-267，1965～69年 SYB（1970-71）：295-296，1970～74年 SYB（1974-75）：293-294，1975 年 SYB（1976-80）：321 より筆者作成

附表 2　道路局支出額の推移（1941 ～ 75 年）（単位：千バーツ）

| 年 | 国道 | | | 県道 | | | 計 | 道路局支出総額 | 総歳出比（%） |
|---|---|---|---|---|---|---|---|---|---|
| | 建設費 | 維持費 | 計 | 建設費 | 維持費 | 計 | | | |
| 1941 | 9,927 | 2,812 | 12,739 | 156 | 311 | 467 | 13,206 | 14,729 | 7.4 |
| 1942 | 7,148 | 2,237 | 9,385 | 465 | 180 | 645 | 10,030 | 11,819 | 5.9 |
| 1943 | 6,921 | 5,465 | 12,386 | 299 | 436 | 735 | 13,121 | 12,513 | 4.8 |
| 1944 | 13,089 | 8,243 | 21,332 | 194 | 520 | 714 | 22,046 | 17,520 | 4.5 |
| 1945 | 7,185 | 2,069 | 9,254 | 3 | 413 | 416 | 9,670 | 11,186 | 2.6 |
| 1946 | 7,315 | 4,696 | 12,011 | 59 | 468 | 527 | 12,538 | 17,558 | 2.8 |
| 1947 | 5,514 | 7,846 | 13,360 | | 379 | 379 | 13,739 | 16,074 | 1.4 |
| 1948 | 9,013 | 13,577 | 22,590 | 1,289 | 367 | 1,656 | 24,246 | 25,500 | 1.6 |
| 1949 | 28,924 | 33,930 | 62,854 | 8,747 | 390 | 9,137 | 71,991 | 74,861 | 3.6 |
| 1950 | 71,470 | 39,542 | 111,012 | N.A. | N.A. | 25,007 | 136,019 | 138,432 | 6.7 |
| 1951 | 101,206 | 50,185 | 151,391 | — | — | — | 151,391 | 152,739 | 6.2 |
| 1952 | 200,032 | 72,882 | 272,914 | — | — | — | 272,914 | 274,158 | 8.1 |
| 1953 | 246,345 | 104,361 | 350,706 | — | — | — | 350,706 | 351,985 | 9.1 |
| 1954 | 243,638 | 73,651 | 317,289 | N.A. | N.A. | 65,000 | 382,289 | 394,532 | 9.3 |
| 1955 | 250,425 | 42,174 | 292,599 | N.A. | N.A. | 40,000 | 332,599 | 343,433 | 8.6 |
| 1957 | 72,581 | 52,925 | 125,506 | N.A. | N.A. | 57,729 | 183,235 | 201,629 | 4.1 |
| 1958 | 109,876 | 58,651 | 168,527 | | | 51,653 | 220,180 | 323,461 | 5.4 |
| 1959 | 84,352 | 80,222 | 164,573 | 18,467 | 5,883 | 34,350 | 198,923 | 296,643 | 4.2 |
| 1960 | 51,077 | 90,295 | 141,372 | | 8,000 | 8,000 | 149,372 | 298,374 | 3.9 |
| 1961 | N.A. | 74,850 | 74,850 | 2,900 | 9,356 | 12,256 | 87,106 | 348,471 | 5.5 |
| 1962 | 79,574 | 73,434 | 153,008 | 7,080 | 10,489 | 17,569 | 170,577 | 464,139 | 5.4 |
| 1963 | 238,635 | 125,553 | 364,188 | 32,518 | 18,008 | 50,526 | 414,714 | 543,753 | 5.7 |
| 1964 | 345,150 | 143,951 | 489,101 | 78,037 | 23,067 | 101,104 | 590,205 | 718,231 | 6.6 |
| 1965 | 315,214 | 200,366 | 515,580 | 127,280 | 48,130 | 175,410 | 690,990 | 969,588 | 7.8 |
| 1966 | 790,399 | 129,449 | 919,848 | 185,948 | 29,963 | 215,911 | 1,135,759 | 1,511,183 | 10.4 |
| 1967 | 1,326,685 | 173,925 | 1,500,610 | 221,696 | 56,306 | 278,002 | 1,778,612 | 2,215,449 | 12.0 |
| 1968 | 1,260,364 | 189,976 | 1,450,340 | 311,095 | 127,614 | 438,709 | 1,889,049 | 2,365,282 | 11.6 |
| 1969 | 1,271,319 | 224,853 | 1,496,172 | 378,229 | 103,172 | 481,401 | 1,977,573 | 2,550,984 | 11.1 |
| 1970 | 1,262,000 | 236,000 | 1,498,000 | 491,000 | 130,000 | 621,000 | 2,119,000 | 2,978,551 | 11.3 |
| 1971 | 1,293,000 | 242,000 | 1,535,000 | 726,000 | 105,000 | 831,000 | 2,366,000 | 2,989,904 | 10.1 |
| 1972 | 756,000 | 214,000 | 970,000 | 822,000 | 91,000 | 913,000 | 1,883,000 | 2,549,059 | 9.1 |
| 1973 | 858,000 | 214,000 | 1,072,000 | 909,000 | 96,000 | 1,005,000 | 2,077,000 | 2,800,809 | 8.9 |
| 1974 | 747,000 | 246,000 | 993,000 | 1,119,000 | 95,000 | 1,214,000 | 2,207,000 | 3,014,777 | 7.9 |
| 1975 | 455,400 | 306,200 | 761,600 | 1,684,700 | 147,800 | 1,832,500 | 2,594,100 | 3,691,006 | 7.9 |

注 1：1953 年までの維持費は修復費と維持費の合計額を示す。
注 2：1954 年以降の県道分の支出は，道路局予算として計上されて自治土木局に廻された分を示す。
注 3：道路局支出総額は通常支出，特別支出の合計額を用いている。
注 4：表 1-2 に記載された 1941 年の道路局支出額は自治土木局の数値のため本表の数値と異なっている。
注 5：1961 年の国道建設費は資料では 6 億 182.5 万バーツとなっているが，前後の数値に比べて明らかに過大であり同年の道路局支出総額も大幅に上回ることから誤表記とみなし，ここでは除外した。
注 6：1963 年の国道維持費には特別維持費 5,000 万バーツを含む。
出所：1941～48年 TK (1941–48)：Kho (khwai)，1949年 TK (1949)：Kho (khai)，1950年 TK (1950)：Kho (khai)，1951年 TK (1951)：Kho (khai)，1952年 TLK (1952)：Kho (khai)，1953年 TLK (1953)：Kho (khai)，1954年 TLK (1954)：Kho (khai) -Kho (khwai)，1955年 TLK (1955)：Kho (khai) -Kho (khwai)，1957年 TLK (1957)：Kho (khai) -Kho (khwai)，1958年 NA Kho Kho. 0202. 8/61，1959～61年 SYB (1963)：222–223，336，1962～65年 SYB (1966)：257–258，372，1966～67年 SYB (1967–69)：291–292，408，1968～71年 SYB (1972–73)：299–300，406，1972～74年 SYB (1974–75)：298–299，400–401 (74 年道路局支出総計は SYB (1976–80)：455)，1975年 SYB (1976–80)：321，455 より筆者作成

附表 3　鉄道輸送量と事業収支の推移（1935/36 ～ 75 年）

| 年 | 旅客輸送量 | | 貨物輸送量 | | 収入 | | | 支出 | | |
|---|---|---|---|---|---|---|---|---|---|---|
| | (千人) | (千人キロ) | (千トン) | (千トンキロ) | 旅客 | 貨物 | 総計 | 通常支出 | 資本支出 | (うち新線建設費) |
| 1935/36 | 5,112 | 253,141 | 1,428 | 401,836 | 5,098 | 8,654 | 13,752 | 6,767 | 802 | 802 |
| 1936/37 | 5,672 | 280,010 | 1,604 | 450,267 | 5,593 | 9,504 | 15,097 | 7,117 | 1,732 | 1,732 |
| 1937/38 | 5,556 | 280,644 | 1,366 | 342,668 | 5,607 | 8,319 | 13,926 | 7,207 | 2,318 | 2,318 |
| 1938/39 | 5,723 | 294,491 | 1,678 | 452,630 | 5,708 | 10,148 | 15,856 | 7,907 | 2,432 | 2,432 |
| 1939/40 | 6,949 | 368,997 | 2,005 | 551,984 | 11,611 | 21,261 | 32,872 | 14,332 | 4,432 | 4,432 |
| 1940 | 5,930 | 337,781 | 1,498 | 459,067 | | | | | | |
| 1941 | 7,730 | 423,499 | 1,847 | 571,537 | 8,189 | 13,685 | 21,874 | 8,997 | 4,711 | 4,711 |
| 1942 | 7,192 | 429,103 | 1,102 | 307,141 | 13,535 | 9,802 | 23,337 | 8,926 | 1,423 | N.A. |
| 1943 | 10,699 | 684,237 | 1,155 | 281,679 | 21,621 | 13,770 | 35,391 | 9,064 | 1,623 | N.A. |
| 1944 | 11,091 | 729,028 | 564 | 110,056 | 27,166 | 12,926 | 40,092 | 9,386 | 3,186 | N.A. |
| 1945 | 5,299 | 383,745 | 232 | 28,368 | 16,703 | 7,238 | 23,941 | 14,880 | 863 | N.A. |
| 1946 | 10,141 | 758,719 | 611 | 118,024 | 46,758 | 21,892 | 68,650 | 13,082 | 337 | N.A. |
| 1947 | 18,061 | 1,039,901 | 858 | 223,516 | 29,781 | 70,413 | 100,194 | 42,562 | 19,215 | N.A. |
| 1948 | 25,117 | 1,307,034 | 1,201 | 300,777 | 62,121 | 52,870 | 114,991 | 41,069 | 17,064 | N.A. |
| 1949 | 27,326 | 1,555,254 | 1,679 | 407,840 | 73,002 | 64,249 | 137,251 | 45,794 | 163,635 | N.A. |
| 1950 | 25,611 | 1,436,105 | 2,043 | 480,481 | 91,122 | 70,630 | 161,752 | 52,953 | 162,432 | N.A. |
| 1951 | 32,848 | 1,822,697 | 2,285 | 526,467 | 124,988 | 96,809 | 221,797 | 195,214 | 273,498 | N.A. |
| 1952 | 33,226 | 2,254,161 | 2,431 | 556,058 | 156,995 | 190,738 | 347,733 | 283,408 | 205,355 | 49,338 |
| 1953 | 32,679 | 2,294,119 | 2,749 | 649,400 | 163,689 | 199,131 | 362,820 | 330,084 | 163,213 | 50,000 |
| 1954 | 36,666 | 2,348,502 | 2,865 | 679,173 | 179,964 | 199,755 | 379,719 | 332,900 | 35,575 | 28,000 |
| 1955 | 34,597 | 2,006,646 | 3,153 | 777,905 | 229,502 | 222,166 | 451,668 | 347,095 | 33,998 | 33,998 |
| 1956 | 34,155 | 1,861,619 | 3,421 | 908,275 | 242,082 | 244,160 | 486,242 | 377,118 | 46,000 | — |
| 1957 | 35,560 | 1,972,919 | 3,633 | 1,024,369 | 252,504 | 275,817 | 528,321 | 431,194 | 37,536 | — |
| 1958 | 36,002 | 1,964,922 | 3,726 | 1,086,956 | 242,289 | 275,439 | 517,728 | 462,194 | 142,851 | 11,757 |
| 1959 | 35,990 | 2,052,354 | 3,642 | 1,072,569 | 246,305 | 247,685 | 517,927 | 447,819 | 98,000 | 13,000 |
| 1960 | 39,946 | 2,352,847 | 3,684 | 1,146,935 | 267,167 | 258,152 | 546,109 | 444,418 | 224,900 | 6,900 |
| 1961 | 29,919 | 1,760,571 | 4,075 | 954,001 | 208,782 | 205,620 | 429,919 | 347,709 | 14,199 | 14,199 |
| 1962 | 41,390 | 2,492,839 | 4,231 | 1,337,972 | 290,599 | 284,504 | 599,233 | 493,147 | 3,332 | 3,332 |
| 1963 | 43,344 | 2,697,161 | 4,106 | 1,307,238 | 310,020 | 279,007 | 616,109 | 534,194 | 1,826 | 1,826 |
| 1964 | 43,805 | 2,797,527 | 4,216 | 1,411,375 | 322,769 | 297,057 | 648,433 | 572,872 | 57,571 | 57,571 |
| 1965 | 43,914 | 2,846,811 | 4,435 | 1,534,283 | 324,252 | 317,973 | 672,291 | 572,006 | 48,307 | 48,307 |
| 1966 | 46,024 | 3,172,751 | 4,694 | 1,607,074 | 355,278 | 361,738 | 751,179 | 599,142 | 51,399 | 51,399 |
| 1967 | 48,108 | 3,614,478 | 5,236 | 1,941,129 | 405,408 | 404,672 | 847,165 | 667,573 | 76,966 | 68,307 |
| 1968 | 48,729 | 3,883,592 | 5,462 | 2,082,671 | 438,582 | 431,897 | 915,632 | 769,295 | 63,909 | 12,284 |
| 1969 | 47,326 | 3,961,722 | 4,829 | 1,978,704 | 453,158 | 408,365 | 903,325 | 843,196 | 109,071 | 36,104 |
| 1970 | 48,190 | 4,112,611 | 5,131 | 2,209,473 | 467,951 | 426,568 | 935,096 | 824,614 | 58,142 | 17,900 |
| 1971 | 48,169 | 4,259,666 | 5,073 | 2,303,724 | 493,771 | 427,025 | 963,917 | 868,349 | 89,604 | 17,940 |
| 1972 | 51,952 | 4,411,664 | 5,354 | 2,321,280 | 505,249 | 438,408 | 984,441 | 872,991 | 43,685 | 17,940 |
| 1973 | 55,507 | 4,693,792 | 5,021 | 2,129,438 | 533,467 | 411,122 | 993,238 | 879,910 | 88,428 | 17,940 |
| 1974 | 61,409 | 5,375,622 | 5,117 | 2,363,521 | 620,857 | 400,516 | 1,081,414 | 1,146,834 | 65,980 | 17,940 |
| 1975 | 61,567 | 5,639,514 | 5,052 | 2,419,643 | 672,672 | 429,185 | 1,171,022 | 1,398,417 | 137,319 | 17,940 |

注 1：1939/40 年の収入と支出は 1939 年 4 月から 40 年 12 月までの期間となる。
注 2：通常支出は営業支出であり，1950 年までは政府の通常支出，以降は国鉄の支出となる。
注 3：資本支出は資本投資のため政府予算額を示す。
注 4：1957 年には新線建設費は予算化されなかったが，国鉄の収入を利用して 6,400 万バーツの支出が認められた。
注 5：1959 年以降は旅客，貨物収入の合計値は総額と一致しない。
注 6：政府予算及び新線建設費には，政府から支給される新線建設の借款利子分を含む。
出所：輸送量；1935/36～55 年 SYB (1945–55)：328–331，1956～57 年 SYB (1956–58)：376–379，1958 年 SYB (1956–58)：380–381，1959 年 SYB (1963)：216–217，1960～63年 SYB (1964)：247–248，1964～67年 SYB (1967–69)：274–275，1968～70 年 SYB (1972–73)：282–283，1971～74 年 SYB (1974–75)：276–277，1975 年 SYB (1976–80)：307–308，収入・通常支出；1957 年まで SYB (1956–58)：380–383，1958 年以降：輸送量に同じ，資本支出，新線建設費；1950年まで：OFA (1934/35)–(1941–50)，1951 年 RFT (1951)：15，1952 年 RFT (1952)：16，1953 年 RFT (1953)：20，1954 年 RFT (1954)：14，1955年 RFT (1955)：13，1956年 RFT (1956)：12，1957年 RFT (1957)：15，1958年 RFT (1958)：10，1959 年 RFT (1958)：11，1960 年 RFT (1960)：9，1961 年 RFT (1961)：10，1962 年 RFT (1962)：13，1963 年 RFT (1963)：14，1964 年 RFT (1964)：29，1965 年 RFT (1965)：35，1966 年 RFT (1966)：38，1967 年 RFT (1967)：45，1968 年 RFT (1968)：41，1969 年 RFT (1969)：52，1970 年 RFT (1970)：59，1971 年 RFT (1971)：64，1972 年 RFT (1972)：66，1973 年 RFT (1973)：57，1974 年 RFT (1974)：66，1975 年 RFT (1975)：74 より筆者作成

## 附表 4　鉄道在籍車両数と営業路線総延長の推移（1935/36～75 年）（単位：両）

| 年 | 機関車 | | | 内燃動車 | 客車 | 貨車 | その他 | 計 | 総延長 (km) | 新線開業 |
|---|---|---|---|---|---|---|---|---|---|---|
| | 蒸気 | ディーゼル | 計 | | | | | | | |
| 1935/36 | 167 | 15 | 182 | 25 | 297 | 3,448 | N.A. | 3,952 | 3,078 | |
| 1936/37 | 177 | 15 | 192 | 25 | 297 | 3,490 | N.A. | 4,004 | 3,078 | |
| 1937/38 | 177 | 15 | 192 | 25 | 298 | 3,485 | N.A. | 4,000 | 3,081 | チットラッダー～マッカサン間 3km |
| 1938/39 | 185 | 15 | 200 | 25 | 298 | 3,833 | N.A. | 4,356 | 3,081 | |
| 1939/40 | 185 | 15 | 200 | 25 | 319 | 3,813 | 19 | 4,376 | 3,081 | |
| 1940 | 185 | 15 | 200 | 25 | 324 | 3,815 | 19 | 4,383 | 3,081 | |
| 1941 | 185 | 15 | 200 | 25 | 324 | 3,915 | 19 | 4,483 | 3,200 | コーンケーン～ウドーンターニー間 119km |
| 1942 | 190 | 15 | 205 | 25 | 325 | 4,130 | 19 | 4,704 | 3,206 | アランヤプラテート～クローンルック間 6km |
| 1943 | 201 | 15 | 216 | 24 | 305 | 4,369 | 19 | 4,933 | 3,206 | |
| 1944 | 203 | 15 | 218 | 24 | 321 | 4,377 | 19 | 4,959 | 3,206 | |
| 1945 | 207 | 17 | 224 | 24 | 353 | 4,353 | 19 | 4,973 | 3,206 | |
| 1946 | 296 | 19 | 315 | 24 | 312 | 4,975 | 18 | 5,644 | 3,206 | |
| 1947 | 345 | 19 | 364 | 24 | 426 | 5,516 | 19 | 6,349 | 3,206 | |
| 1948 | 348 | 19 | 367 | 24 | 429 | 5,364 | 19 | 6,203 | 3,213 | バーンモー～タールアン間 7km |
| 1949 | 367 | 19 | 386 | 24 | 470 | 5,740 | 19 | 6,639 | 3,266 | ノーンプラードゥック～カーンチャナブリー間 53km |
| 1950 | 415 | 17 | 432 | 24 | 596 | 6,206 | 19 | 7,277 | 3,266 | |
| 1951 | 412 | 20 | 432 | 24 | 600 | 6,075 | 21 | 7,152 | 3,266 | |
| 1952 | 412 | 38 | 450 | 24 | 593 | 6,129 | 21 | 7,217 | 3,328 | カーンチャナブリー～ワンポー間 62km |
| 1953 | 387 | 38 | 425 | 6 | 616 | 6,401 | 22 | 7,470 | 3,328 | |
| 1954 | 328 | 38 | 366 | 6 | 622 | 6,201 | 22 | 7,217 | 3,328 | |
| 1955 | 318 | 68 | 386 | 1 | 660 | 6,212 | 25 | 7,284 | 3,377 | ウドーンターニー～ナーター間 49km |
| 1956 | 317 | 62 | 379 | 1 | 658 | 6,599 | 25 | 7,662 | 3,471 | ケーンコーイ～スラナーラーイ間 62km，トゥンポー～キリーラットニコム間 32km |
| 1957 | 317 | 62 | 379 | 1 | 777 | 6,912 | 25 | 8,094 | 3,471 | |
| 1958 | 313 | 66 | 379 | 1 | 816 | 6,950 | 25 | 8,171 | 3,493 | ナーター～ノーンカーイ間 6km，ワンポー～ナムトック間 16km |
| 1959 | 308 | 64 | 372 | 1 | 811 | 7,057 | 25 | 8,266 | 3,493 | |
| 1960 | 307 | 64 | 371 | 1 | 813 | 7,181 | 25 | 8,391 | 3,493 | |
| 1961 | 306 | 85 | 391 | 1 | 802 | 7,207 | 25 | 8,426 | 3,521 | スラナーラーイ～ラムナーラーイ間 23km |
| 1962 | 301 | 88 | 389 | 7 | 800 | 7,236 | 25 | 8,457 | 3,521 | |
| 1963 | 298 | 88 | 386 | 7 | 793 | 7,206 | 25 | 8,417 | 3,599 | ノーンプラードゥック～スパンブリー間 78km |
| 1964 | 290 | 165 | 455 | 7 | 774 | 7,238 | 26 | 8,500 | 3,599 | |
| 1965 | 283 | 165 | 448 | 6 | 760 | 7,937 | 26 | 9,177 | 3,599 | |
| 1966 | 270 | 166 | 436 | 14 | 771 | 8,672 | 28 | 9,921 | 3,599 | |
| 1967 | 257 | 172 | 429 | 34 | 818 | 8,819 | 28 | 10,128 | 3,765 | ラムナーラーイ～ブアヤイ間 166km |
| 1968 | 242 | 162 | 404 | 34 | 831 | 8,907 | 28 | 10,204 | 3,765 | |
| 1969 | 241 | 192 | 433 | 34 | 884 | 9,124 | 28 | 10,503 | 3,765 | |
| 1970 | 239 | 192 | 431 | 34 | 928 | 9,169 | 28 | 10,590 | 3,765 | |
| 1971 | 231 | 191 | 422 | 90 | 985 | 9,178 | 28 | 10,703 | 3,765 | |
| 1972 | 226 | 191 | 417 | 90 | 936 | 9,186 | 28 | 10,657 | 3,765 | |
| 1973 | 226 | 191 | 417 | 90 | 939 | 9,307 | 28 | 10,781 | 3,765 | |
| 1974 | 222 | 205 | 427 | 90 | 1,001 | 9,486 | 28 | 11,032 | 3,765 | |
| 1975 | 218 | 244 | 462 | 90 | 1,001 | 9,631 | 28 | 11,212 | 3,765 | |

注 1：パークナーム線（21km，1959 年末廃止），メークローン線（65km）は含まない。
注 2：1938/39 年までのその他の両数は貨車に含む。
注 3：原資料では時期により内燃動車の両数が他の区分に含まれているため，筆者が推定して算出してある。このため他区分の数値が年度により原資料と異なる場合がある。
注 4：バーンモー～タールアン間は正確な完成年度が不明のため，便宜的にタールアンのサイアム・セメント工場が操業開始した 1948 年開業としてある。
注 5：各線の総延長は 1960 年の数値を基準に調整したため，原資料の数値と若干異なる場合がある。
注 6：1941 年から 46 年まで失地内のクローンルック～サワーイドーンケーオ間 161km も管轄下に入ったが，本表には含めない。
出所：車両数；1935/36～50 年 SYB（1945–55）：330，1951年 RFT（1951）：22–25，1952年 RFT（1952）：26–30，1953年 RFT（1953）：36–40，1954年 RFT（1954）：37–38，1955年 RFT（1955）：35–37，1956年 RFT（1956）：35–36，1957年 RFT（1957）：33–34，1958年 RFT（1958）：32–34，1959年 RFT（1959）：32–35，1960～64年 RFT（1964）：51–52，1965～68年 RFT（1968）：62–63，1969～73年 RFT（1973）：82–83，1974～75 年 RFT（1975）：107–108，総延長；RFT（1960）：42，RFT［1991］：199–207 より筆者作成

附表 5　主要品目輸出量の推移（1935/36 ～ 75 年）（単位：千トン）

| 年 | 米 | 木材 | | | | | メイズ | ケナフ | キャッサバ | | | |
|---|---|---|---|---|---|---|---|---|---|---|---|---|
| | | チーク | マイ・ヤーン | マイ・プラドゥー | その他 | 計 | | | キャッサバチップ | キャッサバ澱粉 | キャッサバペレット | 計 |
| 1935/36 | 1,502 | 44 | N.A. | N.A. | N.A. | 44 | N.A. | N.A. | N.A. | N.A. | N.A. | N.A. |
| 1936/37 | 1,559 | 70 | N.A. | N.A. | N.A. | 70 | N.A. | N.A. | N.A. | N.A. | N.A. | N.A. |
| 1937/38 | 1,102 | 59 | N.A. | N.A. | N.A. | 59 | N.A. | N.A. | N.A. | N.A. | N.A. | N.A. |
| 1938/39 | 1,555 | 58 | N.A. | N.A. | N.A. | 58 | N.A. | N.A. | N.A. | N.A. | N.A. | N.A. |
| 1939/40 | 1,892 | 59 | N.A. | N.A. | N.A. | 59 | N.A. | N.A. | N.A. | N.A. | N.A. | N.A. |
| 1940 | 1,210 | 34 | N.A. | N.A. | N.A. | 34 | N.A. | N.A. | N.A. | N.A. | N.A. | N.A. |
| 1941 | 1,164 | 46 | N.A. | N.A. | N.A. | 46 | N.A. | N.A. | N.A. | N.A. | N.A. | N.A. |
| 1942 | 752 | 7 | N.A. | N.A. | N.A. | 7 | N.A. | N.A. | N.A. | N.A. | N.A. | N.A. |
| 1943 | 540 | 7 | N.A. | N.A. | N.A. | 7 | N.A. | N.A. | N.A. | N.A. | N.A. | N.A. |
| 1944 | 310 | 1 | N.A. | N.A. | N.A. | 1 | N.A. | N.A. | N.A. | N.A. | N.A. | N.A. |
| 1945 | 195 | — | N.A. | N.A. | N.A. | — | N.A. | N.A. | N.A. | N.A. | N.A. | N.A. |
| 1946 | 455 | 15 | N.A. | N.A. | N.A. | 15 | N.A. | N.A. | N.A. | N.A. | N.A. | N.A. |
| 1947 | 384 | 25 | N.A. | N.A. | N.A. | 25 | N.A. | N.A. | N.A. | N.A. | N.A. | N.A. |
| 1948 | 803 | 39 | N.A. | N.A. | N.A. | 39 | N.A. | N.A. | N.A. | N.A. | N.A. | N.A. |
| 1949 | 1,205 | 41 | N.A. | N.A. | N.A. | 41 | N.A. | N.A. | N.A. | N.A. | N.A. | N.A. |
| 1950 | 1,418 | 64 | 18 | N.A. | N.A. | 82 | 13 | 1 | 0 | 19 | — | 19 |
| 1951 | 1,474 | 71 | N.A. | N.A. | N.A. | 71 | 23 | 2 | 0 | 10 | — | 10 |
| 1952 | 1,549 | 41 | N.A. | N.A. | N.A. | 41 | 25 | 2 | 0 | 12 | — | 12 |
| 1953 | 1,359 | 48 | 5 | N.A. | 3 | 56 | 35 | 3 | 1 | 22 | — | 23 |
| 1954 | 1,001 | 55 | 19 | N.A. | 4 | 78 | 37 | 3 | 1 | 30 | — | 31 |
| 1955 | 1,236 | 62 | 53 | N.A. | 4 | 119 | 68 | 3 | 1 | 29 | — | 30 |
| 1956 | 1,265 | 64 | 57 | N.A. | 11 | 132 | 82 | 6 | 1 | 56 | — | 57 |
| 1957 | 1,570 | 53 | 61 | N.A. | 9 | 123 | 64 | 15 | 0 | 76 | — | 76 |
| 1958 | 1,133 | 51 | 63 | N.A. | 25 | 139 | 163 | 28 | 2 | 125 | — | 127 |
| 1959 | 1,092 | 51 | 43 | N.A. | 6 | 100 | 237 | 37 | 0 | 149 | — | 149 |
| 1960 | 1,203 | 71 | 76 | N.A. | 8 | 155 | 515 | 62 | 3 | 241 | — | 244 |
| 1961 | 1,576 | 46 | 43 | N.A. | 6 | 95 | 567 | 144 | 8 | 416 | — | 424 |
| 1962 | 1,271 | 28 | 40 | 2 | 6 | 76 | 472 | 237 | 13 | 378 | — | 391 |
| 1963 | 1,418 | 22 | 48 | 3 | 12 | 85 | 744 | 125 | 93 | 123 | — | 216 |
| 1964 | 1,896 | 28 | 53 | 4 | 11 | 96 | 1,115 | 162 | 339 | 354 | — | 693 |
| 1965 | 1,895 | 32 | 42 | 3 | 9 | 86 | 804 | 317 | 401 | 221 | — | 622 |
| 1966 | 1,508 | 34 | 24 | 4 | 15 | 77 | 1,219 | 473 | 360 | 221 | — | 581 |
| 1967 | 1,482 | 25 | 13 | 4 | 15 | 57 | 1,091 | 317 | 337 | 374 | — | 711 |
| 1968 | 1,068 | 20 | 8 | 6 | 15 | 49 | 1,481 | 289 | 323 | 532 | — | 855 |
| 1969 | 1,023 | 20 | 9 | 6 | 17 | 52 | 1,476 | 254 | 56 | 149 | 753 | 958 |
| 1970 | 1,064 | 20 | 11 | 8 | 18 | 57 | 1,520 | 259 | 8 | 149 | 1,164 | 1,321 |
| 1971 | 1,591 | 27 | 13 | 10 | 50 | 100 | 1,806 | 268 | 3 | 152 | 962 | 1,117 |
| 1972 | 2,113 | 28 | 9 | 11 | 54 | 102 | 1,932 | 252 | 2 | 130 | 1,177 | 1,309 |
| 1973 | 849 | 36 | 24 | 20 | 69 | 149 | 1,456 | 262 | 18 | 177 | 1,639 | 1,834 |
| 1974 | 1,016 | 27 | 10 | 17 | 30 | 84 | 2,260 | 245 | 105 | 253 | 2,031 | 2,389 |
| 1975 | 906 | 30 | 7 | 20 | 15 | 72 | 2,072 | 156 | 71 | 145 | 2,169 | 2,385 |

注 1：1952 年まではチーク以外の木材は重量など別の単位での統計が得られる場合もあるが，ここでは体積表示のもの以外は除外した。
注 2：木材輸出量は原資料の体積表示を比重 0.7 で計算したものである。
出所：米；1935/36–44 年 SYB（1939/40–44）：272–273，1945～49 年 SYB（1945/55）：244–245，1950～66 年 SKT（1966）：127，1967～75 年 SKT（1976–77）：85 より筆者作成
木材；1935/36～45 年 SYB（1939/40–44）：282，1946～49年 SYB（1945–55）：236，1950～61年 SKT（1966）：141，1962～75 年 SKT（1976–77）：109 より筆者作成
メイズ；1966 年まで SKT（1966）：129，1967 年以降 SKT（1976/77）：87 より筆者作成
ケナフ；1961 年まで SKT（1966）：133，1962 年以降 SKT（1976/77）：93 より筆者作成
キャッサバ；1961 年まで SKT（1966）：130，1962 年以降 SKT（1976/77）：88 より筆者作成

附表6　鉄道主要貨物輸送量の推移（1935/36−

| 年 | 総輸送量 | 農産物 | | | | | | | 林産品 | | 石油製品 | | | | |
|---|---|---|---|---|---|---|---|---|---|---|---|---|---|---|---|
| | | 計 | 籾米 | 精米 | ココヤシ | 天然ゴム | メイズ | ケナフ | 計 | 丸太・板材 | 計 | ガソリン | 灯油 | ディーゼル油 | 軍・警察用 |
| 1935/36 | 1,428 | N.A. | 330 | 314 | — | 13 | — | — | N.A. | 94 | 26 | 8 | 12 | N.A. | N.A. |
| 1936/37 | 1,604 | N.A. | 315 | 335 | — | 26 | — | — | N.A. | 124 | 30 | 8 | 13 | N.A. | N.A. |
| 1937/38 | 1,366 | N.A. | 160 | 249 | — | 20 | — | — | N.A. | 118 | 28 | N.A. | N.A. | N.A. | N.A. |
| 1938/39 | 1,678 | N.A. | 279 | 372 | — | 24 | — | — | N.A. | 108 | 31 | N.A. | N.A. | N.A. | N.A. |
| 1939/40 | 2,005 | N.A. | 335 | 388 | — | 18 | — | — | N.A. | 132 | 32 | N.A. | N.A. | N.A. | N.A. |
| 1940 | 1,498 | N.A. | 205 | 294 | — | 19 | — | — | N.A. | 127 | 27 | N.A. | N.A. | N.A. | N.A. |
| 1941 | 1,847 | N.A. | 188 | 358 | — | 47 | — | — | N.A. | 145 | 36 | N.A. | N.A. | N.A. | N.A. |
| 1942 | 1,102 | N.A. | 159 | 140 | — | 17 | — | — | N.A. | 56 | 17 | N.A. | N.A. | N.A. | N.A. |
| 1943 | 1,155 | N.A. | 208 | 106 | — | 12 | — | — | N.A. | 34 | 11 | 4 | 2 | N.A. | N.A. |
| 1944 | 564 | N.A. | 14 | 64 | — | 2 | — | — | N.A. | 19 | 9 | 2 | 1 | N.A. | N.A. |
| 1945 | 232 | N.A. | 11 | 32 | — | 1 | — | — | N.A. | 9 | 3 | 0 | 0 | N.A. | N.A. |
| 1946 | 611 | N.A. | 119 | 65 | — | 10 | — | — | N.A. | 15 | 4 | 2 | 1 | N.A. | N.A. |
| 1947 | 858 | N.A. | 84 | 134 | — | 16 | — | — | N.A. | 42 | 14 | 5 | 9 | N.A. | N.A. |
| 1948 | 1,201 | N.A. | N.A. | N.A. | N.A. | N.A. | N.A. | N.A. | N.A. | N.A. | N.A. | N.A. | N.A. | N.A. | N.A. |
| 1949 | 1,679 | N.A. | N.A. | N.A. | N.A. | N.A. | N.A. | N.A. | N.A. | N.A. | N.A. | N.A. | N.A. | N.A. | N.A. |
| 1950 | 2,043 | N.A. | 187 | 234 | — | 35 | — | — | N.A. | 101 | 87 | 34 | N.A. | N.A. | N.A. |
| 1951 | 2,285 | N.A. | 154 | 267 | — | 37 | — | — | N.A. | 134 | 109 | 40 | N.A. | N.A. | N.A. |
| 1952 | 2,431 | N.A. | 125 | 337 | — | 35 | — | — | N.A. | 135 | 117 | 48 | 30 | N.A. | N.A. |
| 1953 | 2,749 | N.A. | 110 | 341 | — | 27 | — | — | N.A. | 150 | 132 | 54 | 34 | N.A. | N.A. |
| 1954 | 2,865 | N.A. | 86 | 316 | 13 | 28 | — | — | N.A. | 197 | 172 | 64 | 36 | N.A. | N.A. |
| 1955 | 3,153 | N.A. | 51 | 339 | 16 | 40 | — | — | N.A. | 226 | 204 | 79 | 40 | N.A. | N.A. |
| 1956 | 3,421 | N.A. | 81 | 458 | 22 | 47 | — | — | N.A. | 239 | 266 | 98 | 48 | N.A. | N.A. |
| 1957 | 3,633 | N.A. | 102 | 532 | 29 | 44 | — | — | N.A. | 294 | 289 | 115 | 42 | N.A. | N.A. |
| 1958 | 3,726 | N.A. | 64 | 446 | 31 | 44 | — | — | N.A. | 268 | 326 | 139 | 44 | N.A. | N.A. |
| 1959 | 3,642 | 712 | 44 | 392 | 23 | 54 | — | — | 321 | 226 | 346 | 137 | 51 | N.A. | N.A. |
| 1960 | 3,684 | 880 | 89 | 440 | 32 | 51 | — | — | 313 | 248 | 356 | 138 | 62 | N.A. | N.A. |
| 1961 | 3,075 | 777 | 124 | 380 | 32 | 45 | 5 | 35 | 220 | 173 | 334 | 122 | 68 | N.A. | N.A. |
| 1962 | 4,231 | 988 | 153 | 463 | 36 | 56 | 28 | 169 | 432 | 242 | 484 | 141 | 74 | N.A. | N.A. |
| 1963 | 4,106 | 887 | 102 | 414 | 38 | 41 | 54 | 57 | 324 | 305 | 473 | 140 | 58 | N.A. | N.A. |
| 1964 | 4,216 | 899 | 62 | 403 | 38 | 32 | 88 | 84 | 313 | 297 | 510 | 132 | N.A. | N.A. | N.A. |
| 1965 | 4,435 | 918 | 101 | 381 | 38 | 29 | 97 | 77 | 309 | 291 | 573 | 134 | N.A. | N.A. | N.A. |
| 1966 | 4,694 | 975 | 75 | 378 | 45 | 32 | 162 | 101 | 286 | 269 | 542 | 116 | N.A. | N.A. | N.A. |
| 1967 | 5,236 | 1,046 | 51 | 370 | 56 | 45 | 135 | 128 | 291 | 276 | 585 | 99 | N.A. | N.A. | N.A. |
| 1968 | 5,432 | 893 | 121 | 296 | 59 | 47 | 175 | 67 | 305 | 292 | 566 | 106 | N.A. | N.A. | N.A. |
| 1969 | 4,829 | 804 | 64 | 293 | 50 | 44 | 166 | 31 | 264 | 253 | 584 | 115 | N.A. | N.A. | N.A. |
| 1970 | 5,131 | 958 | 62 | 352 | 46 | 42 | 160 | 47 | 241 | 229 | 856 | 124 | N.A. | N.A. | N.A. |
| 1971 | 5,073 | 919 | 123 | 377 | 47 | 40 | 159 | 32 | 250 | 240 | 984 | 126 | N.A. | N.A. | N.A. |
| 1972 | 5,355 | 891 | 87 | 311 | 36 | 39 | 215 | 39 | 280 | 272 | 1,260 | 129 | N.A. | N.A. | N.A. |
| 1973 | 5,021 | 636 | 41 | 200 | 48 | 55 | 132 | 28 | 260 | 255 | 1,470 | 127 | N.A. | N.A. | 226 |
| 1974 | 5,117 | 968 | 37 | 346 | 47 | 75 | 213 | 56 | 300 | 289 | 1,082 | 169 | N.A. | N.A. | 212 |
| 1975 | 5,052 | 804 | 41 | 399 | 38 | 52 | 136 | 23 | 337 | 280 | 1,189 | 271 | 28 | N.A. | 221 |

出所：1935/36年 SYB（1935/36−36/37）：214−215，1936/37～38/39年 SYB（1937/38−38/39）：210−213，
RFT（1951）：9−10，20，1951年 RFT（1951）：9−10，RFT（1952）：24−25，1952年 RFT（1953）：
年 RFT（1958）：22−23，1959～60年 RFT（1960）：14，23，SYB（1964）252−253，1961～62 年 RFT
253，1964～65年 RFT（1965）：55，SYB（1967−69）：278−279，1966～70年 RFT（1970）：78，SYB
106，SYB（1972−73）：286−287，SYB（1974−75）：280−281，SYB（1976−80）：311−312 より筆者作成。

75年）（単位：千トン）

| 鉱産物 | | | | | | 建設資材 | | | 小荷物 | 家畜 | | |
|---|---|---|---|---|---|---|---|---|---|---|---|---|
| 計 | 亜炭 | 石膏 | 泥灰土 | 錫他 | 砕石 | 計 | セメント | クリンカー | | 計 | 計（千頭） | 豚（千頭） |
| N.A. | — | 1 | 68 | 7 | 99 | N.A. | 16 | — | 130 | 13 | 228 | 222 |
| N.A. | — | 1 | 84 | 8 | 97 | N.A. | 22 | — | 144 | 14 | 238 | 231 |
| N.A. | — | 2 | 107 | 9 | 76 | N.A. | 31 | — | 147 | 12 | 210 | 201 |
| N.A. | — | 1 | 125 | 10 | 129 | N.A. | 26 | — | 155 | 10 | 190 | 185 |
| N.A. | — | 1 | 147 | 10 | 148 | N.A. | 30 | — | 165 | 13 | 209 | 197 |
| N.A. | — | 0 | 113 | 8 | 97 | N.A. | 21 | — | 139 | 12 | 182 | 169 |
| N.A. | — | 0 | 116 | 12 | 136 | N.A. | 29 | — | 208 | 18 | 286 | 269 |
| N.A. | — | 0 | 75 | 12 | 74 | N.A. | 10 | — | 226 | 16 | 185 | 156 |
| N.A. | — | 1 | 55 | 14 | 86 | N.A. | 5 | — | 296 | 17 | 150 | 107 |
| N.A. | — | 0 | 3 | 6 | 51 | N.A. | 3 | — | 218 | 10 | 95 | 71 |
| N.A. | — | — | 0 | 1 | 23 | N.A. | 0 | — | 108 | 2 | 42 | 41 |
| N.A. | — | — | 17 | 1 | 48 | N.A. | 1 | — | 225 | 4 | 53 | 46 |
| N.A. | — | 0 | 53 | 1 | 46 | N.A. | 4 | — | 128 | 9 | 97 | 77 |
| N.A. | N.A. | N.A. | N.A. | N.A. | N.A. | N.A. | N.A. | N.A. | N.A. | 17 | N.A. | N.A. |
| N.A. | N.A. | N.A. | N.A. | N.A. | N.A. | N.A. | N.A. | N.A. | N.A. | 19 | N.A. | N.A. |
| N.A. | — | — | 169 | N.A. | N.A. | N.A. | 42 | N.A. | 473 | 20 | 236 | N.A. |
| N.A. | — | — | 181 | N.A. | 146 | N.A. | 54 | 95 | 612 | 22 | 267 | 228 |
| N.A. | — | — | 224 | N.A. | 73 | N.A. | 51 | 89 | 664 | 22 | 299 | 268 |
| N.A. | — | — | 307 | 7 | 225 | N.A. | 66 | 136 | 592 | 23 | 305 | 272 |
| N.A. | — | — | 340 | 12 | 60 | N.A. | 91 | 205 | 581 | 24 | 280 | 237 |
| N.A. | 32 | — | 343 | 18 | 19 | N.A. | 103 | 220 | 652 | 30 | 334 | 275 |
| N.A. | 73 | — | 380 | 11 | 15 | N.A. | 115 | 235 | 649 | 34 | 331 | 255 |
| N.A. | 78 | — | 404 | 15 | N.A. | N.A. | 113 | 224 | 653 | 31 | 332 | 266 |
| N.A. | 102 | — | 470 | 18 | N.A. | N.A. | 131 | 269 | 594 | 27 | 256 | 190 |
| 670 | 105 | 5 | 491 | 11 | 16 | 517 | 160 | 262 | 601 | 30 | 232 | 151 |
| 547 | 95 | 7 | 365 | 18 | 22 | 472 | 155 | 232 | 595 | 25 | 181 | 108 |
| 409 | 41 | 10 | 310 | 16 | 4 | 475 | 114 | 251 | 449 | 20 | N.A. | N.A. |
| 608 | 53 | 22 | 450 | 18 | 25 | 594 | 163 | 359 | 602 | 24 | 152 | N.A. |
| 696 | 62 | 28 | 513 | 18 | 45 | 625 | 164 | 356 | 564 | 17 | 209 | N.A. |
| 852 | 55 | 29 | 521 | 52 | 63 | 603 | 205 | 281 | 554 | 28 | 221 | N.A. |
| 913 | 14 | 30 | 707 | 64 | 62 | 533 | 241 | 187 | 532 | 25 | 161 | N.A. |
| 1,099 | 3 | 42 | 751 | 90 | 173 | 610 | 468 | 28 | 522 | 23 | 132 | N.A. |
| 1,245 | 0 | 79 | 823 | 128 | 172 | 706 | 498 | 52 | 537 | 26 | 158 | N.A. |
| 1,605 | 0 | 82 | 1,157 | 190 | 145 | 814 | 639 | 33 | 510 | 17 | 133 | N.A. |
| 1,204 | 0 | 125 | 726 | 219 | 105 | 793 | 623 | 36 | 466 | 16 | 97 | N.A. |
| 1,168 | 0 | 130 | 723 | 252 | 39 | 793 | 647 | 26 | 432 | 16 | 73 | N.A. |
| 1,063 | — | 135 | 643 | 219 | 46 | 792 | 694 | 7 | 396 | 21 | 85 | N.A. |
| 846 | 0 | 75 | 584 | 152 | 18 | 981 | 918 | 10 | 367 | 20 | 77 | N.A. |
| 781 | 0 | 76 | 555 | 119 | 14 | 1,003 | 955 | — | 318 | 21 | 79 | N.A. |
| 921 | 34 | 152 | 544 | 120 | 25 | 942 | 883 | 8 | 282 | 15 | 59 | N.A. |
| 961 | 82 | 119 | 573 | N.A. | N.A. | 946 | 852 | 10 | 234 | 11 | 42 | N.A. |

1939/40〜42年 SYB（1939/40–44）：314–317，1943〜47年 RSRS（1947），1950 年
28，1953〜54 年 RFT（1954）：12–13，1955〜56 年 RFT（1956）：10–11，1957〜58
（1962）：31，SYB（1964）：252–253，1963 年 RFT（1963）：31，SYB（1964）：252–
（1970–71）：282–283，SYB（1972–73）：286–287，1971〜75年 RFT（1975）：105–
なお 1968 年までのメイズとケナフの数値は RFT［1970］：258–260 による。

# 註

## 序章　「フレンドシップ・ハイウェー神話」は本当か？

1）NA Kho Kho. 0202. 8. 7/240 "Rang Kham Klao Top khong Phana Nayok Ratthamontri." これは答辞案のため，実際には若干変更された箇所があるかもしれない。

2）フレンドシップ・ハイウェー開通後のサリットの道路観については，第3章第1節を参照。

3）NA [1] Ko Kho. 1. 4/19 "Economic Development in Thailand 1950–1962: A Personal View of Puey Ungphakorn." プアイはイギリスで経済学博士号を取得し，1959年から71年までタイ中央銀行総裁を務めていた。

4）水運のシェアがトンキロベースよりもトンベースのほうが高くなる理由は，短距離の河川水運による輸送が多いためである。なお，旅客輸送については同様の資料は存在しないが，分担率は自動車が同じ程度で，鉄道が若干高く，水運はほぼゼロであると思われる。

5）例えばウィシット・カシラックはフレンドシップ・ハイウェーの通過するサラブリー，コーラートの両県の畑作物生産の拡大をもって，この道路の経済的効用を説明している。しかし，この両県の畑作物栽培が国レベルでどの程度の意味を持っているのかを明らかにしないと，国レベルでのこの道路の評価はできないし，プアイの主張の根拠にもならない。

6）近年の研究例を見ても，例えば中南米ではキューバの鉄道建設と砂糖産業の隆盛を扱ったザネッティ（Oscar Zanetti）とガルシア（Alejandro García）の研究や，エクアドルの鉄道建設とその意義を分析したクラーク（A. Kim Clark）の研究が存在するが，いずれも鉄道に焦点を当てており，対象期間も前者は1950年代まで含んでいるものの，後者は30年までとなっている［Zanetti & García 1998, Clark 1998］。アフリカではラン（Jon Lunn）によるローデシア（現ザンビア，ジンバブエ）での「鉄道帝国主義」の進展を資本と労働の点から分析し，アジアではコルプス（Arturo G. Corpuz）によるフィリピンの鉄道建設とその意義に関する研究例が存在するものの，どちらも鉄道を主眼としており，対象期間もおおむね第2次世界大戦前後までである点が共通している［Lunn 1997, Corpuz 1999］。

7）鉄道帝国主義とは，帝国主義の時代に列強が鉄道建設や鉄道敷設権を利用して権益を獲得するものであり，公式な植民地支配を伴わない非公式帝国主義の一例であった。

8）ちなみに，ウィルソンの議論ではタイに関する事例も引用されており，それはタッサナ（Tasana Patanapanich）の修士論文［Tasana 1964］及び指導教官のジョーンズ（John Hugh Jones）の報告書［Jones 1964］を使用していた。

9）例えば，タッサナがピッサヌローク～ロムサック間道路について，ニット（Nit Jittasatra）が東北部のコーンケーン～ヤーンタラート間道路について，コーウィット（Kovit Kuvanonda）がフレンドシップ・ハイウェーの延長区間であるコーラート～ノーンカーイ間について，ウィロート（Viroj Klangboonkrong）が南部のソンクラー～ナータウィー間道路についてそれぞれ研究を行っている［Tasana 1964，Nit 1967，Kovit 1969，Viroj 1971］。

10） それでも，アスクウィズの結論には道路による真の利益が得られるためには，他の資本投下（Input）が必要であると記されており，道路が必ずしも十分条件ではないことに言及している［Askwith 1973: iii］。

11） 彼は先行ダイナミズムという用語は使用していないが，ウィルソンの研究（Wilson et al. 1966）に記載されているタイの事例を根拠としている。

12） 彼は東南アジアにおいて農業開発面で最も進んでいるのはタイであると主張し，「これが実現された基礎には，戦後のタイにおける道路建設の進展が挙げられなければならない。」とその重要性を主張した［本岡 1968：168–171］。

13） 鉄道の輸送量といっても，実際には各駅の貨物発送量，到着量を利用したものであり，何がどの程度輸送されていたのかを正確に示すものではない。

14） 同書は，ストックホルム経済大学欧州日本研究所のマグナス・アンダーソン氏のご好意で入手することができた。この場を借りて謝意を表したい。

15） NA Kho Kho. 0202. 2. 10/31 “Comments on Draft Final Report.”

16） 惜しむらくは，駅別の貨物発着量の具体的な数値が記載されていない点である。もしこれらが記載されていれば，1940 年代から 75 年までの鉄道貨物統計の空白期を埋める貴重な資料となったはずである。

17） ちなみに，この研究では東北部での道路網整備の重要性と共に，自動車の普及が重要な役割を果たしたものと指摘しており，これまでの研究例に比べて自動車産業や自動車販売業の成長に言及している点が斬新であった。

18） タイの地域区分については，地理的特徴を優先する 6 地域区分（北部，東北部，中部，東部，西部，南部）と面積のバランスを優先する 4 地域区分（北部，東北部，中部，南部）が通常用いられる。この場合，東北部と南部以外は該当する範囲が異なることとなるが，本書では北部をチャオプラヤー川上流域（旧パーヤップ州），中部上部をチャオプラヤー川中流域（ウタイターニー，ナコーンサワン県以北）とした。詳しくは図序―1 を参照のこと。なおチャオプラヤー川下流域，いわゆるチャオプラヤー・デルタに位置する中部下部については，拡大するバンコク首都圏との境界が厳密でないこととから，本書の議論の対象外とした。ただし，比較のため表で中部下部，あるいは東部といった地域に言及する場合もある。

19） 柿崎［2000a］では，それぞれ王室秘書局，内閣秘書局と訳していた。

20） この文書は 2005 年前半まで利用できなかったことから，筆者が未見のものが多数ある。

21） ここには 1966 年以降の駅別収入表が存在し，78 年から貨物発送量（車扱い，小荷物別），と旅客乗車数（切符販売枚数）が記載されているが，一部欠落年が存在する。

22） 最近まで 1975 年以降のものがすべて保管されていたが，2008 年 9 月に確認したところ，残念ながら 1990 年代より前の分は処分されていた。

23） SYB には戦前から鉄道輸送に関するかなり詳細な統計が記載されていたが，主要駅の貨物発送量は1946年から58年までの数値（一部欠落年あり）がSYB（1945–55），SYB（1956–58）のみに存在し，以後は見られなくなる。先行研究では，とくにフレンドシップ・ハイウェー関係の研究が並行する東北線の貨物輸送量について言及しており，例えば表6–6のような線区（区間）別の貨物発送量がVisit［1971］，Wisit［1963］，Kovit［1969］などから入手できる。またWSALA［1969］にも1968年の主要貨物の駅別発着量が存在するが，各品目の総輸送量が国鉄の数値と異なっており，すべてを網羅していない可能性が高い。

24）例えば，RKTについては1966年と76年以降がバンコク発着の貨物輸送を対象としているものの，69年から74年まではタイ国内を10ゾーンに分けて各ゾーン内の貨物輸送量を調査していた。74年版の報告書によると，67～68年と71～72年がゾーン間輸送，69～70年と73～74年がゾーン内輸送と年によって調査方法が分かれていた［RKT（1974）：1］。

25）RKNMの1970年版はバンコク以外のチャオプラヤー川（一部ターチーン川）の主要港における貨物発着量の調査結果であり，必ずしもバンコク発着貨物を対象としたものではない。またRKNTの71年版も南部の港湾4ヶ所（ソンクラー，プーケット，カンタン，サトゥーン）を対象としたものであり，バンコク発着貨物をすべて網羅してはいない。

26）なお，1942～45年については地方税関別の輸出入額の数値は得られない。

## 第1章　軍事のための交通網整備 —— 立憲革命後の交通政策

1）道路局の設置から1932年の立憲革命までの道路整備については，柿崎［2000a］：57–160，173–176を参照。

2）鉄道フィーダー道路については，柿崎［2000a］：158–160を参照。

3）正確には，従来商業運輸省下にあった鉄道局が，1932年8月に農業省と商業運輸省の統合により成立した農業商業省下におかれ，33年5月に新設された経済省の管轄に移された。道路局は，33年に内務省に移管され，道路部に格下げとなった。なお，41年に道路部は再び道路局に復帰し，運輸省下に置かれることになった。

4）クーデターから反乱までの経緯については，村嶋［1996］：192–208を参照。

5）この反乱の概要については，末廣［1996］：58–60を参照。なお，ニコム（Nikhom Charumani）もこの反乱について詳細な研究を行っている［Nikhom 1976］。

6）BTWM 1933/10/25 “The North Capital.” によると，バンコクからの急行列車が10月23日に10日ぶりにチエンマイに到着し，熱烈な歓迎を受けたという。

7）1928年には，ニューヨーク～ロスアンゼルス間4,000マイルの大陸横断バス連絡が開設されたという［今野 1958：216］。

8）それぞれ，Zimmerman［1931］，Andrews［1935］に該当する。

9）ジンマーマン調査が行われた経緯は，BTWM 1930/12/17 “A Rural Economic Survey.” を参照。アンドリュースの調査についての経緯は，彼自身が「はしがき」で説明している

［Andrews 1935: i-iii］。人類学の調査結果は，ハーヴァード大学で分析するとされている。

10） 彼の主張の根拠は，Andrews［1935］第8章，第12章を参照。

11） サコンナコーンへの路線とは，クムパーワピー〜ナコーンパノム間の路線であり，1930年に着工されたものの建設は中断していた。コーンケーンからウドーンターニー，ナコーンパノム方面への鉄道建設については，柿崎［2000a］：167–168を参照。

12） 彼の調査結果によると，世帯あたりの年間平均収入は，北部65バーツ，南部74バーツ，中部185バーツに対し，東北部では30バーツに過ぎなかった［Andrews 1935: 220–227］。

13） この国道はウボンから国境のチョン・メックまでの76kmの道路であり，チョン・メックから仏印ラオスの南部の要衝パークセーまでさらに道路が続いていた。

14） NA［2］So Ro. 0201. 66. 5/5 "Banthuk Khrongkan Sang Thang nai Ratcha Anachak Pho So 2478."

15） NA［2］So Ro. 0201. 66. 5/5 "Ratthamontri Wa Kan Krasuang Kalahom Rian Nayok Ratthamontri. 1934/12/20"

16） Ibid. "Athibodi Krom Yotha Thetsaban Sanoe Ratthamontri Wa Kan Krasuang Mahatthai. 1935/12/02"

17） Ibid. "Raingan Prachum Khana Ratthamontri Khrang thi 105/2478. 1936/01/10", "Prathan Kammakan Phicharana Damnoen Kan Sang Thang Thua Ratcha Anachak Thung Nayok Ratthamontri. 1936/03/03"

18） PCC 1936/03/19 "Ratthaban Anumat Khrongkan Sang Thanon Laeo."

19） NA［2］So Ro. 0201. 66. 5/5 "Banthuk Khrongkan Sang Thang nai Ratcha Anachak Pho So 2478.", PKPS Vol. 49：41–43.

20） TK（1934/35–1940）に掲載されている地図に含まれる路線すべてを集計すると，約1万6,000kmとなり，計画より1,000km程度増えることになる。このため，筆者はこの地図に含まれる路線を対象にし，1936年の計画当時には含まれなかったものと思われる区間（主に国境周辺）を1,000km程度除外した。

21） NA［2］So Ro. 0201. 66. 5/5 "Banthuk Khrongkan Sang Thang nai Ratcha Anachak Pho So 2478."

22） ドンパヤーイェン越えとチョン・サムラーン越えは，古くからバンコク方面と東北部とを結ぶ陸路が通過していた。プラーチーンブリー経由のルートについては，かつてはさらに東のチョン・タコー越えが用いられていたが，かなり迂回路となるため道路はより西の短絡ルートを選択したものと思われる。

23） 鉄道の場合は輸送距離や貨物によって賃率が異なっており，最も安い籾米をチエンマイからバンコクまで輸送する際の賃率が，1935年頃にはトンキロあたり0.008バーツであった。一方自動車輸送の賃率は道路状況によって左右され，最も整備状況の良いラムパーン〜チエンラーイ間の道路でも同じ頃トンキロあたり0.1バーツであった。当時の輸送費については，柿崎［2000a］：209–213を参照。

24） この間の鉄道は，コーンケーンまでは1933年に開通したばかりであり，さらにウドーンターニーまで完成するのは41年のこととなる。

25）NA［2］So Ro. 0201. 66. 5. 2/23 “Palat Krasuang Mahatthai Rian Lekhathikan Khana Ratthamontri. 1934/08/31” この間の道路建設は，当初首相からの密命を受けて県が囚人を使って開始したという。

26）当時カンボジア国境の防衛の必要性が急速に高まったとは思われない。しかし，この国境は首都バンコクから直線距離で200km強と近く，しかも地形的に平坦でバンコクとの間に障壁がないことから，最も警戒すべき国境であった。

27）ロッブリーの軍都建設については，Wanlapha［1994］：84–93を参照。

28）NA［2］So Ro. 0201. 66. 5/5 “Banthuk Khrongkan Sang Thang nai Ratcha Anachak Pho So 2478.”

29）Ibid. “Thang Luang Phaendin sung Ko Sang Tam Khrongkan 5 Pi Raek 2479-Sin Minakhom 2484.”

30）県道からの移管は，バーンパイ～ノーンカーイ間174km，チョンナボット～ローイエット間120km，ウドーンターニー～ナコーンパノム間242km，ウボン～アムナートチャルーン間（一部）23kmであった。

31）PCC 1936/03/05 “Ngan Sang Thanon cha Roem Thang Pak Tai Kon.” によると，道路建設の優先順位は，陸路・水路とも連絡手段がない県，陸路・水路のいずれかが利用可能な県，どちらも利用可能な県となっていた。

32）官報（RKB）には1934年頃から国会での議員の質議に対する政府の答弁が，「政府の国会議員の質議に対する答弁」（Ratthaban Top Krathu Tham khong Samachik Sapha Phu Thaen Ratsadon）や，「国会会議録抄」（Raingan Kan Prachum Sapha Phu Thaen Ratsadon Doi Yo）という形で掲載されており，道路に関する質議とそれに対する答弁も多数存在する。また，当時の国会に関する新聞記事からも，議員が道路整備について取り上げていた事例が数多く把握される。

33）BTWM 1934/01/26 “The Assembly.”

34）TK（1934/35–1940）から計算すると，1934/35～1935/36年の間に完成した道路は計115km，1935/36～1936/37年の間は249kmであった。

35）道路局の道路は建設道路（Thang Kosang）と維持道路（Thang Bamrung）に2分され，建設が開始されてから正式に開通するまでの道路が建設道路とされた。しかし，建設道路でも道路用地が確定したのみで全く着工されていないものもあれば，完成間近で自動車が通行しているものまで含まれる。

36）NA［2］So Ro. 0201. 66. 5/5 “Thang Luang Phaendin sung Kosang Tam Khrongkan 5 Pi Raek 2479-Sin Minakhom 2484.”

37）道路局年報には，このような道路は「まだ土を埋めていない状態」と記されている。

38）このうち445kmは，1941年に失地から編入された分である。

39）NA［2］So Ro. 0201. 66. 5/9 “Samnao Raingan Prachum Khana Ratthamontri. 1938/07/22”

40）Ibid. “Ratthamontri Wa Kan Krasuang Kan Khlang Thung Lekhathikan Khana Ratthamontri. 1941/07/31, 1941/08/01”

41）NA［2］So Ro. 0201. 66. 5. 2/1 “Ratthamontri Wa Kan Krasuang Kalahom Thung Nayok

Ratthamontri. 1938/06/15”

42) かつては県道ではなく州道となっていたが，州の機能が事実上消失した立憲革命以降は県道となった模様である。

43) チェーホムはラムパーン県内の郡である。道路局年報によると，この間の道路は1934年の時点でラムパーンから12kmまでが維持道路，その先チェーホムまでの38kmは建設道路となっており，その後50年までこの状態に何ら変化はなかった。

44) NA Kho Kho. 0202. 8/127 “Pramuan Rai Laiat Thang Luang Phaendin haeng Prathet Thai Pho So 2506.” なお，PCC 1940/05/30 “Thang Luang thi cha Sang To Pai Yao 4,225 Ko Mo.” によると，1940年から第2次5年計画に含まれる4,225kmの建設を前倒しで行うとしており，これが当初想定の第2次5年計画に該当する道路であった可能性もある。

45) この「失地回復」問題については，Aldrich［1993］第6章，Kobkua［1995］：254–262, Reynolds［1994］第2章を参照。

46) 「失地」のうち，ルアンプラバーン，シェムリアップについては，「回復」した領内にルアンプラバーン，シェムリアップの町は含まれなかったので，タイ側は新設した県名をそれぞれラーンチャーン，ピブーンソンクラームとした。後者は，ピブーン首相の名を付けたことになる。実際には，1904年と07年に割譲した領土と，今回「回復」された領土はカンボジア領内で若干異なっていることから，必ずしも「失った領土」そのものが「回復」されたわけではない。

47) TLK（1941–1948）から筆者が集計した数値であるが，一部の道路はタイ領内の区間と失地内の区間の距離が判別しないため推計値を用いてある。

48) NA［2］So Ro. 0201. 66. 5/5 “Samnao Raingan Prachum Khana Ratthamontri. 1940/04/26”

49) NA［2］So Ro. 0201. 66. 5. 2/1 “Palat Kasuang Khamanakhom Thung Lekhathikan Khana Rathamontri. 1943/08/11”

50) NA Bo Ko Sungsut 1. 12/20 “Banthuk Raingan Kan Prachum Rawang Kongthap Thai lae Kongthap Yipun. 1941/12/8”

51) NA Bo Ko. Sungsut 2. 6/77 “Banthuk Kan Prachum Ruang Kan Sang Thang Yutthasat. 1944/04/24”

52) 第1次鉄道建設計画は1906年に立てられ，バンコク～チエンマイ間の北線，バンコク～マラヤ国境間の南線の建設を優先する計画であり，次の19年頃に立てられた第2次計画は，東線の仏印国境アランヤプラテートへの延伸，及び東北線のコーラート～ウボン間，コーラート～コーンケーン間の延伸が目標であった。詳しくは，柿崎［2000a］第3，4章を参照。

53) NA［2］So Ro. 0201. 16. 1/1 “Ratthamontri Wa Kan Krasuang Setthakan Thung Nayok Ratthamontri. 1938/01/09”

54) NA［2］So Ro. 0201. 16. 1/2 “Raingan Prachum Khana Ratthamontri. 1938/12/02”

55) NA［3］So Ro. 0201. 39. 1. 1/5 “Raingan Prachum Khana Ratthamontri. 1936/08/09” 実際には免許失効の4日前に会社が折れて政府の買収価格で妥協することとなり，35万バーツで買収された。

56) NA [3] So Ro. 0201. 39. 1. 1/9 "Ratthamontri Wa Kan Krasuang Setthakan Rian Nayok Ratthamontri. 1940/08/03." 鉄道局長は鉄道局による代替バスの独占運行を認めない限り反対とし，将来の廃止を閣議決定するにとどまった。なお，この鉄道は1959年末に全線廃止された。

57) NA [2] So Ro. 0201. 16. 1/2 "Ratthamontri Wa Kan Krasuang Setthakan Thung Nayok Ratthamontri. 1938/11/24" によると，鉄道局長が鉄道委員会にこの新線計画を申請し，委員会が支持したため経済省経由で首相に提案したという。

58) この理由の抄訳は，柿崎 [2000a]：315 を参照。

59) NA [2] So Ro. 0201. 16. 1/2 "Samnao Raingan Prachum Khana Ratthamontri. 1938/12/02"

60) NA [2] So Ro. 0201. 16. 1/1 "Samnao Raingan Prachum Khana Ratthamontri. 1939/05/29" フアワーイの薪輸送軽便線は，北線のフアワーイ駅（バンコク起点204km）から分岐する軌間600mmの鉄道で，沿線の薪を輸送する目的で1907年に建設された。

61) Ibid.

62) NA [2] So Ro. 0201. 16. 1/5 "Ratthamontri Wa Kan Krasuang Setthakan Thung Lekhathikan Khana Ratthamontri. 1941/05/15"

63) PCC 1942/04/08 "Krom Rotfai Poet Doen Rot Doisan Sai Krungthep-Phratabong lae Krungthep-Prachinburi." なお，これは一般営業の列車であり，日本軍の軍用列車はこれより早い時期から運行されていた。

64) NA Kho Kho. 0202. 9. 7/02 "Banthuk Khrongkan Sang Thang Rotfai haeng Ratcha Anachak Phutthasakkarat 2484."

65) このドンパヤーイェン越えの区間は勾配が20～24‰と急であり，長編成の列車は2分割して通過しなければならず，コーラート線の輸送力増強のネックとなっていた。

66) このインドシナ半島を横断する国際交通路の整備は，1990年代に浮上したメコン圏構想の中で東西回廊として整備が計画されており，現在道路による回廊の形成が進められている。

67) 例えば1951年3月にバンコク～ナコーンパトム間国道のポーケーオ橋開通式の際には，首相は自ら運転して現地に赴いた [SN 1951/03/13 "Chomphon Poet Saphan.]。

68) NA Kho Kho. 0202. 8. 7/216 "Nayok Ratthamontri Rian Ratthamontri Wa Kan Krasuang Khamanakhom. 1954/01/25"

69) アランヤプラテートはバンコクから最も近い仏印との国境であり，軍事面の重要性は高かった。1940年10月25日にバンコクからアランヤプラテートへ鉄道で部隊が派遣されたとの記録があり，鉄道が軍事輸送に利用されていたことが裏付けられる [BTWM 1940/10/26 "More Troops for Aran Prathet.]。その後タイ軍は国境を越えてカンボジアに侵攻し，停戦までにシーソーポン付近まで進撃していた。

70) この道路はパーチー～アランヤプラテート間道路であり，軍都ロッブリーとカンボジア国境を最短距離で結ぶ役割を果たしていたが，一部は完全に鉄道に並行していた。

71) NA Bo Ko. Sungsut 2. 6. 1/3 "Banthuk Kan Prachum Cheracha Ruang Kan Setthakit lae Kan Kha rawang Khaluang Setthakit Thai Yipun Khrang thi 17. 1943/05/28"

72) NA [2] So Ro. 0201. 98/25 “Ratthamontri Wa Kan Kasuang Khamanakhom thung Nayok Ratthamontri. 1942/04/03”

73) 開戦直後には1日に南線3～4往復，東線3往復，北線3往復が運行されていたが，その後南線3往復，東線1往復に減り，43年後半から北線にも1日1往復が再び運行された。NA Bo Ko. Sungsut 2. 4. 1. 6には，戦争中の日本軍の軍用列車運行予定表がほぼ毎日分収められている。

74) NA Bo Ko. Sungsut 2. 6. 2/31 “Banthuk Kan Prachum Ruang Phicharana Chat Doen Khabuan Rot Khon Khao Pluak Phoem Toem. 1943/06/10”

75) NA Bo Ko. Sungsut 2. 6. 1/3 “Banthuk Kan Prachum Cheracha Ruang Kan Setthakit lae Kan Kha rawang Khaluang Setthakit Thai Yipun Khrang thi 16. 1943/05/14”

76) タイ軍の軍用列車の運行の状況を示す資料は少ないが，1944年1月頃には東北部から北線のタパーンヒン（ペッチャブーンへの最寄り駅）への木材輸送列車が4～5日毎に1往復，東北部からラムパーン方面への馬輸送列車が週に1往復程度運行されており，他に定期列車に軍用車両を連結した事例も多数存在した［NA Bo Ko. Sungsut 1. 12/259 “Phu Banchakan Rotfai Thahan Rian Pho Bo. Thahan Sungsut.”］。

77) 車両不足の要因は，他に新線の開通も挙げられた。この問題については，第4章第1節を参照。

78) NA Bo Ko. Sungsut 2. 4. 1/22 “Khabuan Rot doen yu Kon Songkhram Maha Echia Burapha”, “Khabuan Rot doen yu Khana Songkhram Maha Echia Burapha” この本数は，列車番号単位で計算してあるので，列車が直通する場合でも列車番号が変わる場合は複数に数えている。なお，毎日運行でない急行列車も若干含まれている。

79) 実際にはタイの旅客列車の大半が客車と貨車を連結した混合列車であったことから，貨物列車が廃止されても混合列車に貨車を連結することは可能であった。ただし，貨物列車よりも牽引可能な車両は少なくなり，輸送力は大幅に低下することになる。

80) NA Bo Ko. Sung Sut 1. 7/23 “Kham Sang Pho Bo. Thahan Sungsut. 1943/07/08” ピブーン首相はペッチャブーンを軍都化して戦争に対処しようと考え，1943年からペッチャブーンへの鉄道建設計画の検討を命じ，44年にはペッチャブーン遷都計画も発表した。

81) Ibid. “Prathan Kammakan Amnuai Kan Sang Thang Rotfai Sai Phetchabun Thung Phu Banchakan Thahan Sungsut. 1943/08/02”

82) Ibid. “Kham Sang Tho. Sanam. 1943/08/04” ただし，チャイバーダーンはペッチャブーンから150km程度南に位置していた。なお，当初のタパーンヒン～ペッチャブーン間のルートも放棄したわけではなく，こちらにはサトウキビや木材輸送用の産業鉄道のレールや車両を用いて軽便鉄道を建設する計画を立てたようであり，NA Bo Ko. Sung Sut 1. 7/51にはその計画に関する文書が存在する。ただし，実際には計画段階で遷都計画が中止され，実行には移されなかったものと思われる。

83) NA [2] So Ro. 0201. 66. 5. 2/48 “Mae Thap Yai Thung Nayok Ratthamontri. 1945/02/10”

84) NA Bo Ko. Sung Sut 2. 4. 2/9 “Athibodi Krom Chaotha Thung Chao Krom Prasan Ngan Samphanthamit. 1945/01/22”

## 第2章　鉄道と道路の共用 ── 戦後復興期の交通政策

1）例えば，1947年には北部のデンチャイ～ナーン間道路の舗装区間64kmのうち，36kmが砂利道路に変更されている［TK (1941–1948)］。
2）NA Kho Kho. 0202. 8. 7/387 “Rong Phu Amnuaikan Samnak Ngoppraman Krap Rian Phana Nayok Ratthamontri. 1960/05/12”　1950年代から60年代にかけて，数多くの道路が軍の要請により仮設道路として建設された。
3）SN 1947/12/24 “Prot Som Thang Noi Khrap.”
4）SN 1948/01/16 “Sang Thanon Yisip Pi Laeo Yang Mai Set.”
5）NA [2] So Ro. 0201. 66. 5/5 “Banthuk Chi Chaeng Kan Sang Thang Khrongkan 5 Pi thi 2.” 第1次計画は仏暦2478年道路建設法として，5年間の予算額を規定された。
6）Ibid. “Khrongkan Sang Thang Luang Phaendin lae Thang Luang Changwat Pho So 2492–2496.”
7）Ibid. “Ratthamontri Wa Kan Krasuang Kan Khlang Rian Lekhathikan Khana Ratthamontri. 1949/05/19”
8）Ibid. “Ratthamontri Chuai Wa Kan Krasuang Khamanakhom Rian Lekhathikan Khana Ratthamontri. 1950/03/20”
9）Ibid. “Khrongkan 10 Pi Kosang Thang Luang Phaendin.”
10）実際には中部のピチット県のみは，県庁所在地への道路が含まれておらず，道路は県南部のタパーンヒンまでしか到達しないことになっていたが，鉄道は既に到達していた。
11）NA [2] So Ro. 0201. 66. 5/5 “Phaenkan Sang Thang Tam Khwam Tongkan khong Tho Bo.” 陸軍は10年計画の路線から必要性に応じて，4段階の優先度を付けた。
12）NA [2] So Ro. 0201. 66. 5. 2/4 “Lekhathikan Khana Ratthamontri Rian Ratthamontri Wa Kan Krasuang Khamanakhom, Krasuang Kan Khlang, Krasuang Mahatthai. 1953/03/18”, NA Kho Kho 0202. 8/18 “Banthuk Raingan Kan Prachum Khrang thi 2 khong Khana Kammakan Sakha Setthakit Kan Khamanakhom. 1954/12/11”
13）NA Kho Kho. 0202. 8/127 “Pramuan Rai Laiat Thang Luang Phaendin haeng Prathet Thai Pho So 2506.”
14）道路局の1954年度予算は5億6,800万バーツであったが，翌年は3億400万バーツに削減された。
15）NA [2] So Ro. 0201. 66. 5/2 “Ratthamontri Wa Kan Krasuang Mahatthai Thung Lekhathikan Khana Ratthamontri. 1949/12/10.”
16）Ibid. “Athibodi Krom Yotha Thetsaban Rian Nayok Ratthamontri. 1950/09/12”
17）県道の移管後，1952年に道路局のタイ語名称が国道局（Krom Thang Luang Phaendin）に変更されたが，ここでは以降も道路局という名称を用いる。なお，1963年に道路局が新設された国家開発省下に置かれて再び県道を管轄するようになった際に，公道局（Krom Thang Luang）に変更されており，現在に至るまでこの名称が用いられている。
18）NA Kho Kho. 0202. 8. 9/21 “Amphon Sanoe Athibodi Krom Thang Luang Phaendin.

1953/02/09"

19） NA Kho Kho. 0202. 8. 7/216 "Lekhathikan Khana Ratthamontri Rian Ratthamontri Wa Kan Krasuang Khamanakhom. 1954/08/09" によると，8月4日の閣議で県道の道路局への移管が決まった。

20） Ibid. "Lekhathikan Khana Ratthamontri Rian Ratthamontri Wa Kan Krasuang Khamanakhom. 1955/11/16.", NA Kho Kho. 0202. 8. 7/218 "Lekhathikan Khana Ratthamontri Rian Ratthamontri Wa Kan Krasuang Khamanakhom. 1956/12/15.", "Lekhathikan Khana Ratthamontri Rian Ratthamontri Wa Kan Krasuang Khamanakhom. 1957/10/16."

21） 管見の限り，軍事道路という語は1943年頃より使用され始めている。

22） NA Kho Kho. 0202. 8. 7/113 "Lekhathikan Khana Ratthamontri Rian Ratthamontri Wa Kan Krasuang Khamanakhom. 1954/08/24"

23） リンダーペスト病は牛疫とも呼ばれ，ウイルスによって感染する牛や水牛を中心とした伝染病であり，家畜法定伝染病の1つでもある。

24） NA [2] So Ro. 0201. 66. 5. 2/40 "Lekhathikan Khana Ratthamontri Rian Athibodi Krom Thang. 1949/05/06"　国連FAOのアジア極東支部の代表が，6月20日からバンコクでリンダーペスト病委員会を開催することになっていた。実際に代表団がパークチョンを訪れたかどうかは不明であるが，道路建設は間に合わなかった。

25） この区間は，直前の1949年に作られた第2次5年計画には含まれていなかった。

26） NA [2] So Ro. 0201. 66. 5/26 "Nayok Ratthamontri Rian Ratthamontri Wa Kan Krasuang Kalahom lae Ratthamontri Wa Kan Krasuang Khamanakhom. 1949/05/02"

27） NA [2] So Ro. 0201. 66. 5/5 "Raingan Kan Prachum Khana Kammakan Amnuai Kan Sang Thang Phua Pongkan Ratcha Anachak 7 Minakhom 2493."

28） Ibid. "Ratthamontri Chuai Wa Kan Krasuang Kalahom Rian Lekhathikan Khana Kammakan Patibat Ratchakan Phaendin Tam Nayobai Ratthaban. 1951/10/08"

29） Ibid. "Phaenkan Sang Thang Tam Khwam Tongkan khong Tho Bo."

30） Ibid. "Raksakan nai Tamnaeng Athibodi Krom Thang Luang Phaendin Krap Rian Than Nayok Ratthamontri. 1953/07/15"

31） NA [2] So Ro. 0201. 66. 5. 2/62 "Ratthamontri Wa Kan Krasuang Khamanakhom Rian Lekhathikan Khana Ratthamontri. 1953/07/01"

32） NA Kho Kho. 0202. 8. 7/192 "Sarup Khrongkan Sang Thang. 1956/12/19"　なお，バンコク～ペッブリー間は海岸経由の新ルートであった。

33） NA Kho Kho. 0202. 8. 7/4 "Ratthamontri Chuai Wa Kan Krasuang Khamanakhom Rian Lekhathikan Khana Ratthamontri. 1950/04/29"

34） Ibid. "Palat Krasuang Kalahom Rian Ratthamontri Wa Kan Krasuang Khamanakhom. 1950/04/29"

35） SN 1953/08/12 "Than Phu Pai Thung Nai Thanon Riap Thung Nan."

36） NA Kho Kho. 0202. 8. 7/172 "Athibodi Krom Thang Luang Phaendin Sanoe Palat Krasuang Khamanakhom. 1956/02/28", "Athibodi Krom Thang Luang Phaendin Sanoe Palat Krasuang

Khamanakhom. 1956/12/07"

37） NA Kho Kho. 0202. 8. 7/25 "Phu Chuai Lekhathikan Ratthamontri Rian Lekhathikan Khana Ratthamontri. 1951/05/07"

38） この式典は1957年5月に行われ，各地で仏教寺院や史跡の復興がなされ，バンコクでは外国からの来賓を招いての祝賀式典や仏教教典の展示もなされた［Phaibun ed. 1997: 338-343.］。ピブーン首相の目的は，仏教を庇護することで共産主義の浸透を防止することと，自らの政治的正当性を維持するためであったとされている［Kobkua 1995: 140-141.］。

39） NA［2］So Ro. 0201. 66. 5/29 "Lekhathikan Khana Ratthamontri Rian Ratthamontri Wa Kan Krasuang Khamanakhom lae Ratthamontri Wa Kan Krasuang Kan Khlang. 1952/04/18", NA Kho Kho 0202. 8. 4/1 "Lekhathikan Khana Ratthamontri Rian Ratthamontri Wa Kan Krasuang Khamanakhom. 1952/04/24"

40） NA Kho Kho. 0202. 8. 7/102 "Athibodi Krom Thang Luang Phaendin Sanoe Palat Krasuang Khamanakhom. 1954/12/04"　なお，カンボジアの鉄道との直通とは，戦後分断された東線のアランヤプラテートとカンボジア側のポーイペット間の復旧であり，1955年に開通して列車の運行が開始された。

41） NA Kho Kho 0202. 8. 4/1 "Ratthamontri Wa Kan Krasuang Khamanakhom Rian Lekhathikan Khana Ratthamontri. 1952/04/28", NA Kho Kho. 0202. 8. 7/192 "Sarup Khrongkan Sang Thang. 1956/12/19"　しかし，1957年までに完成したものはなかった。

42） NA Kho Kho. 0202. 8. 7/116 "Athibodi Krom Thang Luang Phaendin Rian Palat Krasuang Khamanakhom. 1956/01/24"

43） NA Kho Kho. 0202. 8. 7/216 "Nayok Ratthamontri Rian Ratthamontri Wa Kan Krasuang Khamanakhom. 1954/01/25"

44） SN 1956/05/23 "Ro So Pho Phit Wang nai Kan Su "Nitsan"."

45） NA［1］Ko Kho. 1. 3. 3. 2/5 "Ratthamontri Wa Kan Krasuang Kan Khlang Krap Rian Phana Nayok Ratthamontri. 1961/09/11"　これは，この道路への借款を予定していたアメリカ輸出入銀行の係官が視察した際に述べたものである。

46） NA Kho Kho 0202. 8/4 "Banthuk Raingan Kan Prachum Ruang Kan Sang Thang Luang Phaendin lae Ruang Un-un. 1952/04/16"

47） Ibid. "Nayok Ratthamontri Rian Than Huana Khana STEM. 1952/05"

48） NA［2］So Ro. 0201. 66. 5/2 "Prathan Khana Kammakan Rian Lekhathikan Khana Ratthamontri. 1951/10/20"

49） 本来はこのような予算獲得競争を防止するために，4年計画などの長期計画が策定され，対象となる路線とその費用が法律で規定されたのである。

50） 1935/36年には，最も整備されたラムパーン～チエンラーイ間の賃率がトンキロあたり0.10バーツであったのに対し，デンチャイ～ナーン間では0.29バーツであった。

51） NA［1］Ko Kho. 1. 3. 3. 2/1 "Thailand Road Investment Program. 1953/07/08" なお，当時の換算レートは1ドル＝18バーツとした。

52） Ibid.

53）　NA Kho Kho. 0202. 8. 9/21 “State Highway Construction and Improvement Projects of Thailand.” は世界銀行に対する借款の申請書であるが，この中で道路局は4年計画の遂行に対して世界銀行からの借款が必要であると述べている。
54）　Ibid. “Kan Khian Raingan Kho Ku Ngoen Thanakhan Lok. 1952/11/26”
55）　Ibid.
56）　NA［2］So Ro. 0201. 66. 5/5 “Ratthamontri Wa Kan Krasuang Khamanakhom Rian Ratthamontri Wa Kan Krasuang Kan Khlang. 1953/04/27”
57）　NA［1］Ko Kho. 1. 3. 3. 2/1 “Thailand Road Investment Program. 1953/07/08”
58）　NA Kho Kho. 0202. 8. 7/70 “Phu Chuai Lekhathikan Khana Ratthamontri Rian Ratthamontri Wa Kan Krasuang Khamanakhom. 1953/10/30”
59）　アメリカの軍事支援や経済援助については，Muscat［1990］が詳しい。
60）　NA Kho Kho. 0202. 8. 9/7 “Thailand, Highways, Expanded Aid.”
61）　Ibid.
62）　Muscat［1990］：295の表A. 1によると，1954年までの経済援助の総額は年間1,000万ドルに満たなかったものが，1955年には4,600万ドルにまで急増している。なお，翌年以降は2,000万ドル程度で1960年代前半まで推移している。
63）　NA Kho Kho. 0202. 8. 10/9 “Rai La-iat Ngoen Chuai Lua chak Saharat Amerika.”
64）　Ibid.
65）　道路局年報によると，サラブリー～パークチョン間は1950年に建設道路に指定されたが，パークチョン～コーラート間の建設道路への指定は1952年のことであった。
66）　NA［3］So Ro. 0201. 13. 1/6 “Krommamun Narathip Rian Lekhathikan Khana Ratthamontri. 1953/07/21”
67）　ラオスへのアメリカの関与については，Stuart-Fox［1997］：89–93を参照。
68）　NA［3］So Ro. 0201. 13. 1/8 “Banthuk Kan Prachum Khana Kammakan Damnoen Ngan Tam Khrongkan Chuailua Thang Setthakit lae Wichakan khong Saharat Amerika（Ko So Wo）Khrang thi 15/2496. 1953/11/24”, NA［3］So Ro. 0201. 13. 1/6 “Sunthon Hongsaladarom Rian Lekhathikan Khana Ratthamontri Fai Borihan. 1954/06/25”
69）　NA Kho Kho. 0202.8.7/240 “Rang Kham Krap Bangkhom Thun Raingan Kan Kosang Thang Luang Phaendin Sai Mittraphap khong Nayok Ratthamontri.”
70）　NA Kho Kho. 0202. 8. 7/217 “Athibodi Krom Thang Luang Phaendin Sanoe Palat Krasuang Khamanakhom. 1957/01/21”
71）　この道路はタイを東西に横断するルートの一部であり，地形が急峻であり建設に難儀していたことと，軍事上の意義をアメリカ側が重視したことから，サラブリー～コーラート間に次いで援助対象とされた。建設方法や規格はサラブリー～コーラート間と同じであったが，地形が複雑なため線形は悪かった。
72）　NA Kho Kho. 0202. 8. 7/421 “Sanoe Ho Ko Ko. 1961/07/14” によると，当初民間業者への請負は5線で行う予定であったが，その後北部のホート～メーサリアン間，南部のスラーターニー～タクアパー間のみを請け負わすことになった。両者の建設工事の進捗状況については，NA Kho Kho. 0202. 8. 7/178, NA Kho Kho. 0202. 8. 7/302 の各文書を参照。

73） NA Kho Kho. 0202. 8. 7/113 “Athibodi Krom Thang Luang Phaendin Sanoe Palat Krasuang Khamanakhom. 1955/01/16”

74） NA Kho Kho. 0202. 8. 7/176 “Ratthamontri Wa Kan Krasuang Khamanakhom Krap Rian Phana Nayok Ratthamontri. 1956/04/13”

75） NA［2］So Ro. 0201. 66. 5/5 “Khrongkan 10 Pi Kosang Thang Luang Phaendin.” 最も安い東北部で6万バーツ，最も高い中部の低地や山間部で25万バーツとされていた。

76） NA Kho Kho. 0202.8.7/240 “Rang Kham Krap Bangkhom Thun Raingan Kan Kosang Thang Luang Phaendin Sai Mittraphap khong Nayok Ratthamontri.” より筆者計算。

77） ただし，鉄道の運賃は急行料金を含むものと思われる。

78） TLK（1957）：230 より筆者計算。なお，利用した数値はロッブリー～コーラート間道路の中間部（275～315km 地点）のものであり，年間自動車通行量を1日分に換算したものである。

79） USOMM（1967/05）“Thailand Farm Fair Shows Many Facts of U.S. Aid.” ただし，1960年代末の人口はパークチョン郡全体の人口であろう。

80） Ibid.

81） SN 1947/09/27 “Saphan Phang Tham Hai Duatron Mak.”

82） NA Ko Kho. 0301. 8/6 “Lekhathikan Khana Ratthamontri Rian Palat Krasuang Kan Khlang. 1949/12/20”

83） NA Ko Kho. 0301. 8. 2/1 “Rehabilitation and Improvement Project of the Royal State Railways of Thailand.” 以下の記述もこの資料による。

84） NA Ko Kho. 0301. 8/15 “Raingan Ruang Kan Ku Ngoen chak Thanakhan Lok. 1950/11/28”

85） NA Ko Kho. 0301. 8/9 “Loan Agreement（Railway Project）between Kingdom of Thailand and International Bank for Reconstruction and Development. 1950/10/27”

86） NA Kho Kho. 0202. 8. 9/21 “Chak Cho Po Ko Thung Cho Yo Tho lae O Ko Tho. 1953/02/09”

87） NA Ko Kho. 0301. 8. 2/1 “Rehabilitation and Improvement Project of the Royal State Railways of Thailand.” 以下の記述もこの資料による。

88） RFT（1951）によると，国鉄になったことで従来は大蔵省が支出していた従業員の生活費補助，税金，学費などを国鉄が支出するようになり，福祉基金や減価償却費の積み立てが増えることから，全体の支出が増加した。

89） NA Ko Kho. 0301. 8/35 “First Loan Administration Report on the Three Loans to the Kingdom of Thailand of October 27, 1950.”

90） NA Ko Kho. 0301. 8. 2/240 “J. Rucinski to P. Boribhandh. 1954/07/29”

91） NA Ko Kho. 0301. 8/42 “Banthuk Kan Haru rawang Thanakhan Lok lae Krasuang Khamanakhom. 1954/11/15”, NA Ko Kho. 0301. 8/14 “Banthuk Raingan Kan Cheracha Ku Ngoen Thanakhan Lok 20 Mokkharakhom−10 Minakhom 2498. 1955/03/30”

92） NA Ko Kho. 0301. 8. 2/240 “Kan Haru rawang Thanakhan Lok kap Krasuang Kan Khlang. 1954/11/13”

93） 現在の国鉄やバンコク大量輸送公団（市内バス運行事業者）が赤字経営を強いられている要因の一つに，政府が運賃値上げを認めず適性水準の運賃徴収が不可能であるという現状が存在することを考えると，この時期にも世界銀行からの外圧がなければ，国鉄の運賃は低い水準に押さえられ続け，結果として現状よりも早い時期に赤字に転落していた可能性が高い。

94） これは，RFT（1951）-（1957），NA Kho Kho. 0202. 2. 11 /3から各年度の新車投入両数を集計した数値である。

95） ABC式は開発したイギリスのABC社の名称を用いたもので，マラヤなど植民地の狭軌鉄道での使用を想定した。タイでは最初に標準軌で建設されたコーラート線などではフック・スクリュー式が用いられたが，南線はマラヤに合わせてABC式を採用し，後に軌間統一した際にABC式に統一された。

96） 日本ではこのために周到に準備を重ねて，1925年7月に一斉に交換を行った［山本編 1986：136–137］。

97） 50ポンドレールとは，1ヤード（91.4cm）あたり重さ50ポンド（22.7kg）のレールである。

98） NA Kho Kho. 0202. 9. 7/5 "Banthuk Raingan Kan Prachum Haru Ruang Kitchakan Rotfai. 1957/04/20"

99） Ibid.

100） NA Kho Kho. 0202. 9. 2/2 "Prakat Rotfai Chapho Chaonathi Rotfai Thaonan. Lem 12–9. 1958/03/03"

101） NA Kho Kho. 0202. 9. 5. 7/3 "Banthuk Raingan Kan Prachum Khana Kammakan Rotfai Khrang thi 2/92. 1949/08/05"

102） NA Kho Kho. 0202. 9. 7/2 "Prathan Khana Kammakan Kan Rotfai haeng Prathet Thai Rian Ratthamontri Wa Kan Krasuang Khamanakhom. 1952/04/10"

103） NA [2] So Ro. 0201. 16. 1/1 "Athibodi Krom Rotfai Rian Than Palat Krasuang. 1949/03/27"

104） NA Kho Kho. 0202. 9. 5. 7/11 "Banthuk Raingan Kan Prachum Khana Kammakan Rotfai haeng Prathet Thai Khrang thi 1/98. 1955/01/04"

105） 旧ノーンカーイ駅は，ナーターと改称された。当初の建設がナーターまでであった理由は，ナーターから先はシーチエンマイ方面へ延伸し，メコン川を渡ってヴィエンチャンまで至る鉄道計画が存在したためと思われる。

106） NA Ko Kho. 0301. 8/14 "Thailand's Need for Supplementary Assistance during Fiscal Year 1956. 1955/08"では，4線の新線建設を援助に含めるよう申請している。

107） NA Kho Kho. 0202. 9. 5. 3 /253 "Banthuk Raingan Kan Prachum Dan Doen Rot lae Khonsong Khrang thi 41/2507. 1964/10/19"

108） この99kmのうち，アランヤプラテート～クローンルック間6kmは，タイが「失地回復」の際に建設した区間であり，戦後廃止したもののカンボジアとの列車直通運転の開始に伴い，1955年に復活させたものであるから，純粋な新線ではない。

109） 485kmの内訳は，ケーンコーイ～ブアヤイ間268km，スラーターニー～ターヌン間161km，ウドーンターニー～ノーンカーイ間56kmである。

110）通常支出額の増加率のほうが高い理由は，1951 年に国鉄に改組されてから従来大蔵省が肩代わりしていた支出が国鉄の支出に計上されるようになったためである。このため，1951 年の通常支出は前年度より約 3.7 倍増加している。

111）NA Kho Kho. 0202. 9. 7/2 “Prathan Khana Kammakan Kan Rotfai haeng Prathet Thai Rian Ratthamontri Wa Kan Krasuang Khamanakhom. 1952/04/10”

112）Ibid. “Lekhathikan Khana Ratthamontri Rian Ratthamontri Wa Kan Krasuang Khamanakhom. 1952/06/17”　道路建設の場合も，同様の法制化に大蔵省が難色を示したが，1952 年に全国国道建設 4 年計画が法制化された。

## 第 3 章　鉄道から道路へ ――「開発」の時代の交通政策

1）例えば，タイ経済史研究の代表である Ingram［1971］にも，近年の政治・経済史の概説書である Pasuk & Baker［1995］でも，戦前の時代については鉄道の役割が言及されているが，戦後に入ると道路のみが話題となる。

2）彼はバンコクの首位都市化の要因として戦後の急速な道路整備を理由に挙げており，鉄道の役割には一切触れていないが，筆者は少なくとも「開発」の時代までの約 60 年間のバンコクの首位都市化に鉄道が果たした役割は非常に大きかったものと考える。

3）これは「開発」の時代の鉄道を主眼とした唯一の研究であり，1958 年と 68 年の貨物発着量を比較して，今後の鉄道輸送の展望を考察している。

4）TS (2005) によると，タイの貨物輸送全体での鉄道のシェアはトンキロベースで約 3%でしかない。しかし，近隣諸国の鉄道（都市鉄道は除く）と比較すると，タイの鉄道輸送量は最多となる。国によって対象年度に若干の違いがあるが，Harris［2000］から計算すると 1998 年度のタイ鉄道の営業路線 1km あたりの輸送量は旅客 269 万人キロ，貨物 71 万トンキロとなり，東南アジアではそれぞれ最も高い数値となっていた。

5）サリットの行った様々な施策については，末廣［1993］：22–50 を参照。

6）フレンドシップ・ハイウェーの経済効果については，Wisit［1963］を参照。

7）サリットの視察後の感想については，Sarit［1964b］に多数掲載されている。

8）NA Kho Kho. 0202. 8. 7/211 “Thomas R. Hill to Nai Mongkol. 1956/01/26”　コーラート～ノーンカーイ間は 1955 年からの道路計画拡大援助に含まれてコンクリート橋の建設が行われており，後に個別の計画として修復されることになった。

9）NA Kho Kho. 0202. 8. 7/390 “Lekhathikan Borihan khong Nayok Ratthamontri Rian Ratthamontri Wa Kan Krasuang Khamanakhom. 1960/04/04”

10）NA Kho Kho. 0202. 9. 11/24 “Statement by the Honorable Henry R. Labouisse; Chairman of the President's Task Force on Foreign Economic Assistance, Before the House Foreign Affairs Committee, Wednesday June 21, 1961.”

11）SRWR 1958/03/06 “Eight Experts Sent by World Bank to Help Remedy Thai Economy.”

12）NA Kho Kho. 0202. 2. 10/5 “Banthuk Sarup Khwam Khit-hen khong Khana Anukammakan

Kan Khamanakhom kiaokap Kho Naenam khong Khana Samruat Setthakit khong Thanakhan Lok Ruang Kan Khonsong lae Kan Khamanakhom. 1959/11/10"

13） SN 1961/03/09 "Phu Thaen Baeng Lok Samruat.", NA Kho Kho. 0202. 8. 10/20 "Proposed Program for Development of Highways in Thailand. "

14） NA Kho Kho. 0202 8. 7/469 "Khrongkan Kosang lae Burana Thang Luang Phaendin Pho So 2506–2513."

15） 建設は道路の新設，修復は既存道路の改良を意味するものと考えがちであるが，実際には建設区間とされていても旧道が存在したり，修復区間でも既存の道路が全くない場合も存在するため，建設と修復の区分は明確ではない。

16） NA Kho Kho. 0202 8. 7/469 "Khrongkan Kosang lae Burana Thang Luang Phaendin Pho So 2506–2513."

17） サリットは幼少時に東北部で過ごした経緯があることから，東北部の「開発」にとくに関心を抱き，自ら東北部開発委員会長に就任していた。NA Kho Kho. 0202 8. 7/469 "Khrongkan Kosang lae Burana Thang Luang Phaendin Pho So 2506–2513." から計算すると，東北部の対象道路は計 1,784km となり，全体の 33％であった。

18） かつて 1920 年代のカムペーンペット親王の時代に，各道路の状況に応じて規格を 1 ～ 3 級に定めたことがあったが，明確な基準は存在しなかった。

19） 県道は 1950 年に道路局から自治土木局へ移管されたが，55 年から再び道路局へ戻そうとしたものの予算の関係で毎年延期されていた。なお，63 年の県道の移管に伴い，道路局の名称は正確には国道局（Krom Thang Luang Phaendin）から公道局（Krom Thang Luang）に変更となったが，本書では道路局との名称に統一する。

20） 大規模な開発計画であったノーングーハオの新空港計画や，シーラーチャーの深水港計画は中断された。

21） NA [1] Ko Kho. 1. 3. 3. 2. 4/2 "Rong Lekhathikan Khana Ratthamontri Rian Ratthamontri Wa Kan Krasuang Kan Khlang. 1963/09/13"

22） NA [1] Ko Kho. 1. 3. 3. 2. 4/3 "Banthuk Raingan Kan Prachum Khana Thamngan Phua Prapprung lae Kaekhai Khrongkan Thang Luang Phaendin 8 Pi Khrang thi 1/2506. 1963/10/18"

23） NA [1] Ko Kho. 1. 3. 3. 2/25 "Khrongkan Kosang lae Burana Thang Luang 5 Pi."

24） サリットの死後タノームが政権を引き継いだことについて，アメリカ側はタノームの権力がサリットに比べて弱いので，プラパートら軍の重鎮数名との間でしばらく権力の駆け引きがあるだろうと推測していた［FRUS 1961–1963 Vol. XXIII: 1002–1003］。

25） NA [1] Ko Kho. 1. 3. 3. 2. 2/1 "Banthuk Samnakngan Setthakit Kan Khlang. 1964/02/07"

26） サコンナコーン～ナコーンパノム間は，ナコーンパノムに米軍基地が設置された関係で，米軍が独自に舗装した。

27） NA [1] Ko Kho. 1. 3. 3. 2. 2/4 "Kan Prachum Khana Kammakan Phicharana Withi Damnoen Ngan kiaokap Kan Kosang Thang Luang Tam Khrongkan Duai Ngoen Ku Thanakhan Lok lae Ngoen Ku EXIM Bank Khrang thi 3/2507. 1964/03/30"

28） NA [1] Ko Kho. 1. 3. 3. 2/32 “Kan Cheracha Thaptham Ngoen Ku Chak Thanakhan Lok Phua Khrongkan Kosang lae Burana Thang Luang Khrang thi Song.”

29） NA [1] Ko Kho. 1. 3. 3. 2/35 “Raingan Phon Khupna khong Ngan Tam Khrongkan Ngoen Ku AID Phua Kan Kosang Thang Sai Saraburi-Lomsak.”

30） Ibid. “Lekhathikan khana Ratthamontri Rian Ratthamontri Wa Kan Krasuang Kan Khlang. 1967/01/25”

31） NA [1] Ko Kho. 1. 3. 3. 2. 1/13 “Banthuk Raingan Kan Prachum Khana Kammakan Phicharana Withi Damnoen Ngan kiaokap Kan Kosang Thang Luang Tam Khrongkan Ngoen Ku ru Khrongkan Chuailua Chak Tang Prathet. 1967/01/11” によると，この借款を取り消すことでアメリカからの無償援助での建設を期待しているロムサック～コーンケーン間の建設に支障が出るとの意見もあったが，アメリカは援助ではなく借款の供与しか行わないであろうし，それでは結局建設費が高くつくとの意見が通り，最終的に借款を中止した。

32） NA [1] Ko Kho. 1. 3. 3. 2. 1/21 “Banthuk Samnakngan Setthakit Kan Khlang. 1967/09/15”

33） NA [1] Ko Kho. 1. 3. 3. 2. 7/1 には，この小委員会の議事録が掲載されている。

34） NA [1] Ko Kho 1. 3. 3. 2. 4/14 “Kan Prachum Khana Kammakan lae Anukammakan Phicharana Prapprung Khrongkan Thang Luang Khrang thi 11/2507. 1964/04/16”

35） NA [1] Ko Kho. 1. 3. 3. 2. 6/1，NA [1] Ko Kho. 1. 3. 3. 2. 6/2 には，この小委員会の議事録が掲載されており，県からの陳情を却下する記述が見受けられる。

36） NA [1] Ko Kho. 1. 3. 3. 2. 6/4 “Banthuk Kan Prachum Khana Anukammakan Chat Tham Khrongkan Thang Luang Changwat Khrang thi 2/2510. 1967/07/10”

37） Ibid. 北部については，より優先度の高い路線は市街地に近い短距離の路線が多く，借款を利用して建設する必要がなかったことから，長距離で優先度の高いこの 2 線が選ばれたのであろう。県道にも様々な部類のものが含まれるため，費用便益分析を行うと平坦な地形で市街地に近い短距離の道路の優先度が最も高くなった。

38） センターは頻繁に開設と廃止が行われ，23 ケ所が同時に開設されていた時期はない。

39） 世界銀行側は，対象となる道路の事業化調査の結果が好ましくないと，何度でも調査のやり直しを求めた。例えば，当初第 3 回借款に申請していた東北部のチョークチャイ～デートウドム間道路は，道路局の顧問建設会社が行った事業化調査の結果を申請時に用いたが，世界銀行側はその投資回収率が低いとして，改めて事業化調査と土木調査を行うよう求めた [NA [1] Ko Kho. 1. 3. 3. 2/34 “Banthuk Samnakngan Setthakit Kan Khlang. 1967/07/25”]。また建設業者の選定の際の入札の結果，タイ企業が下から 2 番目の価格を提示したためこれを落札業者に指名することをタイ側が決めた事例が存在するが，いずれも世界銀行が認めず最下位の価格を提示した外国企業にせざるを得なくなった。この件については，NA [1] Ko Kho. 1. 3. 3. 2. 1/66，NA [1] Ko Kho. 1. 7. 5. 2. 1/4 を参照。

40） NA [1] Ko Kho. 1. 3. 3. 2. 1/66 “Palat Krasuang Kan Khlang Rian Phu Amnuaikan Fai Setthakit Kan Khlang lae Kan Utsahakam. 1972/04/05” これは大蔵省の立場であり，道路局は世界銀行の度重なる干渉に不快感を示しており，借款交渉が行き詰まると国家予算で建設すべきであると度々主張した。

41）NA Kho Kho. 0202. 8. 7/483 "Lekhathikan Khana Ratthamontri Rian Ratthamontri Wa Kan Krasuang Khamanakhom. 1963/07/01"　対象道路は，北部のチエンラーイ～チエンコーン間，トゥーン～チエンカム間，東北部のパンコーン～ブンカーン間，ノーンヒン～セーカー間である。ただし，この道路は未舗装道路であり，しかもアメリカの会社が建設することになっていたので，道路局側は機材センターの援助のほうが望ましいと主張していた［NA Kho Kho. 0202. 8. 9/19 "Rong Athibodi Krom Thang Luang Phaendin Rian Lekhathikan Samnakngan Khanakammakan Phatthanakan Setthakit haeng Chat. 1963/05/15"］。

42）その後，より短絡ルートとするために，チャチューンサオ～カビンブリー間に変更された。

43）1973年まで着工された道路が完成するまでの時間を勘案し，76年の数値を用いた。

44）道路番号が1桁，2桁の道路は幹線国道（Thang Luang Phaendin Sai Prathan）と呼ばれており，筆者の集計によると1976年時点で全国に約5,700kmが存在した。このうち2,732kmが国際協力によって整備された。

45）TLK［1996］：105によると，借款による建設の場合は，通常建設費の45～48％が借款によって賄われ，残りは国家予算を充当するとされている。

46）借款による建設距離は約2,000kmであり，この建設費に占める国家予算の割合が半分程度であるから，1,000km程度の建設が国家予算のみで可能であったことになる。さらに借款による建設が国家予算による建設より4割高くついたとすると，この額で約40％多く道路を建設できたことになる。

47）表3-4の援助による道路1,999kmのうち，1,227kmはアメリカ援助や米軍による国家予算の充当がほとんどない形態の建設であるが，残りの772kmは機材センターの建設である。この場合，国家予算の占める比率は65％程度であったことから，単純に計算すると772kmのうち500kmは自力で建設できたことになる。

48）国際入札では，タイ企業は建設機材を新規購入しなければならない場合があり，自社の機材をそのまま持ち込める外国企業よりも不利となった。また，世界銀行も企業の信頼性が高くないと受注に難色を示す場合もあった。

49）NA Kho Kho. 0202. 2. 10/20 "The Development of Thailand: Report of a Study Team. 1961/08/01"

50）世界銀行からの第1回借款の際に，11号線の一部区間をタイ企業が落札した。ただし，初期においてはタイ企業が落札した区間の建設が遅れるなどの問題も存在した。

51）TLK（1957）に掲載された各道路，各地点別の年間自動車通行台数を筆者が集計して，1地点当たりの日間通行量に換算したものである。

52）北部のラムパーン～チエンラーイ間，デンチャイ～プレー間などの道路は，1930年代から舗装化が進められていた。交通量の多い南部も，同様であった。

53）SRWR 1961/03/16 "Railways Ought to be Improved Simultaneously with Improvement of Highways."

54）最初の官営鉄道がバンコク～アユッタヤー間に開業した1897年3月26日がタイの鉄道発祥日であり，この日が鉄道誕生記念日となっている。

55）例えば，Sarit［1964b］：661–665を参照。

56） 1960年代末に立てられたこの線の建設計画によると，建設費は1億8,856万バーツであったが，車両調達費を含めると計4億791万バーツとされていた［RFT 1970: 398］。ただし，鉄道の場合は初期投資額は大きいものの開通後は収益が期待されたことから，単純に建設費のみで両者の優劣を比較することはできない。

57） NA Kho Kho. 0202. 9. 5. 3 /256 "Banthuk Raingan Kan Prachum Dan Doen Rot lae Khonsong Khrang thi 44/2507. 1964/11/09"，NA Kho Kho. 0202. 9. 5/58 "Banthuk Raingan Kan Prachum Phicharana kiaokap Phaen Kan Doen Rot 2510–2514. 1965/01/26"

58） 戸口輸送が可能な自動車輸送が台頭してくると，鉄道貨物輸送における積み替えコストの削減問題は世界的な課題となり，一方では工場などに専用線を建設してバラ積み貨物の一貫輸送を強化するとともに，他方では一般の車扱い貨物をコンテナ化することで積み替えコストを抑えようとした。後述するようにタイの場合は前者が推進されたが，後者は海上コンテナを除き現在に至るまで実現されておらず，一般の車扱い貨物は減少している。

59） NA Kho Kho. 0202. 9. 5. 6/1 "Sangkhep Ruang Thitang Sathani Krungthep. 1963/05"

60） Ibid.

61） これは線路を約1.65m嵩上げして，下に道路用のトンネルを建設する計画であった。

62） NA Kho Kho. 0202. 9. 5. 6/1 "Sangkhep Ruang Thitang Sathani Krungthep. 1963/05"

63） サリットの「清潔」感については，末廣［1993］：37を参照。同じく「美観」を損ねるとして，バンコク市内の三輪自転車タクシー（サームロー）が営業禁止された。

64） 例えば，SN 1959/08/08 "Charachon Kap Rotfai" では，タイの鉄道は通勤に利用されることがほとんどないため，鉄道は市内に乗り入れる必要はないとして，国鉄が計画しているバンコク市内の高架化を止めてフアラムポーンをバーンスーに移設することで，高額な高架建設費を節約すべきであると主張している。

65） NA Kho Kho. 0202. 9. 5. 6/1 "Banchi Priapthiap Kha Chaichai Kan Yai -Mai Yai Sathani Krungthep." バーンスー～クローンタン線は，バンコク都市計画により平行して道路が建設されることになっており，沿線の市街地化も進んでいることから高架での建設を要求する意見もあり，その場合は移設費用がさらに高くなることになった。

66） NA Kho Kho. 0202. 9. 5. 6/1 "Sangkhep Ruang Thitang Sathani Krungthep. 1963/05" この資料は1961年12月に車扱い貨物が移転したと記述しているが，他の多くの資料は60年12月としている。

67） NA Kho Kho. 0202. 8. 7/400 "Athibodi Krom Thang Luang Phaendin Sanoe Palat Krasuang. 1960/03/08" 国鉄によると，フアラムポーンの利用者数は1日約1万人であり，うち3分の1が近距離利用者，残りが長距離利用者であった。

68） この調査では，既存の国鉄の路線を都市鉄道として利用することは提言されなかった。この後1990年に浮上したバンコク高架道路・鉄道建設計画（ホープウェル計画）により，バンコク市内の国鉄路線は高架化されることになったが，1997年に計画は中断され，相変わらず平面交差は残置されている。ホープェル計画の顛末については，柿崎［2001］：271–279を参照。最近では平面交差に伴う交通渋滞の緩和のため，国鉄では2002年11

月からフアラムポーン発着の長距離列車の一部を徐々にバーンスーや新たに整備したパホンヨーティン駅（第2モーチット・バスターミナル付近）発着に移した。2004年に開業したバーンスー～フアラムポーン間の地下鉄が代替しているとはいえ，近郊輸送の役割も担う長距離の普通列車も移転の対象となっていることから，従来の鉄道利用者の転移による道路交通への影響も懸念される。話は再びサリットの時代に逆戻りしている感がある。なお，この措置は2006年9月のクーデターによるタックシン政権の崩壊後に中止され元に戻った。

69）パークナーム線の開業については，柿崎［2000a］：123–125を参照。

70）NA Ko To. 5. 15/4 “Maha-ammatnayok Yommarat Rian Phraya Chakkrapani. 1921/09/22” によると，1921年の時点でこの鉄道は途中のバーンナーまで電化されており，残りの区間も計画中であった。

71）PCC 1943/02/03 “Krom Rotfai Plian Wela Doen Khabuan Rotrang Sai Paknam.”，PCC 1943/02/25 “Krom Rotfai cha Dai Chat Doen Rotrang rawang Hualamphong Khlong Toei Phrakhanong.” この時点では，フアラムポーン～クローントゥーイ間に区間運行の電車が走っていたが，1926年にパークナームまで電化されてからは，市内軌道に連結するウィッタユ～クローントゥーイ間のみの運行に縮小していた。

72）NA ［2］ So Ro. 0201. 67. 2/2 “Samnao Raingan Prachum Khana Ratthamontri Khrang thi 33/2483. 1940/10/30” 鉄道局が反対したため，閣議では将来廃止する予定であることを決めるにとどめた。

73）NA Kho Kho. 0202. 9. 5/4 “Banthuk Raingan Kan Prachum Khrang thi 1 khong Khana Kammakan Sakha Setthakit Kan Khamanakhom. 1954/11/12”

74）NA Kho Kho. 0202. 9. 5. 7/56 “Banthuk Raingan Kan Prachum Khana Kammakan Rotfai haeng Prathet Thai Khrang thi 10/2502. 1959/03/31” パークナーム線の収支は，従業員の給与改定などにより支出が嵩んだことから1952年度に赤字に転落し，以後赤字額は増加していた。

75）SN 1959/07/14 “Ru Tuk Hualamphong Khayai Thanon Paknam.”

76）当初はクローンサーン～マハーチャイ間はターチーン鉄道，バーンレーム～メークローン間はメークローン鉄道であったが，1907年に両者が合併した。マハーチャイ～バーンレーム間にはターチーン川があり，橋を架けずに船で連絡した。

77）NA Ro. 7 Pho. 1/1 “Mr. Grut to Prince Kamphaengphet. 1925/02/28”，“Krommaluang Kamphaengphet Krap Bangkhom Thun Phrabatsomdetphra Chaoyuhua. 1927/06/03, 1931/04/17”

78）NA Kho Kho. 0202. 9. 2/2 “Kan Prakop Phithi Poet Doen Khabuan Rot Disenrang Sung Chat Hai Doen rawang Sathani Khlong San kap Sathani Wat Sing na Sathani Khlong San Changwat Thonburi. 1959/12/13”

79）NA Kho Kho. 0202. 9. 6/63 “Rong Phu Wa Kan Dan Kitchakan Doen Rot lae Khonsong Rian Prathan Kammakan Rotfai. 1959/08/21”

80）ただし，記述は年間約300万人とされている。パークナーム線の末期の利用者数は，1

日 3,500 人であった。

81） メークローン線の車両の工場入場の際には，クローンサーンからメーナームやラーマ6世橋までチャオプラヤー川の艀で輸送していた。

82） クローンサーン～ウォンウィアンヤイ間は道路に転用されたが，その中央に軌道が残され，車両回送時のみ使用された。

83） NA Kho Kho. 0202. 9. 5. 3 /176 “Banthuk Raingan Kan Prachum Dan Doen Rot lae Khonsong Khrang thi 6/2506. 1963/02/15”

84） この計画の概略は，RFT［1970］：327–328 を参照。

85） NA Kho Kho. 0202. 9. 5. 3 /256 “Banthuk Raingan Kan Prachum Dan Doen Rot lae Khonsong Khrang thi 44/2507. 1964/11/09”

86） NA［1］Ko Kho. 1. 3. 3. 2. 4/22 “Rong Athibodi Rian Lekhathikan Sapha Phatthanakan Setthakit haeng Chat. 1966/12/20” その後，メークローン線のウォンウィアンヤイ～マハーチャイ間は将来のバンコクの都市鉄道としての役割を期待されたことから存続させることとなったが，バーンレーム～メークローン間は廃止すべきとの結論に達した。しかし，メークローン線を南線のバイパスとする構想は完全に消えたわけではないので，現在に至るまで細々と列車の運行は継続されている。

87） なお，この他にバーンパーチー～ケーンコーイ間 35km の複線化が建設中であった。

88） NA［3］So Ro. 0201. 13. 1/1 “Khrongkan Phatthana Phak Tawan-ok Chiang Nua Doi Yo Pho So 2505–2509.”

89） NA Kho Kho. 0202. 9. 5/18 “Minutes of the Meeting between Representatives of the International Bank for Reconstruction and Development and Officers of the State Railway of Thailand. 1960/05/12”

90） SN 1961/11/15 “Chuai Lua Hai Set Tam Khrongkan.”，RFT（1964）：9–10.

91） NA Kho Kho. 0202. 9. 5. 3/11 “Banthuk Raingan Kan Prachum Dan Doen Rot lae Khonsong Khlang thi 25/2502. 1959/08/31”

92） NA Kho Kho. 0202. 9. 5. 7/93 “Banthuk Raingan Kan Prachum Khana Kammakan Rotfai haeng Prathet Thai Khrang thi 8/2503. 1960/01/27”

93） NA Kho Kho. 0202. 9. 5. 7/125 “Phu Wa Kan Rian Prathan Kammakan Rotfai. 1961/01/27”

94） 開通後は1日2往復の混合列車が運行されたが，所要距離のより短い舗装道路も完成したため鉄道の利用は少なく，南部方面への米輸送にある程度役割を果たしたのみであった。現在は米輸送もなく，1日1往復の旅客列車が運行されているに過ぎない。

95） NA Kho Kho. 0202. 9. 5. 3 /151 “Banthuk Raingan Kan Prachum Dan Doen Rot lae Khonsong Khrang thi 25/2505. 1962/08/10”

96） その後，計画されたクラビーの深水港への支線の建設なども検討されたが，いずれも実現には至っていない。2001 年にはスラーターニー～ターヌン間の土地収用政令が出されたが，実際の建設に着手する様子は見られない。

97） NA Kho Kho. 0202. 9. 5. 3/27 “Banthuk Raingan Kan Prachum Dan Doen Rot lae Khonsong Khrang thi 42/2502. 1959/12/28”

98） NA Kho Kho. 0202. 9. 5. 3 /181 "Banthuk Raingan Kan Prachum Dan Doen Rot lae Khonsong Khrang thi 11/2506. 1963/03/08"

99） NA Kho Kho. 0202. 9. 5. 3 /219 "Banthuk Raingan Kan Prachum Dan Doen Rot lae Khonsong Khrang thi 6/2507. 1964/02/03"

100） NA Kho Kho. 0202. 9. 5. 3 /236 "Banthuk Raingan Kan Prachum Dan Doen Rot lae Khonsong Khrang thi 23/2507. 1964/06/15"

101） NA Kho Kho. 0202. 9. 5. 3 /256 "Banthuk Raingan Kan Prachum Dan Doen Rot lae Khonsong Khrang thi 44/2507. 1964/11/09"

102） NA Kho Kho. 0202. 9. 5. 7/87 "Khrongkan Andap thi 3."

103） NA Kho Kho. 0202. 9. 5. 3 /144 "Banthuk Raingan Kan Prachum Dan Doen Rot lae Khonsong Khrang thi 18/2505. 1962/06/08"

104） NA Kho Kho. 0202. 9. 5. 7/271 "Banthuk Raingan Kan Prachum Khana Kammakan Rotfai haeng Prathet Thai Khrang thi 26/2508. 1965/10/06"

105） BP 1973/09/20 "SRT Feels the Need for Govt Subsidies.", RFT（1972）：64. 約300km分のレールと部品が援助されたが，建設予算を獲得できずに着工できず，レールは後に他線の古レール交換に用いられた。この路線の建設はその後レームチャバン深水港計画の具体化と共に1981年から開始され，89年に正式に開業した。現在では，レームチャバン港とバンコク郊外のコンテナターミナル間の海上コンテナ輸送を中心に使用されている。

106） NA Kho Kho. 0202. 9. 5. 3 /182 "Banthuk Raingan Kan Prachum Dan Doen Rot lae Khonsong Khrang thi 12/2506. 1963/03/25"

107） この線も深水港計画の具体化と共にその後再浮上し，再びケーンコーイ接続に変更となったうえで1995年に完成し，東部臨海工業地域から東北部や北部への石油製品や液化ガスの輸送に利用されている。

108） 広報学校は1961年に広報局下に設置されたもので，様々な機関の官僚を集めて広報活動の講習を行った。その主要な目的は，共産勢力に対抗して政府の「広報」を効率的に行う人材を育成することであり，共産勢力の浸透地域で実習を行っていたようである.

109） NA Kho Kho. 0202. 9/354 "Banthuk Kan Hai Samphat Phu Thaen Nangsuphim Witthayu lae Thorathat. 1966/03/24"

110） この線はその後メコン圏構想の中で，タイと中国を結ぶ路線の一部として注目されることとなり，先のターヌン線と同じく2001年に土地収用政令が出されたが，着工には至っていない。

111） NA Kho Kho. 0202. 9. 5. 3 /253 "Banthuk Raingan Kan Prachum Dan Doen Rot lae Khonsong Khrang thi 41/2507. 1964/10/19"

112） NA Kho Kho. 0202. 2. 13. 3/7 "Development of a Five-year Plan within the Framework of the National Development Plans of the Trans-Asian Railway Countries for Construction of Missing Links and/or Additional Extension Lines. 1970/10/06" アジア縦貫鉄道構想は1951年の第7回ECAFE会合で各国の鉄道の規格を統一することが決められたのがその起源であり，

1968年にはルートが決められた［RFT 1970: 453–454］。

113） NA［3］So Ro. 0201. 13. 1/1 "Khrongkan Phatthana Phak Tawan-ok Chiang Nua Doi Yo Pho So 2505–2509."

114） NA Kho Kho. 0202. 9. 5. 3 /253 "Banthuk Raingan Kan Prachum Dan Doen Rot lae Khonsong Khrang thi 41/2507. 1964/10/19"

115） NA Kho Kho. 0202. 9. 5/58 "Banthuk Raingan Kan Prachum Phicharana kiaokap Phaen Kan Doen Rot 2510–2514. 1965/01/26"

116） 表3–6では急行・快速の本数が減っている年があるが，これは運行上途中で分割されていた列車を一本化したためであり，実質的な列車本数は変わっていない。

117） 南線では1956年からトンブリー～チュムポーン間，58年からチュムポーン～ハートヤイ間に快速が運行されており，両者の統合と延伸でトンブリー～スガイコーロック間快速となった。

118） これまで夜行列車の運行は急行のみに限られており，急行は3等車の連結がなかったことから庶民の長距離旅行の場合は途中駅で夜を明かさねばならないことが多かったが，1961年から北線のバンコク～ピッサヌローク間に夜行普通列車が運行され始めた。その後バンコク～タパーンヒン間にも運行され，1966年に東北線コーラート～ウボン間に設定された夜行普通列車の一部の車両はバンコク～コーラート間普通に連結されバンコクまで直通した。これらの施策により，3等利用者の長距離旅行の便が大きく改善された。

119） 混合列車には貨車の両数が少なく客車中心のものと，貨車中心で客車の少ないものの2種類があった。すなわち，従来は前者のみの運行であったところに，後者の運行を新設することで前者から貨車の連結を外して高速化したのである。

120） NA Kho Kho. 0202. 9/283 "Yongyut Phisansarakit Rian Than Phu Wa Kan. 1963/01/04"　このディーゼルカー1編成は，動力車1両，付随車1両から構成されている。

121） 国鉄年報より筆者が計算した数値である。

122） NA Kho Kho. 0202. 9. 1/68 "Prakat Kan Rotfai haeng Prathet Thai Chabap thi 7/2507. 1964/03/17"，NA Kho Kho. 0202. 9. 1/74 "Prakat Kan Rotfai haeng Prathet Thai Chabap thi 3/2508. 1965/01/28"，RFT（1970）：42　3回にわたるダイヤ改正で，この間の所要時間は14時間から11時間に短縮された。

123） ただし，長距離で鉄道輸送が常に自動車より優位であったとは限らない。鉄道の路線網は限定されており，鉄道の駅まで自動車に依存するような地域の場合は，たとえ長距離でも自動車から鉄道へ継送するより全区間自動車を利用するほうが便利であった。

124） NA Kho Kho. 0202. 9/99 "Banthuk Prachum Ruang Kan Khonsong Sinkha Thang Rotfai. 1958/08/11"

125） Ibid.

126） NA Kho Kho. 0202. 2/193 "Banthuk Kan Prachum Khana Thamngan Phicharana Kan Khonsong Phalittaphon Kaset Khrang thi 1/2515. 1972/09/11"

127） NA Kho Kho. 0202. 9. 5. 7/298 "Banthuk Raingan Kan Prachum Khana Kammakan Rotfai haeng Prathet Thai Khrang thi 3/2510. 1967/01/25"

128） ただし，第 1 種の小荷物も品目により 4 種類の運賃があり，これは最も高いものである。この運賃は 1952 年に改定されたが，その後は 75 年まで変更されなかった。

129） NA Kho Kho. 0202. 9. 5. 3 /124 “Banthuk Raingan Kan Prachum Dan Doen Rot lae Khonsong Khrang thi 47/2504. 1961/12/15”

130） NA Kho Kho. 0202. 9/136 “Banthuk Raingan Kan Prachum Dan Doen Rot lae Khonsong Khrang thi 5/2505. 1962/02/09”

131） NA Kho Kho. 0202. 9. 5. 3 /161 “Banthuk Raingan Kan Prachum Dan Doen Rot lae Khonsong Khrang thi 36/2505. 1962/10/15”

132） NA Kho Kho. 0202. 9. 2/2 “Prakat Kan Rotfai haeng Prathet Thai Chapho Chaonathi Rotfai Thaonan Lem thi 12 Chabap thi 51. 1958/12/22”

133） NA Kho Kho. 0202. 9/136 “Banthuk Raingan Kan Prachum Dan Doen Rot lae Khonsong Khrang thi 5/2505. 1962/02/09”

134） NA Ko Kho. 0301. 8/14 “Banthuk Raingan Kan Cheracha Ku Ngoen Thanakhan Lok 20 Mokkharakhom–10 Minakhom 2498. 1955/03/30” 通運公団は 1947 年 2 月に設立され，それまで鉄道局が行っていた主要駅での貨物の積み降ろし業務を引き受けた。

135） SN 1960/08/02 “Lai Chao Khong Yung.”

136） NA Kho Kho. 0202. 9. 5. 7/232 “Banthuk Raingan Kan Prachum Khana Kammakan Rotfai haeng Prathet Thai Khrang thi 26/2507. 1964/09/16” 実際には，荷主の自家用トラックであれば駅構内乗り入れが認められていたが，以前バンコク港で同様の規制を行った際に，自家用トラックに偽装する民間輸送業者が相次いだことから，通運公団は厳しく審査した。

137） Ibid.

138） タイの鉄道事業収入の旅客と貨物の比率は，1920 年代以降貨物が旅客を上回っており，戦中から戦後にかけて一時旅客収入が上回ったものの，52 年から再び貨物収入が多くなっていた。60 年からは旅客収入が貨物を上回り，以後現在に至っている。

139） NA Kho Kho. 0202. 9. 5. 3 /253 “Banthuk Raingan Kan Prachum Dan Doen Rot lae Khonsong Khrang thi 41/2507. 1964/10/19” では，メーソートへの鉄道建設を検討するよう運輸大臣から命があった件について，以前とは道路状況も違うので新線建設よりも既存の路線を改善して自動車との競争に対抗するほうが望ましいと，サワイ国鉄顧問は主張した。

## 第 4 章　既存の商品流通の変容

1） この図には，日本軍が軍用列車を使用して輸送した米の量は含まれていない。日本軍の南線での 1 日 3 往復の軍用列車のうち，少なくとも 1 列車の積み荷はほとんどが精米であったことから，1 日 200 トン，1 ヶ月で 6,000 トンとなる。倉沢［2001］によると，1943 年 4 月から 11 月までに計 3 万 1,755 トンの米が鉄道でマラヤに到着しており，月平均の到着量は 4,500 トン程度であった［倉沢 2001：145］。

2） 戦前に何千両もの貨車の発注を行ったが，開戦により届く見込みがなくなったという［NA Bo Ko. Sungsut 2. 6. 1/3 "Banthuk Kan Prachum Cheracha Ruang Setthakit rawang Thai-Yipun Khrang thi 12. 1943/04/09"］。

3） 仏印からは車両を譲り受けなかったため，1941 年 10 月にバッタンバン～モンコンブリー間の列車運行を再開する際には，ディーゼル機関車をタイ側から持ち込んでいた［PCC 1941/09/29 "Poet Kan Doen Rotfai Dindaen Mai Laeo"］。

4） 過去 3 年間の平均生産量は，467 万トンであった［SYB（1939/40–44）：467–468］。

5） NA［2］So Ro. 0201. 57. 1 /7 "Yon Samanon Kho Prathan Sanoe Ratthamontri Wa Kan Kasuang Phanit."

6） NA Bo Ko. Sungsut 2. 6. 1/3 "Banthuk Kan Prachum Cheracha Ruang Setthakit rawang Thai-Yipun Khrang thi 14. 1943/04/14"

7） NA［2］So Ro. 0201. 98/25 "Banthuk Ruang Kan Kho Khun Rotfai chak Thahan Yipun. 1943/05"

8） NA Kho Kho. 0202. 2/2 "Ratthamontri Wa Kan Kasuang Khamanakhom Thung Lekhathikan Khana Ratthamontri. 1942/10/03"

9） NA Bo Ko. Sungsut 2. 6. 2/31 "Chai Prathipasen Sanoe Prathan Kammakan. 1942/06/29" なお，タイ側の統計によると，1943～44 年の米生産量は，それぞれ 11 万トン，14 万トンであった［SYB（1939/40–44）：467–468］。

10） NA Bo Ko. Sungsut 2. 6. 2/55 "Banthuk Kan Prachum Ruang Kan Chat Su Kho Hai Kongthap Yipun Khrang thi 2. 1943/04/19"

11） NA Bo Ko. Sungsut 2. 6. 2/31 "Banthuk Kan Prachum Ruang Kan Khabuan Rot Khon Khao Pluak. 1943/06/14"

12） NA Bo Ko. Sungsut 2. 6. 1/1 "Banthuk Kan Prachum rawang Chaonathi Krom Prasan-ngan Phanthamit kap Chaonathi Kasuang Phanit lae Kasuang Kan Tangprathet Phua Phicharana Damnoenkan Titto kap Yipun kiaokap Setthakit lae Kankha Ruam Kan Khrang thi 6. 1943/06/08"

13） Ibid.　廃止されたのは 1 日 2 往復運行されていたラムパーン～チエンマイ間の 1 往復と，バンコク～バッタンバン間列車と重複するバンコク～カビンブリー間列車であった。

14） NA Bo Ko. Sungsut 2. 6. 2/31 "Banthuk Kan Prachum Ruang Kan Chat Khabuan Rot Khon Khao Pluak. 1943/06/14"

15） NA Bo Ko. Sungsut 2. 6. 1/3 "Banthuk Kan Prachum Cheracha Ruang Setthakit rawang Thai-Yipun Khrang thi 15. 1943/05/07"

16） NA Bo Ko. Sungsut 2. 6. 3/7 "Kan Prachum Cheracha Ruang Kan Setthakit lae Kan Kha rawang Khaluang Setthakit Thai lae Yipun. 1943/05/28"

17） NA Bo Ko. Sungsut 2. 6. 2/31 "Banthuk Kan Prachum Phicharana Ruang Song Khao Hai Fai Yipun. 1943/07/10"

18） Ibid.

19） なお，1942年にも日本軍はバッタンバンの米をプノンペン方面へ搬出する申請をしていたが，タイ側はなかなか認めなかった［吉川 1999：21］。この年も結局バッタンバンへ1日2往復の列車を運行し，運びきれない分のみプノンペン方面への搬出を認めた。

20） NA Bo Ko. Sungsut 2. 6. 1/1 "Banthuk Kan Prachum rawang Chaonathi Krom Prasan-ngan Phanthamit kap Chaonathi Kasuang Phanit lae Kasuang Kan Tangprathet Phua Phicharana Damnoenkan Titto kap Yipun kiaokap Setthakit lae Kankha Ruam Kan Khrang thi 7. 1943/07/30"

21） NA Bo Ko. Sungsut 2. 6. 2/31 "Banthuk Kan Prachum Phicharana Nayobai Kan Kha Khao. 1943/08/26"

22） Ibid.

23） NA [3] So Ro. 0201. 29. 1 /45 "Raingan Kan Prachum Khana Kammakan Borisat Khao Thai Khrang thi 71 ko. 1943/10/29"，NA Bo Ko. Sungsut 2. 6. 2/31 "Nai Montri Sirisali Rian O Tho Ro."

24） NA Bo Ko. Sungsut 2. 6. 2/31 "Banthuk Ruang Kan Doen Rotfai Khon Khao Phak Isan Ma Krungthep. 1943/12"

25） Ibid. これは，1943年から開始されたチュムポーン～ラノーン間のクラ地峡横断鉄道建設のための軍用列車の増強であったと思われる。クラ地峡横断鉄道については，吉川［1994］第11章を参照。

26） 鉄道による米輸送量は，すべてがバンコク着の輸送とは限らない。1935/36年の数値では，総輸送量の約8割がバンコク着の米であった。このため，輸出米の鉄道輸送のシェアは戦前においては3割程度であった。

27） 倉沢［2001］は，戦時中のビルマやマラヤでの米流通問題を扱っており，輸送手段の問題がビルマの米輸出やマラヤの米輸入に大きな影響を与えたと指摘している。

28） 1946年7月には，タイも委員会のメンバーに加わった。

29） これは日本軍がマラヤから調達した車両を連合軍が接収し，タイに売却したものである。

30） NA [3] So Ro. 0201. 29. 1 /53 "Kham Thalaengkan khong Samnak Nayok Ratthamontri. 1946/12/25"

31） TM 1945/11/27 "Plianplaeng Wela Doen Rotfai Phoem Khabuan Paknampho-Lopburi- Krabin" 以下の記述もこの資料による。

32） NA [3] So Ro. 0201. 29. 1 /75 "Kho Prathan Sanoe Nayok Ratthamontri. 1947/03/05"

33） Ibid. "Rang Rabiap Ruang Kan Chat Ha Khao Pai Chamnai Banthao Khwam Khatkhlaen nai Changwat Tangtang." 各県は米の在庫量と消費予想量を計算し，不足が見込まれる場合は内務省に必要な米の量，米を購入したい県，米の輸送方法，支援申請金額を報告することになっていた。

34） Ibid. "Ruang Changwat Tangtang Khatkhlaen Khao. 1947/07/10"

35） NA [3] So Ro. 0201. 29. 1 /53 "Ratthamontri Wa Kan Krasuang Phanit Rian Nayok Ratthamontri. 1948/05/11"

36） NA [3] So Ro. 0201. 29/11 "Raingan Kan Prachum khong Khana Kammakan Songsoem Kan

Kaset Khrang thi 4. 1948/11/25" なお，この資料では客車500両，貨車200両とされていたが，通常貨車のほうが客車よりも必要数が多いことと，日本鉄道車両工業協会［1962］：18–19には客車が190両，貨車500両が発注されたことになっていたことから，誤記と判断した。

37）NA［3］So Ro. 0201. 29. 1 /103 "Ratthamontri Wa Kan Krasuang Phanit Thung Lekhathikan Khana Ratthamontri. 1949/03/09"

38）Ibid. 当時はポンドでの支払いが一般的であったが，スターリング圏で鉄道車両を供給できる国は存在しなかった。

39）タイ政府の米輸出政策の変遷については，長谷川［1962］：505–510を参照。

40）NA［3］So Ro. 0201. 29. 1 /157 "Prakat Khana Kammakan Samruat lae Ham Kak Kan Khao Chabap thi 67 Pho So 2499 Ruang Kamnot Khet Ham Khon Yai Khao. 1956/02/03"

41）西海岸に至る唯一の支線であるカンタン支線は，米不足地域である西海岸への米輸送の任務を担っており，1930年代には年間1万トン程度の米が到着していたが，47年にも約1万トンの米が到着しており，南線3区間の主要な到着地となっている。

42）北線1～3区間の発送量は，1935/36年には約15万トンあり，34/35年は30万トンにも達していた［柿崎 2000a：224–225，230–231］。

43）チャオプラヤー川では，水位の低下によりかつては乾季に中流域でも汽船の航行が難しかったが，ダムの完成でダム以北の水位が高くなったこととから，水運の便が向上した。

44）NA Pho No. 0301. 3. 3. 1/35 "Raingan Phawa Rakha Sinkha Khao Talat Changwat Nakhon Ratchasima Pracham Pak Sinsut Phiang Wan thi 15 Tulakhom 2507."

45）NA Pho No. 0301. 3/42に見られる文書は，1967年に貿易局長から国鉄の列車運行部長に宛てた貨車配車の陳情書である。いずれも外国政府へ売却する米の輸送を請け負った商人のために貨車の配車を要求する内容で，事実上商人に代わって貿易局が貨車の配車を優先するよう国鉄に働きかけていたことになる。

46）NA Kho Kho. 0202. 9/369には1966年の各月に各線からバンコクに到着した主要貨物の量を報告する文書が存在し，それを集計すると東北線からの精米は約2万トンとなる。ちなみに籾米は8,300トン程度であった。なお，必ずしも北線や東北線からの南部への輸送を示唆するものではないが，1968年の米輸送状況を見ると南部着の米の量は約6.5万トンと同年の米輸送量21.4万トンの約3割を占めていた［WSALA 1969: 4A–2］。

47）これは，後述する第6章の表6–5の出所に基づき筆者が計算した数値である。

48）ナッタポット・ラオハシリナート氏へのインタビューより（1994/05/06）

49）1994年に筆者がブリーラム県ラムプラーイマート郡の精米所を調査したところ，4ヶ所の精米所すべてが南部への米販売を行っており，うち2ヶ所はバンコクよりも南部への売却量のほうが多かった。その理由は，価格面で南部のほうがより魅力的であることと，南部の場合は輸送費が着地払いなので自ら輸送費を負担する必要がない点などが挙げられていた。

50）RKNT（1965）とRKNT（1971）から筆者が集計した数値である。1965年の調査はバンコク発着の沿岸水運が調査対象であったが，71年の調査は南部4港のみを対象とした調査であり，東海岸ではソンクラーしか対象港がなかった。

51） プラチャー・ティーラマートワニット氏へのインタビューより（1994/05/05）

52） SSR（2001）より筆者計算。なお，2002年度は14トンのみバンコク着の米が存在した。

53） ただし，北部と東北部から発送された豚がすべてバンコクに到着したとは限らない。

54） NA [2] So Ro. 0201. 22. 2. 15 /2 "Ratthamontri Wa Kan Krasuang Kalahom Thung Nayok Ratthamontri. 1939/07/04" 当時バンコクでの屠殺は，公設の屠殺場でのみ認められていた。

55） 牛の輸送量は，1930年代後半は1万頭台であったが，1942年には16万頭，翌年には27万頭と急増していた。なお，水牛も1944年に10万頭を越える輸送量を記録しており，豚の比率が下がる要因となった [SYB (1940–44) : 315]。

56） NA [2] So Ro. 0201. 98/20 "Raingan Kan Prachum Khana Kammakan Prasan Ngan Thahan-Phonlaruan Khrang thi 33/85. 1942/07/06"

57） NA Bo Ko. Sungsut 2. 6. 2/5 "Banthuk Kan Cheracha Ruang Kho Mu Khao thi Thang Kan Thahan Yipun cha Kho Su Pen Pracham Duan. 1943/09/13"

58） NA Bo Ko. Sungsut 2. 6. 2/5 "Phon To Rian Set Tho Sanam. 1943/10" によると，1943年4月の合意で日本軍が牛1万5,000頭，水牛7,000頭分を食肉として輸出し，別にマラヤへ月300頭を生体で輸出することになっていた。またタイ国内の部隊用として，年に牛25万4,000頭，豚5万4,000頭の調達をタイ側に求めていた。

59） NA [2] So Ro. 0201. 22/8 "Raingan Truat Kan Changwat Nakhon Pathom." 鉄道で輸送された豚も存在したが，水運の使用が中心であった。ナコーンパトムは現在でも豚飼育頭数が最も多く，豚産地として有名である [Ratsami & Sunan 1998: 29]。

60） Ibid. "Raingan Truat Ratchakan Amphoe Khlong Krachaeng Changwat Phetchaburi."

61） NA [2] So Ro. 0201. 98/20 "Raingan Kan Prachum Khana Kammakan Prasan Ngan Thahan-Phonlaruan Khrang thi 2/85. 1942/02/07"

62） 彼は家畜飼育と同時に，野菜や果物を栽培する家庭菜園も奨励した。

63） NA Mo Tho. 5. 10/257 "Raingan Truat Kan khong Khaluang Pracham Changwat Chainat. 1941/11/10"

64） NA [2] So Ro. 0201. 98/20 "Raingan Kan Prachum Khana Kammakan Prasan Ngan Thahan-Phonlaruan Khrang thi 35/85. 1942/07/17"

65） 世界恐慌前の1920年代後半に豚の輸送量は最大となっており，1929/30年には32万頭を越えるに至った [柿崎 2000a：247]。

66） これは，途中での病気感染を防ぐために，輸出用の家畜を歩かせて移動させることを禁じたためである。牛や水牛は自ら歩くことができるため，鉄道が開通しても鉄道輸送に転移しなかった数少ない産品の1つである。

67） なお，総輸送量7万6,509頭のうち，発送では1万5,370頭が「その他」と区分されていることから，これを除くと東北部の比率は85%となる。

68） この時期の政府の政策の変遷については，Rangsan [n.d.]，Chatchai [1977] を参照。

69） この会社も役員に軍人が入り込んでおり，軍関連企業の1つであった。

70） NA [3] So Ro. 0201. 32 /51 "Ratthamontri Wa Kan Krasuang Setthakan Rian Lekhathikan Khana Ratthamontri Fai Borihan. 1954/12/08"

71） 原典は，FAO [1960] "Improvement of the Pig Industry: Report to the Government of Thailand." FAO はタイの豚肉流通の統制の弊害を指摘し，止めるよう勧告していた。

72） NA [3] So Ro. 0201. 32 /51 "Banthuk Hetphon kiaokap Ruang Sukon. 1955/04/13"

73） NA Kho Kho. 0202. 9/104 "Phu Wa Kan Rian Than Ratthamontri Wa Kan Krasuang Mahatthai. 1959/07/23"

74） Ibid.

75） Ibid. "Phu Wa Kan Rian Than Ratthamontri Wa Kan Krasuang Mahatthai. 1959/07/08"

76） NA [3] So Ro. 0201. 32 /51 "Ratthamontri Chuai Wa Kan Krasuang Mahatthai Krap Rian Than Nayok Ratthamontri. 1954/06/02"

77） NA Kho Kho. 0202. 9. 5. 2/33 "Banthuk Raingan Kan Prachum Phu Amnuaikan Fai (Dan Pokkhrong) Khrang thi 3/2502. 1959/02/11" 処分された人数は，8 人に上った。

78） SN 1960/12/01 "Phuchatkan Sahaphan Mu Ching Ngoen 7 Mun."

79） NA [3] So Ro. 0201. 32 /64 "Chalit Kunkamthon Rian Phana Nayok Ratthamontri. 1958/09"

80） 道路局側の主張は，過積載の自動車により道路の破損が激しくなり，修繕費がかかるというものであるが，運輸業者側は過積載を行うことで車両や燃料の節約になり，結果として輸送コストを引き下げることになると最大積載荷重の引き上げを求めている。

81） SN 1955/10/27 "Kan Rotfai Ha Khwam Saduak."

82） NA Kho Kho. 0202. 9/104 "Phu Wa Kan Rian Than Ratthamontri Wa Kan Krasuang Mahatthai. 1959/07/23"

83） 実際には車両が不足していたため，北線のラムヤイ（龍眼）輸送が終わってからその車両を廻して家畜専用列車として運行することになっていた。

84） NA Kho Kho. 0202. 9/48 "Sathiti Kan Khonsong Sinkha Mai Thanmai Sukon Sai Nua Tangtae Pi Pho So 2497–2501." によると，北線では 1954 ～ 1957 年の間に少ない年で 3 万 4,500 頭，多い年で 8 万 7,394 頭の豚を発送していた。

85） PSP（1976）：82 によると，1976 年には牛 6,758 頭，水牛 4,801 頭が発送されており，牛は北線のピッサヌローク，水牛はピッサヌロークとウボン線からの発送が多かった。

86） ピチットの場合は，迂回路ではあるがペッチャブーン県経由でバンコクと高規格道路で結ばれることになり，このルート上の道路は 1973 年までに高規格化された。

87） この会社も同じく軍人が首謀する軍関連企業であったが，かつてのタハーンサーマッキー社がソーイ・ラーチャクルー派の企業であったのに対し，サハサーマッキー社はサリットやプラパートなどのシーサオテーウェート派の企業であり，後者が畜産業に参入する契機となった。両派については，Kobkua [1995]：28–29 を参照。

88） この法律では屠殺場は各行政体が設置することと規定したことから，民間の屠殺場は事実上排除された。サハサーマッキー社が新屠殺場の建設の際にバンコク都，トンブリー市も株主となったことからこの基準を満たし，都内の屠殺業務を独占することとなった。

89） この最終的な豚肉搬入の自由化の背景には，豚肉価格が高騰して当時行われていたバンコク，トンブリーの都議会議員選挙で野党議員が政府の政策を批判したことがあった。

90）これは現在でも同様であり，バンコクでの豚肉消費量を正確に示す数値は得られない。バンコクで消費される豚肉の産地も正確には分からず，他県の豚屠殺頭数や県外搬出頭数から推測する以外に方法はない。

91）NA [3] So Ro. 0201. 32 /51 “Ratthamontri Chuai Wa Kan Krasuang Mahatthai Krap Rian Than Nayok Ratthamontri. 1954/06/02”

92）SSPS [1960]：89–91, NA [3] So Ro. 0201. 13. 1/1 “Khrongkan Phatthana Phak Tawan-ok Chiang Nua Doi Yo Pho So 2505–2509.” 東北部開発計画では，豚については畜産試験場の改良と，豚繁殖センターの増設が含まれていたに過ぎなかったが，牛・水牛については外国からの援助を用いて試験牧場を設立する計画が含まれていた。

93）NA [1] Ko Kho. 1. 4/79 “Sukon. 1967/03/15”

94）当時の資料が存在しないので現在の数値で比較すると，2002年に屠殺用の豚を50頭以上飼育している農場数は全国で5,114ヶ所あり，うち中部が3,149ヶ所，東北部が1,084ヶ所となっており，1,000頭以上の大規模農場については，合計425ヶ所のうち，中部が390ヶ所，東北部が11ヶ所となっていた [PSP (2002) : 43–45]。

95）NA [1] Ko Kho. 1. 4/79 “Sukon. 1967/03/15”

96）木の種類については，柿崎 [2000a]：255–256を参照。

97）表4–10はトン表示となっているが，原資料は丸太の本数及び容積となっている。チーク材の統計は重量ではなく本数と容積によるものが普通であるが，その場合鉄道や自動車での輸送量統計との比較が困難であることから，ここでは比重を0.7として重量に換算した。

98）メコン川流域にはいくつか森林鉄道が存在してバンコクへ輸送する努力がなされたが，フランスの東アジア会社はメコン川を利用してサイゴン方面へチークを輸送していた。

99）イギリス企業4社とは，ボンベイ・ビルマ社（Bombay Burma Trading Co.），ボルネオ社（The Borneo Co.），アングロ・タイ社（Angro-Thai Co.），ルイス・T・レオノウェン社（Luis T. Leonowens Co.）であった。

100）NA Bo Ko. Sungsut 2. 6. 2/64 “Phon Ek Chai Prathippasaen Sanoe Senathikan Thahan Sanam. 1943/05/08”

101）Ibid. “Banthuk Kan Sonthana Ruang Khwam Tongkan Mai Sung. 1943/02/23” タイ側は以前から税金を支払う前にパークナムポーから放流することも認めていたので，パークナムポー以南のチークについても日本軍がすべて接収するのは問題であるとした。

102）Ibid. “Rian Than Chao Krom.”

103）Ibid. “Chao Phanakngan Pamai Phiset Sanoe Athibodi. 1943/11/03”, “Chao Krom Prasan Ngan Phanthamit Rian Senathikan Thahan Sanam. 1944/04/02”

104）NA [2] So Ro. 0201. 58/32 “Ruang Kan Songsoem Achip Ratsadon kiaokap Kan Tham Mai Tham Fun lae Luai Mai.”

105）NA Bo Ko. Sungsut 1. 12/259 には日本軍とタイ軍の軍用列車運行状況の報告が記載されており，タイ軍については輸送品目も記載されている。これによると，1943年12月31

日から 2 月 18 日までの間に計 9 回木材輸送列車が運行されていたことが分かる。これは当時進められていたペッチャブーン遷都計画のための木材輸送であったものと推測される。

106） 1930 年の段階では，チーク伐採の 85％は西欧企業の手によるもので，残り 14％が中国系やタイ人の地元の伐採業者，1％が森林局の直轄であった［MCC 1930: 129］。

107） NA [3] So Ro. 0201. 33/ 2 "Banthuk Ruang Nayobai Kan Hai Sampathan Mai Sak Kae Borisat Chao Tang Prathet. 1953/03/15"

108） 県林業会社は，北部や中部の県で地元の民間の伐採業者を統合して設立された会社であり，地元の住民の生業を守るという目的が掲げられていた。

109） PMK［1971］：154 によると，1966 年にカードーの検材所は廃止とされているが，表 4–10 では 70 年代前半にカードーの通過量が復活している。陸上交通の便が向上したことを理由に閉鎖したものの，水運の需要が根強いことから再び復活された可能性がある。

110） 図 4–5 には戦前のマイ・ヤーンの輸出量が記載されていないが，SYB（1935/36–36/37）によると 1930 年代には年間 5,000 トン程度の輸出が行われていた。

111） NA Kho Kho. 0202. 9/48 "Sathiti Kan Khonsong Sinkha Mai Thanmai Sukon Sai Nua Tangtae Pi Pho So 2497–2501.", "Sathiti Kan Khonsong Sinkha Mai Thanmai Sukon Sai Isan Tangtae Pi Pho So 2497–2501." より筆者が集計した数値である。この時期の平均木材輸送量が平均約 24 万トンであることから，残りがすべて東線と南線からの発送とすると北線と東北線の発送量が少なすぎる感があるが，原資料には北線，東北線としか記述はない。

112） 東北線 1 区間からの丸太の発送量は 1920 年代に年間 1 ～ 2 万トンのレベルに達していたが，その後 30 年代には 5,000 トン以下に減少していた。なお，薪はその後も多く産出されており，この間のスーンヌーンからは奥地へ向けて薪輸送の軽便鉄道も存在していた。

113） NA Kho Kho. 0202. 9/6 "Rong Phu Wa Kan Dan Kitchakan Doen Rot lae Khonsong Rian Prathan Kammakan Kan Rotfai haeng Prathet Thai. 1956/03/29"

114） NA Kho Kho. 0202. 9/369 "Kan Khonsong Sinkha Lak nai Suan Phumiphak Khao Su Talat Krungthep." を筆者が集計した数値である。

115） キーリーラットニコムからの発送量は 1975 ～ 77 年の平均で年間 3 万 1,304 トンであり，南線 2 区間の発送量の 3 分の 2 に当たる。第 3 章で見たように国鉄では 60 年代にこの支線の廃止も計画したが，他に顕著な輸送需要も存在しなかったことから，木材輸送が唯一鉄道の存在を正当化するものであったと推測される。なお，現在はこれも消滅している。

116） ナーターからの発送量は，1975 ～ 77 年の平均で年間 2 万 8, 796 トンであった。75 年の発送量は 2,681 トンと極めて低く，76 年から 3 ～ 4 万トン台となっていることから，75 年はラオスの政変の影響で発送が減少したものと思われる。この駅は当初米軍の援助で建設された際の終点であり，58 年にノーンカーイの市街地に近いノーンカーイ駅まで開通した。

117）ナムトックからの発送量は，1975～77年の平均で5,433トンであった。

118）これは，Suwit & Dararat［1998］：248の表5-31より筆者が集計した数値である。以下の記述もこの資料による

119）1950年の畑面積は50万ライであったが，89年にはそれが約1,200万ライに増加したのに対し，水田面積は同時期に1,270万ライから2,980万ライへの増加であった［Suwit & Dararat 1998: 135］。

120）ハーナーディーについては，福井［1988］：420-443を参照。

121）1935/36年の鉄道による木材発送量は，コーラート県が約1万9,000トン，ブリーラム県は約1万4,000トンであった［RSRS（1935/36）］

122）当初は森林局，県林業会社，林業公団の3者が植林の担い手であったが，1989年以降すべての人工林の管理は林業公団の管轄に移管されていった。

123）UPM［1997］：215より筆者が集計した数値である。

124）この後も，ダムや道路の建設などの公共事業のために伐採が許可された計画外森林（Pa Nok Khrongkan）と上述の人工林での伐採は許可されたが，その量は大きく減少した［UPM 1997: 112］。

## 第5章　新たな商品流通の形成

1）NA［3］So Ro. 0201. 29/9 "Sathiti Kan Pluk Khao Phot Pi Pho So. 2476-2484."

2）ちなみに，1963年の輸出額は米が34億2,392万バーツ，天然ゴムが19億324万バーツ，メイズが8億2,819万バーツであった。

3）同年の錫鉱の輸出額は7億4,093万バーツ，チーク材は1億3,668万バーツであった。

4）自動承認制とは，為替銀行で自動的に輸入許可が得られることを指す。

5）NA［1］Ko Kho. 1.4.7/2 "Sathanakan Khao Phot Thai Pracham Pi 2503. 1961/09/18"

6）ライス・プレミアムは1955年に米貿易が自由化された際に，国内の米価格が国際市場の動向で大きく高騰して消費者に悪影響が出るのを防ぐために設けられたが，結果として生産者である農民の収入増を抑制することとなった。ライス・プレミアムは86年に廃止された。

7）この時点でもコーラートの生産量が全県中で最大であり，コーンケーン，マハーサーラカーム，サコンナコーン，ウボンの各県が上位7県に入っていた。

8）この道路の総延長148kmのうち，基点側の約35kmがサラブリー県内に位置しており，サラブリー郡，ケーンコーイ郡を通過していた。

9）外務省［1960］には，1959年の数値と記された第15表に続いて，同じ形式の第16表が掲載されているが，何年のものか記されていない。この表ではサラブリーからの自動車輸送量が全体の8割となっているので，第15表が58年，第16表が59年の数値の可能性もある。

10）戦前の各輸送手段の輸送費については，柿崎［2000a］　第1章，第5章を参照。

11） 国鉄の輸送統計では1961年からメイズの輸送量が独立した項目で記載されており，60年代後半に10万トン台で推移し，82年には最大の33万トンに達している。

12） NA Pho No. 0301. 8. 5/1 “Pariman Khao Phot Khao Krungthep.”, NA Pho No. 0301. 8. 5/39 “Pariman Khao Phot thi Lamliang Khao Su Talat Krungthep.”

13） NA Kho Kho. 0202. 2/193 “Khrongkan Prapprung Lam Maenam Pasak.” ただし，鉄道の輸送費は積み替え費用や駅からのトラック輸送費は含まれていないものと思われる。

14） NA Kho Kho. 0202. 9. 5. 3/219 “Banthuk Raingan Kan Prachum Dan Doen Rot lae Khonsong Khrang thi 6/2507. 1964/02/03” タータコーはナコーンサワンの東に位置し，まさにデルタ周縁部に位置していることからメイズ栽培が盛んであった。

15） 1935/36年には計535万バーツ分の麻袋が輸入されており，その96％が英領インドからのものであった［SYB（1935/36–36/37）: 100–101, 128–129］。

16） NA［2］So Ro. 0201. 22. 2. 4/5 “Prathan Kammakan Borisat Khao Thai Chamkat Thung Lekhathikan Khana Ratthamontri. 1944/02/28”

17） NA［2］So Ro. 0201. 22. 2. 4/9 “Kan Chattang Rongngan Krasop Pan.”

18） NA［3］So Ro. 0201. 29/79 “Banthuk Kan Chuailua Chao Rai Po.”

19） 以下の記述は，Silcock［1970］：78–79による。

20） 1965年の県別生産量を見ると，コーンケーンが12万949トンで最も多く，以下チャイヤプーム9万2,604トン，マハーサーラカーム8万1,827トン，コーラート4万9,918万トンと続いていた［SPR (1965): 21–22］。

21） 正確には，この道路はチャイヤプームとマハーサーラカーム県内は通らず，県庁所在地で見ると両県とも約60km離れていた。ただし，未舗装ではあるが連絡する道路は存在していた。

22） RKT（1966）より筆者が計算した数値である。この4県からの畑作物の発送量は1万1,726トンであり，ほとんどがウボン発の分であった。

23） NA Kho Kho. 0202. 9/71 “Lekhathikan Khana Ratthamontri Fai Kan Muang Rian Ratthamontri Wa Kan Krasuang Khamanakhom. 1956/02/07”

24） NA Kho Kho. 0202. 9. 5. 3/126 “Banthuk Raingan Kan Prachum Dan Doen Rot lae Khonsong Khrang thi 49/2504. 1961/12/29”

25） NA Pho No. 0301. 3. 3. 1/11 “Setthakan Changwat Ubon Ratchathani Rian Lekhanukan Khana Kammakan Samrong Khao nai Krungthep. 1961/11/07, 1961/11/20”

26） NA Kho Kho. 0202. 2/21 “Po.”

27） チョンブリー付近は丘陵地帯であり，かつてはサトウキビ栽培が盛んであったが，戦後それがキャッサバ畑に一変したという［佐藤 1964：45］。

28） 表5–5の3種以外にも，キャッサバ滓，タピオカ澱粉などの加工品も存在したが，輸出量も輸出額も少なく，とくに前者はキャッサバ・ペレットの出現後は大幅に減少した。

29） 1960年代前半までのタイのキャッサバ栽培の拡大は，とくにドイツでの飼料用キャッサバ加工品の需要の急増によるものであった［佐藤 1964：45］。

30） キャッサバ・ペレットについては，末廣［1988］：299を参照。

31）1980年の数字であるが，タイで生産されたタピオカ製品の95%が輸出されていた［末廣1988：298-299］。

32）この点はメイズ，ケナフとも同じであり，稲よりも水を必要としない作物でなければ東北部への導入は難しく，たとえ導入したとしても稲作からの転作も期待できなかった。

33）国鉄が品目別の貨物統計を作成する理由は，品目別に運賃設定を行っているためであり，たとえキャッサバという品目がなくても他の品目名で輸送されている可能性はある。しかしながら，上述のメイズもケナフも統計上は1961年より数値が得られることから，輸送量が増加して新たに独立した品目として区別されたことになる。もしまとまった輸送量が確保されていたら，キャッサバも同様の扱いになったものと考えられる。

34）従来はバンコク港には大型船が入れなかったことから，艀でシーチャン島（コ・シーチャン）に運んで本船に積み替えなければならなかったが，1970年代から東部臨海地域に本船に直接バラ積みで搬入する設備が導入された。詳しくは，末廣［1988］：275，305-307を参照。

35）1975年には東北線2区間のシーサケートが2万4,472トンと最大の発送量となっており，北線3区間のデンチャイが1万6,249トンと続いていた。北線2区間はタパーンヒン～シラーアート間で小駅からも発送が存在していた［SSR（1975）］。

36）タイ交通連携調査報告書によると，1968年のメイズ輸送ではバンコク着の輸送しか存在しなかった［WSALA 1969: 4A-1］。

37）例えば，1975年にはコーラート県北部のバーンルアムから1,160トンのケナフが発送されていたが，すべて東北部内の駅へ向けての短距離輸送であった［Ibid.］。

38）1975年の中部上部，中部下部，東北部のメイズ生産量は，それぞれ132万トン，68万トン，70万トンであった［SKT（1979/80）: 20-23］。ここから表5-7，表5-8の自動車と鉄道による発送量を差し引き，中部上部からはさらにナコーンサワン発の水運輸送量15.8万トンを差し引くと，余剰メイズ量はそれぞれ約90万トン，45万トン，41万トンとなり，大まかな比率は2：1：1となる。

39）王庫運営局とは，王室の財産を運営する機関であり，サイアム・セメント社への出資のように様々な投資にも積極的に関与していた。

40）チョンケーはチャオプラヤー・デルタの周縁部にあたり，水運を利用するには陸路で最寄りの河川まで輸送する必要があった。

41）他の主要発送駅はバンコクが1,936トン，スラーターニーが445トンとなっており，いずれも輸入セメントの発送であったものと思われる。

42）SK 1931/07/26 “Sinkha Thai Pai Phuket.”

43）NA Bo Ko. Sungsut 2. 6. 2/40 “Banthuk Raingan Kan Prachum rawang Phu Thaen Krom Rotfai kap Phu Thaen Borisat Punsimen Thai Chamkat. 1942/07/15”

44）その後，最初の炉の生産能力は2万7,000トンに増強された。

45）実際には，工場拡張計画にはバーンスー工場拡張案，タールアン新工場建設，シーチャン島新工場建設の3つの選択肢があったが，資本投資額と生産コストが最も安くなるタールアンに新工場を建設することに決めたという［SCC 1983: 56-60］。

46） NA Bo Ko. Sungsut 2. 6. 2/40 “Banthuk Raingan Kan Prachum rawang Phu Thaen Krom Rotfai kap Phu Thaen Borisat Punsimen Thai Chamkat. 1942/07/15”

47） Ibid. “Sodon Thun Rong Chao Krom Prasan-ngan. 1943/06/02”

48） サイアム・セメント社の主力商品である通常のポルトランド・セメントの製造に際しては，1トンのセメントを作るのに泥灰土1,900kg，粘土250kg，砂350kg，石炭250kg，石膏25kg必要であった［NA Bo Ko. Sungsut 2. 6. 2/40 “Sodon Thun Rong Chao Krom Prasan-ngan. 1943/05/29”］。石膏は輸入に依存していたとのことであったが，附表6からも分かるように戦前から若干の輸送が存在しており，ラムパーン付近から年1,000トン程度輸送されていた。

49） NA Bo Ko. Sungsut 2. 6. 2/40 “Banthuk Ruang Yipun Tongkan Punsimen. 1943/06/02”

50） Ibid. “Banthuk Ruang Yipun Tongkan Punsimen. 1944/04/17”

51） Ibid. “Phu Chatkan Thuapai Rian Chao Krom Prasan-ngan Phanthamit. 1944/10/22”　これは，爆撃により3つある炉のうちの2つが使用不可能となったことと，発電所の能力が落ちて電力供給が不足したためであるという。

52） Ibid. “Ruang Kong Thap Yipun Tongkan Punsimen. 1943/08/09”　内訳は海軍2,600トン，陸軍5,000トン，泰緬鉄道用5,000トンであった。

53） NA Bo Ko. Sungsut 2. 6. 2/ 67 “Banchi Raikan Singkhong thi Thang Thahan Yipun Dairap Pai.”

54） NA Bo Ko. Sungsut 2. 6. 2/40 “Phu Chatkan Thuapai Rian Chao Krom Prasan-ngan Phanthamit. 1944/10/22”

55） Ibid.　それ以前にも，日本軍はイギリスのスパイに化けさせたアイルランド人とインド人を会社に送り込んで内情を探ろうとしたという［PST 1957: 40–42］。

56） Ibid. “Phu Thaen Krom Prasan-ngan Phanthamit Thung Chao Krom Prasan-ngan Phanthamit. 1944/11/28”

57） これは，会社の要職に就いていた者はデンマーク人であったことから，タイ人技師からなる調査委員は中立であるとの前提によるものである。

58） クリンカーとはセメントの原料を焼成した塊状のもの（焼塊）で，粉砕するとセメントとなる。

59） これは，かつてのデンマーク人社長が連合軍の諜報員から工場に関する情報を聞き出された際に，変電設備を破壊すれば生産が止まることと，戦後復興を考慮すればこの工場の重要性は非常に高いことを示唆したためであるという。同様に，当時建設中のタールアン工場も未完成で軍事施設ではないと説明したことから，爆撃対象にならなかったという。

60） 1966年以降も若干のクリンカー輸送は残っていたが，83年にバーンスー工場の粉砕機の稼動が停止されたことで完全に終焉した。最後まで輸送されていたのはケーンコーイの第4工場からのクリンカーで，専用列車が1日1往復運行されていた［RFT (1983) : 10］。

61） 1960年の輸出量は，ラオスが2万4,717トン，シンガポール2,600トン，マラヤ790トン，ビルマ229トンとなっていた［FTS (1960) : 237］。

62） NA [3] So Ro. 0201. 45/24 “Ratthamontri Wa Kan Krasuang Utsahakam Krap Rian Nayok

Ratthamontri. 1954/08/14”

63） 社名のチョンラプラターンとは灌漑という語であり，意味は「灌漑セメント」であった。なお，残りの株式はタイ農民銀行グループのラムサム家一族などが保有し，要職にはピンなどソーイ・ラーチャクルー派の要人と共にサリットらのシーサオテーウェート派も参加していた。ラムサム家については，末廣・南原［1991］：293–313を参照。

64） しかしながら，CPT［1964］によるとチョンラプラターン・セメント社の設立の背景は生産能力の不足ではなく調達費用の節約とされており，サイアム・セメントのセメントを使用する場合はセメント価格（ポルトランド・セメント）がトン当たり650バーツ，輸送費が350バーツとなるが，この工場の新設によりそれぞれ500バーツ，150バーツで済んだという［CPT 1964: 30］。

65） 優遇措置を享受する条件は，国内の資源を利用することであった。

66） 会社はダム建設現場に粉砕機を設置したことから，工場からクリンカーの形で輸送して現場に貯蔵し，必要に応じてセメントに粉砕した。これも輸送コストの引き下げに貢献した。

67） パホンヨーティン通りからダムまでは，灌漑局が20kmのフィーダー道路を建設した。

68） ここでは，セメントの輸送量が利用できないため，より上位分類の建設資材の数値を用いている。建設資材には「セメント」の他，「クリンカー」など項目が含まれており，1965年の総輸送量に占める比率はセメントが全体の45%であった。

69） NA Kho Kho. 0202. 9. 5. 3 /82 “Banthuk Raingan kan Prachum Dan Doen Rot lae Khonsong Khrang thi 5/2504. 1961/02/03”

70） Ibid.　トン当たりの輸送費は自動車が16バーツ，鉄道が23バーツであったが，これは鉄道の運賃は10バーツと安いものの，積み降ろしなどの費用が嵩むためであった。このため，国鉄では貨車1両あたり125バーツの運賃を50バーツに引き下げる計画を立てていた。

71） 乾式製法とは，これまでの湿式製法とは異なり原料を炉で混合する際に水を使わない製法であり，燃料や原料の節約が可能である。現在ではほとんどが乾式製法を用いている。

72） NA Kho Kho. 0202. 6. 6 /8 “Ekkasan Prakop. 1968/04/24”

73） バンコクへの輸送のうち，鉄道輸送は表5–12を見る限り1970年代半ばには南線1区間への到着も含めて1.5万トン程度となっており，南部での需要増や輸出の拡大でバンコクへ輸送される量は減少したものと思われる。水運は東海岸のパークパナン港経由で行われており，表6–18のようにパークパナン港で発送される貨物量が1967年から73年にかけて拡大し，その後元に戻っていることから，やはり75年頃にはバンコク向けの輸送がなくなったものと考えられる。

74） その後，第2次ブームが1980年代初めから90年代中頃にかけて発生し，90～92年にかけて再びセメント生産が追いつかず大量の輸入が発生した。

75） SN 1966/07/23 “Borisat Punsimen Thai Chamkat Khayai Rongngan Phalit Punsmen.”, SN 1966/09/02 “Triam Satok Punsimen Kwa 14000 Tan Pongkan Khat Talat.”

76） この会社のタイ語名は，ナコーンルアン・セメント社（Borisat Punsimen Nakhon Luang

Chamkat）である。

77） 2003年度のセメント輸送量を見ると，袋での輸送量が32万178トン，バラ積み輸送が157万5,168トンとなっている［SSR（2003）］。

78） 1975年の輸送状況を見ると，総輸送量の98％にあたる56万4,435トンがバーンモーからバーンスーへの輸送であった［SSR（1975）］。タールアンへは南線2区間のプルピーから2,093トンが到着しているのみであり，バーンモーからの輸送は消滅した。

79） 1975年の輸送状況を見ると，チュムセーンとタパーンヒンからはポーントーンへの輸送量が2万451トンで全体の17％，チャアムへ2万5,216トンで21％，バーンソンからティーワン（トゥンソン工場）へ1万3,825トンで12％，パーダンベサール（マレーシア国境）へ4万7,797トンで40％となっていた［SSR（1975）］。

80） サイアム・セメント社では1938年にサイアム・ファイバーセメント社（The Siam Fibre-Cement Co. Ltd.）を設立してコンクリート製品の販売を始めてから，建設資材生産の子会社を多数設立していった。詳しくは，末廣・南原［1991］：57–58，SCC［1983］：146–177を参照。

81） タイ交通連携調査報告書には，地域ごとの購買力推計を利用した主要品目の地域別需要比率が見積られている。これによると，セメント消費量の地域別比率は北部・中部上部16％，東北部16％，中部下部・バンコク55％，南部13％となる［WSALA 1969: 2B–70］。なお，北部・中部上部及び中部下部・バンコクはそれぞれの比率が不明なため，北部と中部上部の割合は半分ずつ，中部下部とバンコクの割合は1：3と推計して計算した。なお，人口比で消費量を見積もる場合もあり，東北部のブアヤイ～ナコーンパノム間の鉄道新線計画の事業化調査報告であるCPCS［1995］ではこの方法でセメント需要を産出しているが，人口比の場合東北部の消費量が過大となる可能性があるので，本書では採用しなかった。

82） NA Kho Kho. 0202. 2/193 “Khrongkan Prapprung Lam Maenam Pasak.” パーサック川の水運が利用可能であったのは，タールアン工場のみである。

83） 南線のチュムポーン～パッタルン間では幹線道路（ペットカセーム通り）がラノーン，パンガー，トランなど西海岸を通過するので，鉄道に並行する道路の整備が遅れた。この間に並行する国道（41号線）が全通するのは1979年であり，75年の段階ではトゥンソンから南線沿線へは鉄道のほうが輸送しやすかったものと思われる。トゥンソンにも道路は到達していたが，ナコーンシータマラートとトランを結ぶ道路が通過していただけであり，トゥンソンより南への輸送はそれほど問題がなかったものの，トゥンソンより北への輸送は道路では大幅な迂回路となった。実際に表5–12を見ても，南線3区間発のセメントは南線2区間着の量が南線3区間着よりも多くなっており，トゥンソンから北方への輸送に鉄道が多く用いられていた。

84） FTS（1975）によると，1975年のカンタン港からの輸出量は約11万トンであった。カンタンからの主要輸出品は天然ゴムとセメントであり，SYT Vol. 8–4：29によると同年の天然ゴム輸出量が3万5,941トンであったことから，残りの大半がセメントであったものと推測される。

85）ここでは原油とそれを精製した石油製品（灯油など）を合わせたものを石油と定義する。

86）ファーンの油田は1918年に住民により発見されたもので，当時鉄道局総裁であったカムペーンペット親王がアメリカ人の鉱物学者を雇って調査したものの，大規模な油田ではなく輸送の便も悪いことから開発は見送られた［Khuruchit 1993: 76］。

87）ヤシ油は，ココヤシの実から抽出した油である。19世紀後半に灯油がタイに入ってきたが，灯油はヤシ油よりも火の付きが早かったので火事になりやすいと住民は利用せず，灯油は主に街路灯のランプに用いられていたという［Khuruchit 1993: 4］。

88）FTSによると1939/40年からアメリカからの輸入が始まり，40年には総輸入量の66％を占めるまでに急成長した。この背景には，第2次世界大戦の勃発によるイギリスやオランダの石油輸出制限が存在した。

89）NA Bo Ko Sungsut 2. 6. 3/8 "Phon thi Prakot nai Kan Cheracha Su Namman. 1942/07" 内訳は航空燃料350kℓ（以下単位同），ガソリン2,000，灯油1,500，ガスオイル500，ディーゼル燃料2,500，重油800，潤滑油300であった。

90）Ibid. "List of Fuel Needed."

91）Khuruchit［1993］：10，NA Bo Ko Sungsut 2. 6. 3/8 "Kammakan Phasom Thung Phu Thaen Kong Thap Bok Yipun nai Prathet Thai. 1942/08/10"

92）NA Bo Ko. Sungsut 2. 6. 2/152 "Banthuk Ruang San-ya Kan Su Namman Kho 5." ドラム缶1缶は200ℓ詰めであった。

93）NA Bo Ko. Sungsut 2. 6. 1/1 "Banthuk Kan Prachum rawang Chaonathi Krom Prasan-ngan Phanthanmit kap Chaonathi Kasuang Phanit lae Kasuang Kan Tangprathet Phua Phicharana Damnoen-ngan Titto Ruam Kan Khrang thi 4. 1943/05/25" このため，燃料局は会社に対して減収分を補償することになった他，代わりに艀を運行して沿岸水運の貨物輸送を行うこととなった。

94）NA Bo Ko. Sungsut 2. 6. 1/3 "Banthuk Kan Prachum Cheracha Ruang Kan Setthakit lae Kankha rawang Khaluang Setthakit Thai lae Yipun Khrang thi 15. 1943/05/07"

95）NA Bo Ko. Sungsut 2. 6. 2/152 "Banthuk Ruang San-ya Kan Su Namman Kho 5."

96）NA Bo Ko. Sungsut 2. 6. 1/3 "Banthuk Kan Prachum Cheracha Ruang Kan Setthakit lae Kankha rawang Khaluang Setthakit Thai lae Yipun Khrang thi 15. 1943/05/07"

97）NA Bo Ko. Sungsut 2. 6. 3/17 "Chao Krom Prasan-ngan Phanthamit Thung Phana Thut Fai Thahan Bok Yipun Pracham Prathet Thai. 1944/02/17"

98）Ibid. "Thun Rong Chao Krom. 1944/11/22"

99）Ibid. "Banthuk Kan Cheracha rawang Pho O Mo Cho Phisit kap Pho Tho Minamiishi. 1945/03/26"

100）NA Bo Ko. Sungsut 2. 6. 3/1 "Banthuk Raingan Kan Prachum Ruang Kan Doen Rua Pai Rap Namman thi Chonan Doi Yo. 1945/03/20" この艀は，バンコクに入港できずシーチャン島沖停泊する大型船とバンコクとの間で貨物を継送するために用いられた。

101）Ibid. "Banthuk Raingan Kan Prachum Ruang Kan Doen Rua Pai Rap Namman thi Chonan Doi Yo. 1945/03/24"

102） NA Bo Ko. Sungsut 2. 6. 3/17 "Banthuk Raingan Kan Prachum Doi Yo Ruang Kan Lamliang Namman Chua Phloeng. 1945/05/11"　これは磁石付の機雷があり，鉄製の船に機雷が引き付けられて爆破する可能性があったためである。

103） Ibid.

104） NA Bo Ko. Sungsut 2. 6. 3/35 "Ekkachai Itsarangkun na Ayutthaya Nam Sanoe Cho Po Pho. 1945/05/04"

105） Ibid. "Ekkachai Itsarangkun na Ayutthaya Nam Sanoe Chao Krom Cho Pho. 1945/07/17"

106） NA Bo Ko. Sungsut 2. 6. 3/8 "タイ国向燃料数量（請求書）"

107） 1930年代中頃までは蘭印のスマトラ島からの輸入が多かったことから，輸送面で見ても西海岸に輸入して鉄道で東海岸に輸送するほうが，水運でシンガポールを経由して東海岸へ運ぶよりも有利であったが，戦後はシンガポールが最大の輸入先となったことから，東海岸へも直接水運で輸送したほうが好都合であった。

108） クリンカーの輸送量を含めれば，この間の増加率は13倍と石油製品を上回る。

109） BTWM 1934/07/26 "North-East Provinces."

110） NA Kho Kho. 0202. 9. 11/17 "Rong Phu Wa Kan Dan Kitchakan Doen Rot lae Khonsong Rian Palat Krasuang Khamanakhom. 1956/07/24"

111） Ibid. "Freight Fowarding Facilities Improvement Bangkok-Vientiane."

112） NA [3] So Ro. 0201. 13/10 "Ratthamontri Wa Kan Krasuang Setthakan Rian Lekhathikan Khana Ratthamontri Fai Kan Muang. 1954/11/30" によると，1954年10月13日に閣議でラオス，カンボジア，ビルマに対する通過貨物の扱いを認めることを決めたが，ビルマについては需要がないということで実施を取りやめた。

113） NA Kho Kho. 0202. 9. 5. 7/73 "Banthuk Raingan Kan Prachum Khana Kammakan Rotfai haeng Prathet Thai Khrang thi 27/2502. 1959/09/23"

114） Ibid.

115） NA Kho Kho. 0202. 9. 7/16 "Anukammakan lae Lekhanukan Khana Kammakan Kan Khamanakhom Rian Nai Amphon Sun-anan. 1960/02/08"

116） これらの機関車は使用状況が芳しくなくまもなく返還されたが，アメリカは別の機関車10両を交換する形で援助した。当時の機関車調達については，柿崎［2004］を参照。

117） NA Kho Kho. 0202. 9/70 "Phu Wa Kan Rian Palat Krasuang Khamanakhom. 1956/11/30"

118） NA Kho Kho. 0202. 9. 5. 3 /194 "Banthuk Raingan Kan Prachum Dan Doen Rot lae Khonsong Khrang thi 24/2506. 1963/07/15"

119） NA Kho Kho. 0202. 9/215 "Phu Amnuaikan Fai Kan Doen Rot Rian Than Phu Wa Kan. 1961/10/02"　ただし，うち78両は容量の小さい2軸車であった。ここにはUSOMから援助された40両は含まれていないものと思われる。

120） NA Kho Kho. 0202. 9. 5. 3 /313 "Banthuk Raingan Kan Prachum Dan Doen Rot lae Khonsong Khrang thi 25/2509. 1966/07/04"

121） NA Kho Kho. 0202. 9. 5/43 "Banthuk Raingan Kan Prachum Ruang Sang lae Khayai Khwam Yao Thang Lik Sathani Tangtang. 1965/02/03"　石油取扱設備の設置は会社ごとに行われ

ており，シェル，エッソ，カルテックス，燃料公団の4社がそれぞれ設けていた。

122) 1958年の最初のフレンドシップ・ハイウェーの開通でサラブリー～コーラート間に到着する貨物はほとんど消滅したが，石油製品輸送のみは存続していた［NA Kho Kho. 0202. 9/136 "Banthuk Raingan Kan Prachum Dan Doen Rot lae Khosong Khrang thi 5/2505. 1962/02/09"］。

123) NA Kho Kho. 0202. 9. 5. 3 /339 "Banthuk Raingan Kan Prachum Dan Doen Rot lae Khosong Khrang thi 11/2510. 1967/03/27"

124) NA Kho Kho. 0202. 2/193 "Phaen Kan Khonsong Khaophot Pi 2515."

125) 石油製品の輸送量は，1970年に泥灰土とセメントを抜いて第1位となった。

126) NA Kho Kho. 0202. 9/252 "Phu Wa Kan Rian Palat Krasuang Khamanakhom. 1963/03/04"

127) 貿易統計によると原油輸入は1951年から始まっているが，実際には1949年までは原油はディーゼル燃料・重油と同じ分類とされていたことから，原油の輸入が存在した可能性もある。42年8月から45年4月に日本がタイに売却した石油のうち原油が7,805kℓあり，おそらく燃料局の石油精製工場で精製されたのであろう［Bo Ko. Sungsut 2. 6. 3/8 "タイ国向燃料数量"］。

128) 燃料局が1946年に廃止されると軍が石油製品の確保のために新たに燃料部（Phanaek Chuaphloeng）の設置を求め，49年に設置された。その後53年に燃料部は軍燃料局に昇格し，同時に配下に燃料公団を設置して公団が石油製品の調達や販売を担当することになった。この間の経緯は，Chamnian［1973］：38–49を参照。

129) その後1981年に政府は会社が契約違反を犯したとして会社への貸付契約を破棄し，再び軍燃料局の運営に戻したがやはり赤字体質となり，84年にバーンチャーク石油会社（Bang Chak Petroleum Co. Ltd.）を設置し業務を移管した［Khuruchit 1993: 131］。

130) 当初の計画では，操業開始後10年間が免許期間とされていた。実際には第2工場建設を認められた際に期間を7年延長されて1981年までの免許とされた。

131) タイオイル社ホームページ（http://www.thaioil.co.th/corporate/background.htm） 1981年に免許期間が終了し政府に返還することになったが，更なる精製能力の増強のために政府は51%の株式を保有することを条件にタイオイル社に操業を継続させた。

132) エクソンモービル社ホームページ
（http://www.exxonmobil.com/Thailand-English/PA/About/SR_Refinery_Facts.asp）

133) NA Kho Kho. 0202. 6. 6 /8 "Ekkasan Prakop. 1968/04/24"

134) 1980年頃の状況であるが，シェル社がプーケットに油槽所を設けており，ここはシンガポールからの輸入石油製品の専用であった［Watsana & Chiraphan 1980: 99］。

135) SYB（1965）：261–263，SYB（1976–80）：324–327より筆者が集計した数値である。これは乗用車，トラック，バスの総計であり，それ以外の自動二輪車などは含まれない。

136) 各地域別の比率は，北部・中部上部7%，東北部9%，中部下部21%，バンコク57%，南部6%となる［WSALA 1969: 2B–92］。北部・中部上部の割合は半分ずつとして計算した。

## 第6章　地域間商品流通の変容

1）ただし，1976年と77年で品目の分類が一部変更されていることから，一部品目は76年のみ，あるいは77～78年の平均値を用いている。詳しくは，表6–2の注2を参照。
2）リンマーの使用した統計は，駅別の貨物発着量の統計であると思われる。これは当時の県別の統計年鑑にも掲載されているが，この統計年鑑も毎年発行されてはおらず，しかも地域によって発行年が異なることから時系列データを揃えるためには使用できない。
3）北部の商品流通の変容については，柿崎［2000a］第2章，第6章を参照。
4）米は精米，籾米，砕米，糠の合計値を，木材は丸太と板材の合計値を用いてある。
5）NA [3] So Ro. 0201. 68/67 “Banthuk Raingan Kan Prachum Ruang Kan Khonsong Sinkha Pai Su Talat. 1944/01/16”
6）NA [2] So Ro. 0201. 57. 1 /7 “Yon Samanon Kho Prathan Sanoe Ratthamontri Wa Kan Krasuang Phanit.”
7）NA [3] So Ro. 0201. 29/56 “Sathiti Kan Pluk Krathiam.”　なお，この数値は乾燥ニンニクに換算した数値である。
8）NA Kho Kho. 0202. 9. 12/11 “Phu Wa Kan Rotfai haeng Prathet Thai Rian Lekhathikan Thamniap Nayok Ratthamontri. 1967/06/13”
9）SN 1954/07/10 “Kan Rotfai Amnuai Khwam Saduak nai Kan Khonsong Lamyai chak Phak Nua.”
10）NA Kho Kho. 0202. 9/18 “Phu Wa Kan Rotfai haeng Prathet Thai Rian Palat Krasuang Khamanakhom. 1959/07/09”
11）NA Kho Kho. 0202. 9. 5. 3/3 “Banthuk Raingan Kan Prachum Dan Doen Rot lae Khonsong Khlang thi 17/02. 1959/07/06”
12）SN 1956/05/23 “Ro So Pho Phit Wang nai Kan Su Nitsan.”
13）NA Kho Kho. 0202. 9/136 “Banthuk Raingan Kan Prachum Dan Doen Rot lae Khonsong Khlang thi 5/2505. 1962/02/09”
14）NA Kho Kho. 0202. 9/190 “Phu Wa Kan Rotfai haeng Prathet Thai Rian Palat Krasuang Khamanakhom. 1964/06/19”
15）鉄道での亜炭の使用については，戦後国鉄が枯渇する薪資源の代替として検討したものの，試験結果は良くなく機関車の燃料としては使用できなかった。
16）その後，1960年にこの公団は亜炭公団（Kan Liknai）に改組された。
17）SRWM 1957/06/13 “Black Diamond Mine.”　国鉄の輸送統計では，1955年から亜炭の輸送量が記載されている。
18）NA Kho Kho. 0202. 9. 5. 3/37 “Banthuk Raingan Kan Prachum Dan Doen Rot lae Khonsong Khrang thi 6/2503. 1960/02/01”　この機関車5両は，国鉄の第2次機関車50両調達計画の中に含まれていたものであり，最終的には60両が購入されることになっていた。詳しくは，柿崎［2004］：5–7を参照。

19） NA Kho Kho. 0202. 9/7 "Phu Wa Kan Rotfai haeng Prathet Thai Rian Ratthamontri Wa Kan Krasuang Khamanakhom. 1962/04/04"　国鉄側は，亜炭輸送は帰り荷がなく貨車を回送しなければならないことから，賃率の引き下げは消極的であった。

20） NA O Ko. 0201. 2. 1/63 "Progress and Problems of Industrialization in Thailand in 1964. 1965/02/04"

21） 化学肥料会社の状況については，末廣［1988］：285–286を参照。

22） NA O Ko. 0201. 2. 1/63 "Progress and Problems of Industrialization in Thailand in 1964. 1965/02/04"

23） NA Kho Kho. 0202. 9. 5. 3 /374 "Banthuk Raingan Kan Prachum Dan Doen Rot lae Khonsong Khrang thi 4/2511. 1968/02/05" によると，1969～71年の貨車新造計画について，国鉄では北部からの鉱石輸送や中部上部からの石膏輸送などで無蓋車が不足していることから，当初265両投入予定であった無蓋車を350両に増やすことにした。

24） これは，FTSにこの年から輸出入額が記載されていることより判断した。北部のみならず，ラオス国境やカンボジア国境でも1940～41年に相次いで税関が設置された。

25） 当時のビルマの状況については，伊東・根元［1999］：391–394を参照。

26） NA［2］So Ro. 0201. 66. 5/29 "Raksakan Thaen Ratthamontri Wa Kan Krasuang Kan Tangprathet Rian Lekhathikan Khana Ratthamontri. 1952/12/20"

27） NA［1］Ko Kho. 1. 3. 3. 2. 7/1 "Anukammakan Phicharana Rai Laiat Khrongkan Thang Luang Khrang thi 8/2508. 1965/01/29" によると，メーサーイのビルマ国境はこの時点で閉鎖されていた。

28） この道路は，第3章第2節で言及したアメリカの援助によるフィーダー道路計画の一環として整備されたものである。

29） NA Kho Kho. 0202. 9. 5. 3 /399 "Banthuk Raingan Kan Prachum Dan Doen Rot lae Khonsong Khrang thi 30/2511. 1968/08/05" によると，国鉄がチエンラーイからチエンセーンへの鉄道の延長の可能性を議論したものの，かつてはチエンコーンやルアンプラバーン方面への水運への接続点として栄えたチエンセーンも，チエンラーイ～チエンコーン間道路の開通で寂れたことから鉄道を延長する必要はないとされていた。

30） SN 1963/02/20 "Chin Daeng Radom Kuli Nap Mun Tham Thanon Chot Thai." によると，中国はラオス国境～ムアンシン間に1961年から秘密裏に道路建設を進めており，ルアンナムターやチエンコーンの対岸フアイサーイへの道路も整備することが決まっていた。このため，チエンラーイ～チエンコーン間道路が軍事的に重要視されたものと考えられる。

31） SN 1950/07/02 "Buang Lang Kan La Fin Itthiphon Tha Khae."　このアヘン輸送は，朝方ターケー駅に停車する上り列車からアヘンの入った石油缶が積み降ろされて，自動車が回収していくというものであり，警察がアヘンを押収したものの関係者は見つからなかった。

32） 籾米の重量は，精米の重量を籾米の64%として計算した。

33） NA Kho Kho. 0202. 3. 7/1 "Banthuk Khwam Hen Ruang Kan Khut Lok Rong Nam thi Tun Tam Lam Maenam Chaophraya lae Maenam Pasak. 1954/07/09"　運輸局によると，チャオプラヤー川のルートに固執するとアユッタヤー～チャオプラヤー・ダム間すべてを掘削対

象とする必要があるが，ノーイ川経由ではその距離が半分となった。ノーイ川はチャイナート付近（ダムより上流）から分岐してアユッタヤーの下流のバーンサイで合流する分流で，チャオプラヤー川の水位が下がる乾季に迂回ルートとして古くから利用されていた。

34) NA Kho Kho. 0202. 3. 7/7 "Athibodi Krom Chonlaprathan Rian Palat Krasuang Khamanakhom. 1956/01/28" 灌漑局は，ダム以北からスパンブリー川（ターチーン川）やノーイ川を利用すれば代替ルートは確保できるとした。

35) Ibid. 上流で放流された水は，チャオプラヤー・ダムで取水されて灌漑水路に導水されることになる。計画ではプーミポン・ダムとタープラー・ダムから乾季に放流される水量は建設前の5～6倍であると見積られていた。

36) バンコク着の貨物は建設資材が約291万トンと最も多く，以下米165万トン，メイズ60万トンと続いていた。ちなみに建設資材はパトゥムターニー県発が最も多く，この県ではチャオプラヤー川の河床の砂を掘削していることから，大半が土砂であったものと考えられる。

37) ただし，家畜輸送量は含まない。

38) 「モチ稲栽培圏」とは渡部忠世が提唱したモチ米を主食として消費する民族の居住する地域圏であり，中国雲南省からビルマ東部，ラオス，タイ北部，東北部にかけて分布している。詳細は，渡部［1983］：72–97を参照。タイ・コーラート系とは主に中部から移住してきたタイ（シャム）族でコーラート周辺に分布しており，クメール系はカンボジアと国境を接するウボン線沿線の各県に多く居住し，どちらも中部のタイ族と同じくウルチ米を常食とする。

39) かつて筆者が調査を行ったブリーラム県ラムプラーイマート郡のラオ族が卓越する村では，従来はモチ米しか栽培していなかったが，鉄道駅から3kmと近かったことから，1920年代に鉄道が開通後に商品用としてのウルチ米の栽培が始まったという［柿崎1996：334］。

40) ウドーン線は1933年にコーンケーンまで開通し，「モチ稲栽培圏」に鉄道が到達することになったが，この沿線からもウルチ米圏を通るウボン線に匹敵する量の米を発送していた。1935/36年の発送量は，精米，籾米を合わせてウボン線（東北線2区間）が12万5,736トン，ウドーン線（東北線3区間）が13万9,742トンであった［RSRS (1935/36)］。このうち，コーンケーン県内の主要4駅（ムアンポン，バーンパイ，タープラ，コーンケーン）の発送量を合わせると6万8,157トンとウドーン線全体の半分を占めていることから，「モチ稲栽培圏」においても，鉄道開通後に沿線を中心にウルチ米栽培が広まり始めたものと考えられる。実際に鉄道から18km離れたコーンケーン県のサーワティー村では，鉄道開通後に牛車で米をコーンケーン駅傍に立地した精米所まで運んで売却するようになったという［Suwit 2003: 157］。

41) NA [3] So Ro. 0201. 29. 1 /45 "Raingan Kan Prachum Khana Kammakan Borisat Khao Thai Khrang thi 76. 1943/03/28"

42) NA [3] So Ro. 0201. 29. 1 /44 "Chak Prayun Yutthasatkoson Thung Lekhathikan Khana

Ratthamontri. 1944/03/29"

43） 鉄道建設と米の価格平準化については，柿崎［2000a］第5章第2節を参照。

44） コーンケーン県のドンデーン村の事例を調査した福井によると，この村の米生産量の年による変動は非常に大きいものの，1930年代から1980年代まで村全体の米収支は長期的に見るとバランスが取れていたという［福井 1988：400–412］。

45） NA Bo Ko. Sungsut 2. 6. 4/17 "Banthuk Kan Prachum Ruang Panha Kan Lamliang Thang Rua. 1944/06/29"

46） NA［3］So Ro. 0201. 29. 1/39 "Raingan Sathiti Khao Rai Changwat." この直後に米輸送列車3往復が運行を開始したことから，一部はバンコクへ運ばれたのであろう。

47） かつて筆者が調査を行ったブリーラム県同郡の駅から10km程度離れた別のラオ族の村では，1960年頃から商品用としてのウルチ米栽培が始まっていた［柿崎 1996：334］。これは駅から10kmの距離でも鉄道開通による米の商品化は起こらなかったことを示している。

48） NA Kho Kho. 0202. 9/81 "Phu Wa Kan Rotfai haeng Prathet Thai Rian Palat Krasuang Khamanakhom. 1956/11/15"

49） Ibid. "Bun-ngi Saekhou Krap Rian Luan Phongsophon. 1956/10/27"

50） Ibid. "Rong Phu Wa Kan Dan Kitchakan Doen Rot lae Khonsong Rian Palat Krasuang Khamanakhom. 1956/12/24"

51） NA Kho Kho. 0202. 9/94 "Phu Wa Kan Rotfai haeng Prathet Thai Rian Palat Krasuang Khamanakhom. 1957/06/20"

52） SN 1957/06/27 "Rotfai Thalaeng Tu Khaosan Mai Pho."

53） NA Kho Kho. 0202. 9/90 "Ratthamontri Wa Kan Krasuang Utsahakam Rian Ratthamontri Wa Kan Krasuang Khamanakhom. 1957/04/13"

54） SRWR 1954/12/26 "Railways Complaint of Loss Incurred."

55） NA Kho Kho. 0202. 9/6 "Ruang Prapprung Rabop Kan Chai Rot lae Khuapkhum Rot Tam Nayobai Ratthaban Pho So 2498."

56） NA Kho Kho. 0202. 9. 5. 3 /161 "Banthuk Raingan Kan Prachum Dan Doen Rot lae Khonsong Khrang thi 36/2505. 1962/10/15"

57） NA Kho Kho. 0202. 9/136 "Banthuk Raingan Kan Prachum Dan Doen Rot lae Khonsong Khrang thi 5/2505. 1962/02/09"

58） NA Kho Kho. 0202. 9. 5. 3 /161 "Banthuk Raingan Kan Prachum Dan Doen Rot lae Khonsong Khrang thi 36/2505. 1962/10/15"

59） 実際にはノーンカーイ線の到着量は主要駅分しか数値がないため，減少量も3万トンよりはるかに多いはずである。

60） ちなみに，1975年のチョン・サムラーン経由（チャイバーダーン～バムネットナロン間310km地点）とブパイ経由（カビンブリー～パックトンチャイ間18km地点）の自動車通行量はそれぞれ862台，1,152台であり，フレンドシップ・ハイウェーと合わせると計6,589台となる。この数値で計算すると，バンコク～東北部間の自動車貨物輸送量は431.2万トンとなり，表6–10の数値に近くなる。

61）戦前のタイ～ラオス間の商品流通については，柿崎［2000a］第2章，第6章を参照。

62）NA［3］So Ro. 0201. 13/3 “Ratthamontri Wa Kan Setthakan Rian Lekhathikan Khana Ratthamontri. 1953/10/22”

63）NA［3］So Ro. 0201. 45/24 “Ratthamontri Wa kan Krasuang Utsahakam Krap Rian Nayok Ratthamontri. 1954/08/14”

64）Ibid. “Raksakan nai Tamnaeng Lekhathikan Khana Ratthamontri Rian Ratthamontri Wa Kan Krasuang Utsahakam. 1954/09/09” 県商事会社（Borisat Changwat Chamkat）はピブーン時代に設立された経済省の配下の商事会社で，中国人商人が独占していた商品の流通や貿易をタイ人の手に取り戻すべく設置された国策会社であった。

65）NA［3］So Ro. 0201. 13/10 “Ratthamontri Wa Kan Krasuang Setthakan Rian Lekhathikan Khana Ratthamontri Fai Kan Muang. 1954/11/30” ただし，カンボジアについては通過貨物扱いの輸送は非常に少なく，事実上対ラオスに対する特例となっていた。

66）NA Kho Kho. 0202. 9. 5. 3/28 “Kan Song Singkha Pai Yang Prathet Lao lae Chak Prathet Lao Yang Prathet Thai. 1959/09/22” 再輸出についても通運公団のみが取り扱えることになっていたが，その他の貿易については民間業者が自由にとり行うことができた。

67）NA［3］So Ro. 0201. 45/46 “Kan Laklop Nam Sinkha Ni Phasi Khao Chak Prathet Lao.” これは船で貨物が到着後にその一部のみをトラックに積み込んで税関に入り，手続きが終わると他のトラックに積み替えて再び税関に入るという形で行われていたという。

68）Ibid. これは，当時ラオスでは1ドル35キープ，1キープ26サタンなので，1ドルが9バーツとなるが，タイでは1ドル21バーツであったことから，輸入品の価格はラオスのほうがはるかに安くなるためである。この有利な為替レートは，アメリカの支援の一環として設定されていた。

69）SN 1957/06/04 “Lao Plian Thang Khonsong.”

70）候補地はタードゥア（ノーンカーイ対岸），シーチエンマイ（ヴィエンチャン対岸），パーモーン・ダム予定地付近の3箇所であった。なお，1994年に完成したタイ～ラオス友好橋はタードゥアに建設された。

71）SRWR 1963/05/09 “Bridge Across the Mekong River.”

72）メコン委員会はECAFEの支援の下で1957年に設立されたタイ，ラオス，カンボジア，南ベトナムからなる委員会で，メコン川流域における水資源などの開発計画を策定した。詳しくは，白石［1998］：41–44，堀［1996］：76–79，98–171を参照。

73）1994年に完成したタイ～ラオス友好橋は，この調査時の設計を基にして建設されたが，日本ではなくオーストラリアの無償援助が利用された。

74）家畜の14万頭のうち，5万頭は歩かせて輸送されていた牛や水牛であり，残り9万頭は鉄道輸送された豚であった。

75）NA Bo Ko. Sungsut 2. 4. 1/22 “Khabuan Rot Doen Yu Kon Songkhram Maha Echia Burapha.” 北線はバーンスー～ウッタラディット間1往復，バーンスー～パークナムポー間1往復の運行であり，ウッタラディット以遠へは別の1往復の貨物列車が接続していた。東北線はバーンスー～コーラート間に2往復，南線はトンブリー～チュムポーン間に臨時1往復，トンブリー～ペッブリー間に臨時1往復の貨物列車が存在した。貨物輸送はこれらの貨物列車でのみ行われるわけではなく，より本数の多い混合列車でも行われていた。

76） NA Bo Ko. Sungsut 2. 6. 1/1 "Saphap Kan Khluanwai Thang Kan Kha rawang Prathet Thai kap Malayu."

77） Ibid.

78） NA [2] So Ro. 0201. 67/15 "Phutchatkan Borisat Mitsui Butsan Kaisha Chamkat Phranakhon Krap Rian Nai Phan Ek Phraya Phahon Phonphayuhasena Nayok Ratthamontri. 1935/05/06" によると，当時の三井物産バンコク支店長がタイ政府に対して，日本へ直接天然ゴムや錫鉱を輸出するために外国船の南部港湾への入港を求めていた。

79） 1933年頃の旅客列車の運行状況については，柿崎［2002］：9を参照。南線のバンコク近郊こそ1日5～6往復程度の列車が存在したが，南部の大半の区間では急行と貨物列車を除けば1日1往復の混合列車しか存在しなかった。

80） 例えば，NA [3] So Ro. 0201. 68/67 "Ratthamontri Wa Kan Kasuang Khamanakhom Thung Nayok Ratthamontri. 1942/09/14" によると，南部のランスアンからバンコクへの果物輸送の便宜を図るため，1942年には日本軍の軍用列車3本の空車も利用して輸送していた。当時の南線の日本軍の軍用列車は主としてバンコク発の下り列車のみが設定されていたが，車両の運用の都合上から同じ本数の上りの回送列車が存在しており，これをタイ側が適宜利用していたものと考えられる。

81） 日本軍の軍用列車による軍需品の輸送は南線と北線ではバンコク発の下り列車が，東線ではプノンペン発バンコク着の上り列車が中心であった。このため，北線でも北部からバンコクへのタイ側の産品輸送が軍用列車の回送を利用して適宜行われていた。ただし，戦前の貨物輸送の中心であった東北線では日本軍の軍用列車がほとんど設定されず，一般列車の輸送力減少を補う術はなかった。

82） ペナンやシンガポールがタイの錫鉱や天然ゴムにとっても集散地として機能した重要な要因は，次章で述べるようにマラヤではタイから入る錫鉱や天然ゴムに関税を課さなかった点である［NA [2] So Ro. 0201. 60. 1/10 "Ratthamontri Wa Kan Krasuang Setthakan Rian Nayok Ratthamontri. 1939/03/15"］。このため，タイからの天然ゴムはマラヤ国内から集まる天然ゴムと同じようにペナンやシンガポールに流入することが可能であった。

83） NA [3] So Ro. 0201. 34 /14 "Ratthamontri Wa Kan Krasuang Setthakan Thung Nayok Ratthamontri. 1939/08/08"

84） Ibid. "Banthuk Ruang Chat Su Suan Yang lae Kha Yang nai Thongthi Amphoe Chawang Changwat Nakhon Sithammarat."

85） それまでは年2万トン前後の輸送量であったことから，1941年は倍増したことになった。

86） NA [3] So Ro. 0201. 34 /16 "Banthuk Ruang Kan Song Yang Pai Saharat Amerika. 1946/05/20"

87） NA [2] So Ro. 0201. 59 /4 "Banthuk Ruang Kan Chat Tang Nuai Rap Su Yang lae Kan Sanapsanun Hai Yang Song Ok Nok Prathet. 1946/11/22"

88） Ibid. "Ratthamontri Wa Kan Krasuang Kasetrathikan Rian Lekhathikan Khana Ratthamontri.

1949/10/18”　マラヤへの密輸が相次いだのは，当時天然ゴムの輸出業者は輸出で得た外貨を中央銀行でバーツに換金する必要があったためである［OFA（1941–50）: 29］。その後1948年に20%のみを中央銀行で換金するよう軽減されたが，今度はドルよりもポンドのほうが換金の際の利益が大きいとして，アメリカに直接輸出せずペナンやシンガポールへ輸出する業者が増えたという［BOT（1948）: 3］。

89）朝鮮戦争の勃発により，ニューヨーク市場での天然ゴム価格（第1級）はkgあたり0.68ドルから1.35ドルに高騰した。錫価格も，同じく1.71ドルから3.08ドルへと値上がりした。

90）Ibid. “Yot Chamnuan Yang thi Song Ok Nok Ratcha-anakhet Phan Dan Sulakakon Tangtang Pho So 2492.”

91）NA O Ko. 0201. 2. 1/15 “Panha Ruang Yang Phara.”

92）東部の天然ゴム栽培も戦前から始まっていたが，南部が一貫して最大の産地であり続け，1970年代前半でもそのシェアは9割以上であった［Apha 1976: 6–7］。

93）ちなみに，天然ゴムの国内需要はわずかであり，1980年頃でも総生産量の5%に過ぎなかった［Kasikon Thai 1982: 81］。

94）本書では1970年代半ばまでを扱っているが，その後も天然ゴムの発送地はさらに変化することになる。1980年代に入ると天然ゴム輸送のコンテナ化が進み，コンテナ船の接岸可能なバンコク経由の輸出が増加する。このコンテナ輸送化については，末廣・重富［1989］：134–136を参照。一方ソンクラー港やプーケット港も80年代末からコンテナ船が着岸できるようになったが，ペナン港との競合によって利用は伸び悩んでいるという［Wanlapha 1998: 18–19］。ちなみに，2003年の発地別天然ゴム輸出量はパーダンベサールが85万トンと全体の3分の1を占めており，以下ソンクラー51万トン，バンコク45万トンであった［SYT Vol. 33–3: 12］。このように，現在再びペナン経由の輸出が拡大する傾向が見られる。

95）戦前までのタイにおける錫産業の発展については，Cushman［1991］を参照。

96）1935/36年の錫鉱の輸出量は1万4,254トンであり，うち鉄道輸送量はパーダンベサール経由が2,275トン，カンタン経由が2,846トンであった［RSRS（1935/36）］。

97）NA［2］So Ro. 0201. 60. 1/10 “Ratthamontri Wa Kan Krasuang Setthakan Rian Nayok Ratthamontri. 1934/07/07”

98）NA［2］So Ro. 0201. 60. 1/20 “Banthuk Kan Prachum Ruang Kan Kha Yang lae Dibuk kap Prathet Amerika. 1940/09/26”

99）1947年9月以降は，自由貿易となった。

100）NA［1］Ko Kho. 1. 4. 5 Kho（khwai）/1 “Rong Athibodi Krom Sulakakon Rian Huana Kong Sathiti. 1965/05/21” 南部の他には，バンコクからの輸出が83トンほど存在した。

101）この工場はユニオン社が株式の7割を保有したが，残りはプラパート副相らが保有しており，政治家や軍人が関与して実現したものであった。詳しくは，Phuwadon［1992］：39–41を参照。

102）NA Kho Kho. 0202. 9. 5. 3 /316 “Banthuk Raingan Kan Prachum Dan Doen Rot lae Khonsong Khlang thi 27/2509. 1966/08/04”

103）　この錫鉱の密輸出については，Phuwadon［1992］：40–46を参照。

104）　しかしながら，この新たな流通を支えているのは従来と変わらずシンガポールの中国系商人であり，その点では南部が完全にペナンやシンガポールの影響下を脱したとはいえなかった。詳しくは，Phuwadon［1992］，Phuwadon［2003］を参照。

105）　NA O Ko. 0201. 2. 1/63 “Progress and Problems of Industrialization in Thailand in 1964.”

106）　NA［2］So Ro. 0201. 67. 2/2 “Banthuk Ruang Khwam Champen thi cha Tong Bamrung Tharua.”

107）　NA［2］So Ro. 0201. 67/15 “Ratthamontri Chuai Wa Kan Krasuang Khamanakhom Rian Lekhathikan Khana Ratthamontri. 1952/10/13”，NA［2］Ko Kho. 1. 8. 21. 1/3 “Chaiyut Sitthithanakon Rian Phu Amnuaikan Kong. 1977/04/26” このドイツ人の港湾専門家アガツ（Ing. A. Agatz）は，ソンクラー港の改修計画について，外洋船を入港可能にする大規模改修と沿岸船の入港を可能とする小規模改修の2案を提案した。

108）　NA［2］Ko Kho. 1. 8. 21. 1/21 “Tharua Songkhla.”

109）　NA Kho Kho. 0202. 6/15 “Ratthamontri Wa Kan Krasuang Khamanakhom Rian Lekhathikan Khana Ratthamontri Fai Kan Muang. 1957/01/28”

110）　Ibid. “Phu Chuai Athibodi Krom Chaotha Rian Palat Krasuang Khamanakhom. 1957/06/29”

111）　パーダンベサールはハートヤイからペナン方面へ至る鉄道の通過点であり，サダオはソンクラーとペナン方面を結ぶ幹線道路の通過点であった。遠回りにはなるがパーダンベサールでも自動車での通過は可能であったものの，パーダンベサール経由の貿易の大半は鉄道輸送によるものと考えられる。

112）　ベートンはヤラー県最南端の郡でマレーシアに接しており，道路事情が悪かったことからマレーシア側との経済関係が密であった。ヤラー～ベートン間の道路は1966年に修復が完成し，全区間高規格化された。

113）　1935/36年と49年の南部全体（東海岸，マラヤ国境，西海岸）の輸入額が全国の輸入額に占める割合は，10.4%から5.3%に低下していた。

114）　NA［2］So Ro. 0201. 67/15 “Ratthamontri Chuai wa Kan Krasuang Khamanakhom Rian Lekhathikan Khana Ratthamontri. 1952/10/13”

115）　NA Kho Kho. 0202. 3. 7/5 “Dear Arthur. 1960/01/07”　世界銀行の調査報告書では，プーケット，ソンクラー，カンタンの新桟橋建設を提案していた［SSPS 1960: 173–174］。

116）　NA［2］Ko Kho. 1. 8. 21. 1/07 “Ban-yai Sarup Ruang Khrongkan Tharua Namluk Phuket. 1978/01/31”

117）　Ibid.　調査の結果，タイサルコ社の桟橋を改修して水深9.5mを確保することで8,000～1万5,000トン級の船舶が入港できるようにする計画が策定された。

118）　これら2つの深水港の建設計画は，1978年に閣議決定され，82年に着工して88年末に供用が開始された［KK 1987: 62–64，KK（1990）: 69］。

119）　バンコク～南部間の定期船については，柿崎［2000a］：27，318，Kakizaki［2005］：239–241を参照。

120）　沿岸船が国内の港湾間の貨物輸送を行う際には，密貿易を防ぐために出入港時の税関への申告を義務付けられており，これを集計すれば沿岸水運の輸送量を把握できた。

121） 1965年の建設資材の発送は，ほとんどがソンクラーから発送されていた珪砂であった。

122） FTS (1960)：455，FTS (1975)：9の数値による。なお，石油精製工場のあるシーラーチャーは国外の貿易が存在しないことから，この資料には発着量が記載されていない。

123） この増加率は，発送が1.43倍，到着が2.27倍となる。

124） 天然ゴム・植物油については，自動車輸送では区別されていないが，水運は表6-17のようにそれぞれ数値が得られる。この植物油は，伝統的に南部の産品であるココヤシ油と，1960年代後半から栽培が本格化したパームヤシから抽出されるパーム油であろう。

125） 1975～77年の国鉄の主要貨物輸送統計によると，平均で年2万9,960トンのココヤシが南部から発送され，着地はバンコク8,497トン，中部上部8,032トン，北部3,230トン，東北部8,099トンとなっていた［SSR (1975)-(1977)］。なお，南部に隣接するプラチュアップキーリーカン県からの発送も多く，同じく平均で1万8,267トンが発送されており，ココヤシの輸送は南線からバンコク以北への輸送が中心であったことが分かる。

126） 塩は1977年から国鉄の主要貨物輸送統計に含まれており，総輸送量4万7,991トンのうち南部着が4万3,618トンと全体の91%を占めていた［SSR (1977)］。発地は，塩田の多い南線1区間のペッブリー付近であった。

127） 基準価格については，柿崎［2006］表6-22を参照。各品目の内訳については，RKT (1976)の分類に従っており，その概要は表6-2の注1を参照。

128） 1975年の社会経済調査には，東北部の世帯あたり1ヶ月の家計支出額に関する調査結果が記載されており，計49項目に分類されている支出項目のうち，東北部外から流入する商品に該当すると考えられる項目を26項目（一部項目はさらに一部下位項目のみ）選択し，東北部全体の年間支出額を算出すると159億バーツとの数字が得られる［RSTC (1975-76)：表1，表18］。表6-20のバンコクから東北部への流通額は218億バーツであることから，家計消費支出はこの73%となっており，企業や政府機関の需要やラオスへの輸出分を考慮すると全体として218億バーツという数字は妥当なものと考えられる。

129） 表6-12の原資料から1975～77年の南部東海岸，西海岸，マレーシア国境発の輸出額の平均値が得られ，マレーシア国境発が3.57億バーツとなる。一方，表6-11の原資料を用いると，同期間のシンガポール，マレーシアへの輸出額が算出され，3.74億バーツとなる。マレーシア国境からの輸出をすべてマレーシア向けとすると，それ以外の地点からマレーシア，シンガポールに到着した天然ゴムは1,700万バーツとなる。

130） 柿崎［2000a］ではバンコク～南部間の沿岸水運を含まなかったことから，Kakizaki［2005］を比較の対象とした。なお，Kakizaki［2005］では南部を東海岸と西海岸に分けているが，図6-2では南部を1つの地域とし，両海岸間の商品流通は省略した。

131） 到着については，東海岸と西海岸の港湾での輸入にマレーシア，シンガポール発のものが含まれる可能性もある。

## 第 7 章　交通網の整備と商品流通

1） NA [2] So Ro. 0201. 60. 1/10 “Ratthamontri Wa Kan Krasuang Setthakan Thung Nayok Ratthamontri. 1939/03/15”

2） NA Bo Ko. Sungsut 2. 6. 1/1 “Raingan khong Phanit Changwat Phak Tai Ruang Saphap Kan Khluanwai Thang Kankha rawang Prathet Thai lae Malayu.” 世界恐慌以後の南部とバンコクとの間の商品流通の拡大については，柿崎 [2000a]：314 を参照。

3） 戦前の鉄道局年次報告書にはマラヤへの直通貨物に関する統計が記載されており，例えばトンブリーからパーダンベサールまで精米が輸送されていたことは分かるものの，直通貨物の大半は南部発着の貨物であった。ちなみに，これらの貨物がマラヤのどの駅を発着していたのかについては不明である。

4） 東線のアランヤプラテートまでの延伸については，柿崎 [2000a]：165–166 を参照。

5） 親王の国際鉄道網構想については，柿崎 [2000a]：160–164 を参照。

6） なお，1970 年に再び国際列車の運行についての合意がなされ，アランヤプラテート～ポイペット間に列車の運行が復活したが，75 年のポル・ポト政権誕生で中止され，その後国境からシーソーポンまでのカンボジア側の線路も撤去された。カオプラウィハーンはタイの東北部とカンボジアの国境付近に位置するパノムドンラック山脈上の山であり，断崖絶壁の山頂にクメール時代の遺跡が存在するが，その帰属をめぐって両国が対立してカンボジアが国際司法裁判所に訴えるという事態となった。結局，1962 年の判決でカンボジア領となったが，当地を訪れる観光客の多くはタイ側から訪問している。

7） ただし，近年「ランドブリッジ輸送」と名付けてバンコク～クアラルンプール間に海上コンテナ輸送が行われており，戦前よりも長距離国際輸送は活発となっている。

8） リンマーによると，ノーンカーイ線ではかつて鉄道が到達していない近隣のチャイヤプーム，マハーサーラカーム，ローイエット，カーラシン，ルーイ，サコンナコーン，ナコーンパノムからの貨物が自動車でブアヤイ，コーンケーン，ウドーンターニーに到着して，そこから鉄道でバンコク方面へ輸送されていたが，フレンドシップ・ハイウェーがノーンカーイまで全通するとこれらの連絡輸送は自動車での直通輸送に転移したという [Rimmer 1971: 122]。

9） 1967 年にケーンコーイ～ブアヤイ間のバイパス線が開通したが，バンコク～東北部間の貨物輸送量は 67 年の 178 万トンから 75 年には主要貨物のみで 72 万トンへと減少していた。このため，バイパスは貨物輸送面では最大の輸送需要時には役に立たなかったことになる。

10） ただし，これは名目 GDP の数値である。

11） この法律に基づいてバス事業者やトラック事業者の統合を行うこととなり，バスについては 1959 年にバンコク発着の長距離バスをボーコーソー（国営バス会社）が統合したが，トラック事業の統合は結局実現しなかった。

12） 例えば，バンコク市内のバーンスーからプラカノーンまでトラック 1 台を雇うと，通運公団が125バーツであるのに対し，民間業者は70～80バーツでしかなかった［NA［1］Ko Kho. 1. 3. 3. 2/26 "Banthuk Samnakngan Setthakit Kan Khlang. 1966/05/06"］。

13） SYB（1963）：224，SYB（1976–80）：322より筆者が計算した数値である。

14） タイ・モーター社は47年にフォード車の輸入会社として設立されたことから，この8社には含まれない。なお9社のうち，6社が日本車の組立工場であった。

15） 例えば，乗用車の関税は完成車の場合には輸入価格の60%であったものが，部品（ノックダウン）としての輸入の場合は30%に減額された［Suwit & Cho 1995: 36–37］。

16） 表5–14に従うと鉄道の分担率は13%であるが，バンコク着の輸送を含めた表5–13では28%となる。

17） 第9種の家畜は貨車1両あたりの賃率であることから他品目とは計算方法が異なり，豚については500kmまでの距離では第9種よりもさらに安い特別賃率が設定されていた。

18） NA Kho Kho. 0202. 9/136 "Banthuk Raingan Kan Prachum Dan Doen Rot lae Khonsong Khrang thi 5/2505. 1962/02/09"

19） NA Kho Kho. 0202. 2. 10. 1/6 "Attra Kha Borikan lae Kha Chang Tham Kan Khonsong Satharana duai Rotyon Banthuk Khong Ruam Thang Rot Phuang Sung Mi Namnak Rot Ruam Namnak Banthuk Koen Kwa 2000 Ko Ko Tam Prakat Krom Kan Khonsong. 1962/03/12" によると，自動車輸送の運賃は7種に分けられており，農産物などの第1種の運賃と武器，林産品などの第7種との格差は6倍となっていた。

20） この資料には全国平均値を100とした指数しか表示されていないが，バンコクは270となり東北部の43とは6倍程度の格差が存在した。

21） 貧困人口とは，農村部で収入が1ヶ月150バーツ以下の収入の人口を意味する。

22） 中部上部と東北部の顕著な違いは，土地生産性の高低であった。1975～77年の各年の県別平均収量の平均値から地域別平均収量を算出すると，米は中部上部313kg/ライ，東北部196 kg/ライ，メイズは中部上部280 kg/ライ，東北部224 kg/ライと大きな格差が存在していた［SKT（1979/80）：14–17, 20–21］。

23） NA O Ko. 0201. 2. 2. 3/2 "Raingan Phawakan Po Thai. 1965/11/18"

24） SN 1966/06/23 "Thang Mai nai Isan."

25） 通説ではタイの鉄道建設はイギリスやフランスによるタイ国内を経由するような鉄道建設計画が浮上したことへの対抗措置として行われることになったとされていたが，実際には1880年代半ばのホー征伐の際の物資輸送の困難さが王政政府に鉄道の重要性を認識させた直接の要因であった［柿崎 2000a：107–117］。

26） フランスは仏印と東北部を結ぶ鉄道を建設して，東北部と仏印の経済関係を強化することで支配域を拡大することを画策していたが，バンコク～コーラート間の鉄道が先に開通したことで，その野心は砕かれることとなった。詳しくは，柿崎［2000a］：301–303を参照。

27） 例えば，北部ナーン県のナーン～フアイコーン間の県道1080号線，プア～フアイコーン間の県道1081号線の建設では，共産勢力が道路建設を妨害したことから双方に多数の犠牲者が出た。詳しくは，BIDK［1974］を参照。

28）交通図とは特定の情報を提供する主題図の 1 つであり，交通路の配置を示すものである。その中には単に鉄道や道路のルートを示す交通網図もあれば，交通量の多少を示すような交通量図もある［奥野 1987：82–86］。

29）実際には，この道路はピブーン政権中には建設道路でしかなかった。

## 終章 「交通の限界」を超えて ── 求心化から多極化の時代へ

1）BP（OE）2004/10/19 “New Road to Boost Security.”

2）GMS の交通開発については，柿崎［1999b］，柿崎［2005］を参照。

3）タイにとっては，中国製品の流入を警戒する必要のある南北回廊よりも，新たな外港を獲得して地域開発を促進できる東西回廊のほうが重要であった。

4）天然ゴム輸出のコンテナ化については，末廣・重富［1989］：134–136 を参照。なお，2003 年の発地別天然ゴム輸出量はパーダンベサールが 85 万トンと全体の 3 分の 1 を占めており，以下ソンクラー 51 万トン，バンコク 45 万トンであった［SYT Vol. 33–3: 12］。

# 引用資料

## (1) タイ国立公文書館資料 (NA)


運輸省文書 (Ekkasan Krasuang Khamanakhom) (Kho Kho. 0202.) (เอกสารกระทรวงคมนาคม)

大蔵省文書 (Ekkasan Krasuang Kan Khlang) (Ko Kho., [1] Ko Kho., [2] Ko Kho.) (เอกสารกระทรวงการคลัง)

外務省文書 (Ekkasan Krasuang Kan Tang Prathet) (Ko To.) (เอกสารกระทรวงการต่างประเทศ)

軍最高司令部文書 (Ekkasan Kong Banchakan Thahan Sungsut) (Bo Ko. Sungsut) (เอกสารกองบัญชาการทหารสูงสุด)

工業省文書 (Ekkasan Krasuang Utsahakam) (O Ko.) (เอกสารกระทรวงอุตสาหกรรม)

港湾局文書 (Ekkasan Krom Chaotha) (Kho Kho. 0501.) (เอกสารกรมเจ้าท่า)

国王官房文書ラーマ7世王期 (Ekkasan Krom Ratchalekhathikan, Ratchakan thi 7) (Ro. 7) (เอกสารกรมราชเลขาธิการ รัชกาลที่ 7)

商業運輸省ファイル (Krasuang Phanit lae Khamanakhom) (Ro. 7 Pho.) (ชุดกระทรวงพาณิชย์และคมนาคม)

商務省文書 (Ekkasan Krasuang Phanit) (Pho No.) (เอกสารกระทรวงพาณิชย์)

内閣官房文書 (Ekkasan Samnak Lekhathikan Khana Ratthamontri) ([2] So Ro., [3] So Ro.) (เอกสารสำนักเลขาธิการคณะรัฐมนตรี)

内務省文書 (Ekkasan Krasuang Mahatthai) (Mo Tho.) (เอกสารกระทรวงมหาดไทย)

農業省文書 (Ekkasan Krasnag Kasettrathikan) (Ko So.) (เอกสารกระทรวงเกษตราธิการ)


## (2) チュラーロンコーン大学タイ情報センター (Thai Information Center)


Report to the National Economic Development Board by Harvey Klemmer Advisor-Transport and Communications (RK)


## (3) タイ政府機関年次報告書・逐次刊行物


Bank of Thailand (BOT). *Annual Economic Report.*

Khamanakhom, Krasuang (KK). (กระทรวงคมนาคม) *Raingan Pracham Pi Krasuang Khamanakhom.* (รายงานประจำปี กระทรวงคมนาคม) [Annual Report of Ministry of Transport and Communications.]

Office of the Financial Adviser (OFA). *Report of the Financial Adviser on the Budget of the Kingdom of Siam.*

*Prachum Kotmai Pracham Sok* (PKPS). (ประชุมกฎหมายประจำศก) (The collections of Laws.)

*Ratchakitchanubeksa* (RKB). (ราชกิจจานุเบกษา) (National Gazette.)

Rotfai haeng Prathet Thai, Kan (RFT). (การรถไฟแห่งประเทศไทย) *Raingan Pracham Pi Kan Rotfai haeng Prathet Thai.* (รายงานประจำปี การรถไฟแห่งประเทศไทย) [Annual Report of the State Railways of Thailand.]

Royal State Railways of Siam (RSRS). *Annual Report on the Administration of the Royal State Railways.*

Thang, Krom (TK). (กรมทาง) *Raingan Pracham Pi Krom Thang.* (รายงานประจำปี กรมทาง) [Annual Report of the Department of Way.]

Thang Luang (Phaendin), Krom (TLK). (กรมทางหลวง (แผ่นดิน)) *Raingan Pracham Pi Krom Thang Luang (Phaendin).* (รายงานประจำปี กรมทางหลวง (แผ่นดิน)) [Annual Report of the Department of Highway.]

*Thesaphiban.* (เทศาภิบาล)

## (4) タイ政府機関統計集

*Foreign Trade Statistics* (FTS).

*Pramuan Sathiti Pracham Pi* (PSP). (ประมวลสถิติประจำปี) [Yearly Statistics Report of the Department of Livestock Development.]

*Raingan Kan Samruat Khomun Kan Khonsong Thang Nam nai Lum Maenam* (RKNM). (รายงานการสำรวจข้อมูลการขนส่งทางน้ำในลุ่มแม่น้ำ) [Report for the Survey of Freight Transportation on Inland Navigation.]

*Raingan Kan Samruat Khomun Kan Khonsong Thang Nam nai Muang Tha Chai Thale* (RKNT). (รายงานการสำรวจข้อมูลการขนส่งทางน้ำในเมืองท่าชายทะเล) [Report for the Survey of Freight Transportation on Coastal Navigation.]

*Raingan Kan Samruat Pariman Kan Khonsong Thang Thanon* (RKT). (รายงานการสำรวจปริมาณการขนส่งทางถนน) [Report for the Survey of Road Freight Transportation.]

*Raingan Kan Samruat Phawa Setthakit lae Sangkhom Phak Tawan-ok Chiang Nua* (RSTC). (รายงานการสำรวจภาวะเศรษฐกิจและสังคม ภาคตะวันออกเฉียงเหนือ) [Report of Socio-Economic Survey Northeastern Region.]

*Sathiti Kan Kaset Khong Prathet Thai* (SKT). (สถิติการเกษตรของประเทศไทย) [Agricultural Statistics of Thailand.]

*Sathiti Kan Pluk Phut Rai Phut Phak Phut Yunton* (SPR). (สถิติการปลูกพืชไร่ พืชผัก พืชยืนต้น) [Statistics of Upland Crops and Vegetables.]

*Sathiti Sinkha Song Thang Rotfai Praphet Maokhan* (SSR). (สถิติสินค้าส่งทางรถไฟประเภทเหมาคัน) [Statistics of Important Carload Freight.]

*Sathiti Yang Prathet Thai* (SYT). (สถิติยางประเทศไทย) [Thailand Rubber Statistics.]

*Statistical Yearbook of Thailand* (SYB).

*Traffic Volumes & Flow Maps* (TVF).

*Transport Statistics* (TS).

## (5) アメリカ国務省

*Foreign Relations of the United States* (FRUS).

## (6) 新聞・雑誌

*Bangkok Post* (BP).
*Bangkok Times Weekly Mail* (BTWM).
*Bangkok World Annual Review* (BWAR).
*Prachachat* (PCC). (ประชาชาติ)
*Sayam Nikon* (SN). (สยามนิกร)
*Siam Rat Weekly Review* (SRWR).
*Si Krung* (SK). (ศรีกรุง)
*Thailand Development Report* (TDR).
*Thai Mai* (TM). (ไทยใหม่)
*USOM Monograph* (USOMM).

# 引用文献

## (1) タイ語

Apha Chantharakun et al. (อาภา จันทรกุล) [1976] *Phawa Setthakit lae Sangkhom nai Phak Tai khong Prathet Thai.* (ภาวะเศรษฐกิจและสังคมในภาคใต้ของประเทศไทย) Bangkok, Krom Setthakit Kan Phanit. [Economic and Social Situation in Southern Thailand.]

Atchara Niamson (อัจฉรา เนียมสอน) [1986] *Kan Plianplaeng lae Naeonom Kan Tang Thinthan Boriwen Amphoe Song Khang Thanon Sai Chanthaburi-Sakaeo.* (การเปลี่ยนแปลงและแนวโน้มการตั้งถิ่นฐานบริเวณอำเภอสองข้างถนนสายจันทบุรี-สระแก้ว) Bangkok, Unpublished M.A. Thesis, Chulalongkon University. [Change and Trend of Settlement of Districts along the Highway No. 317 (Chantaburi-Sakaeo).]

Barton, Thomas Frank & Sawat Senanarong (โทมัส แฟรงค์ บาร์ตัน และ สวาท เสนาณรงค์) [1957] *Phumisat Setthakit khong Prathet Thai.* (ภูมิศาสตร์เศรษฐกิจของประเทศไทย) Bangkok. [Economic Geography of Thailand.]

Borisat Italian Thai Diwelopmen Khoporechan Chamkat (BIDK) (บริษัท อิตาเลียนไทย ดีเวล็อปเมนต์ คอร์ปอเรชั่น จำกัด) [1974] *Thanon Phraratchaprasong haeng Changwat Nan.* (ถนนพระราชประสงค์แห่งจังหวัดน่าน) Bangkok, BIDK. [The Road of His Majesty's Intention in Nan Province.]

Bunchana Atthakon et al. (บุญชนะ อัตถากร) [n.d.] *Ngan "Withet Sahakan" nai Samai Phana Chomphon Sarit Thanarat 2502–2506.* (งาน"วิเทศสหการ" ในสมัย ฯพณฯ จอมพล สฤษดิ์ ธนะรัชต์ 2502-2506) Bangkok, Krom Withet Sahakan. [Results of Department of Econimic Cooperation in the Era of General Sarit Thanarat.]

Chamnian Sa-nguanphuak (จำเนียร สงวนพวก) [1973] *Namman Pitroliam kap Setthakit khong Prathet Thai.* (น้ำมันปิโตรเลียมกับเศรษฐกิจของประเทศไทย) Bangkok, Witthayalai Wichakan Suksa. [Petroleum and Thai Economy.]

Chatchai Luamprasoet (ฉัตรชัย เลื่อมประเสริฐ) [1977] *Raingan Kan Suksa Wichai Ruang Sukon.* (รายงานการศึกษาวิจัย เรื่อง สุกร) Bangkok, Krom Setthakit Kan Phanit. [Research Report about Swine.]

Chonlaprathan, Krom (CPK) (กรมชลประทาน) [1964] *Thi Raluk nai Kan Sadet Phraratchadamnoen Pai Song Prakop Phithi Poet Khuan Phumiphon.* (ที่ระลึกในการเสด็จพระราชดำเนินไปทรงประกอบพิธีเปิดเขื่อนภูมิพล) Bangkok, CPK. [Royal Opening Ceremony of the Phumiphon Dam.]

Faifa Fai Phalit haeng Prathet Thai, Kan (FPK) (การไฟฟ้าฝ่ายผลิตแห่งประเทศไทย) [1994] *25 Pi haeng Khwam Mungman.* (25 ปีแห่งความมุ่งมั่น) Nonthaburi, FPK. [25th Anniversary of Electricity Generating Authority of Thailand.]

Ho Kankha Thai (หอการค้าไทย) [1983] *Raingan Choeng Wikhro Kan Suksa Utsahakam Chapho Praphet Ruang Dibuk.* (รายงานเชิงวิเคราะห์การศึกษาอุตสาหกรรมเฉพาะประเภท เรื่อง ดีบุก) Bangkok, Ho

Kankha Thai. [Analytical Report for the Specific Industry: Tin Industry.]

Kasikon Thai, Thanakhan (ธนาคารกสิกรไทย) [1982] *Yang Phara.* (ยางพารา) Bangkok, Thanakhan Kasikon Thai. [Rubber.]

Khamanakhom, Krasuang (KK) (กระทรวงคมนาคม) [1987] *75 Pi Krasuang Khamanakhom.* (75 ปีกระทรวงคมนาคม) Bangkok, KK. [75th Anniversary of Ministry of Transport and Communications.]

Khuruchit Nakhonthap et al. (คุรุจิต นาครทรรพ) [1993] *Pitroliam Muang Sayam: Wiwatthanakan khong Utsahakam Pitroliam nai Prathet Thai.* (ปิโตรเลียมเมืองสยาม วิวัฒนาการของอุตสาหกรรมปิโตรเลียมในประเทศไทย) Bangkok, Sathaban Pitroliam haeng Prathet Thai. [Petroleum in Thailand.]

Liknai, Kan (การลิกไนต์) [1964] *Kan Phatthana Liknai nai Prathet Thai.* (การพัฒนาลิกไนต์ในประเทศไทย) Bangkok, Kan Liknai. [Development of Lignaite Mining in Thailand.]

Lok, Thanakhan (ธนาคารโลก) [1980] *Prathet Thai: Kan Mung Su Konlayut nai Kan Phatthana thi Thuk Fai Mi Suanruam Yang Temthi Raingan Setthakit Phunthan.* (ประเทศไทย การมุ่งสู่กลยุทธ์ในการพัฒนาที่ทุกฝ่ายมีส่วนร่วมอย่างเต็มที่ รายงานเศรษฐกิจพื้นฐาน) Bangkok, Thanakhan Lok. [Thailand: Fundamental Economic Report.]

Mahatthai, Krasuang (กระทรวงมหาดไทย) [1941] *Raingan Kan Prachum Khaluang Pracham Changwat Phutthasakkarat 2484. Lem 2.* (รายงานการประชุมข้าหลวงประจำจังหวัด พุทธศักราช 2484 เล่ม 2) Bangkok, Ministry of Interior. [Report for the Meeting of Provincial Governors in 1941. Vol. 2.]

Nikhom Charumani (นิคม จารุมณี) [1976] *Kabot Boworadet Pho So 2476.* (กบฏบวรเดช พ.ศ. 2476) Bangkok, Unpublished M.A. Thesis, Chulalongkon University. [Bawaradej Rebellion 1933 A.D.]

Pamai, Krom (PMK) (กรมป่าไม้) [1971] *Prawat Krom Pamai 2439–2514.* (ประวัติกรมป่าไม้ 2439-2514) Bangkok, PMK. [History of Royal Forestry Department.]

Phaibun Kanchanaphibun ed. (ไพบูลย์ กาญจนพิบูลย์) [1997] *Anuson Khrop Rop 100 Pi Phana Chomphon Po Phibunsongkhram 14 Karakkadakhom 2540.* (อนุสรณ์ครบรอบ 100 ปี ฯพณฯ จอมพล ป. พิบูลสงคราม 14 กรกฎาคม 2540) Lopburi, Sun Kan Thahan Pun Yai. [Anniverasry for the 100th Birthday of General Phibun-songkhram.]

Phanit Ruamsin (ผาณิต รวมศิลป์) [1978] *Nayobai Kan Phatthana Setthakit Samai Ratthaban Chomphon Po Phibunsongkhram Tangtae Pho So 2481 Thung Pho So 2487.* (นโยบายการพัฒนาเศรษฐกิจสมัยรัฐบาลจอมพล ป. พิบูลสงครามตั้งแต่พ.ศ. 2481 ถึงพ.ศ. 2487) Bangkok, Unpublished M.A. Thesis, Chulalongkon University. [Field Marshal P. Pibulsonggram's Policy of Economic Development from 1938 to 1944.]

Phatchari Sirorot (พัชรี สิโรรส) [1997] *Rat Thai kap Thurakit nai Utsahakam Rotyon.* (รัฐไทยกับธุรกิจในอุตสาหกรรมรถยนต์) Bangkok, Thammasat University Press. [Thai State and the Automobile Industry.]

Phot Sarasin (พจน์ สารสิน) [2000] *Anuson Ngan Phraratchathan Phloeng Sop Phana Phot Sarasin.* (อนุสรณ์งานพระราชทานเพลิงศพ ฯพณฯ พจน์ สารสิน) Bangkok, Cremation Volume for Phot Sarasin.

Phuwadon Songprasoet (ภูวดล ทรงประเสริฐ) [1992] *Thun Sinkhapo: Kan Phukkhat Talat Yang Phara lae Dibuk Thai.* (ทุนสิงคโปร์ การผูกขาดตลาดยางพาราและดีบุกไทย) Bangkok, Chulalongkon Univrtsity. [Singaporean Capital: the Monopoly of Thai Rubber and Tin Industries.]

Phuwadon Songprasoet (ภูวดล ทรงประเสริฐ) [2003] *Thun Chin Pak Tai: Phumlang Buangluk Thun Yai Phon Thale.* (ทุนจีนปักษ์ใต้ ภูมิหลังเบื้องลึกทุนใหญ่โพ้นทะเล) Bangkok, Tipping Point Press. [Chinese Capital in Southern Thailand.]

Plai-o Chananon (ปลายอ้อ ชนะนนท์) [1986] *Botbat Nai Thun Phokha thi Mi To Kan Ko lae Khayai Tua khong Thunniyom Phak Nua khong Prathet Thai Pho So 2464–2523.* (บทบาทนายทุนพ่อค้าที่มีต่อการก่อและขยายตัวของทุนนิยมภาคเหนือของประเทศไทย พ.ศ. 2464–2523) Bangkok, Unpublished M.A. Thesis, Chulalongkon University. [The Roles of Merchant Capitalism in the Rise and Expansion of Capitalism in Northern Thailand, 1921–1980.]

*Prathet Thai.* (ประเทศไทย) [1966] Bangkok. [Thailand in 1966.]

Punsimen Thai Chamkat, Borisat (PST) (บริษัท ปูนซีเมนต์ไทย จำกัด) [1957] *Borisat Pun Simen Thai Chamkat.* (บริษัท ปูนซีเมนต์ไทย จำกัด) Bangkok, PST. [The Siam Cement Company Co. Ltd.]

Punsimen Thai Chamkat, Borisat (PST) (บริษัท ปูนซีเมนต์ไทย จำกัด) [1963] *Anuson nai Ngan Chalong Khroprop 50 Pi haeng Kitchakan khong Borisat.* (อนุสรณ์ในงานฉลองครบรอบ 50 ปีแห่งกิจการของบริษัท) Bangkok, PST. [50th Anniversary of the Siam Cement Company Co. Ltd.]

Rangsan Thanaphonphan (รังสรรค์ ธนะพรพันธุ์) [n.d.] *Phatthanakan lae Botbat khong Saha Samakkhi Kha Sat.* (พัฒนาการและบทบาทของสหสามัคคีค้าสัตว์) Bangkok, Thammasat University. [Development of Saha Samakkhi Kha Sat Company and Its Role.]

Rapsong Sinkha lae Phatsaduphan, Ongkan (RSP) (องค์การรับส่งสินค้าและพัสดุภัณฑ์) [1987] *Chalong Khrop Rop Si Sip Et Pi Ro. So. Pho.* (ฉลองครบรอบสี่สิบเอ็ดปี ร.ส.พ.) Bangkok, RSP. [41st Anniversary of the Express Transportation Organization.]

Ratchabandit-tayasathan (RBS) (ราชบัณฑิตยสถาน) [1973] *Photchananukrom Sap Phumisat Angkrit-Thai Chabap Ratchabandit-tayasathan Lem 1.* (พจนานุกรมศัพท์ภูมิศาสตร์อังกฤษ-ไทย ฉบับราชบัณฑิตยสถาน เล่ม 1) Bangkok, RBS. [Royal Academy's English-Thai Dictionary for Geographical Terms. Vol. 1.]

Ratsami Lakkhanawannaphon & Sunan Yingchaiyakamon (รัศมี ลักขณาวรรณพร และ สุนันท์ ยิ่งชัยยะกมล) [1998] "Sukon kap Changwat Nakhon Pathom. (สุกรกับจังหวัดนครปฐม) " In *Warasan Witthayalai Khristian.* (วารสารวิทยาลัยคริสเตียน) Vol. 4–1 pp. 26–31. [Swine and Nakhon Pathom Province.]

Rattana Ruchirakun (รัตนา รุจิรกุล) [1982] *Phumisat Phak Tawan-ok Chiang Nua.* (ภูมิศาสตร์ภาคตะวันออกเฉียงเหนือ) Bangkok, Odien Store. [Geography of the Northeastern Thailand.]

Rattanaphon Setthakun (รัตนาพร เศรษฐกุล) [2003] *Nung Satawat Setthakit Chumchon Muban Phak Nua 2442–2542.* (หนึ่งศตวรรษเศรษฐกิจชุมชนหมู่บ้านภาคเหนือ 2442–2542) Bangkok, Sangsan. [Economic History of Village Communities in Northern Thailand, 1899–1999.]

Rotfai haeng Prathet Thai, Kan (RFT) (การรถไฟแห่งประเทศไทย) [1952] *Kan Rotfai haeng Prathet Thai, Samut Atra Sinkha Lem 1.* (การรถไฟแห่งประเทศไทย สมุดอัตราสินค้า เล่ม 1) Bangkok, RFT. [State Railways of Thailand: Freight Tariffs Vol. 1.]

Rotfai haeng Prathet Thai, Kan (RFT) (การรถไฟแห่งประเทศไทย) [1967] *Kan Poet Kan Doen Rot Sai Kaeng Khoi – Bua Yai.* (การเปิดการเดินรถสายแก่งคอย-บัวใหญ่) Bangkok, RFT. [Opening of

Kaeng Khoi– Bua Yai Line.]

Rotfai haeng Prathet Thai, Kan (RFT) (การรถไฟแห่งประเทศไทย) [1968] "Kitchakam khong Kan Rotfai haeng Prathet Thai thi Kiaokap Kan Phatthana Utsahakam Muangrae. (กิจกรรมของการรถไฟแห่งประเทศไทยที่เกี่ยวกับการพัฒนาอุตสาหกรรมเหมืองแร่)" in STK ed. *Raingan Kan Prachum-Sammana Muangrae Khrang thi 7 Phutthasakkarat 2511 khong Krom Sapphayakonthorani Krasuang Phatthanakan haeng Chat.* pp. 25–42. [Services of the State Railway of Thailand and Development of Mining Industry.]

Rotfai haeng Prathet Thai, Kan (RFT) (การรถไฟแห่งประเทศไทย) [1970] *Thi Raluk nai Wan Khlai Sathapana Kitchakan Rotfai Khrop Rop 72 Pi.* (ที่ระลึกในวันคล้ายสถาปนากิจการรถไฟครบรอบ 72 ปี) Bangkok, RFT. [72th Anniversary of State Railways of Thailand.]

Rotfai haeng Prathet Thai, Kan (RFT) (การรถไฟแห่งประเทศไทย) [1985] *Naenam Borikan Khonsong Sinkha Thang Rotfai.* (แนะนำบริการขนส่งสินค้าทางรถไฟ) Bangkok, RFT. [Introduction for Railway Freight Transport.]

Rotfai haeng Prathet Thai, Kan (RFT). (การรถไฟแห่งประเทศไทย) [1991] *Rot Chak lae Rot Phuang Prawattisat.* (รถจักรและรถพ่วงประวัติศาสตร์) Bangkok, RFT. [History of Locomotives & Carriages/Wagons of Thailand's Railways.]

Rotfai haeng Prathet Thai, Kan (RFT) (การรถไฟแห่งประเทศไทย) [1997] *100 Pi Rotfai Thai.* (100 ปีรถไฟไทย) Bangkok, RFT. [100th Anniversary of Thailand's Railways.]

Saiphin Khruakhlai (สายพิณ เครือคล้าย) [1992] *Kan Wikhro Kan Khonsong Sinkha Duai Rotyon Banthuk nai Phak Nua.* (การวิเคราะห์การขนส่งสินค้าด้วยรถยนต์บรรทุกในภาคเหนือ) Bangkok, Unpublished M.A. Thesis, Kasetsat University. [An Analysis of Truck Transportation in Northern Region.]

Samnakngan Sapha Phatthanakan Setthakit haeng Chat (SSPS) (สำนักงานสภาพัฒนาการเศรษฐกิจแห่งชาติ) [1960] *Khrongkan Phatthanakan khong Rat Samrap Prathet Thai.* (โครงการพัฒนาการของรัฐสำหรับประเทศไทย) Bangkok, SSPS. [A Public Development Program for Thailand.]

Samnak Thamniap Nayok Ratthamontri (STR) (สำนักทำเนียบนายกรัฐมนตรี) [1963] *Raingan Phon Ngan nai Rop Pi thi 5 haeng Kan Patiwat.* (รายงานผลงานในรอบปีที่ 5 แห่งการปฏิวัติ) Bangkok, STR. [Result of the Fifth Year of Revolutionary Government.]

Samniang Pansombun ed. (สำเนียง ปาลสมบูรณ์) [1994] *Banthuk Prawattisat Saphan Mittraphap Thai-Lao.* (บันทึกประวัติศาสตร์สะพานมิตรภาพไทย-ลาว) Nong Khai, Chomrom Su Muanchon lae Nak Prachasamphan Nong Khai. [Memorandum on Thai-Laos Historical Bridge.]

Sapphayakon Thorani, Krom (STK) ed. (กรมทรัพยากรธรณี) [1968] *Raingan Kan Prachum-Sammana Muangrae Khrang thi 7 Phutthasakkarat 2511 khong Krom Sapphayakon Thorani Krasuang Phatthanakan haeng Chat.* (รายงานการประชุม-สัมมนาเหมืองแร่ครั้งที่ 7 พุทธศักราช 2511 ของกรมทรัพยากรธรณีกระทรวงพัฒนาการแห่งชาติ) Bangkok, STK. [Reports for 7th Meeting of Mining.]

Sapphayakon Thorani, Krom (STK) (กรมทรัพยากรธรณี) [1992] *100 Pi Krom Sapphayakon Thorani.* (100 ปีกรมทรัพยากรธรณี) Bangkok, STK. [100th Anniversary of Department of Mineral Resources.]

Sarit Thanarat (สฤษดิ์ ธนะรัชต์) [1964a] *Prawat lae Phon Ngan khong Chomphon Sarit Thanarat.* (ประวัติและ

ผลงานของจอมพล สฤษดิ์ ธนะรัชต์) Bangkok, Cremation Volume for Sarit Thanarat. [Biography and Results of General Sarit Thanarat.]

Sarit Thanarat (สฤษดิ์ ธนะรัชต์) [1964b] *Pramuan Sunthonraphot khong Chomphon Sarit Thanarat.* (ประมวลสุนทรพจน์ของจอมพล สฤษดิ์ ธนะรัชต์) 2 Vols. Cremation Volume for Sarit Thanarat. [Speeches of General Sarit Thanarat.]

Siwitcha Bun-yaphisit (ศรีวิชชา บุญญพิสิฏฐ์) [1976] *Kan Phalit lae Kan Kha Punsimen khong Prathet Thai.* (การผลิตและการค้าปูนซีเมนต์ของประเทศไทย) Bangkok, Krom Setthakit Kan Phanit. [Production and Trade of Cement in Thailand.]

Siwitcha Bun-yaphisit (ศรีวิชชา บุญญพิสิฏฐ์) [1978] *Raingan Phon Kan Suksa Wichai Punsimen.* (รายงานผลการศึกษาวิจัย ปูนซีเมนต์) Bangkok, Krom Setthakit Kan Phanit. [Report for Study about Cement.]

Somchai Phairotthirarat (สมใจ ไพโรจน์ธีระรัชต์) [1974] *Botbat khong Prathet Maha Amnat Tawan-tok nai Kan Sang Thang Rotfai khong Prathet Thai nai Ratchasamai Phrabatsomdetphra Chunlachomklao Chaoyuhua lae Phrabatsomdetphra Mongkutklao Chaoyuhua.* (บทบาทของประเทศมหาอำนาจตะวันตกในการสร้างทางรถไฟของประเทศไทยในรัชสมัยพระบาทสมเด็จพระจุลจอมเกล้าเจ้าอยู่หัวและพระบาทสมเด็จพระมงกุฎเกล้าเจ้าอยู่หัว) Bangkok, Unpublished M.A. Thesis, Chulalongkon University. [The Role of the Western Imperial Countries on Railway Construction of Thailand in the Reign of King Rama V and VI.]

Somphop Manarangsan (สมภพ มานะรังสรรค์) [1993] *Naeonom Phatthanakan Setthakit Thai nai Chuang Kon lae Lang Kan Patirup Kan Pokkhrong nai Ratchasamai Phrabatsomdetphra Chunlachomklao Chaoyuhua.* (แนวโน้มพัฒนาการเศรษฐกิจไทยในช่วงก่อนและหลังปฏิรูปการปกครองในรัชสมัยพระบาทสมเด็จพระจุลจอมเกล่าเจ้าอยู่หัว) Bangkok, Chulalongkon University Press. [Economic Development of Thailand before and after the Political Reform in 1892.]

Sorasan Phaengsapha (สรศัลย์ แพ่งสภา) [1996] *Wo: Chiwit Thai nai Fai Songkhram Lok Khrang thi 2.* (หวอชีวิตไทยในไฟสงครามโลกครั้งที่ 2) Bangkok, Sarakhadi. [Sound of Siren: Lives of Thais during World War II.]

Suphat Supchalasai & Patthama Phangkhanon (ศุภัช ศุภชลาศัย และ ปัทมา ภังคานนท์) [1996] *Lu Thang lae Okat Kan Song Ok lae Phon Krathop Chak Kan Mi Khet Kan Kha Seri Asian Samrap Utsahakam Punsimen.* (ลู่ทางและโอกาสการส่งออกและผลกระทบจากการมีเขตการค้าเสรีอาเซียน สำหรับอุตสาห-กรรมปูนซีเมนต์) Bangkok, Sathaban Wichai Phua Kan Phatthana Prathet Thai. [Cement Industry: Opportunity for Export and Impact of AFTA.]

Suwan Thipphayakun (สุวรรณ ทิพยกุล) [1975] *Wikhro Talat Yang Thammachat khong Prathet Thai.* (วิเคราะห์ตลาดยางธรรมชาติของประเทศไทย) Hat Yai, Rubber Research Institute. [Marketing Analysisi of Rubber in Thailand.]

Suwit Thirasatsawat & Cho Wayuphak (สุวิทย์ ธีรศาศวัต และ ช่อ วายุพักตร์) [1995] *Botbat khong Yanyon Yipun nai Kan Plianplaeng Setthakit Sangkhom Isan Lang Songkhram Lok Khrang thi Song Thung Patchuban.* (บทบาทของยานยนตร์ญี่ปุ่นในการเปลี่ยนแปลงเศรษฐกิจสังคมอีสานหลังสงครามโลกครั้งที่สองถึงปัจจุบัน) Khon Kaen, Khon Kaen University. [The Roles of Japanese Motor Vehicles in Socio-economic Changes in the Northeast of Thailand after World War II to Date.]

Suwit Thirasatsawat & Dararat Mettarikanon (สุวิทย์ ธีรศาศวัต และ ดารารัตน์ เมตตาริกานนท์) [1998] *Prawattisat Isan Lang Songkhram Lok Khrang thi 2 Thung Patchuban.* (ประวัติศาสตร์อีสานหลังสงครามโลกครั้งที่สองถึงปัจจุบัน) Khon Kaen, Khon Kaen University. [History of Isan after WW II.]

Suwit Thirasatsawat (สุวิทย์ ธีรศาศวัต) [2003] *Prawattisat Setthakit Chumchon Muban Isan 2488–2544.* (ประวัติศาสตร์เศรษฐกิจชุมชนหมู่บ้านอีสาน 2488-2544) Bangkok, Sangsan. [The Isan Village Economy, 1945–2001.]

*Thai nai Patchuban.* (ไทยในปัจจุบัน) [1940] Bangkok. [Present Thailand.]

Thang Luang, Krom (TLK) (กรมทางหลวง) [1972] *Thi Raluk Khrop Rop 60 Pi.* (ที่ระลึกครบรอบ 60 ปี) Bangkok, TLK. [60th Anniversary Department of Highway.]

Thang Luang, Krom (TLK) (กรมทางหลวง) [1996] *Thi Raluk nai Ngan Chalong Wan Khlai Wan Sathapna Krom Thang Luang 1 Mesayon 2539.* (ที่ระลึกในงานฉลองวันคล้ายวันสถาปนากรมทางหลวง 1 เมษายน 2539) Bangkok, TLK. [84th Anniversary Department of Highway.]

Thiam Khomkrit (เทียม คมกฤส) [1971] *Kan Pamai nai Prathet Thai.* (การป่าไม้ในประเทศไทย) Bangkok, Cremation Volume for Thiam Khomkrit. [Forestry in Thailand.]

Thommaya Hathayodom (ถมยา หทโยดม) [1961] *Kan Khonsong Doi Rotyon Banthuk nai Prathet Thai.* (การขนส่งโดยรถยนต์บรรทุกในประเทศไทย) Bangkok, Cremation Volume for Thommaya Hathayodom. [Motor Transport in Thailand.]

Utsahakam Pa Mai, Ongkan (UPM) (องค์การอุตสาหกรรมป่าไม้) [1997] *50 Pi Ongkan Utsahakam Pamai.* (50 ปี องค์การอุตสาหกรรมป่าไม้) Bangkok, UPM. [50th Anniversary of Forestry Authority.]

Wanlapha Chuchuang (วัลลภา ชูช่วง) [1998] "Panha Uppasak khong Kan Borikan lae Naeothang Prapprung Tharua Songkhla. (ปัญหาอุปสรรคของการบริการและแนวทางปรับปรุงท่าเรือสงขลา)" in *Warasan Kan Phanitnawi.* (วารวารการพาณิชย์นาวี) Vol. 17–2. pp. 7–24. [Songkhla Port: Problem and Obstacle for Management and Way of Improvement.]

Wanlapha Rungsirisaengrat (วัลลภา รุ่งศิริแสงรัตน์) [1994] *Lopburi: Adit-Patchuban.* (ลพบุรี อดีต-ปัจจุบัน) Bangkok, Thai Watthana Phanit. [Lopburi: Past and Present.]

Watsana Singhakowin & Chiraphan Kundilok (วาสนา สิงหโกวินท์ และ จีรพรรณ กุลดิลก) [1980] *Kan Suksa Rabop Kan Talat lae Kan Khonsong Namman Chuaphloeng nai Prathet Thai.* (การศึกษาระบบการตลาดและการขนส่งน้ำมันเชื้อเพลิงในประเทศไทย) Bangkok, Kasetsat University. [A Study on Marketing and Delivery System of Petroleum in Thailand.]

Wichit Kalakan (วิชิต กาฬกาญจน์) [1985] *Nayobai Kan Phalit lae Kan Kha Yang Phara nai Phak Tai khong Thai Pho So 2444–2503.* (นโยบายการผลิตและการค้ายางพาราในภาคใต้ของไทย พ.ศ. 2444-2503) Bangkok, Unpublished M.A. Thesis, Chulalongkon University. [Policy of Production and Marketing of Natural Rubber in Southern Thailand. 1901–1960]

Wilai Wongsupchat et al. (วิไล วงศ์สืบชาติ และอื่นฯ) [1993] *Prachakon khong Prathet Thai: Sathiti Chuang 25 Pi.* (ประชากรของประเทศไทย สถิติช่วง 25 ปี) Bangkok, Chulalongkon University. [Thai Population: Statistics for 25 years.]

## (2) 外国語

Aldrich, Richard J. [1993] *The Key to the South: Britain, the United States, and Thailand during the Approach of the Pacific War, 1929–1942.* Kuala Lumpur, Oxford University Press.

Andrews, James M. [1935] *Siam: 2nd Rural Economic Survey 1934–1935.* Bangkok, Bangkok Times Press.

有末武夫・柾幸雄・青木栄一編 [1968]『交通地理学』 大明堂

Askwith, John Edward [1973] *An Economic Evaluation of the Thai-New Zealand Feeder Road in Northeast Thailand.* Palmerston North, Unpublished M.A. Thesis, Massey University.

Boonchuan Tantayanubutr [1968] *Changes in Agricultural Land Use along the Friendship Highway as Related to Terrain and Prior Development.* Bangkok, Unpublished M.A. Thesis, AIT.

Clark, A. Kim [1998] *The Redemptive Work: Railway and Nation in Ecuador, 1895–1930.* Wilmington, Scholarly Resources.

Corpuz, Arturo G. [1999] *The Colonial Iron Horse: Railroads and Regional Development in the Philippines 1875～1935.* Quezon City, University of the Philippines Press.

CPCS Ltd. [1995] *Feasibility Study of New Railway Line Construction in Northeast Region of Thailand.* Vol. 1. Bangkok, CPCS.

Cushman, Jennifer W. [1991] *Family and State: The Formation of a Sino-Thai Tin-mining Dynasty 1797–1932.* Singapore, Oxford University Press.

Davis, Clarence B. & Kenneth E. Wilburn [1991] *Railway Imperialism.* New York: Greenwood Press. (原田勝正；多田博一訳 『鉄路 17 万マイルの興亡 ―鉄道からみた帝国主義』 日本経済評論社)

Dick, Howard & Peter J. Rimmer [2003] *Cities, Transport and Communications: The Integration of Southeast Asia since 1850.* Basingstoke, Palgrave MacMillan.

Donner, Wolf [1978] *The Five Faces of Thailand: An Economic Geography.* London, C. Hurst & Company.

Falvey, Lindsay [2000] *Thai Agriculture: Golden Cradle of Millennia.* Bangkok, Kasetsat University Press.

Fineman, Daniel [1997] *A Special Relationship: The United States and Military Government in Thailand, 1947–1958.* Honolulu, University of Hawaii Press.

福井捷朗 [1988]『ドンデーン村 東北タイの農業生態』 創文社

外務省 [1960]『タイ国産とうもろこし事情 ―その生産と輸出について―』 外務省経済局

外務省 [1962]『タイにおけるケナフの生産，集荷，販売機構等の実態調査』 外務省経済局

Harris, Ken ed. [2000] *Jane's World Railways, Forty-second Edition 2000–2001.* Coulsdon, Jane's Information Group.

長谷川善彦 [1962]『タイの米穀事情』 アジア経済研究所

Hilling, David [1996] *Transport and Developing Countries.* London, Routledge.

平島成望編 [1989]『一次産品問題の新展開 ―情報化と需要変化への対応―』 アジア経済研究所

Ho, Robert & E.C. Chapman ed. [1973] *Studies of Contemporary Thailand.* Canberra, Australian National

University.

Holm, David Frederich [1977] *The Role of the State Railways in Thai History, 1892–1932.* Ithaca, Unpublished Ph.D. Dissertation, Yale University.

Holm, David Frederich [1991] "Thailand's Railways and Informal Imperialism." in *Railway Imperialism,* edited by Clarence B. Davis and Kenneth E. Wilburn, pp. 155–176.

堀博 [1996]『メコン河　開発と環境』 古今書院

Ingram, James C. [1971] *Economic Change in Thailand 1850–1970.* Stanford: Stanford University Press.

石井米雄・桜井由躬雄編 [1999]『東南アジア史Ⅰ　大陸部』 山川出版社

磯部啓三編 [1998]『ベトナムとタイ　—経済発展と地域協力—』 大明堂

伊東利勝・根元敬 [1999]「植民地下のビルマ」 石井・桜井編『東南アジア史Ⅰ　大陸部』pp. 364–396

Jones, John Hugh [1964] *Economic Benefits from Development Roads in Thailand.* Paper Presented for the Second Pacific Regional Conference, International Road Federation, Tokyo April 20–24, 1964.

柿崎一郎 [1996]「交通網の発展とタイ東北部農村の変容　—ブリーラム県の２つの農村の事例—」『言語・地域文化研究』第 2 号 pp. 327–352.

柿崎一郎 [1998]「鉄道整備と新たなる物流の形成　—タイにおける豚の事例—」『アジア・アフリカ言語文化研究』第 55 号　pp. 45–72.

柿崎一郎 [1999a]『タイの鉄道とバンコク中心経済圏の形成　1897～1941 年』 東京外国語大学大学院博士論文（未刊行）

柿崎一郎 [1999b]「タイの商品流通の多様化とインドシナの交通センターへの模索」『アジア経済』第 40 巻第 1 号　pp. 54–80.

柿崎一郎 [2000a]『タイ経済と鉄道　1885 ～ 1935 年』 日本経済評論社

柿崎一郎 [2000b]「戦前期タイにおける米の生産と輸送　— 1930/31 年の米の国内流通状況の推定—」『横浜市立大学論叢』人文科学系列第 51 巻第 3 号　pp. 271–311.

柿崎一郎 [2001]「バンコクの都市鉄道整備史　—なぜ実現が遅れたのか」『横浜市立大学論叢』人文科学系第 52 巻 1・2 号 pp. 261–302.

柿崎一郎 [2002]「戦前期タイ鉄道の旅客輸送」『鉄道史学』第 20 号 pp. 1–19.

柿崎一郎 [2004]「鉄道車両調達と国際入札　—タイにおけるディーゼル機関車の事例—」『鉄道史学』第 22 号 pp. 1–19.

柿崎一郎 [2005]「拡大メコン圏（GMS）の交通開発」『科学』第 75 巻第 4 号 pp. 475–480.

Kakizaki, Ichiro [2005] *Laying the Tracks: The Thai Economy and Its Railways 1885–1935.* Kyoto, Kyoto University Press.

Kingshill, Konrad [1991] *Ku Daeng - Thirty Years Later: A Village Study in Northern Thailand 1954–1984.* DeKalb, CSAS, Northern Illinois University.

Kobkua Suwannathat-pian [1995] *Thailand's Durable Premier: Phibun through Three Decades 1932–1957.* Kuala Lumpur, Oxford University Press.

今野源八郎 [1959]『アメリカ道路交通発達論』東京大学出版会 .

Kovit Kuvanonda [1969] *Effect of the Korat-Nong Khai Highway in Northeast Thailand on Rail Transportation.*

Bangkok, Unpublished M.A. Thesis, AIT.
倉沢愛子編［2001］『東南アジア史のなかの日本占領（新装版）』 早稲田大学出版会
Lunn, Jon［1997］*Capital and Labour on the Rhodesian Railway System 1888–1947*. Basingstoke, MacMillan.
Ministry of Commerce and Communications（MCC）［1930］*Siam: Nature and Industry*. Bangkok, MCC.
本岡武［1967］「タイ農業における生産性基盤の整備—とくに末端水利組織と土地改良協同組合との関係について—」『東南アジア研究』第4巻第3号 pp. 91–130.
本岡武［1968］『東南アジア農業開発論』 京都大学東南アジア研究センター
村嶋英治［1996］『ピブーン　—独立タイ王国の立憲革命』 岩波書店
Muscat, Robert J.［1966］*Development Strategy in Thailand: A Study of Economic Growth*. New York, Frederick A. Praeger.
Muscat, Robert J.［1990］*Thailand and the United States: Development, Security, and Foreign Aid*. Columbia, Columbia University Press.
日本鉄道車両工業協会［1962］『鉄道車両工業の現況（自昭和33年度至昭和36年度）』 日本鉄道車両工業協会
Nit Jittasatra［1967］*Economic Effects of the Khon Kaen-Yang Talad Feeder Road in Northeast Thailand*. Bangkok, Unpublished M.A. Thesis, SEATO Graduate School of Engineering.
野田正穂他編［1986］『日本の鉄道—成立と展開』 日本経済評論社
奥野隆史［1968］「交通現象の地域的表現　—交通図を中心として—」 有末・柾・青木編『交通地理学』pp. 82–87.
Pasuk Phongpaichit & Chris Baker［1995］*Thailand: Economy and Politics*. Kuala Lumpur, Oxford University Press.（北原淳・野崎明監訳『タイ国　近現代の経済と政治』 刀水書房）
Porphant Ouyyanont［1994］*Bangkok and Thai Economic Development: Aspects of Change, 1820–1970*. Armidale, Unpublished Ph. D. Dissertation, University of New England.
Ramaer, R.［1994］*The Railways of Thailand*. Bangkok, White Lotus.
Reynolds, E. Bruce［1994］*Thailand and Japan's Southern Advance 1940–1945*. Basingstoke, Macmillan.
Rimmer, P.J.［1971］*Transportation in Thailand*. Canberra, Australian National University.
Rimmer, Peter J.［1973］"Freight Transport in Thailand." in Ho & Chapman ed. *Studies of Contemporary Thailand. pp. 313–344.*
Robequain, Charles［1944］*The Economic Development of French Indo-China*. London, Oxford University Press.
佐藤孝［1964］「タイ国における畑作物」『東南アジア研究』第1巻4号　pp. 41–53.
白石昌也［1998］「ポスト冷戦期インドシナ圏の地域協力」 磯辺編『ベトナムとタイ　—経済発展と地域協力—』pp. 38–86
Siam Cement Co. Ltd., the（SCC）［1983］*Siam Cement 1913–1983*. Bangkok, SCC.
Silcock, T.H.［1967］*Thailand: Social and Economic Studies in Development*. Canberra, Australian National University Press.
Silcock, T.H.［1970］*The Economic Development of Thai Agriculture*. Cornell University Press.
Stuart-Fox, Martin［1997］*A History of Laos*. Cambridge: Cambridge University Press.

末廣昭［1988］「タイ農産物輸出商と商品作物　―メトロ・グループとタピオカ輸出」 梅原編『東南アジア農業の商業化』pp. 267–323

Suehiro, Akira [1989] *Capital Accumulation in Thailand 1855–1985.* Tokyo, The Center for East Asian Cultural Studies.

末廣昭［1993］『タイ　開発と民主主義』 岩波書店

末廣昭［1996］『戦前期タイ鉄道業の発展と技術者形成　―地域発展の固有論理（2）―』（文部省科学研究費補助金「重点領域研究」成果報告書シリーズ：No. 15） 京都大学東南アジア研究センター

末廣昭・重富真一［1989］「天然ゴムの需要構造と輸出戦略　―タイにおける「ブリヂストン革命」を中心として―」 平島編『一次産品問題の新展開　―情報化と需要変化への対応―』pp. 107–144

末廣昭・南原真［1991］『タイの財閥　ファミリービジネスと経営改革』 同文舘

滝澤昭義［1994］「米物流の構造」 臼井晋・三島徳三編『米流通・管理制度の比較研究［韓国・タイ・日本］』pp. 111–133

玉田芳史［1996］『タイ行政組織史　1892 ～ 1993 年：局以上の組織の変遷』（平成 7 年度文部省科学研究費補助金一般研究（C）成果報告書） 京都大学東南アジア研究センター

Tasana Patanapanich [1964] *Economic Effects of the East-West Highway.* Bangkok, Unpublished M.A. Thesis, SEATO Graduate School of Engineering.

Thompson, Virgina [1967] (1941) *Thailand: The New Siam.* New York, Paragon Book Reprint (rep.)

Thongchai Winichakul [1994] *Siam Mapped: A History of the Geo-body of a Nation.* Honolulu, University of Hawaii Press.（石井米雄訳『地図がつくったタイ　国民国家誕生の歴史』 明石書店）

梅原弘光編［1988］『東南アジア農業の商業化』 アジア経済研究所

Ussher, Dan [1967] "The Thai Rice Trade." in T.H. Silcock ed. *Thailand: Social and Economic Studies in Development.* pp. 206–230

臼井晋・三島徳三編［1994］『米流通・管理制度の比較研究［韓国・タイ・日本］』 北海道大学出版会

Viroj Klangboonkrong [1971] *Economic Effects of the Songkhla-Na Thawi Feeder Road in Southern Thailand.* Bangkok, Unpublished M.A. Thesis, AIT.

Visit Achayanontgit [1971] *Inter-Relationships between the Friendship Highway and the Parallel Railway.* Bangkok, Unpublished M.A. Thesis, AIT.

Walker, Andrew [1999] *The Legend of the Golden Boat: Regulation, Trade and Traders in the Borderlands of Laos, Thailand, China and Burma.* Richmond, Curzon.

渡部忠世［1983］『アジア稲作の系譜』 法政大学出版局

Wilbur Smith Associates & Lyon Associates, Inc. (WSALA) [1969] *Thailand Transport Coordination Study.* 2 Vols. Bangkok, WSALA.

Wilson, Constance M. [1983] *Thailand: A Handbook of Historical Statistics.* Boston, G.K. Hall.

Wilson, George W. et al. [1966] *The Impact of Highway Investment on Development.* Westport, Greenwood.

Wisit Kasiraksa [1963] *Economic Effects of the Friendship Highway.* Bangkok, Unpublished M.A. Thesis,

SEATO Graduate School of Engineering.
Wyatt, David K.［1984］*Thailand: A Short History.* Chiang Mai: Trasvin Publications.
山本弘文編［1986］『交通・運輸の発達と技術革新　歴史的考察』 国際連合大学
吉川利治［1994］『泰緬鉄道　機密文書が明かすアジア太平洋戦争』 同文館
吉川利治［1999］「タイ駐屯日本軍による米の調達」『上智アジア学』第 17 号　pp. 17-32
吉松昭夫・小泉肇［1996］『メコン河流域の開発　国際協力のアリーナ』 山海堂
Zanetti, Oscar & Alejandro García［1998］*Sugar and Railroads; A Cuban History, 1837-1959.* Chapel Hill, The university of North Carolina Press.
Zimmerman, Carle C.［1931］*Siam: Rural Economic Survey 1930-31*. Bangkok: Bangkok Times Press.

# 引用ホームページ

エクソンモービル社ホームページ（http://www.exxonmobil.com/）
タイオイル社（http://www.thaioil.co.th/）

研究』第 2 号（2002 年）：第 3 章第 1，2 節

「戦後復興期タイにおける道路整備（1945–1957 年）―低規格道路から高規格道路へ―」『アジア研究』第 48 巻第 3 号（2002 年）：第 2 章第 1，2 節

「ピブーン時代のタイ鉄道政策　1938 ～ 1957 年　―路線網の復興と再拡張―」『横浜市立大学論叢』第 54 巻人文科学系列第 1・2・3 号（2003 年）：第 1 章第 3 節，第 2 章第 3，4 節

「「開発」の時代のタイ鉄道　1958–1973 年　―道路優先政策下での対応―」『アジア・アフリカ地域研究』第 3 号（2003 年）：第 3 章第 3，4 節

「タイの鉄道と米輸送　1941 ～ 1957 年　―輸送力不足と東北部―」『東南アジア研究』42 巻 2 号（2004 年）：第 4 章第 1 節

「タイ鉄道の豚輸送　1935 ～ 1975 年　―その衰退と産地の変化―」『横浜市立大学論叢』第 56 巻人文科学系列第 1 号（2005 年）：第 4 章第 2 節

「「フレンドシップ・ハイウェー神話」再考　―タイの商品畑作物栽培拡大に貢献したのか？―」『横浜市立大学論叢』第 57 巻人文科学系列第 1・2 号（2006 年）：第 5 章第 1 節

「タイ南部の地域間商品流通の変容　1935 ～ 75 年　―バンコク経済圏への編入―」『年報タイ研究』第 6 号（2006 年）：第 6 章第 3 節

また，第 4 章第 1 節，第 4 章第 3 節の内容に関する発表を東南アジア史学会（2003 年，2006 年）で，第 5 章第 1 節の内容に関する発表を京都大学東南アジア研究所「タイ・セミナー」（2003 年）にてそれぞれ報告し，いただいた有益なご教示を参考にさせていただいた。

本書をこのような形で出版するにあたっては，多くの方々のお世話になった。現在筆者が曲がりなりにも研究者の仕事をこなしていられるのは，これまでお世話になった数多くの先生方のご指導のおかげである。とくに，学部時代から大学院の博士後期課程まで指導教官を引き受けていただいた東京外国語大学名誉教授の斉藤照子先生，大学院博士後期課程にてご指導を賜った東京外国語大学前学長の池端雪浦先生，東京大学社会科学研究所副所長の末廣昭先生の諸先生のご指導や叱咤激励がなければ，現在の筆者は存在しなかったであろう。また，近年大学を取り巻く環境が大変厳しいにもかかわらず，筆者のこのような好き勝手な研究をとがめなかった勤務先の横浜市立大学，および暖かく見守ってくださった同僚の先生方や学生諸君にも謝意を表したい。お世話になったすべての方々のお名前を挙げることはできないが，この場を借りて御礼申し上げたい。

私事ではあるが，筆者の研究を後ろから支えてくれた両親と，妻の千代にも感謝の意を評したい。筆者の必要とする資料は専らタイにあることから，年に 2 回

# 人名索引

アスクウィズ（John Edward Askwith）　7, 402
アッチャラー（Atchara Niamso）　7
アンドリュース（James M. Andrews）　26–28, 37, 40, 47, 49, 58, 380, 385, 403
イングラム（James C. Ingram）　7, 358, 379
ウィシット・アーチャヤーノンタキット（Visit Achayanontgit）　4
ウィシット・カシラック（Wisit Kasiraksa）　4, 219, 401
ウィルソン（George W. Wilson）　7, 376, 401–402
ウィルバーン（Kenneth E. Wilburn）　5
ウォーカー（Andrew Walker）　299–300
オーウェン（Wilfred Owen）　376

カムペーンペット親王（Krommakhun Kamphaengphet Akkharayothin）　23, 33, 293, 363, 416
クレマー（HarveyKlemmer）　14, 107, 110–111, 123
ケネディー（John Fitzgerald Kennedy）　106

サーイピン（Saiphin Khruakhlai）　10
サリット（Sarit Thanarat）　2, 5, 14, 104–106, 108, 110, 126, 128–129, 131–132, 134, 137–138, 142–143, 233, 319, 364, 386, 401, 415–416, 419–420, 429, 436
サワット（Sawat Rattanawin）　374
ジンマーマン（Carle C. Zimmerman）　26, 28, 403
スウィット（Suwit Thirasatsawat）　10, 215
セーニー（Seni Pramot）　326
ソムチャイ（Somchai Phairotthirarat）　5–6

タノーム（Thanom Kittikhachon）　1, 103–104, 110–111, 194, 364, 416
チャーチャーイ（Chatchai Chunhawan）　390
チョー（Cho Wayuphak）　10
デービス（Clarence B. Davis）　5
ディック（Howard Dick）　6
トンチャイ（Thongchai Winitchakun）　381–382
ドンナー（Wolf Donner）　5, 103

ノン（Non Norachat）　375

ピブーン（Plaek Phibunsongkhram）　5, 32, 43, 52, 55, 58, 67, 70–71, 73, 77, 82, 84, 96, 99, 129, 183, 266, 381–382, 406, 408, 411, 445
プーミポン国王（Phrabatsomdetphra Chaoyuhua Phumiphon Adunlayadet）　1
プアイ（Puai Ungpakon）　2, 4–5, 233, 380, 401
プラーイオー（Plai-o Chananon）　291
プラパート（Praphat Charusathian）　194, 416, 429, 447
プラヤー・アモーンウィサイソーラデート（Phraya Amonwisaisoradet）　42
プラヤー・パホン（Phraya Phahon Phayuhasena）　24
プリディー（Pridi Phanom-yong）　168
ブンチュアン（Boonchuan Tantayanubutr）　4
ブンマー（Bunma Sutsi）　33
ボーウォーラデート殿下（Phraongchao Boworadet）　23, 25–26, 28, 32, 45, 380, 385
ポーパン（PorphantOuyyanont）　6, 103–104
ポット（Phot Sarasin）　104
ホルム（David Frederich Holm）　5–6, 23, 402

マスカット（Robert Muscat）　104
本岡武　7
ラーマ5世（Phrabatsomdetphra Chunlachomklao Chaoyuhua）　59, 128, 381
リンマー（Peter J. Rimmer）　6, 9, 104, 220, 289–290, 441, 450
ルアン・ナートニティターダー（Luang Natnithithada）　33

# 地名索引

## 【著者紹介】

柿崎一郎（かきざき　いちろう）

横浜市立大学国際総合科学部准教授

1971年生まれ。1999年，東京外国語大学大学院地域文化研究科博士後期課程修了。横浜市立大学国際文化学部専任講師，同助教授を経て，2005年より現職。博士（学術）。『タイ経済と鉄道　1885～1935年』（下記）で，第17回大平正芳記念賞を受賞。

主要著作に

『タイ経済と鉄道　1885～1935年』（日本経済評論社，2000年），*Laying the Tracks: The Thai Economy and its Railways, 1885–1935*（Kyoto University Press（京都大学学術出版会），2005年），『物語　タイの歴史』（中公新書，2007年）など。



鉄道と道路の政治経済学 ―― タイの交通政策と商品流通　1935～1975年



2009年2月1日　初版第一刷発行

著　者　　柿　崎　一　郎

発行人　　加　藤　重　樹

発行所　京都大学学術出版会

京都市左京区吉田河原町15-9
京大会館内（〒606-8305）
電話（075）761-6182
FAX（075）761-6190
URL http://www.kyoto-up.or.jp
振替 01000-8-64677

ISBN 978-4-87698-764-1
Printed in Japan

印刷・製本　㈱クイックス東京
定価はカバーに表示してあります